Ulrike Six/Christoph Frey/
Roland Gimmler
Medienerziehung im Kindergarten

Schriftenreihe Medienforschung
der Landesanstalt für Rundfunk
Nordrhein-Westfalen

Band 28

Ulrike Six
Christoph Frey
Roland Gimmler

# Medienerziehung im Kindergarten

## Theoretische Grundlagen und empirische Befunde

LfR

Leske + Budrich, Opladen 1998

Die Autorin/die Autoren:

Prof. Dr. Ulrike Six, Leiterin des Instituts für Kommunikationspsychologie/ Medienpädagogik der Universität Koblenz-Landau;

Dipl.-Psych. Christoph Frey und Dipl.-Päd. Roland Gimmler, beide akademische Mitarbeiter am Institut für Kommunikationspsychologie/Medienpädagogik der Universität Koblenz-Landau.

**ISBN 3-8100-2161-X**



Satz: Werkstatt für Typografie in der Berthold GmbH, Offenbach
Druck: Druck Partner Rübelmann, Hemsbach
Printed in Germany

# Vorwort des Herausgebers

Die Landesanstalt für Rundfunk (LfR) ist die Zulassungs- und Aufsichtsbehörde für den privaten Rundfunk in Nordrhein-Westfalen. Zu den Aufgaben der LfR gehört es unter anderem, die Medienentwicklung in Nordrhein-Westfalen durch Forschung zu begleiten. Die Forschungstätigkeiten erstrekken sich auf die Bereiche des lokalen und landesweiten Rundfunks sowie auf den Jugendschutz. Seit 1990 hat die LfR eine Reihe kommunikationswissenschaftlicher Projekte an unabhängige Einrichtungen der Kommunikationsforschung vergeben.

Der jetzt vorgelegte Band 28 greift ein Thema auf, welches mit der Neufassung des Landesrundfunkgesetzes für das Land Nordrhein-Westfalen (LRG NW) vom 6. März 1998 in ihren Aufgabenkatalog aufgenommen wurde: Die Landesanstalt für Rundfunk soll die Medienkompetenz fördern und einen Beitrag zur Medienerziehung leisten.

Medienerziehung beginnt nicht erst in der Schule, und sie ist auch nicht auf das Elternhaus beschränkt. Wie unsere Studie zeigt, findet jedoch in einem wichtigen Lebensbereich vieler Kinder, dem Kindergarten, nur selten eine fundierte Medienerziehung statt. Mangelnde Kenntnisse und starke Zurückhaltung auf seiten der Erzieherinnen und Erzieher insbesondere gegenüber den elektronischen Medien sind hierfür nur auf den ersten Blick der Hauptgrund. Wesentlicher noch sind Mängel in der Ausbildung von Erzieherinnen und Erziehern. Wo wichtige Befunde der Medienforschung – zum Medienalltag von Kindern, zu kindlichen Medienerlebnissen und zu den Möglichkeiten, damit umzugehen – nicht vermittelt werden, dort können keine Grundsteine für eine fruchtbare Medienerziehung im Kindergarten gelegt werden.

Die jetzt vorgelegte Studie zeigt die Defizite der Kindergartenpraxis, aber auch Defizite der Erzieherinnenausbildung auf. Darauf aufbauend werden Handlungsmöglichkeiten skizziert, die dazu beitragen können, daß Erzieherinnen und Erzieher Medien und Pädagogik nicht mehr als unvereinbar ansehen.

*Dr. Norbert Schneider*
Direktor der LfR

*Helmut Hellwig*
Vorsitzender der
Rundfunkkommission der LfR

Gewidmet
dem Andenken an Prof. Dr. Hertha Sturm (†),
Leiterin des Landauer Universitätsinstituts
für Kommunikationspsychologie / Medienpädagogik
1981 – 1990

# Inhalt

# Einleitung

Der vorliegende Forschungsbericht stellt die Ergebnisse des im September 1996 von der Landesanstalt für Rundfunk Nordrhein-Westfalen (LfR) ausgeschriebenen Projektes „Medienbezogene Problemwahrnehmungen von Erzieherinnen im Kindergarten" dar[1]. Im Rahmen dieses Projektes waren gemäß Ausschreibungstext im Hinblick auf die im Titel angerissene Problemstellung insbesondere die folgenden *Leitfragen* zu beantworten:

- Wie nehmen Erzieherinnen in den Kindergärten die auf den Medienkonsum der Kinder bezogenen Probleme wahr?
- Welche Kenntnisse haben Erzieherinnen hinsichtlich des auf die Kinder einwirkenden Medienangebots?
- Welche auf Medienfragen bezogenen Qualifikationen haben sie?
- Welche medienpädagogischen Konzepte und Methoden sind ihnen bekannt bzw. stehen ihnen zur Verfügung?

Die *Basis* entsprechender empirischer Studien bzw. Projektarbeiten sollte zum einen eine Bestandsaufnahme aktueller medienpädagogischer Konzepte bilden. Zum anderen waren die Ergebnisse der Studie von Höltershinken und Mitarbeitern (publiziert z.B. von Höltershinken, Kasüschke & Sobiech, 1989), die bereits etwa zehn Jahre zuvor die Situation der Medienerziehung in den Kindergärten Nordrhein-Westfalens beleuchtet hatten, sowie Erkenntnisse zu Mediennutzung und -rezeption von Vorschulkindern wie auch das Fortbildungsangebot für Erzieherinnen zu berücksichtigen. Und schließlich war

1 An dieser Stelle möchten wir uns sehr herzlich bei Frau Dr. Dagmar Schütte von der LfR für ihre äußerst kooperative und engagierte Projektbetreuung bedanken.
Ferner gilt unser Dank allen Mitarbeiterinnen und Mitarbeitern, die am Projekt mitgewirkt haben: Kerstin Adolf, Sissi Artmann, Hanno Ebsen, Karin Knop, Sonja Lange, Stephan Leciejewski, Sonja Pohle, Marcus Sauermann und Stefanie Schönborn. Ohne ihre motivierte Mitarbeit wäre die Durchführung eines derart umfassenden Projekts im gesetzten Rahmen nicht möglich gewesen.
Unser besonderer Dank geht schließlich an alle im Rahmen ders Projekts Befragten, da wir nicht zuletzt ihrer engagierten Teilnahme den Erkenntniswert des vorliegenden Bandes verdanken. Dies gilt insbesondere auch für die Erzieherinnen und Lehrkräfte sowie Herrn Kollegen Prof. Dr. Aufenanger, die an unserem „Workshop" teilgenommen haben.

auch auf die aktuelle Medienentwicklung – insbesondere im Hinblick auf die Multimedia-Technologie – einzugehen.

*Ziel* sollte es sein, die aktuelle Situation der Medienerziehung in den Kindergärten vor allem im Hinblick auf gegebenenfalls notwendige Veränderungen in der Erzieherinnen-Aus- bzw. -Fortbildung detailliert zu beleuchten. Gleichzeitig war der Bedarf der Erzieherinnen an medienpädagogischen Hilfestellungen auszuloten. Ein Vergleich mit den Ergebnissen von Höltershinken und Mitarbeitern sollte zudem Rückschlüsse auf Veränderungen der Situation in den letzten Jahren erlauben.

Zur Beantwortung der skizzierten Fragen wurde ein *multimethodisches und mehrebenenanalytisches Projekt* konzipiert. Es umfaßt zum einen umfangreiche theoretische Vorarbeiten (auf die in den ersten vier Kapiteln des vorliegenden Berichts detailliert einzugehen sein wird), darunter insbesondere die *Recherche und Systematisierung medienpädagogischer Leitvorstellungen und Konzepte*, wie sie in der einschlägigen wissenschaftlichen Literatur zu finden sind; diese wird ergänzt durch die Untersuchung *curricularer Vorgaben zur medienpädagogischen Ausbildung von Erzieherinnen*. Zum anderen wurden *drei empirische Studien* konzipiert und durchgeführt: Im Rahmen der „Ausbilder-Befragung“ interviewten wir 40 für die medienpädagogische Ausbildung von Erzieherinnen zuständige Lehrkräfte. Zudem führten wir eine repräsentativ angelegte Befragung von insgesamt 602 Kindergarten-Erzieherinnen in Nordrhein-Westfalen durch; 60 dieser Erzieherinnen wurden darüber hinaus im Rahmen themenzentrierter Face-to-Face-Interviews noch einmal vertiefend und ergänzend befragt. Mit diesen empirischen Studien befassen sich die Kapitel 5 und 6 des Abschlußberichts, bevor im siebten Kapitel ein Fazit aus dem Projekt zu ziehen sein wird, aus dem dann auch Schlußfolgerungen hinsichtlich der praktischen Verwertung und Umsetzung der theoretischen Vorarbeiten und empirischen Ergebnisse abgeleitet werden.

Kapitel 1 enthält zunächst eine Diskussion um den Begriff „Medienerziehung“ und erläutert unser dem Projekt zugrundeliegendes Begriffsverständnis (Kap. 1.1). Verbunden damit ist in den Kapiteln 1.2 und 1.3 auf Ziele sowie insbesondere auf Konzepte der Medienerziehung, wie sie sich in der einschlägigen wissenschaftlichen Literatur finden, einzugehen. Dabei wird auf der Basis eines medienpsychologischen Konzeptes auch der Begriff „Medienkompetenz“ erläutert, indem unterschiedliche Dimensionen von Medienkompetenz differenziert und systematisiert werden.

Das anschließende Kapitel 2 begründet ausführlich den Bedarf an Medienerziehung, wobei zunächst entsprechende Argumente systematisiert werden (Kap. 2.1). Diese werden im Anschluß detaillierter dargestellt und diskutiert. Auf Argumente aus Praxis und Politik (Kap. 2.2) folgt eine Inspektion verschiedenster Ergebnisse der Medienforschung (Kap. 2.3), die sich an einer Systematisierung der entsprechenden Teilbereiche orientiert (Kap.

2.3.1): Es werden sowohl der (Kinder-) Medienmarkt (Kap. 2.3.2) als auch quantitative und qualitative Aspekte kindlicher Mediennutzung (Kap. 2.3.3) sowie Rezeption, Verarbeitung und Wirkungen von Medieninhalten im Kindergartenalter (Kap. 2.3.4) zum einen im Hinblick darauf beleuchtet, inwieweit sie Bedarf an Medienerziehung im Kindergarten begründen; zum anderen ist zu fragen, welche Qualifikationsanforderungen an die Erzieherinnen sich daraus ergeben.

Im anschließenden dritten Kapitel wird die Praxis der Medienerziehung im Kindergarten dargestellt (Kap. 3.4). Sie wird vor dem Hintergrund entsprechender Bedingungen auf seiten des Kindergartens (Kap. 3.1), der medienpädagogischen Aus- und Weiterbildung von Erzieherinnen (Kap. 3.2) sowie von Variablen auf seiten der Erzieherinnen (Kap. 3.3) betrachtet.

Das vierte Kapitel integriert die bis dahin dargestellten Fakten und Annahmen zu einem theoretischen Modell medienerzieherischen Verhaltens und Handelns im Kindergarten (Kap. 4.1), das als Grundlage unserer empirischen Untersuchungen anzusehen ist. Vor dem Hintergrund des Modells werden in Kapitel 4.2 die (Leit-) Fragestellungen unserer empirischen Untersuchungen in einer Übersicht dargestellt.

Diese werden in Kapitel 5 ausführlich erläutert. Zunächst ist auf die verschiedenen Untersuchungsmodule des Projektes sowie ihre unterschiedlichen Bezüge einzugehen (Kap. 5.1). Dem schließt sich eine – aus den in Kapitel 4.2 dargestellten Projekt-Leitfragen abgeleitete – Übersicht der Variablen der empirischen Studien an (Kap. 5.2); Angaben zur Entwicklung der Erhebungsinstrumente, der Durchführung und der Stichproben der empirischen Untersuchungsmodule sind dem Kapitel 5.3 zu entnehmen. Abschließend werden die – entsprechend den unterschiedlichen methodischen Zugangsweisen – verschiedenen Auswertungsstrategien erläutert (Kap. 5.4).

Kapitel 6 ist schließlich ganz den Ergebnissen der empirischen Studien gewidmet[2]: Kapitel 6.1 stellt Rahmendaten der Kindergärten, in denen die Erzieherinnen unserer Befragungen arbeiten, dar; dabei ist insbesondere auch nach der Ausstattung der Kindergärten mit (elektronischen) Medien zu fragen. Medienausstattung und -nutzung der Erzieherinnen sowie ihre Fernsehmotive sind Gegenstand des Kapitels 6.2, während in Kapitel 6.3 ihre Qualifikation zur Medienerziehung umfassend beleuchtet wird; an dieser Stelle ist auch auf die Ergebnisse der „Ausbilder-Befragung" einzugehen (Kap. 6.3.1). Diese werden kontrastiert durch Aussagen der Erzieherinnen sowohl zu ihrer subjektiven medienerzieherischen Qualifikation als auch hinsichtlich ihrer Ausbildung, absolvierten Weiterbildungen bzw. der privaten Beschäftigung mit verschiedenen Themen der Medienerziehung (Kap. 6.3.2).

---

2 Dabei werden - um die inhaltliche Geschlossenheit der Darstellung zu gewährleisten - die Ergebnisse der beiden Erzieherinnen-Befragungen jeweils gemeinsam und aufeinander bezogen behandelt; die Ergebnisse der Ausbilder-Befragung werden in Kapitel 6.3 berichtet.

Entsprechend dem in Kapitel 4.1 explizierten Modell werden in Kapitel 6.4 zunächst Kenntnisse, Annahmen und Problemwahrnehmungen der Erzieherinnen im Hinblick auf die Medien bzw. den kindlichen Medienkonsum behandelt, bevor im anschließenden Kapitel 6.5 entsprechende auf die Medienerziehung im Kindergarten gerichtete Kognitionen untersucht werden. Kapitel 6.6 beleuchtet im Anschluß umfassend die Praxis der Medienerziehung im Kindergarten, wobei auch die medienerzieherische Elternarbeit Berücksichtigung findet. Das die Ergebnisdarstellung abschließende Kapitel 6.7 berichtet über die Resultate zweier – unterschiedlichen methodischen Zugängen verpflichteter – Ansätze zur Typologisierung der befragten Erzieherinnen. Im Rahmen einer qualitativen Analyse der Face-to-Face-Interviews wurden die Befragten verschiedenen Konzepten von Medienerziehung zugeordnet (Kap. 6.7.1); dem stehen die Ergebnisse einer Clusteranalyse auf der Grundlage verschiedener Variablen der Repräsentativstudie gegenüber (Kap. 6.7.2). Eine Integration der Resultate beider Typologisierungen bildet den Abschluß dieses letzten Ergebniskapitels.

Aus den beiden angesprochenen Typologisierungen ergeben sich in Verbindung mit den in den vorhergehenden Kapiteln berichteten Ergebnissen Anhaltspunkte für Maßnahmen, die auf eine Verbesserung der Situation der Medienerziehung im Kindergarten abzielen. In Kapitel 7 werden zunächst die Ergebnisse aller empirischen Studien vor dem Hintergrund der theoretischen Ausführungen der ersten vier Kapitel zusammengefaßt und integriert (Kap. 7.1). In Verbindung mit den Resultaten einer von uns durchgeführten „Workshop-Tagung“ mit Teilnehmerinnen und Teilnehmern der verschiedenen Befragungen (Kap. 7.2) werden in Kapitel 7.3 Schlußfolgerungen des Projekts aufgezeigt.

# 1. Medienerziehung: Begriffsumschreibung, Ziele und Konzepte

## 1.1 Begriffsklärung

Die Veränderungen in der Medienlandschaft und der Stellenwert von Medien und Mediennutzung in der Gesellschaft insgesamt wie auch bei ihren jüngsten Altersgruppen haben dazu geführt, daß die Institutionen der pädagogischen Praxis heute mehr denn je – nicht zuletzt von seiten der Bildungspolitik und Bildungsplanung – mit dem Auftrag konfrontiert werden, Kindern möglichst frühzeitig Medienkompetenz zu vermitteln und damit der Notwendigkeit von Medienerziehung bzw. Medienpädagogik Rechnung zu tragen. Was aber bedeuten die Schlagworte „Medienpädagogik", „Medienerziehung" und „Medienkompetenz"? Alle drei Begriffe werden in der Fachliteratur nur selten definiert oder aber uneinheitlich verwendet. Eine Begriffsklärung ist deshalb an dieser Stelle erforderlich. Dabei gehen wir zunächst auf Medienpädagogik und Medienerziehung ein, während das Schlagwort „Medienkompetenz" später unter dem Aspekt von Zielen der Medienerziehung erläutert wird (Kap. 1.2).

Medienpädagogik und Medienerziehung werden in der Literatur häufig als mehr oder weniger synonyme Begriffe verwendet (vgl. auch Schorb, 1990) und dabei als „Erziehung zum kompetenten Umgang mit den Massenmedien verstanden" (Kunczik, 1994, S. 111). Stärker verbreitet ist inzwischen jedoch die Verwendung von „*Medienpädagogik*" als Oberbegriff, der Medienerziehung wie gleichzeitig und in enger Verbindung mit ihr auch Mediendidaktik einschließt (z.B. Baacke, 1997; Pöttinger, 1997; Kunczik & Bleh, 1995; Tulodziecki, 1992; Issing, 1987). Damit umfaßt Medienpädagogik „sowohl die Lehre von den Medien als Dokumentations- und Unterrichtsmittel als auch die Lehre vom Umgang mit Massenmedien" (Hüther, 1990, S. 141). Medienpädagogik dient dann „als übergeordnete Bezeichnung für alle pädagogisch orientierten Beschäftigungen mit Medien in Theorie und Praxis" (Issing, 1987, S. 24) bzw. für „alle pädagogisch relevanten handlungsanleitenden Überlegungen mit Medienbezug einschließlich ihrer empirischen bzw. theoretischen und normativen Grundlagen“ (Tulodziecki, 1992, S. 17).

Über solche allgemeinen Umschreibungen hinaus beinhalten Definitionen von *Medienpädagogik* häufig bereits auch deren Ziele, wie folgende Beispiele zeigen:

„Medienpädagogik umfaßt erzieherische Bemühungen aller Art, die den einzelnen Menschen befähigt, mit elektronischen Medien autonom umzugehen, d.h. für sich selbst zu entscheiden, in welcher Weise er ein bestehendes Angebot nutzen will“ (Lüscher, 1984, S. 81).[1]

„Sehr allgemein wird sie als Vermittlung von Medienkompetenz definiert bzw. als ihr Ziel der optimale Umgang irgendwelcher Edukanden mit Medien angegeben“ (Saxer, 1987, S. 117).

„Medienpädagogik kann so verstanden werden als eine Erweiterung des Alphabetisierungsauftrags zur Medienalphabetisierung resp. zur Medienkompetenz“ (Doelker, 1987, S. 150).

Auch in Definitionen von *Medienerziehung* werden teilweise bereits deren Ziele benannt. So bezeichnet Schorb (1997, S. 215) Medienerziehung als „das pädagogische Handeln, das zur richtigen – und damit ist gemeint kritisch-reflektiven – Nutzung der Medien anleiten soll“. Weitere Beispiele solcher zielorientierten Umschreibungen sind:

„Der Begriff ‘Medienerziehung’ wird in der pädagogischen Literatur auch als ‘Medienpädagogik im engeren Sinne’ definiert. Die Medienerziehung [...] hat das Ziel, zu einem bewußten, reflektierten, kritischen, d.h. sozial erwünschten Umgang mit den Medien zu erziehen“ (Issing, 1987, S. 25).

„‘Medienerziehung’ beschäftigt sich damit, wie ein sinnvoller Umgang mit Medien heute auszusehen habe und wie dieser Heranwachsenden zu vermitteln sei“ (Baacke, 1997, S. 4).

„Medienerziehung macht die Medien selbst zum Thema. Sie soll Hilfestellungen geben bei der Auswahl, Einschätzung und Nutzung gesellschaftlich relevanter Medien. Im Vordergrund stehen dabei elektronische Medien“ (Pöttinger, 1997, S. 54).

In Abgrenzung zur Medienerziehung, deren Ziel das Lernen *über* Medien und die Erziehung *zum* kompetenten Medienumgang ist, wird *Mediendidaktik* als Lernen und Erziehung *mit* Medien umschrieben, als ein „Bereich der Didaktik, in dem alle Überlegungen zusamengefaßt sind, bei denen es um die Frage geht, wie Medien zur Erreichung pädagogisch gerechtfertigter Ziele gestaltet und verwendet werden können bzw. sollen“ (Tulodziecki, 1992, S. 17; ähnlich auch Baacke, 1997; Pöttinger, 1997). Damit ist die Mediendidaktik „neben der Medienerziehung der zweite Hauptaspekt der Medienpädagogik.

1 Alle Textstellen, die Zitate von Autoren oder Befragten beinhalten, sind – wenn nicht anders vermerkt – im Original widergegeben, eventuelle Fehler wurden nicht verbessert.

Sie befaßt sich mit den Funktionen und Wirkungen von Medien in Lehr- und Lernprozessen, d.h. also mit medienvermitteltem Lernen [...]. Ihr Ziel ist die Förderung des Lernens durch eine didaktisch geeignete Gestaltung und methodisch wirksame Verwendung von Medien" (Issing, 1987, S. 25).

Daß gleichzeitig Mediendidaktik und Medienerziehung eng miteinander verbunden sind (vgl. auch Kunczik & Bleh, 1995), liegt allein schon in der Tatsache begründet, daß ein Teil medienerzieherischer Handlungsstrategien sinnvollerweise auch den didaktischen Einsatz von Medien impliziert.

Nach *unserer* Auffassung machen *Medienpädagogik* und *Medienerziehung* gemeinsam eines der Anwendungsfelder der *Medienforschung* mit ihren Theorien, Ergebnissen und Methoden aus (zur Medienforschung siehe Kap. 2.3). Wichtige Basis für Medienpädagogik und Medienerziehung sind gleichzeitig die *Medienlehre* (Kenntnisse u.a. über das Mediensystem, über Medieninstitutionen und Medienangebote, deren Funktion, Produktion und Produktionsbedingungen etc.) sowie pädagogische Fragestellungen, Zielsetzungen und Prinzipien (vgl. auch Issing, 1987; Tulodziecki, 1992).

Dabei verstehen wir unter *Medienerziehung* die Konkretisierung von Medienpädagogik, die Realisierung medienpädagogischer Konzepte und deren Umsetzung in der Praxis, d.h.: Ausgehend von der Erarbeitung, Bereitstellung und Vermittlung handlungsrelevanter Prinzipien, Informationen und Materialien werden in der Medienerziehung ziel- und konzeptgesteuerte Maßnahmen[2] einer medienbezogenen Erziehung und Bildung sowie Beratungs- und Kulturarbeit in pädagogischen Handlungsfeldern durchgeführt. Die Medienpädagogik liefert hierzu – in Interaktion mit der Medienforschung – die Normen und Ziele, Prinzipien und Konzepte sowie didaktischen Leitlinien. Hinzu kommen als Maßgabe für die Konkretisierung in der Praxis die jeweiligen offiziellen Vorgaben (z.B. Jugendministerbeschlüsse) und strukturellen Rahmenbedingungen der jeweiligen Institution.

Medienerziehung ist zum einen *medienübergreifend*: Einbezogen sind prinzipiell alle Medien (Printmedien, Hörmedien, Bildmedien, AV-Medien, Computer, Multimedia-Angebote), und zwar unter Aspekten der jeweiligen Angebote und deren Entstehung sowie ihrer Nutzung, gleichzeitig aber auch unter Funktions-, Verarbeitungs- und Wirkungsaspekten.

Medienerziehung ist zum anderen – bis zu einer gewissen Konkretheitsstufe – *feldübergreifend*: Ihre Konzepte und Praxisvorschläge richten sich an verschiedene pädagogische Handlungsfelder, in denen medienbezogene Erziehung und Bildung sowie Beratungs- und Kulturarbeit stattfinden können

2 Der Begriff „Maßnahmen" ist hier im weitesten Sinne gemeint: Er umfaßt neben medienerzieherischen Projekten und strategisch geplanten Maßnahmen im engeren Sinne auch sowohl spontanes Verhalten (z.B. Thematisierung aktueller kindlicher Medienerlebnisse in der Kindergartengruppe) als auch reaktives Verhalten (etwa i.S.v. Reaktionen auf geäußerte Medienerlebnisse von Kindern), wobei jedoch hinter allen medienerzieherischen Bemühungen und Verhaltensweisen ein jeweils übergreifendes Konzept sowie hieraus abgeleitete Zielvorstellungen stehen sollten.

sollten: insbesondere Familie, Kindergarten, Schule und außerschulische Jugendarbeit.

Medienerziehung ist schließlich *disziplinenübergreifend* und in großen Teilen *interdisziplinär*: (a) Die Realisierung von Medienerziehung findet in verschiedenen Handlungsfeldern von Erziehung und Bildung sowie Beratungs- und Kulturarbeit statt und impliziert damit eine interdisziplinäre Begründung und Konzeptualisierung. (b) Auf allen Stufen der Medienerziehung (Planung, Operationalisierung und Durchführung) sind die beteiligten Personen (Kinder/Jugendliche; Eltern; Lehrer/-innen; Fachkräfte in Kindergärten, Jugendarbeit und Erwachsenenbildung etc.) mit ihren medienbezogenen Erfahrungen und spezifischen Voraussetzungen, Anforderungen und Problemen angesprochen und zu berücksichtigen, woraus sich ebenfalls die Notwendigkeit von Interdisziplinarität ergibt. (c) Auf den verschiedenen Stufen sind unterschiedliche Disziplinen angesprochen bzw. beteiligt: Auf der konzeptuellen Ebene werden die Hauptgrundlagen bereitgestellt durch verschiedene in Medienforschung involvierte Disziplinen mit ihren Theorien und Ergebnissen (wie Psychologie, Soziologie, empirische Pädagogik, Publizistik, Kommunikations- und Medienwissenschaften etc., bei speziellen Unterthemen auch andere Disziplinen wie Ästhetik, Germanistik etc.[3]), ebenso durch verschiedene Teilgebiete der Pädagogik mit ihren Zielsetzungen und Prinzipien (v.a. Allgemeine Pädagogik, Pädagogik der frühen Kindheit sowie [Vor-] Schulpädagogik). Für die Planung konkreter Realisierungen sind weiterhin Prinzipien der Didaktik und Mediendidaktik zu berücksichtigen. Auf der Stufe der konkreten Operationalisierung (Entwicklung von Richtlinien, Lehrplänen etc. bis hin zur Erstellung von Praxismaterialien) sowie bei der eigentlichen Durchführung sind für die schulische Medienerziehung darüber hinaus verschiedene Schulfächer angesprochen. Ebenso findet medienerzieherische Praxis im Kindergarten zumeist im Rahmen eines integrativen Ansatzes statt, innerhalb dessen Medienerziehung sich mit anderen Erziehungsbereichen (z.B. Sozialerziehung, Kreativitätserziehung) überschneidet.

*Zielgruppen von Medienerziehung* im engeren Sinne sind letztlich Kinder und Jugendliche (vgl. auch u.a. Baacke, 1997; Pöttinger, 1997). Damit ist jedoch auch impliziert, daß zunächst einmal die für Erziehung und Bildung von Kindern und Jugendlichen verantwortlichen Personen (Eltern, pädagogische Fachkräfte in Kindergärten und Jugendarbeit, Lehrerinnen/Lehrer etc.) die Adressaten sind, an die sich entsprechende Anforderungen ebenso wie Informationen, Materialien und Aus- und Fortbildungsmaßnahmen richten. Prinzipiell lassen sich zwar alle Altersgruppen als Zielgruppen vorstellen (darunter Erwachsene in der Erwachsenenbildung bzw. in der Aus- und Weiterbildung); für Medienerziehung im engeren Sinne werden Erwachsene jedoch

---

3 vgl. hierzu auch das Schema beteiligter Wissenschaftsdisziplinen bei Zeitter, 1995, S. 15

nur als Zwischen-Zielgruppen einbezogen, indem ihnen Qualifikationen und Strategien für die eigene Medienerziehungs-Praxis vermittelt werden. Darüber hinaus stellen Erwachsene eine direkte Zielgruppe dar, wenn es um ihre Qualifikation zum Medieneinsatz und die entsprechend erforderlichen Kompetenzen für Medienauswahl und -verwendung (z.B. Kenntnisse über das aktuelle Medienangebot, mediendidaktische Kompetenzen) und um die Verbesserung ihrer Technikkompetenz geht.

## 1.2 Hauptziele der Medienerziehung

Allgemein anerkannte Ziele insbesondere außerschulischer Medienerziehung lassen sich in der Literatur nicht einfach finden. „Besonders in der außerschulischen Medienerziehung befürchtet man vielleicht, daß festgelegte Zielkriterien daran hindern, sich auf die Bedürfnisse der Kinder und Jugendlichen einzustellen [...]. Für den schulischen Bereich gibt es jedoch eine große Zahl von Zielbeschreibungen [...], die sich in ihren Einschätzungen und Forderungen sehr wohl unterscheiden" (Pöttinger, 1997, S. 80). Bei aller Heterogenität zwischen einzelnen Zielkatalogen dürfte jedoch als *allgemeines Ziel* der Medienerziehung anerkannt sein, durch alltägliches Verhalten und Handeln und insbesondere durch gezielte Praxismaßnahmen im Rahmen von Erziehung und Bildung sowie von Beratungs- und Kulturarbeit Informationen und Orientierungswissen, Kompetenzen und Handlungsstrategien zur souveränen, reflektierten und selbstverantwortlichen Mediennutzung und zur Bewältigung von Anforderungen und Problemen im Umgang mit Medien zu vermitteln. Kinder und Jugendliche sollen dabei in ihrer Entwicklung so unterstützt werden, „daß sie zu einem sachgerechten, selbstbestimmten und sozialverantwortlichen Handeln in einer von Medien durchdrungenen Welt befähigt werden" (Tulodziecki, 1992, S. 46)[4]. Letztlich sollen damit die für einen solchen Medienumgang wichtigen Dispositionen und Kompetenzen ebenso gefördert werden wie die aus ihnen resultierenden Rezipienten- bzw. Nutzer-„Aktivitäten" (vgl. auch Kap. 2.3.4), die wiederum eine wichtige Basis sowohl für Medienwirkungen und aus der Mediennutzung gewonnene Gratifikationen als auch für den weiteren Medienumgang darstellen.

4 Neben den bereits genannten Merkmalen eines durch Medienerziehung zu fördernden Medienumgangs werden in der Literatur weitere Charakteristika benannt, die mit ersteren teilweise unmittelbar assoziierbar sind (z.B. in Zusammenhang mit dem souveränen, selbstbestimmten, selbstverantwortlichen und reflektierten Medienumgang auch das mündige und autonome, bedachte und bewußte sowie kritische Medienhandeln; vgl. u.a. Neubauer, 1982; Lüscher, 1984; Hinse, 1985; Issing, 1987; Saxer, 1987; Tulodziecki, 1987; Doh, 1994), teilweise sie aber auch ergänzen etwa durch Merkmale wie „kreativ" (z.B. Saxer, 1987), „aktiv" (z.B. Bieger et al., 1995; Dichanz, 1995) und „funktional" im Sinne eigener Interessen und Bedürfnisse sowie der Entwicklung der eigenen Persönlichkeit (z.B. Lüscher, 1984; Sturm, 1987).

Grob vereinfachend lassen sich zunächst folgende Zielsetzungen von Medienerziehung nennen:

- Förderung von Medienkompetenz
- Maximierung/Förderung positiver Medienumgangsweisen und Folgen
- Minimierung/Prävention negativer Medienumgangsweisen und Folgen

Bevor wir auf den Begriff „Medienkompetenz" als Ziel von Medienerziehung eingehen, sollen zunächst einige Leitprinzipien und detailliertere Zielsetzungen angesprochen werden.

Wesentliche *Leitprinzipien* der Medienerziehung, ihrer Ziele und Praxis sind die Orientierung an den Heranwachsenden bzw. Kindern als Mediennutzern (im Gegensatz zu medienorientierten Zielen wie z.B. der Medienimage-Förderung) und die Erlebnis- und Handlungsorientierung: Medienerziehung hat eine Reihe von Bedingungen auf seiten der Heranwachsenden zu beachten, die für deren Medienauswahl, -nutzung, -rezeption und -verarbeitung wie gleichzeitig für die jeweiligen Ziele von Medienerziehung und deren Umsetzung von Bedeutung sind (vgl. auch Tulodziecki, 1992; Tulodziecki et al., 1995; Bieger et al., 1995; BLK, 1995; Six, 1995a; Baacke, 1997).

- Lebenssituation, kommunikatives Umfeld und sonstige Kontextbedingungen sowie aktuelle Situationen, mit denen Kinder und Jugendliche konfrontiert werden: Ausgangspunkt medienerzieherischer Praxis sollen Situationen aus der jeweiligen Lebenswelt sein, und umgekehrt sollen Ziele der Medienerziehung auf gegenwärtige/künftige Lebenssituationen sowie Handlungsanforderungen und -möglichkeiten bezogen werden.
- Die Bedürfnis- bzw. Gefühlslage der Heranwachsenden: Medienerziehung muß die mit Mediennutzung verbundenen Bedürfnisse zunächst einmal ernstnehmen, sie aufgreifen und ihnen gerecht werden.
- Kenntnis- bzw. Erfahrungsstand der Kinder und Jugendlichen, den es in der Medienerziehung zu berücksichtigen und aufzugreifen gilt: Sie sollen ihre bisherigen Erfahrungen in medienerzieherische Prozesse einbringen und neue Erfahrungen machen können. Dabei soll Medienerziehung gleichzeitig kommunikativ gestaltet sein und zur Erweiterung der „Möglichkeiten personaler und medialer Kommunikation führen" (Tulodziecki et al., 1995, S. 23).
- Das kognitive und sozial-moralische Entwicklungsniveau: Es ist in der Medienerziehung sowohl zu berücksichtigen als auch zu fördern.

Die umfassendste und detaillierteste wie auch am stärksten mit der Praxis der Medienerziehung assoziierte Aufstellung von Zielen hat Tulodziecki (1992; Tulodziecki et al., 1995) vorgelegt. Sie fand gleichzeitig Eingang in den „Orientierungsrahmen" der Bund-Länder-Kommission für Bildungsplanung und Forschungsförderung zur Medienerziehung in der Schule (BLK, 1995). Der Zielkatalog richtet sich zwar auf den Bereich der schulischen Medienerziehung, läßt sich unseres Ermessens – unter Berücksichtigung der gerade genannten Leitprinzipien – jedoch auch auf andere pädagogische Felder transferieren. Hauptaufgaben und mit ihnen verbundene Hauptziele der Medienerziehung sind demnach folgende:

*(1) Unterscheiden, Verstehen und Bewerten von Medienangeboten und Medieninhalten*

Zu dieser Kategorie von Zielsetzungen gehört zunächst einmal, daß Heranwachsende lernen, zwischen verschiedenen Medien und Medienangeboten (z.B. Genres von Fernsehprogrammen) zu unterscheiden, um sich in der aktuellen Medienlandschaft orientieren zu können (vgl. ähnlich auch Baacke, 1997). Verbunden damit sollen Kinder und Jugendliche lernen, unterschiedliche Präsentationsformen und Gestaltungsarten zu erkennen und zu bewerten (z.B. Unterscheidung zwischen Realität und Fiktion, zwischen Dokumentation, Meinungsäußerung und Inszenierung, zwischen Aufklärung und Werbung[5]). Darüber hinaus beinhaltet diese Zielkategorie das Erkennen, Bewußtmachen und Bewerten verschiedener Zeichensysteme bzw. Gestaltungstechniken (z.B. Aspekte der „Bildsprache“[6] wie Kameraeinstellungen und -bewegungen und formal-ästhetische Aspekte wie Farb- und Tonmischung; vgl. auch u.a. Neubauer, 1982; Saxer, 1987; Baacke, 1997) in Verbindung mit jounalistischen Arbeitsweisen (z.B. der Realitätsreduktion) und sozialethisch-moralischen Werten und Kriterien. Schließlich gehört hierzu aber auch das Verstehen von Medieninhalten (Handlungsabläufen, Aussagen etc.; vgl. ähnlich auch u.a. Neubauer, 1982; Bieger et al., 1995). Die meisten Zielsetzungen innerhalb dieser Kategorie lassen sich nach Pöttinger (1997) umschreiben mit den Begriffen „Differenzierungsfähigkeit“, „Strukturierungsfähigkeit“ und „Interpretationsfähigkeit“.

*(2) Reflektierte, bewußte und zielgerichtete Nutzung von Medien unter Beachtung von Handlungsalternativen*

Diese auch von anderen Autoren[7] umschriebene Kategorie von Zielsetzungen der Medienerziehung richtet sich insbesondere auf die Auswahl zwischen Medienangeboten unter dem Gesichtspunkt ihrer unterschiedlichen Merkmale (siehe erste Zielkategorie) und ihrer Funktionen für den Nutzer, vor dem Hintergrund der individuellen sowie situationsspezifischen Bedürfnisse (z.B. Unterhaltung, Entspannung, Information, Lernen, Kommunikation) und unter Abwägung zwischen medialen und nicht-medialen Handlungsalternativen zur

---

5 vgl. ähnlich auch Schmidbauer & Löhr, 1991

6 zur „Bildsprache“ bzw. „Bildgrammatik“ vgl. insbesondere den Ansatz von Doelker (zuletzt 1997)

7 z.B. Neubauer, 1982; Hinse, 1985; Issing, 1987; Saxer, 1987; Schmidbauer & Löhr, 1991; Doh, 1994; Baacke, 1997; Pöttinger, 1997

Realisierung der Funktionen und Motive. Daraus ergibt sich für medienerzieherisches Verhalten und Handeln, daß die Heranwachsenden verschiedene (mediale und nicht-mediale) Handlungsoptionen zur Befriedigung von Bedürfnissen und zur förderlichen Persönlichkeitsentwicklung kennen und erfahren, ebenso aber auch die mit ihnen verbundenen Gratifikationen den Erwartungen gegenüberzustellen lernen. Im Hinblick auf individuell-funktionale Aspekte der Medienauswahl und -nutzung ist dabei auch die Funktion der Bearbeitung innerer Themen, Konflikte und Entwicklungsaufgaben zu beachten (vgl. u.a. Schmidt, 1991; 1994; Bieger et al., 1995). Insofern läßt sich hier auch das Ziel subsumieren, „den Kindern die kognitive und emotionale Auseinandersetzung mit lebensweltlichen Themen zu ermöglichen" (Schmidt, 1994, S. 53), Medien zur produktiven Auseinandersetzung mit der Umwelt nutzen und den Realitätsgehalt der Medieninhalte sowie Verbindungen zwischen Medienerlebnissen und eigenen Erfahrungen, Themen oder Konflikten erkennen zu können (vgl. Bieger et al., 1995). Für Medienerziehung (besonders in Familie und Kindergarten) benötigt man darum nicht nur Informationen über das Medienangebot und jeweilige Merkmale einzelner Angebote, sondern auch Verständnis und Sensibilität, um innere Themen und Bedürfnisse der Kinder zu erkennen und um zu verstehen, warum Kinder unter funktionalen Aspekten bestimmte Medienangebote präferieren (vgl. auch Bieger et al., 1995). Pöttinger (1997) verbindet mit einer solchen Nutzungskompetenz auch die Fähigkeit, sich vor zu stark belastenden Medieneindrücken zu schützen, und faßt die verschiedenen Aspekte als „Auswahlfähigkeit" und „Rezeptionssteuerungsfähigkeit" zusammen.

*(3) Bewußtmachen und Aufarbeiten von Medieneinflüssen*

Tulodziecki (1992; Tulodziecki et al., 1995) bezieht sich mit diesen Zielsetzungen auf die potentiell durch Medien vermittelten oder beeinflußten Emotionen (z.B. Angst) sowie kognitiven und konativen Orientierungen (z.B. Realitätsvorstellungen wie Weltbilder oder Rollenklischees, aber auch etwa Konsumwünsche oder Aggressionstendenzen): „Medienerziehung sollte Kindern und Jugendlichen die Möglichkeit eröffnen, störende Gefühle, irreführende Vorstellungen, problematische Verhaltensorientierungen und medienabhängiges Alltagshandeln zu erkennen und so aufzuarbeiten, daß emotionale Störungen abgebaut, irreführende Vorstellungen in realitätsangemessene überführt, problematische Verhaltensorientierungen in sozial-gerechtfertigte transformiert und ein selbstbestimmtes Alltagshandeln entwickelt werden" (Tulodziecki et al., 1995, S. 24; vgl. ähnlich auch Schmidbauer & Löhr, 1991). Hierzu gehört in der Praxis, Medienerlebnisse von Kindern und Jugendlichen ernstzunehmen und zum Ausgangspunkt wie auch zum Gegenstand medienerzieherischen Verhaltens und Handelns zu machen, sie den Heranwachsenden einschließlich der jeweiligen Wirkungen bewußt zu machen und zu ihrer Verarbeitung bzw. Modifikation beizutragen (durch Gespräche, über spielerische Auseinandersetzung etwa bei Rollenspielen, Puppenspielen, Malen etc.; vgl. ähnlich u.a. auch Bieger et al., 1995).

*(4) Eigene Mediengestaltung*

Hiernach hat die schulische Medienerziehung anzustreben: Kinder und Jugendliche „sollen Medien zur Dokumentation von Sachverhalten, zur Artikulation eigener Interessen und Bedürfnisse sowie zur künstlerischen Gestaltung nutzen. Auf diesem Wege können sie die bloße Rezipientenrolle verlassen und selbst Öffentlichkeit herstellen. Gleichzeitig erfahren sie technische Möglichkeiten von Medien in handelnder Weise, was sie befähigen soll, mediale Angebote kritisch einzuordnen und zu bewerten. Darüber hinaus können eigene Produktionen soziale Verhaltensweisen stärken und zu einer ästhetischen Sensibilisierung sowie zu einem angemessenen Anspruchsniveau gegenüber Medienangeboten führen" (Tulodziecki et al., 1995, S. 25). Pöttinger (1997) faßt diese Zielkategorie als Handlungskompetenz mit den Subzielen „Produktionsfähigkeit", „Gestaltungsfähigkeit" und „Veröffentlichungsfähigkeit" zusammen. Angepaßt auf die jeweilige Altersgruppe, ist diese Zielkategorie jedoch nicht nur für die Medienerziehung in Schule und außerschulischer Jugendarbeit relevant, sondern auch in anderen pädagogischen Handlungsfeldern wie dem Kindergarten. Dementsprechend wird sie in verschiedenen Zielkatalogen der einschlägigen Literatur vorgeschlagen[8] in Verbindung mit kreativer Mediennutzung und praktisch-gestalterischer Medienarbeit durch die Heranwachsenden (z.B. Gestaltung einer Fotodokumentation, Herstellung eines Hörspiels, Produktion einer Tondiashow). Für den Bereich des Kindergartens verbindet Schmidt (1991) im Rahmen eines lebensweltlich-situationsorientierten Ansatzes mit praktischer Medienarbeit u.a. folgende Ziele der vorschulischen Medienerziehung: Einsicht in die Funktionsweise einzelner Medien und in die Tatsache, daß man Medien nicht nur als Rezipient, sondern auch als Produzent verwenden kann; Erfahrung, daß man sich selbst und Ausschnitte aus der eigenen Lebenswelt medial darstellen und gestalten kann; Relativierung des Mythos, der mit dem Fernsehen assoziiert wird; Erlernen verschiedener Formen des Selbstausdrucks und der Selbstdarstellung; Förderung von Wahrnehmung, Kreativität, Ausdrucks- und Kommunikationsfähigkeit sowie der Feinmotorik, aber auch von Selbstwertgefühl und sozialem Lernen.

*(5) Medienanalyse und Medienkritik*

Hierunter fällt die Fähigkeit zur Analyse und Bewertung von Medienangeboten „hinsichtlich ihrer Inhalte und ihrer Form sowie hinsichtlich der dahinterliegenden Interessen" sowie das Durchschauen, „wie eigene Bedürfnisse durch Medien aufgenommen und – gegebenenfalls – kanalisiert werden [...]"

---

8 z.B. bei Schmidt, 1991; Schmidbauer & Löhr, 1991; Doh, 1994; Bieger et al., 1995; Baacke, 1997; Pöttinger, 1997

(Tulodziecki et al., 1995, S. 25). Wesentliche Aspekte bei der Analyse und Kritik sollen die „institutionellen und gesellschaftlichen Bedingungen der Medienproduktion, Medienverbreitung und Medienrezeption“ sein (ebd.), womit Kinder und Jugendliche gleichzeitig befähigt werden können, „die eigene Position im Rahmen der Massen-, Gruppen- und Individualkommunikation in der Gesellschaft zu durchschauen, kritisch zu reflektieren und sich für Verbesserungsmöglichkeiten zu engagieren“ (ebd.). Auch dieses Ziel wird in ähnlicher Weise von anderen Autoren betont; so geht es in diesem Zusammenhang bei Baacke (1997) u.a. um das Durchschauen von medienvermittelten Ideologien und die Fähigkeit, medial dargebotene Handlungen an den eigenen Handlungsmöglichkeiten zu messen.

Eine solche Auflistung von Zielen der Medienerziehung mag sofort den Eindruck einer völligen Überforderung all jener erwecken, die sich in den verschiedenen Handlungsfeldern um eine Umsetzung in Form von Medienerziehung bemühen. Doch sei bereits an dieser Stelle angemerkt, daß Medienerziehung nicht stets in aufwendigen Maßnahmen und längerfristigen Projekten praktiziert werden muß; vielmehr findet Medienerziehung häufig auch – ähnlich wie etwa die Sozial- und Kreativitätserziehung – im Rahmen anderer Praxisprozesse (im Kindergarten und in der Familie etwa verknüpft mit ohnehin ablaufenden Gesprächen und Spielen, aber auch im Vorbildverhalten der Erziehungspersonen) statt (zu Praxisanregungen und zur Praxis der Medienerziehung siehe Kap. 3.4). Wichtig ist sowohl bei der unstrukturierten und teilweise reaktiven als auch bei der maßnahmenorientierten Medienerziehung, daß sich die in der Praxis Tätigen der genannten Ziele bewußt sind und zur Einsicht in die Ziele und deren Umsetzung entsprechend qualifiziert und motiviert sind. Dies gilt auch für die unter dem Begriff „Medienkompetenz“ zusammengefaßten Ziele.

Ein großer Teil der genannten Ziele von Medienerziehung wird gemeinsam unter dem Begriff „*Medienkompetenz*“ (teilweise synonym, komplementär zu diesem Begriff oder im Sinne einer Oberkategorie auch als „kommunikative Kompetenz“) zusammengefaßt, deren Förderung dementsprechend in der Literatur häufig als Hauptaufgabe der Medienerziehung benannt wird. Obwohl der Terminus „Medienkompetenz“ noch immer recht ungeklärt ist oder zumindest uneinheitlich verwendet wird (vgl. auch Pöttinger, 1997, S. 71), gilt doch: „Medienwissenschaftler und Medienpädagogen scheinen sich der neuen Literatur nach einig zu sein darin, daß die ‘Medienkompetenz’ oder ‘kommunikative Kompetenz’ des Rezipienten an oberster Stelle aller Zielvorstellungen von Medienerziehung stehen“ (Pöttinger, 1997, S. 71).

So betont auch Baacke (1997, S. 97): „Die wichtigste Aufgabe ist also Kommunikations- und Medienkompetenz zu vermitteln [...]“. Dabei versteht er unter Kommunikationskompetenz die „Fähigkeit des Menschen, potentiell situations- und aussagenadäquate Kommunikationen auszugeben und zu empfangen, ohne an Reize und von ihnen gesteuerte Lernprozesse gebunden zu sein [...]" (a.a.O, S. 52). Betrachtet man seine allgemeine Umschreibung von Medienkompetenz („Medien-Wirtschaftsförderung und Medien-Technikförderung vorausgesetzt, soll Medienkompetenz den Nutzer befähigen, die neuen Möglichkeiten der Informationsverarbeitung auch souverän handhaben zu können. [...]; wir müssen uns in der computerisierten Medienwelt auch zurechtfinden"; a.a.O., S. 98), so scheint es zunächst, daß er diese besonders mit neuen Medien und Informationstechnologien assoziiert. Daß sich Medienkompetenz allerdings auch nach Baacke auf alle Medien bezieht, läßt sich jedoch anhand der vom ihm benannten Dimensionen der Medienkompetenz feststellen: (a) „Zielorientierung" (Möglichkeiten der Mediennutzung als Rezipient, Interaktionspartner oder Anbieter zweckentsprechend nutzen können; vgl. auch – allerdings umfassender – die oben erläuterte Zielkategorie 2); (b) Fähigkeit zur eigenen „Mediengestaltung" (vgl. Zielkategorie 4); (c) „Fähigkeit zu Medienkritik" (vgl. Zielkategorie 5); (d) „Medienkunde" (Wissen z.B. über das Duale Rundfunksystem, journalistische Arbeitsweisen, Medienangebote, Programmgenres und deren Nützlichkeit; Orientierungswissen für die Medienauswahl; instrumentelle Technikkompetenz). Zu einer ähnlichen Sichtweise kommt Pöttinger (1997, S. 78) in Anlehnung an die von Hamm und Mooren (1992) zusammengefaßten Ergebnisse einer Tagung der Bertelsmann-Stiftung: „Danach setzt sich Medienkompetenz zusammen aus der Kompetenz, Medien – ihre Strukturen, ihre Gestaltungsformen und ihre Wirkungsmöglichkeiten – zu durchschauen (Wahrnehmungskompetenz), der Kompetenz, Medien und ihre Angebote zielgerichtet und angemessen zu nutzen (Nutzungskompetenz), der Kompetenz, Medien als Ausdruck seiner Persönlichkeit, Interessen und Anliegen aktiv zu gestalten (Handlungskompetenz)". Gleichzeitig wird an beiden Beispielen von Begriffsumschreibungen (bei Baacke und bei Pöttinger) deutlich, daß Medienkompetenz einen großen Teil der oben erläuterten Ziele von Medienerziehung umfaßt.

Ein ähnliches Verständnis von Medienkompetenz – auch im Sinne einer „Grundqualifikation, die jeder mündige Bürger benötigt, um als aktiver Bürger in unserer demokratisch strukturierten Informationsgesellschaft zu leben" (Dichanz, 1995, S. 38[9]) – läßt sich ebenso bei anderen Autoren feststellen, selbst wenn die Schwerpunkte teilweise anders gesetzt werden. So unterscheidet Dichanz (1995, S. 29) „instrumentelle Medienkompetenz" („Fähigkeit zur Kommunikation unter Nutzung aller Medien" als eine der Voraussetzungen zum Leben in der demokratischen Gesellschaft und als wichtiges Element der politischen Bildung) und „konstruktive Medienkompetenz" als Fähigkeit zur eigenen Mediengestaltung auf Basis der Kenntnis von „gestalterischen Möglichkeiten von Medienprodukten und -produzenten" (a.a.O., S.

9 Eine entsprechende Förderung muß nach Dichanz bereits bei kleinen Kindern ansetzen.

38). Eine so verstandene Medienkompetenz setzt sich nach Mandl (1996) aus technischer Kompetenz, sozialer und kommunikativer Kompetenz, Kompetenz zur Informationsbewältigung und individuellen Orientierung sowie der Kompetenz zur demokratischen Orientierung[10] zusammen.

Eine etwas andere Einteilung schlägt Winterhoff-Spurk (1997) vor. Er geht – auf Basis einer in der Erwachsenenbildung üblichen Unterteilung in Sach-, Selbst- und (Handlungs-/) Sozialkompetenz – von sechs Aspekten einer allgemeinen Kommunikationskompetenz aus. Innerhalb letzterer differenziert er zwischen Informationskompetenz (Umgang mit Informationstechnologien) und Medienkompetenz (Umgang mit Massenmedien) und unterteilt beide jeweils in technische, selbstbezogene und soziale Kompetenzen. Dabei umfaßt die technische Medienkompetenz Fähigkeiten zur Inbetriebnahme und Bedienung von Geräten wie auch die aktive und passive Beherrschung der entsprechenden Mediencodes. Selbstbezogene Medienkompetenz umschreibt Fähigkeiten zur selektiven und reflexiven Mediennutzung, und soziale Medienkompetenz bezieht sich auf die Kenntnis und Reflexion der sozialen Auswirkungen von Medien und Mediennutzung.

Auf Basis eines „interaktionellen" Ansatzes zur Medienkompetenz, der den „interaktionellen, wechselseitigen Prozeß zwischen Person- und Umweltvariablen" berücksichtigt, fügt Doh (1994, S. 138) den bisher genannten Dimensionen von Medienkompetenz die Forderung hinzu, daß sich die Medien selber wie auch die Bildungsinstitutionen ihrer notwendigen Rolle als „kompetenzfördernde Umwelt" bewußt sein müssen („z.B. Förderung der Fernsehkultur seitens der Anbieter, Ausbau der schulischen und außerschulischen Bildungsangebote", ebd.).

Nach *unserer* Auffassung sollte eine Umschreibung des Begriffs „Medienkompetenz" von Anforderungen an die Mediennutzer und von *Rezipienten- bzw. Nutzer-Aktivitäten* (vgl. auch Kap. 2.3.4) ausgehen, wie sie in der Medienforschung analysiert und beschrieben werden. Sie umfassen als Grobkategorien:

- *Selektion* zwischen medialen und nicht-medialen Handlungsalternativen, zwischen Medien sowie zwischen einzelnen Medienangeboten (auch unter subjektiv-funktionalen Erwägungen)
- *Mediennutzung* als Umsetzung der Selektion (zunächst im Sinne etwa von Einschalten eines Fernsehprogrammes, Aufschlagen einer Zeitungsseite oder Aufrufen eines Computerprogrammes)
- bei Rezeptionsmedien sodann die *Rezeption und Verarbeitung* der Medieninhalte (physische und psychische Dimensionen der Wahrnehmung und Informationsverarbeitung einschließlich der Dynamik zwischen De-

10 neue Medien/Technologien im Hinblick auf gesellschaftliche und demokratische Erfordernisse beurteilen und nutzen können

codieren, Verstehen, Interpretieren und Bewerten, unter Einbeziehung von vorherigen Erwartungen und bisherigen Erfahrungen, Wissenselementen und kognitiven Schemata sowie unter Hinzufügung eigener Inhaltskonstruktionen bzw. Phantasien, gegebenenfalls mit Folgen im Sinne einer Integration in bisherige Wissensbestände und Kognitionen sowie in die Gesamtheit der eigenen Lebenswelt)
- *Reaktionen und Wirkungen* (kurz- und/oder längerfristige Reaktionen und Folgen auf physischer, psychischer und Verhaltens-/Handlungsebene mit einem potentiell nahezu unendlichen Spektrum, angefangen von emotionalen Reaktionen und Veränderungen der Befindlichkeit, über Erweiterung des Wissens oder Veränderung von Einstellungen, bis hin zu einer veränderten Ausgangslage für künftige Erwartungen an Medienangebote und spätere Selektionsentscheidungen)
- medienbeeinflußte und/oder mediennutzende *Handlung*: bei Rezeptionsmedien gegebenenfalls Handlung auf der Basis von Reaktionen und Wirkungen (z.B. Handlung auf Basis etwa einer veränderten politischen Einstellung ebenso wie etwa Handlung auf Basis der Gegenüberstellung von erwarteten und erhaltenen Gratifikation der Mediennutzung); bei Interaktionsmedien im Anschluß an die bisherigen Aktivitäten gegebenenfalls Handlung als Reaktion gegenüber dem Sender (z.B. Feedback oder Antwort); bei Produktionsmedien sofort nach Nutzungsbeginn sodann die eigene Produktion eines Medieninhaltes

Aus diesen Rezipienten- bzw. Nutzer-Aktivitäten lassen sich mindestens die folgenden Anforderungen als Zielsetzungen innerhalb des Begriffs „*Medienkompetenz*“ ableiten, die grob in kognitive, affektive und soziale bzw. verhaltensbezogene Aspekte eingeteilt werden können:

Zur kognitiven Dimensionen der Medienkompetenz gehören insbesondere folgende Elemente:

- Kognitive Basiskompetenzen
- Wissen über verschiedene Handlungsalternativen in den jeweiligen Situationen
- Orientierungswissen, Bewertungs- und Auswahlkompetenzen hinsichtlich Medien und Mediennutzung: Wissen über Medien, medienspezifische Angebotsweisen und Unterschiede zwischen Medienangeboten bezüglich deren Möglichkeiten, Funktionen und Grenzen, Präsentationsformen und Gestaltungsarten, Zeichensystemen und Gestaltungstechniken; Kenntnis von Medien-Produktionsbedingungen und Produktion einschließlich relevanter Bedingungen der Medienverbreitung; Medienanalyse und Medienkritik unter Einbeziehung von sozial-ethisch-moralischen Werten sowie formalen und inhaltlichen Kriterien zur Bewertung und Auswahl auch

unter subjektiv-funktionalen Erwägungen; Wissen über die Einsetzbarkeit einzelner Medien und Medienangebote für die jeweiligen Zielsetzungen
- Einsicht in die Bedeutung und Wirkungen von Medien auf Individuen, Gruppen und Gesellschaft sowie Einsicht in kognitive Medienwirkungen auf seiten der eigenen Person
- Spezielle kognitive Medienkompetenzen für Verstehen, Bewerten und Verarbeiten von Medieninhalten (wie Fähigkeit zur Symbolentschlüsselung, zum Verstehen von Bildsprache, Aussagen und Handlungsabläufen, zur Vervollständigung von Präsentationslücken und -sprüngen etc.)
- Fähigkeit zur Gegenüberstellung von erwarteten und erhaltenen Gratifikationen der Mediennutzung im Hinblick auf kognitiv orientierte vorherige Gratifikationserwartungen (z.B. Informationsgewinn)

Zur *affektiven Dimensionen der Medienkompetenz* gehören insbesondere folgende Elemente:

- Emotionale Basiskompetenzen
- Einsicht in emotionale Medienwirkungen auf seiten der eigenen Person
- Fähigkeit, sich vor emotional zu stark belastenden Medieneindrücken zu schützen, emotionale Eindrücke zu bewältigen und emotionale Medienerlebnisse persönlich und sozial zuträglich zu verarbeiten
- Fähigkeit zur Gegenüberstellung von erwarteten und erhaltenen Gratifikationen der Mediennutzung im Hinblick auf affektiv orientierte vorherige Gratifikationserwartungen (z.B. Stimmungsmanagement)

*Die soziale und verhaltens- bzw. handlungsbezogene Dimension von Medienkompetenz* bezieht sich insbesondere auf folgende Aspekte:

- Soziale und kommunikative Basiskompetenzen
- Instrumentelle Handlungskompetenzen zur Umsetzung von Handlungsalternativen unter Berücksichtigung von medieninternen und -externen Alternativoptionen, einschließlich Handlungskompetenzen zur Medienauswahl sowie instrumenteller technischer Kompetenzen zur eigenständigen, selbständigen und effektiven Handhabung, Gestaltung und Produktion von Medieninhalten
- Einsicht in quantitative und qualitative Aspekte eigener Mediennutzungsgewohnheiten
- Fähigkeit zur Integration der Mediennutzung in den sonstigen Alltag
- Fähigkeit zum Erkennen und Aufarbeiten von sozialen und handlungs- bzw. verhaltensbezogenen Medienwirkungen
- Fähigkeit zur Gegenüberstellung von erwarteten und erhaltenen Gratifikationen der Mediennutzung im Hinblick auf sozial- und/oder handlungsorientierte vorherige Gratifikationserwartungen (z.B. Erlebnis „parasozialer Interaktion“ mit Fernsehakteuren)

- Abschließend sei im Hinblick auf Ziele der Medienerziehung und auf Medienkompetenz als eines ihrer Hauptziele (s.o.) angemerkt, daß der Medienkompetenzbegriff in der einschlägigen Literatur implizit zumeist auch das bereits genannte Hauptziel der Maximierung positiver Aspekte der Mediennutzung und ihrer Folgen einschließt. Plausiblerweise wird dagegen mit dem Kompetenzbegriff seltener auch die Minimierung und Prävention negativer Medienumgangsweisen und Folgen und das Aufarbeiten von Medienerlebnissen assoziiert (vgl. hierzu allerdings die oben erläuterte Zielkategorie 2), da dieses Ziel weniger die Kompetenzen der Mediennutzer als vielmehr die Aufgaben der Medienerziehung und damit der in der pädagogischen Praxis tätigen Personen (Eltern, Erzieherinnen, Lehrer etc.) tangiert. Ein sicher wesentlicherer Grund hierfür liegt jedoch in der Tatsache, daß die Aufstellung von Zielen der Medienerziehung selbstverständlich in erheblichem Ausmaß von dem jeweils zugrunde liegenden Konzept der Medienerziehung abhängt. So propagieren Vertreter bewahrpädagogischer Ansätze teilweise gänzlich andere als die genannten Ziele der Medienerziehung, insbesondere das Bewahren vor Verführungen und gefährdenden Wirkungen seitens der Medien und die präventive Intervention bezüglich schädlicher Mediennutzung. Auf unterschiedliche Konzepte und damit verbundene Ziele und Praxisanregungen ist im Folgenden einzugehen.

## 1.3 Konzepte der Medienerziehung

Konzepte der Medienerziehung sind logischerweise von der jeweiligen allgemein-pädagogischen Grundauffassung von Erziehung und Bildung abhängig[11] und unterliegen gleichzeitig in besonderem Maße historischen Veränderungen: Sie werden nicht nur bestimmt (a) von den Strömungen in den allgemeinen Erziehungs- und Bildungskonzeptionen, sondern auch (b) von den dynamischen Entwicklungen der Medienlandschaft bzw. auf der Medienangebotsseite sowie den daraus resultierenden Möglichkeiten und Anforderungen für die Seite der Mediennutzer; (c) vom jeweiligen Stellenwert, den die Öffentlichkeit den Medien beimißt (Stichwort hierzu heute: Informationsgesellschaft); (d) von den in der Gesellschaft und/oder in pädagogischen Handlungsfeldern verbreiteten Auffassungen bezüglich der Chancen und Risiken von Entwicklungen der Medienangebote und Mediennutzung; (e) nicht zuletzt aber auch von den Entwicklungen in der Medienforschung (v.a. bezüg-

11 Ähnlich formuliert auch Doh (1994, S. 147): „Eine Medienpädagogik [...] ist immer abhängig vom Menschenbild, sprich von den dem Rezipienten zugestandenen Fähigkeiten und Fertigkeiten gegenüber den Medien [...]".

lich quantitativer und qualitativer Aspekte der Mediennutzung und ihrer Wirkungen).

Daß dennoch in der Gegenwart höchst unterschiedliche Konzepte nebeneinander bestehen, verwundert allerdings kaum: Zum einen werden Strömungen bekanntlich nicht von allen Gesellschaftsgruppen und ihren einzelnen Mitgliedern in gleichem Maße und synchron wahrgenommen und übernommen. Zum anderen tragen unterschiedliche Disziplinen zur Medienpädagogik und Medienerziehung bei (vgl. Kap. 1.1), von denen nicht ohne weiteres eine homogene Basis (in Grundauffassungen, Leitlinien, Forschungserkenntnissen etc.) für Konzepte der Medienerziehung zu erwarten ist.

Und schließlich findet Medienerziehung in unterschiedlichen Handlungsfeldern der pädagogischen Praxis statt (vgl. Kap. 1.1). Sofern Konzepte für eine jeweils feldspezifische Medienerziehung aufgestellt bzw. von Personen in bestimmten Praxisfeldern vertreten werden, sind für die Heterogenität neben unterschiedlichen Grundauffassungen auch die verschiedenen Aufträge an Erziehung und Bildung in einzelnen pädagogischen Feldern sowie die in den Feldern unterschiedlichen Rahmenbedingungen (strukturelle Rahmenbedingungen für die Umsetzung medienerzieherischer Bemühungen, Alter der Kinder bzw. Jugendlichen etc.) und sonstigen Voraussetzungen (Wissensbestände, Problemsichten etc.) maßgeblich.

Wenn wir im Folgenden unterschiedliche Konzepte der Medienerziehung vorstellen, so ist dabei zu bedenken: (a) Es handelt sich an dieser Stelle nicht um die in Praxisfeldern, sondern in der einschlägigen (v.a. wissenschaftlichen) Literatur vertretenen Konzepte (b) Bestimmte Ansätze sind inzwischen in ihrer Ausschließlichkeit als überholt zu bezeichnen, werden jedoch in modifizierter Version und – je nach Grundauffassung – in Kombination mit Elementen anderer Ansätze auch heute noch vertreten. (c) Die unten erläuterten Kategorien sind heutzutage nicht als sich wechselseitig ausschließende, sondern aufeinander aufbauende Konzepte zu verstehen (siehe auch Abb. 1.1).

In der Literatur finden sich verschiedene Systematiken[12] zur Einteilung medienerzieherischer Konzepte und ebenso unterschiedlichste Bezeichnungen einzelner Kategorien oder bestimmter Konzepte. Die zahlreichen Einzelkonzepte wurden von uns auf Unterschiede und Gemeinsamkeiten bezüglich ihrer theoretischen Verortung, Ziele und Praxisanregungen hin analysiert, wobei uns eine Orientierung an Praxis-Zielvorstellungen und -Anregungen vorrangiger erschien als eine solche an historischen Veränderungen und Unterschieden in theoretischen Grundauffassungen. Wie jede Strukturierung unterschiedlichster Einzelelemente führt allerdings auch unser Versuch notwendigerweise zu einer groben Vereinfachung des breiten Spektrums und

12 z.B. bei Doelker, 1991; Tulodziecki, 1992; Schorb, 1994; Baacke, 1995; Bieger et al., 1995; Moser, 1995; Hüther & Podehl, 1997; Pöttinger, 1997

schließt zudem Überschneidungen zwischen den Kategorien und Einzelkonzepten nicht aus, macht gleichzeitig aber die große Bandbreite überschaubarer. Die vier so entstandenen Grobkategorien umfassen:

- Bewahrpädagogische Ansätze
- Kritische Ansätze
- Kompetenzorientierte Ansätze
- Kindzentrierte Ansätze

Diese vier Kategorien sind in einer hierarchischen Gliederung zu positionieren (vgl. Abb. 1): Bestimmte Elemente der jeweils unteren Konzepte werden in den oberen wieder aufgegriffen und um weitere Elemente ergänzt. Auf diese Weise stellt die vierte Kategorie von Konzepten die umfassendsten Anforderungen an die Medienerziehung insgesamt und speziell an die Konzeption, Planung und Umsetzung medienerzieherischer Maßnahmen und Projekte.

**Abbildung 1.1: Hierarchie von Konzepten der Medienerziehung**

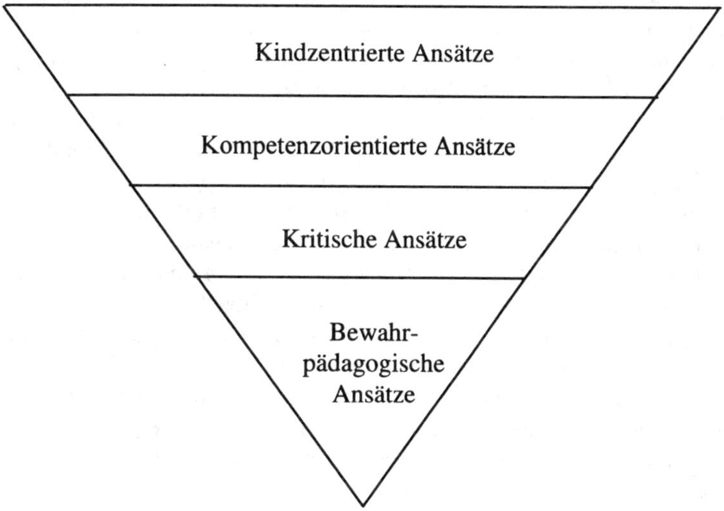


*(1) Bewahrpädagogische Ansätze der Medienerziehung*

Diese Art von Konzepten der Medienerziehung ist historisch betrachtet die älteste, fand sie ihren Beginn doch bereits mit den Entwicklungen im Bereich der Presse und anderer Druckmedien im letzten Jahrhundert und insbesondere mit dem Aufkommen von „Laufbildern" und der Entwicklung des Kinofilms gegen Ende des 19. Jahrhunderts (vgl. einen historischen Überblick u.a.

bei Hickethier, 1974; Tulodziecki, 1992; Schorb, 1995; Baacke, 1997; Hüther & Podehl, 1997[13]).

Im Vordergrund steht hierbei das Bewahren und Behüten von Kindern und Jugendlichen vor den Verführungen und vermuteten Gefährdungen seitens der Medien und die präventive Intervention bezüglich eines als schädlich erachteten Medienumgangs. Gleichzeitig geht mit dieser Auffassung jedoch schon von Beginn an auch das Bestreben einher, Heranwachsende an die von seiten der Bewertungs- bzw. Kontrollinstanzen unter moralischen und ästhetischen Gesichtspunkten als positiv begutachteten Medien heranzuführen (etwa an „das gute Buch“ oder „den wertvollen Film“) und pädagogisch geeignete Medien als didaktisches Mittel für Erziehung und Bildung einzusetzen (im dritten Reich auch als Instrument der Politik).

Bewahrpädagogische Auffassungen – von Tulodziecki (1992) auch als „behütend-pflegende Medienerziehung“ bezeichnet – basieren auf folgenden Hauptannahmen: Neben einer allgemein bewahrpädagogischen Erziehungshaltung liegt hier zum einen die am traditionellen Reiz-Reaktions-Modell orientierte Vorstellung von direkten und monokausalen Medienwirkungen zugrunde, die außer den Medieninhalten weder die Bedeutung anderer Einflußfaktoren (z.B. qualitative Merkmale der Rezeptionssituation und der Mediennutzung, Faktoren des sozialen Kontextes) noch die von „Rezipienten-Aktivitäten“ berücksichtigt (zu Rezipienten-Aktivitäten siehe Kap. 1.2 und Kap. 2.3.4). Medien haben nach dieser Auffassung nicht nur ein gefährdendes Verführungs- oder sogar Suchtpotential, sondern auch ein hohes Manipulationspotential, dem die Rezipienten hilflos und passiv ausgeliefert sind. Zum anderen basiert die bewahrpädagogische Haltung auf der Annahme, daß Kindern und Jugendlichen die kognitiven, emotionalen, moralischen und sozialen Voraussetzungen zur Einordnung, Bewertung und Verarbeitung von Medienerlebnissen noch fehlen, daß sie durch Umweltreize leicht verführbar und für jegliche Konsum-, Unterhaltungs- und Informationsangebote unreflektiert zugänglich sind. Heranwachsende wären deshalb überfordert, würde man sie der medialen Reizüberflutung, der realitätsfernen medienvermittelten Scheinwelt und der pädagogisch-moralisch negativ bewerteten Massenunterhaltung und ihrer Wertevermittlung aussetzen. Nach dem Dritten Reich kam als Ausgangslage bewahrpädagogischer Bestrebungen die Medienskepsis angesichts der Erfahrung mit dem Manipulationspotential staatlich gelenkter, politisch eingesetzter Massenmedien hinzu, die zu einer präventiv orientierten Medienerziehung beitrug.

Als Vertreter der frühen bewahrpädagogischen Auffassung ist Wasem mit seinen Publikationen aus den 50er und 60er Jahren zu nennen (vgl. u.a. Neu-

---

13 Weitere Ausführungen über bewahrpädagogische Ansätze finden sich u.a. bei: Neubauer, 1982; Issing, 1987; Kübler, 1991; Höltershinken & Ullrich, 1995; Pöttinger, 1997.

bauer, 1982; Issing, 1987; Schorb, 1995[14]). Nach der Auffassung von Wasem besteht die Gefahr der Medien (hier des Films) insbesondere in der Vermittlung moralisch negativer Werte, die die Heranwachsenden in ihrer religiösen, moralischen und sozialen Entwicklung gefährden. Medienerziehung (hier speziell Filmerziehung) muß deshalb über die Gefahren schlechter Filmprodukte aufklären und an moralisch wertvolle Filmprodukte heranführen.

Eine differenziertere und dennoch auch bewahrpädagogische Haltung nahm dagegen Keilhacker (1953; 1955) ein. Ausgehend von eigenen filmpsychologischen Untersuchungen konstatierte er einerseits, daß Kinder durch Kinofilme und die mit ihnen vermittelte Reizüberflutung ebenso wie durch die in den Filmen enthaltenen negativen Vorbilder emotional (z.B. Angstreaktionen), kognitiv (z.B. Fehldeutungen) und sozial (z.B. abweichendes Verhalten) gefährdet werden können. Dabei sah er jedoch – im Gegensatz etwa zu Wasem – neben den Filminhalten auch das Alter der Kinder sowie ihre familiären Lebensbedingungen als wesentliche Variablen für derartige Gefährdungen an. Andererseits betonte Keilhacker aber auch die durchaus positiven Möglichkeiten, die mit dem Einsatz geeigneter Filme und den mit ihnen vermittelten pädagogisch-moralisch wertvollen Vorbildern zu erreichen sind. „Mit dieser gedanklichen Konstruktion gelingt es ihm, bewahrpädagogische Ansätze mit seinem technokratischen Weltbild zu verbinden. Überall dort nämlich, wo das Individuum noch nicht in der Lage ist, die notwendige 'seelische Grundhaltung', 'Wachheit und Wachsamkeit' gegenüber den Medien zu entwickeln, muß es vor den Gefahrenpotentialen der Medien geschützt werden. Dies gilt in besonderem Maße für Kinder und Jugendliche" (Schorb, 1995, S. 41).

Bewahrpädagogische Befürchtungen gegenüber Medienentwicklungen und deren Wirkungen fanden zunächst einmal ihren Niederschlag in einer Reihe von gesetzlichen Bestimmungen zum Schutz der Rezipienten und insbesondere von Kindern und Jugendlichen[15] und in der Einrichtung von Kontrollorganen[16]. Gleichzeitig führten bewahrpädagogische Bestrebungen, Heranwachsende an wertvolle Medien heranzuführen, in Verbindung mit der Kino- und Schulfilm-Reformbewegung zur Etablierung von Beratungs- und Prüfstellen, um pädagogisch und didaktisch geeignete Filme auswählen und für den Einsatz in Schulen oder für Vorführungen in gesonderten Kindervorstellungen empfehlen zu können.

Neben der Etablierung von gesetzlichen Regelungen und Medienkontroll- bzw. Begutachtungsorganen führten bewahrpädagogische Auffassungen immer

---

14 Bei Schorb (1995) findet sich sowohl ein historischer Abriß bewahrpädagogischer Auffassungen und deren Konsequenzen als auch eine Erläuterung zu Publikationen einzelner ihrer Vertreter.

15 wie dem bereits 1920 verabschiedeten Reichslichtspielgesetz, dem Gesetz zum Schutz der Jugend in der Öffentlichkeit von 1951 oder dem Gesetz über die Verbreitung jugendgefährdender Schriften von 1953

16 z.B. der Freiwilligen Selbstkontrolle der Filmwirtschaft (1949) oder der Bundesprüfstelle für jugendgefährdende Schriften (1954)

wieder zu Stellungnahmen von seiten offizieller Kommissionen. Ein sehr frühes Beispiel hierzu wird von Tulodziecki (1992, S. 29) wiedergegeben: „Als Reaktion auf die Entwicklung des Films ging bereits 1907 eine Kommission, die vom Hamburger Lehrerverein eingesetzt worden war, der Frage nach: 'Wie schützen wir die Kinder vor den schädlichen Einflüssen der Theater lebender Photographien?'". Ein Beispiel der jüngsten Vergangenheit speziell für den Bereich des Kindergartens ist der Beschluß der Konferenz der Jugendminister und -senatoren der Länder von 1987: Dort wird die Auffassung vertreten, daß Kinder im Vorschulalter noch „medienuntüchtig" bzw. nicht in der Lage sind, Fernsehinhalte zu verstehen und zu verarbeiten. Der Kindergarten soll deshalb ein Schonraum ohne elektronische Medien bzw. ein alternativer Erlebnisraum für nicht-mediale Gegenerfahrungen sein. Moskal (1988) unterstützt den Beschluß mit Erläuterungen aus dem Bericht der Kommission Kindertagesstätten der Obersten Landesjugendbehörden u.a. durch folgenden Hinweis:

> „Die im Umgang mit den Neuen Medien notwendigerweise erforderliche Abstraktion stellt in der frühkindlichen Erziehung eine 'Verfrühung' dar, die entscheidende Schritte der körperlichen und sozialen Entwicklung beeinträchtigt und verdrängt. [...] Die Aufgabe des Kindergartens kann nicht sein, daß Kinder hier schon möglichst früh den Umgang mit den Neuen Medien lernen, das kann nur zu einer formalen Beherrschung der Medien führen. [...] Eine sinnvolle und souveräne Nutzung der Neuen Medien ist nur auf einem anderen Erfahrungshintergrund erlernbar als dem, den die Medien selbst bieten können. [...] Der Kindergarten hat die Erlebniskräfte des Kindes zu stärken, seine Persönlichkeitsentwicklung zu stabilisieren und ihm Grunderfahrungen zu vermitteln, die es später befähigen, ein autonomer Mediennutzer zu werden. [...] In diesem Lebensraum haben Computer, Videospiele, Fernsehen und Filme keinen Platz. Eine Hineinnahme dieser Medien würde geradezu die Erziehung auf eine spätere autonome Nutzung dieser Medien unterlaufen [...]" (Moskal, 1988, S. 142-143).

Für die Praxis der Medienerziehung bedeutet die bewahrpädagogische Sichtweise zum einen das weitgehende Fernhalten der jüngeren Kinder von elektronischen Medien, die Lenkung der Heranwachsenden zur Nutzung ausschließlich als positiv erachteter Medien und die Bereitstellung von Möglichkeiten nicht-medialer Erfahrungen und Alltagsgestaltungsweisen (entsprechende Praxisanregungen nach dem bewahrpädagogischen „Situationsansatz" finden sich u.a. bei Rolle, 1990; Kesberg & Rolle, 1991). Zum anderen wurden von den frühen Vertretern bewahrpädagogischer Sichtweisen (wie Wasem und Keilhacker, s.o.) Filmerziehung und Filmgespräch mit Heranwachsenden vorgeschlagen. Ziel ist dabei die Aufklärung über Gefahren „schlechter" Filme, die Vermittlung und Erörterung v.a. von moralischen und ästhetischen Bewertungskriterien und die Desillusionierung und Immunisierung der

Heranwachsenden durch medienkundliche Aufklärung (z.B. über Inszenierungsstrategien).

Inzwischen existieren zahlreiche gesetzliche Regelungen und Medienkontrollinstanzen, die Kinder und Jugendliche vor Gefahren durch schädliche Medienprodukte schützen sollen und damit den bewahrpädagogischen Sichtweisen durchaus entgegenkommen. Damit sind jedoch zum einen die potentiellen Risiken der Mediennutzung und ihrer Wirkungen noch keineswegs minimiert. So sehen nicht wenige Kinder auch zu Abendzeiten noch fern, wenn die Sender auf den Schutz dieser Altersgruppe keine Rücksicht mehr nehmen müssen; und auch solche Medienprodukte, die durch Kontrollinstanzen nicht beanstandet werden, können unter Umständen etwa zu kognitiven Überforderungen und emotionalen Belastungen von Kindern führen, wenn ihnen die entsprechenden Kompetenzen zur Rezeption und Verarbeitung der Inhalte noch fehlen. Noch wesentlicher erscheint in Kritik an einer bewahrpädagogischen Haltung und Erziehungspraxis allerdings zum anderen, daß es (a) weder möglich ist, Kinder von den allgegenwärtigen Medien vollständig fernzuhalten, (b) noch dieses sinnvoll ist, wenn es darum geht, durch Medienerziehung Medienkompetenzen zu vermitteln und zur Maximierung positiver Medienumgangsweisen und ihrer Folgen beizutragen (vgl. hierzu Kap. 1.2). Und schließlich ist Kritik an den Grundlagen bewahrpädagogischer Haltungen zu üben, da (c) sie in deren Extremvarianten auf traditionellen pädagogischen Wertsetzungen basieren, die gleichzeitig den Individuen die Möglichkeit und Notwendigkeit zum Erlernen medienbezogener Selbständigkeit absprechen, und (d) nicht mehr dem gegenwärtigen Stand von Erkenntnissen der Medienforschung entsprechen (etwa zum funktionalen Stellenwert von Medien im Alltag von Kindern, zu „Rezipienten-Aktivitäten" und zum komplexen Wirkungszusammenhang, der neben Medienangebotsmerkmalen eine erhebliche Anzahl von Einflußfaktoren umfaßt)[17].

Daß sinnvollerweise dennoch das Bestreben, durch Medienerziehung auch zur Minimierung von Risiken negativer Medienumgangsweisen und zur Auseinandersetzung mit Kriterien zur Bewertung und Auswahl von Medienangeboten beizutragen, nach wie vor als eines der Ziele von Medienerziehung anerkannt wird, wurde bereits in Kapitel 1.2 angesprochen und wird im Folgenden daran deutlich, daß andere medienerzieherische Ansätze diesen Gedanken unter einer veränderten Perspektive weiterführen.

*(2) Kritische Ansätze der Medienerziehung*

Hierunter lassen sich vor allem solche Ansätze aufzählen, die sich einer ideologiekritischen Position bedienen und dabei die gesellschaftlichen Auswirkungen von Massenmedien erörtern. Als Ausgangspunkt ist im Zusam-

17 vgl. ähnliche Kritik an bewahrpädagogischen Ansätzen ausführlicher u.a. bei Neubauer, 1982; Issing, 1987; Kübler, 1991; Tulodziecki, 1992; Höltershinken & Ullrich, 1995; Rathmayr, 1996

menhang mit den Studentenbewegungen Ende der 60er Jahre die „Kritische Theorie“ der Frankfurter Schule zu benennen (vgl. auch Merten, 1996; Schorb 1995), deren Vertreter (M. Horkheimer, T.W. Adorno, W. Benjamin, H. Marcuse) z.T. bereits während des zweiten Weltkrieges und insbesondere aufgrund der negativen Erfahrungen mit dem Nationalsozialismus, unter Einbeziehung psychoanalytischer und materialistischer Elemente, eine „kritische Medientheorie“ erarbeiteten. Die ideologiekritische Position fußt auf der Kritik der „kapitalistischen Warengesellschaft“, „in der Medien als Ware gesellschaftsstabilisierende Funktion haben“ (Merten, 1996, S. 13) und Massenmedien als Instrument der Bewußtseinsmanipulation der Massen begriffen werden. Deutlich wird dies auch an Adornos Kritik, die sich auf das amerikanische Kommunikationssystem bezieht. Seine Argumente hat Baacke (1997) zusammengefaßt, worunter hier u.a. folgende zu nennen sind:

„Die Ausbreitung der Massenmedien hat dazu geführt, daß es individuelle Autonomie, ein Reservat für inkommensurable Persönlichkeiten kaum noch gibt; die egalisierende Kulturindustrie ist vielmehr allgegenwärtig, indem sie alle beeinflußt und gleichschaltet. [...] Die Medien leisten gar nicht in erster Linie, was als ihre offizielle Aufgabe deklariert wird: Durch die Übermittlung von aktuellen Informationen Neues zu bringen und die Gesellschaft in Bewegung zu halten. Sie reproduzieren vielmehr Alltagswissen immer noch einmal, verdoppeln also einfach Welt, deren Bestand dadurch überwältigend undurchdringlich wird. Wir sehen viele Bilder und bleiben doch blind gegenüber der Wahrheit“ (Baacke, 1997, S. 32).

Hauptziele innerhalb einer solchen Perspektive sind daher u.a. die „Befreiung aus der Herrschaft der Unterhaltungs-Moloche und Amüsier-Maschinerie“ (Doelker, 1990, S. 150) und Maßnahmen gegen die Ausbeutung bspw. Jugendlicher durch ökonomische und politische Interessen der „Macher“. Angestrebtes gesellschaftliches Ziel ist der „herrschaftsfreie Diskurs“ (vgl. hierzu Habermas, 1981), der über die Emanzipation von illegitimen Herrschafts- bzw. Autoritäts-Beziehungen erreichbar wird.

Im Mittelpunkt der medienpädagogischen Diskussion stehen hierbei insbesondere benachteiligte Gruppen innerhalb der Gesellschaft, denen ihre Abhängigkeit und Manipulierbarkeit durch die Massenmedien bewußt gemacht werden soll. Der pädagogische Fokus liegt daher im Übergang des Konsumenten zum kritischen Rezipienten durch Analyse der Medieninhalte mittels Denken und Sprache (vgl. Merten, 1996). Für die Praxis der Medienerziehung ergibt sich aus den verschiedenen Ansätzen, die dieser Kategorie zuzuordnen sind, daß die Umsetzung von Zielen allenfalls über Gespräche und gemeinsame Medienanalyse abläuft.

Als benachteiligte Gruppen können letztlich all jene (und damit die Mehrheit) angesehen werden, die nicht erkennen, daß die offiziell in westlichen Demokratien deklarierten Werte (wie Freiheit, Autonomie der Person, Partizipation an politischen Entscheidungsprozessen etc.) gar nicht eingelöst werden, und zudem Schutzbehauptungen zur Erhaltung des Systems nicht anzweifeln, da sie sich (u.a. durch Unterhaltung) für befriedigt halten (vgl. Baacke, 1997).

Als medienpädagogische Konzepte lassen sich hier der „emanzipatorische“[18] bzw. „ideologiekritische Ansatz“[19] und in einer Weiterentwicklung u.a. der als „kritisch-materialistisch“[20], „gesellschaftskritisch“[21] oder „emanzipatorisch, handlungsorientiert“[22] bezeichnete Ansatz einordnen. Diese Trennung ist nicht bei allen Autoren zu finden, zumal auch die Begrifflichkeiten sehr unterschiedlich verwendet und eingeordnet werden. Es kann aber speziell dann nicht auf eine genaue Unterscheidung verzichtet werden, wenn Kritik geäußert wird. Daher bezieht sich die nachfolgende Kritik vorwiegend auf *ältere* medienpädagogische Konzeptionen, insbesondere auf deren praktische Umsetzbarkeit: Es würden keine konkreten Folgerungen für die Medienerziehung gezogen (Tulodziecki, 1992), und es handele sich faktisch um Bewahrpädagogik, da die skeptische Haltung gegenüber Medien dazu führe, sich dem Einfluß von Medien möglichst wenig auszusetzen (vgl. die Kritik von Bieger et al., 1995). In ähnliche Richtung geht auch die Kritik daran, daß die ideologiekritische Position die Wirkungsmöglichkeiten überschätze und daher lediglich immunisieren wolle (vgl. z.B. Neubauer, 1982). Neben der Überbetonung der kognitiven Orientierung ist zu den älteren kritischen Ansätzen auch anzumerken, daß meist der Bezug zu den Bedürfnissen, Motiven und Entwicklungsaufgaben, die die Nutzer mit der Mediennutzung verbinden, fehlt. Spielerische Momente oder Aspekte von Spaß und lustvoll-kreativem Umgang mit Medien kommen zu kurz (vgl. die Kritik an medienkritischer didaktischer Medienarbeit bei Moser, 1995).

Die bisher genannten Ansätze lassen sich in einer groben Einteilung auch als „kritisch-emanzipatorisch“ (vgl. auch Tulodziecki & Schöpf, 1992) bezeichnen. Dies gilt auch für eine Vielzahl weiterer Ansätze, die sich – und dies z.T. bereits Anfang der 70er Jahre – weiterentwickelt haben, indem sie ihre philosophischen Grundaussagen mit Ergebnissen der Medienforschung verknüpften (vgl. auch Merten, 1996). In *neueren* Ansätzen stand nun nicht mehr einseitig, wie bisher, das allmächtige und omnipotente Medium (insbesondere das Fernsehen) im Mittelpunkt, sondern der Rezipient mit seinen biografischen und lebensweltlichen Bedürfnissen und Erfahrungen, der als handlungsfähiges Individuum nicht nur durch die Familie, die Schule und die Peergroups, sondern auch durch die Medien seine Sozialisation erfährt (vgl. Merten, 1996).

---

18 z.B. so bezeichnet bei Doelker, 1990
19 Bezeichnung bei: Neubauer, 1982; Baacke, 1995; Pöttinger, 1997
20 so benannt von Tulodziecki, 1992
21 vgl. Pöttinger, 1997
22 z.B. bei Schorb, 1995

Für eine zwingende Weiterentwicklung „von der Medienkritik zur Medienarbeit“ (Schorb, 1994, S. 159) können weitere Gründe aufgeführt werden: Innerhalb der medienerzieherischen Praxis standen bisher weitgehend medientheoretische Überlegungen im Vordergrund, die von ihrer elitären Sprache her kaum geeignet waren für das Verständnisniveau der von der „ungerechtfertigten Herrschaft zu befreienden Arbeiter“ (vgl. Tulodziecki, 1992). Gleiches galt aber auch für Jugendliche. Gerade sie hatten kein Interesse an einer präventiven und selbst-immunisierenden Medienerziehung, die zusammen mit einem übereifrigen Jugendmedienschutz als Bevormundung aufgefaßt wurde (vgl. entsprechende Kritik bei Hüther & Podehl, 1997). Dies ist umso mehr verständlich, wenn man davon ausgeht, daß sich bereits seit den 50er Jahren ein Konsumverhalten herausentwickelte, mit dem sich Jugendliche auch durch Medien und der damit verbundenen Symbolik von der Erwachsenenwelt absetzen. Gegenüber dieser lustvollen und provokativen Form der Mediennutzung Jugendlicher und der beginnenden produktiven (und kreativen) Medienarbeit in Jugendbildungseinrichtungen stand eine Praxis vergleichsweise lustloser Wissensvermittlung eher auf verlorenem Posten (hierzu auch Bieger et al., 1995).

Die Kritik an den verschiedenen Konzepten innerhalb dieser Grobkategorie ist aber nur *eine* Perspektive zur Erklärung, weshalb Ansätze zur „kritischen Medienerziehung“ sich haben weiterentwickeln müssen: Bei Schorb (1995) oder Merten (1996) wird ebenso deutlich, daß aktive Medienarbeit und handlungsorientierte Medienerziehung hiermit bereits angelegt waren und folgerichtig in Projekten der Jugendmedienarbeit der 70er Jahre umgesetzt wurden. Neben der von Brecht 1932 entworfenen Radiotheorie und der damit verbundenen Forderung, den Distributions- in einen Kommunikationsapparat zu verwandeln, werden als Wurzeln der „emanzipatorischen“ Medienerziehung insbesondere damit korrespondierende Beiträge von Enzensberger (1970), Negt und Kluge (1973), Habermas (1971) sowie Baacke (1973) genannt. Demnach wird „eine emanzipatorische, handlungsorientierte Medienpädagogik vor allem mit drei theoretischen Begriffen entworfen: dem der ‘authentischen Erfahrung’, dem der ‘Kommunikationskompetenz’ und dem des Handelnden Lernens“ (Schorb, 1995, S. 48). Die Medienerziehung richtet sich nun in ihrem Schwerpunkt auf aktive Medienarbeit und Produktion, um eine „proletarische Gegenöffentlichkeit“ herzustellen.

Bei den meisten benannten Positionen innerhalb dieser Kategorie sind zudem weitere Ziele zu finden (vgl. Tulodziecki, 1992; Moser 1995); darunter folgende:

- Vermittlung von Kenntnissen zu inhaltlichen und technischen Produktionsprozessen sowie Befähigung zur kritischen Analyse der „Macher“-Seite
- Anregung und Befähigung, die Gemachtheit von Medien zu erkennen und in diesem Zusammenhang an Medienereignissen zu reflektieren, daß sie

ausgewählte Ausschnitte und Situationen der Welt abbilden und nicht diese selbst; versteckte Manipulationen bzw. Ideologien, die in dieser Form umgesetzt werden, sollen erkannt werden.
- Befähigung zur Ideologie- und Medienkritik im Sinne einer Gesellschaftskritik
- Befähigung zur Kritik der eigenen Rezeption im gesellschaftlichen Kontext
- Befähigung zur kritischen Einflußnahme auf Medieninstitutionen

Neben den genannten Ansätzen ist als ein weiterer der „aufklärerische Ansatz" zu nennen (vgl. hierzu Ausführungen bei Doelker, 1990). Medienkunde soll hierbei gegen unerwünschte Medienwirkungen immunisieren und einen Beitrag zur Förderung der Skepsis, kritischen Haltung und Desillusionierung gegenüber Medien leisten. Dabei spielen auch Kenntnisse zu Produktionsweisen und deren technischen, organisatorischen, rechtlichen, ökonomischen und politischen Hintergründen eine Rolle.

Darüber hinaus liegen zahlreiche weitere Ansätze vor, die – unabhängig davon, ob im marxistischen Sinne ideologiekritisch oder nicht – in ihrem Schwerpunkt auf die Veränderung des Bewußtseins und Handelns abzielen und dabei die Gemachtheit und die Manipulationsmöglichkeiten von Medien in den Mittelpunkt stellen. Dabei überschneiden sich einige Konzepte bereits mit „produktions-" oder „kompetenzorientierten Ansätzen" (s.u.) (Ansätze z.B. von Neubauer, 1982; Dröge, 1994; Kübler, 1991; Schell 1989) oder beinhalten über die kritischen Elemente hinaus lebensweltliche (z.B. Medien als Sozialisationsfaktor) oder handlungstheoretische Bezüge (bspw. Dröge, 1994; Baacke, 1980).

*(3) Kompetenzorientierte Ansätze der Medienerziehung*

Gemeinsam ist den Ansätzen dieser Kategorie, daß sie vom „Konzept des Aktiven Rezipienten" sowie von den Anforderungen an die Kompetenzen zur Realisierung von „Rezipienten-Aktivitäten" ausgehen (zu Rezipienten-Aktivitäten siehe auch Kap. 1.2 sowie Kap. 2.3.4). Dementsprechend ist – unabhängig vom jeweiligen theoretischen und historischen Hintergrund – gemeinsames Ziel der verschiedenen Ansätze, medienbezogene Kompetenzen zu vermitteln.

Damit lassen sich kompetenzorientierte Ansätze in zweierlei Hinsicht von bewahrpädagogischen abgrenzen: Zum einen gehen sie eben nicht von der Annahme passiver Konsumenten aus, die den Medien hilflos ausgeliefert sind und vor negativen Einflüssen bewahrt und geschützt werden müssen. Zum anderen ist mit der Vermittlung von Medienkompetenzen eine große Anzahl von Zielen der Medienerziehung verbunden, die einer bewahrpädagogischen Sichtweise entgegenstehen (zu Dimensionen der Medienkompetenz und Zielen der Medienerziehung siehe Kap. 1.2).

Gemeinsam ist den kompetenzorientierten Ansätzen allerdings auch, daß sie Elemente bestimmter bewahrpädagogischer wie auch kritischer Ansätze mit berücksichtigen: Auch sie schließen als Ziele die Minimierung negativer Medieneinflüsse sowie die Befähigung zum kritischen, distanzierten und reflektierten Medienumgang unter Abwägung nicht-medialer Handlungsalternativen in der Regel ein. Kompetenzorientierte Ansätze gehen jedoch weit über diese Zielvorstellungen hinaus und lassen sich gleichzeitig weiter ausdifferenzieren:

Deutlich kompetenzorientiert ist der Ansatz von Doelker zur „Erweiterung des Alphabetisierungsauftrags zur Medienalphabetisierung resp. zur Medienkompetenz" (Doelker, 1987, S. 150). In dieser Perspektive sind Medien nicht nur Mittel der Kommunikation, sondern auch Elemente der heutigen Kultur. Da die audio-visuellen Medien über die Schriftkultur hinausführen und insbesondere Fernsehen eine einfache, unkomplizierte Nutzung suggeriert, muß sich die Medienerziehung darum bemühen, die „Prosomenten"[23] von der Ebene der naiven Mediennutzung auf diejenige der kompetenten Mediennutzung zu heben. Kinder und Jugendliche sollen über die Kulturfertigkeiten des Lesens und Schreibens hinaus zur kompetenten Nutzung elektronischer Medien als Kulturtechnik befähigt werden. Ohne eine entsprechende Medienerziehung können die in einer offenen und demokratischen Gesellschaft Heranwachsenden nicht darauf vorbereitet werden, kreativ an der Gemeinschaft zu partizipieren, bestehende Informationsquellen zu nutzen und zu lernen, sich notwendige Informationen zu beschaffen und durch geeignete Meinungsäußerungen zur öffentlichen Meinung sowie durch eigenes Handeln zum Gemeinwohl beizutragen (vgl. Doelker, 1987; 1989). Dabei darf sich die Medienerziehung nicht auf die Printmedien beschränken, sondern muß vielmehr gerade Kompetenzen zur Nutzung elektronischer Medien vermitteln. Ausgehend von der Zeichentheorie ist Ziel einer solchen Medienerziehung, die mediale Konstruktion von Wirklichkeit zu reflektieren. Kinder und Jugendliche sollen Einsicht gewinnen in multiple „Texturen", das heißt insbesondere in die Regeln der Bildsprache und ihr Zusammenwirken mit der digitalen Schrift-/Wort-Zeichensprache. Dabei betont Doelker besonders das integrative Zusammenspiel verschiedener Zeichensysteme und deren neue Qualitäten in den heutigen Medien. Insgesamt geht es um die Befähigung zu differenzierteren und distanzierteren Rezeptionsweisen – durch die Analyse von Medienprodukten nach formellen bzw. strukturellen Prinzipien – und um die Förderung des Bewußtseins für medienspezifische Nutzungsweisen, Vorlieben, Wirkungen und mögliche Überforderungen.

---

23 Dieser Begriff von Doelker soll verdeutlichen, daß bei der Mediennutzung kreative und produktive Prozesse beteiligt sind, in denen sich der Nutzer z.B. durch Zappen sein eigenes Programm zusammenstellt. Der Begriff meint aber auch, daß die Intention der Kommunikatoren nicht einfach rezipiert wird und schon gar nicht in der beabsichtigten Weise ankommen muß.

Ein ähnliches Konzept vertritt auch Schnoor (1992), der zudem kompensatorische Aufgaben der Medienerziehung betont, da Bildungschancen und speziell semiotisches und ästhetisches Grundverständnis zur differenzierten und distanzierten Medienrezeption und -verarbeitung in der Gesellschaft und damit auch bei Kindern ungleich verteilt sind (ähnlich der Wissenskluft-Hypothese). Zur Chancenangleichung wird hier besonders die „aktive Medienarbeit" (eigene Medienproduktion) vorgeschlagen.

Aktive Medienarbeit als Maßnahme der Medienerziehung wird ebenfalls von einer ganzen Reihe weiterer, als „*produktionsorientiert*" zu bezeichnender Konzepte in den Vordergrund gestellt (siehe hierzu Moser, 1995). Gemeinsames Kennzeichen produktionsorientierter Ansätze ist das didaktische Prinzip der Anschaulichkeit und der Selbsterfahrung in der kreativen Auseinandersetzung bzw. im spielerischen Umgang bei der Erstellung eigener Medienprodukte. Innerhalb solcher Ansätze wird mit der aktiven Medienarbeit neben den gerade genannten Prinzipien eine breite Palette pädagogischer und medienerzieherischer Ziele verfolgt, wie zum Beispiel: Effekte medienspezifischer Angebotsweisen erkennen und eine differenzierte und distanzierte Perspektive gegenüber Medienprodukten einnehmen; selbstbestimmtes und autonomes Medienhandeln einschließlich technischer Kompetenzen; umfassende Kompetenzen für interpersonale Kommunikation; Wahrnehmungs- und Konzentrationsfähigkeit; Befähigung zur Erklärung von Umweltgegebenheiten und -phänomenen und ihres Begründungszusammenhangs sowie zum situationsangemessenen Handeln (vgl. u.a. Fröhlich, 1982; Schorb, 1994).

Ein großer Teil solcher produktionsorientierten Ansätze ist damit gleichzeitig den „*handlungsorientierten*" Konzepten zu subsumieren, die von Folgendem ausgehen:

„Handelndes Lernen geschieht mit und an Gegenstandsbereichen sozialer Realität. Es beruht auf der Verbindung von Reflexion und Handeln und ist auf die Aneignung von Realität ebenso gerichtet wie auf deren Mitgestaltung und Veränderung. Im Bereich des Umganges mit Öffentlichkeit heißt dies, daß die [...] Fähigkeiten sich im aktiven Umgang mit Medien entwickeln müssen und können, also nicht allein als theoretische Lehrsätze erlernt, sondern in reflexiv-praktischer Medienarbeit selbst gestaltet werden" (Schorb, 1995, S. 49).

Innerhalb der kompetenzorientierten Ansätze ist diese Unterkategorie[24] auf die Erziehung zum mündigen und kritischen Rezipienten[25] gerichtet, der massenkommunikative Zusammenhänge und Medienangebote verstehen und beurteilen, die eigene Teilhabe an der Massenkommunikation einordnen, Ma-

---

24 vgl. u.a. Kerstiens, 1971; für weitere Ansätze dieser Unterkategorie siehe Tulodziecki, 1992; Tulodziecki & Schöpf, 1992; Pöttinger, 1995; für eine ausführlichere Darstellung des Konzepts aktiver Medienarbeit siehe u.a. Doh (1994) sowie Zeitter (1995)

25 Ein großer Teil der hier genannten handlungs- und interaktionsorientierten Ansätze hat ihre Basis in den o.g. kritischen Ansätzen. Dies gilt u.a. für Baacke (1980), Schorb (1980) und Dröge (1994).

nipulationstechniken der Medien durchschauen und ihnen widerstehen sowie auf das Medienangebot aktiv Einfluß ausüben kann. Darüber hinaus sollen durch Medienhandeln in Form eigener Medienproduktion eine aktive Auseinandersetzung mit der Massenkultur ermöglicht und dem durch die Medien Vorgesetzten eigene Alternativen entgegengesetzt sowie soziale Partizipation und Integration gefördert werden. In einer stärker an den o.g. kritischen Ansätzen orientierten Sichtweise bedeutet die aktive Medienarbeit zudem die Herstellung einer Gegenöffentlichkeit etwa in Form von „basisbezogenen Produktionen“ (Baacke, 1995, S. 178) im Rahmen der Stadtteilarbeit.

Für die Praxis der Medienerziehung wird jedoch in den handlungsorientierten Ansätzen nicht nur aktive Medienarbeit vorgeschlagen; vielmehr wird darüber hinaus die Notwendigkeit von Medienkunde sowie das Aufarbeiten von Medienerlebnissen etwa im Rahmen von Mediengesprächen betont.

*(4) Kindzentrierte Ansätze der Medienerziehung*

Über die dritte Kategorie hinaus berücksichtigen kindzentrierte Ansätze eine Reihe von weiteren Aspekten, die wir für wesentlich erachten. Das Spezifikum dieser Ansätze ist nämlich, daß sie nicht nur vom Mediennutzer als handelndem Subjekt ausgehen, sondern zudem die (heutige) Kindheit und kindliche Lebenswelten in den Mittelpunkt ihrer Überlegungen und Anregungen stellen[26].

Streng genommen bedarf es bei kindzentrierter Medienerziehung einer vorherigen Reflexion der Bedingungen von Kindheit in ihrem historischen und sozialen Kontext. Dies bedeutet, (1) kindliche Bedürfnisse an Medien bzw. Medienkonsum und (2) Ausdrucksmöglichkeiten mit Medien zu erkennen und anzuerkennen. Ebenso sind (3) sowohl Kompetenzdefizite im Vergleich zu Jugendlichen und Erwachsenen als auch spezifische kindliche Mediennutzungsweisen und ihre Bedeutung im sozialen Kontext sowie vor dem Hintergrund von Entwicklungsaufgaben und individuellen Lebenslagen zu beachten. Daher gewinnt in dieser Sichtweise medienerzieherischer Reflexion und Praxis das Konzept der Lebenswelt an Bedeutung. Eine solche Perspektive heißt dann gleichzeitig auch, daß „die subjektive Bedeutung, die Medienprodukte in den unterschiedlichen Lebenswelten der Nutzer durch aktive, der eigenen Situation entspringende Einordnung in den Alltag erlangen“ (Hüther & Podehl, 1997, S. 125), den Fokus aller medienerzieherischer Überlegungen und Maßnahmen ausmachen muß. „Dabei wird davon ausgegangen, daß der

26 Grundlage hierfür ist insbesondere der von Sturm entwickelte „rezipientenorientierte Ansatz“ (Sturm, 1982; 1991), der allerdings im Vergleich zu anderen in Kategorie (4) subsumierten Konzepten weit über die Medienerziehung hinausgeht und insbesondere die Seite der Medien, Kommunikatoren, Medienproduktion und Aussagenverbreitung umfaßt. Der rezipientenorientierte Ansatz basiert v.a. auf Untersuchungen zu Prozessen und Phänomenen, wie sie insbesondere in der Kognitions- und Emotions-Psychologie wiederholt analysiert wurden, unter medienspezifischen im Vergleich zu nicht-medialen Bedingungen. Ziel dieses Ansatzes ist die Förderung einer umfassenden Medienkompetenz, aber auch und besonders eine „zuschauerfreundliche Mediendramaturgie“.

Nutzer eben nicht nur in der passiv erlittenen Einflußsphäre der Medien steht, sondern die Medien ja alltäglich aktiv zu seinem eigenen individuellen Lebensalltag arrangiert“ (ebd.; vgl. ähnlich auch Hüther & Schorb, 1997).

Deutlich wird hier wieder die Bezugnahme auf das Konzept des Aktiven Rezipienten: Zugrunde gelegt wird die Auffassung vom kindlichen Mediennutzer, der vor dem Hintergrund der eigenen Lebenswelt und seiner aktuell bedeutsamen „Themen“ (z.B. Großwerden, Scheidung der Eltern) den Medienumgang an bestimmte Motive und an eine jeweils bestimmte Art und Weise der Verarbeitung von Medieninhalten zu knüpft, um durch Identifikation mit den (ausgewählten) Medienpersonen/-figuren und ihren Situationen auch die eigenen „Themen“ symbolisch zu bearbeiten und zu bewältigen (vgl. u.a. Barthelmes, 1990; Rogge, 1990a; Aufenanger, 1991; Schmidt, 1991; Charlton & Neumann-Braun, 1992; Bachmair, 1994; Schorb, 1995).

Schmidt (1991; 1994) entwickelt einen solchen Ansatz in Verbindung mit einer produktionsorientierten Sichtweise (s.o.) speziell für die Medienerziehung im Kindergarten. Dabei geht er von dem komplexen Wirkungszusammenhang zwischen Sozialisations- und Lebensbedingungen, Sozialisationsanforderungen, -mustern und -erfahrungen sowie den aktuellen „Erfahrungen, Wünsche[n], Hoffnungen, Phantasien, Bedürfnisse[n] und Ängste[n]“ (Schmidt, 1991, S. 173) von Kindern aus. Zu den spezifischen Erfahrungen, die sich aus der Situation des Kindseins ergeben, zählen nach Schmidt (1991, S. 174):

- schwächer sein als (viele) andere
- bestimmten Ansprüchen und Erwartungen von Erwachsenen ausgesetzt sein
- bestimmte Anforderungen und Schwierigkeiten, die sich in den einzelnen Entwicklungsphasen ergeben, einlösen bzw. überwinden müssen (z.B. selbständig werden, d.h. Lösung von den Eltern, neue Situationen bewältigen)
- Medien- und Konsumwelt erfahren

In der von Schmidt vertretenen „produktionsorientierte[n] und lebensweltbezogene[n] Medienpädagogik“ werden Medien „zum Instrument, mit dem Kinder situativ spezifische Themen aus ihrer Lebenswelt artikulieren“ (a.a.O., S. 177). Da Kompetenzen allgemein aus der konkreten Auseinandersetzung mit der Wirklichkeit bzw. Lebenswelt entstehen, zu der gerade bei Kindern auch Medien zählen, ist Medienerziehung auch unter allgemein-pädagogischen Gesichtspunkten förderlich. Ausgehend von der Annahme, daß Medien von Kindern durchaus „handhabbar“ sind und Kindern die Möglichkeit bieten können, „zahlreiche von der Kreativitätsforschung entdeckte Dimensionen zu verwirklichen“ (a.a.O., S. 176), propagiert er für die Medienerziehung: „Orientierung und Weltaneignung als bedeutsame Funktionen kindlicher Phantasietätigkeit werden durch die Nutzung technischer Medien da gefördert, wo sich Kinder Ausschnitte ihrer räumlichen Lebenswelt [medial] aneignen oder zur Selbstdarstellung Bereiche ihrer Lebenswelt medial gestalten“ (a.a.O., S. 176).

Damit sind einige der von Schmidt geforderten Ziele der Medienerziehung bereits umrissen. Weitere Ziele richten sich sowohl bei Schmidt als auch bei anderen Autoren (u.a. Rogge, 1990a; 1996a; Schöwer, 1990; Aufenanger, 1991; Feil, 1995) darauf, daß medienerzieherische Praxisbemühungen – auf der Basis einer eingehenden Kenntnis kindlicher Lebenswelten – Alltagssituationen von Kindern aufgreifen und zur Aufarbeitung von lebensweltlichen Themen ebenso wie von Medienerlebnissen beitragen müssen.

Eine solche Sichtweise entspricht ebenfalls den Überlegungen von Höltershinken (1985, S. 102-103) zur Medienerziehung im Kindergarten: „Erziehung zu und mit den Medien im Elementarbereich muß [...] von den Erfahrungen und Kompetenzen der Kinder ausgehen. [...] Die alltäglichen Erfahrungen der Kinder im Umgang mit den Medien bzw. den Medienverbundsystemen und die Äußerungen der Kinder über sie hat sie ernst zu nehmen und muß von ihnen ausgehen“, sie muß „an ihre Erfahrungen und Bedürfnisse“ anknüpfen. Zeitter (1995, S. 16) verbindet damit gleichzeitig das Ziel: „Der Rezipient soll, indem er kommuniziert, in der Interaktion sein Verhalten verstehen, seine Interessen erkennen und realisieren lernen“ (für weitere in diesem Kontext geäußerte Ziele und Voraussetzungen der Medienerziehung siehe Kap. 1.2).

Die genannten Ziele kindzentrierter und gleichzeitig handlungsorientierter Medienerziehung stimmen durchaus mit dem von Tulodziecki und Schöpf (1992, S. 115) begründeten Ziel überein, die jedoch noch weitere Bestimmungsstücke einführen: Ziel der Medienerziehung ist demnach die „Befähigung der Kinder und Jugendlichen, technische Medien im jeweils gegebenen Lebens- und Handlungszusammenhang gemäß den eigenen Bedürfnissen und Interessen sowie in sozialer Verantwortung zu nutzen“, wobei das Handeln mit Medien gleichzeitig sachgerecht und selbstbestimmt sein sollte (vgl. auch Tulodziecki, 1992). Hieran wird deutlich, daß Tulodziecki im Gegensatz zu anderen handlungsorientierten Ansätzen eine normative Perspektive berücksichtigt. Wesentlicher ist aber – in Abgrenzung zu den vorgenannten Ansätzen – daß er intensiv auf entwicklungspsychologische Voraussetzungen der verschiedenen Altersstufen Heranwachsender für den Medienumgang und die dahinterstehenden Bedürfnisse eingeht und den Handlungsbegriff unter besonderer Berücksichtigung kognitiver und sozial-moralischer Entwicklungsdimensionen expliziert. Als Situationen für medienerzieherisches Handeln sieht er insbesondere:

- Situationen, in denen sich Medienerlebnisse von Kindern niederschlagen
- Situationen, in denen Kinder Medien zur Gestaltung eigener Aussagen oder für andere individuelle Zwecke nutzen

- Situationen, in denen eine aktive Medienerziehung unter Einbeziehung von Medien nicht als Mittel, sondern als Erziehungs- bzw. Bildungsgegenstand praktiziert wird

In der Praxis bedienen sich kindzentrierte Ansätze neben der aktiven Medienarbeit (s.o.) aller gängigen (medien)erzieherischen Methoden, bei denen u.a. durch Gespräche und Beobachtungen Nutzungsmotive und Themen und damit Sinnzusammenhänge medienbezogener Handlungen der Kinder erkannt und gemeinsam bearbeitet werden. Neben spezifischen Formen der Aufarbeitung und Begleitung von Medienerlebnissen (wie etwa Rollenspielen) werden auch Handlungsstrategien für eine kooperative Arbeit mit Eltern vorgeschlagen (zu weiteren Praxismaßnahmen in diesem Kontext siehe Kap. 3.4).

Insgesamt läßt sich festhalten, daß neuere medienerzieherische Konzepte vielschichtig sind und Elemente aufklärerischer, produktionsorientierter, rezipientenorientierter und emanzipatorischer Wurzeln in sich tragen.

Gleichzeitig ist jede Medienerziehung, unabhängig vom jeweils vertretenen Ansatz, mit einer Reihe von Schwierigkeiten konfrontiert: Einerseits sind trotz aller bewahrpädagogischer Ausrichtung Kinderschutz und Medienkontrolle nach wie vor notwendig; andererseits müssen Kinder und Jugendliche auch „schlechte" Medieninhalte konsumieren, um sich in Entscheidungen, Geschmacksbildung und selbstverantwortlicher Nutzung zu üben. Medienpädagogik kann sich aber – trotz der liberalen Grundperspektiven heutiger medienpädagogischer Auseinandersetzung mit Medien und Mediennutzung, gerade wenn es Kinder und Jugendliche betrifft – einer normativen Grenzziehung, speziell was kind- oder jugendgerechte Medieninhalte angeht, nicht entziehen. Schließlich soll die Beurteilung von Medieninhalten und deren Nutzung an den Entwicklungsaufgaben und „Themen" (s.o.) der Nutzer ansetzen; gleichzeitig dürfen Medienangebote unter inhaltlichen und formalen Aspekten Heranwachsende weder beeinträchtigen noch überfordern (vgl. dazu besonders Sturm, 1982; 1991). Problematische Nutzung und problematische Inhalte zu bestimmen, bleibt aber, selbst mit Hilfe der medienpädagogischen Forschung, schwierig. Gerade die zunehmende Heterogenisierung der Mediennutzung und ihre Einbettung in unterschiedliche Lebens- und Alltagszusammenhänge, verschiedene Lebensstile und Medienbiografien sowie damit einhergehende differenzierte Normen- und Wertegeflechte machen die Bereitstellung von medienpädagogisch relevantem Wissen zunehmend schwerer. In Zusammenhang damit steht natürlich auch die Ausweitung, Ausdifferenzierung und ständige Veränderung des Medienangebotes in technischer, formaler und inhaltlicher Hinsicht, die gerade durch das Hinzukommen multimedialer Angebote an Unübersichtlichkeit gewonnen hat. Ein Grund mehr, für ein frühzeitiges Erlernen von Fähigkeiten einzutreten, die eine kompetente Mediennutzung ermöglichen. Selbst wenn Kinder und Jugendliche heute ihren Eltern in technischen Nutzungskompetenzen oft weit überlegen sind, sollte mindestens Reflexionshilfe für die Auseinandersetzung mit Form und Inhalt und für die zielgerichtete Auswahl im Medienspektrum gegeben werden.

Die Betonung der willentlichen bzw. zielgerichteten Nutzung soll dem Umstand gerecht werden, daß Mediennutzung, unabhängig von aktiver Selektion und Rezeption, auch den Nutzern „entgleiten“ kann und von ihnen selbst unter Umständen als problematisch erlebt wird, insbesondere, da Mediennutzung in Konkurrenz zu anderen nicht-medialen Handlungsmöglichkeiten steht und zeitintensive Nutzung zu Konflikten führen kann. Als Phänomene können beispielhaft das sogenannte „Hängenbleiben“ oder Suchtproblematiken[27] genannt werden. Aber auch das Angewiesensein auf elektronische Medien muß in diesen Problemkreis einbezogen werden, gerade dann, wenn bestimmte Fähigkeiten und Fertigkeiten durch den gewohnheitsmäßigen Zugriff auf Medien verlernt werden[28].

Vergleicht man die von uns aufgestellten vier Kategorien von Ansätzen der Medienerziehung, so wird deutlich: Die Umsetzung der mit kindzentrierten Ansätzen verbundenen Ziele stellt – weitaus mehr als bei den drei anderen Kategorien – hohe Anforderungen an die in der Medienerziehung tätigen Personen. Ein Teil solcher Anforderungen wurde bei der Erläuterung dieser Konzeptkategorie bereits angesprochen. Weitere Erfordernisse implizieren insbesondere Kenntnisse und Einsicht bezüglich der von Kindern genutzten Medienangebote, der damit zusammenhängenden Motive, Rezeptions- und Verarbeitungsweisen und nicht zuletzt der Wirkungen auf Kinder.

Hierauf bezogene Forschungsergebnisse werden im folgenden Kapitel im Kontext von Argumenten für den Bedarf an Medienerziehung zusammengefaßt. Dabei wird für eine Medienerziehung plädiert, die bereits im Kindergarten beginnt (vgl. dazu auch Höltershinken, 1985; Poelchau, 1994; Jeske, 1997; Ring et al., 1997).

---

27 Daß Fernsehen im Rahmen von Zeitverwendung als problematisch erlebt wird, zeigt Neverla (1992) in ihrer Explorativstudie. Bei Lukesch (1989) finden sich empirische Hinweise auf die TV-Suchtproblematik.

28 Natürlich werden hierdurch auch Freiräume für die Ausbildung oder Intensivierung neuer Fähigkeiten geschaffen. Eine „Prothese“, die man sich geschaffen hat, wird man allerdings kaum mehr los; bspw. wird der Taschenrechner nicht mehr durch das Kopfrechnen ersetzt werden können, wenn letzteres nicht mehr trainiert werden muß.

# 2. Medienerziehung im Kindergarten: Bedarf und Anforderungen

Kapitel 1 handelte – unabhängig von den Spezifika in den verschiedenen pädagogischen Handlungsfeldern – von der Medienerziehung im Allgemeinen. Selbstverständlich müssen sich jedoch die *konkreten* Praxisziele und deren Umsetzung an den spezifischen Anforderungen und Situationen, Möglichkeiten und Grenzen in den einzelnen Handlungsfeldern orientieren, unter denen der Kindergarten das in diesem Band fokussierte Feld ist. Die zunächst vorangestellte Systematisierung von Argumenten für den Bedarf an Medienerziehung gilt jedoch wiederum keineswegs ausschließlich für den Kindergarten, sondern für alle Handlungsfelder von Erziehung und Bildung sowie Beratungs- und Kulturarbeit.

Im vorangegangenen Kapitel ist bereits deutlich geworden, daß Medienerziehung mit einem breiten Spektrum an Zielen verbunden ist, deren Gewichtung und Kombination im einzelnen jedoch vom jeweiligen Begriffsverständnis und insbesondere vom jeweils zugrunde gelegten Konzept abhängen. Abgesehen davon, daß eine ganze Reihe von Faktoren als ausschlaggebend dafür zu erachten ist, in welcher Art und welchem Umfang Medienerziehung im Kindergarten tatsächlich praktiziert wird[1], ist insofern hiermit bereits dargelegt, daß die *Praxis konkreten medienerzieherischen Verhaltens und Handelns* nicht nur auf entsprechenden *Verhaltensgewohnheiten und Handlungsstrategien* beruht. Vielmehr basiert jede adäquate Medienerziehung – sei sie in Form bewußter, strategisch geplanter Maßnahmen und Methoden im engeren Sinne oder in eher ungerichteten und spontanen Erziehungsweisen einer Medienerziehung im weiteren Sinne praktiziert – auf mehr oder weniger konkreten *Zielvorstellungen*, die wiederum aus einem übergreifenden jeweiligen *Konzept* der Medienerziehung hervorgehen (sollten).

---

1 Das in diesem Band zugrunde gelegte theoretische Modell zur Erklärung medienerzieherischen Handelns im Kindergarten wird in Kapitel 4.1 erläutert.

Bis dahin ist jedoch erst ein Teil einer längeren Argumentationskette aufgezeigt: Wie in Abbildung 2.1 dargestellt, haben Praxis wie auch konzeptionelle bzw. Zielebene der Medienerziehung selbst wiederum eine tiefere und breitere Basis. Sie sind zunächst einmal vom jeweiligen Problembewußtsein bzw. von der Auffassung darüber abhängig, inwieweit *Bedarf an Medienerziehung* besteht und worin dieser Bedarf liegt. Ohne Zielvorstellungen und ohne das sie begründende Problem- und Bedarfsbewußtsein ist nach unserer Auffassung weder eine motivierte noch eine motivierende Medienerziehung realisierbar.

Die Problem- und Bedarfsauffassung wird jedoch selbst wiederum von weiteren Teilen der Argumentationskette getragen: Der Bedarf an Medienerziehung ergibt sich zum einen (1) aus „akademischer" bzw. wissenschaftsinterner Sicht: Die Medienforschung kommt in verschiedenen Wissenschaftsdisziplinen[2] zu Ergebnissen, die im Hinblick auf Anforderungen an eine medienbezogene Erziehung und Bildung eine wesentliche Grundlage darstellen und ohne die eine fundierte – und das heißt auch begründete und zielorientierte – Medienerziehung u.E. nicht möglich ist. Inwieweit die Ergebnisse im einzelnen pädagogisch relevant sind, ergibt sich insbesondere vor dem Hintergrund *gesellschaftlicher und pädagogischer Normvorstellungen*[3] wie auch *medienbezogener Anforderungen, Möglichkeiten und Problemstellungen* in individuellen Alltagssituationen und in der pädagogischen Praxis.

Damit sind *pädagogisch relevante Ergebnisse der Medienforschung* eine der beiden wesentlichen Grundpfeiler innerhalb der Argumentation für den Bedarf an Medienerziehung.

Anforderungen an die Medienforschung und ihre Fokussierung von Gegenstandsbereichen ergeben sich zum großen Teil aus den Gegebenheiten in *Medienlandschaft und Medienangebot* sowie den jeweiligen Veränderungen im Medienbereich. Letztere verleihen gemeinsam mit der sonstigen *Situation in der Gesellschaft* und ihren jeweiligen Veränderungen (einschließlich der Bedingungen und Anforderungen für die Bewältigung des individuellen Alltags innerhalb wie außerhalb pädagogischer Lebensbereiche bzw. Handlungsfelder) den Ergebnissen der Medienforschung zudem ihre soziale Relevanz.

---

2 zu den beteiligten Wissenschaften vgl. Kapitel 1.1; zu einer Einteilung in Themengebiete der Medienforschung siehe Kapitel 2.3.1

3 Solche Normvorstellungen richten sich nicht zuletzt auch darauf, welches Menschenbild einer medienbezogenen Erziehung und Bildung zugrunde gelegt wird und inwieweit die Mediennutzer – wie in früheren Forschungstraditionen – als passive, den Medien hilflos ausgelieferte Rezipienten oder aber – wie zumindest in der Medienforschung heute verbreitet – als Personen angesehen werden, die im Rahmen ihrer Rezipienten- bzw. Nutzer-Aktivitäten und unter Einsatz von Medienkompetenzen mit den Medien individuell, subjektiv gestaltend und partizipierend umgehen (können).

**Abbildung 2.1: Argumentationsschema zur Begründung und Herleitung medienerzieherischer Praxis**

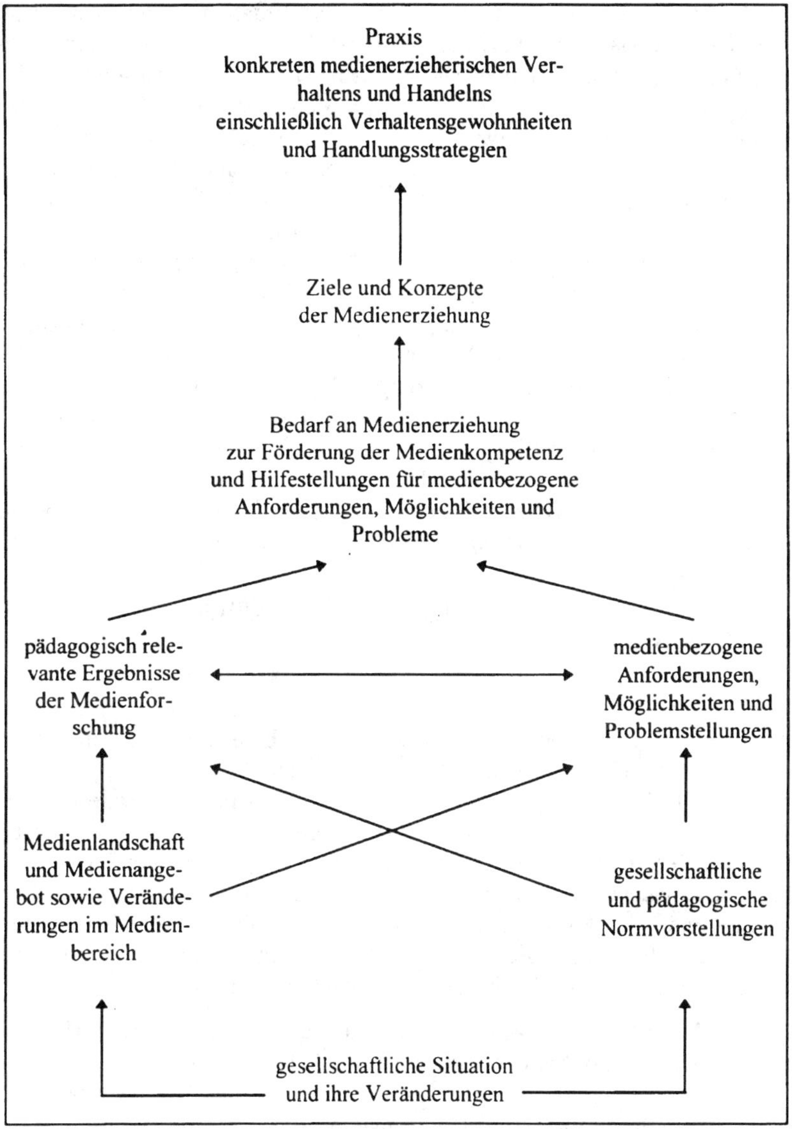


Der zweite Grundpfeiler innerhalb der Argumentation für den Bedarf an Medienerziehung steht zum anderen (2) auf der Grundlage von wissenschaftsexternen bzw. Praxis-Erwägungen und Problemwahrnehmungen: Die Gegebenheiten in *Medienlandschaft und Medienangebot* sowie deren jeweilige Veränderungen führen zu *medienbezogenen Anforderungen, Möglichkeiten und Problemstellungen* in individuellen Alltagssituationen und in der pädagogischen Praxis. Diese begründen – parallel zu wie auch in Wechselwirkung mit den pädagogisch relevanten Ergebnissen der Medienforschung – den *Bedarf an Kompetenzförderung, Problemlösungshilfen und Hilfestellungen zur Bewältigung von medienbezogenen Anforderungen.* Gleichzeitig definieren sich sowohl die Anforderungen, Möglichkeiten und Problemstellungen selbst als auch der aus ihnen resultierende Bedarf an Kompetenzförderung und Hilfestellungen über die *gesellschaftlichen und pädagogischen Normvorstellungen.* Letztere verleihen gemeinsam mit der sonstigen *Situation in der Gesellschaft* und ihren jeweiligen Veränderungen (einschließlich der Bedingungen und Anforderungen für die Bewältigung des individuellen Alltags innerhalb wie außerhalb pädagogischer Lebensbereiche bzw. Handlungsfelder) den medienbezogenen Anforderungen, Möglichkeiten und Problemen in Alltagssituationen und pädagogischer Praxis zudem ihre soziale Relevanz.

Somit ergibt sich auf Basis von wissenschaftsinternen und -externen bzw. Praxis-Argumentationen insgesamt ein *Bedarf an aktiver Medienerziehung im Sinne einer Förderung der Medienkompetenz, an Problemlösungshilfen und Hilfestellungen zur Bewältigung von medienbezogenen Anforderungen.*

## 2.1 Systematisierung von Argumenten für den Bedarf an Medienerziehung

Argumente für den Bedarf an Medienerziehung wie auch an entsprechender Qualifikation von Erzieherinnen lassen sich, wie bereits erläutert, in wissenschaftsinterne und -externe bzw. Praxis-Argumente einteilen.

Innerhalb der *wissenschaftsinternen Argumente* sind – mit unterschiedlichem Gewicht und großenteils miteinander verbunden – Ergebnisse aus allen Bereichen der Medienforschung[4] von Bedeutung: angefangen von Ergebnissen zu Medienangeboten und ihren Veränderungen, über Erkenntnisse zu Mediennutzung und ihren Funktionen bzw. Motiven, bis hin zu Befunden der Medienwirkungsforschung. Beispiele für Argumentationspunkte, die sich aus Ergebnissen dieser Forschungsbereiche ableiten lassen, sind etwa:

- neue Anforderungen an Mediennutzer (ihre Orientierung und zielgerichtete Auswahl im Medienspektrum, ihre Selbstkontrolle, Verarbeitungskapazitäten etc.) vor dem Hintergrund eines quantitativ stark erweiterten und qualitativ veränderten Medienangebotes
- positive Möglichkeiten ebenso wie Risiken, die als potentielle Folgen für die Mediennutzer aus dem veränderten Medienangebot resultieren können

---

4 zur Einteilung in verschiedene Themengebiete der Medienforschung siehe Kapitel 2.3.1

- gleichfalls Chancen und Risiken, die sich aus dem hohen quantitativen Stellenwert der Mediennutzung im Alltag ergeben können
- Anforderungen, Möglichkeiten und Probleme, die mit qualitativen Aspekten der Mediennutzung und mit dem funktionalen Stellenwert von Medien assoziiert werden können
- Anforderungen an die individuellen Voraussetzungen (Erfahrungen; Stand der kognitiven, emotionalen und sozialen Entwicklung; Wissen, Fertigkeiten und Kompetenzen; etc.), die die Basis für „Rezipienten-Aktivitäten" und damit auch für die Verarbeitung und Wirkungen von Medieninhalten darstellen[5]
- potentielle Chancen und Risiken, die mit der Nutzung bestimmter Medienangebote verbunden sein können (z.B. potentielle Risiken von Gewaltdarstellungen oder Werbung; potentielle Chancen von Vorschulsendungen oder Multimedia-Anwendungen)
- unter den potentiellen Chancen und Risiken neben individuellen Folgen auch solche auf der Gruppenebene i.S.v. Polarisierungsphänomenen zwischen Gruppen mit unterschiedlichen Ausgangsbedingungen und entsprechend unterschiedlichen Auswirkungen im Umgang mit Medien[6]

*Wissenschaftsexterne Argumente* bzw. Praxisargumente stammen aus unterschiedlichen, wenn auch z.T. miteinander interagierenden Quellen, wobei es sich insbesondere um solche Argumente handelt, (a) die sich aus dem Stellenwert von Medien in der heutigen Gesellschaft ergeben, (b) die innerhalb der öffentlichen Debatte um den Medienumgang von Kindern und Jugendlichen und damit verbunden um die Veränderungen in der Medienlandschaft und die Qualität des Medienangebotes verwendet werden oder (c) die von seiten der pädagogischen Praxis vorgetragen werden.

Hieraus ergeben sich u.a. die folgenden Begründungen für einen Bedarf an Medienerziehung, die sich teilweise mit den wissenschaftsinternen Argumentationspunkten überschneiden:

- Die Veränderungen in der Medienlandschaft werden zwar von gesetzlichen Maßnahmen (z.B. Medienkontrolle) begleitet, erfordern jedoch gleichzeitig auf seiten der Mediennutzer einen eigenverantwortlichen, souveränen und adäquaten Umgang mit dem veränderten Medienangebot. Hierzu muß die Medienerziehung befähigen.
- Durch den hohen quantitativen und qualitativen Stellenwert von Medien in der heutigen Gesellschaft ergibt sich, daß Medien zu selbstverständlichen Kulturelementen und Medienumgang zu einem wesentlichen Bestandteil der kulturellen und gesellschaftlichen Partizipation geworden sind (Stichwort z.B.: Medienkompetenz als „Schlüsselqualifikation" in

5 zu Rezipienten-Aktivitäten siehe Kapitel 1.2 und Kapitel 2.3.4
6 zu Polarisierungsphänomenen vgl. Kapitel 2.3.4

der Informationsgesellschaft). Dementsprechend ist auch die Vermittlung medienbezogenen Wissens und entsprechender Fertigkeiten und Kompetenzen zu den grundlegenden Anforderungen an die Erziehung und Bildung Heranwachsender zu rechnen.

- Die Bedeutsamkeit von Medien im Alltag heutiger Heranwachsender impliziert auch, daß Medien eine wichtige Sozialisationsinstanz geworden sind. Da die Einwirkung auf die Medienproduzenten und damit auf die Medien als Sozialisationsinstanz selbst schwierig und kaum individuell erfolgreich (wenn auch nicht ausgeschlossen) ist, ergibt sich die Notwendigkeit, durch Medienerziehung auf die Sozialisanden einzuwirken, um sie zu einer fruchtbaren Auseinandersetzung mit dieser Sozialisationsinstanz zu befähigen und damit positive Sozialisationsergebnisse zu maximieren und potentiell negativen vorzubeugen.
- Die Generationen-Unterschiede im Hinblick auf die Medienbiografien in Zusammenhang mit den Veränderungen auf dem Mediensektor haben zu Verunsicherungen, Problemen und Anforderungen in der pädagogischen Praxis geführt, die nicht mehr allein von „Laien“ zu bewältigen sind, sondern denen durch entsprechend aus- bzw. fortgebildete Fachkräfte (Erzieherinnen, Lehrer/-innen, medienpädagogisch geschulte Beratungsstellen etc.) zu begegnen ist.
- Bestimmte Alltagsphänomene und -probleme auf seiten von Kindern/Jugendlichen (z.B. das bekannte „Montagssyndrom“ oder Gewalt unter Kindern) werden häufig auf den hohen quantitativen und qualitativen Stellenwert von Medien und deren Wirkungen zurückgeführt. Unabhängig davon, inwiefern derartige Zuschreibungen korrekt sind, werden solche Überlegungen quasi „automatisch“ in Begründungen eines Bedarfs an Medienerziehung überführt; insbesondere ergeben sich hieraus aber Argumente für einen Bedarf an entsprechender Aus- und Fortbildung.

Im Folgenden werden wir zunächst auf Argumente aus der Politik und der pädagogischen Praxis (Kap. 2.2) und anschließend ebenso unter der Argumentationsperspektive auf ausgewählte Forschungsergebnisse (Kap. 2.3) eingehen.

## 2.2 Bedarfsargumente aus Politik und Praxis

Nach der Systematisierung von Argumenten für den Bedarf an Medienerziehung gehen wir nun auf diejenigen ein, die aus (mehr oder weniger) wissenschaftsexternen Kreisen im Hinblick auf Kinder, insbesondere solche im Kindergarten, vorgetragen werden. Zum einen sind dies Bedarfsargumente aus Politik und Wirtschaft, die sich teilweise gleichzeitig auf Erkenntnisse pädagogisch relevanter Wissenschaften stützen. Hierzu können neben Beschlüssen der Jugendministerkonferenz und Aussagen von Politikern auch solche etwa der Landesmedienanstalten zählen. Bedarfsargumente von dieser Seite setzen so gewissermaßen Anforderungen an die medienerzieherische Praxis. Zum anderen resultieren aus der Praxis selbst Begründungen für die Notwendigkeit von Medienerziehung: so etwa aus der Problemwahrnehmung von Erzieherinnen in Hinsicht darauf, wie Kinder ihre Medienerlebnisse in den Kindergarten hineintragen bzw. dort medienbezogenes Verhalten zeigen, oder aus Annahmen von Erzieherinnen zur Mediennutzung von Kindern (inkl. Bewertungen von Medienpräferenzen, Motiven und Wirkungen). Nicht immer scheinen gleichzeitig allerdings solche Problemwahrnehmungen und Annahmen von seiten der in der pädagogischen Praxis Tätigen auch von der Einsicht in die Notwendigkeit eigener medienerzieherischer Bemühungen begleitet zu sein.

*Politische Argumentationen* für den Bedarf an Medienerziehung gehen zumeist von aktuellen Veränderungen der Medienlandschaft aus. Dabei richten sie sich in der Regel als Anforderung an die Schule oder beziehen sich in allgemeiner Form auf die Erziehung und Bildung von Kindern und Jugendlichen. Ausgehend von Begriffen wie der „modernen Informations- und Kommunikationsgesellschaft" und den hiermit assoziierten Chancen und Risiken (z.B. Beck, 1996; Hohlmeier, 1996; Schaumann, 1992) werden Medienkompetenzen angemahnt. Entsprechende Forderungen werden dabei häufig auch in einen gesellschaftspolitischen Kontext (etwa mit dem Verweis auf das Leitbild des „mündigen Bürgers", Beck, 1996) oder – z.T. unausgesprochen – in einen ökonomischen Zusammenhang gestellt, da Bildung in dieser Hinsicht (z.B. auch Möglichkeiten des Tele-Learnings) eine Ressource für den Wettbewerb innerhalb globalisierter Märkte darstellt. Medienkompetenz wird entsprechend als „Schlüsselqualifikation für lebensbegleitendes Lernen im 21. Jahrhundert" angesehen (Rüttgers, 1997, S. 1). In ähnliche Richtung gehen auch Argumentationen im Rahmen der Initiative „Schulen ans Netz": „Wir schreiben Medienerziehung groß. Wir sind in Deutschland auf dem richtigen Weg, den Anschluß bei der globalen wirtschaftlichen und technologischen Entwicklung zu halten" (Rüttgers, 1996a; vgl. auch Rüttgers, 1996b).

Ausgehend davon, daß Medien einen Teil der Lebenswelt von Kindern und Jugendlichen bilden und ausgiebig genutzt werden (siehe u.a. Beck, 1996; Hohlmeier, 1996; Zehetmeier, 1996; Schaumann, 1992; Knauss, 1992; Schermer, 1992), ergibt sich ein Bedarf an Medienerziehung in zweierlei Hinsicht: Einerseits sollen die Chancen neuer Informations- und Kommunikationsmedien sinnvoll genutzt werden, andererseits soll eine Gefährdung der Heranwachsenden ausgeschlossen bzw. ein Selbstschutz aufgebaut werden.

An den folgenden Beispielen kann verdeutlicht werden, wie die Vermittlung von Medienkompetenzen von politischer Seite gefordert wird:

„Wir können die negativen Visionen nur verhindern, den positiven Visionen nur zum Durchbruch verhelfen, wenn wir uns den Herausforderungen stellen, verantwortlich mit den neuen Techniken umgehen und sie entsprechend weitervermitteln. Der einzelne Mensch, das Kind, der Jugendliche, der Arbeitnehmer, der Medien für seine Fortbildung nutzt, müssen im Zentrum unserer Bemühungen stehen. [...] Gefragt ist der aufgeklärte, kritische Umgang mit den neuen Medien. [...] Das bedeutet, daß vor allen Dingen unsere Kinder und Jugendlichen lernen müssen, sich in der Medienwelt zu informieren und kompetent und nachdenklich zurechtzufinden. Informationstechnische Grundbildung in allen Schulen ist der notwendige und richtige Einstieg. [...] Medienentwicklung und Medienerziehung haben auch eine politische Dimension. Wir sind dem Leitbild eines mündigen, selbstverantwortlichen und kompetenten Bürgers verpflichtet. Seine Urteilskraft zu erhalten und auszuweiten, ist unser politisches Ziel. Die Medien können dazu viel beitragen" (Ministerpräsident Kurt Beck, 1996, S. 11).

„Abschließend möchte ich mit allem Nachdruck darauf hinweisen, daß Medienerziehung von allen gesellschaftlichen Kräften getragen werden muß. [...] Medienerziehung kann nur als Gemeinschaftsaufgabe aller Betroffenen gelingen, angefangen bei den Eltern, die in ihrer Vorbildfunktion sicherlich die wichtigste Rolle spielen, über den Kindergarten und die Schule, die Jugendarbeit und die Erwachsenenbildung bis hin zur Anbieterseite. Und diese Aufgabe wird in Zukunft, in der Medien noch mehr als heute ein bedeutsamer Teil unseres Lebens sein werden, nicht weniger, sondern ständig mehr Beachtung erfordern" (Staatsminister Hans Zehetmair, 1996, S. 221).

Als weiteres Beispiel unter vielen läßt sich ein Grundsatzreferat von Dorothee Wilms (1985) anführen, in dem deutlich wird, daß seit Jahren von bildungspolitischer Seite ein Bedarf an Medienerziehung auch bereits für den Kindergartenbereich erkannt wird: „Da [...] auch für den Umgang mit Medienangeboten gilt, daß die frühen Erfahrungen das spätere Verhalten des Menschen am meisten prägen, sollte Medienerziehung bereits im frühkindlichen Alter beginnen, genau wie Verkehrserziehung, um dann durch die Schule und außerschulische Bildung ergänzt und vertieft zu werden" (Wilms, 1985, S. 16). In diesem Zusammenhang werden von seiten der Bildungspolitik entsprechende Rahmenbedingungen gefordert, die „den einzelnen in die Lage versetzen, die Chancen des erweiterten Medienangebots voll auszuschöpfen, ohne ihren Gefährdungen zu erliegen" (ebd., S. 14), und die dabei die Unterstützung von Eltern und Lehrern bei ihren Erziehungsaufgaben mit einbeziehen. So wurde auch von seiten des Bundeselternrates schon vor längerer Zeit gefordert, die „Programmflut" sozialethisch und pädagogisch aufzufangen und in diesem Sinne bereits mit der Medienerziehung vor der Schule zu beginnen (Oppermann, 1985).

Forderungen von seiten der Politik, Medienerziehung bereits im Kindergarten beginnen zu lassen, werden schließlich deutlich in dem Beschluß der Jugendministerkonferenz vom 13./14. Juni 1996, der auf der Basis des Konzeptionsberichts „Medienpädagogik als Aufgabe der Kinder- und Jugendhilfe" der Obersten Landesjugendbehörden gefällt wurde. Im Hinblick auf den Bedarf an Medienerziehung im Kindergarten erscheinen besonders folgende Passagen im Beschluß wesentlich[7]:

„Die Mediennutzung wird angesichts der aktuellen Entwicklung in der Medienlandschaft (Multimedia, digitale Rundfunkübertragung, digitale Bildträger, On-line-Dienste, Datenautobahn) weiter an Bedeutung gewinnen. Deshalb ist es notwendig, Kinder und Jugendliche sowohl durch Maßnahmen des gesetzlichen Jugendmedienschutzes vor unverträglichen Einflüssen zu bewahren, als auch zu kompetenten Mediennutzern zu erziehen. [...] Auf der Grundlage der Situationsanalyse sieht die Jugendministerkonferenz die Notwendigkeit medienpädagogischen Handelns vor allem in bezug auf die elektronischen Medien (Fernsehen, Video, Computer), da dies die Leitmedien von Kindern und Jugendlichen sind.
Da heute bereits Vorschulkinder mit diesen Medien Umgang pflegen und präventives Handeln schon frühzeitig ansetzen muß, soll im Kindergarten auf einen kompetenten Medienumgang hingewirkt und einer negativen Beeinflusssung durch Medien durch für diese Altersgruppe geeignete medienpädagogische Maßnahmen entgegengewirkt werden. [...] Die Jugendministerkonferenz setzt sich dafür ein, daß die Weiterentwicklung der Medienpädagogik im außerschulischen Bereich, die Maßnahmen zur Qualifizierung der Fachkräfte, insbesondere der Erzieherinnen und Erzieher sowie Sozialpädagoginnen und Sozialpädagogen, im Bereich der Aus- und Fortbildung intensiviert und ausgeweitet werden. [...] Die Jugendministerkonferenz unterstreicht die Notwendigkeit, [...] eine kontinuierliche Medienforschung zu ermöglichen, die auch die Gruppe der 3- bis 6jährigen erfaßt" (Jugendministerkonferenz, 1996, S. 90-91).

Inwieweit mit dem im Beschluß verwendeten Begriff „Medienpädagogik" (hier offenbar sowohl für die konzeptionelle als auch die Praxisebene verwendet) ein ähnlich umfassendes Verständnis zugrunde liegt, wie von uns unter dem Aspekt von Zielen der Medienerziehung (siehe Kap. 1.2) dargelegt, soll hier nicht diskutiert werden. Dennoch ist bereits an dieser Stelle auf zwei Aspekte des Beschlusses kritisch hinzuweisen: Zum einen wird dort – und dies erscheint gerade im Hinblick auf die Notwendigkeit klarer Aussagen für die pädagogische Praxis problematisch – nicht ausgeführt, was unter Erziehung „zu kompetenten Mediennutzern" zu verstehen ist. Zum anderen bleibt dies umso unklarer und damit problematischer, als gleichzeitig zu präventiven Maßnahmen durchaus Erläuterungen gegeben werden, die zudem eher an den Beschluß von 1987 erinnern: „Präventives Handeln zeichnet sich bei dieser Altersgruppe nicht primär durch das Erlernen von Mediennutzung, sondern durch vielfältige Möglichkeiten zu nicht medial vermittelten Erfahrungen und ein spannendes Lebensumfeld aus" (a.a.O., S. 91). Die Förderung solcher direkten eigenen Erfahrungen dient zwar der Entwicklung von Grundlagen für eine umfassende Medienkompetenz, doch bleibt der Be-

7 Der Beschluß geht ebenso auch auf andere pädagogische Felder wie die Schule ein.

schluß in dieser Passage hinter den deutlicheren Formulierungen der Obersten Landesjugendbehörden zurück, in denen u.a. gefordert wird:

„Es ist nicht ausreichend, Medien nur als didaktische Hilfsmittel [...] zu verwenden; über den didaktischen Einsatz hinaus müssen die Medien selbst zum Gegenstand der Bildungsarbeit werden. Notwendig ist, film- bzw. bildsprachliche Aspekte sowie den Umgang mit dem Computer in die Bildungsarbeit von Kindergärten, Horten und Jugendarbeit einzubeziehen. Die dort vorhandenen audiovisuellen Medien müssen auch aktiv genutzt werden [...] Deshalb gilt es vor allem auch in Kindergärten, Fernseherziehung zu etablieren; aber auch der Umgang mit Kindercomputern sollte Gegenstand der Bildungsarbeit von Kindergärten werden" (S. 96).

Auch außerhalb der Politik werden Forderungen nach Medienerziehung – teilweise auch bereits für den Kindergartenbereich – ausgesprochen.

So ergibt sich für die *Landesmedienanstalten* ein weiteres Bedarfsargument bereits aufgrund ihrer gesellschaftlichen Rolle als Medienkontrollinstanz: Die Entwicklung der Medienkompetenz hat mit der neueren Medienentwicklung „nicht im gleichen Maße Schritt gehalten" (Gebrande, 1996, S. 12); aber auch der klassische Jugendschutz ist kaum mehr ausreichend, da er mit Uhrzeiten operiert, die u.a. durch Videonutzung umgangen werden (vgl. Schneider, 1996). Daher wird der Erwerb von Medienkompetenz auch als eine Form des präventiven Jugendschutzes gesehen: „Ist jemand in der Lage, seinen Medienkonsum zu überschauen und aus dem Angebot souverän zu wählen, ist er als Subjekt nicht mehr so leicht gefährdet" (Schneider, 1996, S. 93).

Ebenfalls fordern auch Kommunikatoren aus *Medieninstitutionen* selbst die Förderung der Medienkompetenz von Kindern und Jugendlichen (Stolte, 1991; Mohn, 1992; Schmitz, 1996; Schwenk, 1996; Jeske, 1997) und die Anleitung zu Lese- und Medienkompetenz bereits im Vorschulalter (Jeske, 1997), wobei ähnlich der bildungspolitischen und ökonomischen Sichtweise argumentiert wird.

Insgesamt läßt sich somit erkennen, daß Medienerziehung von Vertretern der politischen und gesellschaftlichen Institutionen als wichtig angesehen wird und damit auch Anforderungen an den Kindergarten herangetragen werden.

Plausiblerweise sind Bedarfsargumente, die sich aus der pädagogischen Praxis ergeben, nicht deckungsgleich mit den bisher genannten. Manche der im Folgenden angesprochenen Probleme und Sichtweisen sind zwar wesentlich zur Ableitung von Argumenten für den Bedarf an einer – möglichst bereits im Kindergarten beginnenden – Medienerziehung, werden von seiten der pädagogischen Praxis häufig jedoch nicht selbst als Bedarfsargumente verwendet, sondern verbleiben dort auf der Ebene der Problemwahrnehmung (hier i.S.v. „*medienbezogenen Problemstellungen*"; vgl. dazu Abb. 2.1).

Ein Thema scheint die Erfahrungsberichte aus dem Kindergarten und Ergebnisse von Erzieherinnenbefragungen besonders zu bestimmen: das „Montagssyndrom". *Erzieherinnen* stellen demnach insbesondere an Montagen fest, daß die Arbeitsbedingungen in den Gruppen erschwert sind (vgl. Longhart, 1991; Paus-Haase, Höltershinken & Tietze, 1990). Sie fühlen sich mit den Problemen – die sie besonders auf den häuslichen Fernsehkonsum am Wochenende zurückführen – alleingelassen, sind manchmal überfordert, was sich z.T. in stärkerer Disziplinierung der Kinder niederschlägt (Thiesen, 1992). Aber auch über den Montagmorgen hinaus empfinden Erzieherinnen die Aus- bzw. Nachwirkungen des häuslichen Fernsehkonsums als störend und als hinderlich für ihre pädagogische Arbeit (Mügge, 1991). So wurden in einer Untersuchung von Ulich (1989) Erzieherinnen danach befragt, was die Erziehung im Kindergarten heute so schwierig mache; dabei gaben über drei Viertel der Erzieherinnen negative Umwelteinflüsse an, von denen immerhin die Hälfte der Befragten den Einfluß der Medien, insbesondere des Fernsehens benannten. Stichworte, die in solchen Erfahrungsberichten und attributiven Äußerungen genannt werden, sind u.a.: Fernsehen bzw. Video als „Ersatzpflegemutter" oder „Babysitter", kinderfeindliche technische Umwelt, „Reizüberflutung". Entsprechend fühlen sich Erzieherinnen angesichts der hiermit gestiegenen Anforderungen im Kindergarten häufig machtlos (Ulich, 1989; Pimenoff, 1990).

Besonders auffällig im Kindergartenalltag sind hierbei für Erzieherinnen negative Verhaltensweisen wie motorische Unruhe, aggressives Verhalten und Unkonzentriertheit, die vorwiegend als Auswirkungen von Fernsehkonsum gedeutet werden (Schuchardt, 1981; Feil, 1988; Paus-Haase, Höltershinken & Tietze, 1990). Ebenso werden Ängste bei Kindern beobachtet, die mit weitem Abstand vor anderen Begründungen (z.B. Angst vor Dunkelheit oder vor Scheidung der Eltern) auf die Medien bezogen werden (siehe u.a. Geretschläger, 1990).

Wenn die in den Kindergarten hineingetragenen Medienerfahrungen negativ bewertet werden, so liegt dies aus Sicht der Erzieherinnen besonders daran, daß das entsprechende Verhalten oft laut und mit körperlichem Einsatz der Kinder verbunden ist. Beispiele dafür sind medienbezogene Rollenspiele, in denen „Fernseh-Helden" nachgespielt werden; diese aus Sicht der Erzieherinnen in der Mehrzahl von Jungen gewählten Identifikationsfiguren gelten als vorwiegend unakzeptabel und als Synonyme für die negativen Wirkungen des Fernsehkonsums (Feil, 1990). Sendungen, die ein solches Verhalten im Kindergarten auslösen, sind daher nach Meinung der Erzieherinnen für Kinder ungeeignet, wobei solche Urteile jedoch weniger aus der Kenntnis der Sendungen als vielmehr aus dem Verhalten der Kinder erschlossen werden (Feil, 1988).

Neben dem Rollenspiel oder der Imitation von Fernsehakteuren bemerken Erzieherinnen aber auch weitere Verhaltensformen, in denen Medieninhalte aufgegriffen werden und die die Erzieherinnen nicht unbedingt negativ bewerten: So singen Kinder Werbeslogans nach, erzählen von Sendungen oder stellen medienbezogene Fragen (vgl. u.a. Herzberg, 1979; Höltershinken, Kasüschke & Sobiech, 1989).

Insgesamt haben Erzieherinnen den Eindruck, daß das Fernsehen im Leben der Kinder immer wichtiger wird (Rogge, 1987), und befürchten verbunden damit vorwiegend negative Wirkungen auf Kinder (Rogge, 1987; Ulich, 1989; Geretschläger, 1990; van den Hövel, 1995). So nennen in der Untersuchung von Höltershinken, Kasüschke & Sobiech (1989) ca. drei Viertel der befragten Erzieherinnen nur negative Wirkungen, die mit vielfältigen Folgen wie Ängsten, negativem Sozialverhalten, Passivität oder Sprachproblemen verbunden werden. Auch in einer eigenen Studie (Holzwarth, 1997b) konnten wir feststellen, daß Erzieherinnen zumindest als langfristige Wirkungen des Fernsehens in erster Linie negative Aspekte ansprechen: Unter allen mit dem Fernsehen assoziierten Wirkungen auf Kinder lagen negative Auswirkungen im Bereich von Freizeit- und Konsumverhalten, Gesundheitsschädigungen, Verlust an Kreativität und Phantasie sowie negative Nachahmungseffekte und Gewaltwirkungen auf den ersten Rangplätzen. Langfristige positive Wirkungen machten dagegen gemeinsam lediglich acht Prozent der Nennungen aus (bei kurzfristigen Wirkungen lag dieser Prozentsatz jedoch immerhin bei 39%). Damit erwiesen sich die Erzieherinnen im Vergleich zu Eltern wie auch zu Lehrerinnen und Lehrern als pessimistischer im Hinblick auf den TV-Konsum von Kindern: Bei Eltern machten positive Langzeitwirkungen immerhin 17 Prozent und positive Kurzzeitwirkungen sogar 59 Prozent aller Nennungen aus (Holzwarth, 1997b); bei Lehrern addierten sich vermutete positive Langzeitwirkungen auf insgesamt 13 Prozent und Kurzzeitwirkungen auf 55 Prozent aller Nennungen (Frey, 1996; siehe auch Frey & Six, 1997).

Vielseher, denen insbesondere auffällige und negative Eigenschaften im Verhalten attribuiert werden, machen nach Einschätzung der Erzieherinnen etwa die Hälfte aller Kinder in den Gruppen aus (Höltershinken et al., 1989). Aber auch unabhängig von der Vielseherproblematik wird der kindliche TV-Konsum von der Mehrheit der Erzieherinnen (bei Höltershinken et al., 1989: 79%) als zu hoch angesehen. Im Rahmen einer eigenen Studie konnten wir dazu feststellen: Nach Schätzung von Erzieherinnen sehen Kinder im Vorschulalter im Durchschnitt 123 Minuten fern, gleichzeitig halten die Befragten aber eine tägliche Sehdauer von 71 Minuten bei Kindergartenkindern bereits für schädlich (Holzwarth, 1997a). Mit solchen Einschätzungen werden gleichzeitig viele negativ bewertete Nutzungsmotive (siehe hierzu Kasüschke, 1991) und entsprechend negativ bewertete Nutzungspräferenzen sowie deren Wirkungen verbunden (siehe auch Geretschläger, 1990). Ähnliche Nutzungs- und Wirkungsannahmen finden sich ebenso bezogen auf Computer (vgl.

Herzberg, 1994) und z.T. auch bezüglich Hörkassetten (siehe auch Pöttinger, 1994).

Die hiermit angesprochenen Probleme im Kindergarten werden von manchen Erzieherinnen offenbar aber auch differenzierter betrachtet und problematische Medienumgangsweisen auf soziale und/oder familiäre Problemkonstellationen bezogen (vgl. van den Hövel, 1994), wobei dann häufig letztlich die Eltern verantwortlich gemacht werden[8]. Unabhängig aber davon, wer aus Sicht der Erzieherinnen die Verantwortung für Medienerziehung tragen soll, wird an den genannten Problemen im Kindergarten ein hoher Bedarf an Medienerziehung deutlich.

Auch *Eltern* sind teilweise besorgt über den TV-Konsum ihrer Kinder, und dies umso mehr, wenn es sich um Kleinkinder handelt (vgl. Kreibich, 1991). Dabei sehen sich Eltern selbst zwar mehr in der Verantwortung zur Medienerziehung, als sie diese dem Kindergarten überlassen möchten, fühlen sich jedoch offenbar gleichzeitig mit dieser Aufgabe auch überfordert: So attribuieren nach unseren Untersuchungen (Holzwarth, 1997a; ähnlich auch Kußmann, 1996) Eltern unter den gegenwärtigen Gegebenheiten der Medienerziehung im Kindergarten zwar nur einen geringen Teil der Verantwortung für diesen Erziehungsbereich auf Kindergarten oder Schule, wünschen sich gleichzeitig in vielen Fällen jedoch auch Hilfestellungen für ihre häusliche Medienerziehung (vgl. auch Kreibich, 1991), wobei sie sich u.a. von Erzieherinnen einfache Erklärungsmuster und Anweisungen erhoffen (Neuß, 1997). Der Besuch von Elternabenden zu Fragen der Medien- bzw. Fernseherziehung stößt aber nicht selten auf einige Vorbehalte, weniger aus Desinteresse am Gegenstand, sondern weil Eltern befürchten, reglementiert zu werden, bzw. weil nach ihren Erfahrungen nur ein „schlechtes Gewissen" vermittelt wird (Rogge, 1994). Es ist zu vermuten, daß viele Eltern den Bedarf an Medienerziehung erkennen, in der Umsetzung häufig aber überfordert sind und auf die entsprechenden Kompetenzen in Kindergarten und Schule bauen würden, wenn dort eine offenere Haltung und situationsgerechtere Medienerziehung praktiziert würde. Insbesondere geht aus den wenigen hierzu vorliegenden Untersuchungen ein Bedarf in Hinsicht auf medienerzieherische Elternarbeit hervor, die dann wiederum Aufgabe v.a. von Kindergarten und Schule ist.

Im Hinblick auf die Problemwahrnehmung in dem oben für den Kindergarten erläuterten Sinne ergeben sich ähnliche Auffassungen auch bei *Lehrern* zu medienbezogenen Problemen in der Schule: Auch für sie erweist sich der Arbeitsalltag insbesondere am Montagmorgen angesichts der medienbedingten Verhaltensweisen der Kinder häufig als problematisch (vgl. Schmidt

8 Empirische Belege dafür, daß Erzieherinnen die Verantwortung für die Medienerziehung an Eltern abgeben, liegen z.B. bei Höltershinken, Kasüschke & Sobiech (1989) und Holzwarth (1997a) vor.

& Schöwer, 1986[9]). Insgesamt beobachten sie eine zunehmende Gewaltbereitschaft und aggressives Verhalten der Schüler und führen dies in hohem Maße auf einen exzessiven Fernseh- und Videokonsum, insbesondere auf die Rezeption von Gewaltinhalten, zurück. Auch Lehrer sehen mehrheitlich – ähnlich wie Erzieherinnen[10] – hinter der Fernsehnutzung von Kindern vorwiegend Motive, die eher als negativ gewertet werden können: Langeweile bzw. Schwierigkeiten, sich selbst zu beschäftigen, und Einsamkeit (Feierabend, 1996). Auch Lehrer schätzen den Fernsehkonsum von Kindern auf eine tägliche Nutzungsdauer, die sie weit oberhalb der von ihnen als schädlich angesehenen Dauer ansetzen, so daß nach ihrer Meinung Kinder in der Regel weitaus länger fernsehen, als für sie gut ist[11]. Ähnliches ist nach unseren Erhebungen auch bei den an Fachschulen für die Erzieherinnenausbildung tätigen Lehrkräften im Bereich Medienerziehung festzustellen.

Daß (auch) im Schulalltag für Schülerinnen und Schüler medienbezogene Anforderungen und Möglichkeiten eine immer größere Rolle spielen, die eine entsprechende Kompetenzförderung und damit Medienerziehung notwendig machen, ging bereits aus den oben zitierten Äußerungen von Bildungspolitikern hervor. Inwieweit allerdings das Problembewußtsein auf seiten der Lehrerschaft ähnlich ist wie das von Kindergarten-Erzieherinnen, ist bislang noch unklar. Nach unseren eigenen Ergebnissen sind Lehrer und Lehrerinnen dem Fernsehen gegenüber zumindest nicht in dem Ausmaß negativ eingestellt, wenn es um die Auswirkungen auf den Schulalltag geht, wie dies Erzieherinnen bezogen auf die Folgen für die Arbeit im Kindergarten sind (vgl. Frey & Six, 1997).

Betrachtet man zusammenfassend die aufgeführten Annahmen aus der pädagogischen Praxis zum Medienkonsum (hier vorwiegend TV-Konsum) und die entsprechend auf Medien zurückgeführten Auffälligkeiten in Kindergarten und Schule, so läßt sich feststellen, daß die kindliche Mediennutzung (und damit zusammenhängende Wirkungen, Motive und Präferenzen) als

---

9 „Störendes Verhalten im Klassenzimmer, das auf die anderen Kinder übergreift und das Unterrichten teilweise unmöglich macht, hat in den letzten fünf Jahren erschreckend zugenommen" (Dannhäuser [Präsident des Bayerischen Lehrer- und Lehrerinnen-Verbandes], zit. n. Bachmair, 1993, S. 10).

10 Nach eigenen Untersuchungen (Holzwarth, 1997a) sehen Erzieherinnen die Langeweile als wichtigstes Motiv des kindlichen Fernsehkonsums an.

11 Nach unseren eigenen Untersuchungen (Frey & Six, 1997; Frey, 1996) schätzen sie die tägliche TV-Nutzungsdauer bei 6- bis 9-Jährigen auf 138 Minuten und auf 185 Minuten bei 10- bis 13-Jährigen; als schädlich sehen sie bereits eine tägliche Nutzungsdauer von durchschnittlich 91 bzw. 122 Minuten an. Erzieherinnen vermuten bei 6- bis 9-Jährigen eine durchschnittliche Sehdauer von 178 Minuten (bei 10- bis 13-Jährigen 233 Minuten), halten aber für diese Altersgruppe 112 Minuten (bei 10- bis 13-Jährigen 149 Minuten) bereits für schädlich (Frey & Six, 1997; Holzwarth, 1997a).
Nahezu die gleichen Werte wie bei Erzieherinnen fanden wir auch bei Eltern, und zwar für die beiden genannten Altersgruppen wie auch für Kindergartenkinder (Frey & Six, 1997; Kußmann, 1996).
Lehrkräfte im Bereich Medienerziehung an Fachschulen für die Erzieherinnenausbildung schätzen nach unseren Erhebungen den Fernsehkonsum von Vorschulkindern auf 88 Minuten, während sie eine Sehdauer von täglich 47 Minuten bereits als schädlich ansehen (Propp, 1997).

ausgesprochen problematisch angesehen wird, sowohl für die Kinder selbst als auch für die jeweilige pädagogische Arbeit mit den Kindern. Wenn auch mit einer etwas anderen Argumentationsperspektive als auf seiten von Politikern, so ist doch auch bei Personen in der pädagogischen Praxis offenbar ein Bewußtsein gegeben, das den Bedarf an Medienerziehung begründet.

Insofern läßt sich auch bei Erzieherinnen davon ausgehen, daß sie einen hohen Bedarf an Medienerziehung im Kindergarten erkennen und entsprechend diesen Erziehungsbereich für sehr wichtig halten.

Neben den zunächst erläuterten Bedarfsargumenten vor allem aus dem politischen Bereich ist somit ein weiterer Argumentationsstrang im Hinblick auf den Bedarf an Medienerziehung gegeben. Allerdings beziehen sich, anders als die erstgenannten, die Sichtweisen in der pädagogischen Praxis mehr auf *„medienbezogene Problemstellungen“* als auf *„medienbezogene Anforderungen und Möglichkeiten*“ (siehe dazu Abb. 2.1).

Aus einem derartigen Problembewußtsein sollte allerdings nicht lediglich der Bedarf an einer solchen Medienerziehung abgeleitet werden, die sich auf das Aufarbeiten von negativ bewerteten Medienerlebnissen bzw. auf jeweils punktuelle reaktive Formen medienbezogenen Erziehungshandelns beschränkt. Grundsätzlich halten Erzieherinnen die technische Entwicklung für soweit fortgeschritten, daß sie sich mit den Medien auseinandersetzen müssen (Höltershinken, Kasüschke & Sobiech, 1989). Zudem plädieren sie mehrheitlich für eine Aufarbeitung von Medienerfahrungen der Kinder als wichtige Aufgabe des Kindergartens (ebd.), womit aber vorwiegend eine reaktive Form der Medienerziehung gemeint ist (u.a. Bewegungsdrang ausleben lassen) oder Medienerziehung so verstanden wird, daß negativ bewertete mediale Vorbilder oder Verhaltensweisen durch erwünschtere ersetzt werden (insbesondere, da Rollenspiele nach Ansicht der Erzieherinnen eher zur Verfestigung solcher Identifikationsmuster führen; ebd.). Eine aktive Medienerziehung in Form von „aktiver Medienarbeit“ (vgl. Kap. 1.3 sowie Kap. 3.4) oder der Initiierung von Gesprächen oder Rollenspielen findet im Kindergarten dagegen nur in geringem Maße statt (Höltershinken, Kasüschke & Sobiech, 1989). Es läßt sich daher vermuten, daß Erzieherinnen zwar einen allgemeinen Bedarf an Medienerziehung sehen, sich dieser aber vorwiegend auf die gerade genannten Aspekte und weniger auf längerfristiges, kompetenzorientiertes Handeln bezieht.

Neben dem vorhandenen *Problembewußtsein* sind für eine umfassende und aktive Medienerziehung jedoch auch Einsichten in *medienbezogene Anforderungen und Möglichkeiten* im individuellen Alltag und in der pädagogischen Praxis erforderlich, die die Basis für den Bedarf an einer längerfristigen Förderung umfassender Medienkompetenzen darstellen (vgl. Kap. 1.2). Verbunden damit läßt sich die bisherige Situation der medienerzieherischen Praxis im Kindergarten vermutlich auch auf bestimmte Einstellungen attribuieren, die sich zumindest in den vergangenen Jahren in einer bewahrpädagogischen oder technikfeindlichen Haltung widergespiegelt haben (vgl. Bonfadelli, 1990; Kübler & Swoboda, 1998), aber auch auf fehlende Kenntnisse zur Mediennutzung von Kindern und insgesamt auf geringes Hintergrundwissen zur Konzeptualisierung und Umsetzung von Medienerziehung (vgl. Ueffing, 1995; Raschke & Holländer, 1995).

Daher kann davon ausgegangen werden, daß eine Einsicht in die Notwendigkeit, Medienerziehung im Kindergarten längerfristig und aktiv zu praktizieren, durch eine Verbesserung der Qualifikation im Rahmen der Aus- und Weiterbildung zu erreichen ist.

Die tatsächliche Umsetzung einer solchen Medienerziehung setzt allerdings nicht nur das hier angesprochene Bewußtsein für „*medienbezogene Anforderungen, Möglichkeiten und Problemstellungen*", den daraus – in Verbindung mit gesellschaftlichen und pädagogischen Normvorstellungen – abzuleitenden *Bedarf an Medienerziehung*[12], die Orientierung an nicht einseitig bewahrpädagogischen *Konzepten und Zielen* und die zur Konzipierung und Umsetzung notwendigen Hintergrundkenntnisse voraus. Vielmehr dürfte darüber hinaus, neben den strukturellen und institutionellen Rahmenbedingungen (vgl. Kap. 3.1), eine Reihe weiterer Faktoren auf seiten der Erzieherinnen (vgl. Kap. 3.3) mitverantwortlich dafür sein, inwieweit die Einsicht in den Bedarf einer umfassenden Medienerziehung auch in entsprechendes Handeln im Kindergarten umgesetzt wird (ein theoretisches Modell zur Erklärung medienerzieherischen Handelns wird in Kap. 4.1 erläutert).

## 2.3 Forschungsergebnisse als Basis für Bedarfsargumente und Qualifikationsanforderungen

Argumente für den Bedarf an Medienerziehung ergeben sich – wie bereits in Kapitel 2.1 erläutert – aus der Verknüpfung einer Reihe von Einzelfaktoren und -phänomenen auf verschiedenen Ebenen. Unter diesen haben wir bislang lediglich solche betrachtet, die von seiten der Politik vorgetragen werden bzw. aus der pädagogischen Praxis abzuleiten sind (Kap. 2.2). Als Grundpfeiler der Argumentation für den Bedarf an Medienerziehung haben wir aber auch bereits (Kap. 2.1) *pädagogisch relevante Ergebnisse der Medienforschung* angesprochen, auf die im Folgenden näher einzugehen ist.

Hierzu wurde bereits erläutert, daß Anforderungen an die Medienforschung zum großen Teil aus den Gegebenheiten in *Medienlandschaft und Medienangebot* resultieren. Ergebnisse der Medienforschung erhalten dabei nach unserer Auffassung ihre soziale und pädagogische Relevanz[13] in Verbindung mit

---

12 siehe hierzu auch die Erläuterungen zu Abbildung 2.1

13 vgl. hierzu auch die Erläuterungen zu Abbildung 2.1

- den teilweise bereits betrachteten *medienbezogenen Anforderungen, Möglichkeiten und Problemstellungen* im individuellen Alltag und in der pädagogischen Praxis
- *gesellschaftlichen und pädagogischen Normvorstellungen* einschließlich des in Erziehung und Bildung zugrunde gelegten Menschenbildes und der Auffassung vom Mediennutzer (der zumindest in der heutigen Medienforschung als Individuum angesehen wird, das im Rahmen seiner Rezipienten- bzw. Nutzeraktivitäten und unter Einsatz von Medienkompetenzen mit den Medien individuell, subjektiv gestaltend und partizipierend umgeht)
- *gesellschaftlichen Bedingungen* einschließlich der Gegebenheiten für die Bewältigung und Optimierung von Situationen innerhalb wie außerhalb pädagogischer Lebensbereiche bzw. Handlungsfelder

Bereits hieraus geht hervor, daß die medienorientierte Perspektive bei der gesamten Argumentation für den Bedarf an Medienerziehung wie auch innerhalb der relevanten Ergebnisse der Medienforschung nur einen Teil ausmacht und auch die auf Medienangebote bezogene Forschungsperspektive immer auch die (potentiellen) Nutzer der medialen Möglichkeiten berücksichtigt. Wenn nämlich das Globalziel aller medienerzieherischen Bemühungen in einer Erziehung zum kompetenten Mediennutzer liegt und dabei ein an den Belangen der Nutzer orientiertes Konzept realisiert werden soll[14], so sind insbesondere solche Forschungsperspektiven und Themengebiete von Bedeutung, die sich vorrangig mit der Nutzerseite befassen und dabei die Prozesse und Ergebnisse der Rezipienten- bzw. Nutzer-Aktivitäten besonders berücksichtigen.

Zu solchen in dieser Hinsicht relevanten Forschungsgebieten gehören neben der Medienforschung eine ganze Reihe weiterer Wissenschaftsgebiete (wie etwa die Entwicklungspsychologie, Pädagogische Psychologie, Sozialpsychologie, ebenso die pädagogische sowie soziologische Forschung zu Kindheit und Jugend, die Kultursoziologie etc.).

Wir wollen im Folgenden lediglich auf ausgewählte Ergebnisse der Medienforschung (teilweise entstanden in Verbindung mit anderen Forschungsdisziplinen) eingehen und uns dabei wiederum auf solche beschränken, die für den Medienumgang im Kindergartenalter und damit für die Medienerziehung im Kindergarten von unmittelbarer Relevanz sind. Die Ergebnisse stellen im Hinblick auf den Bedarf an einer medienbezogenen Erziehung und Bildung eine wesentliche Grundlage dar. Sie verdeutlichen gleichzeitig aber auch Anforderungen an die Qualifikation von Kindergarten-Erzieherinnen.

Bevor wir auf solche Ergebnisse eingehen, sind zunächst die verschiedenen Themengebiete der Medienforschung in eine gemeinsame Systematik zu stellen.

---

14 zum Begriff „Medienkompetenz" siehe Kapitel 1.2; zu Konzepten der Medienerziehung siehe Kapitel 1.3

### *2.3.1 Teilbereiche der Medienforschung*

Die Medienforschung wird häufig anhand der bekannten „Lasswell-Formel" grob in Medien- und Kommunikatorforschung, Inhaltsforschung und Rezipienten- bzw. Nutzerforschung eingeteilt, wobei vom dritten Bereich häufig als vierter die Wirkungsforschung abgetrennt wird. Wir schlagen jedoch eine etwas differenziertere Einteilung vor, wobei allerdings zu bedenken ist, daß die Bereiche in vielen Fragestellungen aufeinander aufbauen und häufig Teilaspekte aus jeweils einzelnen Bereichen mit solchen aus anderen verknüpft werden. Insofern ist eine scharfe Trennung weder möglich noch sinnvoll, sondern dient hier zur Systematik und gibt eine jeweils spezifische Akzentuierung einzelner Fragestellungen wieder[15].

(1) Die *Medien- und Kommunikatorforschung*: Sie befaßt sich mit der Analyse von Merkmalen und Prozessen auf seiten der Medien und Kommunikatoren sowie deren internen und externen Bedingungen.

Hierunter fällt u.a. die Forschung zu Kommunikatoren als Individuen (Fragestellungen reichen hier von [bspw. politischen] Einstellungen und Erwartungen gegenüber den Zielgruppen, über die Identifikation mit der Institution, bis hin zu Merkmalen der Produktionsprozesse und -ergebnisse). Ebenso ist hier die Forschung zu Kommunikatoren-Teams zu subsumieren wie auch solche zu Beziehungen zwischen Medium bzw. Kommunikatoren und medienexternen Personen/Gruppen (z.B. Einstellungen in der Bevölkerung gegenüber einem Medium, einzelnen Kommunikatoren oder der Berufsgruppe der Journalisten). Nicht zuletzt ist ein Teilgebiet hier die Forschung zu Medien als Institutionen bzw. Organisationen (so u.a. zu Normen, Macht- und Kommunikationsstrukturen sowie zu medienexternen Bedingungen wie z.B. Faktoren des geltenden Mediensystems und gesellschaftlicher Kommunikationskultur oder zum Image des Mediums).

(2) Die *Inhaltsforschung*: Sie untersucht strukturell-formale und inhaltliche Charakteristika von Medienprodukten sowie generalisierbare formale Angebotsweisen einzelner Medienarten im Vergleich.

Neben Analysen formaler Merkmale von Medienangeboten (z.B. Schnittfolge und Perspektivenwechsel in Filmen) und der Kombination mit inhaltlichen Merkmalen befaßt sich dieses Gebiet in weiten Teilen mit Analysen zu bestimmten inhaltlichen Gegenstandsbereichen (z.B. der Darstellung von Aggression/Gewalt und Sexualität), mit quantitativen Strukturanalysen sowie mit Inhaltsanalysen zu einzelnen Mediengenres bzw. Programmbereichen/-formaten. Ein Beispiel für eine die verschiedenen Inhaltsbereiche, aber auch einzelne Mediengenres übergreifende Frage ist u.a. diejenige nach der Darstellung von Normen, Werten und Stereotypen (z.B. bezüglich Geschlechter-

15 Eine ausführlichere Darstellung hierzu findet sich bei Six (1998).

rollen oder Minoritäten). Auf der Ebene von Merkmalen einzelner Medieninhalte kommen zudem jeweilige Spezialfragen hinzu (etwa zu Persuasionsstrategien für intendierte Medieneffekte bei Kampagnen oder in der Werbung).

(3) Die *Rezipienten-/Nutzerforschung*[16]: Sie analysiert quantitative und qualitative Aspekte der Zuwendung zu Medienangeboten und der Mediennutzungsweise sowie zugrundeliegende Funktionen und Motive unter Berücksichtigung von Medien- und Inhaltsfaktoren, Rezipientenvariablen sowie Situations- und Kontextfaktoren.

Innerhalb dieses umfassenden Bereiches ist zunächst einmal die vorrangig quantitativ orientierte Nutzungsforschung zu nennen, die bei der Analyse der Medienzuwendung und -nutzungsweise, neben Merkmalen des Medienangebotes, Gruppen- und Personenvariablen auf seiten der (potentiellen) Nutzer erfaßt (außer soziodemographischen Faktoren persönliche Determinanten wie z.B. Interessen und Einstellungen, Funktionen und Motive für die Selektion von Medienangeboten und für Aufmerksamkeit und Involvement während ihrer Nutzung).

Darüber hinaus rechnet hierzu die eher qualitativ orientierte Forschung zu Kontextvariablen als Einflußfaktoren der Medienzuwendung und -nutzungsweise, zu Qualitäten der Mediennutzung sowie zur Einbettung und Integration der Medien in den Alltag bzw. in die eigene Lebenswelt. Als wesentliche Faktoren werden dabei u.a. Merkmale der Nutzungs- bzw. Rezeptionssituation berücksichtigt, die eine erhebliche Rolle spielen nicht nur für Selektionsentscheidungen im Medienspektrum, sondern auch für die Qualität der Mediennutzung und schließlich auch für die Rezeptions- und Verarbeitungsweise und damit letztlich für die Wirkungen genutzter Medieninhalte. Ebenso gehören hierzu selbstverständlich auch überdauerndere Merkmale der Lebensbedingungen sowie der persönlichen Lebenswelt, innerhalb derer den Medien ein jeweils individueller Stellenwert und individuelle Funktionen beigemessen werden. Dabei ist u.a. der Einfluß des sozialen Netzwerkes (hinsichtlich Struktur, Kommunikationskultur, Normen etc.) in seiner Bedeutung für die Intensität und Qualität der Mediennutzung einschließlich individueller Selektions- und Aufmerksamkeitsprozesse hervorzuheben.

Zu diesem Bereich gehören u.a. aber auch Untersuchungen zu Medienzuwendung und -nutzung als sozialen Prozessen (soziale Interaktion per Medien ebenso wie interpersonale Interaktion und soziales Gruppenerleben etwa während des gemeinsamen Anschauens eines Films oder während eines Mehr-Personen-Computerspiels, bis hin zu sozialen Prozessen etwa i.S.v. „paraso-

16 Bei der hier vorgenommenen Einteilung gilt für die Rezipienten-/Nutzerforschung *im engeren Sinne*, daß sie die Mediennutzung an sich und die Nutzungsweise – unter Einbezug von Motiven und Funktionen der Nutzung – fokussiert und hier Prozesse der Informationsaufnahme und -verarbeitung noch nicht einbezogen werden.

zialer Interaktion", Identifikation oder sozialen Vergleichen mit Fernsehakteuren).

Genau an dieser Stelle ist bereits der Übergang zur Rezeptionsforschung vollzogen.

*(4)* Die *Rezeptionsforschung*: Sie untersucht Bedingungen und Elemente von Prozessen der Rezeption und Verarbeitung von Medieninhalten während der Rezeptions- bzw. Nutzungssituation[17].

Insgesamt richtet sich die Rezeptionsforschung auf eine große Palette an „offenen" und v.a. „verdeckten" Verhaltensabläufen, die sich nach dem hier vertretenen Verständnis alle dem Konzept des Aktiven Rezipienten zuordnen lassen. Sie umfassen neben v.a. kognitionspsychologisch zu analysierenden Prozessen der Informationsaufnahme und -verarbeitung (im weitesten Sinne) eine Reihe sozial-kognitiver und -emotionaler Prozesse: angefangen von der Aktualisierung sozial-kognitiver Schemata, Erfahrungen und Erwartungen, über Involvement- und Identifikationsprozesse, bis hin zu Phantasieaktivitäten, Informationsverzerrungen und „parasozialen Interaktionen" sowie komplexen Eindrucksbildungen, Urteilen und emotionalen Reaktionen).

(5) Die *Wirkungsforschung*: Sie befaßt sich mit dem komplexen Zusammenhang zwischen der Medienzuwendung und -nutzung, der Rezeption und Verarbeitung und den Wirkungen bzw. Folgen insbesondere im Bereich der Kognitionen und Emotionen sowie des Verhaltens und Handelns[18].

Bezüglich der *kognitiven* bzw. sozial-kognitiven Wirkungsebene geht es dabei z.B. um Wissen und Bildung, um sozial-kognitive Schemata, Einstellungen, Werte und Normen, um Weltansichten, Auffassungen über das eigene Selbst oder um die Einschätzung öffentlicher Themen und ihrer Wichtigkeit.

Auf einer *emotionalen* bzw. sozio-emotionalen Ebene richten sich Fragen etwa auf die durch Mediennutzung erhaltenen Gratifikationen (z.B. Stimmungsausgleich), das Erleben von Angst oder die Entstehung eines angsterregenden Weltbildes.

Zahlreiche Befürchtungen insbesondere außerhalb der Medienforschung beziehen sich auf *physische* Auswirkungen einer längerfristigen Mediennutzung (z.B. Beeinträchtigung der Augen oder des Bewegungsapparates). Darüber hinaus untersucht die Wirkungsforschung Reaktionen auf *physiologischer* Ebene (z.B. Erregungsveränderungen nach dem Anschauen eines Horrorfilmes).

Innerhalb der nahezu unendlichen Palette von Wirkungsfragen zur *sozialen* Ebene reichen die Forschungsgegenstände von Aggression und Gewalt, Kon-

---

17 Eine Trennung von der in Punkt (3) genannten Forschung ist unter bestimmten Aspekten schwierig, der Übergang also fließend: Tatsächlich lassen sich die oben als Beispiele genannten Prozesse der Identifikation und sozialen Vergleiche ebenso den Vorgängen bei der Verarbeitung von Medieninhalten zurechnen. Gleichzeitig ist die Rezeptionsforschung in bezug auf Analysen von Verarbeitungsprozessen und -ergebnissen häufig schwer von der Wirkungsforschung abzutrennen.

18 für eine Systematik von Dimensionen der Wirkungsforschung siehe Six, 1988

sum- und Umweltverhalten, kultureller und politischer Partizipation sowie Wahlverhalten bis hin zum Verhalten, Handeln und Erleben in den persönlichen sozialen Netzwerken und Gruppen.

### *2.3.2 Rahmendaten zum aktuellen Kindermedienmarkt*[19]

Anders als frühere Generationen werden Kinder heute mit einer Vielzahl von Medienangeboten konfrontiert und sammeln die ersten Medienerfahrungen keineswegs mehr nur über das traditionelle Kinder- bzw. Bilderbuch, sondern über die breite Palette der verschiedensten, teilweise hochkommerzialisierten Medien (vgl. hierzu Kap. 2.3.3). Von der Anbieterseite werden Kinder als Zielgruppe – vielfach auch die jüngste Altersgruppe bereits unter ökonomischen Aspekten – ernst genommen und mit speziellen Angeboten versorgt. Diese besondere Angebotssparte der Medien wird im Folgenden als „Kindermedien“ bezeichnet. Abgesehen von den speziellen „Kindermedien“ nutzen Kinder jedoch auch – gewollt oder ungewollt – eine Reihe von Angeboten, die für Jugendliche bzw. Erwachsene produziert werden. So sind im Fernsehen etwa Samtagsabend-Unterhaltungsshows wie „Wetten, daß ...?“ bei Kindern sehr beliebt; ebenso sind Kinder häufig mit dabei, wenn in der Familie – etwa beim gemeinsamen Essen – Sendungen (z.B. die „Tagesschau“) angesehen werden, die sie allein nicht schauen würden. Insofern beschreibt der o.g. Begriff „Kindermedien“ nur einen Ausschnitt der medialen Angebote, die Kinder tatsächlich erreichen. Die Diskrepanz zwischen den für Kinder produzierten und von ihnen tatsächlich genutzten Angeboten ist bei den elektronischen Medien – insbesondere dem Fernsehen – erwartbar am größten. In der Beschreibung des Mediennutzungsverhaltens von Kindern wird dieser Gesichtspunkt berücksichtigt, während bei der Darstellung der Angebotssituation zwangsläufig eine engere Definition von „Kindermedien“ zugrunde gelegt werden muß (die verfügbaren statistischen Quellen ermöglichen keine andere Vorgehensweise).

Die meisten veröffentlichten Quellen zu Print-, Audio-, TV- und Videoangeboten enthalten lediglich eine pauschale Kategorie „Kinderangebote“; auf eine Differenzierung nach Altersgruppen oder nach unterschiedlichen Inhalten wird dabei häufig verzichtet. Bei Hörfunk und Fernsehen sind die Grenzen zwischen Kinder- und Erwachsenen-Sendungen zumeist undeutlich, da die Kinderangebote in den offiziellen Programmstatistiken z.T. allgemeiner dem „Familienprogramm“ subsumiert werden. Insgesamt bleiben die öffentlich verfügbaren Informationen zum Markt der „Kindermedienangebote“ oftmals lückenhaft und lassen lediglich die groben Konturen dieses wichtigen Marktsegments erkennen.

---

19 Eine Vorversion dieses Kapitels wurde in Teilen von Gunnar Roters verfaßt.

### 2.3.2.1 Hörmedienangebote für Kinder

Das Angebot an *Hörfunk*-Programmen variiert in den einzelnen Bundesländern und Regionen erheblich: Nur ein geringer Anteil von Radioprogrammen wird bundesweit verbreitet, wobei diese nationalen Programme allerdings keine relevanten Angebote für Kinder im Vorschulalter enthalten, soweit dies aus der Programmstatistik abzulesen ist (vgl. ARD-Jahrbuch 1997). Neben den 11 öffentlich-rechtlichen Landesrundfunkanstalten verbreiten in fast jedem Bundesland zusätzlich Privatradios und z.T. auch nicht-kommerzielle Hörfunkanbieter ihre Programme; es läßt sich aufgrund der Datenlage zu diesen Angeboten jedoch keine präzise Bezifferung des relativen Anteils von Kinderprogrammen vornehmen, da diese Anbieter nicht verpflichtet sind, Rechenschaft über Kinderangebote abzulegen und bestimmte Angebotsquoten in dieser Hinsicht zu erfüllen[20].

Wenn auch keine präzisen Daten zu Kinderprogrammen im privaten Hörfunk verfügbar sind, ist dennoch davon auszugehen, daß Kinder im Vorschulalter seitens der Anbieter kaum als Hörergruppe berücksichtigt werden. Plausibel aus Wirtschaftlichkeitsgesichtspunkten ist, daß in erster Linie die kaufkräftigste Bevölkerungsgruppe (18 bis 35 Jahre) den gewünschten Adressatenkreis des kommerziellen Radios darstellt. In nicht-kommerziellen Privatradios oder bei nicht-kommerziellen Zulieferungen (wie sie z.B. bei den lokalen Sendern in Nordrhein-Westfalen gesetzlich verankert sind) entfällt der Zwang zur Wirtschaftlichkeit. So sind hier durchaus entsprechende Angebote für Kinder im Einzelfall vorfindbar; diese Beiträge und „Programmfenster“ können allerdings hinsichtlich ihres Anteils am Gesamtsendevolumen ebenfalls als geringfügig eingestuft werden.

Der öffentlich-rechtliche Rundfunk hat den traditionellen Kinder- und Schulfunk in der Vergangenheit im Laufe der Programmstrukurreformen und Umgestaltung zahlreicher Wellen reduziert. Die neuere Programmstatistik führt lediglich den Begriff „Familienprogramm“ auf, so daß ebenfalls eine Quantifizierung des „Kinderprogramms“ offen bleiben muß (vgl. u.a. ARD-Jahrbuch 1997).

Indirekt läßt das weitgehende Fehlen von Hörfunk-Nutzungsdaten zu Vorschulkindern auf die marginale Rolle des Radios in dieser Altersgruppe schließen. Einerseits sind zwar methodische Schwierigkeiten als ein Hinderungsgrund für derartige Erhebungen anzusehen, andererseits dokumentieren jedoch auch Spezialuntersuchungen wie die „Kids-Verbraucheranalyse“, die gestützt auf Eltern-Kind-Interviews Aussagen zu Kindern ab sieben Jahren liefert, ein weitgehendes Desinteresse der Werbewirtschaft am Medium Hörfunk, der in solchen Analysen nicht berücksichtigt wird (vgl. Ehapa, 1996).

20 Einige Landesmediengesetze sehen allenfalls Mindestquoten für lokale und regionale Berichterstattung vor, die mittels Programmanalysen überprüft werden.

Gleichzeitig muß festgestellt werden: Zahlreiche Studien belegen die wichtige Rolle des Hörfunks als „Jugendmedium" (vgl. u.a. Six, Roters & Gimmler, 1995; Six & Roters, 1997), auf (Vorschul-) Kinder läßt sich diese Feststellung jedoch nicht übertragen.

Der *Tonträgermarkt* verzeichnet insgesamt in den letzten Jahren Umsatzsteigerungen (vgl. Bundesverband der Phonographischen Wirtschaft et al., 1997)[21]. Insgesamt wurden 1996 260,2 Mio. Tonträger in Deutschland verkauft. Im Durchschnitt gab 1996 jeder Bundesbürger 58,50 DM für den Kauf von Tonträgern aus (dies entspricht einem Gesamtumsatz von 4,785 Mrd. DM).

Die Aufgliederung der Umsatzanteile zeigt, daß „Kinderprodukte" 1996 nur zu 3,1 Prozent zum Gesamtumsatz beitrugen (ebd.)[22]. Die Liste der meistverkauften Platten, CDs und Musikkassetten (Gold- und Platinverleihungen) umfaßte 1996 allein 38 Kindertitel, die erfolgreich waren (ebd.). Mit Abstand der erfolgreichste Titel war 1996 „Der König der Löwen" mit über 1,5 Mio. verkauften Exemplaren. Darüber hinaus sind weitere Hörspiele nach Disney-Vorlagen Platin-Verkaufserfolge: „Aristocats", „Bambi", „Bernhard & Bianca", „Das Dschungelbuch" sowie „Pocahontas". Deutsche und europäische Stoffe sind lediglich unter den Goldverleihungen vertreten (z.B. „Pippi Langstrumpf", „Räuber Hotzenplotz").

Der Tonträgermarkt für Kinder ist mit mehr als 4000 Titeln kaum überschaubar. Es lassen sich jedoch grob fünf unterschiedliche Genres benennen: Sogenannte „Funnies", unter die Produktionen wie „Bibi Blocksberg" und „Benjamin Blümchen" fallen, bilden die größte Gruppe. Die zweite Gruppe kann unter der Bezeichnung „phantastische Abenteuer" zusammengefaßt werden (z.B. „Regina Regenbogen", „Masters of the Universe"). Weiterhin können „Kriminalgeschichten" („TKKG", „Die drei ???" etc.) und „Märchenproduktionen" (etwa „Pocahontas" oder „Schneewitchen und die sieben Zwerge") als eigenständige Angebotskategorien gelten. Neben Hörspielproduktionen finden sich auch spezielle „Musiktitel für Kinder" im Angebotsspektrum (1996 erhielten z.B. auch die Folgen 1-3 der Karussell-Produktion „Die schönsten Kinderlieder" eine Goldauszeichnung für den Verkauf; vgl. Bundesverband der Phonographischen Wirtschaft et al., 1997).

Die angeführten Marktdaten sprechen dafür, daß Tonträgerangebote für Kinder, die größtenteils als Musikkassette veröffentlicht werden und heute selbst im Sortiment von Supermärkten zu finden sind, eine nicht unwesentliche Rolle im Medienalltag von Kindern spielen. Inwiefern allerdings Kinder im Vorschulalter zu Konsumenten dieser Angebote gehören, ist schwer

21 Während immer mehr CDs gekauft werden, ist allerdings der Absatz von traditionellen Schallplatten konstant und der Verkauf von Musikkassetten leicht rückläufig.

22 Gegenüber Anteilen, die Musiksparten wie „Pop" (40,1%), „Rock" (16,7%) und „Dance" (13,2%) erzielen, fällt der Anteil von „Kinderprodukten" damit vergleichsweise gering aus. Jedoch sind „Kindertonträger" gemessen am Umsatz bedeutender als die Sparten „Volksmusik" (2,3% des Gesamtumsatzes) und „Jazz" (1,2% des Umsatzes).

präzise einzugrenzen: Für Kinder im Vorschulalter ist davon auszugehen, daß die Eltern den Kauf von Tonträgern übernehmen; als aktive Käufer werden erst Kinder ab 10 Jahren in der Verbandsstatistik auf Grundlage einer GfK-Erhebung ausgewiesen (ebd.).

### 2.3.2.2 Printangebote für Kinder

1996 wurden insgesamt 71.515 Buchneuerscheinungen in Deutschland auf den Markt gebracht; darunter befanden sich 4.602 Titel der Sparte „Kinder- und Jugendbücher“[23]. „Kinder- und Jugendbücher“ bilden mit ihrem Marktanteil von 6,8 Prozent somit weiterhin die zweitgrößte Sachgruppe hinter der Belletristik. Ferner erschienen 1996 702 Comic- und Cartoonbände, die in der Statistik nicht unter „Kinder- und Jugendbücher“ geführt werden, jedoch ebenfalls Angebote für Kinder enthalten[24].

*Comics* stellen heute eine eigenständige Literaturform dar und sind zum festen Bestandteil der Medienkultur geworden. Die folgende Kurzbeschreibung faßt die wesentlichen inhaltlichen Markttrends zusammen:

> ”Insgesamt ist die Titel- und Themenpalette auf dem Comic-Markt in den letzten Jahren vielseitiger geworden. Heute sind Science Fiction, Action-Abenteuer oder Gruselgeschichten gefragt. Andererseits haben sich auch die Themen bei den Comic-Klassikern geändert, denkt man beispielsweise an die Umweltthemen in Micky Maus [...]. Die jungen Leser können sich aktiv an bestimmten Aktionen beteiligen und Stellung nehmen zu Umweltproblematiken. Bei den Comics gibt es keine Tabus mehr, kein Lebensbereich wird ausgelassen. Ein häufig vorgegebenes Vorurteil der Lesefaulheit unter den Comic-Lesern ist längst widerlegt worden. Allgemein ist anerkannt: Der Leser muß die Fähigkeit haben, ein sehr kompliziertes System von Zeichen und Symbolen zu entschlüsseln”[25].

---

23 2.967 Erstauflagen und 1.635 Neuauflagen (Börsenblatt für den Deutschen Buchhandel, Themenheft „Kinder- und Jugendbuch“, 92/1997)

24 Angesichts des hohen Stellenwerts von Kinder- und Jugendbüchern auf dem Buchmarkt ist es nicht weiter überraschend, daß nach einer Marktforschungsumfrage des Börsenvereins 1997 die weit überwiegende Mehrheit der Sortimentsbuchhandlungen (95,7%) Kinder- und Jugendbücher in ihrem Programm führte (Börsenblatt für den Deutschen Buchhandel, 92/1997).
Mithilfe solcher Buchproduktions- und Buchvertriebszahlen lassen sich generell die kulturpessimistischen Thesen von der drohenden Bedeutungslosigkeit des Mediums Buch für Kinder und Jugendliche zumindest nicht bestätigen. Aus der „Kids-Verbraucher-Analyse“ von 1997 geht weiterhin hervor, daß 70 Prozent aller sechs- bis 17-Jährigen gern Bücher lesen. Allerdings liegen zu Kindern im Alter unter sechs Jahren keine kontinuierlich erhobenen Nutzungsdaten vor. Die Studie „Lesebarometer“ der Bertelsmann Stiftung und Bertelsmann AG zum Leseverhalten von Kindern ab acht Jahren zeigt zugleich eine Abnahme der Lesebegeisterung mit steigendem Alter. In der Gruppe der 8- bis 10-Jährigen zählen 53 Prozent zu den sogenannten „Intensivlesern“, während in der Gruppe der 11- bis 17-Jährigen lediglich noch 29 Prozent der Kinder und Jugendlichen „intensiv“ lesen (Angaben nach Börsenblatt des Deutschen Buchhandels, 92/1997).

25 aus „Comics, Lesespaß für groß und klein“, Presse Report 1/93 (ohne Seitenangabe); vgl. hierzu insbesondere auch McCloud, 1994

Seit langer Zeit ist der auflagenstärkste Titel auf dem Comic-Markt „Micky Maus“ mit wöchentlich fast 700.000 verkauften Exemplaren. Daneben sind erfolgreiche Titel auch „Minnie“, „Benjamin Blümchen“, „Bibi Blocksberg“, „Donald Duck“ oder „Die Schlümpfe“ [26].

Welche Hefte bereits von Kindern unter sechs Jahren präferiert werden, läßt sich wiederum mangels aktueller Reichweitendaten für diese Altersgruppe nicht beantworten. Angesichts des Erfolges, den nach der „Kids-Verbraucheranalyse“ die zuvor genannten Titel bei Sechsjährigen haben, ist jedoch davon auszugehen, daß solche Comics auch bereits bei Vorschulkindern eine Rolle spielen.

#### 2.3.2.3 Audiovisuelle Medienangebote für Kinder

1997 war laut Strukturerhebung des Bundesverbands Video (vgl. Infratest Kommunikationsforschung, 1998) in rund 63 Prozent aller bundesdeutschen Haushalte mindestens ein Videorekorder vorhanden, von denen wiederum mehr als die Hälfte 1997 mindestens eine *Videokassette* gekauft oder entliehen hat. Dabei sind an Kauf bzw. Entleihen Haushalte mit Kindern überdurchschnittlich beteiligt (in immerhin rund einem Drittel der Haushalte, die Videos entliehen haben, und in 41 Prozent der Haushalte, die Videokassetten gekauft haben, leben Kinder unter 14 Jahren; ebd.).

Eine Differenzierung der auf dem Kaufvideomarkt im Jahre 1997 abgesetzten Kassetten nach einzelnen Genres zeigt, daß „Kinder- und Zeichentrickfilme“ ein sehr bedeutendes Marktsegment darstellen: 1997 war rund jedes dritte verkaufte Video ein „Kinder- oder Zeichentrickfilm“; einen noch größeren Marktanteil hatte lediglich der sehr grob gefaßte Bereich „Spielfilme“ vorzuweisen (49,4%; vgl. Bundesverband Video, 1998). Unter den zehn 1997 meistverkauften Titeln war neben Spielfilmen eine Reihe von „Kinder- und Zeichentrickfilmen“ (ebd.): „Der Glöckner von Notre Dame“ (Rang 2), „Ein Schweinchen namens Babe“ (Rang 5), „Werner – Das muß kesseln !!!“ (Rang 7) und „Pocahontas“ (Rang 10). Wie aus dieser knappen Aufstellung ersichtlich wird, stellen die „Kinder- und Zeichentrickfilme“, die u.a. auch für Kinder unter 6 Jahren gedacht sind, nur einen Teilbereich dieses Genres dar, der sich auf Basis der verfügbaren Daten jedoch nicht weiter quantifizieren läßt. Ergänzend sei jedoch angemerkt, daß Käufer von Videokassetten aus dem Genre „Kinder- und Zeichentrickfilme“ eine typische Struktur zeigen: Es handelt sich dabei vorwiegend um Frauen im Alter zwischen 30 und 39 Jahren, in deren Haushalten auch am häufigsten Kinder unter 14 Jahren leben (Infratest Kommunikationsforschung, 1998).

---

26 vgl. die Auflagenliste 2/97 der Informationsgemeinschaft zur Feststellung der Verbreitung von Werbeträgern e.V.

Im Markt der Videovermietungen spielt die Gattung „Kinder-Videos" eine weit geringere Rolle als auf dem Kauf-Kassetten-Markt. Nur rund zehn Prozent der Vermietungen von Videokassetten betrafen „Kinderfilme" (vgl. Bundesverband Video, 1998). Den größten Anteil an Vermietungen haben Spielfilme für Erwachsene, besonders Komödien und Dramen. Daneben werden auch Actionfilme häufig entliehen. Die Liste der „TOP 10 des Vermietmarkts 1997" enthält keinen Titel aus dem Bereich „Kinder". Insofern kann der Kinder-Videomarkt vorwiegend als Kaufmarkt charakterisiert werden.

Gegenüber Videos spielt (auch) bei Kindern das *Fernsehen* eine erheblich größere Rolle. Die weit überwiegende Mehrheit der Fernseh-Haushalte in der Bundesrepublik verfügt heutzutage über einen Kabel- oder Satellitenanschluß (laut Hochrechnung der Arbeitsgemeinschaft Fernsehforschung sind es z.Zt. 84%), so daß in der Regel mehr als 30 unterschiedliche Programme gesehen werden können. Diese kaum überschaubare Angebotspalette steht im Prinzip auch Kindern und Jugendlichen zur Verfügung.

Einschneidend für den gesamten Fernsehmarkt – und damit auch für das Kinderprogramm – war die Einführung des Dualen Rundfunksystems Mitte der 80er Jahre. Die seither in der Bundesrepublik zugelassenen Privat-Programme zeigen in der Struktur deutlich andere Schwerpunkte als die öffentlich-rechtlichen Fernsehangebote. Analysen aus verschiedenen Jahren belegen, daß private Sender durchschnittlich mehr Unterhaltung, Fiktion (Spielfilme, Serien etc.) und Werbung ausstrahlen, während bei ARD, ZDF und den Dritten Programmen (sowie bei 3Sat und arte) Sendungen aus dem Bereich Information/Bildung einen breiteren Raum einnehmen (vgl. hierzu u.a. Krüger, 1997; Bundesverband der Phonographischen Wirtschaft et al., 1997). Eine weitere Differenz zwischen öffentlichen-rechtlichen und Privat-Programmen spiegelt sich in den Inhalten der einzelnen Kinder- und Familiensendungen wieder, wobei zunächst einmal festzustellen ist, daß öffentlich-rechtliche Programmangebote ein breiteres inhaltliches Spektrum als Privatprogramme aufweisen.

Nach der Programmanalyse von Krüger (1997) betrug 1996 der Anteil des Kinder- und Jugendprogramms am Gesamtprogramm bei Pro7 13,8 Prozent und bei Kabel1 12 Prozent. Bei ARD sind 7,6 Prozent, bei ZDF 7,8 Prozent und 3Sat 8,5 Prozent des Gesamtprogramms der Sparte „Kinder- und Jugendsendungen" zuzurechnen. Bei den Privatprogrammen RTL und SAT1 genießen Kinder- und Jugendsendungen mit Programmanteilen von 6,6 und 1,8 Prozent einen insgesamt geringen Stellenwert.

Eine umfassende Untersuchung zum Fernsehangebot für Drei- bis Dreizehnjährige haben Basic et al. (1997) vorgelegt. Sie analysierten das zwischen 6.00 und 20.00 Uhr von 18 Sendern während einer künstlichen Programmwoche im Frühjahr 1996 ausgestrahlte Angebot, wobei sie sowohl

„explizite“ als auch „implizite Kinderangebote bzw. -sendungen“ einbezogen und folgende Umschreibung für diese beiden Kategorien zugrunde legten:

*Explizites Kinderprogramm:*
„* Sendungen, die als Kindersendungen ausgewiesen werden oder im Rahmen von Kinderprogrammschienen oder von Kindersendern ausgestrahlt werden.
* Sendungen, die aufgrund der Machart selbstverständlich Kindern zugeordnet werden“

*Implizites Kinderprogramm:*
„* Sendungen, die nicht unbedingt für Kinder gemacht sind, von ihnen trotzdem gesehen werden“ (a.a.O., S. 12)[27]

Folgende Ergebnisse lassen sich hier in Kurzfassung zitieren[28]:

- Fast 40 Prozent der Gesamtsendezeit werden von den einbezogenen Sendern für explizite oder implizite Kinderprogramme genutzt[29]. Dabei bieten (neben Nickelodeon) insbesondere Super RTL, RTL2 und Kabel1 ein explizites Kinderprogramm an, während sich die einbezogenen Privatsender (außer Nickelodeon und Super RTL) im Hinblick auf den Umfang ihres impliziten Kinderangebotes nicht stark unterscheiden.
- Innerhalb der einbezogenen Angebote dominieren insgesamt Unterhaltungsprogramme: Sie machen beim expliziten wie auch beim impliziten Kinderprogramm insgesamt über 80 Prozent aus, während Informationsangeboten im Durchschnitt weniger als zehn Prozent der Sendezeit von Kinderprogrammen gewidmet werden. Dabei unterscheiden sich die Sender allerdings erheblich:
  Innerhalb des expliziten Kinderprogramms bieten insbesondere das ZDF (19% des expliziten Kinderprogramms), die dritten Programme und 3Sat

27 Eine genauere Definition bzw. Operationalisierung dieses Begriffs wird leider in der Publikation nicht ausgewiesen.

28 Bei dieser Analyse ist allerdings mindestens Dreierlei zu berücksichtigen:
Es wurde nicht das Gesamtangebot der Sender einbezogen, sondern lediglich das während 6.00 bis 20.00 Uhr ausgestrahlte Programm. Tatsächlich sieht jedoch ein nicht unbeträchtlicher Prozentsatz auch von Vorschulkindern noch nach 20.00 Uhr fern. So stellen auch die Autoren fest, daß bei Drei- bis Fünfjährigen die Fernsehnutzung nach 20.00 Uhr immerhin noch 15 Prozent ihrer Gesamtnutzungsdauer pro Tag ausmacht.
Die Analyse richtete sich auf das Angebot für eine breite Altersspanne (3 bis 13 Jahre). Dies ist insofern von erheblicher Bedeutung, als die Definition bzw. Operationalisierung und dementsprechend auch der Umfang des „expliziten“ und „impliziten“ Kinderprogramms selbstverständlich davon abhängt, auf welche Altersgruppe man sich bezieht.
Die Analyse wurde zu einer Zeit durchgeführt, als der private Kinder-Spartenkanal „Nickelodeon“ (in dessen Auftrag die Analyse durchgeführt wurde) seinen Sendebetrieb noch nicht eingestellt und der öffentlich-rechtliche „Kinderkanal“ seinen Sendebetrieb noch nicht aufgenommen hatte. Aus diesem Grunde berichten wir in dieser Zusammenfassung keine speziellen Ergebnisse für Nickelodeon, wiewohl bei allen Berechnungen zum Fernsehangebot für Kinder insgesamt selbstverständlich der jeweilige Beitrag dieses Senders zum Beobachtungszeitpunkt von erheblicher Bedeutung war.

29 Gerade bei solchen Gesamtaussagen ist zu berücksichtigen, daß Nickelodeon in die Analyse einbezogen war.

(11%), Kabel1 (7%) sowie ARD und RTL (je 6%) Informationssendungen an. Beim expliziten Kinderprogramm von Pro7 und Sat1 tauchen dagegen Informationssendungen gar nicht auf. Im impliziten Kinderprogramm liegen ebenfalls öffentlich-rechtliche Programme wieder an der Spitze im Hinblick auf den relativen Anteil von Informationssendungen: Sie machen bei den Dritten und 3Sat 31 Prozent und bei der ARD 24 Prozent aus (ZDF: 8%), während bei den Privaten mit Ausnahme von RTL (12%) fast keine oder gar keine Informationssendungen geboten werden.

- Das Kinderprogramm besteht in erster Linie aus Serien, die mehr als zwei Drittel (79%) des Gesamtangebotes für Kinder ausmachen. Der Rest verteilt sich mit 12 Prozent auf Shows (z.B. Interaktive Shows, Clubs, Rateshows), neun Prozent auf Magazine und sechs Prozent auf Spielfilme sowie Formate der Informations- und Wissensvermittlung (Dokumentationen, Reportagen, Nachrichten etc.). Dabei zeigt sich auch auf der Formatebene wieder der Unterschied zwischen öffentlich-rechtlichen und privaten Programmen: Finden Kinder bei den letzteren eher explizite Angebote mit Showcharakter, so werden sie in ihrer Informationssuche eher bei den Öffentlich-Rechtlichen fündig, und auch Magazine (die ebenfalls Informationsanteile haben) sind bei diesen Sendern häufiger im expliziten Kinderprogramm als bei den Privaten.
- Insgesamt besteht das Kinderprogramm zu 44 Prozent aus Sendungen, „in denen Menschen und/oder Tiere agieren sowie reale Gegenstände und Sachverhalte gezeigt werden“ (a.a.O., S. 52). Nahezu ebenso hoch ist jedoch auch der Anteil von Zeichentricksendungen bzw. Cartoons mit 38 Prozent des Gesamtangebotes. Andere Arten von Animationen (z.B. animierte Puppen oder Knetfiguren) haben nur noch einen Anteil von sechs Prozent, während 12 Prozent aus Mischformen zwischen realen und animierten Darstellungsweisen bestehen (z.B. „Die Sendung mit der Maus“). Ein ganz anderes Bild zur Struktur ergibt sich jedoch bei einer Trennung zwischen explizitem und implizitem Kinderprogramm: Bei ersterem dominiert ganz erheblich der Zeichentrickanteil (56%), während die übrigen Darstellungsweisen zwischen zehn und 18 Prozent Anteil am Kinderprogramm haben. Umgekehrt bestehen implizite Kinderangebote zu fast 100 Prozent aus realen Darstellungen[30].
- Auch in dieser Programmanalyse zeigt sich wieder: Zeichentricksendungen finden Kinder insbesondere bei den privaten Fernsehanbietern. Etwa zwei Drittel des expliziten Kinderprogramms werden bei diesen Sendern mit Zeichentrickangeboten bestritten. „Nahezu das gesamte explizite Kinderangebot von Sat.1 und Pro Sieben besteht aus Sendungen dieser Machart. Auch von RTL2, RTL und Super RTL werden die kleinen

30 Da aus der Publikation nicht genau hervorgeht, was unter implizitem Kinderprogramm verstanden wird, läßt sich dieses letztere Ergebnis leider nicht weiter interpretieren.

ZuschauerInnen überwiegend mit Zeichentrickprodukten versorgt" (a.a.O., S. 54; Prozentangaben werden dort nicht mitgeteilt).
Umgekehrt sieht es bei den Öffentlich-Rechtlichen aus: Hier haben Cartoons einen entschieden geringeren Stellenwert. „Sie bedienen das junge Publikum insbesondere mit Sendungen, die sowohl animierte als auch reale Elemente haben, und auch mit solchen, die andere Kunstfiguren, wie beispielsweise Puppen, einsetzen. Vor allem ARD und die dritten Programme legen ihren Schwerpunkt auf so gestaltete Sendungen" (a.a.O., S. 54). Ebenfalls weist das öffentlich-rechtliche Programmangebot einen weitaus höheren Anteil an realen Darstellungen auf (50% im Vergleich zu 18 Prozent im expliziten Kinderprogramm aller Sender zusammen).

- Inhaltlich dominiert im Kinderprogramm als Thema „"Bewegter Alltag„ d.h. Geschichten um zwischenmenschliche Beziehungen, die vielschichtige Alltagserfahrungen mit Beziehung, Freundschaft, Schule, Familie usw. thematisieren" (a.a.O., S. 58). Derartige Inhalte machen 39 Prozent des Kinderprogramms aus, von denen in expliziten Kindersendungen etwa ein Drittel bereits morgens vor der Kindergartenzeit ausgestrahlt wird (6.00 bis 9.00 Uhr; ebenfalls während des frühen Morgens werden Kinder jedoch auch mit „kämpferischen Inhalten" konfrontiert, von denen im expliziten Programm fast die Hälfte zu dieser Zeit ausgestrahlt wird). Implizite Kindersendungen zum Thema „bewegter Alltag" sind dagegen besonders häufig im Vorabendprogramm angesiedelt.
Auf dem zweiten Rang liegen Abenteuersendungen mit 15 Prozent Anteil am Gesamt-Kinderprogramm. Ihre Hauptsendezeit liegt in den Nachmittagstunden. Shows und Magazine mit unterschiedlichen Themen machen zudem jeweils etwa zehn Prozent am Gesamtkinderprogramm aus (die übrigen Themenanteile am Gesamtprogramm für Kinder werden in der Publikation nicht im einzelnen berichtet).
Sendungen, die informative und unterhaltende Elemente kombinieren, werden im expliziten Kinderprogramm vorrangig am frühen Morgen, im impliziten Programm besonders am späten Nachmittag ausgestrahlt.
Im Hinblick auf die behandelten Themen unterscheiden sich die Sender wieder erheblich: „Die öffentlich-rechtlichen Anstalten ARD/ZDF bieten dem jungen Publikum in den *expliziten Kindersendungen* in erster Linie aufregend-alltägliche Geschehnisse aus dem 'bewegten Alltag' und 'Abenteuer'. Diese zwei Themen machen zusammen über die Hälfte des Kinderangebotes der Sender aus. Lehrinhalte spielen mit einem Anteil von etwa einem Fünftel eine nicht unwesentliche Rolle. [...] Im *impliziten Kinderangebot* der öffentlich-rechtlichen Sender ARD/ZDF dominieren mit fast zwei Drittel Sendungen über 'bewegten Alltag'. [...] Das Interesse der Kinder an Information und Wissen wird offensichtlich nur von den öffentlich-rechtlichen Anstalten ARD/ZDF, den Dritten und von Nickelode-

on befriedigt, denn nur in deren expliziten Kinderangeboten finden sich Sendungen mit Lehrinhalten. Daneben senden die genannten Anbieter noch Magazine und Shows, deren Anliegen nicht nur Unterhaltung, sondern auch Information und Wissensvermitllung ist" (a.a.O., S. 59f). Beim impliziten Kinderprogramm werden reine Informationssendungen nur von den Dritten mit 3Sat (22%) und vom ZDF (4%) sowie von Super RTL (17%) angeboten. Bezüglich des impliziten Angebotes kommen die Autoren zu dem Fazit: „Information und Wissen können sich Kinder noch im Rahmen von Magazinen v.a. bei ARD/ZDF, den Dritten, bei RTL und beim Spartensender Super RTL besorgen" (a.a.O., S. 64).

- Die Mehrheit der Kindersendungen beinhaltet Handlungen, die sich in der Gegenwart (74%) und an Orten in der Erfahrungswelt von Kindern (72%) abspielen. Dementsprechend selten sind Inhalte mit Handlungen in Vergangenheit oder Zukunft und solche, die sich in fremden Kulturen oder Phantasiewelten abspielen.
  Als Akteure dominieren im Gesamt-Kinderprogramm Erwachsene und männliche Figuren; gleichaltrige und weibliche Handlungsakteure treten ausgesprochen selten in Kindersendungen auf. Zudem werden insgesamt Jungen weitaus mehr als Mädchen mit Sendungen bedient, die sich speziell an ihre Gruppe wenden.
  Eine direkten Bezug zur Lebenswelt von Kindern hat nur ein Drittel derjenigen Sendungen, die explizit für Drei- bis Sechsjährige gedacht sind. In Informationssendungen bleibt der Lebensweltbezug für Vorschulkinder vollständig ausgeklammert.

Am 1.1.1997 begann der gemeinsam von ARD und ZDF initiierte öffentlich-rechtliche Kinderkanal seinen Sendebetrieb (vgl. hierzu Schäfer, 1997). Sein Programm wird von 8.00 Uhr (bzw. am Wochenende von 6.00 Uhr) bis 19.00 Uhr via Satellit Astra 1D ausgestrahlt und ist in den meisten Bundesländern in die Kabelnetze eingespeist. Das Motto der Redaktion des Kinderkanals lautete von Anbeginn: „Gewaltfrei. Werbefrei. Frei ab drei". Diese Schlagworte fassen zugleich die drei wesentlichen Programm-Maxime zusammen (ebd.):

- Kern-Zielgruppe des Programms sind Kinder von drei bis 13 Jahren. Über den Tag verteilt sind spezielle Angebote für unterschiedliche Altersgruppen plaziert.
- Für Kinder problematische Gewaltdarstellungen, wie sie nach den vorliegenden Programmstrukturanalysen insbesondere in Trickfilmen und Serien bei Privatsendern geballt vorzufinden sind (vgl. u.a. Groebel & Gleich, 1993), werden im Kinderkanal nicht gesendet.
- Auf Werbung, die für alle Privatsender die Finanzierungsgrundlage darstellt und auch im Kinderprogramm (zwischen einzelnen Sendungen bzw. Tei-

len von Sendungen) ausgestrahlt wird, verzichtet der über die Rundfunkgebühr finanzierte Kinderkanal vollständig.

Das Programm des Kinderkanals besteht überwiegend aus Programmübernahmen und Wiederholungen von Produktionen für Kinder aus ARD und ZDF. Durch den eng gesteckten Finanzrahmen ist der Eigenproduktionsanteil der in Erfurt angesiedelten Gemeinschaftredaktion des Kinderkanals geringfügig (selbst produziert werden u.a. die verbindenden Moderationen). Im Programmschema finden sich auch spezielle Sendeplätze, die Kleinkind-Magazinen und -Serien vorbehalten sind. Dies betrifft die Stunden von 8.00 bis 10.00 Uhr und 11.30 bis 12.30 Uhr an Werktagen, am Wochenende wird zu diesen Zeiten das ARD und ZDF-Kinderprogramm durchgeschaltet. Zu den unterschiedlichen Sendeformen, die der Kinderkanal beinhaltet, gehört neben Magazinen, Spiel- und Unterhaltungssendungen, Dokumentationen, Filmen, Serien und Realproduktionen auch die tägliche Kinder-Nachrichtensendung „logo“ (ZDF). Weiterhin ist eine Reihe von anerkannten und in ihrer Qualität unbestrittenen Kinderproduktionen im Programm enthalten (u.a. „Sandmännchen“, „Tigerentenclub“, „Philipps Tierstunde“, „Sendung mit der Maus“, „Sesamstraße“, „Käpt'n Blaubär Club“ und „Pumuckl-TV“.

Der Kinderkanal stellt quantitativ das größte zusammenhängende Kinderangebot im Fernsehen. Dennoch bestehen insbesondere angesichts der aktuellen Fernsehgewohnheiten von Kindern, die im beachtlichen Umfang auch Privatprogramme nutzen, eng mit dem Fernsehmarkt verbundene Probleme fort (zur Fernsehnutzung von Kindern vgl. Kap. 2.3.3). Bereits kurz erwähnt wurden die im Kontext des Kinderfernsehens immer wieder heftig diskutierten Themen Gewalt und Werbung:

Die Wahrscheinlichkeit, daß Kinder beim Anschauen von Privatprogrammen (RTL, SAT1, Pro7, Kabel1 etc.) mit Werbung konfrontiert werden, ist um ein Vielfaches größer als bei ARD und ZDF. Während die Ausstrahlung von Werbung in öffentlich-rechtlichen Programmen auf die Zeit zwischen 18.00 und 20.00 Uhr beschränkt ist, bestehen solche tageszeitlichen Beschränkungen für private Anbieter nicht. Die Zielgruppe der Kinder wird dabei von der Werbewirtschaft gezielt beworben. Allein in der Zeit von 6.00 bis 13.00 Uhr werden im kommerziellen Fernsehen durchschnittlich über 30 Werbespots für Kinder als Kunden ausgestrahlt (vgl. Schäfer, 1997). Eine Untersuchung der Universität Bielefeld kommt zu dem Ergebnis, daß Acht- bis Elfjährige pro Jahr im Durchschnitt etwa 45.000 Werbe-Spots sehen (ebd.). Als problematisch anzusehen ist neben dem Quantum der Werbung in privaten Kinderprogrammen besonders die Form ihrer Einbettung in das jeweilige Rahmenprogramm. Die Mediengesetzgebung schreibt vor, daß Kindersendungen nicht durch Werbung unterbrochen werden dürfen, es sei denn, sie bestehen aus einzelnen, eigenständigen Teilen (§ 26 Abs. 1 und 3 des Rundfunkstaatsvertrags). Viele Magazinsendungen für Kinder werden seitens der Privatsender in solchen „einzelnen Teilen" präsentiert, so daß ein Umfeld für rechtlich zulässige Werbung gegeben ist.

Ähnlich wie die Werbung ist der nach wie vor hohe Gewaltanteil im TV-Programm eines der mit dem Fernsehen verbundenen Probleme, auf die im Hinblick auf Kinder immer wieder in der öffentlichen Debatte hingewiesen wird (wobei noch immer gilt, daß der Anteil von Gewaltdarstellungen in öffentlich-rechlichen Programmen geringer ausfällt als in den Privatprogrammen). In Hinsicht auf technische Vorkehrungen, die Kinder generell vor dem Sehen von Gewaltdarstellungen schützen sollen, werden seitens der Landesmedienanstalten und Fernsehveranstalter in neuerer Zeit verstärkt Anstregungen unternommen, wobei insgesamt das Problem, daß Kinder in hohem Maße auch das nicht speziell für diese Altersgruppe produzierte Programm nutzen, für das künftige digitale Fernsehangebot umso gravierender werden dürfte.

### *2.3.3 Quantitative und qualitative Aspekte der Mediennutzung bei Kindern im Kindergartenalter*

Erzieherinnen, Lehrer/-innen und Eltern sind sich nach Ergebnissen unserer eigenen Befragungen recht einig darüber, daß Kinder weitaus länger fernsehen, als für sie gut ist, wobei gleichzeitig alle drei Gruppen (wenn auch nicht in gleichem Ausmaß) den Fernsehkonsum sowohl von Kindern im Kindergartenalter als auch von älteren weit überschätzen (vgl. Frey & Six, 1997; siehe auch Kap. 2.2 und 3.3). Dabei scheinen sie häufig die sonstige Mediennutzung außer acht zu lassen. Mit keinem anderen Medium assoziieren sie derart starke und z.T. negative Wirkungen wie mit dem Fernsehen, bei keinem anderen Medium widerspricht ihr eigenes Ritual- und Vorbildverhalten derart ihrer unsicheren bis kritischen Haltung gegenüber der kindlichen Mediennutzung, und kein anderes Medium wird derart oft als Erziehungsmittel eingesetzt (Six, 1995a). Gerade das „Fernsehen ist in den meisten Familien ein Erziehungsthema, oft sogar Erziehungsproblem" (Kübler & Swoboda, 1998, S. 26).

So sehen insbesondere Erzieherinnen und Lehrer/-innen in den rein *quantitativen* Dimensionen der Fernsehnutzung von Kindern, aber auch in deren Programm-Auswahlverhalten bereits Gründe für den Bedarf an Medienerziehung, wobei sie nach unseren Untersuchungen diesen Bedarf allerdings häufig vorrangig den jeweils anderen Gruppen, insbesondere den Eltern bzw. Familien attribuieren (Kußmann, 1996; Holzwarth, 1997a).

Tatsächlich ist der hohe *quantitative* Stellenwert der Mediennutzung in den verschiedenen Lebensbereichen und -situationen und die Tatsache, daß Medien zu selbstverständlichen Elementen des Alltags, der Gesellschaft und Kultur gehören, bereits ein wichtiger Grund dafür, Kinder möglichst frühzeitig zu kompetenten Mediennutzern zu erziehen. Bei dieser Argumentation bleiben jedoch vielfach nicht nur die anderen Medien neben dem Fernsehen unberücksichtigt, sondern es werden häufig auch folgende Tatsachen außer acht gelassen:

(1) Berücksichtigt man neben der Mediennutzung auch die bloße Konfrontation mit Medien (etwa den Radiowecker am Morgen, die Medien in Kindergarten bzw. Schule, die Einkaufsbegleitmusik, Produktwerbung und Computerspiele im Supermarkt, die Musik als Geräuschkulisse zu Hause), so ist kaum mehr auszumachen, wieviel Zeit Kinder heute tatsächlich noch mit bzw. ohne Medien verbringen.

(2) Mediennutzung läßt sich nicht nur unter quantitativen Aspekten (Nutzungsdauer, -häufigkeit, -präferenzen etc.) kennzeichnen. Vielmehr sind ebenso auch *qualitative* Aspekte zu berücksichtigen. Sie reichen von Merkmalen der jeweiligen Nutzungssituation (z.B. allein oder mit Eltern fernsehen) und der Nutzungsweise (z.B. Art der Programmauswahl; Nebenbei-Radiohören während des Essens; Gespräche über die rezipierten TV-Inhalte während des Fernsehens), bis hin zu den hinter der jeweiligen Nutzung und Nutzungsweise stehenden Funktionen und Motiven. Gleichzeitig sind sowohl quantitative als auch qualitative Aspekte mit einer ganzen Reihe von Einflußfaktoren verbunden, die auf seiten des Kindes (z.B. Entwicklungsstand; soziale Integration; individuell bedeutsame „Themen") ebenso wie auf seiten seiner Umwelt (z.B. Mediennutzungsmuster und Kommunikationskultur in der Familie; Anregungsgehalt und Betätigungsmöglichkeiten im Wohnumfeld) liegen. Insofern sind auch Medienerfahrungen von Kindern nicht isoliert von ihrem sonstigen Alltag, ihren individuellen Bedingungen und Erfahrungen und ihrer gesamten subjektiven Lebenswelt zu bewerten.

(3) Kinder wachsen heute nicht nur quasi „von der Wiege an" mit dem Fernsehen auf, sondern stellen eine Generation mit einer vollständig anderen Medienbiografie dar als Heranwachsende früherer Generationen und auch noch als Kinder in den 80er Jahren. Sie werden heute von vornherein an ein ganzes – teilweise hochkommerzialisiertes – Medienensemble gewöhnt und erlernen bzw. erfahren den Umgang mit Elektronik in der Regel bereits im Vorschulalter. Dabei können sie heute weitaus eigenständiger über Medien verfügen und sind mit ihrer Mediennutzung und ihren eigenen Geräten weitaus unabhängiger von Erwachsenen als frühere Generationen. Korrespondierend damit ist weiterhin anzunehmen, daß zum einen das Einflußpotential des allgegenwärtigen Medienensembles für die Sozialisation von Kindern zugenommen hat, während zum anderen gleichzeitig auch sein *relatives* Einflußpotential gestiegen ist: nicht nur durch die Ausweitung von Medienangeboten und -nutzung, sondern auch durch den strukturellen und sozialen Wandel in unserer Gesellschaft.

(4) Diese Perspektive impliziert dann u.a. auch, daß Medien für Kinder heute wesentliche Funktionen übernehmen: Neben ihrem Stellenwert für Unterhaltung, Freizeitgestaltung und Informationsbeschaffung, zur Entspannung, zur Stimmungsregulierung und als Möglichkeit sich zurückzuziehen, dienen die Medien auch zur Kompensation von Defiziten und Problemen in den eigenen Lebensbedingungen und sind für Heranwachsende zunehmend wichtig zur Orientierung und Identitätsbildung. Insofern haben Medien heute einen zeitlich wie auch funktional bedeutsamen Stellenwert im Leben von Kindern im Hinblick auf ihre Alltagserfahrungen und ihre Bewältigung nicht nur alters-, sondern auch situationsspezifischer Probleme und Aufgaben.

Im Folgenden ist sowohl auf quantitative als auch einige qualitative Aspekte der Mediennutzung von Kindergartenkindern einzugehen, die gemeinsam den Bedarf an Medienerziehung unterstützen wie auch Anforderungen an die Qualifizierung von Erzieherinnen implizieren. Dabei werden unter *quantitativen* Aspekten der Mediennutzung solche zusammengefaßt, die sich auf das Nutzungsquantum (v.a. Häufigkeit und Dauer) und auf die Beliebtheit von Medienangeboten bei Kindern beziehen. Unter den zahlreichen *qualitativen* Aspekten werden hier vorrangig diejenigen zusammenzufassend dargestellt, die Funktionen bzw. Motive verschiedener Medien im Kinderalltag betreffen[31].

Daten zur *quantitativen Mediennutzung* bei Kindern dürfen immer nur mit Vorsicht interpretiert werden: Zum einen können Durchschnittszahlen generell die breite Varianz von Nutzungsmustern nicht wiedergeben, verschleiern die Existenz von Problemgruppen (vgl. Neumann-Braun, 1991) und lassen keine Aussagen über die eigentlichen Rezeptionsprozesse und insbesondere über Wirkungen zu. Im Hinblick auf Vorschulkinder ergeben sich zum anderen zusätzliche Probleme: Bei Befragungen muß für diese Altersgruppe aufgrund entwicklungsbedingter – v.a. kognitiver – Defizite (z.B. Erfassen von Zeitspannen, Verstehen von Fragen) in der Regel auf Angaben von Betreuungspersonen zurückgegriffen werden, wobei solche Daten dann häufig durch Antworttendenzen im Sinne der „sozialen Erwünschtheit" verzerrt sein dürften. Aber auch direkte Erhebungen an Kindern wie solche durch die GfK-Fernsehforschung sind mit Vorsicht zu interpretieren, da auch hier den Kindern Leistungen abverlangt werden, die in diesem Alter nicht stets gewährleistet, jedoch für zuverlässige Ergebnisse erforderlich sind[32].

---

31 Eine detaillierte Übersicht über qualitative Dimensionen inkl. Motive der kindlichen Mediennutzung ebenso wie über wesentliche Einflußfaktoren für quantitative und qualitative Aspekte findet sich bei Six (1995a). Deshalb sollen die Ausführungen zu diesen Unterthemen im vorliegenden Band vergleichsweise kurz gehalten werden.

32 Auch Feierabend und Klingler (1998, S. 186) verweisen auf dieses Problem: „So ist das Drücken des entsprechenden Personenknopfes auf der Fernbedienung nach wie vor die Voraussetzung, um als Zuschauer registriert zu werden. Es ist zum Beispiel durchaus denkbar, daß sich kleine Kinder nicht strikt an dieses Verfahren halten, zumal die verbalen Erinnerungen, die auf den GfK-Meter-Displays ablesbar sind, von diesen noch nicht gelesen werden können".

Regelmäßige und standardisierte Erhebungen der Mediennutzung und des Gerätebesitzes bei Kindern (z.B. in den „Media-Analysen“) beziehen sich in der Regel nur auf Kinder ab sechs Jahren. Da somit für Kinder im Kindergartenalter (aktuelle) Daten zur quantitativen Nutzung keineswegs für alle Medien vorliegen, wird im Folgenden an manchen Stellen auch über Nutzungsdaten älterer Kinder berichtet. Allerdings muß dabei beachtet werden, daß sich Nutzungsmuster von Vorschul- und Schulkindern stark unterscheiden können.

Bereits seit Generationen sind *Hörkassetten* bekanntlich ein wichtiges und oft genutztes Medium der Vorschulkinder. Nach Hansen und Manzke (1993) besaß 1991 ein Drittel aller untersuchten Kinder zwischen drei und fünf Jahren einen eigenen Kassettenrekorder und im Schnitt 10 bis 20 Hörkassetten. Werte für die Ausstattung bei acht- bis neunjährigen Kindern liegen aus einer Untersuchung an 200 Kölner Familien vor, wonach 1993 über 90 Prozent der Kinder über „Geschichtenkassetten“ verfügten (Hammer, 1996). Während es plausible Gründe für die Beliebtheit von Kassetten bei den jungen Altersgruppen gibt, läßt sich gleichzeitig aber auch feststellen: „In den letzten Jahren haben nun aber der Walkman und die Computerspiele dem Kassettenrekorder den Rang abgelaufen bzw. die Medienausstattung der meisten Kinder ergänzt“ (Hammer, 1996, S. 31).

Hörkassetten werden von Vorschulkindern überwiegend am späten Nachmittag bzw. abends genutzt. Am häufigsten dienen sie als Geräuschkulisse beim Spielen; eine gemeinsame Nutzung mit Erwachsenen oder anderen Kindern ist eher selten (Hansen & Manzke, 1995). Eltern kontrollieren den Gebrauch von Hörkassetten bei ihren Kindern offenbar um einiges weniger als den des Fernsehens, wahrscheinlich weil Hörmedien kaum als gefährlich eingestuft werden.

Aktuelle Daten zur Nutzung von Kassettenrekorder und/oder Walkman bei Kindergartenkindern liegen z.Zt. nicht vor. Die durchschnittliche Nutzungsdauer dürfte jedoch pro Tag bei 20 bis 30 Minuten liegen[33]. Dabei scheint nach Treumann et al. (1996) eine beträchtliche Spannbreite zwischen Kindern, die das Medium nur sehr kurz nutzen, und den 11 Prozent der Vielhörer, die über zwei Stunden am Tag Kassetten hören, vorzuliegen.

---

33 Tietze (1990) berichtet für Drei- bis Sechsjährige eine durchschnittliche Tonkassetten-Nutzungsdauer von täglich 27 Minuten (Nebenbeitätigkeit; Haupttätigkeit: 15 Minuten). Nach Treumann et al. (1996) nutzten 1993 sechs- bis elfjährige Kinder Hörkassetten im Schnitt 31 Minuten am Tag (Verweildauer: 53 Minuten).

Hurrelmann et al. (1988) berichten eine durchschnittliche Tonträger-Nutzungsdauer bei Vier- bis Sechsjährigen von 34 Minuten pro Tag. Für 1995/1996 erhoben Kübler & Swoboda (1998) Daten anhand von Tagesablaufprotokollen der Betreuungspersonen (wobei allerdings nicht der gesamte Tag protokolliert wurde): Demnach nutzen Kleinkinder und Vorschulkinder im Durchschnitt ca. eine Viertelstunde lang Hörmedien. Klingler & Groebel (1994) machen Angaben über die Tonträgernutzung bei Sechs- bis Neunjährigen: 1990 lag die Nutzungsdauer in dieser Altersgruppe bei 19 Minuten pro Tag (Verweildauer: 83 Minuten).

Generalisierbare, aktuelle Daten liegen gegenwärtig auch nicht für das Lesen/Anschauen von *Bilderbüchern* bei Kindern im Kindergartenalter vor. Andere Printmedien, die bereits Lesefähigkeit voraussetzen, sind bei Vorschulkindern verständlicherweise weniger von Bedeutung. In einer repräsentativen Befragung von Eltern (Lehmkuhl, 1997) zeigte sich 1994 jedoch, daß unter den Kindern zwischen vier und ca. sechs Jahren nach Angaben der Eltern immerhin 24 Prozent der Mädchen und 21 Prozent der Jungen pro Tag bis zu einer Stunde Bücher lesen und zehn Prozent der Mädchen bzw. sechs Prozent der Jungen dieser Altersgruppe sich zudem bis zu einer Stunde am Tag mit Zeitschriften (wie Illustrierten oder Kinderzeitschriften) beschäftigen. Nach Kübler & Swoboda (1998) macht das Lesen/Anschauen von Printmedien am Tag etwa zehn Minuten aus (wobei in dieser Untersuchung von 1995-1996 allerdings sowohl Kleinkinder als auch Vorschulkinder einbezogen waren und zudem nicht der gesamte Tagesablauf protokolliert wurde). Eine Untersuchung Mitte der 80er Jahre (Tietze, 1990) ergab demgegenüber einen höheren Wert nur für das Bücherlesen bei Drei- bis Sechsjährigen: Demnach schauten sich Kinder dieses Alters im Durchschnitt 34 Minuten pro Tag Bücher an (Lesen als Primärtätigkeit; Lesen als Primär- und Sekundärtätigkeit: 59 Minuten).

Auch *Computer-/Telespiele* nehmen bei drei- bis sechsjährigen im Vergleich zu älteren Kindern eine noch untergeordnete Position in der Mediennutzung ein. Die Reichweite (Stichtagbefragung bei Müttern) dieser Medien lag Mitte der 80er Jahre in dieser Altersgruppe bei nur 1,3 Prozent der Kinder (obwohl in 14 Prozent der erfaßten Haushalte entsprechende Hardware und in sechs Prozent die entsprechenden Spiele vorhanden waren; Tietze, 1990). Bezieht man Gameboys und außerdem die zunehmende Verbreitung von Computerspielen in den letzten Jahren mit ein, so dürfte die Reichweite auch bei Vorschulkindern mittlerweile allerdings um einiges höher liegen. Zur Nutzungsdauer von Vorschulkindern liegen keine aktuellen, generalisierbaren Daten vor. Aus Tagesprotokollen über den Alltag von Kleinkindern und Vorschulkindern (Kübler & Swoboda, 1998) geht hervor, daß die Nutzung von Gameboys, Telespielen oder Computerspielen 1995/1996 lediglich etwa zwei Minuten pro Tag ausmachte[34].

Nach einer Studie der ZDF-Medienforschung von 1995 (vgl. Weiler, 1997) hatten circa 22 Prozent der Kinder zwischen sechs und 13 Jahren Zugangsmöglichkeiten zu einem Computer. Gleichzeitig zeigte sich dabei: Intensive Computernutzer lesen mehr als andere Kinder und nutzen auch (andere) au-

34 Die Ergebnisse von Kübler & Swoboda (1998) sind allerdings weder repräsentativ noch allein auf Vorschulkinder bezogen und im Hinblick auf die Zeitbudgets unvollständig, da – wie bereits bemerkt – nicht jeweils der gesamte Tag protokolliert werden konnte.
Zur Ausstattung mit Gameboys, Computer- oder Telespielen berichten die Autoren (a.a.O., S. 114), daß Dreijährige zu 3,5%, Vierjährige zu 6,1%, Fünfjährige zu 8,9% und Sechsjährige zu 12,8% über diese Medien in ihren Kinderzimmern verfügen können.

diovisuelle Medien stärker. Entgegen allen Vorurteilen zeigen sich die Vielnutzer vielfältig interessiert, kontaktfreudig und aktiv in der Freizeitgestaltung. Insgesamt befinden sich hiernach „Computerkids" in einer eher privilegierten Situation, was dem verbreiteten Bild des vernachlässigten und isolierten Computerfreaks widerspricht.

Das wichtigste Medium auch der Vorschulkinder war und ist das *Fernsehen*, auch wenn die Drei- bis Fünfjährigen im Vergleich zu anderen Altersgruppen am kürzesten fernsehen[35]. Die durchschnittliche Sehdauer betrug 1997 bei Kindern zwischen drei und fünf Jahren 76 Minuten[36], am Wochenende allerdings circa 90 Minuten (samstags 87, sonntags 91 Minuten). Von den Kindern, die an einem Durchschnittstag ferngesehen haben, hat immerhin fast jedes vierte Kind länger als zwei Stunden und jedes zehnte Kind länger als drei Stunden mit dem Fernsehen zugebracht.

Damit sahen 1997 Vorschulkinder im Durchschnitt pro Tag fünf Minuten kürzer fern als 1996 (Sehdauer 1996: 81 Minuten, Verweildauer 1996: 147 Minuten), jedoch zehn Minuten länger als 1992 und 12 Minuten länger als 1993[37]. Der bei den Vorschulkindern festgestellte Rückgang der täglichen Sehdauer gilt allerdings nur für Kinder in den alten Bundesländern, die durch die Reduzierung von 79 auf 73 Minuten pro Tag 1997 ungefähr wieder den Wert von 1995 (72 Minuten) erreichten. Vorschulkinder in den neuen Bundesländern sahen dagegen 1997 noch sieben Minuten länger fern als 1996 (1997: 94 Minuten; 1996: 87 Minuten).

Insgesamt ist der seit Jahren bekannte Ost-West-Unterschied in der TV-Sehdauer besonders auffallend bei Kindern der jüngsten Altersgruppe: In den

---

35 Wenn nicht anders angegeben, sind die im Folgenden verwendeten GfK-Daten nach Feierabend & Klingler (1998) zitiert.

Die bereits erwähnte Untersuchung von Kübler & Swoboda (1998, S. 120) liefert zumindest bezüglich der täglichen TV-Sehdauer gänzlich andere Ergebnisse, die jedoch mit den GfK-Daten nicht vergleichbar sind (da die Altersspanne von Ein- bis Sechsjährigen reichte, die Stichprobe nicht repräsentativ war, die Daten nur aus Angaben von Betreuungspersonen hervorgingen und die Tagesprotokolle unvollständig waren). So wird bei Kübler & Swoboda für Kleinkinder und Vorschulkinder gemeinsam eine durchschnittliche TV-Sehdauer von täglich etwa einer halben Stunde berichtet, während die GfK zur selben Zeit für Vorschulkinder eine Sehdauer von 74 Minuten in 1995 und 81 Minuten in 1996 ermittelte.

Was die Fernsehhäufigkeit anbetrifft, so unterscheiden sich Drei- bis Fünfjährige nicht von älteren Kindern: Die jüngste Altersgruppe sieht im Durchschnitt ebenso wie Sechs- bis Neunjährige an 17 Tagen eines Monats fern (10- bis 13-Jährige: 19 Tage; vgl. Buß & Simon, 1998).

36 Läßt man die „Nichtseher" außer acht, so ergibt sich für Vorschulkinder über alle Tage der Woche im Jahr 1997 hinweg eine tägliche Fernsehdauer von durchschnittlich zwei Stunden und 21 Minuten (= „Verweildauer"). Bezieht man auch diejenigen mit ein, die zu den „Nichtsehern" gehören, so liegt die TV-Nutzungsdauer im Durchschnitt aller Kinder der Altersgruppe immerhin noch bei eineinviertel Stunden, am Wochenende sogar bei etwa eineinhalb Stunden pro Tag.

Betrachtet man nur diejenigen Kinder, die an einem durchschnittlichenTag des Jahres 1997 ferngesehen haben, so läßt sich feststellen: 31 Prozent dieser Kinder haben ein bis zwei Stunden und immerhin 14 Prozent zwei bis drei Stunden pro Tag mit Fernsehen zugebracht.

37 Auch bei den Sechs- bis Neunjährigen ist die Sehdauer im Durchschnitt um fünf Minuten pro Tag zurückgegangen (von 96 Minuten im Jahr 1996 auf 91 Minuten im Jahr 1997) und liegt damit in dieser Altersgruppe wieder ungefähr auf der Höhe von 1994 und 1995 (jeweils 92 Minuten pro Tag).

neuen Bundesländern sehen Kinder dieses Alters im Durchschnitt 21 Minuten länger fern als in den alten Bundesländern; bei Sechs- bis Neunjährigen beträgt dieser Unterschied nur drei Minuten, bei 10- bis 13-Jährigen 13 Minuten. Damit kommen Kinder der jüngsten Altersgruppe der für Erwachsene (ab 14 Jahren) berechneten Ost-West-Differenz von 28 Minuten am nächsten (vermutlich deshalb, weil diese Altersgruppe noch relativ häufig mit den Eltern gemeinsam fernsieht). Gleichzeitig zeigen die GfK-Daten Geschlechtsunterschiede derart, daß Jungen im Durchschnitt häufiger und länger vor dem Fernseher anzutreffen sind als Mädchen, was insbesondere für das Wochenende gilt.

Nach Feierabend und Klingler (1998) zeigen auch die Daten aus dem Jahr 1997 wieder jahreszeitliche Schwankungen in der Fernsehnutzung, indem Kinder in Herbst und Winter länger vor dem Fernseher sitzen als in Frühjahr und Sommer (vgl. ähnlich auch Kübler & Swoboda, 1998).

Betrachtet man die Fernsehnutzung im Verlauf eines Durchschnittstages, so zeigt sich, daß der Vorabend – circa 17.30 bis etwa 20.00 Uhr – nach wie vor die Primetime der Vorschulkinder ist. Die Reichweiten-Verlaufskurve weist einen deutlichen Gipfel zwischen 18.00 und etwa 20.00 Uhr auf. Zwischen 18.00 und 21.00 Uhr sehen pro durchschnittliche Minute 12 Prozent aller Kinder dieser Altersgruppe fern. Aber auch schon zwischen 6.00 und 9.00 Uhr befinden sich pro Minute vier Prozent der Kinder dieser Altersgruppe vor dem Fernseher (dies entspricht ca. 90.000 Kindern; zwischen 9.00 und 12.00 Uhr: 6%; 12.00-15.00 Uhr: 9%; 15.00-18.00 Uhr: 8%). Ab 21.00 Uhr sind Vorschulkinder vor dem Fernseher nur noch die Ausnahme (vgl. ähnlich auch Kübler & Swoboda, 1998).

1997 waren 11 Prozent aller Kinder zwischen drei und fünf Jahren Kurzseher, d.h. sie nutzten das Fernsehen täglich weniger als 30 Minuten. Dagegen waren 13 Prozent aller Kinder dieser Altersgruppe *Vielseher*, d.h. sie sahen täglich länger als zwei Stunden fern[38] (fünf Prozent über drei Stunden). Umgekehrt ist unter allen Vielsehern zwischen drei und 13 Jahren immerhin jeder fünfte erst zwischen drei und fünf Jahren alt (Buß & Simon, 1998). Dabei zeigen sich wieder deutliche Geschlechtsunterschiede: Unter den Vielsehern befinden sich wie in den Vorjahren mehr Jungen als Mädchen (Feierabend & Klingler, 1998; Buß & Simon, 1998; Holzheimer, 1997).

Zu Vielsehern rechnen nach wie vor mehr Kinder in den neuen als in den alten Bundesländern. Gleichzeitig setzt das Vielsehen offenbar einen Kabel- oder Satellitenanschluß voraus; nur sechs Prozent aller Vielseher zwischen drei und 13 Jahren haben terrestrische Empfangstechnik (Buß & Simon, 1998).

Viel- und Wenigseher unterscheiden sich nicht nur im Hinblick auf ihre Sehdauer, sondern auch bezüglich der Fernsehhäufigkeit: Von 28 Tagen

38 Zu ähnlichen Ergebnissen kommen auch Kübler & Swoboda, 1998.

eines erfaßten Monats sehen Vielseher zwischen drei und 13 Jahren an 24 Tagen fern, Wenigseher dagegen nur an neun Tagen (Buß & Simon, 1998). Interessanterweise lassen sich allerdings kaum Unterschiede zwischen Wenig- und Vielsehern im Hinblick auf die Anzahl der innerhalb eines Monats genutzten TV-Programme feststellen (ebd.).

Vielsehende Kinder leben häufig in Vielseherhaushalten. Buß und Simon (1998) kommen zu dem Schluß: „Wieviel Kinder fernsehen, wird demnach vor allem von der Fernsehdauer der erwachsenen Personen im gleichen Haushalt bestimmt. Die tägliche Sehdauer von Kindern in Vielseherhaushalten ist mit 127 Minuten mehr als doppelt so hoch wie bei Kindern in Haushalten mit wenigsehenden Erwachsenen (58 Minuten)“ (ähnlich auch Kübler & Swoboda, 1998).

Wesentliche *Einflußfaktoren* der Fernsehdauer bei Kindern sind – wie bereits festgestellt – Alter und Geschlecht, Ost-West-Unterschiede (Feierabend & Klingler, 1998), die jeweilige TV-Empfangstechnik und die Anzahl der im Haushalt verfügbaren TV-Geräte sowie das elterliche TV-Nutzungsverhalten (Buß & Simon, 1998; Kübler & Swoboda, 1998). Darüber hinaus konnte auch anhand der Daten aus dem Jahr 1997 wieder festgestellt werden, daß der Bildungsstatus des „Haushaltsvorstandes“ eine Rolle spielt (Buß & Simon, 1998; ebenso Kübler & Swoboda, 1998). Nach den Ergebnissen von Kübler und Swoboda (1998) erwiesen sich bei Vorschulkindern zudem das jeweilige Milieu sowie weitere Rahmendingungen (neben Bildungsstatus und Art der elterlichen Erwerbstätigkeit u.a. auch Wohnlage, Wohnraum, berufliche Belastung der Eltern etc.) als zentrale Variablen für die Fernsehnutzung (vgl. auch Hurrelmann et al., 1988). Entscheidend war ebenfalls, ob das Kind mit älteren Geschwistern aufwuchs. Der wichtigste Einflußfaktor der Fernsehnutzungszeit der Kinder war aber auch hier das Vorbild der Eltern, insbesondere das der Mutter (vgl. auch Höltershinken & Link, 1988). Nach Meinung der Autoren ist für Vielsehen daher insbesondere ein unbedachtes Nutzungsmuster der Eltern, aber auch älterer Geschwister verantwortlich. Dabei kommt das Kind umso wahrscheinlicher mit Fernsehinhalten in Kontakt, je weniger ihm die Möglichkeit zum Rückzug in einen eigenen Bereich gegeben ist.

Über die Angaben hinaus, wie lange ferngesehen wird, ist zur weiteren Interpretation der Fernsehnutzung von Kindern auch wichtig zu wissen, welche Inhalte sie besonders häufig bzw. gerne anschauen. Einen Einblick geben Daten zu Sender- oder Sendungspräferenzen von Vorschulkindern, die jedoch je nach Erhebungsmethode etwas differieren.

Nach Feierabend und Klingler (1998) hatten 1997 die privaten Anbieter die größten Marktanteile, wobei sich auch im Hinblick auf die *Senderpräferenzen* Geschlechtsunterschiede zeigten: Mädchen nutzten überdurchschnittlich die Angebote der öffentlich-rechtlichen Sender (allerdings auch RTL und RTL 2), während Jungen stärker als Mädchen Pro Sieben und Super RTL wählten. Von drei- bis fünfjährigen Kindern wurden Super RTL (16,7%), Pro Sieben (12,8%), RTL (11,7%) und RTL 2 (10,3%) am häufigsten gesehen. Der erst Anfang 1997 gestartete Kinderkanal erreichte innerhalb dieses einen Jahres bei der jüngsten Altersgruppe bereits einen Marktanteil von 9,7 Prozent. Die dritten ARD-Programme lagen dagegen bei 8,3 Prozent und das erste ARD-Programm bei 7,7 Prozent, während das ZDF lediglich einen Marktanteil von 4,8 Prozent erreichte.

Dabei sind allerdings erhebliche Schwankungen im Tagesverlauf zu berücksichtigen, wie eine Auswertung der Nutzungsdaten für die Monate November und Dezember 1997 zeigte (Feierabend & Klingler, 1998): Zwischen 7.00 und 8.00 Uhr hatte mindestens jedes vierte fernsehende Kind im Alter zwischen drei und fünf Jahren Pro Sieben und jedes fünfte Kind RTL 2 eingeschaltet. Der Kinderkanal erreichte erst zwischen 8.00 und 9.00 Uhr etwa jedes fünfte fernsehende Kind dieses Alters, während zur gleichen Zeit die Marktanteile von Pro Sieben und RTL 2 auf 16 bzw. 11 Prozent zurückgingen. Dieses Phänomen wurde noch deutlicher zwischen 9.00 und 10.00 Uhr (Martktanteil Kinderkanal: 21%; Pro Sieben: 13%; RTL 2: 5%), wobei dieses der einzige Tagesabschnitt war, in dem der Kinderkanal vom ersten ARD-Programm (22%) übertroffen wurde. Zwischen 17.00 und 18.00 Uhr ergab sich wieder ein ganz anderes Bild: Nun erreichte das erste ARD-Programm nur noch einen Marktanteil von vier Prozent in dieser Altersgruppe, während Spitzenreiter nun Pro Sieben (16%), Kinderkanal (19%) und Super RTL (21%) waren. Super RTL wurde schließlich zwischen 19.00 und 20.00 sogar von jedem dritten fernsehenden Kind gewählt.

Die tageszeitlichen Schwankungen in den Marktanteilen der Sender sind in Zusammenhang mit *Sendungspräferenzen* der Kinder zu sehen (vgl. dazu die Angaben bei Feierabend & Klinglер, 1998). Insgesamt sind bei den Vorschulkindern die „Sesamstraße“, das „Sandmännchen“, die „Sendung mit der Maus“ sowie Zeichentricksendungen am beliebtesten, während bei dieser Altersgruppe Spielfilme oder Familienserien noch nicht unter den ersten zehn Plätzen vertreten sind (ZDF-Medienforschung, 1997; Kübler & Swoboda, 1998). Kinder sehen aber auch gerne Clubsendungen wie „Käpt´n Blaubär Club“ oder „Tigerentenclub“, weniger dagegen Sendungen wie den „Disney Club“ oder „Bimbambino“ oder auch Cartoonserien. Nach Angaben der in der Untersuchung von Kübler und Swoboda (1998) befragten Eltern wurden bei Videokassetten Kinofilm- und Medienverbundproduktionen von Walt-Disney (wie „Dschungelbuch“, „Bambi“ oder „König der Löwen“), aber auch noch immer der Klassiker „Benjamin Blümchen“ besonders häufig gesehen. In dieser Untersuchung wurden auch die Kinder selbst zu ihren Präferenzen befragt; dabei konnten recht hohe Übereinstimmungen zwischen den Angaben der Eltern und denen der Kinder festgestellt werden. Während die Eltern jedoch zugaben, daß Vorschulkinder auch das Jugend- oder Erwachsenenprogramm (z.B. „Das Glücksrad", „Gute Zeiten, schlechte Zeiten") sehen, wurden solche Sendungen von Kindern nicht erwähnt (es fragt sich allerdings, inwieweit Vorschulkinder überhaupt in der Lage sind, Titel von Sendungen zu benennen, besonders dann, wenn es sich um eher abstrakte handelt).

Darüber hinaus liegen Daten zur *Attraktivität einzelner Sendungsfiguren* bei Vorschulkindern vor: Die bei Kübler und Swoboda (1998) befragten Kinder stellten besonders die Beliebtheit von Figuren aus den traditionellen Vorschulserien (z.B. Ernie und Bert aus der „Sesamstraße" oder die Maus) heraus. Nach Schorb (1995) sind bei Vier- bis Sechsjährigen in Zeichentrickfilmen besonders solche Figuren beliebt, die als „die kleinen Schlaumeier" (z.B. Biene Maja) oder auch als „die überlegenen Retter" charakterisiert werden, am unbeliebtesten sind dagegen „die ewigen Verlierer" (z.B. Gargamel bei „Die Schlümpfe"). Inhaltlich bevorzugen nach dieser Studie Vorschulkinder den „bewegten Alltag", d.h. Geschichten rund um das Alltagsleben von Familien oder anderen sozialen Gemeinschaften (wie z.B. in „Biene Maja" oder „Die Schlümpfe"). Bei Jungen sind schon in diesem Alter jedoch auch Präferenzen für Geschichten um „gerechte Kämpfe" (z.B. in „Batman") oder „persönliche Scharmützel" (wie bei „Tom und Jerry") zu verzeichnen, während Mädchen diese Serientypen eher ablehnen.

Für Vorschulkinder scheinen Hörkassetten ein wichtiges Medium zu sein, in der Nutzungsdauer dominiert aber schon das Fernsehen. Dabei präferiert diese Altersgruppe nach wie vor Vorschul-, aber auch Zeichentricksendungen, während problematisierte Sendungen wie die „Power Rangers" nur selten gesehen werden und auch die Werbung offenbar weniger beliebt ist als häufig angenommen (Kübler & Swoboda, 1998; Holzheimer, 1997). Zwar liegt die Entscheidungsgewalt darüber, ob und was gesehen wird, bei Vorschulkindern zumeist noch auf seiten der Erziehungsberechtigten (Holzheimer, 1997), doch können Kinder auch beim Mitschauen des nicht speziell für sie ausgewählten Programmes mehr vom Fernsehen mitbekommen, als den Eltern häufig bewußt ist. Darüber hinaus ist Eltern, aber auch Erzieherinnen und Lehrer/-innen häufig nicht klar, welche spezifischen *Funktionen und Motive* dem kindlichen Medienkonsum zugrunde liegen. Für Vorschulkinder liegen allerdings keine quantitativen Daten zu Motiven der Mediennutzung vor; die folgende Zusammenfassung bezieht sich daher überwiegend auf Studien mit Kindern ab sechs Jahren, dürfte jedoch auch grobe Anhaltspunkte für die TV-Motive der jüngeren Kinder liefern.

Das Bedürfnis nach Unterhaltung und die Beseitigung von Langeweile sind die von Kindern am häufigsten genannten Motive der Mediennutzung. Kinder erleben reizarme Situationen häufig als unangenehm und versuchen, ihrer Langeweile – stärker als bei anderen Befindlichkeiten wie Ärger, Trauer, guter Laune – am ehesten mit Medien zu begegnen. Unterhaltung wird gerne beim Fernsehen gesucht, wobei Zeichentrickfilme dem Bedürfnis nach einem ausgewogenen Verhältnis von Spannung und Entspannung durch ihre dramaturgische Gestaltung und den „sicheren Sieg des Helden" besonders entgegenkommen (Kruse & Tarnow, 1995; ZDF-Medienforschung, 1997). Fernsehen oder Hörkassetten bieten den Kindern die Gelegenheit, risikolos an erregenden und gefährlichen Situationen teilzuhaben. Auch die Dynamik der formalen Gestaltung (beim Fernsehen z.B. rasche Bildfolgen), die erregende Dramaturgie, die ständig neu auftretenden Sensationen und Neuigkeiten wie auch die Handlungs- und Ereignisdichte können eine physiologische Aktivierung auslösen, die häufig als angenehm empfunden wird (Groebel, 1991). Ob und in welchem Ausmaß eine Anregung durch Medien gesucht wird, hängt u.a. auch vom Anregungsgrad der nichtmedialen Umwelt ab.

Medien werden von Kindern auch zur Steuerung von Stimmungen genutzt (vgl. auch Klingler & Groebel, 1994) und können zudem durch die Präsentation einer „heilen Welt" zur Bewältigung von Alltagserfahrungen, zur Kompensation emotionaler Defizite und Probleme oder auch zur Ablenkung bzw. zur Flucht aus dem Alltag beitragen. Durch eine emotionale Bindung und Identifikation mit medialen Helden und deren Erfolgen kann ein Abbau von Unsicherheit, von Angst vor Bedrohungen oder eigenem Versagen ermöglicht werden. Von dieser psychologischen – quasi therapeutischen – Funktion der Medien (Herzog, 1993) profitieren offenbar besonders Kinder, die in einem eher negativen Familienklima aufwachsen oder soziale Unsicherheiten aufweisen. Bei Computer- und Videospielen wird ein „Abtauchen" aus einer belastenden Situation durch die eingeforderte hohe Konzentration, die Reizflut, das Erleben fremder Welten und Abenteuer anscheinend noch stärker als bei anderen Medien ermöglicht (Schell, 1997).

Gerade bei Kindern liegt ein wesentliches Motiv der Mediennutzung auch in der Befriedigung von Neugier und im Bedürfnis nach kognitiver Anregung, Kontrolle der Umwelt und Exploration der Realität, die sie zum großen Teil nicht durch direkte Erfahrungen erkunden können. So kann die bei allen Kindern vorhandene Neugier auf die Erwachsenenwelt durch das Anschauen von Action- oder Familienserien als „Blick durchs Schlüsselloch" in die geheimnisvoll-fremde Welt der Erwachsenen befriedigt werden (Paus-Haase, 1991). Problematisch werden solche kognitiven Funktionen, wenn Kinder in ihrem Bedürfnis nach Informationen und Orientierung zu einseitig auf Medieneindrücke zurückgreifen müssen und diese nicht mit einem erwachsenen Gesprächspartner hinterfragen oder relativieren können.

Kinder zeigen häufig die Tendenz, sich immer wieder bestimmten Videofilmen oder Hörkassetten zuzuwenden. Diese von außen oft als zwanghafte Wiederholung erlebte Mediennutzung kommt dem kindlichen Bedürfnis nach Vertrautem und Bewährtem entgegen (Charlton, 1991), kann ebenso aber auch darauf hinweisen, daß Medienerlebnisse emotional oder kognitiv noch nicht bewältigt wurden (Melchers, 1994). Hinter dem Konsum immer gleicher Inhalte kann auch das Interesse an entwicklungsbedingt bzw. individuell bedeutsamen Themen stehen, mit denen sich das Kind aktuell auseinandersetzt. Bei Vorschulkindern ist es häufig das Bedürfnis nach Selbständigkeit, das z.B. durch die Identifikation mit einem Medienhelden ausgelebt werden kann (vgl. dazu auch Kap. 2.3.4).

Mit Computer- und Videospielen kommt überdies eine neue Funktion zum Tragen, denn hier wird die Bilddynamik audio-visueller Medien mit der Möglichkeit der Einflußnahme verbunden. Durch eigenständiges Handeln kann sofort ein Resultat erzielt und so das Erlebnis von Erfolg und Kompetenz ermöglicht werden (Dittler, 1997; Fromme, 1996; Greenfield, 1987). Dabei wird häufig die Identifikation mit einem starken und überlegenen Helden eingefordert, wodurch, statt der alltäglich erlebten Ohnmacht, das Gefühl von Macht und Stärke vermittelt werden kann (Schell, 1997).

Die Identifikation mit Medienfiguren ist insgesamt ein wichtiges Motiv der Mediennutzung von Kindern. Sie finden in den Medien die verschiedensten Modelle, in denen sie sich mit ihrer jeweils eigenen Situation wiedererkennen können. Medienfiguren dienen ihnen häufig aber auch als Vorbilder für das eigene Leben. „Medienfiguren können als 'signifikante Andere' zu integralen Bestandteilen des kindlichen Alltags und der kindlichen Vorstellungswelt werden und dabei konstruktiven Wert für die soziale und persönliche Identität haben“ (Six, 1995a, S. 120). Wenn soziale Beziehungen zu Familie und Eltern als unbefriedigend erlebt werden, kann eine intensivere Identifikation mit Mediengestalten durchaus auch eine kompensatorische Funktion übernehmen. Die erlebte Diskrepanz zwischen fehlerbehafteten realen Personen und den idealisierten perfekten Medienhelden kann sich dann allerdings so verstärken, daß die mediale Scheinwelt der Realität vorgezogen wird (Six, 1995a).

Medien können auch wichtige soziale oder quasi-soziale Funktionen übernehmen. So dienen gerade Kassetten häufig als Geräuschkulisse und machen das Alleinsein erträglicher (Hansen & Manske, 1993; Rogge, 1996b). Ebenso liefern Medien Gesprächsstoff (wobei das Mitredenkönnen als Motiv besonders für das Fernsehen nicht zu unterschätzen ist) oder regen bei Kindern gemeinsames Spiel an. Der Medienkonsum in der Gemeinschaft – wie das Fernsehen mit der Familie oder das Computer-/Videospielen mit Gleichaltrigen – kann auch als eine Art von sozialem Ereignis empfunden werden (Roßbach & Tietze, 1994; Beierwaltes et al., 1993). Unbestritten ist auch die wichtige soziale Funktion des Vorlesens, wodurch die für Kinder so elementaren Bedürfnisse wie Zuwendung und Geborgenheit befriedigt werden (Mosbach, 1995). Desweiteren können Medien im Sinne einer „parasozialen“ Funktion auch als eine Art Ersatz oder Simulation für tatsächliche soziale Kontakte dienen (für eine Zusammenfassung siehe Gleich, 1997). Rezipienten können zu Medienpersonen eine ähnliche Beziehung wie zu Realpersonen aufbauen, wobei diese allerdings selbstverständlich nur einseitig verläuft. Parasoziale Beziehungen mit Medienpersonen sind nicht ungewöhnlich, gelten aber dann als problematisch, wenn sie an die Stelle von realen Kontakten treten. Gefährdet sind vermutlich wiederum besonders sozial isolierte Kinder, wenn sie in ihrem Bedürfnis nach sozialen Interaktionen verstärkt auf Medienpersonen angewiesen sind.

Unter den innerfamiliären Funktionen der Mediennutzung sei hier lediglich auf die in Familie und Kindergarten häufig eingesetzte „Babysitterfunktion" von Fernsehen, Video oder Hörkassetten verwiesen (vgl. u.a. Kübler & Swoboda, 1998). Beim Fernsehen kommen dieser Funktion die Sender mit einem reichhaltigen Angebot für Kinder gerade zu frühen Morgenstunden entgegen (vgl. u.a. Best, 1996).

Welche Funktionen Medien für ein Kind einnehmen, hängt entscheidend davon ab, in welchem Maße und mit welchem Aufwand Bedürfnisse in der realen Umwelt erfüllt werden können[39]. Erst wenn aktuelle Bedürfnisse eines Kindes und seine hinter dem jeweiligen Medienumgang stehenden Motive erkannt und Alternativen zur medialen Befriedigung gegeben sind, kann ggf. ein problematisches Mediennutzungsverhalten effektiv verändert werden. Wesentlich ist zu einer solchen Beurteilung gleichzeitig jedoch auch, in welcher Weise Kinder die genutzten Medieninhalte verarbeiten und welche Wirkungen als Folge anzunehmen sind. Hierauf ist im Folgenden einzugehen.

### *2.3.4 Rezeption, Verarbeitung und Wirkungen von Medieninhalten im Kindergartenalter*[40]

Rezeption, Verarbeitung und insbesondere Wirkungen rezipierter Medieninhalte machen dasjenige Themengebiet der Medienforschung aus, das das älteste, das (zumindest innerhalb der universitären Medienforschung) umfangreichste und im Hinblick auf Untersuchungsaspekte und -ergebnisse das vielfältigste ist. Medienwirkungen bei Kindern stellen gleichzeitig einen Themen- bzw. Problembereich dar, der von Beginn an enorme Aufmerksamkeit in der Öffentlichkeit und gerade auch bei Personen in Handlungsfeldern von Erziehung und Bildung erfährt (vgl. auch Six, 1988). Dabei stehen Eltern, Erzieherinnen, Lehrer und Lehrerinnen offenbar besonders dem kindlichen Umgang mit dem Medium Fernsehen kritisch gegenüber. „Keinem anderen Medium attribuieren sie derart starke und z.T. negative Wirkungen wie dem Fernsehen. Bei keinem anderen Medium widerspricht ihr eigenes Nutzungsverhalten (und damit ihre Vorbildfunktion) derart ihrer kritischen Haltung gegenüber der kindlichen Mediennutzung. Kein anderes Medium wird derart

39 Zu Funktionen der Mediennutzung in Zusammenhang mit Merkmalen des Kindes, der Familie und äußerlichen Rahmenbedingungen siehe Six, 1995a.

40 Dieses Kapitel wurde in einer Vorversion von Sissi Artmann verfaßt.

oft zu Kausalattributionen herangezogen und ebenso als Erziehungsmittel eingesetzt" (Six, 1995a, S. 128[41]). Pauschale Kausalattributionen richten sich etwa darauf, daß Auffälligkeiten von Kindern (z.B. Konzentrationsprobleme, aggressives Verhalten) oder wahrgenommene Probleme in Familie, Kindergarten und Schule (Stichwort z.B. „Montagssyndrom") bis hin zu negativen Phänomenen in der Gesellschaft (vgl. etwa die Gewaltdebatte) einseitig auf das Fernsehen zurückgeführt werden. Darüber hinaus schlagen sich solche Kausalattributionen wie allgemein Annahmen zu Fernsehwirkungen auch im (medien)erzieherischen Handeln in den pädagogischen Feldern nieder, wie etwa bei der Thematisierung von kindlichen Fernseherlebnissen und in Äußerungen zur Bewertung des Fernsehens bzw. des kindlichen Fernsehverhaltens oder bei der Auswahl von Medien für didaktische Zwecke. Gleichzeitig sind sich Eltern und Erzieherinnen zumeist weder dieser Zusammenhänge bewußt noch über die Gültigkeit ihrer Wirkungsannahmen sicher. Vielmehr scheint bei vielen Unsicherheit im Hinblick auf Medienwirkungen und entsprechende Erziehungsanforderungen und -möglichkeiten vorzuliegen[42], wozu nicht zuletzt wohl auch die Medien selber und die öffentliche Debatte um Gewaltwirkungen beigetragen haben.

Rezeption, Verarbeitung und Wirkungen gerade von Fernsehinhalten bei Kindern machen insofern einen Themenkomplex aus, der in der Qualifikation von Erzieherinnen eine keineswegs untergeordnete Rolle spielen sollte und zu dem sich aus den entsprechenden Forschungsergebnissen wesentliche Anforderungen an die Medienerziehung im Kindergarten ergeben.

Dabei ist – auch entsprechend den in Kapitel 1.3 erläuterten „kompetenzorientierten" und „kindzentrierten" Ansätzen der Medienerziehung – zu bedenken: Auch kindliche Mediennutzer sind keineswegs nur passive und den Medien ausschließlich hilflos ausgelieferte Rezipienten, für die Annahmen wie beispielsweise „Zeichentrickfilme machen Kinder aggressiv" generell gelten könnten. Vielmehr tritt zwischen das jeweilige (und erheblich zu differenzierende) Medienmaterial und die potentiellen Wirkungen immer der aktive Rezipient (vgl. auch Sturm, 1991): ein Individuum mit seinen jeweiligen Erfahrungen und Dispositionen, aktuellen Befindlichkeiten und Motivationen sowie seinen Milieu- und sonstigen Kontextbedingungen. Medienwirkungen setzen sich insofern aus verschiedenen Elementen einer *komplexen Wirkungsdynamik* zusammen, die neben formalen und inhaltlichen Merkmalen auf seiten des Medienproduktes, längerfristigen und aktuellen Merkmalen des Mediennutzers, seiner Nutzungsweise und seiner Kontextbedingungen

41 vgl. auch die bei Six (1995, S. 99f) zitierten Quellen; siehe außerdem Forschungsergebnisse bei Frey, 1996; Kußmann, 1997; Propp, 1997; Holzwarth, 1997a,b

42 Solche Unsicherheiten können sich u.a. – und dann in doppelter Weise – äußern, wenn Erzieherinnen Probleme bei der Beantwortung von Fragen der Eltern zum angemessenen Medienumgang von Kindern haben.

sowie der akuten Nutzungssituation die für Wirkungen enorm wesentlichen *Rezipienten-Aktivitäten* einschließt. Solche Aktivitäten reichen von physischen und psychischen Dimensionen der Auswahl und Wahrnehmung von Medienprodukten und der Informationsverarbeitung einschließlich der Dynamik zwischen Decodieren, Verstehen, Interpretieren und Bewerten – unter Beteiligung von Gedächtnisprozessen sowie unter Einbeziehung von vorherigen Erwartungen und bisherigen Erfahrungen, Wissenselementen und (sozial-)kognitiven Schemata – bis hin zu der „Benutzung“ von Medienerlebnissen in Zusammenhang mit eigenen Interessen, Problemen und subjektiv wichtigen „Themen“, der Umdeutung von medial vermittelten Informationen, der Informationsverzerrung im Langzeitgedächtnis oder dem Hinzuerfinden neuer „Informationen“, gegebenenfalls mit Folgen im Sinne einer Integration in bisherige Wissensbestände und Kognitionen (vgl. u.a. Six, 1989; 1992). Unter Einfluß von Faktoren auf seiten des Medienproduktes, des Kindes, seiner bisherigen (u.a. auch medialen) Erfahrungen und seiner aktuellen Gesamtsituation steuern diese Prozesse zum einen spätere längerfristige Wirkungen. Sie stellen zum anderen jedoch auch selber Wirkungen insofern dar, als ein Teil solcher Aktivitäten während der Mediennutzung bereits als Reaktionen aufzufassen sind: so etwa Vermeidungs- oder Angstreaktionen bei der Rezeption angstbesetzter Inhalte; eine besondere Aufmerksamkeit gegenüber subjektiv wichtigen Inhalten; Fehlinterpretationen bei unverständlichen Inhalten; Konstruktion von „Pseudo-Medienerlebnissen“ durch eigene Phantasietätigkeiten; nicht zuletzt aber auch Ergebnisse der Gegenüberstellung zwischen rezipierten Inhalten einerseits und vorherigen Erwartungen und bisherigen Erfahrungen andererseits (vgl. auch Six, 1995a).

Die sich aus der zuletzt genannten Gegenüberstellung ergebenden subjektiven Gratifikationen der Mediennutzung in ihrer Wechselwirkung mit Rezipienten-Aktivitäten sind zudem vor folgendem Hintergrund von besonderer Bedeutung: Medien kommt heute ein nicht nur quantitativ-zeitlich, sondern auch qualitativ-funktional bedeutsamer Stellenwert zu im Hinblick auf alters- und situationsspezifische bzw. individuelle Lebenslagen, Probleme und Anforderungen. Sie können zur Kompensation von Defiziten und Problemen in den eigenen Lebensbedingungen dienen und werden zunehmend wichtig zur Orientierung und Identitätsentwicklung von Kindern (vgl. Six, 1992, S. 196).

Bei Kindern[43] sind Rezeption und Verarbeitung und somit auch Wirkungen von Medieninhalten häufig von *handlungsleitenden Themen* mitbestimmt. Solche Themen spiegeln normative oder individuelle Entwicklungsaufgaben (z.B. Selbständigwerden) und/oder subjektiv wichtige aktuelle Interessen und Probleme (z.B. Scheidung der Eltern) wider, die sich je nach

43 Die im folgenden wiedergegebenen Forschungsbefunde beziehen sich fast ausnahmslos auf Kinder im Vorschulalter; die einschlägige Literatur zu Rezeption, Verarbeitung und Wirkungen bei älteren Kindern und Jugendlichen ist weitaus umfassender.

Alter, Entwicklungsstand oder Lebenssituation ergeben (Theunert, 1992; Schneider, 1995a). Bei jüngeren Kindern ist ein wichtiges Leitthema das „Großwerden", d.h. Gedanken kreisen um das Problem, wie man sich gegen Erwachsene bzw. Überlegenere durchsetzen und Anerkennung gewinnen kann (Paus-Haase, 1994; Theunert, 1996). Daß entwicklungsbedingte und individuelle Themen auch die Rezeption und Verarbeitung von Medien bestimmen, verdeutlicht sich u.a. in der Identifikation mit Medienfiguren: Kinder suchen nach Vergleichsmöglichkeiten und nutzen die Medienpersonen bzw. -figuren aus Bilderbüchern, Hörkassetten und dem Fernsehen als Schablonen, wobei die Akteure in den Medien für sie stellvertretend aktuelle Probleme bewältigen (Charlton & Neumann, 1991; Hansen & Manzke, 1993; Best, 1994; Schneider, 1995a; Bieger et al., 1995; Stiftung Lesen, 1998).

Diese auf positive Möglichkeiten des Mediengebrauchs zur Lebensbewältigung (Neumann-Braun, 1991) bezogene Sichtweise muß allerdings durch die Einschränkung modifiziert werden, daß bei jüngeren Kindern den kognitiven und emotionalen *Rezeptions- und Verarbeitungsmöglichkeiten* Grenzen gesetzt sind. Medieninhalte können infolgedessen unverstanden bleiben bzw. mißverstanden werden, was u.a. Ängste auslösen oder zu falschen bzw. verzerrten Realitätsvorstellungen führen kann. Je nach Alter, individuellem Entwicklungsstand, persönlichen Erfahrungen und individuellen Mediennutzungsmustern werden Medieninhalte von Kindern unterschiedlich aufgenommen und verarbeitet (vgl. dazu Böhme-Dürr, 1991) und zeigen daher auch verschiedenste Wirkungen.

Das Verstehen von Medieninhalten (s.u.) steht in Wechselwirkung mit der ebenfalls Grenzen setzenden *Aufmerksamkeitsspanne* bei Kindern im Kindergartenalter. So nehmen zwar die visuellen und akustischen Aufmerksamkeitsleistungen bei Kindern zwischen zwei und fünf Jahren erheblich zu (Anderson & Field, 1984), jedoch bleibt bei Vorschulkindern die Aufmerksamkeitsfähigkeit nur über eine kurze Zeitspanne erhalten. Das Medienmaterial wird somit nur bruchstückhaft aufgenommen („gestreute Aufmerksamkeit"; siehe Groebel, 1994), und Lücken werden mit eigenen Vorstellungen geschlossen, womit ganz individuelle Mediengeschichten entstehen können. Erst ab circa dem siebten Lebensjahr ist die eigenständige Konzentration auf Relevantes und die Ausblendung von Irrelevantem möglich (Wartella, 1986; Manthe & Hoffmann, 1992). Aber schon bei jüngeren Kindern kann durch Aufmerksamkeitssteuerung von außen, d.h. durch im Medienmaterial adäquat eingesetzte formale Hinweisreize oder durch gezielte Hinweise anwesender Erwachsener, die Aufmerksamkeit verbessert werden. Außerdem ist gerade unter medienpädagogischen Aspekten hervorzuheben, daß selbst Vorschulkinder auch bei unterbrochener visueller Aufmerksamkeit gegenüber einzelnen Fernsehinhalten (bzw. Kommunikationsinhalten generell) diese häufig eingehender aufnehmen, als Erwachsene dies von ihnen erwarten (vgl. auch Six, 1995a; für eine Zusammenfassung amerikanischer Studien siehe Fritz, 1984).

Eine konstante Aufrechterhaltung der Aufmerksamkeit ist auch abhängig davon, inwieweit das Medienmaterial vom Kind verstanden wird (Anderson & Field, 1984; Wartella, 1986).

Das *Verstehen* von Medieninhalten kann anhand von Theorien zur kognitiven, moralischen und sozial-emotionalen Entwicklung von Kindern erklärt werden[44]: Nach Piaget befinden sich Kinder bis etwa zum sechsten Lebensjahr noch in einem Stadium, in dem das Denken durch Zentriertheit auf die jeweils eigene Perspektive („Egozentrismus") und die Unfähigkeit, einmal vollzogene Gedankenschritte umzukehren („Irreversibilität"), charakterisiert ist. Das lineare Denken in diesem Alter führt dazu, daß die Kinder allenfalls einen einzigen Erzählstrang in einer Geschichte nachverfolgen und keine weiteren räumlichen oder zeitlichen Dimensionen in Betracht ziehen können. Daher können sie eine Handlung, die in Haupt- und Nebenstränge untergliedert ist, kaum überblicken, orientieren sich dann eher an Details oder einzelnen Szenen und sind nicht in der Lage, den Verlauf einer Handlung mitzuverfolgen (siehe dazu die Untersuchung von Kübler & Swoboda, 1998). Für dieses Alter ist also eine Überforderung gegeben, wenn in einem Medienprodukt die Zeitebene wechselt, wenn verschiedene Handlungsstränge miteinander zu kombinieren sind oder wenn die für das Verstehen von Zusammenhängen wichtigen Zwischenglieder ausgespart bleiben. Erst ab etwa dem Beginn des Grundschulalters bildet sich die Fähigkeit heraus, den „roten Faden" einer Geschichte zu erkennen und auch solche Fernsehinhalte zu verstehen und nachzuvollziehen, die verschiedene Handlungsstränge einschließen. Ebenfalls verfügen sie erst ab etwa diesem Alter über ein Grundschema an Logik, auf deren Basis sie auch Unterschiede zwischen Fernsehgenres und einzelnen ihrer Merkmale zu differenzieren und bewerten beginnen und den Realitätsgehalt bzw. -bezug der Medieninhalte erkennen und beurteilen können (vgl. u.a. Charlton et al., 1995; Davies, 1997; für einen Überblick siehe Six, 1995b).

Kinder zwischen zwei und drei Jahren halten Ereignisse im Fernsehen für reale Abbildung. Selbst Zeichentrickfiguren sind lebendige Subjekte, die so leben, handeln und fühlen wie das Kind selbst (vgl. dazu die Zusammenfassung empirischer Studien bei Fitch, Huston & Wright, 1993). Kinder leben während dieser Phase noch in einer „magischen Welt", in der sie sogar leblose Gegenstände als belebt ansehen. Damit können mediale Bilder mit

44 zur Theorie von Piaget vgl. zuletzt u.a. Goswami, 1998; zur Anwendung dieser Theorie auf die Medienrezeption von Kindern siehe Sturm, 1991; für einen Überblick über verschiedene Theorien zur Entwicklung im Kindesalter und ihre Bedeutung für die Analyse und Erklärung von Rezeption, Verarbeitung und Wirkungen von Fernsehprodukten vgl. Six, 1995b

höherer Wahrscheinlichkeit auch Auswirkungen auf die Einschätzung des realen Umfeldes haben (vgl. Klingler & Groebel, 1994).

Aber auch bei älteren Vorschulkindern ist eine Vermischung zwischen Realität und Fiktion abhängig von der Realitätsnähe der Figuren: Vorschulkinder wissen zumeist, daß Zeichentrickfilme nicht real sind, fassen dagegen Inhalte anderer Genres noch immer als soziale Realität auf (vgl. dazu die Untersuchung von Downs, 1990). Die Einsicht, daß Medienakteure nur Schauspieler sind, ist erst bei Grundschulkindern erkennbar (Wartella, 1986; Böhme-Dürr, 1988; Fitch, Huston & Wright, 1993). Neben den Medienfiguren werden auch medial vermittelte Ereignisse und Geschichten erst ab dem siebten Lebensjahr durchgängig nach Realität oder Fiktion unterschieden (Böhme-Dürr, 1988; Wilson & Weiss, 1991; Groebel, 1991; Fitch, Huston & Wright, 1993). Zu Problemfällen zählen dabei sozial isolierte Kinder, die nicht die Gelegenheit haben, die medialen Eindrücke durch reale Umwelterfahrungen zu ersetzen bzw. beide Erfahrungsarten gegenüberzustellen (Böhme-Dürr, 1988; Eicke, 1998).

Da Vorschulkinder eine egozentrische Perspektive einnehmen, haben sie auch Schwierigkeiten, sich in die Lage einer anderen Person hineinzuversetzten. Folglich erkennen sie ebenfalls beim Fernsehen nur einfache emotionale Äußerungen der Fernsehakteure, an die sie sich überdies nicht lange erinnern können (vgl. dazu die Untersuchung von Hayes & Casey, 1992). Das Verständnis für Akteure beschränkt sich vielmehr auf deren äußere Erscheinung (Wartella, 1986). Auch Beziehungen werden nur als einfache Gegensätze – etwa nach dem Schema „Gut gegen Böse“ – wahrgenommen (Theunert, Lenssen & Schorb, 1995). Ein Verstehen der Handlungsmotive der Akteure und der in diesem Zusammenhang gezeigten Emotionen ist jedoch häufig notwendig, um den Verlauf einer Geschichte zu begreifen. Bei jüngeren Kindern ist daher insgesamt das Verstehen des Handlungsverlaufs oder der inhärenten sozialen oder moralischen Botschaften stark eingeschränkt (Hayes & Casey, 1992).

Auch filmische Montagetechniken, wie z.B. Raum-/Zeitsprünge, erschweren es Vorschulkindern, Einzelepisoden oder Szenen zu einer ganzen Geschichte zu verknüpfen (siehe auch Rice, Huston & Wright, 1983; Schnoor, 1992; Moser, 1995). Verständnislücken werden dann nicht richtig geschlossen, sondern häufig mit der eigenen Phantasie vermischt, wobei das Gesehene völlig mißverstanden werden kann (vgl. Manthe & Hoffmann, 1992; Doubleday & Droege, 1993).

Um medienspezifische Techniken, wie z.B. Montagen, Einstellungen und Zooms in Film und Fernsehen, zu verstehen, ist die Aneignung einer komplexen „Bildsprache“ (vgl. v.a. Doelker, 1997) und allgemeiner die Heranbildung einer umfassenden „media-literacy“ erforderlich (siehe hierzu auch Kap. 1.2). Die mangelnde Fähigkeit, symbolische Codes der audio-visuellen

Medien zu entschlüsseln, kann zu gravierenden Mißverständnissen über die gesehenen Inhalte führen, während bei einer weniger defizitären „television-literacy" bestimmte Medieninhalte (wie Vorschulprogramme) durchaus zu den erhofften Wirkungen (z.B. Wissenserwerb) führen können (Greenfield, 1987).

Die Entwicklung der „media-literacy" hängt insbesondere vom Stand der kognitiven Entwicklung wie auch von den Medienerfahrungen des Kindes ab (Böhme-Dürr, 1991). So fand Abelmann (1990) in einer Untersuchung bei Kindern von vier bis acht Jahren, daß das Erkennen von Zeitsprüngen von der Häufigkeit des Fernsehkonsums abhängig ist. Ähnlich ergab auch eine Untersuchung von Aufenanger (1996), daß die Unterscheidung zwischen Realität und Fiktion nicht nur vom Alter der Kinder, sondern auch vom Wissen um die Machart von Sendungen abhängt. Zu Verwechslungen kam es häufiger bei jüngeren Kindern und weniger bei Kindern, die eine höhere Medienkompetenz – hier i.S.v. Genrewissen – aufwiesen.

Infolge alters- bzw. entwicklungsbedingter Defizite bei der Rezeption und Verarbeitung von Medieninhalten werden jüngere Kinder beim Fernsehen kognitiv und emotional schnell überfordert, was sich in Angstreaktionen und Verhaltensauffälligkeiten äußern kann. Jedoch wird oft die falsche Schlußfolgerung gezogen, Medien und besonders das Fernsehen für verschiedenste Phänomene und Probleme verantwortlich machen zu können (zu pauschalen Kausalattributionen siehe weiter oben in diesem Kapitel) und dem Fernsehen ein nahezu unbegrenztes Wirkungungspotential zuzuschreiben, woran simple und monokausale Erklärungsmuster von Autoren wie Postman, Winn und Glogauer nicht ganz unschuldig sein dürften (vgl. auch Moritz, 1996; Kunczik, 1995; Hurrelmann, 1994). *Medienwirkungen* sind jedoch das Ergebnis des Zusammenspiels zahlreicher Einflußfaktoren (zur komplexen Wirkungsdynamik siehe weiter oben in diesem Kapitel; vgl. hierzu außerdem eine ausführliche Darstellung bei Six, 1995a). Über solche wesentlichen Einflußgrößen hinaus muß jedoch auch nach verschiedenen *Dimensionen von Medienwirkungen* differenziert werden (vgl. hierzu ausführlich Six, 1988): So können Wirkungen u.a. nach ihrer sozialen Spezifizierung (Wirkungen auf der Individual-, Mikro- oder Makroebene), ihrer zeitlichen Erstreckung (Reaktionen während der Nutzungssituation, Kurzzeitwirkungen oder langfristige Folgen), ihrer Intensität (ausbleibende, schwache oder starke Wirkungen), ihrer Qualität (z.B. Einstellungsbildung, Extremisierung bereits vorhandener Einstellungen oder richtungsmäßige Einstellungsänderung) und nach ihrer Erwünschtheit (intendierte und nicht-intendierte Wirkungen) unterschieden werden. *Wirkungsbereiche* lassen sich zudem einem nahezu unendlichen Spektrum an potentiellen Reaktionen und Folgen zuordnen, wobei in einer groben Einteilung Wirkungen auf der physischen, psychischen (emotionalen, kognitiven, sozialen und verhaltensbezogenen) und Verhaltens-/Handlungsebene differenziert werden können.

Im Folgenden wird nun ein zusammenfassender Überblick über solche Themen innerhalb des Komplexes von Medienwirkungen auf Kinder gegeben, die nicht nur in der Wissenschaft, sondern auch in der Öffentlichkeit besonders fokussiert werden und im Hinblick auf Anforderungen an die Medienerziehung im Kindergarten und an die Qualifikation von Erzieherinnen als besonders wichtig zu erachten sind.

Als Personengruppe werden in der Medienwirkungsforschung besonders die *Vielseher* problematisiert, da sie als besonders beeinflußbar und für Medienwirkungen besonders anfällig gelten (zu quantitativen Aspekten der Mediennutzung von Kindern siehe Kap. 2.3.3).

Im Hinblick auf Kinder wird Vielsehen häufig in Zusammenhang mit einer physiologischen Überreizung gebracht, die sich u.a. als Hyperaktivität äußert (siehe z.B. Furian & Maurer, 1980). So ist nach der Untersuchung von Wilhelm, Myrtek und Brügner (1997) die physiologische Komponente aus methodischen Gründen zwar kaum belegbar; die Autoren verzeichnen aber bei sechsjährigen Vielsehern eine erhöhte motorische Unruhe und Unkonzentriertheit.

Vielsehern wird häufig auch eine Beeinträchtigung der kognitiven Fähigkeiten unterstellt, was sich in Konzentrationsschwierigkeiten, Störungen der Sprachentwicklung und mangelnden Schulleistungen zeigen kann (siehe z.B. Furian & Maurer, 1980). Befürchtet wird auch eine Sozialisierung hin zum stereotypen Denken im Hinblick auf Geschlechterrollen (Curth, 1994; Greenfield, 1987; Signorielli, 1988), Berufe, ältere Menschen, Minderheiten oder Sexualität (vgl. auch Klingler & Groebel, 1994). Einige Befunde weisen jedoch darauf hin, daß Fernsehwirkungen auch hier sehr viel differenzierter betrachtet werden müssen: Anscheinend ist das Faktenwissen bei Vielsehern sogar häufig höher als bei anderen Kindern, jedoch das prozedurale Wissen, d.h. kognitive Prozesse zur Problemlösung, niedriger (Groebel, 1996; Klingler & Groebel, 1994). Auch bezüglich der Sprachentwicklung ist zu differenzieren, da Vielseher offenbar durch das Fernsehen in der Semantik profitieren, nicht aber in der Syntax (Paus-Haase, 1991; Böhme-Dürr, 1990). Abgesehen davon muß gerade bezüglich der Sprachentwicklung davon ausgegangen werden, daß die Sozialisations-, Lebens- und Kontextbedingungen nicht nur wesentliche Determinanten des Vielsehens darstellen, sondern auch gerade die Kommunikationsmuster in der Familie und sonstigen realen Umwelt für die Kommunikationskompetenz der Kinder prägender sind als das Vielsehen bzw. als die genutzten Medieninhalte (vgl. ausführlicher Six, 1995a). Diese Wechselwirkung mit dritten Faktoren (hier z.B. dem sozioökonomischen Status der Eltern) gilt ebenfalls für den Zusammenhang zwischen Vielsehen und Schulleistungen (vgl. Groebel, 1996).

Bezüglich der emotionalen Ebene wird befürchtet, daß Vielseher durch das Fernsehen emotional überfordert werden und hierdurch Ängste und Aggressionen evoziert werden (Sturm, 1978). Nach einer Untersuchung von Holzheimer (1997) gab etwa ein Drittel der über 800 befragten Kinder im Alter von drei bis sechs Jahren zu, beim Fernsehen schon einmal Angst gehabt zu haben. Allerdings scheint bei Kindern durch das Beobachten der Motive, Emotionen und Handlungen von Medienpersonen auch eine Förderung der Empathie möglich (Klingler & Groebel, 1994; Paus-Haase, 1991; Feshbach, 1989).

In sozialer Hinsicht werden Vielsehern Tendenzen zur Vereinsamung und Kontaktschwierigkeiten zugeschrieben (z.B. Eicke, 1998; Furian & Maurer, 1980). Darüber hinaus wird von manchen Autoren auch ein Verlust an Kreativität und Phantasie befürchtet (z.B. Schnoor, 1992; Furian & Maurer, 1980).

Viele dieser Behauptungen (besonders die letzteren) fußen jedoch mehr auf Vermutungen als auf empirisch gewonnenen Einsichten. Wichtig ist außerdem nicht nur, wieviel gesehen wird, sondern immer auch, welche Inhalte in welchem Ausmaß und in welchen sozialen Situationen konsumiert werden, welche Bedürfnisse und Motive zugrunde liegen und mit welchen Rezipienten-Aktivitäten die Inhalte verarbeitet werden. Dabei sind bislang allerdings viele Ursache-Wirkungs-Zusammenhänge der Vielseherforschung ungeklärt (wie etwa die Frage danach, ob soziale Isolation zum Vielsehen führt oder umgekehrt Vielsehen zu sozialer Isolation).

Einen großen Raum nimmt – bereits seit den Anfängen der Wirkungsforschung und wellenartig immer wieder bei Veränderungen der Medienlandschaft – in der Öffentlichkeit und in der Wissenschaft die Diskussion um *Gewalt in den Medien und ihre Wirkungen* ein[45].

Bevorzugte Theorien der Medienwirkungsforschung hierzu sind insbesondere die Habitualisierungs- und die Stimulationsthese[46]. Mit der Habitualisierungsthese werden eher langfristige Wirkungen gewaltbeladener Inhalte angesprochen. Demnach tritt beim häufigen Konsum von Gewaltinhalten ein Gewöhnungseffekt ein, wodurch immer extremere Reize nötig werden, um Aufmerksamkeit für das Medienmaterial zu erzeugen. Das Erschrecken über die Gewalt und die Empathie für die Opfer nehmen ab (vgl. Klingler & Groebel, 1994), wobei diese Haltung auch auf die Beurteilung realer Gewaltakte übertragen werden kann. Nach der Stimulationsthese werden Rezipienten durch gewalthaltige Fernsehinhalte u.a. kurzfristig physiologisch aktiviert, was zu Verhaltensextremisierungen führen und unter ungünstigen Umständen in aggressivem Verhalten münden kann (Groebel & Gleich, 1993; Tannen-

45 Von einigen Autoren wird vermutet, daß die Gewaltdebatte ständig von neuem angeheizt wird, damit dem Fernsehen eine Sündenbockfunktion für eigentlich gesellschaftspolitische Defizite zugeschrieben werden kann (vgl. Kübler, 1995; vgl. dazu auch die Meinung mehrerer Autoren in der Dokumentation von Schorb & Swoboda, 1991).

46 Übersichten bieten u.a. Gauntlett, 1995; Friedrichsen & Jenzowski, 1995; Klingler & Groebel, 1994; Kunczik, 1993; Bergler & Six, 1979.

baum & Zillmann, 1978). Auch werden sie mit attraktiven Modellen konfrontiert, deren Handlungen zu eigenen Gewalttaten anregen können. Dargestellte Gewaltakte werden dann desto eher imitiert, je realitätsnäher die beobachtete Szene war, je ähnlicher sich Figur und Beobachter waren und je mehr Erfolg die Figur mit ihrer Aktion hatte[47]. Solche direkten Auswirkungen auf das offene Verhalten konnten jedoch bisher auch bei Kindern nur als Kurzzeiteffekte belegt werden (siehe dazu z.B. Gauntlett, 1995).

Neben einer kurzfristigen Imitation des Beobachteten können gewalttätige Problemlösungsstrategien jedoch auch auf einer kognitiven Ebene gespeichert und langfristig ins Verhaltensrepertoire übernommen werden[48]. Zu diesem latenten Lernen von Fernsehinhalten liegen kaum empirische Untersuchungen vor (vgl. auch Groebel, 1991). Belege ergeben sich jedoch aus Studien zu Einflüssen des Fernsehkonsums auf das Weltbild der Rezipienten. So können gewaltbeladene Inhalte besonders bei Mädchen ein ängstlicheres Weltbild erzeugen, d.h. die Umwelt wird als bedrohlicher erlebt, und Gefahren in der Umgebung werden unrealistisch hoch eingeschätzt (vgl. auch Groebel & Gleich, 1993). Bei Jungen wird dagegen eher befürchtet, daß der Glaube an die Wirksamkeit und Legitimität aggressiver Konfliktlösungen verstärkt wird (Klingler & Groebel, 1994).

Besonders problematisch sind Inhalte, in denen Gewalt „im Namen des Guten" von Figuren mit hohem Identifikationswert ausgeführt wird (Aufenanger, 1996; Theunert, 1992). Arnold (1993) befürchtet nach inhaltsanalytischen Untersuchungen von „He-Man and the Masters of the Universe" hier auch negative Einflüsse auf die moralische Entwicklung von Kindern. Bei jüngeren Kindern kommt hinzu, daß sie Schwierigkeiten haben, zwischen medialen Darstellungen realer Gewalt (wie z.B. in Dokumentationen) auf der einen und fiktionalen Darstellungen von Gewalt auf der anderen Seite zu unterscheiden. Aber auch bei älteren Kindern kann eine realitätsnahe Inszenierung von Gewalt (wie z.B. beim Wrestling) zu Verwechslungen führen (Aufenanger, 1996).

Bei kleineren Kindern werden Gewaltwirkungen häufig im Zusammenhang mit Zeichentrickfilmen diskutiert, da in Serien wie z.B. den „Teenage Mutant Hero Turtles" Konflikte zumeist gewaltsam gelöst werden (vgl. z.B. Schneider, 1995b). Nach Theunert und Schorb (1996; vgl. auch Theunert, 1992) ist bei solchen Vermutungen jedoch zu beachten, daß jüngere Kinder Gewalt ganz anders wahrnehmen und bewerten als ältere oder als Erwachsene: Kleine Kinder sehen primär physische Gewalt, nehmen sie als bloße Aktion wahr und bringen sie nicht mit Ursachen und Folgen in Verbindung. Nach der Untersuchung von Theunert und Schorb (1996) werden gewaltsame Lösungen in den Cartoons von den Kindern zwar als dramaturgische Ele-

---

47 vgl. Kunczik & Bleh, 1995; für weitere Determinanten siehe Bergler & Six, 1979

48 siehe hierzu die sozial-kognitive Lerntheorie von Bandura, zuletzt z.B. bei Bandura, 1989

mente akzeptiert, jedoch von den meisten Kindern für das eigene Handeln abgelehnt[49]; das Gewaltverständnis zeigt sich vielmehr primär von realen Erfahrungen und Beobachtungen geprägt.

Dieses Ergebnis ist ein Beispiel für zahlreiche Belege, wonach die familiäre Situation und bisherige Sozialisationserfahrungen, viel mehr als der Fernsehkonsum per se, verantwortlich dafür sind, ob Gewaltinhalte negative Wirkungen auf die kindlichen Rezipienten haben (vgl. Groebel, 1996; Singer et al., 1989). Anlaß zur Besorgnis geben daher Problemgruppen wie Kinder, die in sozialer Isolation oder belastenden familiären Situationen leben, deren Eltern einen vernachlässigenden oder autoritären Erziehungsstil pflegen, oder Kinder mit einem niedrigen Selbstbewußtsein. Solche Kinder sind gleichzeitig häufig auch Vielseher, die vorwiegend Gewaltinhalte bevorzugen (Kunczik, 1995; Kunczik & Bleh, 1995; Kleiter, 1993; zu „Risikofamilien" siehe Eicke & Eicke, 1994; Hurrelmann, Hammer & Stelberg 1996). Bei solchen Kindern wird bei einer Kombination von problematischer Lebenssituation mit einem Dauerkonsum von medialer Gewalt das Wirkungsrisiko besonders hoch angesetzt.

Übereinkunft besteht in der Forschung darin, daß filmische Gewalt bei bestimmten Kindern die Bereitschaft zu aggressivem Verhalten fördert (siehe dazu auch die Untersuchung von Kleiter, 1993). Und auch wenn selten direkte Zusammenhänge zwischen dem Konsum von Gewaltinhalten und realen Gewaltakten zu finden sind, so stellt Mediengewalt doch immer ein Risikopotential dar (vgl. Groebel, 1993), das eines der zahlreichen Argumente für den Bedarf an Medienerziehung ausmacht.

*Angstreaktionen* oder auch längerfristige Folgen i.S.v. *Ängstlichkeit* sind als Wirkungen gewalthaltiger Medieninhalte wahrscheinlicher als offene Aggressionen (Friedrichsen & Jenzowsky, 1995). Gleichzeitig können sie allerdings nicht nur bei bzw. nach dem Anschauen von Gewaltdarstellungen auftreten, wobei von derartigen emotionalen Wirkungen Mädchen offenbar stärker betroffen sind als Jungen (Groebel & Gleich, 1993): Angst erregen können bei jüngeren Kindern nicht nur fiktive Gewaltdarstellungen oder Berichte über reale Gewalt (wie z.B. in Nachrichten), vielmehr gilt dies auch für das Erleben von Bedrohungen bei anschaulich dargestellten fremdartigen oder grotesken Figuren oder bei medial dargestellten Naturkatastrophen. Berichte über abstrakte Gefahren, wie z.B. über einen möglichen Atomkrieg, wirken dagegen auf Kinder weniger angsterregend (Cantor, 1994). Es kann sich jedoch auch bei von Erwachsenen als wenig bedrohlich oder unbedenklich eingestuften Inhalten Angst einstellen, wenn sich inhaltliche Mißverständnisse oder Überforderungen aufgrund mangelnder Verarbeitungsfähigkeiten ergeben (s.o.). Ebenso können für Erwachsene unrealistische Gefahren, wie z.B.

---

49 siehe ähnliche Ergebnisse auch bei Aufenanger, 1996

der Angriff von Außerirdischen, bei Kindern aufgrund fehlender Unterscheidung zwischen Realität und Fiktion (s.o.) Ängste auslösen (Cantor, 1994; Melchers, 1994).

Überdies verfügen jüngere Kinder kaum über kognitive Strategien der Angstbewältigung, mit deren Hilfe sie sich gedanklich vom Geschehen distanzieren könnten (vgl. dazu z.B. die Untersuchung von Wilson, Hoffner & Cantor, 1987, sowie die von Hoffner & Cantor, 1990; auch Cantor, 1994).

Die Diskussion um *„erotisch-sexuelle“* bis *„pornographische“* Inhalte verläuft großenteils in ähnlicher Weise wie die Gewaltdebatte. Da viele Kinder auch noch abends fernsehen und durch Videogeräte ebenfalls der Zugang zu Programmen aller Art ermöglicht wird, können auch jüngere Kinder mit solchen Darstellungen konfrontiert werden. Über erwachsene Zuschauer liegen gesicherte Erkenntnisse vor, daß bestimmte pornographische Inhalte langfristig negative Einstellungen und Verhaltensweisen gegenüber Frauen bewirken können (für eine Übersicht siehe Lyons, Anderson & Larson, 1994). Bei Kindern sind dagegen derartige Wirkungen bisher kaum erforscht; jedoch ist es plausibel davon auszugehen, daß sich auch bei ihnen Folgen wie die Entstehung verzerrter Weltbilder bzw. die Übernahme von Klischees und Geschlechtsrollenstereotypen einstellen können. Darüber hinaus können sich auch Ängste aufbauen, die in verschiedener Hinsicht mit Darstellungen von Erotik, Sexualität und Pornographie verbunden werden können (vgl. die Zusammenfassung bei Six, 1995a).

Ein häufig problematisierter Programmbereich bei Kindern ist auch die *Werbung*. Jüngere Kinder scheinen kaum in der Lage zu sein, Werbung als eigenes Genre zu identifizieren (Charlton et al., 1995). Verwirrung herrscht bei Vorschulkindern besonders dann, wenn Werbeblöcke und das restliche Programm sehr ähnlich gestaltet sind, z.B. Zeichentrickfiguren in Werbesendungen eingesetzt werden (vgl. Charlton et al., 1995). Erst ab circa dem achten Lebensjahr, wenn formale Spezifika einzelner Programmteile verstanden werden, können auch die verschiedenen Genres voneinander differenziert werden (Böhme-Dürr, 1991). Jüngeren Kindern scheint es auch noch nicht möglich, Absichten, die hinter einer Werbesendung stehen, zu begreifen: Auch Werbeintentionen werden erst circa ab dem siebten Lebensjahr erfaßt (Doubleday & Droege, 1993; Charlton et al., 1995).

Da Werbung als solche nicht erkannt wird und Werbeabsichten nicht hinterfragt werden können, besteht die Befürchtung, daß Werbebotschaften ungehindert zum Kind vordringen können (vgl. dazu die Kritik von Haase, 1987). Nach einer Untersuchung von Charlton et al. (1995) werden jüngere Kinder tatsächlich in ihren Konsumwünschen stärker von der Werbung beeinflußt, wobei sich Eltern dann häufig an den kindlichen Wünschen orientieren. Mehr als vor dem Einfluß der Werbung auf kurzfristige Kaufentscheidungen wird jedoch vor einer Sozialisierung zum unkritischen Konsumenten gewarnt.

Dabei reichen die Thesen von der Annahme, daß Werbesendungen Konsumideologien beeinflussen (vgl. dazu den Überblick bei Gleich & Groebel, 1990), bis hin zur Vermutung, daß der extensive Konsum von Werbung sogar zu Drogensucht und Markenkriminalität führen kann (Eicke & Eicke, 1994). Jedoch ist auch im Hinblick auf das Konsumverhalten und -denken von Kindern wiederum der Einfluß der Familie (z.B. die elterlichen Konsumeinstellungen) vermutlich ausschlaggebender als der jeweilige Fernsehinhalt (hier das Werbefernsehen) (Klingler & Groebel, 1994).

Es existieren bekanntlich jedoch nicht nur problematische Programmbereiche; vielmehr besteht bei manchen *Kindersendungen* auch die Möglichkeit, daß sich schon bei jüngeren Kindern positive Wirkungen etwa im Sinne von Wissenszuwachs und prosozialem Verhalten einstellen. Vorschulkinder, die kindgemäße Programme sehen, können später bessere Schulleistungen und einen größeren Wortschatz aufweisen (Paus-Haase, 1991; Böhme-Dürr, 1990; Rice, Huston & Wright, 1983), und speziell durch den Einsatz prosozialer Modelle kann bei Kindern auch ein entsprechendes Verhalten gefördert werden (siehe hierzu die Übersicht bei Gauntlett, 1995).

Neuere Befunde zur „Sesamstraße“, von der man sich eine Förderung unterprivilegierter Kinder im Vorschulalter versprach, weisen jedoch darauf hin, daß von dieser Sendung eben weniger die Kinder der Unterschicht, sondern besonders solche aus der Mittel- und Oberschicht profitiert haben (Paus-Haase, 1991; Wilhelm, Myrtek & Brügner, 1997). Trotz aller durchaus positiven Aspekte dieser Sendung kann dieses Phänomen als Beispiel für die Gefahr einer möglichen „Polarisierung“ durch Medien gewertet werden (Six, 1992): Es ist anzunehmen, daß Kinder, die in Wissen, Kompetenzen und Ressourcen privilegiert sind und überdies elterliche Unterstützung erfahren, auch Medien eher zu ihrem Vorteil nutzen und – im Rahmen ihrer Rezipienten-Aktivitäten (s.o.) – Medieninhalte adäquater und tiefer verarbeiten als Kinder der Vergleichsgruppe. Auch hierin liegt mit Sicherheit ein wesentliches Argument für den Bedarf an einer möglichst frühzeitigen Förderung im Rahmen von Medienerziehung, damit *alle* Kinder eine Medienkompetenz erlangen, die sie nicht nur zur selbständigen Mediennutzung befähigt, sondern auch zu einem Medienumgang, der für die Entwicklung von Persönlichkeit, Sozialverhalten und Zukunftschancen förderlich ist.

Das hier angesprochene Polarisierungsphänomen ist gerade auch für neuere Medien wie *Computer und Videospiele* zu befürchten, bei denen langfristig durch den Gegensatz zwischen Privilegierten mit „elitären“ Programmier- und/oder Anwendungskompetenzen und den „reinen Spielern“ eine Verstärkung sozialer Unterschiede vermutet wird (Eurich, 1980; Six, 1990; Weiler, 1997).

In älteren Veröffentlichungen und teilweise auch heute noch[50] werden den neueren Medien häufig nur negative Wirkungen unterstellt, wobei die Argumente dabei zum großen Teil aus der Forschung zum Fernsehkonsum übernommen wurden (vgl. Dittler, 1996).[51]

Nach Meinung von Autoren wie Dittler (1997) und Greenfield (1987) können mit den neuen Medien beim Einsatz der entsprechenden Software bestimmte Fähigkeiten aber auch gezielt gefördert werden: Als mögliche positive Folgen sind eine Verbesserung der Feinmotorik und der Hand-Augen-Koordination, eine Steigerung der Konzentrationsfähigkeit, eine Erweiterung des räumlichen Vorstellungsvermögens, eine Anregung der Kreativität und die Unterstützung von hypothesentestendem Denken zu nennen. Nach Dittler (1997) ist zudem die Vermutung, daß Kinder in eine fiktive Welt flüchten und soziale Kontakte abbrechen, empirisch nicht haltbar. Computer- und Videospiele werden im Gegenteil eher als Gruppenaktivitäten bevorzugt (dazu auch Weiler, 1997).

Auch bei Computern und Videospielen hängen Wirkungen u.a. vom Inhalt, d.h. von der Art der jeweiligen Software ab. Ähnlich wie beim Fernsehen sind auch hier gewaltbeladene oder pornographische Inhalte zu problematisieren (vgl. Kampe, 1993). Auf jeden Fall sind weder pauschale Verteufelungen noch unkritische Glorifizierungen hilfreich. Um differenziertere Urteile abgeben zu können, ist jedoch zunächst weitere Forschungsarbeit zu leisten.

An dieser Stelle ist nochmals zu betonen, daß keine globalen Aussagen darüber möglich sind, welche Wirkungen bestimmte Medieninhalte bei Kindern haben. Gründe liegen in der Komplexität des Gegenstandes, aber auch in der Methodenvielfalt der Wirkungsforschung, wodurch allgemeinere Aussagen zusätzlich erschwert werden. Zu den üblichen Methodenproblemen bei der Erforschung von Verarbeitungsprozessen und Medienwirkungen stellen sich bei der Altersgruppe von Vorschulkindern weitere Schwierigkeiten ein: Bei jüngeren Kindern sind schriftliche Befragungen als eine der häufigsten Vorgehensweisen nicht möglich. Aber auch durch aufwendigere Verfahren wie Elternbefragungen, mündliche Interviews mit den Kindern oder Beobachtungen von Verhaltensäußerungen kann man sich den Phänomenen nur nähern (vgl. auch Rolff, 1989; Kübler & Swoboda, 1998).

Neben den bereits erläuterten Erfordernissen einer Differenzierung zwischen Medienprodukten, Wirkungsdimensionen und Wirkungsbereichen und

---

50 z.B. Glogauer, 1995; vgl. Zusammenfassungen von Befürchtungen auch bei Dittler, 1997, und Kübler, 1993

51 Es wird befürchtet, daß bei extensiver Nutzung eine Schädigung der Augen und der Wirbelsäule eintritt (Fromme, 1996), eine Gefährdung der Schriftkultur droht, der Nutzer vereinsamt, sich in eine Scheinwelt flüchtet und eine erhöhte Aggressivität aufweist. In neuerer Zeit werden allerdings optimistischere Positionen von Bildungsplanern und der Wirtschaftsseite geäußert (vgl. dazu verschiedene Beiträge im FWU-Magazin, 1-2, 1996).

einer Berücksichtigung des komplexen Wirkungszusammenhanges mit seinen zahlreichen Einflußfaktoren und -prozessen steht jedoch fest, daß Kinder je nach Alter und Entwicklungsstand noch nicht über die jeweils notwendigen Medienkompetenzen verfügen, Medienprodukte anders wahrnehmen als Erwachsene und bei der Medienrezeption und -verarbeitung teilweise andere Motivationen zugrunde legen, die gleichzeitig dem funktional hohen Stellenwert von Medien im Alltag von Kindern entsprechen und als solche von Erwachsenen ernst zu nehmen sind.

Daher ist es auch für Erzieherinnen wichtig zu beachten, daß Erwachsene nicht von sich selbst oder von Medieninhalten auf Wirkungen bei Kindern schließen können. Eine Umsetzung der in Kapitel 1.2 genannten Ziele von Medienerziehung ist nur möglich, wenn Kenntnisse und Einsicht in die hier zusammengefaßten Forschungsergebnisse zu Rezeption, Verarbeitung und Wirkungen von Medieninhalten bei Kindern auf seiten der in der Praxis der Medienerziehung Tätigen gegeben sind. Bei der Medienerziehung sollte insbesondere das Fernsehen nicht pauschal verteufelt oder im anderen Extremfall als völlig wirkungslos betrachtet werden. Statt einer ausschließlich bewahrpädagogischen oder aber ignoranten Haltung ist eine kompetenzfördernde und gleichzeitig kindzentrierte Medienerziehung vonnöten, wie sie in Kapitel 1.3 erläutert wurde. Praxisbeispiele und -anregungen hierzu finden sich weiter unten in Kapitel 3.4.

# 3. Praxis der Medienerziehung im Kindergarten und deren Bedingungen

Nachdem im ersten Kapitel Medienerziehung, ihre Konzepte und Ziele und im zweiten Kapitel Forschungsergebnisse als Basis für den Bedarf an Medienerziehung und Qualifikationsanforderungen zur Realisierung und Umsetzung dieser Ziele erläutert wurden, geht es in diesem Kapitel nun um die Situation in der Praxis und deren Bedingungen. Dabei gehen wir davon aus, daß Medienerziehung – sei sie in Form von bewußten, strategisch geplanten Maßnahmen im Sinne einer aktiven Medienerziehung oder als Reaktion auf medienbezogenes Verhalten von Kindern oder auch in Form eher ungerichteter Erziehungsweisen praktiziert – von einem breiten Spektrum an Bedingungen abhängig ist, sowohl im Hinblick auf die angestrebten Ziele als auch die Intensität, Häufigkeit und Qualität medienerzieherischen Verhaltens und Handelns. Im Folgenden gehen wir auf solche Bedingungen ein, die sich zum einen als Rahmenfaktoren auf seiten des Kindergartens zusammenfassen lassen, zum anderen auf die Situation in der Aus- und Fortbildung von Erzieherinnen und schließlich auf Bedingungsvariablen auf seiten der Erzieherinnen selbst beziehen.

## 3.1 Rahmenfaktoren für Medienerziehung im Kindergarten[1]

*Allgemeine Rahmendaten*

Der alle vier Jahre, zuletzt 1994, erstellten Jugendhilfestatistik sind u.a. allgemeine Angaben zu der Anzahl der Einrichtungen, den Trägern und verfügbaren Plätzen, dem Geschlecht und der Altersstruktur des Personals in den verschiedenen Tageseinrichtungen, dem Umfang der Tätigkeit und dem Bildungsabschluß zu entnehmen. Zum Stichtag 1.12.1994 gab es in Deutschland 46.623 Tageseinrichtungen für Kinder mit einer Anzahl von 3.052.721 ver-

1 Dieses Kapitel wurde in einer Vorversion von Michael Propp verfaßt.

fügbaren Plätzen. Während in den alten Bundesländern 34 Prozent der Einrichtungen von öffentlichen Trägern betrieben wurden, lag der entsprechende Prozentsatz für die neuen Bundesländer bei 84 Prozent[2]. Die Träger der beiden großen Kirchen stellten in den alten Bundesländern und Berlin (Ost!) über die Hälfte der Plätze in den Tageseinrichtungen für Kinder (51%; 21% der Plätze von evangelischen, 30% von katholischen Trägern)[3].

96 Prozent des Personals in Tageseinrichtungen für Kinder sind Frauen. Von den insgesamt 364.868 in den Einrichtungen tätigen Personen verteilten sich 69 Prozent auf die alten Bundesländer (16% auf NRW). Dabei waren 63 Prozent des Personals im gesamtdeutschen Durchschnitt in Vollzeit, 36 Prozent in Teilzeit und ein Prozent nebenberuflich angestellt. Während zwischen Ost und West kaum Unterschiede im Anstellungsverhältnis bestanden, lag Nordrhein-Westfalen mit 80 Prozent Vollzeittätigen über dem Bundesdurchschnitt.

Die Altersstruktur und der Berufsbildungsabschluß des Personals in den Einrichtungen können den Tabellen 3.1 und 3.2 entnommen werden.

**Tabelle 3.1: Altersstruktur des Personals in Tageseinrichtungen für Kinder**

| | | davon im Alter von ... bis unter... Jahren | | | |
|---|---|---|---|---|---|
| | **Absolut** | **unter 25** | **25-40** | **40-60** | **60 und mehr** |
| Alte Bundesländer | 253.114 | 23,0 % | 48,7 % | 27,5 % | 0,9 % |
| Neue Bundesländer | 111.754 | 4,0 % | 46,6 % | 49,2 % | 0,2 % |
| **Deutschland gesamt** | **364.868** | 17,2 % | 48,0 % | 34,2 % | 0,7 % |
| **Nordrhein-Westfalen** | 59.819 | 24,8 % | 51,1 % | 23,6 % | 0,5 % |

Quelle: Statistisches Bundesamt, Statistik der Jugendhilfe – Teil III.1 am 31.12 1994

Aus den vorliegenden Daten läßt sich im Bundesdurchschnitt ein theoretischer Wert von 7,8 Personalstellen pro Tageseinrichtung für Kinder errechnen. Dieses Verhältnis beträgt für die alten Bundesländer 7,4 Stellen pro Einrichtung (in NRW 7,7 Stellen), für die neuen Bundesländer 9,0 Stellen pro Einrichtung. In diesem Stellenschlüssel ist sämtliches Personal erfaßt. Errechnet man das Verhältnis der staatlich anerkannten Erzieherinnen pro

2 An einigen Stellen gehen wir im folgenden speziell auf die Situation in Nordrhein-Westfalen ein, da die in späteren Kapiteln beschriebenen empirischen Untersuchungen in diesem Bundesland durchgeführt wurden.
Nordrhein-Westfalen lag bei den öffentlichen Trägern mit 25 Prozent von 7.815 Einrichtungen sogar noch unter dem Durchschnittswert der alten Bundesländer. Eine fast gleiche Verteilung zwischen öffentlichen und freien Trägern ergab sich in NRW auch bezüglich der verfügbaren Plätze in den Einrichtungen.

3 Im gesamtdeutschen Durchschnitt wurden insgesamt von den beiden Kirchen 38 Prozent der Plätze gestellt (16% evangelische, 22% katholische Träger). Die verbleibenden Plätze wurden bei den freien Trägern u.a. von juristischen Personen oder anderen Vereinigungen (3,5%), der Arbeiterwohlfahrt (2,9%), dem Deutschen Roten Kreuz (1,9%), Religionsgemeinschaften öffentlichen Rechts (0,2%), Wirtschaftsunternehmen (0,2%), Jugendgruppen, -verbänden oder -ringen (0,1%) und mit 525 Einrichtungen von der Zentralwohlfahrtsstelle der Juden in Deutschland gestellt.

Einrichtung, so verteilen sich die entsprechenden Werte für die gesamte Bundesrepublik auf 4,6 Stellen (in NRW 4,5 Stellen) pro Einrichtung. Zählt man zum qualifizierten Fachpersonal das Personal mit anderen pädagogischen Berufsabschlüssen sowie die Kinderpflegerinnen hinzu, so besteht im gesamtdeutschen Durchschnitt und in Nordrhein-Westfalen ein Schlüssel von jeweils 5,7 Stellen pro Einrichtung.

**Tabelle 3.2: Personal in Tageseinrichtungen für Kinder nach Berufsbildungsabschluß**

| | Deutschland gesamt | | Alte Bundesl. u. Berlin-Ost | | Neue Bundesl. | | Nordrhein-Westfalen | |
|---|---|---|---|---|---|---|---|---|
| **Ausbildung** | Abs. | % | Abs. | % | Abs. | % | Abs. | % |
| I | 9.733 | 2,7 | 8.326 | 3,1 | 1.407 | 1,4 | 1.687 | 2,8 |
| II | 212.410 | 58,2 | 139.148 | 52,6 | 73.262 | 73,1 | 34.811 | 58,2 |
| III | 42.092 | 11,5 | 40.667 | 15,4 | 1.425 | 1,4 | 7.878 | 13,2 |
| IV | 36.074 | 9,9 | 18.958 | 7,2 | 17.116 | 17,1 | 3.774 | 6,3 |
| V | 1.837 | 0,5 | 1.474 | 0,6 | 363 | 0,4 | 373 | 0,6 |
| VI | 1.986 | 0,5 | 1.645 | 0,6 | 341 | 0,3 | 204 | 0,3 |
| VII | 22.378 | 6,1 | 21.649 | 8,2 | 729 | 0,7 | 5.480 | 9,2 |
| VIII | 38.357 | 10,5 | 32.712 | 12,4 | 5.645 | 5,6 | 5.612 | 9,4 |
| Tätige Personen insgesamt* | 364.868 | 99,9 | 264.580 | 100,1 | 100.288 | 100,0 | 59.819 | 100,0 |

I = Dipl.-Sozialarbeiter/-innen sowie Dipl.-Sozialpädagogen/-innen, Dipl.-Pädagogen/ Pädagoginnen, Erziehungswissenschaftler/-innen, Lehrer/-innen, anderer Hochschulabschluß
II = Erzieher/-innen
III = Kinderpfleger/-innen
IV = sonstige Sozial- u. Erziehungsberufe, Kinderkrankenpfleger/-innen, -schwestern, Krankenpfleger/-innen, -schwestern, sonstige Gesundheitsberufe, etc.
V = Verwaltungs- u. Büroberufe
VI = Hauswirtschaftsleiter/-innen, Wirtschaftler/-innen, Oekotrophologen/-innen
VII = Praktikanten/-innen im Anerkennungsjahr oder anderweitig noch in Ausbildung
VIII = ohne abgeschlossene Ausbildung

* Prozentsummen mit Rundungsfehler; absolute Summen nach Angabe der Quelle; nach eigener Berechnung Wert in Spalte 2: 364.867; in Spalte 4: 264.579

Quelle: Regionaldatenbank des Deutschen Jugendinstituts, auf der Basis absoluter Zahlen der statistischen Landesämter zur Statistik der Jugendhilfe – Teil III.1 am 31.12.1994

Die durchschnittliche Anzahl der verfügbaren Plätze in den Tageseinrichtungen für Kinder entspricht im gesamtdeutschen Durchschnitt dem Verhältnis von 65,5 Plätzen (in NRW 62,6 Plätzen) pro Einrichtung. Entsprechend lassen sich einer Personalstelle im Bundesdurchschnitt 8,4 Plätze (in NRW 8,2 Plätze) zuordnen. Berechnet man die entsprechenden Werte für das Fachpersonal, so kommt man im Bundesdurchschnitt auf einen Schlüssel von 11,6 Plätzen (in NRW von 11 Plätzen) pro Fachpersonalstelle[4].

4 Der entsprechende Schlüssel läßt sich nicht für die alten und neuen Bundesländer errechnen, da bei den Angaben zur Anzahl der Einrichtungen und der verfügbaren Plätze Berlin-Ost den neuen Bundesländern, dagegen bei den Angaben zum Personal nach Berufsbildungsabschluß Berlin-Ost den alten Bundesländer zugerechnet wurde.

Ein Gesamtüberblick zur Finanzausstattung der Einrichtungen ist nicht zuletzt deshalb schwer zu gewinnen, da nach jeweiligem Landesrecht Art und Höhe der Zuwendungen des Landes zu den Investitions- und Betriebskosten der Einrichtungen unterschiedlich geregelt sind und in manchen Bundesländern zudem Unterschiede in der finanziellen Förderung von Kindergärten und Horten bestehen (Frank & Pelzer, 1996). Angesichts der im Ländervergleich unterschiedlichen Förderung der Personal- und Sachkosten[5] sind aus einer Zusammenstellung über die Höhe der jeweiligen Landeszuwendungen keine Rückschlüsse auf die tatsächliche durchschnittliche Finanzausstattung einer Einrichtung möglich. Ebensowenig läßt sich feststellen, wie hoch der tatsächliche finanzielle Aufwand der Träger ist, der über den maximalen zuschußfähigen Eigenteil hinausgehen kann.

*Rahmenfaktoren für Medienerziehung auf verschiedenen Systemebenen*

In Anlehnung an Conrad, Lischer und Wolf (1997) lassen sich Rahmenfaktoren, denen ein Einfluß auf die Praxis der Medienerziehung im Kindergarten zugesprochen werden kann, auf verschiedenen Ebenen einstufen:

Der übergeordneten *Makroebene* sind die kulturellen, ideologischen, sozialen, ökonomischen, gesellschaftspolitischen und politisch-rechtlichen (Gesetzgebung auf Bundesebene) Bedingungen zuzuordnen, mit ihrem jeweiligen Bezug zum Elementarbereich und den Medien.

Auf der *Exoebene*, die das weitere Umfeld des Kindergartens einbezieht, sind strukturell-formale Bedingungen (z.B. gesetzliche Vorgaben und Regelungen auf Landesebene) von Bedeutung, aber auch pädagogisch-inhaltliche Bedingungen wie Konzeptionen und Richtlinien der einzelnen Träger von Kindergärten sowie die allgemeine pädagogische und medienpädagogische Ausbildung des Personals.

Zur *Mesoebene* sind die Kontextbedingungen im nahen Umfeld der Einrichtung zu rechnen, wie physikalisch-materielle Bedingungen (z.B. regionale Besonderheiten des Umfelds), soziale und institutionelle Bedingungen (z.B. Zusammenarbeit mit Fachdiensten oder Institutionen; Verfügbarkeit von Beratungsstellen mit einer medienerzieherischen Relevanz, ggf. auch der Träger) sowie die benachbarten Mikrosysteme (z.B. Familien der Kinder oder der örtliche Träger).

Die *Mikroebene* umfaßt den unmittelbaren Sozialisationsbereich der Einrichtung. Hierzu zählen

---

5 Die Unterschiede zwischen den Ländern in der Förderung der Betriebskosten bestehen z.B. in der jeweiligen prozentualen Kostenverteilung zwischen Land, Jugendamt, Träger und Eltern, in der Berechnungsgrundlage und in der Förderung nach Art der Kosten (vgl. Frank & Pelzer, 1996).

- formell-strukturelle Rahmenbedingungen (wie Anzahl der Gruppen, Gruppengröße, Personal, Öffnungszeiten)
- physikalisch-materielle Bedingungen (wie z.B. Raumangebot, Ausstattung mit Medien)
- soziale, interaktive und kommunikative Bedingungen in der Einrichtung (z.B. Atmosphäre in der Gruppe, Qualität der Beziehungen zwischen Erzieherinnen und Kindern, Verhältnis zu Eltern, Beteiligung der Eltern an der Durchführung von (Medien-)Projekten einschließlich etwaiger Eigenleistung der Eltern für die Medienausstattung)
- pädagogisches Konzept in der Einrichtung
- personale Bedingungen[6] (z.B. Berufserfahrungen, allgemeine und medienbezogene Einstellungen der Erzieherinnen, die Situation der Kinder mit ihrem jeweils unterschiedlichen Entwicklungsstand, ihren individuellen Lebenslagen, Verhaltensweisen und Bedürfnissen sowie die Bedürfnisse und Erwartungen der Eltern)

Obwohl davon auszugehen ist, daß derartige Faktoren und Bedingungen jeweils unterschiedliche und z.T. nur indirekte Einflüsse auf die Praxis der Medienerziehung in den Einrichtungen ausüben, so lassen sich doch einige Faktoren isolieren, denen ein gravierender und mehr oder weniger direkter Einfluß zugeschrieben werden kann. Hierzu zählen mit Sicherheit als miteinander verbundene Bedingungen: die Jugendministerbeschlüsse (siehe auch Kap. 2.2), die Ausstattung der Einrichtungen mit Medien, die Nutzung vorhandener, ausgeliehener oder mitgebrachter Medien und Medienprodukte und nicht zuletzt die vorherrschenden pädagogischen Rahmenkonzepte in den Einrichtungen.

*Beschlüsse der Jugendministerkonferenz*

Wie bereits in Kapitel 2.2 ausgeführt, hat die Jugendministerkonferenz 1996 einen Beschluß zur Medienerziehung in Kindergarten und Jugendhilfe gefällt, der im Hinblick auf die Aufgaben des Kindergartens den vorherigen Beschluß von 1987 modifizierte. Auf der Basis eines Konzeptionsberichts der Obersten Landesjugendbehörden wurde in dem Beschluß u.a. auf „die Notwendigkeit medienpädagogischen Handelns vor allem in bezug auf die elektronischen Medien" hingewiesen; es soll „im Kindergarten auf einen kompetenten Medienumgang hingewirkt und einer negativen Beeinflussung durch Medien durch für diese Altersgruppe geeignete medienpädagogische Maßnahmen entgegengewirkt werden". Damit wird, anders als 1987, der Kindergarten nicht mehr als medienfreier Schonraum deklariert und auch die Notwendigkeit einer auf elektronische Medien gerichteten Erziehung betont. Dennoch erinnert der neue Beschluß in manchen Passagen noch immer an

6 Bei einer anderen Systematisierung rechnen die personalen Bedingungen zur Individualebene.

bewahrpädagogische Auffassungen, die deutlich dem vorherigen Beschluß von 1987 zugrunde lagen (vgl. Kap. 2.2). Wenn schon der frühere Beschluß vermutlich die Medienausstattung und -nutzung in den Kindergärten ( im Sinne eines medienfreien Schonraumes) mitdeterminierte, so wurde – nicht zuletzt aufgrund der uneindeutigen Formulierungen im neuen Beschluß – auch mit der Modifizierung sicherlich keine Rahmenbedingung geschaffen, die sich erheblich forcierend auf die Medienausstattung und -nutzung in den Kindergärten hat auswirken können. Und selbst wenn einzelne Träger den neuen Beschluß im Sinne einer zu steigernden Medienausstattung interpretieren, so dürfte die aktuelle finanzielle Situation in den Einrichtungen nicht gerade der Geräteanschaffung förderlich sein.

*Medienausstattung in Kindergärten*

Aktuelle Daten über die Medienausstattung und -nutzung in Tageseinrichtungen für Kinder liegen uns nicht vor. Aufgrund der wenigen älteren Daten ist davon auszugehen, daß die meisten Einrichtungen vorrangig mit Printmedien und Abspielgeräten für Tonträger ausgerüstet sind.

Im Rahmen des bereits mehrfach zitierten Forschungsprojektes von Höltershinken (Höltershinken et al., 1989; 1990; Kasüschke, 1991) wurden 234 Gruppenleiterinnen aus 97 Einrichtungen in Nordrhein-Westfalen u.a. nach der Medienausstattung befragt. Für die Arbeit mit Kindern standen demnach in nahezu allen Einrichtungen ein Kassettenrekorder, in 87 Prozent ein Schallplattenspieler, in 71 Prozent ein Radio und ein Diaprojektor, in 40 Prozent ein Fotoapparat und in 14 Prozent ein Filmprojektor zur Verfügung. Weniger als fünf Prozent der Einrichtungen verfügten dagegen über Fernseher, Filmkamera, Videokamera oder Videorecorder. Die Angaben zum Computer lagen bei null Prozent. In Einrichtungen konfessioneller Träger waren signifikant mehr Geräte vorhanden als in den anderen Einrichtungen (Höltershinken et al., 1989).

In einem 1988-1989 durchgeführten Projekt des Deutschen Jugendinstituts wurde u.a. die Medienausstattung von 18 Einrichtungen in Bayern erfaßt, die sehr unterschiedlich war: Die städtischen Kindergärten waren tendenziell besser als die der freien Träger ausgestattet (was sich aus einer langjährigen Fortbildungstradition zu medienpädagogischen Themen erklären ließ; Barthelmes et al., 1991). Faßt man die dokumentierten Ergebnisse in eigenen Berechnungen zusammen, so war in den meisten Einrichtungen (94%) mindestens ein Kassettenrekorder vorhanden; in 83 Prozent stand mindestens ein Plattenspieler, in 61 Prozent ein Radio oder eine Fotokamera, in 56 Prozent mindestens ein Diaprojektor, in 39 Prozent ein Tageslicht-/Overheadprojektor, in 22 Prozent ein Fernsehgerät und in 11 Prozent der Einrichtungen ein Videorekorder oder eine Videokamera zur Verfügung. Den Angaben läßt sich entnehmen, daß die einzige Einrichtung, die weder über technische Medien noch über Bilderbücher verfügte, sich am Konzept der Waldorf-Pädagogik orientierte (Barthelmes et al., 1991, sowie eigene Berechnungen).

Bei der Einschätzung der Medienausstattung von Kindergärten sollte allerdings berücksichtigt werden, daß zur Zeit die Möglichkeiten der Medienausstattung von Einrichtungen, trotz der momentanen Finanzsituation, weitaus günstiger sind als vor 10 Jahren. Als wesentliche Faktoren können dazu beispielsweise angeführt werden:

- Die technische Entwicklung auf dem Sektor der elektronischen Mediengeräte: z.B. die Entwicklung von Videokameras bzw. Camcordern auf eine Größe hin, die ein leichteres Handling ermöglichen. Der technische Entwicklungsstand bei Videoprojektoren bietet, gekoppelt mit dem Videorecorder, mittlerweile eine schnell erlernbare und relativ problemlose Möglichkeit zur Filmprojektion. Durch die leichte Verfügbarkeit von Videofilmen, die z.B. auch über viele Stadtbibliotheken zu entleihen sind, bieten sich im Gegensatz zur herkömmlichen 16mm-Filmprojektion weitaus kostengünstigere Möglichkeiten in der rezeptiven Filmarbeit.
- Die Preisentwicklung bei technischen Mediengeräten: Camcorder werden teilweise bereits für 700,- DM angeboten, und die Preise für kleinere Geräte wie z.B. Abspielgeräte für Tonträger sind meist so niedrig, daß im Fall eines Defektes die Kosten für eine Reparatur die Anschaffungskosten überschreiten.
- Die technische Entwicklung auf dem Computersektor in Verbindung mit einem hohen Preisverfall: Geräte sind mittlerweile innerhalb eines Jahres technisch überholt. Es besteht oft die Möglichkeit, daß bei Firmen, die regelmäßig auf den neuesten Stand der Technik aufrüsten, Altgeräte anfallen, die teilweise als Spende auch an Einrichtungen der Kinder- und Jugendarbeit abgegeben werden. Gleichzeitig besteht ein zunehmendes Angebot an Software für Kinder und Jugendliche.
- Durch die zunehmende Ausstattung der Privathaushalte mit elektronischen Mediengeräten ist die Nutzung dieser Geräte für die heutige Erzieherinnengeneration als weitaus selbstverständlicher im Vergleich zu den älteren Generationen einzuschätzen.

*Mediennutzung in Kindergärten*

Obwohl die Medienausstattung der Einrichtungen zwar eine notwendige Voraussetzung für die Verwendung von Medien oder Medienprodukten ist, wenn diese nicht ausgeliehen[7] oder von Kindern/Eltern mitgebracht werden, so kann nicht davon ausgegangen werden, daß sie eine hinreichende Bedingung

7 Leihmöglichkeiten von Medien bestehen z.B. in Stadtbibliotheken, die teilweise über eigene Medienabteilungen für Videos, Tonträger und CD-Roms verfügen. Medien und Mediengeräte können auch über Landesbildstellen, Landesfilmdienste, Medienzentralen der konfessionellen Träger oder Medieninitiativen gemietet bzw. (z.T. kostenlos) ausgeliehen werden (vgl. u.a. Maier et al., 1997).

für die Mediennutzung ist. Dies wird leicht an den Ergebnissen aus dem Projekt von Höltershinken deutlich, bei dem auch Daten zur Mediennutzung in den Einrichtungen erhoben wurden: Den Antworten auf die Frage, wann technische Mediengeräte eingesetzt wurden, ist zu entnehmen, daß von den Erzieherinnen 83 Prozent den Kassettenrekorder, 46 Prozent den Schallplattenspieler, 27 Prozent den Diaprojektor, 29 Prozent den Fotoapparat, neun Prozent das Radio und sieben Prozent den Filmprojektor in den letzten vier Wochen eingesetzt hatten. Über die Hälfte der Erzieherinnen gab allerdings an, noch nie den Filmprojektor (52%), das Radio (72%), den Tageslichtschreiber (80%), die Videokamera (89%), die Filmkamera (91%), den Fernseher oder Computer (94%) und den Videorecorder (100%) eingesetzt zu haben (Höltershinken et al., 1989).

Einer 1988/1989 in Hamburg durchgeführten Befragung von 81 Erzieherinnen und 11 Erziehern kann entnommen werden, daß im Berufsalltag der aktive Umgang mit technischen Medien eine geringe Bedeutung erfährt: Zwar gab jeweils mehr als die Hälfte der Befragten an, „oft“ Kinder-/Jugendbücher zu besprechen bzw. nachzuspielen (59%) oder Musik-/Märchenkassetten abzuspielen (58%); doch nur 12 Prozent produzierten „oft“ (36 Prozent „selten“, 46 Prozent „nie“) Musik oder Hörspiele mit Tonband oder Kassettenrekorder; 71 Prozent führten nach eigenen Angaben „nie“ Super8- oder 16mm-Filme vor; ähnliches galt für das Zeigen von Videokassetten (66% „nie“), das Herstellen von Videofilmen (80% „nie“) und das Spielen von Tele- und Computerspielen (84% „nie“); 94 Prozent ließen die Kinder nie „selbst Computerarbeiten machen“. Insbesondere das Nicht-Einsetzen „neuerer Medien“ (womit vermutlich vor allem AV-Medien bzw. Computer gemeint sind) wurde den Autoren zufolge häufig mit „mangelnden Kenntnissen“ oder dem Mangel an „Material und Geräten“ begründet. Die Begründung „Weil ich dagegen bin“ wurde insbesondere im Hinblick auf den Einsatz von Videokassetten sowie von Tele- und Computerspielen genannt (Lißner et al., 1990).

Grünewald (1994) veröffentlichte die Ergebnisse einer im Herbst 1992 durchgeführten Befragung von Erzieherinnen in 114 Kindergärten (ca. 2500 Kinder) im Raum Gießen und Dortmund zur Präsenz von Comics in den Einrichtungen. Demnach brachten 69 Prozent der Kinder Comics mit in den Kindergarten (2% oft, 13% manchmal, 54% selten). 67 Prozent der Kinder betrachteten sie dort (3% oft, 20% manchmal, 44% selten). Comics spielten bei geleiteten gemeinsamen Aktivitäten kaum eine Rolle. Die Frage „Lesen Sie mit den Kindern Comics?“ wurde von 91 Prozent der Befragten mit „nie“ beantwortet. Die Nutzung bei gemeinsamen Aktivitäten (z.B. Zeichnen, Spielen) wurde von 71 Prozent der Erzieherinnen verneint.

Auch dem Konzeptionsbericht für den Beschluß der Jugendministerkonferenz (1996) (vgl. Kap. 2.2) sind einige Angaben zum Einsatz von Medien im Kindergarten zu entnehmen. Demnach erfolgt der Einsatz von Medien, insbesondere von AV-Medien, eher sporadisch. In der Regel werden neben dem Bilderbuch nur Hörkassetten eingesetzt. Hörmedien werden vor allem als Begleitmusik zu Bewegungsaktivitäten oder als Hintergrundmusik bei Kreisgesprächen eingesetzt. Kinderbücher werden in erster Linie zur Aufbereitung von Sachthemen genutzt, Filme und Videokassetten selten eingesetzt. Als Gründe für diese Praxis werden dabei angeführt: ambivalente bis negative Einstellungen gegenüber dem Fernsehen, bewahrpädagogische Positionen bei den Erzieherinnen, der Beschluß der Jugendministerkonferenz von 1987, mangelnde Qualifikation der Erzieherinnen durch die Ausbildung, mangelnde didaktische Materialien, schwer zugängliche Forschungsergebnisse und darauf basierende Praxisvorschläge. Es werden allerdings keine genauen Daten angeführt, und dem Bericht ist auch nicht zu entnehmen, auf welcher Grundlage die Erkenntnisse gewonnen wurden.

*Pädagogische Konzepte*

Von wesentlichem Einfluß auf die Medienerziehung im Kindergarten sind auch die bestehenden Rahmenkonzeptionen und vorherrschenden pädagogischen Positionen in den Einrichtungen. So ist davon auszugehen, daß z.B. Einrichtungen, die sich an pädagogischen Konzepten von Fröbel, Montessori oder an der Waldorfpädagogik orientieren, in der Medienerziehung eine mehr oder weniger bewahrpädagogische Tendenz aufweisen, insbesondere wenn es um audio-visuelle oder neue Medien geht. Die bewahrpädagogische Haltung wird entsprechend der anthroposophischen Sichtweise begründet. So müssen z.B. unter dem Gesichtspunkt der Fröbelpädagogik Medien, welche die Selbsttätigkeit des Kindes behindern und als „nicht entwicklungsgemäß“ eingestuft werden, konsequent abgelehnt werden. Ähnliches gilt auch für die Montessoripädagogik. Am entschiedensten wird in Waldorfkindergärten der Umgang mit AV-Medien und Computern abgelehnt. Fernsehen in den ersten Lebensjahren wird interpretiert als ein „Angriff auf den Menschen in seiner bildsamsten Lebensepoche, ohne daß das Kind steuern kann, was mit ihm geschieht“ (vgl. Höltershinken & Ullrich, 1995, S. 30).

In Einrichtungen dagegen, die sich vorwiegend am Konzept des Situationsansatzes orientieren, ist eher davon auszugehen, daß Medienerziehung einen handlungs- oder gar produktionsorientierten Charakter haben kann. Allerdings gibt es für die am Situationsansatz orientierte Medienerziehung verschiedene Konzepte und Positionen, die z.B. konträre Ansichten vertreten, wenn es um den aktiven Einsatz von AV-Medien im Kindergarten geht. Während der Situationsansatz des Deutschen Jugendinstituts für eine reproduktions-, rezeptions- und produktionsorientierte Medienarbeit den aktiven Einsatz von AV-Medien vorsieht (vgl. Feil, 1994a), soll nach dem medienpädagogischen Konzept des Sozialpädagogischen Instituts in Köln der Kindergarten als AV-medienfreier Raum gestaltet werden. Es wird davon ausgegangen, daß Kinder im Vorschulalter nicht die kognitiven Voraussetzungen haben, Fernsehen emotional und sozial hinreichend zu verarbeiten (vgl. Rolle, 1990). Der Kindergarten soll mit seinem Angebot die Medienerlebnisse aus dem Familienalltag der Kinder aufarbeiten und beim Kind Basisqualifikationen fördern, die zukünftig eine ungefährliche und sinnvolle Mediennutzung ermöglichen. Es wird davon ausgegangen, daß vorhandene Defizite im Umgang mit den Medien nicht abgebaut, sondern eher verstärkt werden (vgl. hierzu auch Höltershinken & Ullrich, 1995).

## 3.2 Medienpädagogische Aus- und Weiterbildung von Erzieherinnen[8]

Die Praxis der Medienerziehung im hier verstandenen Sinne (vgl. Kap. 1) stellt, wie bereits an verschiedenen Stellen bemerkt, hohe Anforderungen an die Qualifikation von Erzieherinnen wie auch von anderen in der (medien-) pädagogischen Praxis tätigen Personen: Sie setzt neben den sonstigen Sach-, Fach-, Selbst-, Sozial- und Handlungskompetenzen im Grunde genommen all jene Kenntnisse, Fähigkeiten und Fertigkeiten voraus, die gemeinsam eine umfassende Medienkompetenz ausmachen. Ohne eine solche eigene Medienkompetenz kann plausiblerweise das allgemeine Ziel der Medienerziehung, Kinder zu kompetenten Mediennutzern zu erziehen, nicht adäquat umgesetzt werden[9]: Gleichzeitig setzt Medienerziehung jedoch auch ein fundiertes Hintergrundwissen voraus, das Kenntnisse und Einsicht bezüglich der von Kindern genutzten Medienangebote, der damit zusammenhängenden Motive und Funktionen, Rezeptions- und Verarbeitungsweisen bei Kindern und nicht zuletzt der Wirkungen auf Kinder umfaßt. Und schließlich sind nach unserer Auffassung ein entsprechendes Problem- und Bedarfsbewußtsein bezüglich der Notwendigkeit von Medienerziehung sowie in Verbindung damit ein übergreifendes (medien-) pädagogisches Konzept mit daraus abgeleiteten Zielen erforderlich, um eine motivierte Medienerziehung realisieren zu können[10].

Bei dieser Fülle von Qualifikationsanforderungen[11] stellt sich die Frage, inwieweit Erzieherinnen angesichts der Situation in der Aus- und Weiterbildung denn tatsächlich entsprechend qualifiziert sein können; ebenso aber auch die Frage, inwieweit sie sich selbst für entsprechend qualifiziert halten. Auf die letztere Frage geht Kapitel 3.3 ein, während die Aus- und Weiterbildung Gegenstand dieses Kapitels ist.

---

8 Dieses Kapitel wurde in einer Vorversion von Michael Propp verfaßt.

9 zu Zielen der Medienerziehung sowie zum Begriff „Medienkompetenz" siehe Kapitel 1.2

10 zum Problem- und Bedarfsbewußtsein siehe Kapitel 2.2 und 3.3

11 Eine kurze Zusammenfassung von Anforderungen an die medienpädagogische Ausbildung von Erzieherinnen findet sich auch bei Höltershinken, 1987, S. 104-105.

Zur gegenwärtigen Situation der Aus- und Weiterbildung von Erzieherinnen in Medienpädagogik bzw. für die Medienerziehung im Kindergarten gibt es nur wenige aussagekräftige Erkenntnisse. Empirisch abgesicherte Ergebnisse über Ausbildungsinhalte liegen fast ausschließlich über nur kleine Stichproben oder einzelne Bundesländer vor (z.B. Höltershinken et al., 1989; 1990; Kasüschke, 1991; Lißner et al., 1990; Schneider, 1994; Propp, 1997). Gleichzeitig wird ein Gesamtüberblick über die Ausbildungssituation dadurch erschwert, daß aufgrund des Bildungsförderalismus in Deutschland zwischen den Ländern beträchtliche Unterschiede in der Erzieherinnenausbildung bestehen. Es ist davon auszugehen, daß zwischen Erzieherinnen der einzelnen Länder ein unterschiedliches Qualifikationsprofil nicht nur in der allgemeinen Ausbildung, sondern insbesondere auch für die medienerzieherische Qualifizierung besteht. Eine Initiative wie die Stellungnahme zur Medienerziehung an allgemeinbildenden Schulen durch die Bund-Länder-Kommission für Bildungsplanung und Forschungsförderung fehlt bisher für den Bereich der Fachschulen und somit für die Erzieherinnenausbildung.

Noch weit unübersichtlicher stellt sich das Feld des medienpädagogischen Fort-/Weiterbildungsangebots für Erzieherinnen dar. Fortbildungsangebote werden von einer Vielzahl an Einrichtungen und Trägern angeboten, so daß bereits ein allgemeiner Überblick über das Angebot kaum möglich ist. Genausowenig gibt es Erkenntnisse darüber, inwieweit welche Fortbildungsangebote bei welchen Trägern durch Erzieherinnen genutzt werden. Eine besondere Problematik ergibt sich dadurch, daß die Teilnahme an Fortbildungsangeboten zum einen freiwillig erfolgt und zum anderen aufgrund struktureller Rahmenbedingungen (Finanz- und Personalausstattung der Einrichtungen) Erzieherinnen die Teilnahme an Fortbildungsmaßnahmen z.Zt. eher erschwert wird.

Um die medienpädagogische Qualifikation von Erzieherinnen einschätzen zu können, müssen auf der einen Seite Unterschiede zwischen den verschiedenen Generationen berücksichtigt werden, da über die genannten Unterschiede hinaus hier noch solche im Hinblick auf die eigene Mediensozialisation zum Tragen kommen. Auf der anderen Seite ist die aktuelle Ausbildungslage vor dem Hintergrund des Gesamtrahmens der allgemeinen Ausbildungssituation, der Besonderheiten des Berufs und der allgemeinen fachlichen und persönlichen Anforderungen an den Beruf einzuordnen und zu beurteilen. Generell läßt sich dazu sagen, daß das Berufsbild der Erzieherin mit einem hohen Maß an erforderlichen Kompetenzen assoziiert ist, die in einer stark verschulten Ausbildung erworben werden sollen, wobei von vielen Kritikern angezweifelt wird, ob diese Kompetenzen tatsächlich in der gegenwärtigen Ausbildungsform erworben werden können. Den hohen Anforderungen an die Berufskompetenz steht gleichzeitig eine geringe gesellschaftliche Wertschätzung gegenüber, die sich u.a. in einer relativ geringen

Entlohnung, geringen Chancen der beruflichen Weiterentwicklung und einer allgemeinen geringen beruflichen Verweildauer von Erzieherinnen erkennen läßt (vgl. dazu Angaben bei Rauschenbach et al., 1995).

### *3.2.1 Allgemeine Angaben zur Ausbildung von Erzieherinnen*[12]

In ihrer heutigen Form basiert die Erzieher[innen]ausbildung auf den „Rahmenvereinbarungen für die sozialpädagogischen Ausbildungsstätten" der Kultusministerkonferenz (KMK) von 1967/69 und wurde in den einzelnen Bundesländern bis 1972 umgesetzt. Mit der reformierten Ausbildung war die Absicht verbunden, ein breites Qualifikationsprofil für die Tätigkeit in verschiedenen sozialpädagogischen Bereichen zu vermitteln. 1982 wurde von der KMK in einem weiteren Schritt eine neue „Rahmenvereinbarung über die Ausbildung und Prüfung von Erziehern/Erzieherinnen" verabschiedet. Die wichtigsten Bestandteile dieser Rahmenvereinbarung beinhalten Regelungen u.a. zu Ausbildungszielen, inhalten und -dauer, zu den Ausbildungsstätten, Zulassungsvoraussetzungen und Abschlußprüfungen sowie zur gegenseitigen Anerkennung der Abschlüsse durch die Länder (Metzinger, 1990). Diese Regelungen können trotz eines fünfjährigen Diskussions- und Beratungsprozesses nur als ein Kompromiß einer Einigung auf einen gemeinsamen Mindeststandard zur bundesweiten Angleichung der Erzieher[innen]ausbildung angesehen werden.

Nach wie vor gestaltet sich jedoch die Ausbildung in den einzelnen Bundesländern sehr unterschiedlich. Dies zeigt sich noch immer in unterschiedlichen Zulassungsvoraussetzungen, Schulbezeichnungen, Ausbildungs- und Prüfungsordnungen, Lehrplänen, Fachbezeichnungen, Kombinationen und Schwerpunkten einzelner Unterrichtsfächer sowie den Qualifikationsvoraussetzungen für das Lehrpersonal. Inzwischen ist auch davon auszugehen, daß der kleinste gemeinsame Nenner, auf den sich die Länder in der KMK-Vereinbahrung von 1982 einigen konnten, nicht mehr als bindend angesehen wird. So hat z.B. das Land Niedersachsen die Erzieher[innen]ausbildung neu geordnet und mit der Einführung eines neuen Ausbildungsganges „Sozialassistent/in" ab dem Schuljahr 1993/94 begonnen. Der Abschluß „Staatlich geprüfte/r Sozialassistent/in" (oder eine gleichwertige Berufsbezeichnung) ist in Niedersachsen mittlerweile der einzige Weg, um zur Erzieher[innen]ausbildung zugelassen zu werden (Rauschenbach, Beher & Knauer, 1995). Mit dieser Regelung setzt sich Niedersachsen deutlich von den Regelungen der anderen Länder ab.

---

12 Die folgende Darstellung zur allgemeinen und medienpädagogischen Ausbildung von Erzieherinnen bezieht sich auf die alten Bundesländer, da davon auszugehen ist, daß die Ausbildungssituation in den neuen Bundesländern noch im Umbruch begriffen ist.
Die allgemeinen Angaben zur Ausbilsung lehnen sich großenteils an die Publikation von Rauschenbach et al. (1995) an; für eine ausführlichere Darstellung siehe dort.

Vor dem Hintergrund der bevorstehenden Öffnung des europäischen Binnenmarktes und der mangelnden Kompatibilität der deutschen Erzieher-[innen]ausbildung zu solchen in anderen EG-Staaten wurde Ende 1992 eine Arbeitsgruppe der KMK zur Erarbeitung einer neuen Rahmenvereinbarung gebildet. Deren Verabschiedung scheiterte jedoch u.a. am gesetzgeberischen Alleingang Niedersachsens. Im Dezember 1993 wurde dann in einem Ergänzungsbeschluß zu den Rahmenvereinbahrungen von 1982 ein sechsjähriges, Ausbildungsexperimente förderndes Moratorium beschlossen, während dessen wesentliche inhaltliche und strukturelle Fragen geklärt werden sollen. Es ist daher davon auszugehen, daß vor der Jahrtausendwende von der KMK keine Beschlüsse für eine bundesweite einheitliche Ausbildungsreform zu erwarten sind (vgl. Rauschenbach et al., 1995).

Nach Rauschenbach et al. (1995) gab es 1994 in der gesamten Bundesrepublik 367 Schulen, an denen Erzieherinnen ausgebildet wurden. Davon konzentrierte sich der Hauptanteil mit 320 Schulen auf das Gebiet der alten Bundesländer. Im Ländervergleich führte Nordrhein-Westfalen die Statistik mit 112 Schulen an (nach Schätzung der Autoren wurden 1993 über 30 % aller angehenden Erzieherinnen in NRW ausgebildet).

Je nach Bundesland werden an den Fachschulen zwischen 13 und 20 verschiedene Fächer während der zweijährigen theoretischen Ausbildungsphase unterrichtet. Der Stundenumfang des Schulunterrichts divergiert zwischen 29 und 35 Wochenstunden, wobei in den Ländern, in denen ein weiterführender Bildungsabschluß erworben werden kann, die wöchentliche Unterrichtszeit bis zu 39 Stunden betragen kann (z.B. Saarland) und bis zu 23 Fächer unterrichtet werden (z.B. Bayern). Berücksichtigt man die durchschnittliche Anzahl von 17 Unterrichtsfächern bei gleichzeitig hohen Prüfungsanforderungen, so wird leicht ersichtlich, daß als zentrale Kompetenzen Kurzzeitlernen und Krisenmanagement gefordert werden, und es ist fraglich, ob die Ausbildung nicht eher zum Erwerb eines beziehungslosen Faktenwissens ohne Handlungsrelevanz geeignet ist (vgl. Rauschenbach et al., 1995).

In einer von der Universität Dortmund durchgeführten schriftlichen Schulleiterbefragung konnten differenzierte Angaben für 2.971 Lehrkräfte an Fachschulen für Sozialpädagogik in den alten Bundesländern erhoben werden. Nach Schätzung von Rauschenbach, Beher und Knauer (1995) entspricht diese Stichprobengröße in etwa der Hälfte des Lehrpersonals, das 1991/92 in den alten Bundesländern an Fachschulen für Sozialpädagogik tätig war. Die berufliche Qualifikation des Lehrpersonals verteilte sich demnach wie folgt: Lehramtsabschluß: 39,7%, sonstiger Universitätsabschluß: 22,9%, Fachhochschulabschluß: 26,8%, nicht-akademischer Berufsabschluß: 10,6%. Nur sieben Prozent der Lehrkräfte waren Berufsschullehrer mit dem Lehramtsabschluß Sozialpädagogik. 13 Prozent der Lehrpersonals hatten eine

Doppelqualifikation, und jede 25. Lehrkraft verfügte über eine Mehrfachqualifikation.

In ihrem Fazit zur momentanen Ausbildungslage kommen Rauschenbach, Beher und Knauer (1995) zu der Feststellung, daß eine Reform unbedingt notwendig ist, da in einem hochgradig schulförmig organisierten Bildungsgang Kompetenzen vermittelt würden, die dem gegenwärtigen Anforderungsprofil an Erzieher/-innen nicht mehr entsprächen[13].

### *3.2.2 Medienpädagogik in der Ausbildung von Erzieherinnen*

Erkenntnisse über die medienpädagogische Qualifikation von Erzieherinnen können in direkter Form bei den am Ausbildungsprozeß beteiligten Gruppen (z.B. durch Befragung von Lehrkräften und angehenden Erzieherinnen) gewonnen werden. Dabei ist allerdings zu vermuten, daß beide Gruppen mit hoher Wahrscheinlichkeit eine voneinander stark abweichende Medienbiografie und -sozialisation erlebt haben und insofern unterschiedliche Erfahrungen bezüglich Medien, Mediennutzung und damit verbundenen Normen und Wertvorstellungen bestehen, die sich erheblich auf die Beurteilung der in der Ausbildung zu erwerbenden medienpädagogischen Qualifikation auswirken können (vgl. dazu Wermke, 1997).

Insgesamt ist für die Ausbildung anzunehmen, daß allein schon die medienpädagogische Qualifikation der Lehrkräfte nur unzureichend ist, da an deutschen Hochschulen von einem nur verschwindend geringen Anteil der Medienpädagogik-Lehrveranstaltungen am Gesamtlehrangebot für Lehramtsstudierende ausgegangen werden muß (vgl. Tulodziecki & Mütze, 1996).

Empirisches, durch Befragung von (angehenden) Erzieherinnen oder Lehrkräften gewonnenes Material liegt nur für kleinere Stichproben vor, bezieht sich in der Regel auf begrenzte Regionen und/oder ist inzwischen nicht mehr auf dem neuesten Stand.

So stellte sich im Rahmen des Projektes von Höltershinken und Mitarbeitern heraus: Von den befragten Erzieherinnen gaben in Selbsteinschätzung 31,9 Prozent an, „gut“ bzw. „sehr gut“ für Medienerziehung qualifiziert zu sein; in der Rangfolge von 13 pädagogischen Förderbereichen lag Medienerziehung allerdings an vorletzter Stelle. Für die Bereiche Sozialerziehung und Spielförderung (1. und 2. Rang) fühlten sich dagegen über 94 Prozent der Gruppenleiterinnen „gut“ bzw. „sehr gut“ qualifiziert. Während ihrer Ausbildung hatten nur 28,6 Prozent der befragten Gruppenleiterinnen den Umgang mit einem Filmprojektor gelernt. Der technische Umgang mit anderen Mediengeräten (Filmkamera, Videokamera, Videorekorder, Computer) war höchstens bei jeder zehnten Gruppenleiterin Ausbildungsbestandteil (Ka-

13 zu den von den Autoren benannten Anforderungen an die allgemeinen Qualifikationen von Erzieher/-innen siehe Rauschenbach, Beher & Knauer, 1995, S. 130ff

süschke, 1991). Während über 97,4 Prozent der Gruppenleiterinnen den methodisch-pädagogischen Einsatz von Büchern bzw. Bilderbüchern in ihrer Ausbildung erlernten, so eignete sich fast jede zweite Gruppenleiterin dies für den entsprechenden Einsatz von technischen/elektronischen Mediengeräten privat an (ebd.). Bei der Elternarbeit zur Medienerziehung fühlten sich die Erzieherinnen unsicher, wobei angegeben wurde, daß dieses Thema selten in der Elternarbeit vorkommt (Höltershinken, 1994). In qualitativen Interviews wurde vom größten Teil der Befragten ausdrücklich die Notwendigkeit medienpädagogischer Fortbildung betont, um die Mängel der Ausbildung auszugleichen (Höltershinken et al., 1989).

1988/1989 wurde von Lehrkräften der staatlichen Fachschulen für Sozialpädagogik in Hamburg eine Befragung von 81 Erzieherinnen und 11 Erziehern u.a. zur medienpädagogischen Ausbildung durchgeführt. Den Antworten ließ sich entnehmen, daß trotz entsprechender Lehrplanvorgaben wichtige medienpädagogische Inhalte während der Ausbildung nicht bearbeitet worden waren. So gaben dies z.B. 75 Prozent der Befragten für die praktische Erprobung (medien-) pädagogischer Konzepte an, 64 Prozent für die Gestaltung eines eigenen Medienprodukts, 49 Prozent für die kritische Auswahl von Medien für die spätere Berufspraxis und 41 Prozent für wissenschaftliche Positionen über Auswirkungen von Gewalt in Kino und Fernsehen auf Kinder und Jugendliche (Lißner et al., 1990).

In einer 1997 durchgeführten eigenen Befragung von 38 Lehrkräften an Fachschulen für Sozialwesen in Rheinland-Pfalz wurden z.T. sehr detailliert Auffassungen der Lehrkräfte und Angaben zum medienpädagogischen Unterricht abgefragt. Den Antworten konnte u.a. entnommen werden, daß 50 Prozent der Befragten der Meinung waren, Erzieherinnen hätten „eher wenig" bzw. „wenig" Einflußmöglichkeiten auf das Medienverhalten von Kindern. Medienerziehung und Elternarbeit zur Medienerziehung wurden im Durchschnitt als „wichtig" beurteilt; im Vergleich von insgesamt 11 Erziehungsbereichen lagen diese beiden Bereiche jedoch auf Rang acht und neun. Es bestanden erhebliche Abweichungen im Unterrichtsverhalten der Lehrkräfte gegenüber dem Lehrplan; dies betraf sowohl Unterrichtsinhalte, die entgegen dem Lehrplan von einem Teil der zuständigen Lehrkräfte nicht unterrichtet wurden, als auch Inhalte, die in Ergänzung zum Lehrplan zusätzlich angeboten wurden. Der eigene Weiterbildungsbedarf wurde im Allgemeinen als sehr hoch eingeschätzt (Propp, 1997).

Ein indirekter Weg, Erkenntnisse über die medienpädagogische Ausbildungssituation zu gewinnen, ist durch eine Analyse der offiziellen Curricula zu realisieren. Dieser Weg ist allerdings mit einigen Mängeln behaftet. So lassen sich aus Lehrplanvorgaben nur Vermutungen über den Unterricht ableiten. Zur Einschätzung der Effizienz des tatsächlichen Unterrichts oder des Lernerfolgs ist u.a. zu berücksichtigen, daß je nach Schulbildung und

Bundesland die Schülerinnen ein unterschiedliches medienpädagogisches Vorwissen aus der allgemeinen Schulbildung mitbringen[14]. Den Lehrplänen kann auch nicht entnommen werden, welches Lehrpersonal mit welcher Qualifikation und Einstellung für den medienpädagogischen Unterricht zuständig ist.

Obwohl Lehrpläne wenig darüber aussagen, was im Unterricht tatsächlich gelernt wird, geben sie zumindest doch Aufschluß darüber, was von staatlicher Seite als Lehrstoff vorgesehen ist. Im Bereich der allgemeinbildenden Schulen wurde von Eschenauer (1989) eine bundesweite Bestandsaufnahme und Analyse zur Medienpädagogik in den Lehrplänen vorgenommen. Eine entsprechende Durchsicht der Lehrpläne im Bereich der Fachschulen für Sozialwesen wurde 1992 von Feil (1994b) durchgeführt. Die in Form einer Synopse dokumentierten Ergebnisse sind inzwischen schon wieder überholt, da in einigen Bundesländern neue Lehrpläne in Kraft getreten sind. Nach wie vor bestehen zwischen den Bundesländern starke Unterschiede hinsichtlich des Fachstatus (z.B. Pflichtfach, Wahlpflichtfach oder kein eigenständiges Fach) und der Fachbezeichnung, im Stundenumfang sowie in der Verbindlichkeit einzelner Themenbereiche.

Um einen Überblick über die disparate Ausbildungssituation in den einzelnen Bundesländern zu vermitteln, sollen im Folgenden die Lehrpläne der Bundesländer Bayern, Rheinland-Pfalz und Nordrhein-Westfalen exemplarisch vorgestellt werden. Diese Auswahl erfolgte zum einen aufgrund der Aktualität der Lehrpläne. Zum anderen dokumentieren sie sehr gut, wie unterschiedlich die medienpädagogische Qualifizierung an den Fachschulen gehandhabt wird.

Unterschiede werden bereits an der formalen Gestaltung der Lehrpläne deutlich: Im *bayerischen* Lehrplan sind z.B. pro Fach Stundenvorgaben für die einzelnen untergeordneten Themenbereiche festgelegt, während in den Lehrplänen der beiden anderen Bundesländer bis auf wenige Ausnahmen darauf verzichtet wurde. Während der *bayerische* Lehrplan für jedes Fach Lerngebiete nach Lernzielen, Lerninhalten und Hinweisen zum Unterricht mit sehr vielen Querverweisen auf andere Lernziele und Fächer durchgliedert, werden im *rheinland-pfälzischen* Lehrplan jeweils pro Fach übergeordnete Themen mit der Angabe von Lernzielen und Hinweisen zum Unterricht versehen. Den einzelnen Fächern gehen in den Lehrplänen von *Bayern* und *Rheinland-Pfalz* einleitende Kommentare voran. Grundverschieden davon ist der *nordrhein-westfälische* Lehrplan mit seiner Entwicklungsorientierung und der Aufgliederung in vier Phasen. Die jeweiligen fachspezifischen Lerninhalte werden vor dem Hintergrund von vier Entwicklungsaufga-

14 Theoretisch kann eine Erzieherinnenklasse aus Schülerinnen mit Hauptschulabschluß, Realschulabschluß und/oder Abitur zusammengesetzt sein.

ben (Phasen) ausführlich dargestellt, die für die Unterrichtsinhalte aller Fächer eine didaktische Klammer bilden.

Allgemeine Unterschiede bestehen auch in der Verteilung der Lernziele und Lerninhalte auf die einzelnen Fächer, die mit unterschiedlichen Stundenkontingenten und Bezeichnungen direkte Vergleichsmöglichkeiten erschweren, was am Beispiel der Fächer Soziologie und Sozialkunde erläutert werden soll: Im *bayerischen* Lehrplan werden die Fächer Soziologie und Sozialkunde in der Stundentafel mit jeweils 73 Stunden ausgewiesen. Für das Fach Sozialkunde ist allerdings in der derzeit gültigen Lehrplansammlung kein Lehrplan abgedruckt. In *Rheinland-Pfalz* sind soziologische Themen z.T. in die Fächer Pädagogik (208 Stunden) und Sozialkunde (52 Stunden) integriert. In *Nordrhein-Westfalen* sind die Inhalte der Fächer Soziologie, Psychologie und Pädagogik zum Fach Erziehungswissenschaft (320 Stunden) zusammengefaßt. Das Fach Politik/Geschichte (96 Stunden) beinhaltet u.a. den Themenbereich, der in Rheinland-Pfalz dem Fach Sozialkunde zugeordnet werden kann.

Ähnliche Unterschiede ergeben sich auch bezüglich Fachbezeichnung, Fachstatus und Stundenumfang für medienpädagogische Inhalte. In *Bayern* wird als Pflichtfach Literatur- und Medienpädagogik mit 108 Stunden unterrichtet. Hinzu kommt im Pädagogikunterricht mit 12 Stunden das Lerngebiet „Grundfragen zum Bereich Medien". Zusätzlich können im Wahlpflichtfach „Übungen zur Literatur- und Medienpädagogik" oder im Wahlfach Medienpädagogik weitere Kenntnisse und Fähigkeiten erworben werden. In *Nordrhein-Westfalen* ist Medienerziehung ein eigenständiges Pflichtfach, das mit 128 Stunden angesetzt ist. Deutsch ist mit Kinder- und Jugendliteratur zu einem eigenständigen Pflichtfach zusammengefaßt. Im Lehrplan wird extra darauf hingewiesen, daß im Sinne einer ganzheitlichen und handlungsorientierten Didaktik und zur Kompensation der geringen Stundenzahl im Fach Medienerziehung in Konferenzen zu entscheiden ist, welche Unterrichtsinhalte in enger Kooperation mit anderen Fächern bearbeitet werden sollen. Hierzu werden konkrete Beispiele zu sieben verschiedenen Fächern angeführt. Der Lehrplan von *Rheinland-Pfalz* weist dagegen kein eigenständiges Fach zur Medienpädagogik aus, wenn man davon absieht, daß Jugendliteratur mit 52 Unterrichtsstunden[15] als Pflichtfach angegeben wird. Verbindlicher medienpädagogischer Unterricht (26 Stunden) ist im Fach Deutsch zum Thema „Umgang mit Medien" vorgegeben. Im Fach Pädagogik ist ohne Zeitvorgabe eine Einheit „Auseinandersetzung mit Fragen der Medienpädagogik" vorgesehen, für deren Unterrichtung in jedem Fall eine Absprache mit der Lehrkraft für Deutsch erfolgen soll. Aus zeitlichen Gründen steht diese Einheit alternativ zum Themenbereich „Auseinandersetzung mit Sexualität" zur Disposition.

15 eigene Berechnung anhand der Angaben im Lehrplan

**Tabelle 3.3: Medienpädagogische Inhalte in den Lehrplänen der Fachschulen für Sozialwesen, am Beispiel der Länder Bayern, Rheinland-Pfalz und Nordrhein-Westfalen**

| | Bayern | Rheinland-Pfalz | Nordrhein-Westfalen |
|---|---|---|---|
| **Fach/Fachstatus** | *Literatur- und Medienpädagogik*: Pflichtfach; *Übungen zur Literatur- und Medienpädagogik*: Wahlpflichtfach; *Medienpädagogik*: Wahlfach (kein Lehrplan in der Lehrplansammlung) | kein eigenständiges Fach im Fächerkanon | *Medienerziehung*: Pflichtfach |
| **Mindeststunden** für medienpädagogische Inhalte | 120 Stdn. (inkl. des Themenbereichs in *Pädagogik* von 12 Stdn.) | 26 Stdn. in *Deutsch*; ca. 52 Std. *Jugendliteratur* | 128 Stdn. zuzüglich einer nicht näher festgelegten Anzahl von Stunden im Fach *Deutsch mit Kinder- und Jugendliteratur* |
| **Integration** von eigenständigen, umfangreichen medienpädagogischen Themenbereichen in andere Fächer | *Pädagogik*: Grundfragen zum Bereich Medien; *Übungen zur Kunst und Werkerziehung*: praktische Übungen zu Photo/Film/Video; evtl. *Rechtskunde*: Jugendschutz | Bestandteil in *Deutsch, Jugendliteratur* und *Pädagogik* (in *Pädagogik* ggf. aus Zeitgründen als Wahlthema ) | integriert in *Deutsch mit Kinder- und Jugendliteratur*: elektronische Massenmedien |
| **Fundstellen** von einzelnen medienpädagogischen Inhalten in anderen Fächern[16] | *Pädagogik, Soziologie, Rechtskunde, Religionspädagogik, Praxis- & Methodenlehre, Kunsterziehung, Musikerziehung; Übungen* zu: *Religionspädagogik, Praxis- & Methodenlehre, Kunsterziehung, Heilpädagogik, Spiel, Darstellendes Spiel* | *Didaktik und Methodenlehre, Sozialkunde, Kunsterziehung, Verwaltungslehre/Recht* | *Politik/Geschichte, Erziehungswissenschaft, Kunsterziehung, Musikerziehung/ Rhythmik*; grundsätzlich ist eine enge Kooperation mit anderen Fächern angestrebt |

*Medienpädagogische Inhalte im bayerischen Lehrplan*

Das Lerngebiet „Grundfragen zum Bereich Medien“ im Fach Pädagogik beinhaltet Themen wie Medien als Sozialisationsfaktoren, Medienumwelt

16 z.B. einzelne Lernziele, Inhalte, Beispiele oder Hinweise zum Unterricht im Rahmen anderer bzw. übergeordneter Themengebiete, Verweise auf die Nutzung von Medien im Unterricht

und Mediennutzung von Kindern und Jugendlichen, Medienwirkungen, Auseinandersetzung mit medienpädagogischen Ansätzen und Elternarbeit, Analyse von Bild- und Filmsprache. Im Vorwort zum Fach „Literatur- und Medienpädagogik" wird darauf hingewiesen, daß die Studierenden dazu befähigt werden sollen, eine begründete Medienauswahl treffen zu können und Medien in die pädagogische Arbeit einzubeziehen. Die Lerninhalte sollen einen deutlichen Praxisbezug haben. Im Vordergrund stehen folgende Themen: Medienangebot für Kinder- und Jugendliche (Informations- und Beschaffungsmöglichkeiten), Bedeutung der Mediennutzung, Medienwirkungen, Angebot verschiedener Printmedien und entsprechende Auswahlkriterien, Angebot und Nutzung von elektronischen Medien, Anregung von Kindern und Jugendlichen zur bewußten Rezeption von Fernseh- und Videoproduktionen, Angebot und Beurteilungskriterien für den Bereich der Computerspiele sowie damit verbundene Gefahren und Probleme.

Medienpädagogische Inhalte sind darüber hinaus auch in anderen Fächern ausgewiesen. Dabei taucht die Bedeutung von Medien für die Sozialisation von Kindern und Jugendlichen im Lehrplan häufiger auf, so z.B. neben Pädagogik auch in Soziologie und in Praxis- und Methodenlehre. Die Nutzung von Medien im Erziehungsprozeß und zur Öffentlichkeitsarbeit ist im zuletzt genannten Fach ein weiterer Inhalt. In Rechtskunde werden die einschlägigen Jugendschutzgesetze behandelt. Im Religionsunterricht ist die Anwendung von Kriterien zur Auswahl biblischer Medienprodukte Unterrichtsinhalt. Im Musikunterricht sind vorgesehen: Angebot von Musikproduktionen für Kinder, Auswahlkriterien und Sichtung von Tonträgern. Im Kunstunterricht sollen Kenntnisse über künstlerische Gestaltungsmittel u.a. auch von Foto-, Film- und Videokamera sowie Computermalprogrammen vermittelt werden. In den Übungen zum Fach Kunst- und Werkerziehung (Wahlpflichtfach) können diese Kenntnisse praktisch vertieft werden. Dies ist auch in den Übungen zur Literatur- und Medienpädagogik möglich. Gerade bei den Übungen zu den verschiedenen Fächern wird häufig auf die Nutzung von Videoaufzeichnungen z.B. zur Methodenreflexion hingewiesen. Computerspiele werden in den Übungen zum Spiel thematisiert.

*Medienpädagogische Inhalte im Lehrplan von Rheinland-Pfalz*
Für medienpädagogische Inhalte ist in Rheinland-Pfalz, bis auf das Fach Jugendliteratur (ca. 52 Stunden), kein eigenständiges Fach vorgesehen. Der genaue Stundenumfang für medienpädagogische Themen in den verschiedenen Fächern läßt sich nicht explizit ermitteln, da nur für das Fach Deutsch ein Richtwert von 26 Stunden angegeben ist und im Fach Pädagogik Medienerziehung als Wahlthema zugunsten der Sexualerziehung entfallen kann. Im fächerübergreifenden Unterricht, mit einem Kontingent von 518 Stunden, besteht die Option, medienpädagogische Themen handlungs- und projektori-

entiert zu vertiefen bzw. in praxisnaher Form zu erproben. Da diese Form des Unterrichts eine flexible Zeiteinteilung erfordert, die nicht allgemein den Fachschulen vorgeschrieben werden kann, ist bewußt auf Stundenrichtwerte für die einzelnen Themen in den Fächern verzichtet worden.

In den „Fachspezifischen Allgemeinen Lernzielen" zum Fach Deutsch werden als medienpädagogische Ziele die Reflexion der eigenen Mediensozialisation und des Medienverhaltens der Schülerinnen angegeben sowie die Einsicht in die soziokulturellen Hintergründe und individuellen Bedürfnislagen von Kindern und Jugendlichen, um deren Nutzung von Medienangeboten zu verstehen und Alternativen zu entwickeln. In der Einleitung zur Unterrichtseinheit „Umgang mit Medien" wird hervorgehoben, daß das Lernziel in diesem Bereich der kritische Gebrauch der Massenmedien sein soll. Der Unterricht soll exemplarischen Charakter haben, aus Zeitgründen soll keine technische Anleitung zum Gebrauch von Medien erfolgen. Eine enge Kooperation und Abstimmung mit anderen Unterrichtsfächern (Pädagogik, Jugendliteratur, Didaktik/Methodik der sozialpädagogischen Praxis) wird empfohlen. In den einzelnen Lernzielen tauchen als übergeordnete Inhalte auf: Medienangebot, Medien im Sozialisationsprozeß, Medienwirkungen und Handlungsstrategien im Zusammenhang mit Medienhandlungen von Kindern. Die medienpädagogische Einheit im Fach Pädagogik orientiert sich an folgenden Schwerpunkten: Zielsetzung der Medienpädagogik (Erziehung mit Medien/zu Medien), praktische Möglichkeiten der Medienerziehung in verschiedenen Arbeitsfeldern, AV-Medien-Wirkungen, Strategien zur Bewältigung von AV-Medienerlebnissen.

Im Fach Jugendliteratur erfolgt ein Überblick über das Angebot der verschiedenen Formen und Gattungen der Kinder- und Jugendliteratur und deren Einsatz in sozialpädagogischen Einrichtungen. Nach verschiedenen Printmedien unterteilt (Bilderbuch, erzählende Literatur, Sachbücher, Comics, Zeitschriften) konzentrieren sich Inhalte auf: Angebot, Bedeutung für Kinder und Jugendliche, Medienanalyse und pädagogischer Einsatz. In Zusammenarbeit mit dem Fach Kunsterziehung soll die praktische Gestaltung eines Bilderbuchs Unterrichtsbestandteil sein. In Sozialkunde wird der gesellschaftliche Strukturwandel durch neue (Informations-) Technologien thematisiert. In Verwaltungskunde/Rechtslehre wird beim Einblick in die für Erzieherinnen relevanten Rechtsgrundlagen das Jugendschutzgesetz angeführt. Das Fach Musik sieht zwar mit 32 Stunden eine Einheit zu Musikhören und Wirkung von Musik vor, ein Überblick über das Angebot von Kindertonträgern ist nach dem Lehrplan jedoch nicht vorgesehen.

*Medienpädagogische Inhalte im Lehrplan von Nordrhein-Westfalen*

Wie bei den anderen Fächern orientieren sich die einzelnen Lernziele und Lerninhalte im Fach Medienerziehung an dem didaktischen Gesamtrahmen von vier „Entwicklungsaufgaben" (Phasen) bzw. zu erwerbenden Schlüsselqualifikationen. Dies sind: (1) Entwurf eines Konzepts der zukünftigen Berufsrolle (Schlüsselqualifikation: Sich-Orientieren); (2) Aufbau eines Konzepts der pädagogischen Fremdwahrnehmung (Sensibilisierung für eine pädagogisch bewußte Wahrnehmung von Kindern und Jugendlichen, Schlüsselqualifikation: Koordinieren); (3) Erarbeitung eines Konzepts pädagogischen Handelns (Schlüsselqualifikation: Konzipieren); (4) Entwurf eines eigenen Modells der Professionalisierung (Schlüsselqualifikation: Sich-Weiterentwickeln).

Im Fach Medienerziehung sind die „Entwicklungsaufgaben" in folgende Inhalte/Themenbereiche aufgeteilt:

(1) Innerhalb der ersten Phase wird die Wahrnehmung und Beschreibung der eigenen und der Mediennutzung von Kindern und Jugendlichen als Rahmenthema fokussiert. Im einzelnen gehören hierzu:
- Grundlagen (Definition des Medienbegriffs)
- Mediennutzung (Nutzungshäufigkeiten, -gewohnheiten, -schwierigkeiten, -gefahren und -risiken)
- Medien in pädagogischen Institutionen mit möglichen Schwerpunkten
- Medienarten mit möglichen Schwerpunkten: Fernsehen, Film, Video, Computer, Funk, Printmedien, Medienverbundsysteme
- Kontextbedingungen bestimmter Mediennutzungsgewohnheiten und Medienbiografien von Kindern, Jugendlichen und Erwachsenen
- Erzieherin als Medienerzieherin

(2) Zur zweiten Phase werden folgende Themen genannt:
- Medienpräferenzen von Kindern und Jugendlichen: Ursachen und Bedürfnisse (Vertiefung der 1. Phase)
- Funktionen von Medien für den Einzelnen und die Gesellschaft
- Medienwirkungen auf den Einzelnen, auf die Gesellschaft und auf die Sprache
- Analyse und Kritik ausgewählter Medien unter Berücksichtigung sozialpädagogischer Aspekte

(3) Innerhalb der dritten Phase stehen folgende Themen an:
- Vermittlung theoretischer Kenntnisse und praktischer Erfahrungen in der Medienproduktion mit möglichen Schwerpunkten (Video, Foto, Computer oder Tonträger)
- Medienwirkungstheorien mit möglichen Schwerpunkten (Katharsis-, Stimulations-, Imitations-, Habitualisierungs-, Inhibitions-Theorie, Lerntheoretische Ansätze, Wissenskluft-Hypothese)
- Didaktisch-methodischer Einsatz von Medien und Umgang mit Medien im beruflichen Feld: Mediendidaktik und produktionsorientierter Einsatz

(4) Zur vierten Phase gehören folgende Themen:
- Konzepte der Medienerziehung (behütend-pflegend, system- und kulturorientiert, analytisch, ideologiekritisch, handlungs- und interaktionsorientiert)
- Rechtliches und ethisches Bewußtsein und Verhalten in einer sich wandelnden Medienwelt
- Planung, Durchführung und Reflexion des Medieneinsatzes und -umgangs im beruflichen Feld
- Entwicklung eigener Positionen unter Berücksichtigung institutioneller und situativer Gegebenheiten und Möglichkeiten

Diesen einzelnen Phasen wird einleitend vorangestellt, daß nicht zuletzt die didaktischen Ansprüche an das Fach in besonderem Maße die Durchführung von medienorientierten Projekten erfordern, die in Zusammenhang mit dem Wahlunterricht erfolgen kann. Generell soll auf Konferenzen die Verteilung von Unterrichtsinhalten und die Kooperation mit anderen Fächern (z.B. „Deutsch mit Kinder- und Jugendliteratur", Politik/Geschichte, Recht/Verwaltung, Didaktik und Methodik der sozialpädagogischen Praxis, Kunsterziehung oder Musikerziehung) abgeklärt werden. Neben dem Hinweis auf die anzustrebende Kooperation zwischen den Fächern sind im Lehrplan für die anderen Fächer einzelne medienpädagogische Inhalte aufgeführt. Der Bereich der Kinder- und Jugendliteratur ist dem Fach Deutsch zugeordnet. Als übergeordnetes Lernziel des Fachs Medienerziehung wird die Entwicklung der Kompetenz hervorgehoben, „Kinder und Jugendliche in ihrer Entwicklung so zu unterstützen, daß diese zu einem zunehmend sachgerechten, selbstbestimmten und verantwortlichen Handeln in einer von Medien durchdrungenen Welt befähigt werden" (S. 189 f). Auf die individuellen Medienerfahrungen der Kinder sollen Erzieherinnen „mit einer situations- und lebensweltorientierten, ganzheitlichen und möglichst handlungsorientierten Pädagogik" reagieren (S. 190). Es wird betont, daß „das Fach selbst keiner der gegenwärtig diskutierten medienerzieherischen Konzeptionen ausschließlich verpflichtet" ist (S. 191).

Im Vergleich der einzelnen Lehrpläne fällt auf, daß in *Rheinland-Pfalz* medienpädagogische Themen und Inhalte gegenüber anderen Ausbildungsinhalten einen eher geringen Stellenwert einnehmen. Dies zeigt sich nicht nur an der relativ geringen Stundenvorgabe und dem fehlenden Fachstatus, sondern auch an der mangelnden Verbindlichkeit des medienpädagogischen Themenbereichs im Fach Pädagogik. Printmedien wird allerdings ein besonderer Stellenwert eingeräumt, was am eigenen Fachstatus sowie durch die umfangreichere und detailliertere Darstellung der Lernziele und Hinweise zum Unterricht deutlich wird. Im Vergleich zu den Lehrplanvorgaben im Fach Jugendliteratur zum Angebot bzw. pädagogischen Einsatz von Printmedien für Kinder fehlen im gesamten Lehrplan Inhalte, die sich in gleicher Form auf Hörmedien, AV-Medien oder elektronische Medien beziehen.

Im Lehrplan von *Rheinland-Pfalz* fehlen wichtige Themen und Inhalte wie medienrechtliche Aspekte, AV-Medienangebote für Kinder, Kinder- und Jugendproduktionen im Medienverbund, Spielzeug aus dem Medienverbund, Techniken der Medienproduktion, Vermittlung von Fertigkeiten zum technischen Umgang mit Mediengeräten sowie Inhalte zum Bereich Computer und Computerspiele. Es werden keine konkreten medienpädagogischen Konzepte genannt. In der fachdidaktischen Konzeption des Bildungsgangs wird darauf hingewiesen, daß die Gesamtausbildung als eine Breitbandausbildung ausgelegt ist und eine Spezialisierung der Fort- und Weiterbildung vorbehalten werden muß. In diesem Sinne kann auch der Hinweis eingeordnet werden, daß aus Zeitgründen im Fach Deutsch die Lernziele keine technische Anleitung zum Gebrauch von Medien beinhalten. Fächerübergreifender Unterricht, in dessen Rahmen z.B. produktionsorientierte Projekte durchgeführt werden können, ist im Lehrplan zwar vorgesehen, bleibt aber den Möglichkeiten und den Entscheidungen der jeweiligen Schulen vorbehalten.

Im Gegensatz dazu ist Medienpädagogik von der Bedeutung und vom Inhalt in den Lehrplänen der beiden anderen Bundesländer weitaus umfassender und verbindlicher verankert. Der *bayerische* Lehrplan (zur Erprobung), der in seiner Struktur dem Lehrplan Rheinland-Pfalz ähnlich ist, integriert Literatur- und Medienpädagogik in ein Fach. Auffällig ist, daß in den Hinweisen zum Unterricht viele Querverweise auf entsprechende Themen und Inhalte in anderen Fächern zu finden sind. Generell wird im bayerischen Lehrplan den Medien im Rahmen des Sozialisationsprozesses sowie den Auswahlkriterien für Medienprodukte an mehreren Stellen eine besondere Bedeutung beigemessen. Über den vorgesehenen Mindestumfang von 120 Stunden hinaus ist im Wahlbereich eine thematische Vertiefung und insbesondere praktische Erprobung (z.B. Durchführung einzelner Projekte) möglich. Es sind im Lehrplan ausführliche Unterrichtsinhalte zu Print-, Hör-, AV-Medien sowie den neuen bzw. elektronischen Medien vorgesehen. Einzelne medienpädagogische Ansätze werden nicht explizit ausgewiesen.

Im Lehrplan (zur Erprobung) von *Nordrhein-Westfalen* erfolgt im Vergleich zu den anderen beiden Bundesländern die umfassendenste und detaillierteste Festlegung von medienpädagogischen Inhalten. Dies beginnt mit einer Erläuterung und Definition von Grundbegriffen für das Fach Medienerziehung, führt weiter über eine Beschreibung der Fachziele und seine Einbindung im Bildungsgang, eine detaillierte Auflistung von verschiedenen thematischen Punkten innerhalb der einzelnen Themenbereiche, bis hin zu Hinweisen für unterrichtsmethodische Fragen und Lernerfolgskontrolle. Es werden Medienwirkungstheorien aufgeführt und konkrete medienpädagogische Ansätze benannt. Das Kontingent von 128 Stunden im Fach MedMedienerziehung

ziehung wird dort als gering eingestuft, weshalb ein Konferenzbeschluß über die Kooperation mit anderen Fächern gefordert wird. Projektorientierte Unterrichtsformen sollen in Zusammenarbeit mit anderen Fächern durchgeführt werden, wobei Art und Form eines entsprechenden Angebots eher der Initiative der jeweiligen Schulkonferenz oder Lehrkräfte vorbehalten bleibt und nicht den Schülerinnen, die in Bayern bei entsprechendem Interesse die Möglichkeit haben, im Wahlbereich das im Lehrplan fest verankerte Fach „Übungen zur Literatur- und Medienpädagogik“ zu wählen.

### *3.2.3 Medienpädagogik in der Weiterbildung von Erzieherinnen*

Medienpädagogische Weiterbildung von Erzieherinnen kann in unterschiedlicher Form erfolgen. Eine Möglichkeit besteht z.B. in Form des Eigenstudiums. Das Angebot an entsprechenden Hilfen ist mittlerweile sehr umfangreich und reicht von Fachliteratur über Fachzeitschriften, Broschüren bis hin zu CD-Roms. In umfangreichen Text- oder Materialsammlungen werden verschiedene Formen der Medienarbeit im Vorschul- oder Grundschulbereich dokumentiert und Praxisanregungen veröffentlicht (z.B. Näger, 1992; Deutsches Jugendinstitut, 1995; Maier, Mikat & Zeiter, 1997). Medienpädagogische Materialien und Broschüren richten sich gezielt an Erzieherinnen, aber auch gemeinsam an Erzieherinnen und Eltern (z.B. Bundeszentrale für politische Bildung; vgl. auch Kap. 3.4 weiter unten).

Eine weitere Möglichkeit bietet sich durch medienpädagogische Fortbildungsveranstaltungen an (z.B. in Form von Vorträgen, Maßnahmen der beruflichen Weiterbildung, Seminaren oder Seminarreihen). Aufgrund der Vielzahl an Anbietern entsprechender Bildungsangebote ist ein repräsentativer Überblick des bestehenden Angebots nur mit erheblichem Aufwand zu gewinnen. Eine bundesweite Recherche hat Schneider (1994) im Jahr 1991 durchgeführt. Angefragt wurden Einrichtungen der freien Wohlfahrtsverbände, Landesfilmdienste, evangelische und katholische Medienzentralen und Fortbildungsinstitutionen kommunaler Kindergärten. Obwohl aus der Veröffentlichung nicht hervorgeht, nach welchen Kriterien die Informationsbeschaffung erfolgte, ist davon auszugehen, daß zwar ein Großteil der wichtigsten, aber bei weitem nicht alle Weiterbildungsanbieter erfaßt wurden. In einem Fazit der Auswertungsaktion (62 schriftliche Antworten auf ca. 204 Anfragen) kommt Schneider zu folgender Feststellung:

> „Medienpädagogik wird nur vereinzelt angeboten. Sie umschreibt meist das Thema 'Fernseherziehung', produktionsorientierte Medienarbeit spielt eher eine untergeordnete Rolle. Im Zentrum steht die kritisch-analytische Sicht des Medienkonsums von Kindern“ (Schneider, 1994, S. 51).

Ein Überblick zum aktuellen Stand an Fortbildungsangeboten verschiedener Institutionen liegt von Maier, Mikat und Zeitter (1997) vor. Die Autoren geben allerdings an, daß die Darstellung lückenhaft ist, da nicht sämtliche Einrichtungen erfaßt werden konnten bzw. auf Anfragen geantwortet haben. Den Beschreibungen und Angaben zu den 32 vorgestellten Institutionen ist zu entnehmen, daß 14 Institutionen Fortbildungen anbieten, die u.a. auch für Erzieherinnen geeignet sind (siehe Maier et al., 1997, S. 205ff).

Ein Nachschlagewerk (Medienpädagogischer Atlas NRW; Buch und CD-Rom) speziell für Nordrhein-Westfalen über „Einrichtungen, Initiativen, Gruppen und Vereine, die relevante medienpädagogische Aktivitäten und Angebote [...] organisieren und realisieren" (S. 8), in dem eine Fülle von einzelnen Institutionen, Initiativen etc. jeweils kurz beschrieben werden (allein unter dem Stichwort „Angebote zur Aus- und Fortbildung" liegen dort über 300 Eintragungen über einzelne Institutionen vor) wurde 1997 im Auftrag der Landesanstalt für Rundfunk Nordrhein-Westfalen (LfR) vorgelegt. Eine genauere Orientierung darüber, welche der Institutionen tatsächlich für die Fort-/Weiterbildung von Erzieherinnen geeignet sind, läßt sich allerdings mit diesem Nachschlagewerk nur schwerlich realisieren[17].

Wie disparat die inhaltlichen Aspekte verschiedener Fortbildungsmaßnahmen sein können, soll exemplarisch an zwei Trägern aus Nordrhein-Westfalen verdeutlicht werden, die sich mit unterschiedlicher Intention in der Fortbildung von Erzieherinnen engagieren.

Das Sozialpädagogische Institut (SPI) in Köln erstellt Arbeits-, Informations- und Beratungsunterlagen für die Arbeit in verschiedenen sozialpädagogischen Feldern. Zu den weiteren Aufgaben zählt u.a. auch die Beratung und Fortbildung von Fachkräften im Bereich Kleinkind- und außerschulische Erziehung. In einem von 1986 bis 1988 durchgeführten Projekt „Entwicklung von Hilfen für Erzieherinnen, Eltern und Kinder zum Leben in einer von Medien bestimmten Welt" wurden mit mehr als 60 pädagogischen Fachkräften aus sieben Tageseinrichtungen für Kinder medienpädagogische Fortbildungsmaterialien entwickelt. Diese Materialien charakterisieren einen medienpädagogischen Ansatz, der im Kindergarten ein besonderes Angebot von Alternativen zur Nutzung von AV-Medien vorsieht, um ein Gegengewicht zur Faszination dieser Medien zu setzen. Gleichzeitig wird ein Akzent auf die Elternarbeit gelegt, die insbesondere die Vermittlung von Kenntnissen über leicht durchführbare und möglichst kostengünstige Angebote als Alternativen zum Fernsehen beinhaltet.

---

17 „Der Atlas verfolgt das Ziel, medienpädagogische 'Anlaufstellen' zu markieren und deren Aktivitäten und Angebotssegmente [...] zugänglich zu machen. Er soll die Einrichtungen neben der Möglichkeit zur Selbstdarstellung auch darin unterstützen, andere Anbieter und Vermittler von Medienbildung und Medienkompetenz wahrzunehmen und zusammenzuführen. Damit trägt dieser Atlas möglicherweise zu einer sinnvollen Vernetzung und effektiveren Ausschöpfung von Ressourcen bei. Doch auch der an der Medienpädagogik und Medienarbeit Interessierte, der auf der Suche nach Beratung, Information., Medienpraxis und Fortbildung ist, wird von diesem Atlas profitieren können" (a.a.O., S. 8).

Im Kölner Institut wird davon ausgegangen, daß Kinder im Vorschulalter nicht die Voraussetzungen haben, Fernsehen emotional und sozial hinreichend zu verarbeiten. Der Kindergarten, als AV-medienfreier Raum, soll Möglichkeiten bieten, die Medienerlebnisse aus dem Familienalltag der Kinder aufzuarbeiten, und beim Kind Basisqualifikationen fördern, die zukünftig eine ungefährliche und sinnvolle Mediennutzung ermöglichen. Das Erlernen von „Medientüchtigkeit" soll gerade deshalb in einem medienfreien Raum erfolgen, weil davon ausgegangen wird, daß vorhandene Defizite im Umgang mit den Medien nicht abgebaut, sondern eher verstärkt werden. Durch die entwickelten Fortbildungseinheiten sollen u.a. Sachinformationen zur technischen Entwicklung und zur Auswirkung der neuen Medien auf Kinder gegeben werden, um Veränderungen von Einstellungen und Verhaltensweisen zu erreichen (Rolle, 1990; Rolle & Kesberg, 1991a,b; Kesberg & Rolle 1991; siehe auch die Kritik von Höltershinken & Ullrich, 1995; vgl. außerdem Kap. 1.3).

Eine konträre Position stellen dazu die Fortbildungsmaßnahmen des Jugendfilmclubs Köln dar, dessen Mitglieder sich aus ca. 160 Sozial-, Bildungs- und Kultureinrichtungen zusammensetzen. Die Bildungsangebote umfassen medienpraktische Grund- und Aufbauseminare in den Bereichen Video, Film und Radio sowie medienpädagogische Angebote für Multiplikatoren. Medienpädagogische Workshops zur Bedeutung von Medien im Alltag von Vorschulkindern werden z.B. in Form von dreitägigen Seminaren vor Ort in Kindergärten durchgeführt und richten sich an Erzieherinnen und Eltern[18].

## 3.3 Variablen auf seiten der Erzieherinnen

Die Praxis der Medienerziehung wie auch der hierauf gerichteten Elternarbeit dürfte von einer großen Anzahl an Einflußfaktoren abhängig sein, zu denen neben den bereits genannten Rahmenbedingungen und der allgemeinen Situation in der Aus- und Fortbildung eine Reihe von Variablen auf seiten der Erzieherinnen selbst zu rechnen ist. Es wird davon ausgegangen, daß – neben der individuellen (subjektiven) Qualifikation sowie über Auffassungen zur Medienerziehung (Konzept und Ziele, subjektive Wichtigkeit und Wirksamkeit der Medienerziehung etc.) hinaus – Kenntnisse und Annahmen bezüglich Medien und Medienumgang von Kindern sowie hierauf gerichtete Einstellungen, gleichzeitig aber auch bestimmte Faktoren aus dem Privatbereich der Erzieherinnen (eigener Medienumgang, soziodemographische Merkmale etc.) eine wesentliche Rolle spielen; darüber hinaus ist anzunehmen, daß

18 Dabei geht es laut telefonischer Auskunft um den Einsatz von und die pädagogische Arbeit mit Hörkassetten, Filmen und Videos, wobei produktionsorientierte Formen der Medienarbeit z.B. mit der Videokamera Bestandteil der Fortbildung sind.

zwischen solchen Variablen teilweise systematische Zusamenhänge bestehen (vgl. hierzu die Kausalannahmen in Kap. 4.1). Insgesamt stellt sich somit die Frage, welche Voraussetzungen Erzieherinnen zur Praxis von Medienerziehung und entsprechender Elternarbeit mitbringen.

Erzieherinnenbefragungen zur medienerzieherischen Aus- und Fortbildung in einzelnen Bundesländern belegen, daß in dieser Hinsicht Defizite für die *Qualifikation* vorliegen, die auch von den Erzieherinnen selbst angemerkt werden (Lißner et al., 1990; Feil 1988; 1994; Höltershinken, Kasüschke & Sobiech, 1989). Eine eigene Untersuchung im süddeutschen Raum belegt, daß die Mehrheit der Erzieherinnen (74%) weder eine medienpädagogische Ausbildung noch eine entsprechende Fortbildung genossen hat, wobei zumindest ersteres erwartungsgemäß für ältere Erziehrinnen noch deutlicher zutrifft als für jüngere (Holzwarth, 1997a). Ähnliches wird auch in einem Erfahrungsbericht im Rahmen einer Fortbildungsveranstaltung mit Erzieherinnen in Schleswig-Holstein (Raschke & Holländer, 1995) belegt: Nach Auskunft der Teilnehmerinnen hatte bisher keine von ihnen in der Ausbildung oder auf Fortbildungsveranstaltungen etwas zum Thema „Kinder und Medien“ erfahren.

Aber selbst wenn Medienerziehung ein Unterrichtsgegenstand in der Ausbildung der Erzieherinnen war, sind diese offenbar keineswegs mit ihrer erlangten Qualifikation zufrieden. Insbesondere fordern sie eine stärkere Praxisausbildung, wofür sie durchaus relevante Themenvorschläge unterbreiten, wie etwa die „Gestaltung eines eigenen Medienprodukts“, eine „kritische Auswahl von Medien für die spätere Berufspraxis“ oder die „praktische Erprobung pädagogischer Konzepte“ für einen sinnvollen Umgang mit Medien (Lißner et al., 1990). Theoriebezogene Inhalte scheinen hingegen aus Sicht der Erzieherinnen – zumindest in der erfahrenen Art der Ausbildung – nur wenig Nützlichkeit für die Berufspraxis zu besitzen. So sind nur 17 Prozent derjenigen, die angeben, daß die Thematik „Medien als Sozialisationsfaktor“ entweder „gründlich“ oder zumindest „wenig“ als Ausbildungsinhalt behandelt wurde, der Auffassung, daß dies Praxisrelevanz besitzt (ebd.).

In Anbetracht der auch von den Erzieherinnen benannten Defizite in der Aus- und Fortbildung ist es nicht verwunderlich, daß sie sich im Bereich Medienerziehung – insbesondere im Vergleich zu traditionellen Förderbereichen wie Sozialerziehung, Spielförderung, Bewegungserziehung oder Sprachförderung – nur wenig qualifiziert fühlen (vgl. Paus-Haase, Höltershinken & Tietze, 1990; Höltershinken et al., 1989). Sie betonen einen Mangel an praktischen Erfahrungen mit Medienerziehung bereits während der Ausbildung (Feil, 1988) und fühlen sich mit den Möglichkeiten der aktiven und kreativen Medienarbeit kaum vertraut (Paus-Haase et al., 1990). Dies gilt auch für die subjektive Qualifikation im Umgang mit technischen Geräten. So zeigt die Studie von Höltershinken und Mitarbeitern, daß ca. 40 Prozent der befragten Erzieherinnen sich nicht ausreichend in der Lage sehen, neuere technische

Geräte wie Video- und Filmkamera, Videorecorder und Computer zu bedienen, und somit zumindest bezogen auf den Video-Bereich prinzipiell die gestalterischen Möglichkeiten einer produktionsorientierten Medienerziehung kaum besitzen (Höltershinken, Kasüschke & Sobiech, 1989).

Dementsprechend werden subjektive Qualifikationsdefizite auch in Äußerungen zum eigenen Fortbildungsbedarf deutlich: In unserer eigenen Befragung gaben 81 Prozent der Erzieherinnen an, für sich selbst Bedarf an Fortbildung und Hilfestellung zur Medienerziehung zu sehen (Holzwarth, 1997a).

Vor dem Hintergrund von Defiziten in der Aus- und Fortbildung erstaunt es nicht weiter, wenn Erzieherinnen gleichzeitig nur wenig *Kenntnisse* über den TV-Konsum von Kindern und die damit verbundenen Präferenzen, Motive und Wirkungen besitzen (siehe u.a. Ueffing, 1995; Raschke & Holländer, 1995). So konnten wir in eigenen Untersuchungen 1996 feststellen, daß Erzieherinnen – ähnlich wie Lehrer/-innen und Eltern (vgl. Frey & Six, 1997), bedenklicherweise aber auch Lehrkräfte für Medienpädagogik an Fachschulen der Erzieherinnenausbildung (Propp, 1997) – den durchschnittlichen Fernsehkonsum von Kindern keineswegs korrekt einschätzen: Erzieherinnen nahmen für den TV-Konsum von Drei- bis Fünfjährigen im Mittel 123 Minuten pro Tag an; zur gleichen Zeit lag die von der GfK ermittelte durchschnittliche Sehdauer dieser Altersgruppe jedoch bei nur 81 Minuten pro Tag. Das gleiche Bild ergab sich auch hinsichtlich der Sechs- bis Neunjährigen wie auch der 10- bis 13-Jährigen (Holzwarth, 1997a)[19]. Ebenfalls scheinen Erzieherinnen die meisten der von Kindern rezipierten Fernsehsendungen nicht zu kennen[20] (Raschke & Holländer, 1995; Feil, 1988).

Wie bereits in Kapitel 2.2 angesprochen, werden „Kenntnisse“ über den Medienumgang von Kindern primär aus derem im Kindergarten gezeigten medienbezogenen Verhalten geschlossen und sind somit stark subjektiv geprägt. Kinder dienen insofern mit ihrem Verhalten (aber auch durch Gespräche) als Hauptinformationsquelle, um Rückschlüsse auf die Nutzung u.a. im Familienkontext zu ziehen; Eltern werden dagegen nicht als Hauptinformationsquelle angesehen (Kasüschke, 1991). Die so angestellten Vermutungen sind jedoch häufig unvalide, wie auch Barthelmes, Feil und Furtner-Kallmünzer (1991) in ihrer Fallstudie aufzeigen und resümieren, „daß anhand der medienbezogenen Ausdrucksformen im Kindergarten keine generellen Aus-

19 Bezüglich der Altersgruppe der 6- bis 9-Jährigen schätzten die Erzieherinnen eine durchschnittliche Nutzungsdauer von täglich 178 Minuten, während der entsprechende GfK-Wert bei 96 Minuten lag. Die vergleichbaren Werte waren für die Altersgruppe der Zehn- bis 13-Jährigen 233 Minuten nach Einschätzung der Erzieherinnen, aber nur 120 Minuten nach GfK-Daten; für die zitierten GfK-Daten siehe Feierabend & Windgasse, 1997.

20 Mehr als die Hälfte der Erzieherinnen scheint Lieblingssendungen von Kindern nicht oder kaum zu kennen (Barthelmes, Feil & und Furtner-Kallmünzer, 1991).

sagen über den Medienumgang der jeweiligen Familien gemacht werden können" (Barthelmes et al., 1991; S. 235).

Andererseits wissen Erzieherinnen offenbar jedoch, daß Kinder ein Bedürfnis haben, über Medieneindrücke im Kindergarten zu sprechen (Geretschläger, 1990), wobei sich dann die Frage stellt, ob die Erzieherinnen für eine solche Thematisierung oder ggf. auch Aufarbeitung von Medienerlebnissen der Kinder entsprechende Qualifikationen und Einstellungen mitbringen.

Erfahrungsberichten zum Kindergartenalltag und wissenschaftlichen Untersuchungen läßt sich entnehmen, daß unter Erzieherinnen negative *Einstellungen* zu Medien und im Besonderen bezogen auf Fernsehen und Computer sehr verbreitet sind, was für die praktische Medienerziehung von erheblicher Bedeutung sein dürfte. So stellte sich in der Untersuchung von Höltershinken und Mitarbeitern (1989) heraus, daß nur 16 Prozent der befragten Kindergarten-Gruppenleiterinnen der Aussage „Die von elektronischen Medien vermittelten Erfahrungen bereichern die Lebenswelt von Kindern im Kindergarten[alter]" (Ergänzung durch d. Verf.) voll und ganz oder zumindest eher zustimmten. In einer eigenen Befragung von Kindergarten-Erzieherinnen (Holzwarth, 1997a) konnten wir feststellen, daß nach Meinung der Befragten Kinder weitaus länger fernsehen, als für sie gut ist[21]. Aus der gleichen Untersuchung geht ebenso hervor, daß Erzieherinnen das Fernsehen im Hinblick auf die eigene Person eher neutral bewerten, während sie es für Kinder und für die Arbeit im Kindergarten als „Fluch" ansehen[22]. Zu ähnlichen Ergebnissen kommen auch Höltershinken, Kasüschke und Sobiech (1989) bezüglich der Einstellungen von Erzieherinnen gegenüber elektronischen Medien.

Darüber hinaus konnte bereits in Kapitel 2.2 gezeigt werden, daß kindliche Mediennutzung von Erzieherinnen größtenteils mit negativen Wirkungen und Nutzungsabsichten bzw. Motiven und entsprechend eher abgelehnten Fernsehpräferenzen in Zusammenhang gebracht wird. Zu der Einschätzung, daß viele Erzieherinnen in ihren Vorstellungen dahin tendieren, Medien und Medienkonsum aufgrund einfacher Wirkungsmodelle als zerstörerisch anzusehen, kommen auch Bachmair et al. (1990)[23]. Ähnlich berichtet auch Feil

---

21 siehe Kap. 2.2; zur „Höchstzeit" der TV-Nutzung, die Kindergartenkindern nach Meinung von Erzieherinnen noch zuzumuten ist, siehe Kasüschke (1991)

22 Auf einer Skala von 1 [„Fluch"] bis 7 [„Segen"] lag der entsprechende Mittelwert bezogen auf die eigene Person bei 4,31, im Hinblick auf Kinder bei 2,91 und bezogen auf die Arbeit im Kindergarten bei 2,71. Negative Einstellungen scheinen auch unter Schülerinnen an Fachschulen verbreitet. Dabei berichtet Goldmann (1986), daß gerade Schülerinnen mit negativen Einstellungen diese häufiger äußern als ihre Mitschülerinnen mit positiveren Einstellungen (evtl. deswegen, weil sie auf seiten der Lehrkräfte negative Einstellungen vermuten und bei Lehrern von einer entsprechenden sozialen Erwünschtheit negativer Einstellungsäußerungen ausgehen).

23 Dabei lassen sich solche Alltagstheorien, neben fehlendem Wissen, auch auf die verstärkt von Erzieherinnen rezipierten Autoren wie Mander, Winn und Postman zurückführen. In diesem Dunstkreis entwikkeln sich auch Thesen, die immer wieder auf Elternabenden geäußert werden, wie etwa diejenige, das Fernsehen sei der „Freßfeind" des Lesens (vgl. Kreibich, 1994).

(1990), daß es unter Erzieherinnen „Common Sense“ sei, daß Kinder zu viel und zu viele ungeeignete Sendungen im Fernsehen schauen. Als ungeeignet werden insbesondere Zeichentrickfilme wie „He-Man“ und „Tom und Jerry“ angesehen (Barthelmes et al., 1991).

Auch Praxisberichte von Erzieherinnen dokumentieren, daß bei vielen Kolleginnen eine negative Einstellung zu Medien vorliegt und gleichzeitig das Fernsehen in vielerlei Hinsicht als Sündenbock fungiert. Eine solche Einstellung spiegelt sich dann auch in einer ablehnenden Haltung zum Mitbringen von Medienspielzeug wider (vgl. Ueffig, 1995; Kroh & Viereck 1995) und behindert eine aufgeschlossene, um Medieneinsatz und die Förderung von Medienkompetenz bemühte Medienerziehung.

Eine skeptische bis kulturkritische Einstellung der Erzieherinnen speziell gegenüber Fernsehen und Computer(-spielen) kann gleichzeitig als ein Grund dafür angesehen werden, daß in vielen Kindergärten kaum aktive Medienarbeit praktiziert wird oder Medienerfahrungen von Kindern nicht aufgegriffen werden (Bonfadelli, 1990; Lißner et al., 1990). Dabei läßt sich aus einer von Paus-Haase und Keunecke durchgeführten Fallstudie („Fernsehfavoriten und peer groups“; vgl. Kübler & Swoboda, 1998) ableiten, daß negative Medieneinstellungen mit einem restriktiven Erziehungsstil zusammenhängen und in Verbindung damit indirekt eine Problemwahrnehmung medienbezogenen Verhaltens von Kindern im Kindergartenalltag verhindern können. So zeigten Kinder in einem Kindergarten, in dem eine bewahrpädagogische und kulturkritische Haltung vorherrschte, durchaus weniger medienbezogenes Spielverhalten als in einem Kindergarten, in dem man aufgeschlossen und situationsorientiert auf Medienerlebnisse der Kinder einging. Zudem legten sich die Kinder Strategien zu, um ihre „Power-Ranger“-Spiele gegen die rigiden Verbote der Erzieherinnen durchzusetzen (indem sie etwa vorgaben, „Telefone“ zu bauen, die sie dann aber in heimlichen Rollenspielen als „Pistolen“ verwendeten). Damit wird aber auch deutlich, daß sich Medienerlebnisse je nach Erziehungsstil einer möglichen Wahrnehmung entziehen können[24]. „Die Wahrnehmungsmöglichkeit solcher medienbezogenen Ausdrucksformen im Kindergarten hängt u.a. von dem Zulassen kindlicher Spiele und Gespräche durch Erzieherinnen ab: Wenn Fernseherlebnisse und -figuren im Spiel der Kinder (scheinbar) nicht vorkommen, dann kann dies auch der Ablehnung und daher Ausblendung des Medienverhaltens durch Erwachsene geschuldet sein“ (van den Hövel, 1995, S. 427).

Eine ebenso wie die genannten Einstellungen und mit ihnen verbundenen Kognitionen wesentliche Determinante ist mit Sicherheit auch die *subjektive Wichtigkeit* der Medienerziehung. In der praktischen Arbeit halten Erzieherinnen diesen Bereich offenbar zwar für wichtig, jedoch rangiert Medien-

24 Auch das Thematisieren von Medien(helden) durch Kinder ist offenbar von der Vermutung der Kinder darüber abhängig, welche Einstellung die Erzieherin zu den entsprechenden Medienerlebnissen hat.

erziehung im Vergleich zu anderen Erziehungsbereichen mit an unterster Stelle (Feil, 1988). Indirekt läßt sich auf eine eher untergeordnete subjektive Wichtigkeit dieses Bereiches auch anhand eines von Kasüschke (1991) berichteten Ergebnisses schließen: Mit Kolleginnen scheinen sich Erzieherinnen nur wenig über den Medienumgang von Kindern zu unterhalten; als Informationsquelle bzw. zur Überprüfung eigener Schlußfolgerungen aus dem Verhalten der Kinder wird das Kolleginnen-Team nicht genannt[25].

In der gleichen Untersuchung (siehe Höltershinken, Kasüschke & Sobiech, 1989) zeigte sich zudem einerseits: 67 Prozent der befragten Erzieherinnen stimmten der Aussage „Es ist eine wichtige Aufgabe des Kindergartens, Erfahrungen aufzuarbeiten, die Kinder in Familie und Nachbarschaft mit elektronischen Medien machen" vollkommen oder eher zu. Zudem stimmten 23 Prozent auch der Aussage „Der Kindergarten sollte Kinder im Kindergarten auch auf den technischen Umgang mit Neuen Medien vorbereiten" vollkommen oder zumindest eher zu. Allerdings fand andererseits auch bei 24 Prozent der Befragten die Aussage (vollkommen/eher) Zustimmung, „Die Kindergartenpädagogik sollte sich nicht auch noch mit medienpädagogischen Fragen belasten", und bei 25 Prozent die Aussage „Der Umgang von Kindern mit elektronischen Medien wird in der Kindergartenpädagogik künstlich zu einem Problem gemacht" (ebd.).

Ein Grund für die teilweise eher gering oder ambivalent eingeschätzte Wichtigkeit der Medienerziehung mag darin liegen, daß andere Erziehungsaufgaben – wie etwa die Bewältigung familiärer Probleme und kritischer Erziehungsstrukturen in den Familien – in der jüngsten Vergangenheit an Wichtigkeit bzw. Dringlichkeit zugenommen haben (vgl. dazu van den Hövel, 1995).

In ähnlicher Weise wie die subjektive Wichtigkeit ist offenbar auch die *Umsetzung eigener Medienerziehungsziele* durch die Wahrnehmung externer Einflüsse oder Veränderungen negativ beeinflußt. Unabhängig davon läßt sich zu Konzepten und Zielen der Medienerziehung zunächst jedoch Folgendes feststellen:

In der Untersuchung von Höltershinken und Mitarbeitern zeigte sich: „Die Gruppenleiterinnen haben sehr unterschiedliche Vorstellungen darüber, was Medienpädagogik ist bzw. was Medienpädagogik leisten soll. Ein großer Teil der Befragten vertritt eine eher reaktive Einstellung" und geht davon aus, „daß der Umgang von 3- bis 6jährigen Kindern mit elektronischen Medien abzulehnen sei" (Höltershinken et al., 1989, S. 324). Immerhin 26 Prozent der Befragten stimmten der Aussage „Der Kindergarten begegnet dem "Medienproblem„ am besten dadurch, daß er selber einen strikt "medienfreien„ Raum bildet" und 28 Prozent der Aussage „Der Kindergarten sollte sich in

25 ebenso auch nicht die Kombination von Eltern und Team gemeinsam als Informationsquelle; und auch die Kombination zwischen Kolleginnen-Team und Kindergarten-Kindern wurde als Informationsquelle in nur neun Prozent der Fälle genannt

seinem Zuständigkeitsbereich für eine technikfreie Lebenswelt der Kinder einsetzen" voll und ganz oder zumindest eher zu. Inwieweit dieses Ergebnis heute noch Gültigkeit hat, läßt sich ohne neuere Befunde nicht ermitteln. In eine möglicherweise ähnliche Richtung könnte jedoch auch unser eigenes Ergebnis von 1996 weisen, wonach Erzieherinnen Kindern erst ab frühestens 13 Jahren zugestehen würden, über ihre Fernsehnutzung selbst entscheiden zu dürfen (Holzwarth, 1997a).

Gegen eine Umsetzung eigener Medienerziehungsziele spricht möglicherweise neben anderen Faktoren auch das Gefühl eigener Inkompetenz: „Unsicherheiten, Ängste und manchmal auch fehlende Informationen führen dazu, daß das häufig als störend empfundene Verhalten der Kinder unterbunden wird, ohne den Ursachen auf den Grund zu gehen. Aus Angst, Fernsehen und Medienerlebnisse hervorzuheben und damit möglicherweise die Begeisterung der Kinder noch zu verstärken, wird dieses Thema oft ausgegrenzt und tabuisiert" (Raschke & Holländer, 1995, S. 59). Solche Ängste und Ohnmachtsgefühle werden vermutlich u.a. durch die Lektüre bestimmter bei Laien bekannter Publikationen wie z.B. von Winn und Postman geschürt. Auf der Suche nach einer Orientierung zur Medienerziehung sind solche Publikationen zwar einerseits attraktiv, da sie an Alltagserfahrungen anknüpfen, gleichzeitig vermitteln sie jedoch häufig ein verzerrtes Bild des wissenschaftlichen Erkenntnisstandes und entsprechend einseitige Sichtweisen. Sie lassen Ängste und Unsicherheiten entstehen, liefern aber keine Anhaltspunkte für praktisches medienerzieherisches Handeln (so auch Rogge, 1987).

Ulich (1989) kommt aufgrund einer Befragung von Erzieherinnen im Rahmen einer Fortbildungsveranstaltung zu einem Fazit über allgemeine Erziehungsansichten, -ziele und -schwierigkeiten von Erzieherinnen: Demnach sehen sich Erzieherinnen häufig machtlos gegenüber den Umwelteinflüssen auf Kinder und den äußeren Einflüssen auf die Erziehung, wobei den Medien, insbesondere dem Fernsehen, ein großes Gewicht beigemessen wird. Dabei geht Ulich davon aus, daß die Fokussierung auf Umwelteinflüsse nicht zuletzt durch Diskrepanzen zwischen allgemeinen Erziehungsvorstellungen, eigenen Erziehungsansprüchen und deren Umsetzung zu erklären ist: Aufgrund subjektiv mangelnder Handlungskompetenzen und angesichts eigener Schwierigkeiten bei der Zielumsetzung werden wahrgenommene Probleme auf Umwelteinflüsse zurückgeführt (für eine solche „Sündenbockfunktion" speziell von Medien vgl. auch u.a. Rogge, 1987; Pimenoff, 1990).

Eine als problematisch angesehene Umsetzung von Medienerziehungszielen korrespondiert möglicherweise auch mit der Auffassung darüber, inwieweit Erzieherinnen Kinder für prinzipiell durch Sozialisation und Erziehung formbar halten („*Formbarkeit*") und welche Rolle sie dabei dem Kindergarten attribuieren. Hierzu konnten wir in einer eigenen Untersuchung feststellen: Geht man bezüglich der Entwicklung von Kindern von einer

Einteilung in Anlage- und Umweltfaktoren aus, die gemeinsam hundert Prozent dessen bestimmen, was einen Menschen ausmacht, so geben hierzu die Erzieherinnen im Durchschnitt 61 Prozent für Umweltfaktoren an (Holzwarth, 1997a). Gleichzeitig sehen sie dabei innerhalb der *Sozialisationsinstanzen* den Kindergarten jedoch keineswegs als besonders ausschlaggebend an: Auf die Frage, wieviel Prozent des gesamten formbaren Anteils eines Menschen jeweils durch die einzelnen Sozialisationsinstanzen geprägt werden, attribuieren die Erzieherinnen der Familie 46 Prozent, den Gleichaltrigen bzw. Freunden 16 Prozent, Medien 14 Prozent, der Schule 13 Prozent und dem Kindergarten lediglich 12 Prozent (ebd.). Demnach fassen sie die Familie als besonders ausschlaggebend für die Prägung von Kindern auf; gleichzeitig sehen Erzieherinnen jedoch gerade im Hinblick auf die Eltern sowie die (allgemeine wie auch die auf Medienerziehung bezogene) Elternarbeit häufig Probleme: Nach Ulich (1989) haben Erzieherinnen nicht selten negative Vorbehalte gegenüber Eltern z.B. bezogen auf deren Inkonsequenz, Desinteresse und erzieherische Inkompetenz.

Auf einer ähnlichen Linie liegt auch, daß nach unseren Ergebnissen (Holzwarth, 1997a) Erzieherinnen ihre eigene *subjektive Wirksamkeit* in der Medienerziehung zumindest unsicher oder vorsichtig einschätzen: So beurteilen sie die Aussage „Selbst mit noch so viel Engagement von meiner Seite läßt sich nicht beeinflussen, inwieweit Kinder das Fernsehen sinnvoll nutzen können" eher unentschieden (auf einer Skala von 1 [trifft überhaupt nicht zu] bis 5 [trifft vollkommen zu] liegt der Mittelwert bei 3,3). Etwas weniger unentschieden sind sie leider bezüglich der ebenfalls negativen Aussage „Als Erzieherin hat man kaum Einfluß auf das Fernsehnutzungsverhalten von Kindern" (hier liegt der Mittelwert bei 3,6). Gleichzeitig beurteilen sie auch die positiven Aussagen „Als Erzieherin kann ich durch Medienerziehung viel zum kompetenten Medienumgang von Kindern beitragen" (M = 3,1) und „Durch eine aktive Medienerziehung im Kindergarten könnte ich den Einflüssen anderer auf den Medienumgang von Kindern entgegenwirken"(M = 3,2) lediglich mit „teils/teils". Allerdings stimmen sie mehrheitlich der Aussage „Eine altersgemäße Medienerziehung im Kindergarten ist sinnvoll" eher zu (M = 3,9).

Über die bisher genannten Variablen hinaus dürfte eine Reihe von Faktoren aus dem Privatbereich der Erzieherinnen von Bedeutung sein. So müßten – in Zusammenhang mit der allgemeinen Einstellung zu Medien – die eigene Medienausstattung und -nutzung sowie die mit der Nutzung verbundenen Motive und Präferenzen mitausschlaggebend dafür sein, wie gut die Erzieherinnen sich im gegenwärtigen Medienangebot auskennen und welche Meinung sie zum Medienumgang von Kindern und zu Erfordernissen der Medienerziehung haben.

Die private Mediengeräte-Ausstattung von Erzieherinnen wurde in der bereits mehrfach zitierten Untersuchung von Höltershinken und Mitarbeitern erfaßt. Demnach unterscheidet sich diese Gruppe in ihrer *Medienausstattung* kaum von anderen Erwachsenen, bezüglich der eigenen *Mediennutzung* fallen Erzieherinnen dagegen insofern auf, daß sie deutlich weniger fernsehen als der Bevölkerungsdurchschnitt (Kasüschke, 1991). Das gleiche stellten wir auch in einer eigenen 1996 durchgeführten Untersuchung fest (Holzwarth, 1997a): Die Befragten gaben dort an, im Durchschnitt pro Tag 93 Minuten fernzusehen, während im gleichen Jahr der entsprechende von der GfK ermittelte Wert für Erwachsene bei 195 Minuten pro Tag lag (Media Perspektiven-Basisdaten, 1997). Gleichzeitig ergab diese Untersuchung einen signifikanten Zusammenhang zwischen der eigenen TV-Nutzungsdauer und derjenigen von den Befragten angegebenen Fernsehdauer, ab der sie das Fernsehen bei Drei- bis Fünfjährigen für schädlich hielten („Schädlichkeitsgrenze")[26].

Auch das *Alter* der Erzieherinnen scheint in diesem Kontext eine Rolle zu spielen. So stellten Höltershinken, Kasüschke und Sobiech (1989) fest, daß die befragten Gruppenleiterinnen mit zunehmendem Alter in bestimmter Hinsicht eine geringere Problemwahrnehmung zeigten: Älteren fiel mehr als Jüngeren auf, daß viele Kinder Kindersendungen sehen, sie nahmen andererseits aber weniger Kinder wahr, die nicht für ihr Alter konzipierte Sendungen anschauen. Auch in einer eigenen Untersuchung ergaben sich Altersunterschiede: Zum einen überschätzten ältere Erzieherinnen noch weitaus deutlicher als jüngere (bis 32 Jahre) den TV-Konsum von Kindern. Zum anderen äußerten die älteren Befragten häufiger (85%) als die jüngeren (79%) Fortbildungsbedarf für Medienerziehung im Kindergarten und praktizieren zumindest tendenziell weniger Medienerziehung als ihre jüngeren Kolleginnen (Holzwarth, 1997a).

Dieser Überblick über Variablen auf seiten der Erzieherinnen als Determinanten bzw. Bedingungen für die Medienerziehung im Kindergarten ist selbstverständlich keineswegs vollständig. Zudem dürften viele der zitierten Daten inzwischen überholt sein, so daß Aussagen zur Gegenwart hieraus nur mit Vorsicht abzuleiten sind.

Nachdem wir bis hierhin den Forschungsstand bezüglich verschiedenster Bedingungen für die Medienerziehung im Kindergarten zusammengefaßt haben, fehlt schließlich noch eine Übersicht darüber, welche konkreten Praxisanregungen Erzieherinnen für ihre medienerzieherische Arbeit angeboten werden, denn auch hiervon dürfte die Praxis mitbestimmt sein. Im folgenden Kapitel gehen wir deshalb auf solche Anregungen ein, bevor wir dann der Frage nachgehen, wie die Situation in der Praxis vor Ort tatsächlich beschaffen ist.

---

26 $r = .39$, $p < 0{,}1$; bei Eltern ergab sich eine ebenfalls hochsignifikante Korrelation von $r = .47$.

## 3.4 Praxisanregungen, Materialien und Maßnahmen zur Medienerziehung im Kindergarten

### *3.4.1 Praxisanregungen und Materialien*

Für die Praxis der Medienerziehung im Kindergarten gibt es – neben eher abstrakten Informationen in der wissenschaftlichen Fachliteratur und Fachinformationen in neuen Medien (v.a. CD-ROM zur Medienpädagogik, 1997[27]) – eine große Anzahl von konkreten Hilfestellungen in Form von Broschüren und Büchern. Es werden dort Praxisanregungen gegeben für aktive Medienarbeit und für die Durchführung von Elternabenden bzw. Elterngesprächen, aber auch Vorschläge für den Umgang mit Kindern, die ihre Medienerlebnisse in den Kindergarten tragen, gemacht[28]. Gleichzeitig ist jedoch auch festzustellen: Konkrete Praxisanregungen zur Medienerziehung finden sich insgesamt in größerem Umfang für den Schulbereich (z.B. Tulodziecki, 1992; Tulodziecki et al., 1995; Zeitter, 1995), wenn sie auch in einigen Fällen ebenso auf die Arbeit mit Kindergartenkindern übertragbar sind. Direkt für den Kindergartenbereich gibt es demgegenüber vergleichsweise wenige Praxismaterialien oder Bausteine zur Medienerziehung, die einfache „Kochrezepte" anbieten und konkrete Planungs- und Zielvorgaben vorstellen[29]. Oft bleiben praxisrelevante Vorschläge zudem auf das Auffangen von Medienerlebnissen beschränkt oder bieten primär Vorschläge für einen mediendidaktischen Einsatz an, ohne explizit einen medienerzieherischen Zusammenhang zu verdeutlichen. Allerdings gibt es darüber hinaus in großer Anzahl Praxisvorschläge, die in der wissenschaftlichen Fachliteratur und in einzelnen Kurzberichten zu Projekten verstreut aufzufinden sind[30].

---

27 Diese CD-ROM war Teil des Gesamtprojektes „Kinder und Medien" des Südwestfunks Baden-Baden und der Landesanstalt für Kommunikation Baden-Württemberg (LfK), das u.a. in Zusammenarbeit mit der Landesanstalt für Rundfunk (LfR), der Bundeszentrale für politische Bildung und der Bertelsmann-Stiftung umgesetzt wurde.
Praxisanregungen bieten mit Sicherheit auch die verschiedenen Institutionen der Fort- und Weiterbildung an. Für Nordrhein-Westfalen liegt hierzu ein Nachschlagewerk (Medienpädagogischer Atlas NRW; Buch und CD-Rom) vor, das in Kurzbeschreibungen über verschiedenste Einrichtungen, Initiativen, Gruppen und Vereine informiert (vgl. auch Kap. 3.2).

28 Solche Vorschläge basieren oft auf der Problematik des „Montagssyndroms" und beschäftigen sich meist mit der inhaltlichen Aufarbeitung von Auswirkungen des Fernsehens oder beziehen sich auf Möglichkeiten des Auslebens von angestautem Bewegungsdrang.

29 Konkrete Praxisanregungen finden sich u.a. bei Furian & Maurer, 1980; Deutsches Jugendinstitut, 1995; Näger, 1992, 1996.
Als empfehlenswert läßt sich insbesondere das Material der Stiftung Lesen (1998) herausstellen. Basierend auf einem Konzept der Leseförderung, das als grundlegend auch für audiovisuelle Medienkompetenz angesehen wird, sind viele Beispiele und Praxisvorschläge für die aktive Medienarbeit dargestellt, die über den Einsatz von Büchern weit hinausgehen.

30 Einen Eindruck über die Fülle an praktischen Möglichkeiten zur Medienerziehung in Kindergarten und Grundschule vermitteln Maier, Mikat & Zeitter (1997).
Eine Zusammenstellung für den Kindergarten findet sich in Deutsches Jugendinstitut (1995).

Der überwiegende Teil der medienpädagogischen Literatur für Erzieherinnen ist eher als eine Form der Fortbildung zu verstehen, mit der schwerpunktmäßig – neben relevanten empirischen Daten zur kindlichen Mediennutzung – Problembewußtsein, Ziele und Konzepte für Medienerziehung im Kindergarten vermittelt werden sollen.

Darüber hinaus liegen sowohl Eltern-Broschüren vor, die Erzieherinnen als Unterstützung ihrer Elternarbeit weitergeben können, als auch Broschüren, die sich direkt an die Zielgruppe der Erzieherinnen richten und mit Erkenntnissen der medienpädagogischen Forschung Problembewußtsein und Aktivierung für die Medienerziehung im Kindergarten erreichen wollen. Häufig richten sich aber solche Informationen dann, wenn es sich um Praxisvorschläge handelt, implizit an die Eltern (u.a. bei Abeln, 1989; Manthe & Hoffmann, 1992; Herzog, 1993). An den Stellen, an denen man Tips, Ratschläge und konkrete Praxisvorschläge zur Medienerziehung erwartet, werden Ratschläge für den Umgang der Eltern mit dem TV-Konsum ihrer Kinder aufgelistet, wird die Verantwortung in die Hände der Eltern gelegt.

Viele Autoren verweisen darauf, daß sie für die Medienerziehung im Kindergarten keine „Kochrezepte“ vermitteln wollen, da sich die praktischen medienerzieherischen Bemühungen auf die jeweilige Situation und Individualität der Kinder sowie auf Rahmenbedingungen im Kindergarten beziehen müssen. Außerdem scheint die Vermittlung von medienerzieherisch relevantem Wissen wie auch die Reflexion von praktischer Medienerziehung dringlicher, um dann innerhalb eines integrativen Erziehungskonzeptes medienerzieherische Zielvorstellungen mitzubedenken und umzusetzen.

An einem Beispiel (Schmidt, 1991) läßt sich aufzeigen, wie unterschiedliche Zielvorstellungen in einem integrativen Konzept verbunden werden können, wobei sich im Rahmen aktiver Medienarbeit Wahrnehmungs- bzw. Sinnesschulung und Kreativitätserziehung praktizieren lassen und gleichzeitig über solche Basiskompetenzen hinaus medienerzieherische Zielsetzungen umzusetzen sind:

So können innerhalb der aktiven Medienarbeit unter Verwendung verschiedener Medien einerseits technische Kompetenzen (Einsichten in die Funktionsweise und Fertigkeiten in der Handhabung bestimmter Medien) und rezeptionsästhetische sowie medienkundliche Ziele vermittelt werden (z.B. die „Gemachtheit“ der Medienrealität und deren Reduktions- und Gestaltungsfreiraum sowie Produktionsvorgänge erkennen). Andererseits können Kinder – neben einem produktiven Umgang mit Medien – lernen, sich mittels Medienprodukten mit ihrer Umwelt auseinanderzusetzen und ihre Partizipationschancen in Kommunikationsprozessen zu steigern. Aktive Medienarbeit kann nach Schmidt als ein weiteres medienerzieherisches Ziel aber auch einen nachdenklicheren Umgang mit der eigenen Umwelt fördern und daher einer allgemeinen wie medienspezifischen Selektions- und Urteilsfähigkeit dienen. Nebenbei gewinnen Kinder durch die eigene „Produzententätigkeit“ einen Vergleichsmaßstab für konventionelle Medieninhalte und Formate und können sowohl ihre eigenen als auch fremde Medienprodukte besser beurteilen, was wiederum einer selektiven, bedürfnisorientierten und bewußten Auswahl von Medieninhalten entgegenkommt.

Außerhalb der medienspezifischen Zielvorstellungen können im Rahmen solcher (i.d.R. gruppendynamischer) Produktionsprozesse gerade soziales Miteinander gelernt und Kreativität, Phantasie, Wahrnehmungs- bzw. Sinnesschulung sowie Feinmotorik gefördert werden. Selbst Sprachförderung wird mitbedacht, wenn man sich deutlich macht, daß die Arbeit in einem Produktionsteam wie auch die mediale Selbstdarstellung der eigenen Person oder Umgebung der Sprache und des Ausdrucks bedürfen. Damit verbundene übergreifende Lernchancen sieht Schmidt u.a. in der Stärkung des Ichgefühls und der Frustrationstoleranz.

Bevor nun weitere Beispiele und Anregungen für die Praxis im Kindergarten aufgeführt werden, sollen die Möglichkeiten medienerzieherischen Handelns etwas systematisiert werden. Es bieten sich folgende grundlegende Handlungsformen für eine aktive Medienerziehung an:

- Medienerzieherische Arbeit ohne Medieneinsatz (u.a. in Form von Gespräch und Rollenspiel)
- Medieneinsatz für medienerzieherische Zwecke (z.B. zur Förderung der Medienanalyse und – kritik)
- Aktive Medienarbeit (Erstellung eigener Produkte)
- Medienkundliche Ausflüge (z.B. zu Produktionsorten oder Rundfunkmuseen)

Medienerzieherisches Handeln kann sich prinzipiell aller o.g. Handlungsformen bedienen und diese auch miteinander kombinieren. Neben speziellen medienerzieherischen Zielvorstellungen können so in Kombination mit verschiedenen Handlungsansätzen/-zugängen bereits im Kindergarten technische und medienkundliche Kompetenzen vermittelt werden. Über eigentliche Medienkompetenz hinaus können, wie bereits gezeigt wurde, Grundkompetenzen vermittelt werden, die gleichzeitig ihren spezifischen Wert für die Förderung von Medienkompetenz haben bzw. auch für sich genommen als Förderung von Medienkompetenz im Kindergartenalter angesehen werden können. Dabei gibt es eine Vielzahl von spielerischen Möglichkeiten bspw. der Sprach-, Wahrnehmungs-/Sinnes-, Kreativitäts- oder Konzentrationsförderung, die vielfach auch ohne Medieneinsatz umsetzbar sind.

Vorschläge für medienerzieherische Maßnahmen und Projekte stehen sinnvollerweise zumeist in Zusammenhang mit den jeweils zugrundeliegenden Zielen und weisen insofern eine breite Palette auf. Es lassen sich aber nahezu ziel- und rahmenübergreifend – hier nur als Beispiele – folgende *Möglichkeiten* anbieten[31]:

*(1) Medienerzieherische Arbeit ohne Medieneinsatz*
Mit der (aktiven) medienerzieherischen Arbeit ohne Medieneinsatz läßt sich eine große Bandbreite von Zielen abdecken: Neben der Aufarbeitung von Medienerlebnissen bieten sich u.a. vielfältige Zugangsmöglichkeiten zum Kennenlernen der Medienerlebnisse von Kindern und etwaigen Problemen mit deren Verarbeitung an. Für den adäquaten Umgang mit Medienerlebnissen im Kindergarten gibt es Literatur, die Handlungsstrategien vorschlägt (z.B. Schuchardt, 1981; Aufenanger, 1991; Thiesen, 1992; Kögel, 1993), teilweise auch im Sinne von Erfahrungsberichten einschließlich Problemlösungsansätzen (Ueffig, 1995).

- Gruppen- und Einzelgespräche mit Kindern (etwa über Arten von Medienangeboten, Unterschiede zwischen Realität und Fiktion, Merkmale von Werbung, Funktionen und Motive der Mediennutzung, emotionale Erfahrungen bei/nach der Mediennutzung, erfahrene Bedürfnisbefriedigung durch Mediennutzung etc.)
- Initiierte Gespräche zu Vorstellungsobjekten, die häufig in Medien vorkommen und deren mediale Präsentation zu verzerrten Weltbildern und Normvorstellungen führen kann. Neben der Förderung der Aufarbeitung von Medienerlebnissen können ggf. medienvermittelte Realitätsvorstellungen korrigiert werden. Dies kann evtl. auch unter Hinzuziehung von Experten (z.B. Einladen von Polizisten beim Thema „Verbrechen") oder auch in mediendidaktischer Form geschehen, indem man dokumentarisches Material verwendet (vgl. auch Tulodziecki, 1992).
- Demonstrationen von Unterschieden zwischen medialem Abbild und Wirklichkeit und hierauf gerichtete Gespräche. In sehr einfacher Weise kann dies an einem Vergleich von Objekten auf einem Foto (oder im TV) mit dem entsprechenden realen Objekt (bspw. aus dem Haushalt der Erzieherin) durchgeführt werden. Kinder sollen dabei die Unterschiede erkennen und beschreiben[32]. Auf diese Weise kann Kindern der Unterschied zwischen Realität und Fiktion und die „Gemachtheit" von Medienprodukten illustriert werden. Gleichzeitig ist hiermit eine Wahrnehmungsschulung erreichbar.

---

31 Die hier vorgenommene exemplarische Auflistung wurde, über Hinweise aus Materialien hinaus, um Vorschläge aus eigenen Erfahrungen mit Projekten im Kindergarten und Praxisvorschlägen aus der Grundschule ergänzt.
Eine Vielzahl weiterer zum Teil erprobter Praxisvorschläge findet sich in einzelnen vom Deutschen Jugendinstitut (1995) herausgegebenen Beiträgen.

32 zur Abbildungsproblematik bzw. zur Abbildung dokumentarischer Wirklichkeit vgl. Doelker 1979, 1991, 1998

- Sammlung und Diskussion von Kriterien zur Auswahl im Medienspektrum (Auswahl zwischen Fernsehinhalten, zwischen Hörkassetten, zwischen Computerspielen etc.; Frage ist dabei zunächst: Wie sollte nach Meinung der Kinder ein entsprechendes Produkt sein, damit sie es auswählen, und wie sollte es nicht sein?). Hierbei können zudem Werte und Orientierungshilfen neben einfachen Bewertungskriterien für die Mediennutzung vermittelt werden.
- Kinderzeichnungen mit anschließender Diskussion (etwa zu ihren typischen Mediennutzungssituationen, zu ihren beliebtesten Medienprodukten, medienbezogenen Wünschen, emotionalen Medienerfahrungen etc.)
- Nachspielen von Medienerfahrungen mit anschließender Diskussion. Über die Förderung des Nachspielens von Medienerlebnissen hinaus können sich Erzieherinnen durch die Kinder eine Rolle zuweisen lassen und sich in das Spiel integrieren. Sie gewinnen so einen Zugang zu den Medienerlebnissen und der Bedeutung von Medienfiguren für die Kinder, ohne sie darüber auszufragen. Kinder sollen auch dazu ermuntert werden, ihr Lieblingsmedium oder ihre Lieblingsfigur mitzubringen (vgl. auch Feil, 1991).
- Eigene Ideensammlungen für die Medienproduktion (z.B. für einen kindgerechten Film oder für folgendes Szenario: Wie könnte man Werbung für den Kindergarten machen? Was wäre evtl. erfolgreich, was wäre eher übertrieben, aber erlaubt, was wäre jenseits des Erlaubten?)
- Initiierung von Rollenspielen mit anschließender Diskussion und Erfahrungsaustausch (z.B. können Kinder die Rolle von Fernsehstars übernehmen, andere die Rolle der Produzenten, wiederum andere die Zuschauerrolle; ebenso können Kinder die Rolle eines Werbetreibenden übernehmen und sich Werbeslogans ausdenken). Als hilfreich hierfür hat sich das Arbeiten mit einem Pappfernseher erwiesen, das zudem vielfältigen Einsatz in der Medienerziehung ermöglicht (siehe u.a. Brauner et al., 1979; Kögel, 1993; Maier, Mikat & Zeitter, 1997; Stiftung Lesen, 1998).
- Prinzipien der Medienproduktion (z.B. Produktion von Filmen/Zeichentrickfilmen) können z.T. auch ohne Medieneinsatz vermittelt werden, z.B. durch Herstellung eines Daumenkinos, Rollen- bzw. Kastenkinos oder durch einfache physikalische Experimente (vgl. Brauner et al., 1979; Furian & Maurer, 1980; Näger, 1992; 1996; Kögel, 1993; Stiftung Lesen, 1998). Auch lassen sich mittels einer Papprolle Kameraperspektiven verdeutlichen (vgl. Kögel, 1993).
- Spielerische Demonstration von Rezipientenaktivitäten (z.B. „Stille Post“: Es werden mündliche Informationen über eine möglichst lange Kette von Kindern weitergegeben. Dabei verändert sich der Inhalt durch Hinzufügen oder Weglassen. Eine weitere Möglichkeit ist z.B. die Arbeit mit „Umkippfiguren“, an denen sich die inter- und intraindividuell unterschiedli-

chen Rezeptionsweisen in Abhängigkeit von Wahrnehmungskonzentration, Perspektive, Erwartung etc. verdeutlichen lassen).

*(2) Medieneinsatz für medienerzieherische Zwecke*
Zwar ist davon auszugehen, daß die Medienausstattung in vielen Kindergärten keine elektronischen Medien umfaßt. Dennoch kann Medienerziehung in dieser Form teilweise auch ohne den Einsatz speziell von Fernsehen, Video oder Computern, sondern ebenso mithilfe der in Kindergärten üblicherweise vorhandenen Medien umgesetzt werden, wie einige der folgenden Beispiele zeigen:

- Ratespiele (z.B. während des Anschauens von Fernsehwerbung die Kinder erraten lassen, wofür gerade geworben wird) dienen der Umsetzung verschiedener medienerzieherischer Ziele. Eine spezielle Förderung der Werbekompetenz[33] kann etwa durch Vorspielen von Werbung (z.B. aus Fernsehen oder Radio) und hierauf gerichtete Fragen an die Kinder zu Erkennen, typischen Merkmalen, Intentionen und Bewertung von Werbung erreicht werden.
- Erfahrungsaustausch, Diskussionen sowie gezielte Anregungen und Übungen zur kritischen Reflexion und Bewertung von Medienprodukten anhand von vorliegendem Medienmaterial (Videoaufzeichnungen, Comics, Print-Werbung, Film-Plakate, Zeitungsanzeigen etc.): Hierdurch lassen sich auch Unterschiede zwischen Realität und Fiktion verdeutlichen und anhand von ausgewählten Medienprodukten (z.B. Hörspielen und Kinderfilmen) ästhetische, formale und inhaltliche Kriterien vermitteln. Medieneinsatz kann so auch als Gegenpol zu einem einseitigen Medienkonsum gesehen werden. Filme und Hörspiele können unterbrochen werden, die Kinder können die Geschichte selbst weiterentwickeln (z.B. durch Erzählen, Malen) und dann mit dem tatsächlichen Handlungsausgang vergleichen (vgl. Brauner et al., 1979; Fröhlich, 1982). Durch die mit der Mediennutzung verbundenen Aufgaben erhöht sich darüber hinaus die Konzentration, mit der sich die Kinder einen Film ansehen oder ein Hörspiel anhören. In jedem Fall ist aber gemeinsames Reden sehr wichtig, und dies kann und soll weit über eine Kontrolle des inhaltlichen Verständnisses der Kinder hinausgehen[34].
- Selbst mit Bilderbüchern kann das Fernsehverständnis gefördert werden, indem man u.a. den Kindern zum Verständnis der Gestaltungsmittel (z.B. von Zeit- und Raumsprüngen) verhilft und die Ausschnitthaftigkeit und perspektivische Darstellung der Bilder verdeutlicht (Furian & Maurer,

---

33 zur Werbekompetenz siehe z.B. Charlton et al., 1995

34 Beispiele für die Thematisierung und Verarbeitung von Medieninhalten sowie für Kreativitätsförderung nach dem Einsatz von Kinderfilmen oder ausgewählten TV-Sendungen finden sich u.a. bei Näger, 1992, 1996.

1980). Nebenbei können die für die TV-Nutzung so wichtigen Grundkompetenzen wie Konzentrations- und Wahrnehmungsfähigkeit trainiert werden. Bilderbücher eignen sich zudem zur aktiven Förderung der Ausdrucks- und Sprachförderung (Beispiele hierfür finden sich u.a. in Stiftung Lesen, 1998).

*(3) Aktive Medienarbeit (Erstellung eigener Produkte)*
Eigene Medienproduktionen setzen zum einen eine entsprechende Medienausstattung voraus, zum anderen läßt sich aktive Medienarbeit jedoch auch mit den in den meisten Kindergärten verfügbaren Medien praktizieren (z.B. Kassettenrekorder, Fotos, Dias).

Von Kindern produzierte Medien (z.B. Bildergeschichte, Hörspiel) können zu einem bestimmten Thema, das im Kindergarten aktuell ohnehin auch nicht-medial bearbeitet wird, aber auch zur Herstellung von Öffentlichkeit verwendet werden (vgl. Tulodziecki, 1992). Zudem werden eigene Medienproduktionen interessanter, wenn sie z.B. im Offenen Kanal, Bürger-Radio oder im Rahmen eines Kindergartenfestes öffentlich präsentiert werden können. Durch die eigene produktive Medientätigkeit lernen Kinder, die Herstellung von Medien und deren Manipulationsmöglichkeiten zu durchschauen, und werden fähig zur Medienkritik. Nebeneffekt ist das Erlernen von medientechnischen Prinzipien und Gerätehandhabung[35].

- Zur aktiven Medienarbeit gehören zunächst einmal solche Anregungen, die sich in jedem Kindergarten umsetzen lassen, da sie keine spezielle Ausstattung erfordern: So können Bilder gemalt werden für eine Werbung, für eine Medienkampagne (z.B. zur Verkehrssicherheit), für eine Einladung zum Elternabend oder Kindergartenfest; ebenso können Texte für Werbeslogans, für eine Kindergartenzeitung, für einen Elternabend etc. erstellt und illustriert werden. Auch hier gilt, daß eine effektive Medienerziehung die Vermittlung von technischen Prinzipien und formalen und inhaltlichen Kriterien bei der praktischen Medienarbeit einschließen muß.
- Eine Reihe medienerzieherischer Ziele läßt sich auch dadurch umsetzen, daß Kinder den Kindergarten aus ihrer Sicht beschreiben, etwa mit Fotos, Kassettenrekorder oder Videokamera. Dabei können z.B. zwei Gruppen voneinander unabhängig Produkte erstellen und diese dann vergleichen, wodurch sich exemplarisch u.a. Elementarkenntnisse über die Subjektivität der Medien vermitteln lassen.
- Hörcollagen oder Geräuschememories können selbst erstellt und in Ratespielen verwendet werden. Ziel ist u.a. die Förderung der Wahrnehmung

35 Weitere Ziele und Vorschläge zur aktiven Medienarbeit finden sich u.a. bei Furian & Maurer, 1980; Schmidt, 1991; Kögel, 1993; Deutsches Jugendinstitut, 1995; Maier, Mikat & Zeitter, 1997; Stiftung Lesen, 1998.

und Konzentration im auditiven Bereich (Fröhlich, 1982; Näger, 1992; 1996; Heidtmann, 1996; Stiftung Lesen, 1998).

- Das Fotografieren (Fotos und Dias; siehe u.a Kögel, 1993) fördert ebenfalls einen kreativen und produktiven Umgang und dient einer betont handwerklichen Erstellung von eigenen Medienprodukten, die auch die „Gemachtheit" von Medien verdeutlicht und einen ganzheitlichen Zugang zur kindlichen Lebenswelt ermöglicht, wenn diese zum Gegenstand des Fotografierens bzw. des Gesamtprojektes gemacht wird.

*(4) Medienkundliche Ausflüge*
Je nach Rahmenbedingungen und Alter der Kinder kann man gemeinsam Produktionsorte aufsuchen: Neben den großen Rundfunkanstalten gibt es eine Vielzahl von kleineren Produktionsfirmen, die auch in der näheren Umgebung des Kindergartens liegen (Foto- und Filmstudios, Rundfunkhäuser oder regionale Sende- oder Aufnahmestudios, Offener Kanal, Werbeagenturen, Druckereien, Buchbindereien etc.). Der Blick „hinter die Kulissen" fördert die Einsicht in die „Gemachtheit" von Medien, Produktionsaufwand und -bedingungen, technische Zusammenhänge etc.

Eine wichtige Unterstützung der medienerzieherischen Arbeit mit Kindern kann durch eine aktive *Elternarbeit* erreicht werden.

Vorschläge für Elternabende zur Medienerziehung[36] in Form von Seminarmaterial gibt es in reichlichem Umfang (u.a. bei Meßmer, 1980; Furian & Maurer, 1980; Gößwein, 1987; Rolle & Kesberg, 1991; Bundeszentrale für politische Bildung, 1994; Rogge, 1990b; 1996a). Auffällig ist hierbei, daß sich die Seminarmaterialien fast durchgängig auch als Fortbildung an Erzieherinnen wenden. Zur Durchführung von Elternabenden gemäß solcher Vorschläge bedarf es aber einer entsprechenden Qualifizierung der Erzieherinnen im Hinblick auf Medienerziehung oder, falls das Seminarmaterial für beide Zielgruppen gedacht ist, eines externen Referenten.

Neben Ratgebern für Eltern und Erzieherinnen in Buchform (z.B. Bachmair, 1993; Aufenanger et al., 1996; Rogge, 1996a) gibt es zudem kostenlose Broschüren bzw. Handreichungen. So hat die Bundeszentrale für politische Bildung (1993; 1994; 1995) für Eltern und Erzieherinnen jeweils zwei Broschüren herausgegeben, die im Folgenden exemplarisch dargestellt werden:

Die von Aufenanger konzeptionierten und geschriebenen Handreichungen für Erzieherinnen geben neben Sachinformationen reichlich Hinweise und Praxisvorschläge für spezifische Fragestellungen der Medienerziehung im Alltag. Es wird anhand von wissenschaftlichen Erkenntnissen ein Problembewußtsein und damit Einsicht in die Notwendigkeit von Medienerziehung geschaffen. Dazu gehört auch eine genaue Betrachtung der Bedeutung der

---

36 Ein Beispiel für gelungene Elternarbeit bietet ein Projekt der LPR Hessen (Bachmair, Neuß & Tilemann, 1997). Dokumentiert werden 22 gut besuchte Elternabende, an denen Referenten zusammen mit Erzieherinnen den Medienkonsum von Eltern und Kindern thematisierten.

Medien für Kinder. Mit Hilfe konzeptioneller Überlegungen werden Erzieherinnen angeleitet, medienerzieherisch zu denken. Darüber hinaus werden Probleme der Umsetzung im Kindergarten behandelt und konstruktive Hilfestellungen gegeben (eine Broschüre beschäftigt sich dann detailliert mit der Durchführung eines Elternabends).

Die Broschüren für Eltern versuchen am Beispiel der fiktiven „Familie Kabel" alltagsnahe Problemlösungen zu bieten. Hierbei werden neben Kriterien zur Beurteilung von Fernsehprogrammen auch Vorschläge für nichtmediale Alternativen angeboten. Beide Broschüren beinhalten zudem einen Bastelteil (u.a. Daumenkino, Spieleuhr).

In der Literatur wird immer wieder auf spezielle Probleme der Elternarbeit abgehoben. Dazu zählen u.a. Ängste von Eltern gegenüber Erzieherinnen, aber auch Vorbehalte zwischen den Eltern bezüglich einer öffentlichen Thematisierung des privaten Fernsehkonsums und ihrer Medienerziehung. Zur Behebung solcher speziellen Probleme wie auch zur generellen Verbesserung der Kooperation mit Eltern zeigt Teufel (1995) jedoch Möglichkeiten und Wege auf.

### *3.4.2 Praxis der Medienerziehung im Kindergarten*

Im Hinblick auf die im Kindergarten tatsächlich realisierte Praxis der Medienerziehung finden sich in der Literatur vorwiegend Erfahrungsberichte, in denen über die Ergebnisse einzelner kleiner Projekte an einem Kindergarten oder über Beobachtungen in Form von Fallstudien berichtet wird. Häufig ist jedoch kaum erkennbar, ob Projekte nur i.S.v. Vorschlägen dargestellt werden oder sich die Autoren auf eigene Praxiserfahrungen stützen können. Empirisch fundiertere Aussagen zur medienerzieherischen Praxis (wie z.B. bei Höltershinken, Kasüschke & Soebich, 1989; Barthelmes, Feil & Furtner-Kallmünzer, 1991) sind dagegen nur selten zu finden. In weit größerem Umfang finden sich hingegen empirische Projekte, die sich auf schulische oder außerschulische Medienerziehung bei älteren Kindern beziehen.

Medienerzieherische Handlungsstrategien und Maßnahmen betreffen dabei vorwiegend das Medium Fernsehen, im Falle der Neuen Medien liegen bisher nur Erfahrungsberichte von Kleinprojekten an Schulen vor (siehe z.B. Bundesverband der Jugendkunstschulen, 1996). Neue Einsichten versprechen allerdings Kurzzeitprojekte mit Computern, die gegenwärtig an bayerischen Kindergärten anlaufen (vgl. Henke & Schipprack, 1998).

Praxisberichte über den Medieneinsatz im Kindergarten beschränken sich meistens auf Kurzzeitprojekte, die an einzelnen Kindergärten durchgeführt wurden (z.B. bei Faul-Burbes, 1995; Gornik & Klein, 1991). Damit werden zwar erfolgversprechende Praxisanregungen für Erzieherinnen geliefert, es werden aber in der Regel nur Einzelaspekte aus der Vielzahl von Möglichkeiten der Medienerziehung angesprochen und umfassendere Konzepte vernachlässigt.

Interessante Ergebnisse liefern Berichte über die aktive Medienarbeit mit dem „Modell der Bausteine“ (z.B. bei Schmidt, 1988), wobei über einen längeren Zeitraum hinweg durch eigene Medienproduktionen mit steigenden Anforderungen auch Fähigkeiten im Umgang mit Medien verbessert werden konnten[37].

Als umfassendere und beispielhafte Projekte können die „Flimmerkiste“ (Strick, 1996) und die „Bilder-Welten“ (Hebert, 1989) erwähnt werden. Diese Vorhaben zeichnen sich dadurch aus, daß Kindern ermöglicht wird, Medienerlebnisse in Rollenspielen und Diskussionen zu verarbeiten, daß sie lernen, ihren Umgang mit den Medien kritisch zu hinterfragen, und daß mit aktiver Medienarbeit neue Sichtweisen eröffnet werden.

Unter dem Aspekt der Medienerziehung im Kindergarten gibt es häufig auch Erfahrungsberichte über die Elternarbeit. Die elterliche Medienerziehung soll in Zusammenarbeit mit den Erzieherinnen verändert werden, wobei folgende Vorgehensweise bevorzugt wird: Die Projektteilnehmer können über die Aufarbeitung eigener Medienbiografien und aktueller Medienerlebnisse die Bedeutung der Medien im Leben der Kinder und deren Medienerfahrungen nachvollziehen und erkennen. Zusätzlich werden durch Informationen über neueste medienpädagogische Erkenntnisse Vorurteile über das Fernsehen verringert und ein kritischer Erziehungsstil bei der Mediennutzung ermöglicht (z.B. bei Aufenanger et al., 1995; Bachmair et al., 1992; Bachmair, Neuß & Tileman, 1997). Eine ähnliche Vorgehensweise wird auch bei einigen Projekten zur Fortbildung von Erzieherinnen angewendet (z.B. bei Raschke & Holländer, 1995; Rogge, 1992).

Nur jeweils anhand von subjektiven Eindrücken oder Fallbeispielen wird ebenfalls über einzelne Praxiserfahrungen berichtet, bei denen die Fähigkeiten von Erzieherinnen gefördert werden sollen, mit medienbezogenen Äußerungen von Kindern umzugehen. Dabei stehen Mediengespräche (z.B. bei Kögel, 1995), Spielkonstruktionen (z.B. bei Bachmair, 1994) oder die Umgestaltung des Kindergartens (z.B. bei Müller, 1995) im Mittelpunkt.

Ergebnisse zu den o.g. Praxismaßnahmen oder Projekten werden nur auf qualitativer Ebene im Sinne von Erfahrungsberichten oder Fallbeschreibungen aufbereitet. Eine fehlende Quantifizierung und die Beschränkung auf Einzelaspekte der Medienerziehung lassen keinen allgemeinen Einblick über den Stand der Medienpraxis in Kindergärten zu.

Empirische Ergebnisse zur medienerzieherischen Praxis findet man dagegen bei der Erzieherinnenbefragung von Herzberg (1979). Die Autorin untersuchte 343 Erzieherinnen aus kommunalen und katholischen Kindergärten

---

37 Erfahrungsberichte i.S.v. Praxisbeobachtungen über ein umfassenderes Vorgehen in der aktiven Medienarbeit liefert auch Longhardt (1991).

in Hessen hinsichtlich Einstellungen und Sichtweisen zur Medienerziehung. Ähnliche Variablen verwendeten auch Höltershinken, Kasüschke & Soebich (1989) in ihrer hier bereits häufig zitierten Studie, in deren Mittelpunkt die Problemwahrnehmung der Erzieherinnen im Umfeld des Medienkonsums der Kinder sowie die medienerzieherischen Handlungsstrategien von Erzieherinnen standen (vgl. dazu auch Kasüschke, 1991). Bei der Befragung von 234 Gruppenleiterinnen in nordrhein-westfälischen Kindergärten zeigte sich, daß sie bei der Aufarbeitung der wahrgenommenen Auswirkungen des Medienkonsums überwiegend reaktiv vorgingen. Weit über zwei Drittel der Befragten gab an, „gestern" und „in den letzten vier Wochen" den Kindern „Möglichkeiten zum Austoben" und „Möglichkeiten zum Ausruhen" gegeben oder „Gespräche mit dem einzelnen Kind" geführt zu haben. Eine verbale Aufarbeitung der kindlichen Medienerlebnisse fand bei 66 Prozent auch häufig mit dem „Angebot von Buch, Bilderbuch" statt. Vorgehensweisen wie die kreative Gestaltung eigener Medienprodukte oder auch das „Nachspielen von Sendungen" wurden dagegen von circa 80 Prozent der Erzieherinnen selten oder sogar nie praktiziert. Es zeigte sich also, daß die vielfältigen Möglichkeiten der Medienpraxis (wie sie im vorherigen Kapitel aufgeführt wurden) nur in geringem Umfang von Erzieherinnen umgesetzt wurden und sich Erzieherinnen nur weniger Handlungsstrategien der medienerzieherischen Praxis bedienten. Überwiegend beschränkten sie sich darauf, die Kinder „ausagieren zu lassen", und bevorzugten verbale Aufarbeitungen mit dem einzelnen Kind oder in der Gruppe. Die Vermittlung von Handlungskompetenzen durch aktive Medienarbeit spielte dagegen keine Rolle. Dies spiegelt sich auch in den Angaben zum Einsatz technischer Geräte wider, der über den konventionellen Gebrauch von Kassettenrekorder und Schallplattenspieler selten hinausging. Andere elektronische Medien wie Fernseher, Videorekorder oder Computer wurden von über 90 Prozent der Befragten „noch nie" eingesetzt. Dabei ist jedoch zu beachten, daß den Gruppenleiterinnen letztere Medien im Kindergarten auch selten zur Verfügung standen (allerdings würden sie diese Geräte im Durchschnitt auch nur „ungerne" einsetzen).

Bei Fragen nach der Elternarbeit im Kindergarten stellte sich in dieser Studie heraus, daß Erzieherinnen für Eltern in Fragen der Medienerziehung nicht die geeigneten Ansprechpartner zu sein scheinen.. Wenn überhaupt medienbezogene Gespräche mit den Eltern geführt wurden, dann stand fast ausschließlich das Fernsehen (z.T. auch Video) im Mittelpunkt; andere Medien hatten kaum eine Bedeutung, und auch übergreifende Medienproblematiken wurden nur selten thematisiert. Medienerzieherische Handlungsstrategien fanden also nicht nur im Kindergartenalltag, sondern auch in der Elternarbeit kaum Eingang. Gründe dafür sehen die Autoren neben mangelnder medienerzieherischer Qualifikation der Gruppenleiterinnen auch in der Resignation der Erzieherinnen aufgrund mangelnder Mitarbeit der Eltern.

Ergebnisse zu medienbezogenen Äußerungen bei Kindern und den Wahrnehmungen und Reaktionsäußerungen von Erzieherinnen legten ebenfalls Barthelmes, Feil & Furtner-Kallmünzer (1991) vor, die 18 Kindergartenleiterinnen und 49 Erzieherinnen im Rahmen einer qualitativen Studie zu diesen Themen interviewten. Die kindlichen Äußerungen von Medienerfahrungen wurden von den Befragten häufig negativ bewertet, da sie oft mit unerwünschten Interaktionen und einer hohen Lautstärke verbunden sind. Die Reaktionen der Erzieherinnen auf medienbezogene Äußerungen reichten von einer freundlichen Duldung und der aktiven Unterstützung bis hin zum mißbilligenden Übersehen, einer sanften Lenkung oder einem Verbot. Von den insgesamt 18 untersuchten Kindergartengruppen fanden nur in sieben medienerzieherische Maßnahmen statt, die von eigenen Medienproduktionen, Gesprächen und Rollenspielen bis zu Bibliotheksbesuchen reichten. Nach Meinung der Autoren liegen bei den Erzieherinnen Defizite vor insbesondere im Hinblick auf die Wahrnehmung der Medienerfahrungen von Kindern sowie den Einsatz von Handlungsstrategien, die den Kindern helfen, Medienerfahrungen zu verarbeiten. Dem stehen häufig normative, vorurteilsbeladene Einstellungen gegenüber elektronischen Medien und eine moralisierende Haltung zum kindlichen Medienumgang entgegen.

Die beiden letztgenannten Studien verdeutlichen, daß in der Praxis der Medienerziehung an Kindergärten noch einige Defizite herrschen. Abgesehen von diesen Untersuchungen liegen zu diesem Thema jedoch kaum empirische Ergebnisse vor, so daß ein State-of-the-Art-Report über die in den Kindergärten realisierte medienbezogene Erziehungspraxis bislang nicht möglich erscheint. Umso wichtiger ist es, den aktuellen Stand zu recherchieren, ihn den Zielen und Konzepten von Medienerziehung (vgl. Kap. 1.2 und Kap. 1.3) gegenüberzustellen, die jeweiligen Bedingungen zu analysieren und damit insgesamt Grundlagen zu einer vermutlich noch immer notwendigen Verbesserung der Situation bereitzustellen.

# 4. Basisannahmen und Fragestellungen der Untersuchung

In den vorangegangenen Kapiteln wurde – nach Erläuterungen zum Begriff „Medienerziehung“, ihren Konzepten und Zielen (Kap. 1) – eine Reihe von Forschungsergebnissen zusammengefaßt, die eine wesentliche Basis für den Bedarf und die Qualifikationsanforderungen von Medienerziehung im Kindergarten darstellen (Kap. 2). Weiterhin wurde – soweit bekannt – die Situation in der Praxis der Medienerziehung (Kap. 3.4) einschließlich ihrer Rahmenbedingungen (Kap. 3.1) erläutert und dabei auch der Frage nachgegangen, von welcher vorhandenen medienpädagogischen Qualifikation bei Erzieherinnen angesichts der Situation in der entsprechenden Aus- und Weiterbildung auszugehen ist (Kap. 3.2), inwieweit sich Erzieherinnen selbst für qualifiziert zur Medienerziehung halten und welche sonstigen Voraussetzungen sie zur Praxis von Medienerziehung und entsprechender Elternarbeit mitbringen (Auffassungen zur Medienerziehung, Kenntnisse und Annahmen bezüglich Medien und Medienumgang von Kindern sowie hierauf gerichtete Einstellungen etc.; vgl. Kap. 3.3).

Zu vielen dieser Fragen konnten wir angesichts des gegenwärtigen Forschungs- und Kenntnisstandes keine befriedigenden Antworten liefern, da entweder keine bzw. kaum brauchbare Informationen vorliegen oder aber lediglich ältere Daten, die inzwischen zumindest nicht mehr ohne weitere Prüfung auf die Gegenwart zu übertragen sind. Vor diesem Hintergrund wurde das im Folgenden beschriebene Forschungsprojekt konzipiert und durchgeführt, dessen Fragestellungen in Kapitel 4.2 im Überblick dargestellt werden. Zuvor wollen wir jedoch zusammenfassend erläutern, von welchen Überlegungen und Basisannahmen zur Erklärung medienerzieherischen Verhaltens und Handelns sowohl die bisherigen Ausführungen als auch unsere Projektfragestellungen geleitet sind.

## 4.1 Theoretisches Modell medienerzieherischen Verhaltens und Handelns im Kindergarten

Medienerziehung im Kindergarten als eine spezifische Form pädagogischen Handelns sollte nach unserem Verständnis (vgl. Kap. 1.2 und Kap. 1.3) im weitesten Sinne zielgerichtet sein. Der praktischen Medienerziehung werden dabei – über aktive bzw. produktionsorientierte Medienarbeit und bewußte und strategisch geplante Maßnahmen hinaus – sowohl eine weniger strukturierte Initiierung medienbezogener Aktivitäten (z.B. Thematisierung von Medienerfahrungen, Rollenspiele zur Verarbeitung von Medienerlebnissen) als auch eher ungerichtete und weniger strategisch geplante Erziehungs- und Interaktionsweisen im Kindergarten (z.B. Reaktionen auf medienbezogenes Verhalten von Kindern) subsumiert. Ebenfalls hinzuzählen läßt sich die medienpädagogische Elternarbeit in Form von Elternabenden oder -gesprächen zur Medienerziehung.

Im vorliegenden Abschnitt werden nun Überlegungen angestellt, von welchen Bedingungen praktische Medienerziehung im Kindergarten vermutlich abhängt (vgl. Abb. 4.1). Entgegen der weitverbreiteten Meinung ist für die medienerzieherische Praxis sicher nicht allein die Aus- oder Fortbildung ausschlaggebend; vielmehr ist ebenso von weiteren Einflußvariablen auf seiten der Erzieherinnen sowie des Kindergartens und dessen Rahmenbedingungen auszugehen. Betrachtet man zudem die situativen Bedingungen des Kindergartens, der Kinder, Eltern und Erzieherinnen, so wird hiermit insgesamt deutlich, daß praktische Medienerziehung im Kindergarten kaum als inter- sowie intraindividuell konsistentes und homogenes Verhalten bzw. Handeln aufgefaßt werden kann.

Basierend auf der heuristischen Vorstellung eines Zusammenhangs von Denken und Handeln kann davon ausgegangen werden, daß die medienerzieherische Arbeit zu einem großen Teil von *Kognitionen und Wissenselementen* der Erzieherinnen abhängt. Dabei bedarf es auf seiten der Erzieherinnen – als einer zwingenden Voraussetzung – der Einsicht, daß Medienerziehung im Kindergarten notwendig, sinnvoll und umsetzbar ist. Hierbei spielen Kenntnisse (aus der Aus- oder Fortbildung) als auch Annahmen (aus der Erfahrung) zur Mediennutzung von Kindern (inkl. Präferenzen, Motiven und Wirkungen) und Wissen über Kriterien zur Beurteilung bzw. Auswahl von „kindgerechten" Medien und Medieninhalten eine zentrale Rolle für die Problemwahrnehmung kindlicher Mediennutzung. Darüber hinaus sind aber auch eigene Einstellungen zu Medien und Medienentwicklungen zu beachten. Zusammengenommen ergibt sich hieraus ein mehr oder weniger starkes und differenziertes *Problembewußtsein* der kindlichen Mediennutzung, das sich auch in einer entsprechenden Problemwahrnehmung im Kindergarten äußern kann. Gewissermaßen ist hierdurch eine kognitive Struktur gegeben, die die Wahrnehmung auf medienerzieherisch relevante Probleme im Kindergarten lenkt. Von erheblicher Bedeutung sind dabei sicher auch unterschiedliche Erfahrungen mit der *eigenen Mediennutzung* und die *eigene Medienkompetenz* sowie in Verbindung damit auch bestimmte *soziodemographische Faktoren.*

Neben persönlichen Erfahrungen aus dem außerberuflichen Umfeld ist die *Aus- und Fortbildung* ein wichtiger Vermittler von Kognitionen und Wissenselementen. Entsprechend wirken sich Umfang und Güte der Erzieherinnenqualifizierung maßgeblich auf das medienerzieherische Denken (einschließlich Wissen, Einstellungen und Problembewußtsein) und damit indirekt auf das Handeln im Kindergarten aus.

Unter Berücksichtigung der *Alltagssituation im Kindergarten* (z.B. Anteil „problematischer", auffälliger Kinder) kann bereits aus den bisher genannten personeninternen Variablen im positiven Falle eine Einsicht in medienerzieherischen Handlungsbedarf abgeleitet werden, der sich in einem höheren subjektiven Stellenwert bzw. höherer Wichtigkeit von Medienerziehung im Kindergarten widerspiegeln müßte. Dies gilt vermutlich gerade dann, wenn das Verhalten von Kindern auf Medienerlebnisse zurückgeführt und vorwiegend negativ beurteilt wird, zumal in solchen Situationen häufig – gewollt oder ungewollt bzw. bewußt oder unbewußt – medienerzieherisch gehandelt bzw. reagiert wird[1].

Neben dem *Problembewußtsein* (bzw. einer spezifischen Problemwahrnehmung), das einen Handlungsbedarf markiert, und den einem Problembewußtsein zugrundeliegenden Kognitionen und Wissenselementen setzt Medienerziehung aber auch ein spezielles *medienpädagogisches Wissen* voraus, das über die bereits genannten Kenntnisse hinausgeht. Dazu gehört u.a. die Erarbeitung eines eigenen Standpunkts im Sinne eines Konzepts, aus dem Erzieherinnen eigene Ziele und Strategien ableiten können, um letztlich zielorientiert und nicht nur reaktiv Medienerziehung praktizieren zu können. Hierfür hilfreich ist es zudem zu wissen, wie in der Praxis medienerzieherische Zielvorstellungen (u.a. Förderungsmöglichkeiten) umgesetzt werden können. Darüber hinaus kann angenommen werden, daß Kenntnisse von Zielvorstellungen und Praxiszielen der Medienerziehung allein nicht ausreichen, da der Einsicht in den Bedarf an Medienerziehung verschiedene Aspekte entgegenwirken können: Hierzu zählen z.B. auf seiten der Erzieherinnen eine negative Einstellung zu Medien (speziell zum Fernsehen) bzw. eine technikfeindliche Haltung ebenso wie konträre allgemeine Erziehungsvorstellungen (z.B. entsprechend der Waldorfpädagogik), die zu einer eher bewahrpädagogischen Haltung und damit im Extremfall zur Ausklammerung von Medien und Medienerziehung im Kindergarten führen können.

---

1 Dies sagt allerdings noch nichts über die Qualität des Handelns aus.

Für die Praxis der Medienerziehung dürfte zudem das eigene erzieherische Engagement und damit zusammenhängend die subjektive Selbstwirksamkeit des eigenen medienerzieherischen Handelns von Bedeutung sein. Letztere wird auch aus bisherigen Erfahrungen bzw. dem Erfolg oder

**Abbildung 4.1: Bedingungen der Medienerziehungspraxis im Kindergarten**[2]

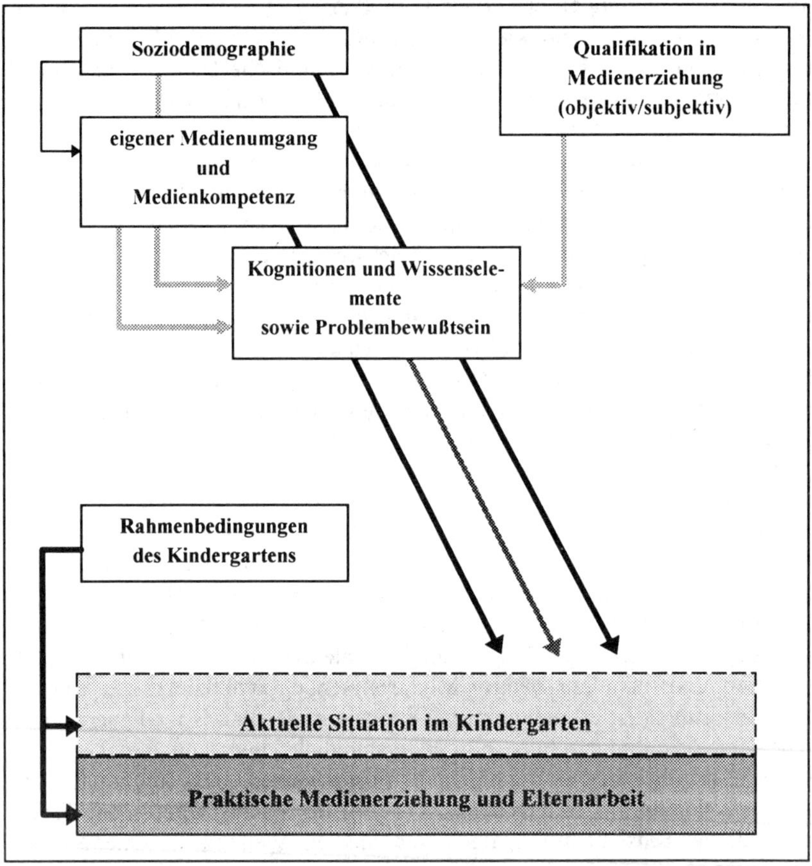


Mißerfolg des Handelns abgeleitet. Für wie wirksam Erzieherinnen ihre Bemühungen in Medienerziehung erachten, läßt sich aus einer motivations-

2 In der Abbildung sind Außeneinflüsse (etwa auf die individuelle Medienkompetenz von Erzieherinnen oder auf ihre Einstellungen zu Medien, auf die aktuelle Situation im Kindergarten etc.) nicht enthalten; sie spielen selbstverständlich jedoch auch eine Rolle.
Weiterhin sind in der Abbildung nur die u.E. wichtigsten Zusammenhänge markiert, wobei die im Fokus der Untersuchungsfragen stehenden Zusammenhänge deutlicher hervorgehoben sind.

psychologischen Perspektive auf weitere Faktoren zurückführen: Neben dem eigenen Anspruchsniveau und dem subjektivem Stellenwert bzw. der Wichtigkeit der Medienerziehung im Kindergarten hängt die Selbstwirksamkeit vermutlich u.a. vom tatsächlichen oder subjektiv empfundenen Einfluß anderer Sozialisationsinstanzen (wie z.B. der Eltern, aber auch der Medien) ab. Einerseits können Medien als allmächtig und sehr wirksam, andererseits Eltern als unkooperativ bzw. – durch mangelnde oder hinsichtlich der medienerzieherischen Zielvorstellungen konträr verlaufende Bereitschaft zur Medienerziehung im Elternhaus – als kontraproduktiv angesehen werden. Daher besteht insbesondere bei schlechter oder fehlender Qualifikation zur Medienerziehung die Gefahr, daß die Verantwortung für die Medienerziehung an die Eltern abgeschoben wird (und Medienerziehung dann im Kindergarten nur wenig stattfindet), aber auch, daß aufgrund fehlender Handlungsstrategien Chancen zur Kooperation mit Eltern vertan werden.

Die praktische Umsetzung der Medienerziehung hängt aber noch von weiteren Dingen ab: Zum einen sind dies die *internen Rahmenbedingungen* des Kindergartens, wie etwa personelle und materielle Voraussetzungen sowie die Erziehungskonzeption des jeweiligen Trägers oder der Einrichtung (in die es die individuellen medienerzieherischen Zielvorstellungen zu integrieren gilt). Zum anderen üben auch *externe Faktoren* (z.B. ländliche Gegend oder sozialer Brennpunkt) einen Einfluß auf den Kindergartenalltag aus.

Angesichts der vielen Einflußfaktoren auf Erzieherinnen und Kindergartenalltag und der jeweils spezifischen Bedingungen ist bereits von einer hohen Varianz der praktischen Medienerziehung auszugehen. Wenn man Medienerziehung einschließlich ihrer Einflußgrößen untersuchen will, sind daher zahlreiche Variablen zu berücksichtigen.

## 4.2 Fragestellungen der Untersuchung

Ausgangspunkt des gesamten vorliegenden Bandes ist die Auffassung, daß Medienerziehung wichtiger denn je geworden ist und nicht nur in der Familie, sondern auch bereits im Kindergarten in einer speziell auf dieses pädagogische Handlungsfeld zugeschnittenen Weise beginnen sollte. Entsprechende Zielsetzungen wie auch Begründungen wurden an verschiedenen Stellen der vorangegangenen Kapitel bereits erläutert. In Abschnitt 4.1 haben wir schließlich ein theoretisches Modell vorgestellt, das zusammenfassend erläutert, von welchen Überlegungen und Basisannahmen wir bezüglich der Anforderungen für eine adäquate Medienerziehung und ihre Bedingungen sowie im Hinblick auf zahlreich anzunehmende Einflußgrößen ausgehen.

Zur Praxis der Medienerziehung im Kindergarten und den nach unseren Vorstellungen wesentlichen Determinanten haben wir eine Art „State-of-the

Art-Report“ gegeben. Soweit möglich, wurden dabei folgende Einflußgrößen berücksichtigt: Rahmenfaktoren der Einrichtungen, Variablen auf seiten der Erzieherinnen einschließlich ihrer subjektiven Qualifikation vor dem Hintergrund der Situation in der medienpädagogischen Aus- und Weiterbildung sowie vorhandene Praxisanregungen zur Medienerziehung im Kindergarten. Dabei konnten wir angesichts des gegenwärtigen Forschungs- und Kenntnisstandes zu vielen Fragen keine befriedigenden Antworten liefern; dies gilt sowohl für die Praxis der Medienerziehung selbst als auch für die als wesentlich zu vermutenden Determinanten. Vor diesem Hintergrund wurde das im Folgenden beschriebene Forschungsprojekt konzipiert und durchgeführt, dessen Ziele und Fragestellungen nun im Überblick dargestellt werden.

Ausgehend von der Notwendigkeit von Medienerziehung im Kindergarten sowie der Tatsache, daß zur Praxissituation vor Ort Beschreibungen rar sind und die wenigen vorliegenden Daten zumindest nicht ohne weitere Prüfung zu verallgemeinern und auf die Gegenwart zu übertragen sind, lag ein Ziel des Projektes zunächst einmal darin zu untersuchen, inwieweit und wie Medienerziehung in den (nordrhein-westfälischen[3]) Kindergärten und Kindertagesstätten praktiziert wird. Hierzu gehört potentiell – wie bereits an verschiedenen Stellen in den vorangegangenen Kapiteln ausgeführt – eine breite *Palette medienerzieherischen Verhaltens und Handelns* auf verschiedensten Ebenen: angefangen von aktiver Medienarbeit mit den Kindern (z.B. gemeinsame Medienproduktion im Rahmen eines Projektes), über das Initiieren medienbezogener Aktivitäten (z.B. Thematisierung von Medienerfahrungen oder Medien-Bewertungskriterien, Anleitung von Rollenspielen zur Verarbeitung von Medienerlebnissen), bis hin zu weniger strukturierten und strategisch geplanten Erziehungs- und Interaktionsweisen im Kindergarten (z.B. Erlaubnis, Merchandising-Artikel bzw. Medienfiguren in die Einrichtung mitzubringen, oder Reaktionen auf medienbezogenes Verhalten der Kinder).

Eine solche Analyse quantitativer und qualitativer Aspekte medienerzieherischer Handlungs- und Verhaltensweisen schließt sinnvollerweise – neben dem nicht notwendig als Bestandteil der Medienerziehung fungierenden, dennoch in diesem Kontext relevanten *Medieneinsatz* in der Kindergartenarbeit – gleichzeitig auch die Frage nach der auf Medienerziehung gerichteten *Elternarbeit* ein. Dabei sind Häufigkeit, Formen und Themen sowie Anlässe und Probleme der Elternarbeit zu berücksichtigen.

Vor dem Hintergrund des in Kapitel 4.1 zusammengefaßten theoretischen Modells lag ein weiteres Ziel des Projektes darin zu untersuchen, welches

---

3 Wie bereits eingangs erläutert, basiert der Inhalt des vorliegenden Bandes auf dem im Auftrag der Landesanstalt für Rundfunk Nordrhein-Westfalen (LfR) durchgeführten Projekt „Medienbezogene Problemwahrnehmungen und -bewältigungsstrategien von Erzieherinnen im Kindergarten“. Dementsprechend konzentriert sich der empirische Teil des Projektes und damit der Inhalt der folgenden Kapitel auf die Situation in Nordrhein-Westfalen. Inwieweit eine Übertragung der Ergebnisse auf andere Bundesländer möglich ist, kann nicht beurteilt werden.

*Problembewußtsein* im Hinblick auf den Bedarf an Medienerziehung und deren Zielsetzungen die Erzieherinnen zur Praxis der Medienerziehung mitbringen. Hierzu gehört zunächst einmal die Einsicht, daß Medienerziehung notwendig und wichtig ist. Dabei ist davon auszugehen, daß eine solche Einsicht mitbeeinflußt wird von vorhandenen *Kenntnissen* bzw. *Annahmen* zum kindlichen Medienumgang (Mediennutzung, -präferenzen, -motive, -wirkungen etc.), von *Kenntnissen* bezüglich des aktuell den Kindern zur Verfügung stehenden Medienangebotes und den *Kriterien* zur Beurteilung und Auswahl von Medienprodukten, aber auch von den individuellen *Ansichten* zu Medien und Mediennutzung von Kindern. Für das Problembewußtsein wie auch für die mit ihm verbundenen Kenntnisse, Annahmen, Ansichten und Bewertungen dürften der *eigene Medienumgang* (private Medienausstattung, Nutzung verschiedener Medien, eigene Motive der Fernsehnutzung) und die medienbezogenen Kenntnisse als Teilbereich der *Medienkompetenz* der Erzieherinnen eine wesentliche Rolle spielen und sollten deshalb mitberücksichtigt werden.

In Verbindung mit dem jeweiligen Problembewußtsein stellt sich weiterhin die Frage, inwieweit Erzieherinnen medienbezogenes Verhalten von Kindern und Äußerungen von deren *Medienerlebnissen wahrnehmen* und wie sie diese *bewerten*; ebenso aber auch die Frage danach, inwieweit bzw. vor dem Hintergrund welcher *Wirkungsannahmen* sie Verhaltensweisen und Aktivitäten der Kinder auf deren Medienerlebnisse zurückführen.

Wesentlich für die mit dem jeweiligen Problembewußtsein verbundenen Zielsetzungen von Medienerziehung und deren Umsetzung ist selbstverständlich, von welchem medienpädagogischen *Konzept* eine Erzieherin im Kindergarten ausgeht (vgl. hierzu Kap. 1.3 sowie Kap. 4.1). Verbunden damit ist auch zu untersuchen, welche allgemeinen *Vorstellungen von Medienerziehung* bei den Erzieherinnen vorliegen, was sie unter Medienerziehung verstehen, welche *Ziele* sie im einzelnen damit verbinden und welche *Anforderungen* bezüglich der Förderung von Medienkompetenz vor dem Hintergrund welcher Annahmen zu spezifischen Bedingungen des Medienumgangs bei Vorschulkindern sie sehen.

Bezüglich der Umsetzung der Medienerziehungsziele ist als Einflußgröße weiterhin zu untersuchen, ob eine Erzieherin davon überzeugt ist, Kinder angesichts ihrer im Kindergartenalter noch starken *Formbarkeit* durch Erziehung prinzipiell beeinflussen und durch Medienerziehung in ihrem Medienumgang wirksam steuern zu können, oder ob sie eher Grenzen ihrer Möglichkeiten und *Selbstwirksamkeit* sieht. Dabei stellt sich auch die Frage, worin einerseits solche Grenzen gesehen werden und welchen – wie bewerteten – Einfluß andererseits eine Erzieherin anderen Sozialisationsinstanzen (Eltern, Freunden, Schule, Medien etc.) attribuiert.

Zur Analyse von zu vermutenden Einflußgrößen der medienerzieherischen Praxis gehört es selbstverständlich aber auch, neben dem Problembewußtsein und der Problemwahrnehmung sowie den vermutlich damit verbundenen Kenntnissen und Annahmen, Ansichten und Bewertungen, die jeweiligen internen und externen *Rahmenbedingungen* des Kindergartens (dabei u.a. auch die Medienausstattung der Einrichtung) zu berücksichtigen.

Da davon auszugehen ist, daß nicht nur der private Medienumgang, sondern auch sonstige Faktoren aus dem Privatbereich der Erzieherinnen (z.B. Anzahl und Alter eigener Kinder) für verschiedene der genannten Variablen eine Rolle spielen, sind darüber hinaus *soziodemographische Faktoren* zu berücksichtigen. Zusammenhängend damit ist auch zu prüfen, welche medienerzieherische *Qualifikation* die Erzieherinnen in Aus- und/oder Fortbildung oder auch privater Weiterbildung gewonnen haben und für wie nützlich sie diese empfinden; ebenso ist auch zu erkunden, inwieweit sich die in der Kindergartenpraxis Tätigen zur Medienerziehung für qualifiziert halten.

Dabei sind das *subjektive Qualifikationsniveau* wie auch die *erfahrene Ausbildung* vor dem Hintergrund der *aktuellen Situation in der Aus- und Weiterbildung* zu interpretieren und bewerten. Aus diesem Grunde sollten neben Erzieherinnen in Nordrhein-Westfalen auch Ausbilder/-innen der entsprechenden Fachschulen zu Wort kommen, wobei zu ermitteln ist, welche *Curricula* zugrunde gelegt werden (können), inwieweit bestehende Curricula umgesetzt werden und wie Ausbildungsinhalte und Ausbildungsstruktur in dem Bundesland beschaffen sind, in dem die Erzieherinnen tätig sind.

Da die Projektergebnisse letztlich dazu dienen sollen, Grundlagen für eine verbesserte Qualifizierung von Erzieherinnen im Hinblick auf Medienerziehung im Kindergarten zu schaffen, stellt sich als weitere Frage schließlich, welche *Vorschläge zur Verbesserung von Aus- und/oder Fortbildung* die bereits in der Praxis Tätigen haben, welche *Hilfestellungen* zur Medienerziehung sie aktuell als erforderlich für die Medienerziehung ansehen und inwieweit *Fortbildungsinteresse* vorauszusetzen ist.

Zusammenfassend ergeben sich hieraus folgende Variablenkomplexe, die in Kapitel 5.2 genauer beschrieben werden:

- Rahmenfaktoren der Einrichtungen (einschließlich Medienausstattung)
- Soziodemographie und privater Medienumgang der Erzieherinnen
- Situation in der medienpädagogischen Ausbildung (auch vor dem Hintergrund curricularer Richtlinien)
- Medienerzieherische Qualifikation aus der Sicht der Erzieherinnen (erfahrene Qualifizierung und subjektives Qualifikationsniveau, ebenso aber auch Vorschläge der Erzieherinnen zur Verbesserung der Aus- und/oder Fortbildung, ihr Bedarf an Hilfestellungen sowie ihr Fortbildungsinteresse)
- Kenntnisse, Annahmen und Ansichten zu Medien und kindlicher Mediennutzung

- Grundauffassungen, Problemwahrnehmung und Ansichten von Erzieherinnen zur Medienerziehung im Kindergarten (einschließlich allgemeiner Erziehungsauffassungen)
- Praxis der Medienerziehung: Verhalten und Handeln
- Elternarbeit zur Medienerziehung

Insgesamt war – vor dem Hintergrund von Veränderungen in den Anforderungen an medienerzieherische Kompetenzen und entsprechendes Handeln sowie anzunehmender Defizite und Mängel in der Aus- und Fortbildung von Erzieherinnen – Hauptziel des Projektes, medienbezogene Problemwahrnehmungen und -bewältigungsstrategien, medienerzieherisches Verhalten und Handeln sowie zugrundeliegende Konzepte und Ziele, Kenntnisse und Annahmen, Ansichten und Bewertungen von Erzieherinnen in Kindergärten und Kindertagesstätten zu untersuchen.

Solchermaßen gewonnene Erkenntnisse erscheinen vor allem in bezug auf medienpädagogische Qualifizierungsmaßnahmen für Erzieherinnen von Bedeutung, da die Konzeption derartiger Maßnahmen eine umfassende Situationsanalyse voraussetzt. Es erscheint kaum sinnvoll, im Rahmen der Erzieherinnenaus- und -fortbildung lediglich die Umsetzung medienpädagogischer Erkenntnisse in konkretes medienerzieherisches Handeln zu thematisieren, ohne dabei sowohl die Problemwahrnehmung und Handlungsstrategien von Erzieherinnen als auch deren medienbezogene Kenntnisse, Überzeugungen und Einstellungen zu berücksichtigen.

Ähnliches gilt auch bezüglich der vermutlich notwendigen Verbesserung in der medienpädagogischen Qualifizierung des Ausbildungspersonals an Erzieherinnen-Fachschulen. Neben der subjektiven Qualifikation der Erzieherinnen sollten deshalb auch die curricularen Rahmenbedingungen sowie die konkrete Situation in der Erzieherinnenausbildung in bezug auf medienpädagogische Inhalte analysiert werden. Die Gegenüberstellung von medienpädagogischen Curricula und deren Umsetzung in der Erzieherinnenausbildung sowie den Qualifizierungen der Erzieherinnen erlaubt schließlich Rückschlüsse für die Interpretation und Bewertung des „Status Quo" der Medienerziehung im Kindergarten.

Letztlich sollen mit dem Gesamtprojekt Grundlagen für eine verbesserte Qualifizierung von Erzieherinnen im Hinblick auf Medienerziehung im Kindergarten geschaffen werden.

# 5. Untersuchungsdesign, Variablen und Durchführung

Ein komplexes Untersuchungsziel wie das im vorangegangenen Kapitel skizzierte sollte nicht allein mithilfe einer standardisierten Befragung von Kindergarten-Erzieherinnen verwirklicht werden: Wiewohl eine solche – repräsentativ angelegte – Befragung ein wesentliches, wenn nicht zentrales Modul des Gesamtprojektes darstellt, müssen, um Aussagen der Erzieherinnen angemessen und kontextbezogen interpretieren zu können, auch entsprechende Ausbildungsvoraussetzungen berücksichtigt werden. Immerhin liegt es zumindest nahe anzunehmen, daß Erzieherinnen, die bereits im Rahmen ihrer Ausbildung mit Inhalten und Umsetzungsmöglichkeiten der Medienerziehung vertraut gemacht wurden, einen anderen Zugang und unter Umständen auch andere Ansichten zur Notwendigkeit der Medienerziehung haben als solche, denen diese Grundlage fehlt. Insofern erschien es geboten, zusätzlich zu einer (repräsentativen) Erzieherinnen-Befragung zumindest die aktuelle Situation hinsichtlich Struktur und Inhalten im Fach Medienerziehung im Rahmen der Erzieherinnen-Ausbildung zu eruieren[1]. Dabei waren sowohl curriculare Vorgaben – gewissermaßen als Soll-Vorstellungen – als auch Form und Struktur tatsächlich realisierter Inhalte zu berücksichtigen.

Weiterhin mußte in Rechnung gestellt werden, daß eine repräsentativ angelegte Studie hohe Fallzahlen voraussetzt, was wiederum offenere und qualitativere Befragungsformen ausschließt. Andererseits sind die Limitierungserfordernisse standardisierter Befragungen seit langem bekannt (vgl. u.a. Lamnek, 1993; Mayring, 1993) und können unseres Erachtens nicht mit dem lapidaren Hinweis auf die notwendige Repräsentativität vernachlässigt werden. Insofern lag es nahe, beide Zugänge – eine repräsentative, standardisierte wie auch eine offenere themenzentrierte Befragung – zu realisieren, um so wechselseitige Be-

1 Die Ergebnisse des entsprechenden Projektteils können sich freilich lediglich auf die aktuelle Situation beziehen, d.h. es können keine Aussagen über die Ausbildungsvoraussetzungen älterer Erzieherinnen gefällt werden. Allerdings lassen sich aus den Informationen zur medienerzieherischen Ausbildung, die sich darauf beziehen, wie lange Medienerziehung bereits in der einen oder anderen Form unterrichtet wird, begründete Schlüsse hinsichtlich der Situation in der Vergangenheit ziehen.

züge herstellen zu können und gegebenenfalls die Schwächen der einen Befragungsform durch die Vorteile der anderen auszugleichen.

Schließlich war auch der Stand der Diskussion hinsichtlich medienerzieherischer Zielvorstellungen und Methoden zu berücksichtigen. Konzepte zur Medienerziehung werden seit geraumer Zeit in der einschlägigen wissenschaftlichen Literatur diskutiert (vgl. Kap. 1.3), und es ist davon auszugehen, daß Erzieherinnen mit der einen oder anderen Konzeption vertraut beziehungsweise durch diese beeinflußt sind (z.B. durch ihre Ausbildung, durch entsprechende Fortbildungsveranstaltungen oder auch durch eigenständige Lektüre). Eine angemessene Interpretation der Befragungsergebnisse erfordert nicht nur eine umfassende Kenntnis solcher Konzepte, sondern auch deren Systematisierung.

Aus den skizzierten Überlegungen ergab sich eine *multimethodische und mehrebenenanalytische Anlage des Gesamtprojekts*, deren Bestandteile bzw. Module im Folgenden kurz dargestellt werden sollen, bevor dann auf die erhobenen Variablen der verschiedenen Untersuchungsteile einzugehen sein wird (Kap. 5.2). Ergänzt werden diese Ausführungen schließlich durch eine detaillierte Darstellung der Durchführung der empirischen Module (Kap. 5.3.1 bis 5.3.3) mit Angaben zu den jeweiligen Stichproben (Kap. 5.3.4) sowie Erläuterungen zu Auswertungsstrategien (Kap. 5.4).

## 5.1 Untersuchungsmodule

Vor dem Hintergrund der oben beschriebenen Überlegungen wurden zur Realisierung der in Kapitel 4.2 beschriebenen Projektziele fünf Teiluntersuchungen konzipiert, die sich wechselseitig aufeinander beziehen lassen. Abbildung 5.1 bezeichnet diese fünf realisierten Teilstudien und ihre Zusammenhänge untereinander bzw. die Zusammenhänge mit der Untersuchung von Höltershinken und Mitarbeitern (Höltershinken, Kasüschke & Sobiech, 1989; Kasüschke & Sobiech, 1990; Kasüschke, 1991).

*„Medien aus der Sicht von Erzieherinnen" – die Untersuchung von Höltershinken und Mitarbeitern (Kasten 1)*

Gemäß Ausschreibung durch die Landesanstalt für Rundfunk Nordrhein-Westfalen (LfR) sollte sich das in der vorliegenden Publikation zu beschreibende Projekt an dieser früheren Studie zur Medienerziehung in nordrhein-westfälischen Kindergärten orientieren, um so eine gewisse Vergleichbarkeit und damit auch Aussagen über potentielle Veränderungen zu ermöglichen. Insofern die damals und heute befragten Stichproben nicht identisch sein konnten, kann hier natürlich nur von einer eingeschränkten – und mit Vorsicht zu interpretierenden – Vergleichbarkeit gesprochen werden. Darüber hinaus erschien es notwendig, Fragen zu modifizieren bzw. auch andere Fragen zu stellen, so daß keinesfalls von einer Wiederholung der damaligen Studie gesprochen werden kann.

**Abbildung 5.1: Untersuchungsmodule**

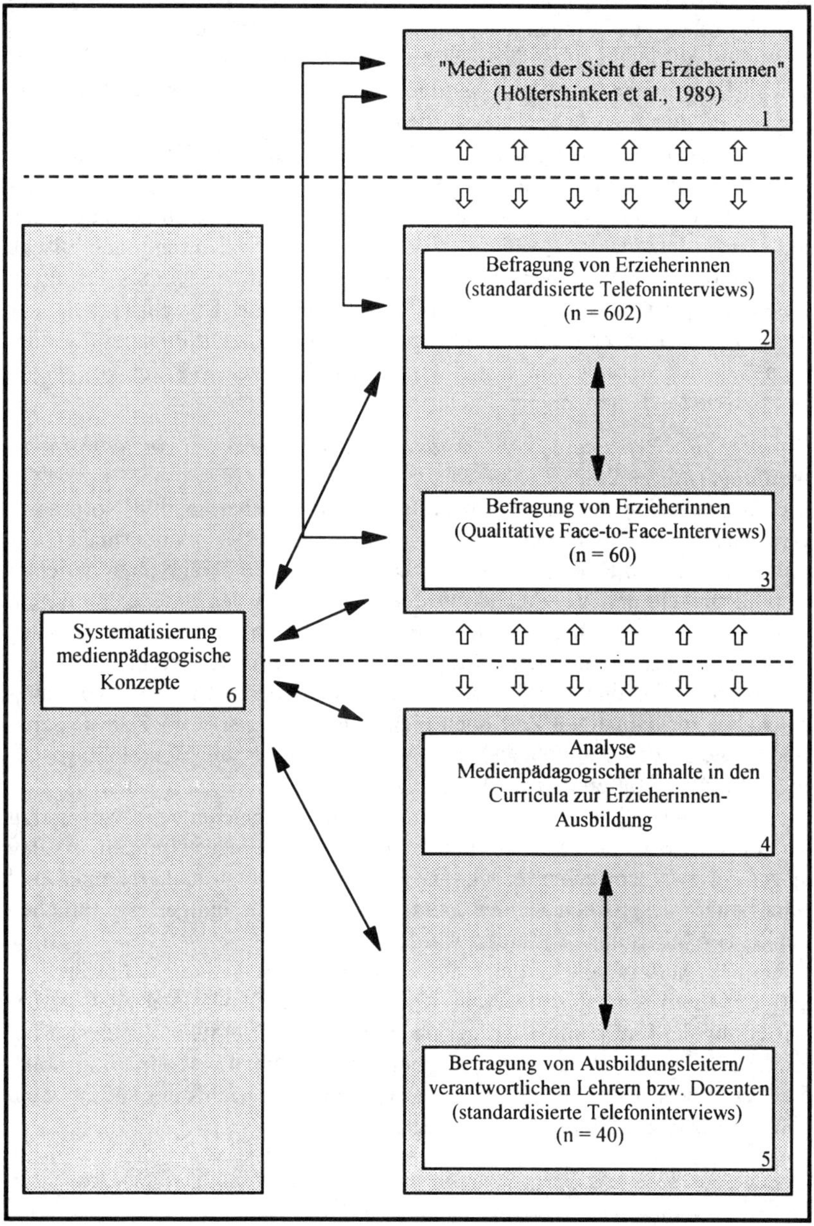

*Systematisierung medienpädagogischer Konzepte (Kasten 6)*
Ziel dieses Projektteils war eine möglichst vollständige Erfassung gegenwärtiger oder in der Vergangenheit diskutierter Leitvorstellungen zur Medienerziehung im Kindergarten. Die recherchierten Konzepte wurden systematisiert und in Form einer Synopse zusammengestellt, deren Ergebnisse bereits in Kapitel 1.3 detailliert dargestellt wurden.

Eine Gegenüberstellung der in der Literatur gefundenen Konzepte sowohl mit Konzeptionen zur Medienerziehung in der Erzieherinnen-Ausbildung als auch mit Vorstellungen und Handlungsstrategien der befragten Erzieherinnen soll nicht zuletzt darüber Aufschluß geben, in welchem Umfang theoretische Konzeptionen durch diejenigen Personen, die sie in der Praxis umsetzen sollen, rezipiert werden. Darüber hinaus liefert eine Kategorisierung der theoretischen Konzepte eine vorläufige Grundlage zur Differenzierung oder auch Typologisierung von Erzieherinnen im Hinblick auf die von ihnen praktizierte Medienerziehung und deren Ziele.

*Repräsentativ-Befragung von Kindergarten-Erzieherinnen in Nordrhein-Westfalen (Kasten 2)*
Die repräsentative Befragung von Kindergarten-Erzieherinnen in Nordrhein-Westfalen stellt – auch gemäß Auftrag durch die LfR – gewissermaßen das Herzstück des Projektes dar. Die Befragung war – wie bereits oben berichtet – so anzulegen, daß Vergleiche mit den Ergebnissen der Untersuchung von Höltershinken und Mitarbeitern (teilweise) möglich wurden. Andererseits mußte auch der veränderten Gesamtsituation Rechnung getragen werden. Dies betrifft zum einen die Tatsache, daß beispielsweise der Fernsehempfang via Kabel zur damaligen Zeit noch nicht sehr verbreitet war[2]. Zum anderen war – wie in den Kapiteln 2.2 und 3.1 aufgezeigt – die Beschlußlage der Jugendministerkonferenz zur Medienerziehung im Kindergarten damals noch anders. Schließlich ergaben sich aus eigenen Untersuchungen (vgl. hierzu u.a. Frey & Six, 1997) Ansatzpunkte für weitere Fragestellungen, so daß insgesamt zwar von einer Anlehnung an die Studie von Höltershinken und Mitarbeitern gesprochen werden kann, diese jedoch in einigen wesentlichen Punkten erweitert bzw. verändert wurde.

Gemäß Auftrag seitens der LfR war eine repräsentative Stichprobe von 600 Erzieherinnen zu realisieren, wobei sich die Repräsentativität an der Verteilung der Einrichtungs-Träger und der Größe der Orte, in denen sich die jeweiligen Einrichtungen befinden, bemessen sollte. Die Befragung sollte darüber hinaus standardisiert erfolgen, was indes angesichts der angestrebten hohen Fallzahl auch unumgänglich war.

2 Die Veränderungen in der Fernsehlandschaft, die sich durch die flächendeckende Einführung des Kabelempfangs in Verbindung mit der Lizensierung privater Rundfunkanbieter ergeben haben, müssen an dieser Stelle nicht zum wiederholten Male aufgezeigt werden.

*Qualitative Face-to-Face-Interviews mit Kindergarten-Erzieherinnen in Nordrhein-Westfalen (Kasten 3)*
Eine Ergänzung der standardisierten Befragung durch teilstrukturierte Interviews erschien aus mehreren Gründen naheliegend und notwendig:

- Aus Gründen der notwendigen Beschränkung der Fragenanzahl in der Repräsentativstudie konnten dort nicht alle für den Themenkomplex relevanten Fragen gestellt werden.
- Die Form der Repräsentativ-Befragung (standardisierte Telefon-Interviews) brachte es zudem mit sich, daß bestimmte Fragen (z.B. nach Ansichten zu Wirkungen des Fernsehens auf Kinder; vgl. Kap. 5.2.4) aufgrund ihrer Komplexität und der Unmöglichkeit, sie mit standardisierten Antwortvorgaben abzufragen, ebenfalls nicht gestellt werden konnten.
- Neben einer Reihe von Fragen, die in der Repräsentativstudie gar nicht gestellt werden konnten, erschien es zweckmäßig, bestimmte Themen nochmals in den Face-to-Face-Interviews anzuschneiden (z.B. zur medienerzieherischen Ausbildung, zu Reaktionen auf medienbezogenes Verhalten der Kinder; vgl. Kap. 5.2), um so Antworten aus der Repräsentativ-Befragung vertiefen, präzisieren und konkretisieren zu können. Dieser Ansatz bot zusätzlich die Möglichkeit, eventuelle Methodeneffekte aufzudecken und bei der Interpretation der Ergebnisse zu berücksichtigen.

Aus den genannten Gründen wurden qualitative Face-to-Face-Interviews mit 60 Erzieherinnen aus der Stichprobe der Repräsentativ-Befragung durchgeführt.

*Analyse von Curricula zur medienerzieherischen Ausbildung von Kindergarten-Erzieherinnen in Nordrhein-Westfalen (Kasten 4)*
Es wurde bereits angesprochen, daß eine Interpretation der Daten aus den beiden Erzieherinnen-Befragungen auch die (medienpädagogischen) Ausbildungsvoraussetzungen der Befragten in Rechnung stellen muß. Dabei sind zunächst entsprechende Curricula – gewissermaßen als „Soll-Vorstellungen" für den Unterricht im Fach Medienerziehung – heranzuziehen. Wie bereits in Kapitel 3.2 detailliert ausgeführt, stellt der in Nordrhein-Westfalen verwendete „Lehrplan zur Erprobung Sozialpädagogik" die primäre Grundlage für den Unterricht im Fach Medienerziehung bereit. Es kann jedoch vermutet werden, daß an einzelnen Schulen darüber hinaus weitere – spezifisch auf das Fach zugeschnittene – Curricula Verwendung finden. Diese mußten selbstverständlich ebenfalls einbezogen werden, um so einen möglichst umfassenden Einblick in konzeptionelle Grundlagen der Unterrichtsgestaltung zu erarbeiten.

*Befragung von Lehrerinnen und Lehrern im Fach Medienerziehung an Institutionen der Erzieherinnen-Ausbildung (Kasten 5)*
Curricula geben zunächst nur darüber Auskunft, was von Verantwortlichen hinsichtlich Struktur und Inhalten der Ausbildung gewünscht wird. Es ist allerdings zu vermuten, daß die Praxis in vielen Fällen von diesen Soll-Vorstellungen mehr oder weniger abweicht. Da jedoch weniger das, was gewünscht wird, als vielmehr das, was tatsächlich im Hinblick auf Medienerziehung an den Fachschulen vermittelt wird, im Rahmen des Gesamtprojektes von Interesse ist, erschien es geboten, die Praxis im Fach Medienerziehung einer genaueren Betrachtung zu unterziehen.

Deshalb wurde eine Befragung von verantwortlichen Fachlehrerinnen und -lehrern konzipiert und durchgeführt, deren Hauptziel es war, Informationen darüber zu erhalten, in welchem Umfang Vorgaben des „Lehrplans zur Erprobung Sozialpädagogik" tatsächlich umgesetzt werden bzw. inwiefern andere Vorstellungen in die aktuelle Unterrichtsgestaltung einfließen. Aufgrund der überschaubaren Anzahl an Institutionen der Erzieherinnen-Ausbildung in Nordrhein-Westfalen wurde hier eine Vollerhebung geplant, d.h. es war beabsichtigt, entsprechende Informationen an sämtlichen in Frage kommenden Schulen zu erheben.

Im Rahmen dieses Projektteiles wurden auch ggf. neben dem „Lehrplan zur Erprobung Sozialpädagogik" im Fach Medienerziehung verwendete Curricula (siehe vorhergehender Abschnitt) recherchiert.

Im folgenden Kapitel sollen die in den empirischen Teiluntersuchungen (Kästen 2, 3 und 5) verwendeten Variablen dargestellt und erläutert werden.

## 5.2 Variablen der empirischen Teilstudien

Aus den in Kapitel 4.2 skizzierten Fragestellungen ergaben sich acht allgemeine Variablenkomplexe, die – mit Überschneidungen – in den verschiedenen Teilstudien – Erzieherinnen-Repräsentativ-Befragung, qualitative Face-to-Face-Interviews mit Erzieherinnen und Ausbilderbefragung – untersucht wurden. Diese Fragenbereiche werden im Folgenden unter sechs Überschriften zusammengefaßt. Die Ausbilder-Befragung nimmt dabei insofern eine Sonderstellung ein, als in ihrem Rahmen lediglich einer der Variablenkomplexe – die medienerzieherische Ausbildung – thematisiert wurde. Aus Gründen der Übersichtlichkeit der Darstellung und da es sinnvoller erscheint, die Variablen nach ihrer inhaltlichen Zusammengehörigkeit und nicht nach Teilstudien getrennt darzustellen, werden dennoch alle Variablen[3] aller Teilstudien gemeinsam erläutert[4].

---

3 Detaillierte Informationen zur Art der jeweiligen Fragestellung und zu Antwortvorgaben können der Dokumentation der verwendeten Erhebungsinstrumente im Anhang entnommen werden. Informationen

### 5.2.1 *Rahmendaten der Kindergärten*

In weitgehender Übereinstimmung mit den Fragestellungen bei Höltershinken und Mitarbeitern wurden in der Repräsentativ-Befragung die Öffnungszeiten der Einrichtungen, die Anzahl der Kindergruppen und deren Größe, die Altersstruktur der Kinder sowie der Anteil an Kindern ausländischer Herkunft erfragt[5].

Weiterhin war von Interesse, in welchem Ausmaß in den Kindergärten Merchandising-Artikel (d.h. Spiele, Spielfiguren oder ähnliche Gegenstände, die etwas mit dem Fernsehen zu tun haben) vorhanden sind und wie das Mitbringen solcher Artikel geregelt ist[6]. Schließlich wurde – ähnlich wie bei Höltershinken – ermittelt, welche Mediengeräte in den Einrichtungen vorhanden sind[7] und wie häufig die vorhandenen gemeinsam mit den Kindern genutzt werden.

In den qualitativen Interviews wurden diese Fragebereiche nicht weiter vertieft, bei der Auswertung (siehe hierzu Kap. 5.4) wurden jedoch Aussagen, die die Kindergärten näher beschreiben (z.B. im Hinblick auf das Einzugsgebiet des Kindergartens oder die Schichtzugehörigkeit der Eltern), ebenfalls berücksichtigt, soweit sie für den Gegenstand der Untersuchung von Interesse erschienen.

### 5.2.2 *Soziodemographie und private Mediennutzung der Erzieherinnen*

Neben den üblichen soziodemographischen Merkmalen der befragten Erzieherinnen wie Alter, Familienstand, Ausbildungsabschluß und dergleichen wurde hier auch die Position der Befragten in der Einrichtung erfragt (Einrichtungsleiterin, Gruppenleiterin, Erzieherin ohne Gruppenleitung etc.). Vor dem Hintergrund unserer theoretischen Überlegungen und Fragestellungen (vgl. Kap. 4) wollten wir darüber hinaus wissen, über welche Mediengeräte

---

zur Entwicklung der Erhebungsinstrumente sowie zu Durchführung und Stichproben der Befragungen finden sich in Kapitel 5.3.

4 Eine Frage sei hier unabhängig von diesen Variablenkomplexen genannt, da sie sich keinem inhaltlichen Bereich zuordnen läßt und mit der eigentlichen Untersuchungsthematik nichts zu tun hat: Am Ende der Repräsentativbefragung wurden die Erzieherinnen danach gefragt, ob sie zur Teilnahme an einem späteren Face-to-Face-Interview bereit wären. Die so ermittelte Teilnahmebereitschaft war Voraussetzung dafür, daß eine Befragte zusätzlich in die Ausgangsgesamtheit zur Bildung der Zufallsstichprobe für die qualitativen Interviews aufgenommen werden konnte.

5 Ebenso wie bei Höltershinken und Mitarbeitern wurden auch die Träger der Kindergärten/-tagesstätten als Variable berücksichtigt; da die Trägerschaft jedoch in Zusammenhang mit der Stichprobenziehung bekannt war, mußte sie nicht mit in die Erhebungsinstrumente einbezogen werden.

6 Auch bei Höltershinken et al. wurde dies, wenn auch offenbar nicht genau in der gleichen Weise, untersucht. An dieser Stelle sei angemerkt, daß in keiner der Publikationen zu der Studie von Höltershinken und Mitarbeitern die Erhebungsinstrumentarien dokumentiert sind, so daß nicht in allen Fällen eindeutig ist, inwieweit eine Vergleichbarkeit mit unseren Erhebungen gegeben ist.

7 Bei der Computerausstattung wurde zusätzlich nach der Multimediafähigkeit gefragt.

die Erzieherinnen in ihrem Privathaushalt verfügen und in welchem Ausmaß verschiedene Medien (wie Fernsehen, Tageszeitung, Bücher und Computer) von ihnen privat genutzt werden[8].

Ebenso wurden in diesem Zusammenhang auch die Motive der Erzieherinnen zur Fernsehnutzung erhoben. Da von vornherein feststand, daß auch Vermutungen auf seiten der Erzieherinnen hinsichtlich der Fernsehmotive von Kindern erhoben werden sollten, lag es nahe, in beiden Fällen ähnliche Skalen zu verwenden, um so ggf. Vergleichsmöglichkeiten zu schaffen. Um zu erkunden, welche Fernsehmotive Erzieherinnen bei Drei- bis Fünfjährigen vermuten (siehe Kap. 5.2.4, Abschnitt 1), und um später diese Angaben der Erzieherinnen mit vorliegenden Angaben von Kindern vergleichen zu können, wurde eine Skala aus einer Untersuchung des Bauer-Verlags (1994) herangezogen[9]. Zur Erfassung der eigenen Fernsehmotive der Erzieherinnen wurde diese Skala für unsere Zwecke angepaßt: Da bestimmte Motive für Erwachsene eine eher untergeordnete Rolle spielen, andere dagegen eher für Erwachsene als für Kinder relevante Motiv-Dimensionen darstellen, wurden einige Items der Originalskala gestrichen, andere leicht verändert sowie zusätzliche Items eingefügt. Die neun Items zur Erfassung der eigenen TV-Motive – von den Befragten auf einer fünfstufigen Skala hinsichtlich des Zutreffens für die eigene Person zu bewerten – richten sich auf die Aspekte Informationsgewinnung, Unterhaltung, Entspannung und Ablenkung, Langeweile sowie auf soziale Motive (Reduzierung von Einsamkeit, mit anderen einen Gesprächsstoff haben und sehen, wie andere Menschen leben).

Fragen zu Soziodemographie und Mediennutzung wurden in den qualitativen Interviews nicht mehr gestellt, da eine Validierung oder Ergänzung der Daten der Repräsentativstudie nicht notwendig erschien. In Zusammenhang mit Fragen nach der Ausbildung zur Medienerziehung (siehe Kap. 5.2.3.2) wurde in den Face-to-Face-Interviews allerdings zusätzlich auch das Ausbildungsende erfragt.

### *5.2.3 Medienerzieherische Qualifikation aus Sicht von Erzieherinnen und Lehrkräften*

Die medienerzieherische Ausbildung bzw. Qualifikation von Kindergarten-Erzieherinnen als einer der zentralen Fragebereiche des Gesamtprojekts wurde aus zwei unterschiedlichen Blickwinkeln beleuchtet: Wie bereits ausgeführt, wurde zum einen eine gesonderte Befragung von Lehrerinnen und Lehrern durchgeführt, die für die medienerzieherische Ausbildung zuständig

---

8 Auch in der Untersuchung von Höltershinken et al. wurde die private Medienausstattung und -nutzung erfragt, allerdings in einer weniger vollständigen Weise.

9 Vollständig vergleichbar sind diese Daten allerdings nicht, da die Repräsentativstudie des Bauer-Verlags Kinder von sechs bis 13 Jahren berücksichtigte und zudem lediglich Zustimmung/Ablehnung der Items erfragt wurde.

sind. Zum anderen wurden sowohl in der Repräsentativstudie als auch in den qualitativen Interviews Fragen zur Aus- und Fortbildung gestellt, so daß detaillierte Informationen zur Sicht der Erzieherinnen wie auch zu der der Ausbilder vorliegen. Ergänzt wird dieser Fragebereich durch die Analyse der entsprechenden Curricula für das Fach Medienerziehung.

#### 5.2.3.1 Situation in der medienerzieherischen Ausbildung aus Sicht der Lehrkräfte

Die Themen der Ausbilder-Befragung sollten ein möglichst umfassendes Bild sowohl im Hinblick auf strukturelle Voraussetzungen als auch hinsichtlich der behandelten Inhalte im Fach Medienerziehung ermöglichen[10]. Sie lassen sich grob wie folgt kategorisieren:

- Strukturelle Bedingungen: Gefragt wurde, wieviele Lehrkräfte an der Schule das Fach Medienerziehung unterrichten und wieviele Stunden pro Ausbildungsjahrgang für das Fach zur Verfügung stehen[11].
- Schwerpunktsetzungen: Hier wollten wir wissen, welche Medien – gegebenenfalls vorrangig – in der Ausbildung behandelt werden.
- Struktur und Inhalte des Lehrangebots: Neben der Frage nach dem Entstehungsjahr des aktuellen medienerzieherischen Lehrangebots (d.h. dem Jahr, in dem dieses in der aktuellen Form konzipiert wurde) wurden den Lehrkräften 15 für das Fach Medienerziehung potentiell relevante Themengebiete (wie Mediennutzung, Medientechnik, Medienwirkungen, Medienpräferenzen usw.) vorgegeben, die sich weitgehend an den im „Lehrplan zur Erprobung" verwendeten Begrifflichkeiten orientieren. Die Befragten wurden gebeten anzugeben, in welchem Ausmaß sie das jeweilige Thema behandeln und auf welche Medien in diesem Zusammenhang jeweils eingegangen wird. Zusätzlich wurde ihnen mit einer offen gestellten Frage die Gelegenheit gegeben, die jeweils konkreten Inhalte zu erläutern.
- Vertretene medienerzieherische Konzepte: Es wurden kurz die vier in Kapitel 1.3 dargestellten Hauptkonzepte der Medienerziehung skizziert mit der Bitte anzugeben, welche dieser Konzepte an der Schule vertreten werden und welches Konzept letztlich das vorrangig vertretene ist.
- Orientierung des Lehrangebots: Hier wollten wir wissen, inwieweit der „Lehrplan zur Erprobung" den Lehrkräften bekannt ist und in welchem Ausmaß sich das aktuelle medienerzieherische Lehrangebot der Schule an diesem orientiert.

---

10 Insofern die Ausbilder-Befragung einen eigenständigen Projektteil darstellte, wurden hier selbstverständlich die üblichen soziodemographischen Daten der Befragten erhoben, die jedoch an dieser Stelle für die Gesamtdarstellung der in den Teiluntersuchungen verwendeten Variablen nicht von Interesse sind.

11 Im „Lehrplan zur Erprobung Sozialpädagogik" sind als Richtwert 128 Stunden für die Dauer der Ausbildung von zwei Jahren angegeben.

- Bedarf an Ausbildungsvoraussetzungen: Zuletzt wurde den Befragten die Möglichkeit gegeben zu äußern, in welchen von vier vorgegebenen Bereichen (Personal, räumliche Ausstattung, technisches Gerät und Informationsmaterial) sie weiteren Ausstattungsbedarf für ihre Schule sehen.

### 5.2.3.2 Medienerzieherische Qualifikation aus Sicht der Erzieherinnen

In der repräsentativen Befragung wurden die Erzieherinnen zunächst nach bestimmten Bereichen der medienerzieherischen Ausbildung gefragt:

- Technischer Umgang mit Mediengeräten
- Möglichkeiten des Einsatzes von Mediengeräten in der Einrichtung
- Informationen darüber, in welchem Ausmaß und wozu Kinder das Fernsehen nutzen
- Informationen darüber, welche Auswirkungen das Fernsehen auf Kinder hat
- Ziele und Praxis der Medienerziehung im Kindergarten
- Elternarbeit zur Medienerziehung von Kindern

Zu jedem dieser Bereiche wurde gefragt, ob die entsprechenden Inhalte in der Ausbildung der Erzieherinnen behandelt wurden, inwieweit dies für die heutige Praxis als nützlich empfunden wird und ob die Erzieherinnen sich privat damit befaßt haben.

Weiterhin wurde erfragt, in welchem Ausmaß die befragten Personen „medienpädagogische Hilfestellungen" – beispielsweise in Form von Broschüren oder Fortbildungsangeboten – in den Bereichen sowie zur „Elternberatung im Hinblick auf die Bewertung von Medienangeboten" für notwendig erachten.

Schließlich wurde erhoben, inwieweit sich die Erzieherinnen zur Medienerziehung qualifiziert fühlen. Um dabei Vergleichswerte heranziehen zu können, wurde diese subjektive Qualifikation nicht nur im Hinblick auf Medienerziehung und Elternarbeit zur Medienerziehung erfragt, sondern darüber hinaus auch bezüglich weiterer Erziehungsbereiche, die im Kindergartenalltag eine wichtige Rolle spielen (wie Bewegungserziehung, Erziehung und Förderung im Sozialverhalten und Spielverhalten sowie im kognitiven und moralisch-ethisch-religiösen Bereich, Kreativitätserziehung, Gesundheits- und Sexualerziehung, Verkehrserziehung, Musisch-ästhetische Erziehung), sowie bezüglich der Elternarbeit insgesamt[12].

Ergänzend dazu thematisierten die qualitativen Interviews neben dem Stellenwert der Medienerziehung in der Ausbildung auch absolvierte Fortbildungen zur Medienerziehung sowie das Interesse an solchen Fortbildungen, darüber

---

12 In der Studie von Höltershinken et al. wurde die subjektive Qualifikation zur Medienerziehung ebenfalls erfragt. Bei den anderen Fragen zur Ausbildung bestehen kaum Vergleichsmöglichkeiten zur Studie von Höltershinken, da entsprechende Fragen dort offenbar entweder gar nicht oder in anderer Weise gestellt wurden oder aber keine entsprechenden Daten präsentiert werden.

hinaus auch Verbesserungsbedarf und -möglichkeiten in der medienerzieherischen Aus- und Fortbildung sowie – in Anlehnung an die Repräsentativstudie – den Bedarf an Hilfestellungen für die Medienerziehung im Kindergarten.

### *5.2.4 Kenntnisse, Ansichten und Problemwahrnehmung bezüglich Medien und kindlicher Mediennutzung*

Dieser zentrale Fragenkomplex bezog sich auf vier Gegenstandsbereiche: (1) kindliche Fernsehnutzung; (2) vielsehende Kinder; (3) Fernsehen; (4) Multimedia.

*(1) Kindliche Fernsehnutzung*
Im Rahmen der telefonischen Repräsentativ-Befragung wurden die Erzieherinnen (ohne Antwortvorgabe) gebeten, den durchschnittlichen täglichen Fernsehkonsum drei- bis fünfjähriger Kinder zu schätzen. Weiterhin wurden sie aufgefordert, Lieblingssendungen von Kindern dieser Altersgruppe zu benennen. In geschlossener Form wurden zudem die vermuteten Fernsehmotive Drei- bis Fünfjähriger erfragt. Eine entsprechende Liste von Motiven wurde einer Repräsentativstudie des Bauer-Verlags (1994) entnommen und für unsere Zwecke geringfügig umformuliert, da in der genannten Untersuchung Kinder selbst Auskunft über ihre Motive hatten geben sollen (vgl. auch Kap. 5.2.2).

Schließlich wurden die Befragten anhand einer Liste möglicher Informationsquellen gebeten anzugeben, worauf sie ihr Wissen über den Medienumgang von Kindern gründen. Die Liste umfaßte Aus- und Fortbildung, Fachliteratur, das Verhalten bzw. Berichte der Kinder in der Einrichtung, Gespräche mit Kolleginnen, eigenen Freunden/Bekannten und Eltern der Kinder sowie aktuelle Medien als Informationsquellen[13].

Zu den drei ersten Bereichen wurden auch in den Face-to-Face-Interviews Fragen gestellt. Informationsquellen wurden dagegen in den qualitativen Interviews nicht noch einmal explizit erfragt, implizit jedoch von den Erzieherinnen selbst vielfach benannt.

*(2) Annahmen zu vielsehenden Kindern*
Neben Kenntnissen bzw. Annahmen der Erzieherinnen zur Fernsehnutzungsdauer von Vorschulkindern sollte in der Repräsentativstudie ermittelt werden, ab welcher durchschnittlichen Nutzungsdauer pro Tag Erzieherinnen das Fern-

13 Ein Item wurde zudem inhaltlich leicht verändert: In der Originalfassung lautete dieses: „Ich sehe fern, weil ich dann mit meinen Freunden ein Gesprächsthema habe". In unserer Fassung wurde dies ersetzt durch: „Kinder sehen fern, um dann in ihrer Gruppe mitreden zu können".
Lieblingssendungen und TV-Motive von Kindern sowie Informationsquellen wurden auch in der Studie von Höltershinken und Mitarbeitern erfragt; die Angaben sind teilweise vergleichbar.

sehen für Kinder dieses Alters für schädlich halten[14]. Diese Fragestellung hatte sich bereits in früheren Untersuchungen (vgl. Frey & Six, 1997) als fruchtbar erwiesen. In ähnlicher Weise sollten die Befragten darüber hinaus auch angeben, ab welcher durchschnittlichen täglichen Fernsehdauer sie Kinder als „Vielseher" bezeichnen würden. Insgesamt wurden somit in der Repräsentativstudie drei Kennwerte für den kindlichen Fernsehkonsum ermittelt: vermutete Nutzungsdauer, angenommene „Schädlichkeitsgrenze" und Grenze, ab der man von „Vielsehern" sprechen würde.

Darüber hinaus wurde den Erzieherinnen eine Liste von möglichen Eigenschaften vielsehender Kinder vorgelesen mit der Bitte anzugeben, inwieweit diese Eigenschaften ihrer Ansicht nach auf vielsehende Kinder im Vergleich zu anderen Kindern zuträfen (die Items dieser Liste wurden teilweise von Höltershinken et al. übernommen, die auch ähnliche Antwortvorgaben verwendeten).

Abgerundet wurde der Fragenkomplex durch Einschätzungen, wieviel Prozent der Drei- bis Fünfjährigen in Deutschland beziehungsweise in der Kindergartengruppe als „Vielseher" zu bezeichnen seien[15].

Zwar wurde die Vielseherproblematik (wie auch die „Schädlichkeitsgrenze") in den qualitativen Interviews nur selten explizit angesprochen, häufig jedoch implizit – etwa im Zusammenhang mit geäußerten Medienerlebnissen der Kinder oder mit Wirkungsannahmen (siehe Abschnitt 3) – thematisiert.

*(3) Annahmen und Ansichten zum Fernsehen*

Hierunter fallen Einstellungen zum Fernsehen, Annahmen hinsichtlich der Schädlichkeit bestimmter Sendungsarten oder -genres, Kriterien zur Bewertung bzw. Auswahl von Fernsehangeboten sowie Kenntnisse bzw. Ansichten hinsichtlich der Auswirkungen des Fernsehens auf Kinder.

Einstellungen zum Fernsehen wurden in der repräsentativen Befragung sehr differenziert abgefragt: So wurden die Personen gebeten, sowohl das Fernsehen („ganz allgemein") sowie neuere Entwicklungen des Fernsehens (z.B. Interaktives Fernsehen) als auch den Komplex Multimedia zu bewerten, und zwar im Hinblick auf die eigene Person, auf Kinder im Kindergartenalter, auf die Arbeit im Kindergarten sowie auf die Gesellschaft insgesamt. Die Fragen waren jeweils ganz bewußt polarisierend formuliert: So wurde gefragt, ob die Erzieherinnen beispielsweise „das Fernsehen allgemein" eher als einen „Fluch" oder eher als „Segen" im Hinblick auf die Arbeit im Kindergarten empfinden. Ein derartiges Vorgehen hat sich bereits in früheren Untersuchungen

14 Ähnliches wurde auch in der Studie von Höltershinken et al. (siehe Kasüschke, 1991) untersucht; dort wurden die Gruppenleiterinnen danach gefragt, was sie Eltern bezüglich der Frage, wie lange ein Kindergartenkind pro Tag fernsehen solle, empfehlen würden.

15 In der Studie von Höltershinken et al. wurde ebenfalls nach dem Anteil der „Vielseher" gefragt, allerdings nur bezogen auf die Kindergartengruppe.

(vgl. u.a. Frey & Six, 1997) als ausgesprochen fruchtbar erwiesen, da weniger bewußt-rationale Bewertungen als vielmehr – möglicherweise durchaus gefühlsbetonte – Einstellungen in diesem Zusammenhang von Interesse sind. Auf diese Weise ergaben sich insgesamt zwölf (drei mal vier) Bewertungen, die in der Auswertung wiederum in unterschiedlicher Weise zu Gesamtvariablen zusammengefaßt werden konnten[16]. Auch in diesem Kontext ist im übrigen nochmals die bereits erläuterte „Schädlichkeitsgrenze" zu erwähnen (vgl. Punkt 2 in diesem Kapitel).

Ebenfalls in der Repräsentativstudie wurden den Befragten Programmbereiche (bzw. Genres oder Sendungsarten; z.B. „Actionfilme", „Western", „Werbung") vorgegeben, von denen angenommen werden konnte, daß sie im Hinblick auf Kinder eher negativ beurteilt würden. Die Befragten wurden aufgefordert, jede einzelne Sendungsart auf einer vierstufigen Skala mit den Polen „problematisch" bis „unproblematisch" zu bewerten.

In den Face-to-Face-Interviews wurden Einstellungen zum Fernsehen sowie Bewertungen (potentiell) problematischer Programmbereiche zwar nicht explizit erfragt, konnten jedoch teilweise den Aussagen der Befragten entnommen werden. Vermutete Wirkungen des Fernsehens auf Kinder wurden hingegen ausschließlich und ausführlich in den qualitativen Interviews zum Thema gemacht, was angesichts der Komplexität der Thematik auch naheliegt. Dasselbe gilt für die Kriterien der Programmbewertung, die ebenfalls nur in den Face-to-Face-Interviews erfragt wurden[17]. Beide Fragen wurden zwar zunächst global gestellt, die Erzieherinnen wurden jedoch ggf. von den Interviewern aufgefordert, nicht nur die jeweils eine Seite (z.B. nur negative Wirkungen oder Kriterien nur für negativ bewertete Sendungen) zu beleuchten. Im Fokus der Auswertung sollten hier später auch keinesfalls lediglich genannte Wirkungen beziehungsweise Bewertungskriterien stehen; wichtig erschien gerade in diesem Zusammenhang auch, in welchem Ausmaß die Erzieherinnen sich zum jeweiligen Thema eher differenziert oder eher in pauschaler Weise äußerten.

*(4) Multimedia*

Die Multimedia-Thematik konnte in der Repräsentativstudie nur kurz angerissen werden: Eine einzige Frage richtete sich auf die Selbsteinschätzung der eigenen Grundkenntisse zu Multimedia. Dabei wurden den Erzieherinnen vier Aussagen zu Wissen bzw. Kenntnissen über Multimedia vorgelesen mit der Bitte, die für sie zutreffendste zu bezeichnen.

---

16 „Einstellungen zur technischen Entwicklung" wurden, allerdings bezogen auf andere Medien, auch bei Höltershinken et al. erfaßt. Einstellungsgegenstand waren dabei entweder Computer oder „Neue Medien" (Video, Computer, Telespiele, Kabelfernsehen etc. gemeinsam).

17 In der Studie von Höltershinken und Mitarbeitern wurden Wirkungsannahmen wie auch TV-Bewertungskriterien im Rahmen von Interviews erfragt, allerdings hierzu keine Daten präsentiert, so daß ein Vergleich allenfalls auf der Interpretationsebene möglich ist.

Ausführlicher wurde der Komplex dann in der qualitativen Befragung behandelt. Zunächst wurden die Erzieherinnen nach einer Definition bzw. nach ihrer Vorstellung vom Begriff „Multimedia“ gefragt. Weitere Fragen bezogen sich auf ihr Interesse an Multimedia, ihr Wissen über Multimedia-Angebote für Kinder sowie ihren entsprechenden Informationsbedarf [18].

### *5.2.5 Grundauffassungen, Problemwahrnehmung und Ansichten von Erzieherinnen zur Medienerziehung im Kindergarten*

*(1) Grundauffassungen*

Zunächst stellte sich die Frage, in welchem Ausmaß die Erzieherinnen davon ausgehen, prinzipiell Einfluß auf die Entwicklung von Kindern nehmen zu können. Diese Einflußmöglichkeit wird zwangsläufig als umso geringer eingeschätzt, je mehr die Erzieherinnen glauben, daß Entwicklung und Persönlichkeit von Kindern bereits durch ihre genetischen Anlagen determiniert sind. In den qualitativen Interviews wurden die Erzieherinnen dementsprechend gebeten zu erläutern, inwieweit sie Kinder als von ihren Anlagen determiniert oder aber von der Umwelt beeinflußbar einschätzen. In der Repräsentativ-Befragung wurde diese Frage eingegrenzt auf den relativen Einfluß des Fernsehens als einer Dimension von Umwelteinflüssen bzw. als Sozialisationsinstanz: Es wurde danach gefragt, welchen Einfluß das Fernsehen im Vergleich zu anderen Sozialisationsinstanzen (wie z.B. Familie, Kindergarten oder Freunden) auf die Entwicklung von Kindern habe.

Über diese allgemeinen Grundauffassungen hinaus wollten wir speziell im Hinblick auf die Medienerziehung im Kindergarten wissen, in welchem Ausmaß die Erzieherinnen sich selbst in dieser Hinsicht als einflußreich erleben. Zu diesem Zweck wurden sie in der Repräsentativstudie gebeten, anhand einer fünfstufigen Antwortskala die folgende Aussage zu bewerten: „Es hängt erheblich von meinem Engagement ab, ob Kinder das Medium Fernsehen sinnvoll nutzen können“ (zur Frage der subjektiven Selbstwirksamkeit siehe auch Abschnitt 3 in diesem Kapitel).

Diese drei Fragen bildeten gewissermaßen den Hintergrund für die folgenden Fragebereiche, die Problemwahrnehmungen der Erzieherinnen im Hinblick auf medienbedingtes Verhalten von Kindern, Einstellungen und Auffassungen zur Medienerziehung sowie schließlich Ziele medienerzieherischen Verhaltens thematisierten.

---

18 Diese weiteren Fragen wurden jedoch nur dann gestellt, wenn man aufgrund der Begriffsumschreibung nicht den Eindruck haben mußte, daß die Erzieherin mit eben diesen Fragen überfordert würde.

*(2) Problembewußtsein und Problemwahrnehmung im Hinblick auf medienbedingtes/medienbezogenes Verhalten von Kindern*

Vorderhand erschien es sinnvoll zu klären, in welchem Ausmaß Erzieherinnen medienbezogenes oder medienbedingtes Verhalten von Kindern wahrnehmen und wie sie diese bewerten. Dieser Komponente der Problemwahrnehmung wurde in beiden Erzieherinnen-Befragungen relativ viel Platz eingeräumt.

So wurden in den qualitativen Interviews die Befragten ganz allgemein dazu aufgefordert zu schildern, inwieweit Kinder ihre Medienerfahrungen und -erlebnisse in den Kindergartenalltag hineintragen bzw. Verhaltensweisen zeigen, die nach Meinung der Befragten direkt oder indirekt mit dem Medienkonsum der Kinder zu tun haben[19], und ob solche Verhaltensweisen bei allen oder nur bestimmten Kindern in der Gruppe auftreten. Ebenso wurden sie nach ihrer Bewertung solcher Medienerlebnisse bzw. medienbedingter oder medienbezogener Verhaltensweisen der Kinder gefragt.

In der Repräsentativstudie wurden solche Verhaltensweisen vorgegeben und die Erzieherinnen aufgefordert anzugeben, wie häufig diese vorkämen und inwieweit sich solche Verhaltensweisen nur bei bestimmten Kindern oder bei der gesamten Gruppe beobachten lassen (z.B. unaufgeforderte Thematisierung von Medien, Mediennutzung oder Medieninhalten; Nachahmung von Medienhelden; unaufgeforderte Nutzung von Mediengeräten im Kindergarten).

Ebenfalls als Komponente der Problemwahrnehmung und des ihr zugrunde liegenden Problembewußtseins wurde in den Face-to-Face-Interviews danach gefragt, inwieweit die Erzieherinnen bei Kindern im Kindergartenalter spezifische Defizite in den für einen adäquaten Medienumgang notwendigen Kompetenzen (z.B. Fähigkeit zur Unterscheidung zwischen Realität und Fiktion) als problematisch für die Mediennutzung ansehen und welchen Bedarf bzw. welche Möglichkeiten der Förderung solcher Kompetenzen sie für den Kindergarten sehen.

*(3) Auffassungen zur Medienerziehung*

Fragen zu Auffassungen zur Medienerziehung wurden in erster Linie in den qualitativen Interviews thematisiert, da sich hier die Möglichkeit bot, den Komplex insgesamt und im Zusammenhang zu beleuchten; zudem erschien es kaum möglich, entsprechende Fragen (in der Repräsentativstudie) in geschlossener Form zu stellen.

In der Repräsentativstudie wurde daher lediglich die subjektive Wichtigkeit der Medienerziehung im Vergleich zu anderen Erziehungsbereichen (analog zur Frage nach der subjektiven Qualifikation für Medienerziehung

19 sei es, daß das Verhalten nach Ansicht der befragten Person durch Medienkonsum bedingt wird (z.B. indem ein Kind belastende Medienerlebnisse „ausagiert"), oder sei es, daß das Verhalten sich auf die Medien bezieht (z.B. wenn ein Kind einen Werbespot nachsingt)

und andere Erziehungsbereiche, siehe Kap. 5.2.3.2) in geschlossener Form erfragt (vierstufige Antwortskala mit den Polen „sehr wichtig“ und „völlig unwichtig“). Ebenfalls ist diesem Komplex eine Frage aus der Repräsentativstudie zuzuordnen, mit der die Erzieherinnen angeben sollten, welche Rolle bei der Medienerziehung von Kindern im Kindergartenalter sie – in quantitativer Hinsicht – dem Kindergarten einerseits und der Familie andererseits attribuieren, d.h. welchen prozentualen Anteil an der Medienerziehung ihrer Meinung nach der Kindergarten (im Vergleich zur Familie) übernehmen sollte.

In den qualitativen Interviews wurde ebenfalls die Wichtigkeit der Medienerziehung angesprochen; zunächst jedoch wurden die Erzieherinnen gebeten, Medienerziehung ihrem Verständnis gemäß zu definieren bzw. zu umschreiben (vgl. zum Begriffsverständnis auch die Interviewergebnisse bei Höltershinken et al., 1989). Weiterhin wurde der Versuch unternommen herauszufinden, welchem der vier medienerzieherischen Grobkonzepte, die wir im Rahmen der Sichtung entsprechender Literatur unterschieden hatten (vgl. Kap. 1.3), die Erzieherinnen zuzuordnen sind. Diese Zuordnung erfolgte nicht lediglich auf der Basis von Antworten zu einer bestimmten Frage, sondern anhand des jeweiligen gesamten Interviews (zur Vorgehensweise vgl. Kap. 5.4[20]). In einigen Interviews wurden den Probandinnen die vier Konzepte – ähnlich wie in der Ausbilderbefragung (vgl. Kap. 5.2.3.1) – kurz vorgestellt mit der Bitte, dasjenige zu bezeichnen, das am ehesten ihrer Auffassung entspricht. Zusätzlich wurde in der Repräsentativstudie eine Frage zur bewahrpädagogischen Haltung in der Medienerziehung gestellt (zum bewahrpädagogischen Konzept vgl. Kap. 1.3): Die Erzieherinnen sollten auf einer fünfstufigen Antwortskala (mit den Polen „völlig richtig“ und „völlig falsch“) die Aussage „Fernsehen, Video und Computer stellen eine Gefahr für die Entwicklung der Kinder dar und gehören deshalb nicht in den Kindergarten“ bewerten.

Ziele der Medienerziehung wurden hauptsächlich in den qualitativen Interviews thematisiert[21]: zunächst auf einer sehr globalen Ebene, indem – häufig im Anschluß an die Frage nach der Definition von Medienerziehung (s.o.) – ganz allgemein nach entsprechenden Zielen gefragt wurde. Darüber hinaus wurden jedoch im Rahmen der Schilderung durchgeführter medienerzieherischer Maßnahmen und Projekte sowie des Medieneinsatzes im Kindergarten (siehe Kap. 5.2.6) auch damit verbundene Zielvorstellungen erhoben.

Zusätzlich wollten wir wissen, in welchem Ausmaß die Erzieherinnen der Meinung sind, ihre Ziele der Medienerziehung auch umsetzen zu können,

---

20 Eine direkte Vergleichbarkeit mit der Studie von Höltershinken et al. ist nicht gegeben, da dort abgesehen von einer bewahrpädagogischen Haltung u.E. keine Konzepte erfaßt wurden (vgl. hierzu Höltershinken et al., 1989; Kasüschke, 1991).

21 vgl. auch Höltershinken et al. (1989)

oder anders ausgedrückt: Inwieweit erleben sie sich als selbstwirksam im Hinblick auf die Umsetzung medienerzieherischer Ziele, wo sehen sie gegebenenfalls Grenzen dieser Selbstwirksamkeit? (siehe hierzu die bereits unter Punkt 1 genannte Fragestellung). Diesen Fragen wurde genauer in den qualitativen Interviews nachgegangen.

In der Repräsentativ-Befragung wurden die Ziele der Medienerziehung eingegrenzt auf Ziele einer bestimmten medienerzieherischen Maßnahme: Die Erzieherinnen wurden offen gefragt, was sie bezwecken, wenn sie Kinder zur eigenständigen Mediennutzung anregen (zur Frage nach der Initiierung medienbezogenen Verhaltens vgl. Kap. 5.2.6).

### *5.2.6 Praxis der Medienerziehung im Kindergarten: Verhalten und Handeln*

Das medienerzieherische Verhalten und Handeln der Erzieherinnen konnte in der Repräsentativ-Befragung plausiblerweise in nur recht geringem Maße erfragt werden. Insofern stellte dieser Komplex einen wesentlicheren Schwerpunkt der qualitativen Interviews dar, dem dort entsprechend auch viel Zeit eingeräumt wurde.

Die Befragten der Repräsentativstudie gaben zum einen Auskunft darüber, in welchem Ausmaß sie bestimmte (vorgegebene) medienbezogene Verhaltensweisen der Kinder selbst anregen (wie z.B. Nachspielen von Medienerlebnissen, eigenständige Benutzung von Mediengeräten[22]). Zum anderen wurde in abgestufter Form nach Reaktionen auf solche Verhaltensweisen, wenn diese unaufgefordert auftreten, gefragt[23].

Der Praxis der Medienerziehung lassen sich aus der Repräsentativstudie jedoch auch folgende Fragen subsumieren: Im Rahmen der Erfassung von Rahmendaten des Kindergartens wurden dort die Erzieherinnen danach gefragt, wie häufig sie mit den Kindern gemeinsam im Kindergarten vorhandene Mediengeräte benutzen (Antwortvorgaben von „täglich/fast täglich“ bis „seltener als ein- bis zweimal pro Halbjahr bzw. nie“ [24]) und inwieweit in der Einrichtung Spiele, Spielfiguren oder sonstige Gegenstände, die etwas mit dem Fernsehen zu tun haben, benutzt werden (vgl. auch Kap. 5.2.1). Darüber hinaus wurden die Erzieherinnen in der Repräsentativstudie auch danach gefragt, welchen relativen Anteil an der Medienerziehung der Kindergarten im Vergleich zur Familie tatsächlich hat (anzugeben als prozentualer Anteil,

---

22 Die Items waren entsprechend denen zur Frage nach der Wahrnehmung solcher Verhaltensweisen, wenn diese unaufgefordert auftreten (vgl. dazu Kap. 5.2.5, Abs. 2).
Die in der vorliegenden Studie eingesetzten Items sind mit denen bei Höltershinken et al. großenteils nicht vergleichbar (vgl. hierzu Kasüschke, 1991, S. 128).

23 zur Erläuterung der abgestuften Frageweise vgl. Kap. 6.6.1

24 Bei Höltershinken et al. wurde ebenfalls die Nutzung verschiedener Medien in der Einrichtung erfragt, jedoch wurde dabei nicht die Häufigkeit erfaßt, sondern wie gern bzw. ungern die Gruppenleiterinnen solche Medien in der Arbeit mit den Kindern nutzen.

analog zur Frage nach dem prozentualen Anteil, den der Kindergarten – im Vergleich zur Familie – an der Medienerziehung nach Meinung der Befragten übernehmen sollte; vgl. hierzu Kap. 5.2.5, Abs. 3).

Eine – zwangsläufig grobe – Einschätzung einer bestimmten Art des medienerzieherischen Verhaltens und Handelns ergab sich aus dem Ausmaß der Zustimmung zu einer Aussage, die eine bewahrpädagogische Haltung (vgl. hierzu Kap. 1.3) widerspiegelt: Auf einer vierstufigen Antwortskala (mit den Polen „trifft voll zu" bis „trifft gar nicht zu") sollten die Befragten die Aussage „In der Kindergartenarbeit bemühe ich mich, die Kinder vor den Verführungen und Gefährdungen seitens der Medien zu schützen. Deshalb sorge ich dafür, daß unsere Einrichtung frei von Fernsehen, Video und Computer bleibt" bewerten.

In den qualitativen Interviews wurde der gesamte Komplex des medienerzieherischen Verhaltens und Handelns wesentlich umfassender und unter verschiedenen Gesichtspunkten thematisiert, so daß sich hier ein bedeutend komplexeres Bild ergab. Die Praxis der Medienerziehung wie auch der Medieneinsatz im Kindergarten wurden in den Face-to-Face-Interviews an verschiedenen Stellen immer wieder thematisiert: so etwa im Anschluß an die Frage danach, inwieweit Erzieherinnen feststellen, daß Kinder Medienerlebnisse in den Kindergarten hineintragen; ebenso u.a. in Zusammenhang mit Zielen der Medienerziehung und der Frage nach den Ansichten zum Erziehungs- und Förderbedarf von Kindern hinsichtlich ihrer Fernsehkompetenz sowie nach entsprechenden Handlungsstrategien und deren Realisierbarkeit. Im übrigen wurden die Erzieherinnen in den qualitativen Interviews auch explizit nach durchgeführten konkreten Maßnahmen und Projekten befragt. Bei den verschiedenen Aussagen zu diesem Themenkomplex ließ sich zudem großenteils auch das medienerzieherische Engagement der jeweiligen Erzieherin als weitere Variable ableiten[25].

In Zusammenhang mit derartigen Praxisfragen interessierte schließlich auch, inwieweit und welche Art von *Elternarbeit* im Hinblick auf Medienerziehung in der Familie praktiziert wird.

Es wurde bereits erläutert, daß die Erzieherinnen in zwei Fragen der Repräsentativstudie dazu Stellung nehmen sollten, welchen relativen Anteil der Kindergarten im Vergleich zur Familie an der Medienerziehung der Kinder übernehmen sollte bzw. tatsächlich hat[26]. Diese Fragen wurden in den Face-to-Face-Interviews nicht explizit gestellt, jedoch äußerten sich fast alle Befragten – kaum überraschend – recht ausführlich zur Rolle der Eltern hin-

---

25 Auch in der Studie von Höltershinken und Mitarbeitern wurden die Praxis der Medienerziehung und das entsprechende Engagement erfaßt, ein Vergleich ist jedoch auf der Basis der von Höltershinken bzw. seinen Kollegen berichteten Ergebnisse nur indirekt möglich.

26 Tatsächlich wurde jeweils lediglich nach dem Anteil des Kindergartens gefragt; die Formulierung der Fragen (vgl. Anhang) stellte jedoch sicher, daß aus den Antworten jeweils neben dem Anteil des Kindergartens auch der der Familie hervorging.

sichtlich der Medienerziehung der Kinder. Folglich war es möglich, auch hier entsprechende Informationen zu extrahieren.

Zu der auf Medienerziehung gerichteten Elternarbeit selber[27] wurden in der Repräsentativstudie mit entsprechenden Antwortvorgaben Fragen zu Häufigkeit (vierstufige Skala von „häufig" bis „nie"), Formen (kurze oder längere Elterngespräche oder Elternabende) und Anlässen (als „Reaktion z.B. auf aktuelle Ereignisse in der Gruppe" oder als selbstinitiierte Interaktion mit den Eltern „ohne konkreten Anlaß") gestellt. In den qualitativen Interviews wurde die Elternarbeit an verschiedenen Stellen thematisiert und dabei häufig auch auf Probleme eingegangen.

## 5.3 Entwicklung der Erhebungsinstrumente, Durchführung und Stichproben der empirischen Untersuchungsmodule

In den folgenden drei Abschnitten werden zunächst die Entwicklung der jeweiligen Erhebungsinstrumente sowie die Durchführung der Erhebungen geschildert. Im anschließenden vierten Abschnitt sollen sodann die Stichproben der drei Teilstudien beschrieben werden. Dabei werden die Stichproben der beiden Erzieherinnen-Befragungen gemeinsam behandelt.

### *5.3.1 Repräsentativ-Befragung*

Für die Repräsentativ-Befragung wurde aus forschungsökonomischen Gründen (insbesondere unter Berücksichtigung der Rücklaufquoten-Problematik sowie damit verbundener Probleme der Herstellung von Repräsentativität) die Form vollstandardisierter telefonischer Leitfadeninterviews gewählt[28]. Mit der Durchführung dieser Telefonbefragung wurde das Umfrageinstitut Forsa beauftragt.

Der Leitfaden für die Telefoninterviews (zur Dokumentation siehe Anhang) wurde – in enger Abstimmung sowohl mit der auftraggebenden Landesmedienanstalt (LfR) als auch mit dem durchführenden Umfrageinstitut – bis Ende April 1997 vom Projektteam entwickelt. Bei der Entwicklung galt es, neben der notwendigen Kürze des zu verwendenden Instrumentes insbesondere die Verständlichkeit der Fragestellungen zu gewährleisten, da ansonsten in der speziellen Situation des Telefon-Interviews Mißverständnisse durch komplizierte Grammatik, unverständliche Wortwahl etc. allzu leicht entstehen können. Anders als bei einer schriftlichen Befragung haben die

---

27 In der Studie von Höltershinken und Mitarbeitern wurde zur Elternarbeit ebenfalls nach Formen – ähnlich wie in der vorliegenden Untersuchung – sowie nach Problemen gefragt.

28 Zur Vermeidung von Mißverständnissen wird im Folgenden dieser Begriff nicht mehr verwendet, da sich sonst allzu leicht Verwechslungen mit den qualitativen Interviews ergäben.

Teilnehmer bei dieser Befragungsform zudem nicht die Möglichkeit, Fragen mehrfach durchzulesen. Aus diesen Gründen wurden Vorversionen des Instrumentes mit Landauer Erzieherinnen zunächst getestet, deren Rückmeldungen zu schrittweisen Verbesserungen des Leitfadens für die Telefoninterviews beitrugen.

Die endgültige Version des Leitfadens umfaßte insgesamt 174 größtenteils geschlossene Fragen – eine erhebliche Menge, die jedoch nach Auskunft des durchführenden Umfrageinstituts problemlos in einem angemessenen Zeitrahmen von ca. 35 bis 40 Minuten bewältigt werden konnte.

In die Ausgangsgesamtheit wurden zunächst alle Kindergärten/-tagesstätten in Nordrhein-Westfalen aufgenommen. Nicht berücksichtigt wurden dabei Behinderteneinrichtungen, Krippen, Horte und Sondereinrichtungen. Basis hierfür war eine vom Landesamt für Datenverarbeitung und Statistik des Landes Nordrhein-Westfalen zur Verfügung gestellte Liste. Aus dieser Ausgangsgesamtheit wurde durch Forsa eine Zufallsstichprobe von Einrichtungen in NRW gezogen.

Zufällig ausgewählte Kindergärten aus dieser bereinigten Liste wurden im Zeitraum von Ende Mai bis Mitte Juni 1997 von den Interviewern[29] telefonisch kontaktiert. Dabei wurde zunächst geklärt, ob der kontaktierte Kindergarten auch tatsächlich der anvisierten Stichprobe angehört (da Sondertagesstätten, Horte usw. nicht immer anhand der Liste zweifelsfrei identifiziert werden konnten). Anschließend wurde kurz der Zweck der Befragung erläutert und die Bereitschaft zur Teilnahme erfragt. Befragt wurde diejenige Erzieherin, die zuletzt Geburtstag gehabt hatte („Last-Birthday-Verfahren"), um auch hier eine zufällige Auswahl zu gewährleisten. Gleichwohl ist festzustellen, daß die realisierte Stichprobe einen überproportional hohen Anteil an Einrichtungsleiterinnen aufweist (siehe auch Kap. 5.3.4). Über Gründe für diesen Sachverhalt kann lediglich spekuliert werden.

Insgesamt verlief die Befragung nach Auskunft des durchführenden Instituts sehr zufriedenstellend, die kontaktierten Erzieherinnen zeigten eine hohe Bereitwilligkeit, zu den Fragen Auskunft zu geben. Die hohe Akzeptanz der Befragung läßt sich auch an der sehr hohen Bereitschaft, an den späteren qualitativen Interviews teilzunehmen (vgl. Kap. 5.3.2), ablesen.

### *5.3.2 Qualitative Interviews*

Für die qualitativen Interviews wurde die Form des halbstandardisierten, themenzentrierten Interviews (vgl. u.a. Lamnek, 1993) gewählt. Da verschiedene Fragen aus den erwähnten Gründen (vgl. Kap. 5.1) nicht in der

29 Sowohl bei der Beschreibung dieses Projektmoduls als auch bei den weiter unten zu beschreibenden Befragungen verwenden wir für Interviewerinnen und Interviewer gemeinsam aus ökonomischen Gründen lediglich die männliche Form.

Repräsentativstudie gestellt werden konnten und zudem eine Reihe von Fragen möglichst ähnlich den entsprechenden Fragestellungen der Repräsentativstudie sein sollte (um so u.a. eine gewisse Validierung zu ermöglichen), konnte keine völlig offene Form des Interviews umgesetzt werden[30]. Zudem war ja ein weiterer Grund für die Planung dieses Untersuchungsmoduls die Tatsache, daß davon ausgegangen werden mußte, daß ein solch komplexes Thema nicht allein mit Hilfe vollkommen standardisierter Instrumente mit Antwortvorgaben bearbeitet werden kann, ohne daß dabei wesentliche Informationen wegfallen. Das bedeutet, daß eine grundsätzliche Offenheit für Antworten unterschiedlichster Art nicht nur wünschenswert, sondern – vor dem Hintergrund des leitenden Erkenntnisinteresses – auch unverzichtbar erschien. Und schließlich sollte in den qualitativen Interviews den individuellen Gedankengängen und Sichtweisen der jeweiligen Erzieherin möglichst starke Aufmerksamkeit gewidmet werden, so daß sich ein bei standardisierten Befragungen üblicher Frage-Antwort-Rhythmus an vielen Stellen der Interviews verbieten mußte. Insofern stellt die gewählte Befragungsform einen Kompromiß zwischen einer notwendigen interindividuellen Vergleichbarkeit und damit einer gewissen Standardisierung auf der einen Seite und einer – ebenso notwendigen – Offenheit (die nicht nur die Vergleichbarkeit mit Daten der Repräsentativ-Befragung, sondern auch mit Aussagen aus anderen Interviews beeinträchtigt) auf der anderen Seite dar.

Eine endgültige Version des verwendeten Leitfadens wurde vom Projektteam bis Mitte August 1997 entwickelt und in den verschiedenen Phasen der Entwicklung Tests mit Landauer Erzieherinnen unterzogen.

Eine vollständige Interviewer-Handreichung umfaßte neben dem Gesprächsleitfaden als Gedächtnisstütze eine kurze allgemeine Einführung in die Technik des themenzentrierten Interviews, einige Informationen zu Hintergründen und Zielen der Befragung, detaillierte Anweisungen zur Durchführung der Gespräche sowie einen Postskriptumsbogen[31]. Der Leitfaden selbst (siehe Kurzfassung im Anhang) gab einen idealtypischen Gesprächsverlauf wieder, d.h. es wurden alle zu stellenden Fragen sowie mögliche Überleitun-

---

30 auch wenn eine offenere Befragungsform zum ganz allgemein gehaltenen Gegenstand „Medienerziehung im Kindergarten" durchaus von einigem Interesse sein könnte

31 Auf dem Postskriptumsbogen waren nach Abschluß eines jeden Gesprächs Name und Alter des Interviewers sowie Datum, Ort und Dauer der Befragung zu vermerken. Zusätzlich wurde (da Interviewer und Befragte häufig derselben Alterskohorte angehörten und eine entspannte Gesprächs-Atmosphäre durchaus wünschenswert war) angegeben, ob die formale Anrede („Sie") benutzt wurde und inwieweit das Gespräch „flüssig" oder „mühsam" war. Schließlich sollten die Interviewer in eigenen Worten eventuelle Besonderheiten zur befragten Person sowie zum Gesprächsverlauf bzw. zur Gesprächssituation notieren. Diese Angaben waren dazu gedacht, für die spätere Auswertung der Interviews Eindrücke „aus erster Hand" zu haben, die geeignet sein könnten, Gespräche in der einen oder anderen Weise zu bewerten oder zu interpretieren (vgl. hierzu Kapitel 5.4).
Die ansonsten außer dem Gesprächsleitfaden in der Interviewer-Handreichung enthaltenen Teile sollten lediglich zur Gedächtnisstütze dienen; wichtiger als die entsprechenden Skizzierungen war jedoch die intensive vorherige Interviewer-Schulung.

gen zu anderen Themenbereichen vorformuliert. Die Interviewer wurden jedoch im Rahmen der Interviewerschulung ausführlich und ausdrücklich angewiesen, sich keinesfalls starr an dieser Vorgabe zu orientieren oder auch Fragen einfach abzulesen[32]. Vielmehr war es vorrangig von der jeweiligen Gesprächspartnerin abhängig zu machen, ob eine Frage überhaupt gestellt wurde (oder die Erzieherin von sich aus zu einem Thema bereits hinreichend Aussagen gemacht hatte), wie ausführlich ein Thema behandelt wurde und in welcher Reihenfolge und welchem wechselseitigen Bezug einzelne Fragenkomplexe thematisiert werden konnten.

Die Entscheidung für die Form des halbstandardisierten, themenzentrierten Interviews machte eine umfassende Schulung der Interviewer erforderlich, da bei dieser Art der Befragung ein hohes Maß an kommunikativer Kompetenz auf seiten des Interviewers Voraussetzung ist. Darüber hinaus erfordert ein souveräner Umgang mit den Fragen selbstverständlich umfassendes Wissen über Ziele und Hintergründe der Befragung. Diese Schulung wurde von den Verfassern dieser Publikation kurz vor der eigentlichen Feldzeit durchgeführt.

Die Gewinnung der angestrebten Stichprobe von 60 Erzieherinnen erfolgte in mehreren Teilschritten: Zunächst wurden aus der Stichprobe der 602 in der Repräsentativstudie befragten Erzieherinnen diejenigen ermittelt, die sich auf eine entsprechende Frage hin bereit erklärt hatten, an weitergehenden Interviews teilzunehmen. Die 238 Erzieherinnen, auf die dies zutraf, stellten die Ausgangsgesamtheit für die qualitativen Interviews dar. Aus dieser Gesamtheit wurde eine Zufallsstichprobe von hundert Erzieherinnen gezogen, die von Mitgliedern des Projektteams kontaktiert wurden mit dem Ziel zu ermitteln, ob sie tatsächlich für eine weitere Befragung zur Verfügung stünden und welcher Zeitpunkt dafür in Frage käme. Schließlich wurden mit 60 Erzieherinnen Termine vereinbart, so daß die Vorbereitungen für die Befragung Mitte September 1997 abgeschlossen waren. Die Interviews fanden dann zwischen Mitte September und Mitte Oktober desselben Jahres – in der Regel in einem Raum der jeweiligen Einrichtung – statt.

Die sehr offene Form der Befragung hatte Interviews von höchst unterschiedlicher Länge zur Folge: Die Gesprächsdauer reichte von 45 Minuten bis hin zu zwei Stunden. Alle Gespräche wurden – mit der explizit eingeholten Erlaubnis der Befragten – auf Band aufgezeichnet.

32 Der Leitfaden selber wurde dementsprechend auch nicht in die Befragung mitgenommen. Stattdessen fertigten sich alle Interviewer Karteikarten mit Stichworten zu den einzelnen Fragen und Themengebieten an, so daß es möglich war, innerhalb eines Gesprächs die Themen je nach Gesprächsverlauf zu wechseln und Fragen diesem anzupassen.

### 5.3.3 *Ausbilder-Befragung*

Die nicht allzu guten Erfahrungen hinsichtlich der Antwortbereitschaft bei schriftlichen Befragungen von Lehrerinnen und Lehrern (vgl. u.a. Frey & Six, 1997) veranlaßten das Projektteam, für die Ausbilder-Befragung die Form weitgehend standardisierter Telefon-Interviews zu wählen. Auf diese Weise sollte eine soweit wie möglich erschöpfende Information hinsichtlich der Situation im Fach Medienerziehung an den Institutionen der Erzieherinnen-Ausbildung sichergestellt werden.

Ein entsprechender Leitfaden wurde bis Mitte Mai 1997 entwickelt (wobei auch hier Vorversionen auf ihre Einsetzbarkeit hin getestet wurden). Verwendet wurde dabei sowohl die offene wie auch die geschlossene Frageform, um einerseits die Vergleichbarkeit der Daten zu gewährleisten und andererseits möglichst umfassende Informationen hinsichtlich tatsächlich realisierter Inhalte im Fach Medienerziehung zu erhalten.

Anders als in der telefonischen Befragung von Erzieherinnen (siehe Kap. 5.3.1) wurden die Interviewer aufgefordert und im Rahmen der Interviewer-Schulung darin trainiert, den Informationscharakter der Interviews explizit zu machen, indem sie den Gesprächspartnern beim ersten Kontakt verdeutlichen sollten, daß es darum ging, ein möglichst umfassendes und zutreffendes Bild der medienerzieherischen Ausbildung an den Schulen zu zeichnen, und nicht etwa darum, beispielsweise das verfügbare Wissen der Interviewpartner abzufragen.

Zur Stichprobengewinnung wie auch für die spätere Analyse von Curricula zur medienerzieherischen Ausbildung von Erzieherinnen wurden im März 1997 alle 93 Institutionen der Erzieherinnen-Ausbildung in Nordrhein-Westfalen angeschrieben mit der Bitte, einerseits eventuell neben dem „Lehrplan zur Erprobung Sozialpädagogik“ im Fach Medienerziehung verwendete Curricula zur Verfügung zu stellen und zum anderen für das Fach Medienerziehung verantwortliche Fachlehrer- und -lehrerinnen zu benennen. Ein Erinnerungsschreiben erfolgte im April 1997. 46 Schulen antworteten daraufhin (dies entspricht einer Rücklaufquote von 49%) und benannten ihrerseits 83 Ausbilderinnen und Ausbilder, von denen jeweils eine Person pro Schule von uns im nächsten Schritt kontaktiert wurde. Sinn des Erstkontaktes war es, zunächst die Bereitschaft der Person zu einem weitergehenden Interview über Inhalte und Struktur der medienerzieherischen Ausbildung an der Schule zu erkunden. Darüber hinaus sollte festgestellt werden, inwieweit die Person sich in der Lage sah, Auskunft über das gesamte Fach zu geben bzw. in welchen Fällen weitere Personen befragt werden mußten. Insgesamt gaben zehn der 46 Schulen an, neben dem „Lehrplan zur Erprobung Sozialpädagogik“ eigene Curricula oder Vergleichbares zu verwenden. Solches Material wurde jedoch nicht in jedem Fall zugesandt.

Von den 46 zunächst kontaktierten Ausbilderinnen und Ausbildern verweigerten drei die Auskunft, vier weitere konnten später nicht mehr erreicht werden. Lediglich an einer Schule ergab sich die Notwendigkeit, die Aussagen der zunächst kontaktierten Person um Auskünfte eines weiteren Lehrers im Fach zu ergänzen, so daß insgesamt 40 Personen interviewt wurden, die 39 Schulen repräsentieren[33].

Beim Erstkontakt wurden den 40 Lehrerinnen und Lehrern ausführlich Zweck und Hintergrund der Befragung erläutert. Nachdem die Personen ihr Einverständnis zu einer ausführlichen telefonischen Befragung gegeben hatten, wurden schließlich gesonderte Interview-Termine verabredet, so daß für die Teilnehmer ausreichend Zeit zur Verfügung stand, sich auf das Gespräch vorzubereiten und gegebenenfalls Unterlagen bereitzulegen.

Die Interviews fanden im Zeitraum von Mitte Juni bis Anfang Juli 1997 statt und wurden von den Interviewern teilweise auf Band aufgezeichnet. Das Einverständnis der Personen für die Aufzeichnung wurde jeweils explizit eingeholt. Darüber hinaus wurden die Antworten von den Interviewern auf vorbereiteten Antwortbögen notiert. Die Antwortbögen enthielten zudem von den Interviewern einzutragende Angaben zu Zeitpunkten des Erstkontakts und Gesprächsterminen (sofern mehrere notwendig waren) sowie zur Dauer der Gespräche, die zwischen einer halben und einer Stunde schwankte.

### *5.3.4 Stichprobenbeschreibungen*

#### 5.3.4.1 Erzieherinnen-Befragungen

Neben einer Darstellung der entsprechenden Ergebnisse für die Stichprobe der Repräsentativ-Befragung (n = 602) und die Unterstichprobe der qualitativen Interviews (n = 60) erscheint es sinnvoll, auch Ergebnisse für die Ausgangsstichprobe[34] der Face-to-Face-Interviews (n = 238) zu berichten, um so potentielle Verzerrungen gegenüber der Repräsentativ-Stichprobe zu dokumentieren.

Die Repräsentativität der realisierten Stichprobe von 602 Erzieherinnen[35] in nordrhein-westfälischen Kindergärten bestimmt sich in Anlehnung an das

33 Aus diesem Grunde wurden für alle Angaben, die sich auf Inhalte oder Struktur des Lehrangebots beziehen, die Antworten dieser beiden Personen zu einem gemeinsamen Datensatz aggregiert, so daß die Stichprobengröße in diesen Fällen n = 39 beträgt. Alle Angaben, die persönliche Einschätzungen widerspiegeln (wie z.B. die Frage nach Ausstattungsbedarf) oder sich auf Angaben zur Person beziehen, werden dagegen für alle 40 befragten Personen berichtet.

34 Wenn im Folgenden von der Ausgangsstichprobe die Rede ist, so sind damit stets jene 238 Erzieherinnen gemeint, die sich am Ende der Repräsentativbefragung dazu bereit erklärt hatten, an einem späteren Face-to-Face-Interview teilzunehmen. Mit realisierter Interview-Stichprobe sind dagegen die 60 Erzieherinnen gemeint, mit denen auch qualitative Interviews tatsächlich durchgeführt wurden.

35 Zunächst eine Vorabinformation zum Geschlecht der Befragten: Entsprechend der Verteilung des Merkmals in der Grundgesamtheit befinden sich auch in unserer Repräsentativstichprobe die Männer in einer verschwindend geringen Minderheit (16 Befragte). Aus diesem Grund wird – wie auch schon in den vor-

Projekt von Höltershinken und Mitarbeitern (1989) über die Trägerschaft der Einrichtungen sowie die Größe der Ortschaften, in denen sich die Einrichtungen befinden. Tabelle A.1 im Anhang gibt die Verteilung der beiden Repräsentativitätskriterien in der bereinigten Grundgesamtheit (siehe Kap. 5.3.1) sowie in der realisierten Stichprobe wieder. Die geringfügigen Abweichungen (rechte Spalte der Tabelle) wurden durch entsprechende Gewichtungen ausgeglichen.

Tabelle 5.1 gibt die Ergebnisse zu Alter, Familienstand und Kindern der Befragten wieder. Das relativ hohe durchschnittliche Alter der Befragten von 38 Jahren dürfte sich aus dem Umstand ergeben, daß der Anteil an befragten Leiterinnen der jeweiligen Einrichtungen deutlich überproportioniert ist (vgl. hierzu weiter unten Tab. 5.2). Das bedeutet, daß auch mit dem „Last-Birthday-Verfahren" keine reine Zufallsauswahl herzustellen war; Gründe dafür lassen sich lediglich vermuten, sind jedoch hier nicht weiter von Belang.

Während das Durchschnittsalter in der Interview-Ausgangsstichprobe etwa identisch mit dem der Repräsentativstichprobe ist, liegt es bei der realisierten Interview-Stichprobe noch einmal etwas höher, und zwar bei etwa 40 Jahren(vgl. Abb. A.1 im Anhang). Dies überrascht kaum angesichts der Tatsache, daß in dieser Stichprobe die Einrichtungsleiterinnen gegenüber der Repräsentativ-Stichprobe noch einmal deutlich überrepräsentiert sind.

**Tabelle 5.1: Alter, Familienstand und Kinderanzahl (Basis: n = 602; gewichtete Daten)**

| | n | % |
|---|---|---|
| **Alter der Befragten** (n = 602) | | |
| unter 30 | 125 | 20,8 |
| 30 bis 39 | 192 | 31,9 |
| 40 bis 49 | 234 | 38,9 |
| 50 bis 59 | 44 | 7,4 |
| 60 und darüber | 6 | 1,0 |
| | M = 38,07 | SD = 8,93 |
| **Leben Sie mit oder ohne einem/n Partner im Haushalt?** | | |
| ohne Partner | 163 | 27,1 |
| mit Partner | 433 | 72,0 |
| K. A. | 5 | 0,9 |
| **Wenn Sie Kinder haben, wieviele Kinder unter 14 Jahren leben in Ihrem Haushalt?** | | |
| keine Kinder | 296 | 49,2 |
| keine Kinder unter 14 | 150 | 24,9 |
| 1 Kind | 93 | 15,5 |
| 2 Kinder | 53 | 8,8 |
| 3 Kinder | 6 | 1,0 |
| K. A. | 4 | 0,7 |

angegangenen Kapiteln – immer die weibliche Form verwendet, wenn es um die befragten Erzieherinnen und Erzieher geht.

Im Hinblick auf den Familienstand unterscheiden sich die drei Stichproben geringfügig; die meisten Erzieherinnen leben mit einem Partner im gemeinsamen Haushalt, gut ein Viertel der Befragten lebt ohne Partner (realisierte Interview-Stichprobe: etwas mehr als ein Drittel). Ebenso verhält es sich hinsichtlich der Kinderanzahl: Ist es in der Repräsentativ-Stichprobe noch ziemlich genau die Hälfte der Befragten, die keine Kinder hat, sind es in der Interview-Ausgangsstichprobe nur noch etwa 44 Prozent und in der realisierten Interview-Stichprobe sogar nur noch 38 Prozent.

**Tabelle 5.2: Stellung in der Einrichtung, Ausbildungsabschluß, Berufsjahre**

| | R-gesamt (n = 602) | | I-A (n = 238) | | I-R (n = 60) | |
|---|---|---|---|---|---|---|
| | n | % | n | % | n | % |
| **Stellung in der Einrichtung** | | | | | | |
| Leiterin der Einrichtung | 316 | 52,5 | 142 | 59,7 | 44 | 73,3 |
| Erzieherin mit Gruppenleitung | 225 | 37,4 | 83 | 34,9 | 15 | 25,0 |
| Erzieherin ohne Gruppenleitung | 49 | 8,1 | 7 | 2,9 | 1 | 1,7 |
| Praktikantin im Anerkennungsjahr | 9 | 1,5 | 5 | 2,1 | - | - |
| K. A. | 3 | 0,5 | 1 | 0,4 | - | - |
| **Berufsabschluß (Mehrfachantworten)** | | | | | | |
| Erzieherin | 546 | 90,6 | 221 | 92,9 | 53 | 88,3 |
| Sozialpädagogin | 33 | 5,4 | 9 | 3,8 | 3 | 5,0 |
| Kinderpflegerin | 17 | 2,8 | 4 | 1,7 | - | - |
| sonstiger Abschluß | 4 | 0,6 | 3 | 1,3 | 3 | 5,0 |
| keinen Ausbildungsabschluß | 1 | 0,1 | 0 | 0,0 | - | - |
| K. A. | 9 | 1,5 | 6 | 2,5 | 3 | 5,0 |
| **Berufsjahre** | | | | | | |
| bis 5 Jahre | 97 | 16,1 | 37 | 15,5 | 8 | 13,3 |
| über 5 bis 10 Jahre | 128 | 21,2 | 56 | 23,5 | 10 | 16,7 |
| über 10 bis 15 Jahre | 101 | 16,8 | 31 | 13,0 | 6 | 10,0 |
| über 15 bis 20 Jahre | 116 | 19,3 | 47 | 19,7 | 14 | 23,3 |
| über 20 bis 25 Jahre | 93 | 15,4 | 38 | 16,0 | 10 | 16,7 |
| über 25 bis 30 Jahre | 50 | 8,3 | 22 | 9,2 | 9 | 15,0 |
| über 30 bis 35 Jahre | 12 | 2,1 | 7 | 2,9 | 3 | 5,0 |
| über 35 Jahre | 4 | 0,6 | - | - | - | - |
| K. A. | 1 | 0,2 | - | - | - | - |
| | M = 14,83 | SD = 8,52 | M = 15,06 | SD = 8,57 | M = 17,08 | SD = 8,87 |

I-A = Interview-Ausgangsstichprobe
I-R = Realisierte Interview-Stichprobe
R-gesamt = gewichtete Gesamtstichprobe

Der überproportional hohe Anteil an Einrichtungsleiterinnen in allen Stichproben, ganz besonders jedoch in der realisierten Interview-Stichprobe, wurde bereits angesprochen. Dementsprechend verfügen die Befragten im Durchschnitt auch über relativ langjährige Berufserfahrung (im Durchschnitt fast 15 Jahre; vgl. Tab. 5.2); auch hier ergibt sich (wie auch schon beim Alter der Befragten) der höchste Wert für die realisierte Interview-Stichprobe (M = 17,08; SD = 8,87), da hier ja auch der Anteil an Leiterinnen relativ am höchsten war. Entsprechend verfügen 36,7 Prozent der in den qualitativen Interviews befragten Erzieherinnen über eine mehr als zwanzigjährige Berufserfahrung; weitere 33,3 Prozent arbeiten immerhin schon länger als zehn Jahre als Erzieherin.

Die überwiegende Mehrheit der Befragten (91%) hat eine Ausbildung zur Erzieherin absolviert; demgegenüber fallen andere Ausbildungsabschlüsse kaum ins Gewicht.

### 5.3.4.2 Ausbilder-Befragung

Wie bereits berichtet (vgl. Kap. 5.3.3), konnten Interviews mit 40 Lehrkräften, die Auskunft über die Situation an 39 Schulen gaben, durchgeführt werden. In Tabelle 5.3 sind einige Merkmale der Stichprobe übersichtsartig zusammengefaßt.

Interessant erscheinen an der Aufstellung in erster Linie zwei Aspekte: Zum einen verfügen die von uns Befragten im Durchschnitt über eine relativ langjährige Unterrichtserfahrung im Fach Medienerziehung, so daß davon ausgegangen werden kann, daß diese auch Einfluß auf die aktuelle Gestaltung des Unterrichts haben dürfte.

**Tabelle 5.3: Stichprobenmerkmale der Ausbilder-Befragung: Geschlecht, Alter, Berufsjahre, Ausbildung**

| | n | % | |
|---|---|---|---|
| **Geschlecht** | | | |
| Männer | 23 | 57,5 | |
| Frauen | 17 | 42,2 | |
| **Alter*** | | | |
| unter 40 Jahre | 8 | 20,5 | |
| 40 bis 49 Jahre | 15 | 38,5 | |
| 50 Jahre und älter | 16 | 41,0 | |
| **Wie lange sind sie schon in der medienpädagogischen Ausbildung von Erzieherinnen tätig?** | | | |
| bis einschl. 5 Jahre | 13 | 32,5 | |
| 6 bis 15 Jahre | 14 | 35,0 | |
| mehr als 15 Jahre | 13 | 32,5 | |
| | **n** | **% Nennungen** | **% Fälle** |
| **Ausbildung** | | | |
| *(Mehrfachantworten möglich; Anzahl Nennungen: 64)* | | | |
| Lehramt für berufsbildende Schulen | 14 | 21,9 | 35,0 |
| Lehramt: Grund-, Haupt-, Realschule, Gymnasium | 21 | 32,8 | 52,5 |
| Sozialwissenschaftliches Hochschulstudium** | 18 | 28,1 | 45,0 |
| Zusatzausbildung Medienpädagogik | 1 | 1,6 | 2,5 |
| Erzieherausbildung | 1 | 1,6 | 2,5 |
| Sonstige | 9 | 14,1 | 22,5 |

* Eine Befragte verweigerte auf die Frage nach dem Alter die Auskunft
** z.B. Soziologie, Sozialpädagogik usw.

Zum anderen hat lediglich eine der befragten Personen eine zusätzliche Ausbildung im Fach Medienerziehung, alle anderen Person sind als mehr oder weniger fachfremd anzusehen[36]. Es kann also davon ausgegangen werden, daß die Befragten sich entsprechende Kenntnisse selbst angeeignet haben. Dies wiederum läßt recht individuelle Zugangsweisen zur Unterrichtsgestaltung vermuten, oder mit anderen Worten: Das Unterrichtsangebot der einzelnen Lehrkräfte dürfte insbesondere von (langjährigen, s.o.) Erfahrungen im Unterricht sowie von individuellen Interessen und Motivationen geprägt sein.

## 5.4 Auswertungsstrategien

*(1) Befragung von Lehrkräften der Erzieherinnen-Ausbildung*
Geplant war, die auf unsere Anfrage hin zugesandten Curricula zur Medienerziehung in den verschiedenen Schulen mit dem „Lehrplan zur Erprobung Sozialpädagogik" zu vergleichen und etwaige Besonderheiten in weitere Analysen einzubinden. Da allerdings nur wenige der zunächst angekündigten eigenen Curricula übersandt wurden und diese zudem auf sehr unterschiedlichem Niveau waren, konnte nur ein grober Vergleich umgesetzt werden.

Die in geschlossener Frageform erhobenen Daten aus den Telefon-Interviews ließen sich mit dem Statistikprogramm SPSS weiterverarbeiten. Weitere Fragen, die in offener Form gestellt wurden, wie z.B. zu Berufsabschlüssen und behandelten Medien in den verschiedenen medienerzieherischen Themenbereichen, wurden kategorisiert und standen so auch für eine elektronische Datenverarbeitung zur Verfügung. Weitere Befragungsteile, die sich auf die inhaltliche und didaktische Ausgestaltung der Themenbereiche innerhalb der Medienerziehung bezogen, hatten qualitativen Charakter, so daß hierfür Transkriptionen benötigt wurden. Auf dieser Grundlage wurden qualitative Auswertungsstrategien – ähnlich wie auch bei den Face-to-Face-Interviews mit Erzieherinnen (zur Vorgehensweise siehe weiter unten) – umgesetzt.

*(2) Repräsentativ-Befragung*
Der Datensatz mithilfe des Statistik-Programmpaketes SPSS einer Grundauszählung für die gesamte Stichprobe und einer Differenzierung nach Aufrißgruppen unterzogen. Darüber hinaus wurden verschiedenste statistische Ver-

36 Die große Mehrheit der befragten Lehrkräfte hat eine Ausbildung im Bereich der Lehramtsstudiengänge absolviert. Vor diesem Hintergrund ist für die Ausbildungssituation anzunehmen, daß die medienpädagogische Qualifikation der Lehrkräfte in der Erzieherinnenausbildung unzureichend ist, da an den Hochschulen in der Bundesrepublik von einem nur geringen Anteil der Medienpädagogik-Lehrveranstaltungen am Gesamtlehrangebot für Lehramtsstudiengänge ausgegangen werden muß und eine medienpädagogische Zusatzqualifikation nur an äußerst wenigen Universitäten – wie an dem Landauer Institut, an dem das vorliegende Projekt durchgeführt wurde – erworben werden kann (vgl. Tulodziecki & Mütze, 1996; siehe auch Kap. 3.2).

fahren eingesetzt, deren Ergebnisse nicht zuletzt auch Ausgangspunkt für die in Kapitel 7 beschriebenen Typologisierungen waren.

*(3) Face-to-Face-Interviews*

Ein bedeutender Vorteil des gewählten Designs der Gesamtstudie ist die Tatsache, daß die Stichprobe der 60 durchgeführten Face-to-Face-Interviews eine Teilmenge der in der Repräsentativstudie befragten 602 Personen darstellt und die jeweiligen Daten miteinander auf Fallebene verknüpft werden können. Eine statistische Verknüpfung (gemeinsame Datenauswertung für beide Stichproben) ist selbstverständlich allerdings nur bezogen auf solche Ergebnisse der qualitativen Interviews möglich, die in quantifizierte Daten überführt wurden. Tatsächlich handelte es sich bei der Interviewauswertung – entsprechend dem Charakter dieser Befragungsart (vgl. Kap. 5.3.2) – bei einem geringen Teil der Variablen um eine einfache Quantifizierung der Aussagen, häufiger dagegen um eine nachträgliche Überführung qualitativer Ergebnisse in quantitative und in weiten Teilen um eine Auswertung auf unterschiedlichen Ebenen rein qualitativer Art.

Ebenso wie die Durchführung von 60 Interviews diesen Charakters in der einschlägigen Literatur eher die Ausnahme darstellt und mit erheblichem Vorbereitungs- und Realisierungsaufwand verbunden war, so bedeutete auch die Auswertung der auf Tonbändern vorliegenden 60 Interviews von jeweils im Durchschnitt etwa 90 Minuten Dauer einen enormen Aufwand. Diesen werden wir im Folgenden nicht im Hinblick auf alle einzelnen Auswertungsschritte im Detail dokumentieren, sondern die Vorgehensweise insoweit erläutern, als auf diese Weise klar gemacht wird, mit welchen Grundprinzipien unterschiedliche Auswertungsverfahren und -schritte umgesetzt wurden.

Hierzu gehörte zunächst einmal das schrittweise *Transkribieren* der Interviews: Im ersten Schritt wurden die Äußerungen mehr oder weniger wörtlich von den Bändern abgeschrieben und dabei soweit wie möglich sofort den jeweiligen Themenbereichen entsprechend den Fragen des Leitfadens zugeordnet. Diese Zuordnung geschah unabhängig davon, ob eine bestimmte Frage jeweils tatsächlich vom Interviewer ausdrücklich gestellt worden war oder ob die Befragte von sich aus auf ein Thema eingegangen war. Auf diese Weise lagen zum einen Aussagen zu jeweils einem Themenbereich aus den verschiedensten Phasen des Interviews vor, zum anderen aber auch Aussagen jeweils aus nur einer Passage, die zudem entweder durch die Interviewerfrage eingeleitet sein konnte und daher bereits dem zu analysierenden Themenbereich zugeordnet war oder in einem zusätzlichen Schritt erst zugeordnet werden mußte. Am Beispiel von Auffassungen der Erzieherinnen zu Wirkungen des Fernsehens auf Kinder kann dieser Vorgang exemplarisch erläutert werden: Im Verlauf der „Aufwärmphase" berichteten – da dies Gegenstand der Eingangsfrage war – alle Erzieherinnen bereits darüber, wie sich Medienerlebnisse der Kinder ihrer Erfahrung nach im Kindergartenalltag niederschlagen und wie sie solche Medienerlebnisse bewerten. Viele der Befragten gingen dabei plausiblerweise sofort auch auf ihre Ansichten zu Fernsehwirkungen ein. Auf letztere wurden die Erzieherinnen im weiteren Verlauf der Interviews zumeist nochmals ausdrücklich angesprochen, so daß Wirkungsauffassungen in diesem Beispiel bereits an mindestens zwei Stellen der Interviews entnommen werden konnten. Einige Befragte kamen auf das Wirkungsthema jedoch auch noch einmal im Rahmen anderer Themen zu sprechen (wie z.B. bei den Kriterien zur Bewertung von Fernsehsendungen oder bei Aussagen über ihre Einstellungen bzw. Ansichten zum Fernsehen), so daß Wirkungsauffassungen dann an vier oder fünf verschiedenen Stellen entnommen werden konnten[37]. Über diese Art der Zuordnung hinaus wurden jedoch auch weitere – von den Befragten selbst ins Spiel gebrachte – Themen ermittelt, denen ebenso die entsprechenden Textpassagen subsumiert wurden.

Auf diese Weise lagen schließlich pro Interview zu jeweils einzelnen Themenblöcken und Variablen Transkriptionen vor, die in einem weiteren Schritt anhand der Tonmitschnitte einer Gegenkontrolle im Hinblick auf ihre Vollständigkeit und Eindeutigkeit der Zuordnung sowie bezüglich ihrer Formulierungen unterzogen wurden[38]. Nach dem gleichen Zuordnungsverfahren wurden auch diejenigen Interviews behandelt, die vollständig und wörtlich niedergeschrieben waren.

Ausgehend von den auf diese Weise erstellten themenbezogenen Transkriptionen wurden die im Folgenden kurz skizzierten Auswertungen durch jeweils drei unabhängig voneinander arbeitende Auswerter vorgenommen. Auf diese Weise konnten individuelle Fehlinterpretationen weitgehend ausgeschlossen, wechselseitige Anregungen einbezogen und durch Diskussion Unstimmigkeiten aufgeklärt werden. Sofern ein Konsens nicht zustande kam oder erkennbar wurde, daß eine Textpassage nicht eindeutig zuzuordnen oder zu interpretieren war, wurde diese für weitere Auswertungsschritte nicht herangezogen.

Auf diese Weise ergaben sich vereinzelt Lücken zu einigen wenigen Themenbereichen dadurch, daß entweder eine eindeutige Interpretation unmöglich erschien oder einem Interview keine Aussage zu einem Thema entnommen werden konnte. Letzteres mußte jedoch dann als Ergebnis gewertet werden, wenn von seiten des Interviewers zu dem entsprechenden Thema ausdrücklich eine Frage gestellt worden war, die Antwort dagegen erkennen ließ, daß die Erzieherin hierzu keine Aussage machen konnte oder wollte.

Zu einigen Themen (Auffassung zur prinzipiellen „Formbarkeit“ von Kindern, vermuteter TV-Konsum von Drei- bis Fünfjährigen, eigene me-

37 Es wurde jedoch jeweils bei der Transkription festgehalten, welcher Stelle des Interviews die jeweiligen Aussagen entnommen wurden.

38 Bei Unklarheiten in der endgültigen Auswertung wurden ggf. die Tonmitschnitte nochmals zur Klärung herangezogen.

dienpädagogische Ausbildung und Ausbildungsende etc.) wurde lediglich oder zumindest vorrangig eine quantitative Auswertung vorgenommen.

Zu anderen Themen wurde das Transkriptionsmaterial einer *Kategorisierung* unterzogen: Hierzu konnte bei einigen Variablen (z.B. vermutete Fernseh-Präferenzen, -Motive und -Wirkungen, Kriterien der Bewertung von für Kinder geeigneten/ungeeigneten TV-Sendungen, Ziele und Praxis der Medienerziehung) teilweise auf die einschlägige Literatur oder eigene Vorarbeiten im Rahmen anderer Projekte zurückgegriffen werden. Während auch bei solchen Variablen über die aus der Literatur zu erschließenden Kategorien hinaus weitere Kategorien anhand des Transkriptionsmaterials gebildet wurden, mußte eine solche induktive Vorgehensweise selbstverständlich bei solchen Themenbereichen praktiziert werden, für die aus der Literatur keine Kategorien abzuleiten waren[39].

Auf Basis dieser Kategorisierungen ließen sich für einzelne Themenbereiche quantitative Angaben zur Verteilung zwischen den Kategorien wie auch zwischen den Befragten ableiten.

Unabhängig davon, ob es sich um eine induktive oder deduktive Kategorienbildung handelte, waren die für die verschiedenen Themenbereiche verwendeten Kategorien unterschiedlich differenziert: So wurden etwa Kriterien zur Bewertung der für Kinder (un)geeigneten Sendungen lediglich nach formalen versus inhaltlichen Kriterien und nach positiven (Merkmale von für Kinder geeigneten Sendungen) versus negativen (Merkmale negativ bewerteter Sendungen) unterteilt. Bei anderen Themen wurden dagegen engere Kategorien aufgestellt. So wurden die Ansichten der Erzieherinnen zu Wirkungen des Fernsehens auf Kinder im Kindergartenalter – um hier ein Beispiel zu nennen – danach unterschieden, inwieweit sie sich auf solche im körperlichen, kognitiven, emotionalen, sozialen bzw. Verhaltens-Bereich bezogen; gleichermaßen wurde jedoch auch nach positiven und negativen Wirkungen unterschieden. Ebenso wurde hier in die Auswertung einbezogen, inwieweit die Befragten ihre Wirkungsansichten generalisierten oder aber im Hinblick auf spezielle TV-Genres bzw. -Sendungen, auf bestimmte Kinder, Rezeptionssituationen, das soziale Umfeld der Kinder oder andere Einflußfaktoren differenzierten. Die in diesem Beispiel genannte Auswertung des Transkriptionsmaterials unter dem Gesichtspunkt der Differenziertheit wurde auch bei einer ganzen Reihe von anderen Themenbereichen vorgenommen, um vom jeweiligen Inhalt unabhängig eine Aussage über die Qualität von Äußerungen der Befragten treffen und damit auch über das einzelne Inter-

39 Die für die einzelnen Themenbereiche aufgestellten Kategorien werden weiter unten in Zusammenhang mit der Darstellung der entsprechenden Ergebnisse erläutert.
Die spezielle Kategorisierung medienerzieherischer Konzepte wird detailliert in Kapitel 6.7.1 beschrieben.

view hinweg eine Beschreibung oder ggf. auch Typologisierung der Befragten leisten zu können.

Mit einer ähnlichen Vorgehensweise ließ sich auch über mehrere Themenbereiche hinweg analysieren, inwieweit einzelne Erzieherinnen mit Medienerziehung vorrangig oder sogar ausschließlich Medieneinsatz unter didaktischen Aspekten der Umsetzung von Zielen außerhalb der eigentlichen Medienerziehung assoziieren.

In einem weiteren Schritt war es möglich, innerhalb einzelner Themenbereiche auf der Basis einer vorherigen Kategorisierung bzw. Kriterienfestlegung skalierte Variablen zu erzeugen[40]. So ließen sich verschiedene Einstellungen und Ansichten der Erzieherinnen (z.B. zu Multimedia, zum Fernsehen und zu Medienerlebnissen von Kindern, zur Wichtigkeit und Wirksamkeit von Medienerziehung), ebenso aber auch die Vorstellungen der Befragten zum Schlagwort „Multimedia“ skalieren und damit in quantitative Individualdaten überführen.

Bei den folgenden Ergebnisdarstellungen werden die jeweiligen Informationen und Erkenntnisse aus den qualitativen Interviews gemeinsam mit den Ergebnissen aus den anderen Modulen des Projektes in die Berichte zu den einzelnen Themen- bzw. Variablenkomplexen integriert (zu den Fragestellungen vgl. die Auflistung in Kap. 4.2).

---

40 Die jeweilige Skalenbildung geht aus den Erläuterungen zu den entsprechenden Ergebnissen hervor.

# 6. Ergebnisse der empirischen Untersuchungen

Das vorliegende höchst umfangreiche Kapitel stellt die – zunächst vorrangig deskriptiven – Ergebnisse der verschiedenen Module des Gesamtprojektes (vgl. dazu Kap. 5.1) dar, wobei wir uns an den in Kapitel 4.2 und 5.2 erläuterten Themenbereichen bzw. Fragestellungen orientieren. Kapitel 6.1 bezieht sich dementsprechend auf die institutionellen Rahmenbedingungen der Kindergärten. In Kapitel 6.2 werden relevante Aspekte des privaten Hintergrundes der Erzieherinnen erläutert, insbesondere ihr eigener Medienumgang, der mit Sicherheit für die Medienerziehung im Kindergarten von Bedeutung ist[1]. Als großer Block innerhalb der Bedingungen für die Medienerziehung im Kindergarten wird in Kapitel 6.3 die medienerzieherische Qualifikation aus Sicht der Lehrkräfte an Fachschulen der Erzieherinnen-Ausbildung sowie aus Sicht der Erzieherinnen selbst dargestellt, wobei wir auf eine (schriftliche und telefonische) Befragung von Lehrkräften und auf eine telefonische Repräsentativbefragung von Erzieherinnen sowie auf qualitative Face-to-Face-Interviews einer Unterstichprobe dieser zuvor telefonisch Befragten eingehen. Kapitel 6.4 wird Kenntnisse, Ansichten und Problemwahrnehmung von Erzieherinnen bezüglich Medien und kindlicher Mediennutzung als wesentliche Bedingungen für die Medienerziehung im Kindergarten erläutern (vgl. die Fragestellungen in Kap. 5.2.4), während das folgende Kapitel 6.5 die Medienerziehung im Kindergarten direkter betrifft, insofern es dann um Grundauffassungen, Problemwahrnehmungen und Ansichten zur Medienerziehung im Kindergarten gehen wird. Schließlich wird in Kapitel 6.6 die Praxis der Medienerziehung im Kindergarten bezogen auf medienerzieherisches Verhalten und Handeln einschließlich der auf Medienerziehung gerichteten Elternarbeit dargestellt. Den Abschluß des Ergebniskapitels (siehe Kap. 6.7) bildet eine Typologisierung der Erzieherinnen nach ihren medien-

1 Auf einen Bericht über die Ergebnisse zu soziodemographischen Variablen auf seiten der Erzieherinnen kann hier verzichtet werden, da sie bereits in Kapitel 5.3.4 im Rahmen der Stichprobenbeschreibungen dargestellt wurden.

erzieherischen Konzepten einerseits und nach ausgewählten Variablen der Repräsentativstudie andererseits.

Bei allen folgenden Ergebnisberichten werden wir immer dann, wenn deskriptive Ergebnisse bezogen auf die Repräsentativstichprobe der Erzieherinnen insgesamt dargestellt werden, gewichtete Daten zugrunde legen (vgl. dazu Kap. 5.3.4.1), während alle anderen Ergebnisberichte (etwa zu Mittelwertsvergleichen oder einzelnen Aufrißgruppen[2]) auf ungewichteten Daten basieren.

Die Ergebnisse aus dem früheren Projekt von Höltershinken und Mitarbeitern (Höltershinken, Kasüchke & Sobiech, 1989; Kasüschke & Sobiech, 1990; Kasüschke, 1991) werden an denjenigen Stellen zur Gegenüberstellung herangezogen, an denen ein solcher Vergleich möglich und angebracht ist[3].

## 6.1 Rahmendaten der Kindergärten

Abgesehen von der Trägerschaft der jeweiligen Einrichtung und der Größe der Ortschaften, in denen sich die Einrichtungen befinden, wurden als allgemeine Rahmendaten (siehe Kap. 6.1.1) in der Repräsentativstudie zunächst einmal die Öffnungszeiten der Einrichtungen, die Anzahl der Kindergruppen und ihre Größe, die Altersstruktur in den Gruppen sowie der Anteil an Kindern ausländischer Herkunft erfragt; zusätzlich enthielten die qualitativen Interviews einige Aussagen zur näheren Charakterisierung der Kindergärten. Weiterhin sind gerade bei einer Untersuchung zur Medienerziehung im Kindergarten ganz wesentliche Rahmendaten auch die Ausstattung der Einrichtungen mit Mediengeräten sowie mit Figuren bzw. Spielsachen aus dem Medienverbund und die Regelungen für das Mitbringen solcher Merchandising-Artikel (siehe Kap. 6.1.2).

### *6.1.1 Allgemeine Rahmendaten*

Hinsichtlich der allgemeinen Rahmendaten ergeben sich zwischen den drei Stichproben der Erzieherinnen-Befragung – Repräsentativ-Stichprobe, Ausgangsstichprobe für die themenzentrierten Interviews und realisierte Interview-

---

2 Eine Ausnahme bilden die Aufrißmerkmale „Trägerschaft" und „Ortsgröße": Ergebnisse hierzu basieren stets auf gewichteten Daten.

3 Da die verschiedenen Publikationen von Höltershinken und Mitarbeitern auf ein und derselben Untersuchung basieren, ist einleuchtend, daß sich die Veröffentlichungen im Hinblick auf einzelne Ergebnisse teilweise überschneiden. Wenn wir im folgenden Vergleiche mit unseren Daten anstellen, so werden die genauen Literaturstellen nur dann angegeben, wenn wörtlich zitiert wird oder Ergebnisse aus dieser früheren Studie berichtet werden, die nicht bei Höltershinken et al. (1989), sondern an anderer Stelle dargestellt sind.
Im übrigen sei darauf hingewiesen, daß in den vorangegangenen Kapiteln 2 bis 4 wesentliche Befunde auch dieser früheren Untersuchung bereits berichtet und dort auch die jeweiligen Literaturstellen vermerkt wurden.

stichprobe – nur geringfügige Unterschiede, so daß lediglich auf die Repräsentativ-Stichprobe eingegangen wird; Kennwerte für die Rahmendaten der Kindergärten sind in Tabelle A.2 im Anhang wiedergegeben.

Kaum überraschend sind die Kindergärten in der Regel Ganztagseinrichtungen, nur zwei Prozent haben lediglich vormittags geöffnet.Dabei spielt die Trägerschaft insofern eine Rolle, daß die konfessionell gebundenen Einrichtungen eher über Mittag geschlossen sind (jeweils ca. 60%), während die nicht-konfessionellen Kindergärten zumeist auch mittags geöffnet haben (nur etwa ein Drittel dieser Einrichtungen ist dann geschlossen). Ebenfalls nicht weiter überraschend ergeben sich hier auch Unterschiede hinsichtlich der Ortsgröße: Während die Einrichtungen in den größeren Städten zumeist ganztags geöffnet haben, werden die Kinder in den kleineren Städten und Gemeinden über Mittag zumeist nach Hause geschickt.

Die Einrichtungen in der Stichprobe haben im Durchschnitt drei Kindergruppen (dies trifft auf etwas mehr als 40% der Kindergärten zu und entspricht auch ziemlich genau dem Mittelwert über alle Kindergärten in der Stichprobe). Unterschiede bezüglich Trägerschaft und Ortsgröße fallen lediglich geringfügig aus.

In den 602 einbezogenen Einrichtungen liegt die Gruppenstärke im Durchschnitt bei immerhin 24 Kindern, die meisten Einrichtungen haben jedoch Gruppen mit sogar 25 und mehr Kindern (letzteres betrifft insbesondere Einrichtungen in kleineren Städten und Gemeinden sowie konfessionell gebundene Kindergärten, wobei sich diese Unterschiede in den Mittelwerten allerdings lediglich geringfügig bemerkbar machen).

In den meisten Einrichtungen sind die Gruppen, was das Alter der Kinder angeht, gemischt: In der Regel sind Kinder zwischen drei und sieben Jahren vertreten. Lediglich in 28 Prozent der Einrichtungen finden sich alterseinheitliche Kindergruppen, wobei dieser Anteil in kleineren Orten etwas höher (entsprechend in größeren Orten etwas geringer) ist; Unterschiede zwischen den Trägern ergeben sich in dieser Hinsicht nicht.

Der Anteil an Kindern ausländischer Herkunft ist im Durchschnitt recht gering: Nur fünf Prozent der befragten Erzieherinnen gaben an, daß in ihrer Gruppe vorwiegend Ausländerkinder seien, 13 Prozent bezeichneten den Anteil als genauso groß wie den deutscher Kinder. Den höchsten Anteil an ausländischen Kindern findet man in Kindergärten unter städtischer Trägerschaft (während die anderen Träger hier untereinander ähnliche Verteilungen aufweisen), gleichzeitig sind plausiblerweise in größeren Städten zumindest tendenziell mehr ausländische Kinder in den Einrichtungen.

Im Hinblick auf diese allgemeinen Rahmendaten gleichen die von uns untersuchten Einrichtungen deutlich denen, die in die frühere Studie von Höltershinken und Mitarbeitern einbezogen worden waren; nennenswerte

Veränderungen in derartigen strukturellen Bedingungen der Kindergartenarbeit hat es offenbar in Nordrhein-Westfalen nicht gegeben.

Merchandising-Artikel (den Befragten in der Repräsentativstudie beschrieben als „Spiele, Spielfiguren oder sonstige Gegenstände, die etwas mit dem Fernsehen zu tun haben, wie z.B. 'Maus-Domino' oder 'Power-Rangers'-Figuren") finden sich nicht allzu häufig in den Einrichtungen der Stichprobe: Lediglich 22,2 Prozent der Erzieherinnen gaben an, daß solche Gegenstände vorhanden seien und auch benutzt würden, in weiteren 10,6 Prozent der Einrichtungen sind solche Gegenstände vorhanden, werden dort aber nicht benutzt[4]. Insgesamt scheinen Spielsachen aus dem Medienverbund in den Einrichtungen eher unerwünscht zu sein. So gestatten auch nur 20,4 Prozent der Einrichtungen den Kindern, ihre eigenen Merchandising-Artikel (wohl in erster Linie Spielfiguren) immer in den Kindergarten mitzubringen, während dies allerdings in immerhin zwei Dritteln der Einrichtungen (66,0%) zumindest an bestimmten Tagen bzw. zu bestimmten Gelegenheiten erlaubt wird[5]; lediglich in 13,3 Prozent der Kindergärten ist das Mitbringen von Merchandising-Artikeln immer verboten.

Weitere Informationen über Rahmenfaktoren in den Einrichtungen ergaben sich aus der Face-to-Face-Befragung (themenzentrierte Interviews mit 60 Erzieherinnen der Repräsentativstichprobe). Ohne eine vorgegebene Fragestellung gaben einige Erzieherinnen im Interviewverlauf über die Situation ihres Kindergartens und deren spezifische Bedingungen Auskunft. Anhand der teilweise wertenden Aussagen ließen sich interne und externe Bedingungen des Kindergartenalltags explorieren.

Wenn die internen Bedingungen der Kindergartenarbeit – hier vor allem personelle und materielle Voraussetzungen sowie Räumlichkeiten und Größe der Einrichtungen – genannt wurden[6], so geschah dies überwiegend in positiver Weise. Als externe Rahmenfaktoren[7] ließen sich Beschreibungen der Face-to-Face-Interviewten über die Kindergartenkinder (u.a. Ausländer-/Aussiedleranteil) und ihre allgemeine familiäre Situation sowie über das

---

4 Tendenzen hinsichtlich Ortsgröße und Trägerschaft sind hier schwer auszumachen, da es zwar Unterschiede hinsichtlich der Ortsgröße gibt, diese jedoch unsystematisch sind und sich wohl teilweise darauf zurückführen lassen, daß insbesondere bei den „sonstigen" Trägern (in erster Linie Waldorf-Kindergärten) diese Gegenstände deutlich seltener vorhanden sind; Waldorf-Kindergärten wiederum sind nicht in Städten und Gemeinden aller Größen gleichmäßig vertreten.
Was die Gesamtstichprobe betrifft, so lassen sich diese Ergebnisse nicht unmittelbar mit denen von Höltershinken und Mitarbeitern vergleichen, da dort nur danach gefragt wurde, inwieweit solche Artikel in der Einrichtung vorhanden sind, nicht aber danach, ob sie auch genutzt werden. Erwähnt sei das dortige Ergebnis, wonach in etwa 20 Prozent der Einrichtungen Merchandising-Artikel vorhanden sind und in 65 Prozent der Einrichtungen (etwa je zur Hälfte erlaubter- bzw. unerlaubterweise) Kinder solche Artikel von zu Hause mitbringen.

5 Damit ist allerdings nichts über die Häufigkeit dieser „bestimmten Tage" gesagt: Diese mögen durchaus auch lediglich ein paar Mal im Jahr stattfinden, z.B. an den Geburtstagen der Kinder.

6 Aussagen in derartig wertender Weise ergaben sich allerdings nur aus 13 Interviews.

7 Zu dieser Auswertung ließen sich 44 Interviews heranziehen.

Einzugsgebiet auswerten. Auch hier wurden die Rahmenbedingungen der Kindergärten von uns nur dann als positiv bzw. negativ oder als neutral/ambivalent kategorisiert, wenn dies aus den Äußerungen der Erzieherinnen selbst eindeutig hervorging. Ebenso wie die internen wurden auch die externen Bedingungen des Kindergartenalltags von den meisten Befragten (24 der 44 Fälle, also ca. 55%) in positiver Weise etwa derart beschrieben, daß es sich nicht um einen sozialen Brennpunkt handele oder die Eltern in der Zusammenarbeit mit dem Kindergarten sehr bemüht seien. Bei weiteren 35 Prozent der Kindergärten ging aus den Aussagen hervor, daß ihre externen Bedingungen als neutral bzw. ambivalent aufzufassen sind. Nur sechs Kindergärten können bezüglich ihrer externen Rahmenbedingungen als „schwierig" eingestuft werden (als problematisch für die Kindergartenarbeit empfinden die Erzieherinnen einen hohen Ausländer-/Aussiedleranteil oder familiäre Konstellationen wie „zerrüttete Ehen" bzw. eine „hohe Scheidungsrate", teilweise auch den höheren Anteil von Sozialhilfeempfängern bzw. Arbeitslosen). Auch wenn das Umfeld des Kindergartens eher aus „sozial schwächeren" Familien besteht oder die Eltern der Kindergartenkinder eher der „Unterschicht" zugeordnet wurden, führte dies nicht immer zu einer negativen Bewertung von seiten der Erzieherinnen. Zudem scheint es bei einzelnen Kindergärten auch so zu sein, daß ein „gehobenes Umfeld" (auch bezüglich der Ausbildung der Eltern) nicht ohne weiteres als unbedingt positive Bedingung für die Kindergartenarbeit angesehen werden kann.

Insgesamt dürfen die in der Mehrheit als positiv aufzufassenden Rahmenbedingungen, wie sie aus den Face-to-Face-Interviews hervorgingen, allerdings aus mindestens zwei Gründen nicht überbewertet werden: Zum einen waren – vermutlich da man seinen Kindergarten ungern in ein schlechtes Licht stellen möchte – kaum überhaupt negativ wertende Äußerungen zu internen Bedingungen zu erwarten. Zum anderen ist davon auszugehen, daß Kindergärten mit extremen internen Problemen in der Unterstichprobe der qualitativen Interviews unterrepräsentiert sind, da die entsprechenden Erzieherinnen nicht an den Interviews teilnehmen konnten oder wollten[8].

### *6.1.2 Medienausstattung in den Kindergärten*

Es sei hier zunächst angemerkt, daß es bei der entsprechenden Frage in der Repräsentativstudie – ähnlich wie in der Untersuchung von Höltershinken und Mitarbeitern – nicht um die Medienausstattung an sich, sondern um die Ausstattung mit Geräten für die gemeinsame Nutzung mit den Kindern ging;

---

8 So hat beispielsweise ein Interview, für das bereits ein Termin verabredet war, deshalb nicht stattfinden können, weil die Erzieherin trotz ihrer Teilnahmebereitschaft den Termin absagen mußte, da sie aufgrund plötzlichen Personalausfalls allein mit einer Praktikantin – zudem in einem sozial schwierigen Einzugsgebiet – Kinder im angegliederten Hort betreuen mußte.

es wurde deshalb explizit nach vorhandenen *und gemeinsam mit den Kindern genutzten* Geräten gefragt (Radios in Aufenthaltsräumen oder Computer in Büros, zu denen die Kinder keinen Zugang haben, wurden also nicht einbezogen). Betrachtet man unter den Antworten hierauf an dieser Stelle lediglich die Anzahl derjenigen Einrichtungen, in denen die entsprechenden Geräte nicht vorhanden oder zumindest nicht zur gemeinsamen Nutzung mit den Kindern vorgesehen sind (rechte Spalte in Tabelle 6.1), so ergibt sich folgendes Bild:

Die Medienausstattung der Einrichtungen kann auch bei aller gebotenen Vorsicht nur als ausgesprochen defizitär bezeichnet werden[9]. Lediglich Kassettenrekorder (oder auch CD-Player) sind in breitem Umfang vorhanden. Immerhin noch etwa ein Drittel der Einrichtungen verfügt über ein Radio und etwas weniger als ein Drittel über einen Video- oder Filmprojektor. Alle anderen Mediengeräte sind nur in – zum Teil verschwindend geringem – Maße verfügbar und werden – so überhaupt vorhanden – auch nur ausgesprochen selten gemeinsam mit den Kindern genutzt (zur Mediennutzung siehe außerdem Kap. 6.6.1) [10].

Die Frage nach der Multimediafähigkeit eventuell vorhandener Computer[11] erscheint angesichts der Tatsache, daß überhaupt nur in 26 Einrichtungen Computer vorhanden sind, die auch gemeinsam mit den Kindern genutzt werden können, hinfällig. Der Vollständigkeit halber sei vermerkt, daß die Mehrheit dieser 26 Computer nicht multimediafähig ist.

Die Tatsache einer defizitären Medienausstattung der Einrichtungen ist keineswegs auf bestimmte Träger beschränkt. Es lassen sich zwar Unterschiede hinsichtlich der Trägerschaft[12] wie auch der Ortsgröße auffinden, diese sind jedoch über die verschiedenen Geräte hinweg betrachtet keineswegs systematisch und – auch angesichts der höchst unterschiedlichen Fallzahlen – kaum interpretierbar. Insofern scheint es nicht lohnend, vertiefend auf diese

---

9 Hieraus sollten allerdings keine voreiligen Schlüsse im Hinblick darauf gezogen werden, inwieweit Medienerziehung in den Kindergärten denn überhaupt möglich sei: Wie an verschiedenen Stellen dieses Bandes aufgezeigt, ist die Praxis der Medienerziehung keineswegs ausschließlich an das Vorhandensein von Mediengeräten gebunden.

10 Auch in der Studie von Höltershinken und Mitarbeitern lag die Verfügbarkeit von Kassettenrekordern mit Abstand auf dem ersten Rang (in 99,6 Prozent der Einrichtungen vorhanden). Im Unterschied zu unseren Ergebnissen gaben damals jedoch immerhin 71,4 Prozent der Befragten an, für die Arbeit mit den Kindern ein Radio zur Verfügung zu haben, während nur 13,7 Prozent über einen Filmprojektor verfügen konnten. Daß damals in keiner Einrichtung ein Computer für die Arbeit mit den Kindern vorhanden war, erstaunt nicht; auffallend ist dagegen, daß sich in dieser Hinsicht offenbar kaum etwas verändert hat (auch in unserer Untersuchung steht in 95,5 Prozent der Einrichtungen kein Computer für die gemeinsame Nutzung mit den Kindern zur Verfügung).

11 Die Frage wurde wie folgt umschrieben: „Verfügt er über eine Soundkarte oder ein CD-ROM-Laufwerk oder auch über einen Internet-Zugang?"

12 Im Hinblick auf die Verfügbarkeit von Fernsehgeräten, Videorekordern und Computern bestätigt sich tendenziell ein Ergebnis aus der Studie von Höltershinken und Mitarbeitern, wonach in konfessionellen Einrichtungen die Ausstattung besser ist als in städtischen; diese Unterschiede fallen bei uns jedoch nicht signifikant aus (zur Medienausstattung und Mediennutzung in den Einrichtungen siehe auch Kap. 3.1).

Aufrißgruppen einzugehen. Die entsprechenden Werte können der Tabelle A.3 im Anhang entnommen werden.

**Tabelle 6.1: Medienausstattung und -nutzung in den Einrichtungen***
**(Basis: n = 602 gewichtet)**

| | täglich/ fast täglich | | 1 – 2 mal pro Woche | | 1 – 2 mal pro Monat | | 1 – 2 mal pro Halbjahr | | seltener/ nie | | nicht vorhanden** | |
|---|---|---|---|---|---|---|---|---|---|---|---|---|
| | **n** | **%** | **n** | **%** | **n** | **%** | **n** | **%** | **n** | **%** | **n** | **%** |
| Kassettenrekorder/ CD | 262 | 43,6 | 225 | 37,4 | 89 | 14,8 | 9 | 1,6 | 5 | 0,8 | 12 | 1,9 |
| Radio | 34 | 5,7 | 25 | 4,1 | 16 | 2,6 | 18 | 3,0 | 111 | 18,4 | 399 | 66,2 |
| Fernseher | -- | -- | -- | -- | 6 | 1,0 | 24 | 4,0 | 46 | 7,7 | 526 | 87,3 |
| Videorekorder | -- | -- | -- | -- | 10 | 1,7 | 35 | 5,8 | 50 | 8,4 | 507 | 84,2 |
| Videokamera | -- | -- | 2 | 0,3 | 6 | 1,1 | 17 | 2,9 | 52 | 8,7 | 524 | 87,1 |
| Video-/ Filmprojektor | -- | -- | 3 | 0,5 | 24 | 4,0 | 70 | 11,7 | 78 | 13,0 | 426 | 70,8 |
| Computer | 8 | 1,4 | 3 | 0,6 | 1 | 0,2 | 4 | 0,6 | 10 | 1,7 | 575 | 95,5 |

| Multimediafähigkeit des in der Einrichtung vorhandenen Computers (n = 26) | **n** | **%** |
|---|---|---|
| ja | 7 | 26,9 |
| weiß nicht | 1 | 3,8 |
| nein | 18 | 69,2 |

* In Tabellen, die gewichtete Daten berichten, können sich aufgrund der Gewichtung geringfügige Unterschiede zwischen der Summe der angegebenen Fallzahlen und der tatsächlichen Stichprobengröße ergeben.
** bzw. nicht für die gemeinsame Nutzung mit den Kindern vorgesehen

Die Kindergärten in der realisierten Stichprobe für die qualitativen Interviews schneiden hinsichtlich der Ausstattung mit Mediengeräten ein wenig besser ab als diejenigen in der Gesamtstichprobe: In knapp 17 Prozent der in die Interviews einbezogenen 60 Kindergärten ist ein Fernseher vorhanden, etwa 27 Prozent verfügen über einen Videorekorder, ein Fünftel über eine Videokamera und fast 37 Prozent über einen Video- oder Filmprojektor. Die Zahlen für die übrigen vorgegebenen Mediengeräte sind in etwa identisch mit denen der Gesamtstichprobe.

Festzuhalten ist aus diesem Abschnitt insbesondere, daß die Ausstattung mit Mediengeräten, die zur gemeinsamen Benutzung mit den Kindern zur Verfügung stehen (insbesondere AV-Medien und Computer), noch immer äußerst defizitär ist und sich in den letzten zehn Jahren kaum verbessert hat, wie der Vergleich mit der Studie von Höltershinken und Mitarbeitern (1989) zeigt. Diese Tatsache muß insofern als gravierend angesehen werden, als zwar die Medienerziehung im Kindergarten nicht ausschließlich anhand von

Mediengeräten stattfinden muß, jedoch eine Reihe von Zielen und Strategien der Medienerziehung auf die Benutzung von Mediengeräten angewiesen ist (z.B. praktische Medienarbeit zur Förderung bestimmter Elemente der Medienkompetenz) und sich bestimmte weitere Strategien didaktisch effektiver und für die Erzieherinnen in einfacherer Weise anhand von Medienmaterial umsetzen lassen (z.B. Vermittlung von solchen Elementen der Medienkompetenz, die sich auf die Beurteilung von Medienprodukten richten). Sofern für die Realisierung solcher Ziele und Strategien keine Mediengeräte zur Verfügung stehen, sind die Erzieherinnen weitaus mehr auf ihren Einfallsreichtum und ihr Improvisationstalent angewiesen, so daß die Praxis der Medienerziehung dann noch stärker von der individuellen Motivation und den individuellen Kompetenzen abhängen dürfte. Dennoch sollte ebenso betont werden, daß Defizite in der Medien-Geräteausstattung keineswegs die Medienerziehung gänzlich unmöglich machen.

## 6.2 Private Medienausstattung und -nutzung der Erzieherinnen

### *6.2.1 Medienausstattung der Erzieherinnen*

Die private Medienausstattung der Erzieherinnen unterscheidet sich sehr deutlich von der der Einrichtungen, in denen sie arbeiten: Zumindest wenn man die private Ausstattung mit Mediengeräten als Maßstab heranzieht, können die Befragten keineswegs als insgesamt „medien- oder technikfeindlich" bezeichnet werden.

78,4 Prozent der von uns befragten Erzieherinnen verfügen über – mindestens einen – Fernseher mit Kabel- oder Satellitenanschluß, weitere 18,9 Prozent können zumindest terrestrisch ausgestrahlte Programme empfangen. Fast drei Viertel der Erzieherinnen besitzen einen Videorekorder (73,0%), etwas mehr als ein Fünftel (22,1%) auch eine Videokamera, und immerhin fast die Hälfte verfügt auch über einen Computer (46,3%). Dieser ist in fast zwei Drittel der Fälle auch multimediafähig[13] und wird überwiegend (in 85% der Fälle) zur Textverarbeitung genutzt; jeweils etwa ein Fünftel der Erzieherinnen, die einen Computer besitzen, gaben darüber hinaus an, diesen auch für Spiele beziehungsweise für Grafik- und Zeichenprogramme zu nutzen. Andere Anwendungen wurden demgegenüber sehr viel seltener angegeben (E-Mail: 6%; andere Anwendungen: 5%). Sechs Prozent nutzen den Computer nicht selbst, weitere vier Prozent konnten zur Nutzung ihres Rechners keine Angaben machen.

---

13 Das heißt, er verfügt über eine Soundkarte oder ein CD-Rom-Laufwerk oder auch über einen Internet-Zugang.

Daß sich seit der Untersuchung von Höltershinken und Mitarbeitern bezüglich der Fernsehgeräte-Ausstattung erhebliche Veränderungen ergeben haben, ist angesichts der erst nach den Kabelpilotprojekten forcierten Verkabelung der Haushalte nicht weiter erstaunlich. Aber auch bezüglich aller anderen genannten Mediengeräte hat die Ausstattung der Erzieherinnen erheblich zugenommen (so hatten die von Höltershinken et al. befragten Gruppenleiterinnen nur zu 13 Prozent „Zugang zu einem Fernsehgerät mit Kabelanschluß" und nur zu 12 Prozent „Zugang zu einem Computer oder einem Telespielgerät" (Höltershinken, Kasüschke & Sobiech, 1989, S. 310).

### *6.2.2 Mediennutzung der Erzieherinnen*

Zur Erfassung der Mediennutzung der Erzieherinnen wurde die durchschnittliche tägliche Nutzungsdauer für Fernsehen, Tageszeitung, Bücher sowie Computer (in Minuten pro Tag) erfragt. In diesen Durchschnittswert sollten alle Tage der Woche (d.h. auch das üblicherweise nutzungsintensivere Wochenende) eingehen. Tabelle 6.2 gibt die kategorisierten Nutzungswerte für die vorgegebenen Medien wieder.

Nur etwas mehr als drei Prozent der befragten Erzieherinnen sehen nicht fern, sei es, weil sie keinen Fernseher besitzen (2,4%) oder aber das vorhandene Gerät nicht benutzen (0,9%). Immerhin über die Hälfte sieht nach eigenen Angaben täglich weniger als eine Stunde fern. Der Mittelwert für die eigene durchschnittliche Fernsehnutzung pro Tag liegt bei 82 Minuten[14]. Schließt man diejenigen Personen, die angaben, das Fernsehen gar nicht zu nutzen (sehr wohl aber ein Gerät besitzen), aus der Berechnung aus, so erhöht sich der tägliche Durchschnittswert für die „Seher" nur unwesentlich auf knapp 83 Minuten.

Damit liegen die Erzieherinnen unserer Befragung deutlich unter den von der GfK ermittelten Werten für Erwachsene verschiedener Altersgruppen in Westdeutschland (vgl. Darschin & Frank, 1998, S. 155): Demzufolge sahen westdeutsche Erwachsene ab 14 Jahren 1997 im Durchschnitt pro Tag 196 Minuten fern. Für die Altersgruppe der 20- bis 29-Jährigen ergab sich ein Durchschnittswert von 136 Minuten; dieser Wert steigt für die weiteren Altersgruppen kontinuierlich bis auf eine durchschnittliche tägliche Fernsehnutzung von 215 Minuten für die Gruppe der 50- bis 64-Jährigen. Vor diesem Hintergrund können die Befragten unserer Stichprobe mit Fug und Recht als „Wenigseher" bezeichnet werden[15].

---

14 Hier ist zu beachten, daß einige Personen, die nach eigenen Angaben keinen Fernseher besitzen, sehr wohl Fernsehnutzung angaben; diese wurden auch in die Berechnung des Mittelwerts für die Gesamtstichprobe einbezogen. Ausgeschlossen wurden nur diejenigen Personen, die sowohl keinen Fernseher besitzen als auch eine Nutzung von Null Minuten angaben.

15 Ähnliches berichteten auch Höltershinken und Mitarbeiter; in Kabelhaushalten sahen die Gruppenleiterinnen 1987 etwa 70 Minuten pro Tag fern, nichtverkabelte Geräte wurden täglich nur knapp eine Stunde

Tabelle 6.2: **Mediennutzung der Erzieherinnen: Durchschnittliche Nutzungsdauer in Minuten pro Tag (nachträglich kategorisiert)**
(Basis: n = 602; gewichtete Daten)

| **Fernseher und Videorekorder** | **n** | **%** | M = 82,24 | SD = 46,94 |
|---|---|---|---|---|
| 0 Minuten | 5 | 0,9 | | |
| 1 bis 30 Minuten | 107 | 17,9 | | |
| 31 bis 60 Minuten | 202 | 33,6 | | |
| 61 bis 120 Minuten | 221 | 36,7 | | |
| 121 bis 180 Minuten | 41 | 6,9 | | |
| über 180 Minuten | 10 | 1,7 | | |
| kein TV & keine Nutzung | 14 | 2,4 | | |
| **Tageszeitung** | **n** | **%** | M = 26,19 | SD = 16,96 |
| 0 Minuten | 65 | 10,8 | | |
| 1 bis 15 Minuten | 147 | 24,4 | | |
| 16 bis 30 Minuten | 279 | 46,4 | | |
| 31 bis 45 Minuten | 38 | 6,4 | | |
| über 45 Minuten | 72 | 12,0 | | |
| **Bücher** | **n** | **%** | M = 52,74 | SD = 35,68 |
| 0 Minuten | 27 | 4,5 | | |
| 1 bis 15 Minuten | 53 | 8,8 | | |
| 16 bis 30 Minuten | 170 | 28,3 | | |
| 31 bis 60 Minuten | 249 | 41,4 | | |
| 61 bis 120 Minuten | 89 | 14,8 | | |
| über 120 Minuten | 13 | 2,2 | | |
| **Computer** | **n** | **%** | M = 18,12 | SD = 18,11 |
| 0 Minuten | 61 | 10,1 | | |
| 1 bis 15 Minuten | 119 | 19,7 | | |
| 16 bis 45 Minuten | 75 | 12,4 | | |
| über 45 Minuten | 31 | 5,2 | | |
| kein PC & keine Nutzung | 317 | 52,6 | | |

Im Vergleich zum Fernsehen werden die anderen Medien erheblich weniger genutzt: Etwa ein Zehntel der Stichprobe liest keine Tageszeitung, knapp die Hälfte liest sie täglich zwischen einer Viertel- und einer halben Stunde. Als Mittelwert ergeben sich etwa 29 Minuten für diejenigen, die überhaupt Tageszeitung lesen. Bezieht man auch diejenigen mit ein, die keine Zeitung lesen, sinkt dieser Wert unwesentlich auf etwa 26 Minuten. Damit entsprechen die von uns Befragten ziemlich genau dem bei Berg und Kiefer (1996) beschriebenen Durchschnitt von Frauen in den alten Bundesländern im Jahre 1995 (27 Minuten für die tägliche Nutzung der Tageszeitung).

Bücher werden von beinahe allen Erzieherinnen gelesen, und zwar überwiegend zwischen einer halben und einer ganzen Stunde täglich. Im Mittel ergibt dies eine tägliche durchschnittliche Nutzung von etwa 53 Minuten (nur „Leser“: 55 Minuten). Erzieherinnen scheinen demnach mehr zu lesen als

genutzt (gefragt wurde damals allerdings, etwas anders als bei uns, nach der Nutzungsdauer „am vergangenen Tag“; vgl. Höltershinken et al., 1989, S. 313).

Frauen insgesamt: Berg und Kiefer (1996) berichteten für Frauen in den alten Bundesländern eine Bücher-Lesedauer von 16 Minuten an einem durchschnittlichen Wochentag im Jahr 1995 (nur für Montag bis Samstag berechnet).

Etwa die Hälfte der Erzieherinnen besitzt keinen Computer, weitere zehn Prozent besitzen zwar einen solchen, nutzen diesen jedoch nicht. Insgesamt wird der Computer nur in recht geringem Umfang genutzt; als Durchschnittswert ergeben sich etwa 18 Minuten für die Gesamtstichprobe (ohne diejenigen, die keinen Computer besitzen und auch keine Nutzung angaben). Schließt man diejenigen Personen, die berichteten, den Computer gar nicht zu nutzen, aus der Berechnung aus, so erhöht sich der Wert für die „Nutzer" auf exakt 23 Minuten pro Tag. Damit entsprechen die von uns Befragten etwa dem Durchschnitt von Frauen in den alten Bundesländern: Berg und Kiefer (1996) berichten speziell für die Gruppe der 30- bis 39-Jährigen eine Wert von 19 Minuten Zeitaufwand pro Tag.

Die realisierte Interview-Stichprobe unterscheidet sich im Hinblick auf die Mediennutzung nur geringfügig von der Gesamtstichprobe: Die zusätzlich face-to-face interviewten Erzieherinnen nutzen sowohl das Fernsehen als auch den Computer in etwas geringerem Ausmaß als die Probandinnen der Repräsentativ-Gesamtstichprobe. Gleichzeitig lesen sie weniger Tageszeitung, dafür jedoch mehr Bücher. Alle Unterschiede zwischen den beiden Stichproben sind jedoch nicht signifikant.

Daß die Mediennutzung mit dem Alter zusammenhängt, ist ein vielseitig dokumentiertes Phänomen (vgl. u.a. Darschin & Frank, 1998); insofern lag es nahe, entsprechende Zusammenhänge für die Gesamtstichprobe zu überprüfen. Tabelle 6.3 zeigt die Mittelwerte für die Nutzung der verschiedenen Medien nach Altersgruppen unterschieden (dabei wurden die Mittelwerte für die Fernseh- und Computernutzung unter Ausschluß derjenigen Personen, die kein Gerät besitzen und auch keine Nutzung angaben, errechnet; s.o.). Die Einteilung der Altersgruppen orientiert sich an den Vorgaben der GfK, um so die Werte für die Fernsehnutzung mit den Daten der GfK vergleichen zu können.

Die gefundenen Zusammenhänge sind nur sehr gering ausgeprägt und spiegeln sich auch kaum in entsprechenden Korrelationen wieder. Je nach Einteilung der Altersgruppen ergeben sich zwar signifikante Unterschiede, die jedoch zumeist wenig interpretierbar sind, da sie kaum einheitlich in eine Richtung weisen. Zwei Ausnahmen sollen jedoch nicht unerwähnt bleiben: Erstens zeigt sich sehr deutlich, daß die jüngste Altersgruppe der Erzieherinnen das Fernsehen deutlich mehr nutzt als die anderen Altersgruppen; da diese sich jedoch kaum hinsichtlich ihrer Fernsehnutzung unterscheiden, fällt die entsprechende Korrelation vernachlässigbar gering aus[16]. Zweitens scheint die Nutzung einer Tageszeitung sehr wohl vom Alter abzuhängen, wie sich aus der Tabelle ja auch deutlich entnehmen läßt. Entsprechend findet sich hier auch die einzige hochsignifikante Korrelation ($r = .19$; $p < .001$), die gleichwohl nicht sonderlich hoch ausfällt. Ähnliches gilt auch für das Bücherlesen, das vom Mittelwert her in der jüngsten Altersgruppe ein etwas geringeres Zeitbudget einnimmt als in den übrigen Gruppen, während plausiblerweise Computer etwas weniger von der ältesten Gruppe genutzt werden (bezüglich beider Variablen ergeben sich jedoch keine signifikanten Zusammenhangswerte).

**Tabelle 6.3: Mediennutzung der Erzieherinnen: Durchschnittliche Nutzungsdauer in Minuten pro Tag, differenziert nach Altersgruppen**
(Basis: n = 602; ungewichtete Daten)

| **Fernsehen/ Video** | **M** | **SD** | **GfK-Werte 1997** |
|---|---|---|---|
| 20-29 Jahre | 92,86 | 53,30 | 136 |
| 30-39 Jahre | 79,33 | 44,81 | 172 |
| 40-49 Jahre | 79,41 | 43,83 | 187 |
| 50-64 Jahre | 78,40 | 52,25 | 215 |
| **Tageszeitung** | **M** | **SD** | |
| 20-29 Jahre | 19,38 | 15,45 | |
| 30-39 Jahre | 24,92 | 16,30 | |
| 40-49 Jahre | 30,33 | 17,19 | |
| 50-64 Jahre | 26,22 | 15,62 | |
| **Bücher** | **M** | **SD** | |
| 20-29 Jahre | 49,74 | 38,93 | |
| 30-39 Jahre | 54,06 | 34,12 | |
| 40-49 Jahre | 53,40 | 35,17 | |
| 50-64 Jahre | 60,96 | 39,89 | |
| **Computer** | **M** | **SD** | |
| 20-29 Jahre | 19,42 | 20,14 | |
| 30-39 Jahre | 18,59 | 18,64 | |
| 40-49 Jahre | 17,10 | 16,65 | |
| 50-64 Jahre | 13,10 | 15,70 | |

Eine weitere interessante Unterscheidung könnte sich ergeben, wenn man Erzieherinnen, die eigene Kinder haben, mit solchen vergleicht, die keine Kinder haben. In Tabelle A.4 im Anhang finden sich die Ergebnisse entsprechender t-Tests für unabhängige Stichproben. Erzieherinnen, die selbst keine Kinder haben, sehen im Durchschnitt mehr fern, lesen jedoch weniger Zeitung als solche, die eigene Kinder haben. Für Bücher- und Computernutzung ergeben sich keine signifikanten Unterschiede. Der Unterschied hinsichtlich der Fernsehnutzung verfehlt zwar knapp die Signifikanz; bezieht man jedoch nur solche Probandinnen in die Analyse ein, die Kinder unter 14 Jahren ha-

16 Bei Höltershinken und Mitarbeitern wird bezüglich der Fernsehnutzung ebenfalls berichtet, daß sich keine signifikanten Altersunterschiede ergaben.

ben (in ihren Mediennutzungsgewohnheiten also erheblich durch die Anwesenheit von Kindern beeinflußt sein dürften), so fällt auch dieser Unterschied in den signifikanten Bereich, während gleichzeitig der Unterschied hinsichtlich der Zeitungsnutzung erhalten bleibt.

Festzuhalten ist an dieser Stelle zunächst einmal Folgendes: Während Erzieherinnen im Hinblick auf ihre private Ausstattung mit Medien keineswegs als „medien- oder technikfeindlich" bezeichnet werden können, unterscheiden sie sich von anderen Erwachsenen erheblich in ihrer Mediennutzung: Sie sehen deutlich weniger fern als der Bevölkerungsdurchschnitt, wie auch schon in der Untersuchung von Höltershinken und Mitarbeitern (vgl. Kasüschke, 1991) sowie in eigenen Studien der Autoren (vgl. Holzwarth, 1997a) festgestellt wurde. Gleichzeitig lesen sie offenbar mehr als der Durchschnitt der Frauen in der Bundesrepublik.

### *6.2.3 Fernsehmotive der Erzieherinnen*

Nachdem wir bereits festgestellt haben, daß Erzieherinnen deutlich weniger fernsehen als Frauen im Durchschnitt der Bevölkerung, interessiert nun, welche Motive sie zugrunde legen, *wenn* sie fernsehen. In der Repräsentativstudie wurden die verschiedenen Items zu Motiven des Fernsehkonsums vorgelesen mit der Bitte, auf einer 5-stufigen Skala (mit den Polen „stimme gar nicht zu" und „stimme voll und ganz zu") jeweils anzugeben, inwieweit das Motiv zutrifft (zur Itemkonstruktion siehe Kap. 5.2.2). In Tabelle 6.4 sind die Ergebnisse im Überblick wiedergegeben.

**Tabelle 6.4: Fernsehmotive der Erzieherinnen**
(Basis: n = 602; gewichtete Daten)

| **Ich schaue fern, ...** | **M** | **SD** |
|---|---|---|
| ... weil es mich von meinen Problemen ablenkt | 1,67 | 0,87 |
| ... weil ich mich dann nicht so allein fühle | 1,70 | 0,93 |
| ... aus Langeweile | 1,84 | 1,06 |
| ... weil ich dann mit anderen ein Gesprächsthema habe | 2,13 | 1,09 |
| ... weil ich dann sehe, wie andere Menschen so leben | 2,66 | 1,28 |
| ... weil ich dabei abschalten kann und zur Ruhe komme | 3,08 | 1,39 |
| ... weil es unterhaltsam/spannend ist | 3,70 | 1,09 |
| ... weil ich dadurch Neues oder Wissenswertes erfahre | 4,28 | 0,92 |
| ... weil ich sehen will, was in der Welt passiert | 4,34 | 0,87 |

Es zeigt sich, daß lediglich drei der vorgegebenen Fernsehmotive überwiegend als zutreffend bewertet wurden: Die befragten Erzieherinnen sehen offenbar vorrangig fern um zu sehen, „was in der Welt passiert" und um „Neues und Wissenswertes" zu erfahren; jeweils etwa 90 Prozent stimmten diesen beiden Informationsmotiven zu oder voll und ganz zu. Ein weiteres Motiv, das auch für Erzieherinnen offenbar nicht ganz unbedeutsam ist, ist das Unterhaltungsmotiv: 71 Prozent gaben an fernzusehen, weil es „unterhaltsam oder auch spannend" sei (Mittelwert: M = 3,70). Schließlich scheint auch noch das Entspannungsmotiv eine gewisse Rolle zu spielen: Immerhin noch 55 Prozent stimmten der entsprechenden Aussage zu („weil ich dabei abschalten kann und zur Ruhe komme"). Allerdings lehnten auch 38 Prozent diese Aussage ab, so daß im Mittel nicht von einem eindeutig wichtigen Fernsehmotiv gesprochen werden kann.

Demgegenüber wurden drei Motive mit einer eher negativen Konnotation als nicht zutreffend bewertet: Lediglich 14 Prozent sehen nach eigener Aussage „aus Langeweile" fern (M = 1,84); nur neun Prozent der Befragten gaben an fernzusehen, um sich dann „nicht so alleine" zu fühlen (M = 1,70), und nur acht Prozent sehen fern, um sich von ihren Problemen ablenken zu lassen (M = 1,67).

Soziale Motive (i.S.v. sozialer Nützlichkeit) wurden tendenziell ebenfalls abgelehnt: Nur 16 Prozent stimmten der Aussage zu, sie sähen fern, um mit anderen ein Gesprächsthema zu haben (M = 2,13). Unentschieden scheinen die Befragten hinsichtlich des Motivs des sozialen Vergleichs zu sein („um zu sehen, wie andere Menschen so leben"): Zwar stimmten 37 Prozent dieser Aussage zu; sie wurde jedoch gleichzeitig von 54 Prozent abgelehnt, so daß sich im Mittel eher eine ablehnende Haltung ergibt.

Sofern man den Aussagen der Befragten in dieser Hinsicht vertrauen kann, ist soweit bereits auffallend: Erzieherinnen sehen nicht nur – wie wir bereits in Kapitel 6.2.2 festgestellt haben – weniger fern als der Bevölkerungsdurchschnitt, sondern *wenn* sie fernsehen, heben sie sich auch in ihren zugrundeliegenden Motiven von anderen Erwachsenen ab, indem sie (zumindest nach eigenen Angaben) lediglich aus Informationsinteresse und zur Entspannung fernsehen. Ähnliches hatten wir bereits in einer eigenen Studie im süddeutschen Raum festgestellt (vgl. Holzwarth, 1997a).

Eine eingehende Untersuchung der Fernsehmotive der Erzieherinnen war zwar nicht primäres Ziel der vorliegenden Untersuchung; aufgrund der Verwendung eines ad hoc gebildeten Instruments erschien gleichwohl eine Überprüfung der faktoriellen Struktur der Skala geboten.

Eine Inspektion der Interkorrelationen zeigt generell geringe, teilweise auch nicht-signifikante Zusammenhänge[17], was eine uneinheitliche Faktorenstruktur erwarten läßt.

17 Dies ist ein Problem, das für viele der in der vorliegenden Publikation zu berichtenden Korrelationen gilt. Wie wir an späteren Stellen des Bandes erläutern werden, scheinen nicht nur Unterschiede zwischen den Erzieherinnen bezüglich jeweils einzelner Variablen zu bestehen, sondern auch Unterschiede zwischen den Befragten im Hinblick auf den Zusammenhang zwischen einzelnen Variablen vorzuliegen. So kann etwa eine bewahrpädagogische Haltung zum einen mit einem geringen Wissen über den Medienumgang von Kindern sowie pauschal-naiven Wirkungsannahmen einhergehen und sich in einem geringen Engagement in der medienerzieherischen Praxis niederschlagen; sie kann zum anderen aber mit einem breiten Wissen und differenzierter Problemwahrnehmung verbunden sein und sich in einem starken Engagement

Eine Hauptkomponentenanalyse (Varimax-Rotation; Extraktion der Faktoren nach dem Kaiser-Kriterium) ergab eine dreifaktorielle Struktur mit einer Gesamtvarianzaufklärung von 54,0 Prozent. Die Faktoren werden dabei entsprechend der o.g. Zustimmung der Erzieherinnen gebildet, das heißt: Die vier Motivitems zu Information und Entspannung/Unterhaltung bilden einen gemeinsamen Faktor (Faktor 3); ein weiterer (Faktor 1) wird durch die abgelehnten Motivitems mit negativer Konnotation gebildet (Ablenkung von Problemen sowie Reduzierung von Einsamkeit und Langeweile), während der dritte Faktor sich aus den beiden sozialen Motiven zusammensetzt (Faktor 2). Tabelle 6.5 weist die Faktorenladungen, Eigenwerte und Kommunalitäten für die rotierte Lösung aus.

**Tabelle 6.5: Kennwerte der 3-Faktoren-Lösung für die Fernsehmotive der Erzieherinnen: Faktorenladungen, Eigenwerte (EW) und Kommunalitäten (rotierte Lösung)** (Basis: n = 602; ungewichtete Daten)

| | **Faktor 1** EW = 1,91 | **Faktor 2** EW = 1,76 | **Faktor 3** EW=1,19 | **Kommunalitäten** |
|---|---|---|---|---|
| ... weil es mich von meinen Problemen ablenkt | .76 | .10 | .09 | .60 |
| ... weil ich mich dann nicht so allein fühle | .71 | .20 | -.09 | .56 |
| ... aus Langeweile | .61 | -.04 | -.05 | .37 |
| ... weil ich dann mit anderen ein Gesprächsthema habe | .24 | .74 | -.03 | .61 |
| ... weil ich dann sehe, wie andere Menschen so leben | .01 | .74 | .03 | .55 |
| ... weil ich sehen will, was in der Welt passiert | -.28 | .26 | .69 | .63 |
| ... weil ich dadurch Neues oder Wissenswertes erfahre | -.21 | .49 | .59 | .63 |
| ... weil es unterhaltsam/spannend ist | .11 | -.13 | .58 | .37 |
| ... weil ich dabei abschalten kann und zur Ruhe komme | .47 | -.18 | .54 | .54 |

Eine Betrachtung der Faktorenladungen bestätigt die obige Erwartung einer eher uneinheitlich und schwierig zu interpretierenden faktoriellen Struktur der Skala. Zudem kann die Höhe der Kommunalitäten kaum als zufriedenstellend bezeichnet werden: Immerhin zwei der Items weisen eine Varianzaufklärung durch die Faktoren von weniger als 20 Prozent auf. Darüber hinaus fällt das Kaiser-Meyer-Olkin-Kriterium (KMO)[18] sowohl für die Gesamtskala (KMO = .61) als auch für die Items (zwei Werte zwischen .5 und .6, sechs zwischen .6 und .7, nur einer über .7) sehr bescheiden aus.

Auffällig ist insbesondere die Tatsache, daß Informationsmotive und Entspannungs-/Unterhaltungsmotive gemeinsam einen Faktor bilden. Dies widerspricht den Ergebnissen der Fernsehmotivforschung: Üblicherweise werden Information und Unterhaltung streng voneinander geschieden (vgl. u.a. Schenk, 1987, Drabczynski, 1982). Gleichzeitig findet sich eine hohe Dop-

in der Praxis der Medienerziehung auswirken. Auf diese Weise können bei diesem Beispiel keine hohen Korrelationen erwartet werden.

18 Kaiser und Rice bezeichnen nach Backhaus et al. (1996, S. 206) einen Wert zwischen .60 und .69 als „mediocre" oder „mittelmäßig".

pelladung für das Entspannungsitem („weil ich dann abschalten kann und zur Ruhe komme“) auf dem ersten Faktor, der von den eindeutig abgelehnten Items gebildet wird.

Es steht zu vermuten – und eine Betrachtung der übrigen Faktoren bestätigt unseres Erachtens diesen Eindruck – daß hier ein starker Einfluß sozialer Erwünschtheit zum Tragen kam: Faktor 3 wird durch Motivitems mit positiver Konnotation gebildet in dem Sinne, daß sie – abgesehen von dem bereits angesprochenen Entspannungsitem – nicht in irgendeiner Weise als kompensatorisch verstanden werden können. Fernzusehen, um „Neues und Wissenswertes“ zu erfahren, um zu sehen, „was in der Welt passiert“, oder weil es „unterhaltsam oder auch spannend“ ist, wird wohl kaum als Ausdruck eines Defizits oder eines unreflektierten Fernsehkonsums verstanden werden. Andererseits sind vermutlich für viele Menschen, die einen bewußten und reflektiert-kritischen Medienumgang für wesentlich erachten und einen solchen auch Kindern vermitteln möchten, Motive wie die des ersten Faktors kaum als akzeptabel anzusehen; zu leicht würde man sich damit als ähnlich denjenigen Personen einstufen, bei denen man gerade das „Sich-Berieseln-Lassen“ und die mangelnde Aktivität in der Freizeitgestaltung kritisiert. Damit würde sich auch die oben angesprochene Doppelladung gut erklären lassen: „Abschalten und zur Ruhe kommen“ kann zum einen unter negativen Aspekten betrachtet werden (schließlich könnte man dies auch mit einem „guten Buch“ oder „guter Musik“ erreichen). Ebenso kann dieses Item aber auch als eine durchaus akzeptable Motivation des Fernsehens betrachtet werden (wer kennt nicht die Motivation, sich zuweilen zum Zwecke des Einschlafens auch der Annehmlichkeiten des Fernsehprogramms zu bedienen?). Insofern wäre es plausibel, daß dieses Item hohe Ladungen auf beiden Faktoren aufweist.

Der zweite Faktor wiederum besteht aus den – im Durchschnitt ebenfalls abgelehnten – sozialen Motiven. Hier ist eine weitere hohe Doppelladung zu beachten: Die Motivation fernzusehen, um „Neues und Wissenswertes“ zu erfahren, scheint auch in dieser Kombination eine Rolle zu spielen, was insofern plausibel ist, als in dem Motiv „weil ich dann sehe, wie andere Menschen so leben“ ja ebenfalls ein Informationsaspekt steckt.

Bei der Interpretation der Angaben der Erzieherinnen zu ihren eigenen Fernsehmotiven ist zudem Folgendes zu bedenken: Gerade diese Berufsgruppe scheint (ähnlich wie Lehrer; vgl. Frey & Six, 1997) dem Fernsehen gegenüber besonders skeptisch bis kulturkritisch eingestellt zu sein (vgl. hierzu Kap. 2.2 und 3.3 sowie unsere Ergebnisse in Kap. 6.4.3). Insbesondere die Fernsehnutzung von Kindern bringen sie großenteils mit kritisch bewerteten Nutzungsmotiven (wie Langeweile) und negativen Wirkungen in Verbindung (Stichwort z.B.: „Montagssyndrom“; vgl. Kap. 2.2). Vergegenwärtigt man sich, daß die Erzieherinnen in unserer Studie vorrangig über medienbezogene Problemwahrnehmungen im Hinblick auf Kindergartenkinder und den Kindergartenalltag und über medienerzieherische Ansichten, Vorstellungen und Strategien befragt wurden, so liegt es nahe anzunehmen, daß sie auch bei den wenigen Fragen zu ihrem eigenen Medienumgang ihre Einstellungen zur Fernsehnutzung von Kindern mitbedacht haben. (Um an dieser Stelle bereits ein Ergebnis vorwegzunehmen: Bei Kindern vermuten die Befragten insbesondere Motive mit einer negativen Konnotation, wie Langeweile, nichts anderes zu tun zu haben etc.; siehe Kap. 6.4.1.) Daß sie sich in diesem Kontext – unbewußt – von der Fernsehnutzung der Kinder abgrenzen möchten, ist dann nur allzu plausibel.

Insgesamt muß – was oben schon angesprochen wurde – vermutet werden, daß mit dieser Skala nicht nur die tatsächlichen Fernsehmotive der Erzieherinnen, sondern auch ihre Bewertungen der vorgegebenen Motive unter der Perspektive ihrer Einstellungen zum Fernsehverhalten gemessen wurden. Diese Tatsache spricht in Verbindung mit der uneinheitlichen Faktorenstruktur dagegen, die Items entsprechend den Faktoren zu gruppieren und Faktorenmittelwerte oder Faktorenwerte zu errechnen. Naheliegender erscheint es, für weitergehende Analysen bzw. Korrelationen mit anderen Variablen einzelne Motivitems herauszugreifen oder aber – wenn dies inhaltlich gerechtfertigt erscheint – ad hoc Items zusammenzufassen (solche Gruppierungen werden dann an den entsprechenden Stellen zu berichten sein).

Es könnte vermutet werden, daß Erzieherinnen, die eigene Kinder haben, aus anderen Motiven heraus fernsehen als Erzieherinnen, deren Freizeit nicht zusätzlich durch die Aufmerksamkeit, die Mütter ihren Kindern widmen (müssen), eingeschränkt ist. In Tabelle A.5 im Anhang sind die Ergebnisse für entsprechende Mittelwertvergleiche wiedergegeben.

Interessanterweise sind die gefundenen Unterschiede vergleichsweise geringfügig: Wenn Erzieherinnen, die selbst Mütter sind, fernsehen, dann tun sie dies im Vergleich zu ihren Kolleginnen, die keine Kinder haben (und die insgesamt mehr fernsehen; s.o.), signifikant eher, um auf diese Weise abzuschalten und sich zu entspannen oder um sich von Problemen abzulenken, erstaunlicherweise allerdings auch eher aus Langeweile. Dabei ist indes zu beachten, daß lediglich der Mittelwert für das Entspannungsmotiv („weil ich dabei abschalten kann und zur Ruhe komme") wenigstens in den neutralen Bereich der Skala fällt. Die beiden anderen Motive wurden von Müttern im Durchschnitt ebenso wie von kinderlosen Erzieherinnen verneint.

Das Alter der Befragten spielt im Hinblick auf die angegebenen Fernsehmotive nur eine geringfügige Rolle: Ältere Erzieherinnen betonen in der Tendenz das eine der beiden Informationsmotive („weil ich sehen will, was in der Welt passiert") noch stärker als jüngere; für den Zusammenhang zwischen Alter und Motivangabe ergibt sich hier ein Pearson-Koeffizient von $r = .10$ ($p < .05$). Umgekehrt verneinen sie die drei Motive „aus Langeweile" ($r = -.12$; $p < .01$), „weil ich mich dann nicht so alleine fühle" ($r = -.12$; $p <$

.01) und „weil ich dabei abschalten kann und zur Ruhe komme" (r = -.16; p < .001) deutlicher als ihre jüngeren Kolleginnen.

Ein etwas stärkerer Zusammenhang ergibt sich plausiblerweise zwischen dem Fernsehkonsum der Probandinnen und ihren Motivangaben: Mit einer Ausnahme[19] korrelieren alle Motivitems signifikant positiv (mit Korrelationen zwischen r = .11 [p < .05] und r = .24; p < .001) mit dem Ausmaß der Fernsehnutzung, d.h. alle vorgegebenen Motive werden in der Tendenz als zutreffender bewertet, je höher das eigene tägliche Fernsehnutzungsquantum ist.

Festzuhalten ist zur privaten Mediennutzung der Befragten insbesondere Folgendes:

- Während Erzieherinnen im Hinblick auf ihre private Ausstattung mit Medien keineswegs als „medien- oder technikfeindlich" bezeichnet werden können und ihre Ausstattung in den letzten zehn Jahren offenbar nicht unerheblich zugenommen hat, unterscheiden sie sich in ihrer Nutzung der Medien in zweierlei Hinsicht auffallend von anderen Erwachsenen: Sie sehen, wie auch schon in unseren früheren Studien sowie in der etwa zehn Jahre zurückliegenden Untersuchung von Höltershinken und Mitarbeitern festgestellt wurde, deutlich weniger fern als der Bevölkerungsdurchschnitt und können somit der Gruppe der „Wenigseher" zugeordnet werden. Gleichzeitig lesen sie offenbar mehr als der Durchschnitt von Frauen in der Bunderepublik. Bezüglich der sonstigen Mediennutzung liegen sie mehr oder weniger im Durchschnitt.
- Erzieherinnen sehen nicht nur weniger fern als der Bevölkerungsdurchschnitt, sondern sie heben sich, *wenn* sie fernsehen, auch in ihren zugrunde liegenden Motiven von anderen Erwachsenen ab, indem sie (zumindest nach eigenen Angaben) lediglich aus Informationsinteresse und zur Entspannung fernsehen. Ähnliches hatten wir bereits in einer eigenen Studie im süddeutschen Raum festgestellt.

Soweit sind anhand unserer bisher dargestellten Ergebnisse bereits wesentliche Bedingungen der Medienerziehung – Rahmenfaktoren und Medienausstattung der Einrichtungen sowie die private Medienausstattung und -nutzung der Erzieherinnen – beschrieben. Als weitere vermutlich bedeutsame Determinante von Kenntnissen und Ansichten, Vorstellungen und Strategien zur Medienerziehung im Kindergarten dürfte die medienpädagogische bzw. medienerzieherische Qualifikation der Erzieherinnen von Interesse sein. Hierauf ist im nächsten Kapitel einzugehen.

---

19 „weil ich dann sehe, wie andere Menschen so leben"

## 6.3 Medienerzieherische Qualifikation aus der Sicht von Erzieherinnen und Lehrkräften

Zur Beschreibung und Bewertung der medienerzieherischen Qualifikation von Erzieherinnen gehen wir im Folgenden einerseits auf den aktuellen Stand der Ausbildung im Bereich der Medienerziehung in Nordrhein-Westfalen ein, wie er sich auf Basis der (schriftlichen und telefonischen) Befragung von Lehrkräften an Fachschulen in NRW darstellt. Andererseits werden die Ausbildungssituation, die Qualität der Ausbildung und die subjektive Qualifikation zur Medienerziehung im Kindergarten auf Grundlage der Erzieherinnen-Befragungen beschrieben. Abschließend soll in einem Fazit versucht werden, zwischen beiden Perspektiven Zusammenhänge zu knüpfen, um beurteilen zu können, inwieweit die aktuelle Ausbildung den Anforderungen, wie sie aus Sicht der Erzieherinnen abgeleitet werden können, entspricht.

### *6.3.1 Situation in der medienerzieherischen Ausbildung aus Sicht der Lehrkräfte*

Da sich die Beschlußlage der Jugendministerkonferenz (siehe Kap. 2.2 und Kap. 3.1) hinsichtlich des Einsatzes von Medien im Kindergarten erst 1996 verändert hat und der bereits erläuterte „Lehrplan zu Erprobung Sozialpädagogik" ebenfalls 1996 herausgegeben wurde, interessiert nicht zuletzt, inwieweit das medienerzieherische Angebot an den Fachschulen in den letzten Jahren auf diese Veränderungen bereits abgestimmt wurde. Weiterhin sollten anhand der Befragung von Lehrkräften die strukturellen Ausbildungs-Bedingungen, die Inhalte der medienerzieherischen Ausbildung einschließlich der Schwerpunktsetzungen hinsichtlich behandelter Medien sowie die in der Ausbildung behandelten bzw. vertretenen medienerzieherischen Konzepte erfragt werden (zur Durchführung dieser Befragung siehe Kap. 5.3.3).

#### 6.3.1.1 Strukturelle Merkmale des medienerzieherischen Lehrangebotes

Unter strukturellen Merkmalen sollen einerseits Rahmendaten für die Ausbildung im Bereich Medienerziehung verstanden werden, wie die Anzahl der im Fach tätigen Personen und die für das Fach zur Verfügung stehende Stundenanzahl. Anderseits sind hiermit das Entstehungsjahr des aktuellen Fach-Curriculums, die Kenntnis des „Lehrplans zur Erprobung Sozialpädagogik" und die Orientierung an diesem sowie der wahrgenommene Ausstattungsbedarf für den Fachunterricht gemeint.

Die *Anzahl der Ausbilder/-innen*, die an Fachschulen den Bereich Medienerziehung vertreten, beträgt im Durchschnitt knapp drei Personen (M = 2,74). Dies könnte als relativ gute personelle Ausstattungssituation aufgefaßt werden; allerdings ist zu beachten, daß an immerhin einem Drittel der Schulen in der Stichprobe lediglich eine einzige Person das Fach vertritt. Entsprechend sehen auch über 40 Prozent der Befragten – um dieses Ergebnis vorwegzunehmen – weiteren Ausstattungsbedarf in diesem Bereich.

Dem Fach Medienerziehung werden an den einzelnen Fachschulen höchst unterschiedliche Zeitrahmen zugrunde gelegt: Das *Zeitkontingent* beträgt je nach Fachschule zwischen 90 und 160 Stunden. Maßgeblich für eine Kategorisierung und Bewertung war für uns die Vorgabe im „Lehrplan zur Erprobung Sozialpädagogik", die für eine zweijährige Gesamtdauer der Ausbildungszeit 128 Stunden (ohne Praktikum) vorschlägt. Die in den Einzelangaben teilweise erheblichen Abweichungen von dieser Vorgabe stimmen mit dem Ergebnis überein, daß immerhin 10 Prozent der Lehrerinnen und Lehrer angaben, den „Lehrplan zur Erprobung Sozialpädagogik" nicht einmal teilweise zu kennen, und sich an 69,3 Prozent der Schulen das Lehrangebot nicht oder nur teilweise an dessen Vorgaben orientiert.

Darüber hinaus ist zu berücksichtigen, daß die befragten Personen die Anzahl der Wochenstunden im Fach auf die gesamte Ausbildungszeit hochrechneten, wobei davon auszugehen ist, daß eine Reihe von Befragten hier die Praktikumszeiten (in denen die angehenden Erzieherinnen keinen Unterricht haben) in die Summe miteinbezogen haben. Dies mag die überraschend große Anzahl an Schulen (44%) mit mehr als 128 Stunden im Fach Medienerziehung erklären. Dennoch kann man erst einmal davon ausgehen, daß sich zwei Drittel der Fachschulen zumindest im Rahmen der zeitlichen Empfehlung des „Lehrplans zur Erprobung Sozialpädagogik" bewegen.

Um Aufschluß darüber zu erhalten, inwieweit sich die Lehrangebote möglicherweise in Reaktion auf den Beschluß der Jugendministerkonferenz (1996) oder die Herausgabe des „Lehrplans zur Erprobung" (1996) verändert haben, wurden die Lehrkräfte danach gefragt, seit wann das Lehrangebot bereits in der momentanen Form besteht (*Entstehungsjahr des aktuellen medienpädagogischen Lehrangebots*). Die Ergebnisse zeigen keinen nennenswerten diesbezüglichen Einfluß (vgl. Tab. 6.6): An der Mehrheit der Schulen wurde das Lehrangebot in den Jahren 1993 und 1994 konzipiert, lediglich 23 Prozent der Lehrpläne sind jüngeren Datums. Immerhin ein nicht unerheblicher Teil wurde zu einer Zeit konzipiert, zu der es noch gar kein Privatfernsehen gab, was angesichts der Veränderungen, denen die Medienlandschaft durch die Einführung des Dualen Rundfunksystems unterworfen war, doch erstaunt. Allerdings ist davon auszugehen, daß das aktuelle Lehrangebot, auch wenn es vor der Veränderung der offiziellen Vorgaben entworfen wurde, bestimmten Modifikationen unterliegt. Es ist daher anzunehmen, daß unabhängig vom Entstehungsdatum gewisse Anpassungen (z.B. an neue wissenschaftliche Erkenntnisse) unternommen worden sind. So ist es zu erklären, daß auch ältere Lehrangebote – und zwar gleichermaßen wie jüngere – mit dem

„Lehrplan zur Erprobung Sozialpädagogik" (wie wir festgestellt haben) zumindest teilweise verknüpft wurden bzw. keine Unterschiede in dieser Hinsicht zwischen den Fachschulen mit älterem und denen mit jüngerem Lehrangebot bestehen. In weiteren Analysen wird aber dennoch zu klären sein, ob sich nicht zumindest tendenziell Schulen mit „älterem" Lehrangebot von denen unterscheiden, deren Lehrangebot in jüngerer Zeit entstanden ist (vgl. dazu Kap. 6.3.1.4).

Über den „Lehrplan zur Erprobung Sozialpädagogik" hinaus gaben nur zehn der 46 angeschriebenen Schulen an, weitere Curricula oder ähnliches zu verwenden, übersandten dieses Material jedoch nicht in jedem Fall. Die zugesendeten Unterlagen waren von unterschiedlicher Ausführlichkeit und reichten von kurzen Übersichten über Themengebiete im Fach Medienerziehung bis hin zu ausgearbeiteten Fach-Curricula. Eine Analyse der übersandten Unterlagen ergab keine gravierenden Abweichungen von den Vorgaben des „Lehrplans zur Erprobung"; vielmehr handelt es sich um individuelle Schwerpunktbildungen.

**Tabelle 6.6: Entstehungsjahr des aktuellen medienerzieherischen Lehrangebotes** (Basis: n = 39)

| Entstehungsjahr | Anzahl | Prozent |
|---|---|---|
| 1996 | 4 | 10,3 |
| 1995 | 5 | 12,8 |
| 1993/1994 | 17 | 43,6 |
| 1991/1992 | 6 | 15,4 |
| zwischen 1987 und 1990 | 2 | 5,1 |
| zwischen 1977 und 1986 | 4 | 10,3 |
| vor 1977 | 1 | 2,6 |

Zum Abschluß der telefonischen Befragung wurden die Lehrerinnen und Lehrer gefragt, ob sie weiteren *Ausstattungsbedarf* in räumlicher, personeller oder technischer Hinsicht bzw. im Hinblick auf die Versorgung mit Informationsmaterial (beispielsweise in Form von Büchern, Broschüren etc.) für notwendig erachten. Es zeigte sich, daß jeweils über zwei Drittel der befragten Personen sich Verbesserungen in der Raumausstattung (70%) sowie der Ausstattung mit technischem Gerät wünschen (78%). Deutlich über die Hälfte wünscht sich außerdem mehr Informationsmaterial (58%), und immerhin mehr als 40 Prozent der Befragten sehen einen zusätzlichen Personalbedarf im Fach Medienerziehung.

### 6.3.1.2 Inhalte der medienerzieherischen Ausbildung

(1) Schwerpunktsetzungen hinsichtlich der behandelten Medien im Fach Medienerziehung

Zunächst wurde überprüft, inwieweit an den Schulen Schwerpunkte hinsichtlich der behandelten Medien gesetzt werden. In Tabelle 6.7 sind die entsprechenden Ergebnisse wiedergegeben.

**Tabelle 6.7: Schwerpunktsetzungen hinsichtlich der behandelten Medien**

| *Werden bestimmte Medien vorrangig behandelt?* (n = 39) | Anzahl | Prozent |
|---|---|---|
| ja | 37 | 94,9 |
| nein, alle gleichrangig | 2 | 5,1 |

| Vorrangig behandelte Medien (n = 37) [1]<br>Mehrfachantworten; Anzahl Nennungen: 121 | Anzahl | Prozent | Prozent Fälle |
|---|---|---|---|
| Fernsehen | 34 | 28,1 | 91,9 |
| Video | 20 | 16,5 | 54,1 |
| Tonträger (Kassetten, Schallplatten, CD) | 14 | 11,6 | 37,8 |
| Computer | 13 | 10,7 | 35,1 |
| Foto/Fotografie | 10 | 8,3 | 27,0 |
| Hörspiele | 8 | 6,6 | 21,6 |
| Hörfunk | 7 | 5,8 | 18,9 |
| Zeitungen/Zeitschriften | 6 | 5,0 | 16,2 |
| Bücher | 3 | 2,5 | 8,1 |
| Sonstige: Dias, Ton-Dias, Film, Filmvertonung | 6 | 5,0 | 16,2 |

1 Die Zahl bezieht sich auf die Anzahl an Personen, die angaben, bestimmte Medien vorrangig zu behandeln.

Erwartungsgemäß werden an der weit überwiegenden Mehrheit der untersuchten Schulen nicht alle Medien gleichrangig behandelt, sondern vielmehr Schwerpunkte gebildet (eine Möglichkeit, die im übrigen auch im „Lehrplan zur Erprobung Sozialpädagogik“ vorgegeben ist). Ebenfalls entsprechend unseren Erwartungen benannten beinahe alle befragten Personen in diesem Zusammenhang das Fernsehen als vorrangig behandeltes Medium. Darüber hinaus spielen Video, Tonträger und Computer noch in jeweils der Hälfte bzw. etwas mehr als einem Drittel der Fälle eine herausragende Rolle. Die übrigen Nennungen verteilen sich relativ gleichmäßig auf die anderen vorgegebenen Medien.

(2) Themenbereiche im Fach Medienerziehung

Bei der telefonischen Befragung wurden den Lehrkräften mögliche Themenbereiche zur Medienerziehung vorgegeben. Diese Vorgaben wurden zum Teil aus dem „Lehrplan zur Erprobung Sozialpädagogik“ übernommen; anhand eigener Überlegungen wurden die dortigen Begriffe zur vorliegenden Liste umgesetzt und erweitert[20]. Den Lehrerinnen und Lehrern wurden jeweils die Begriffe genannt und mit einigen kurzen Sätzen erläutert. Anschließend wurden sie aufgefordert anzugeben, ob sie das jeweilige Thema behandeln und, wenn ja, ob dies eher am Rande oder ausführlich geschieht (diese Angaben sind in Tabelle 6.8 zusammengefaßt). Jeweils anschließend wurde in offener Form danach gefragt, auf welche Medien sich die Behandlung des Themas bezieht und was die befragte Person zum jeweiligen Thema im Unterricht konkret vermittelt.

*a) Thematische Schwerpunkte des medienerzieherischen Lehrangebots*

Erwartungsgemäß wird das Thema „Medienwirkungen" von allen Befragten wenigstens am Rande behandelt, die große Mehrheit (92,3%) widmet sich dem Thema nach eigenen Angaben ausführlich. Bezüglich der Frage, ob in diesem Zusammenhang auch Medienwirkungstheorien behandelt werden, ergab sich, daß dies an 34 Schulen der Fall ist (87,2%). Weiterhin zeigte sich, daß Medienwirkungen vorrangig auf der individuellen Ebene thematisiert werden; gesellschaftliche Wirkungen der Medien (die eine Betrachtung auf der Makroebene voraussetzen) sind lediglich an 22 Schulen (56,4%) Gegenstand des Unterrichts.

Dies bestätigt sich auch, wenn man Lehrkräfte danach befragt, welche Theorien zur Erklärung von Medienwirkungen sie konkret behandeln. Die Mehrzahl der Ausbilder/-innen benannte hierauf klassische Wirkungstheorien, wie etwa Katharsis-, Habitualisierungs- und Inhibitionstheorie sowie Lerntheorien. Neben einer Vielzahl weiterer Erklärungsmodelle bzw. -hypothesen (u.a. Stimulationshypothese) werden nur in sehr geringem Umfang (bei 10% der Befragten) Theorien zu Medienwirkungen auf gesellschaftlicher Ebene behandelt. Daher wäre zu vermuten, daß zwar gesellschaftliche Wirkungen thematisiert, jedoch eher ohne Theoriehintergrund vermittelt werden.

Weitere Themenbereiche, die an allen Schulen in der Stichprobe zumindest am Rande behandelt werden, sind „Mediennutzung" und „Kontextbedingungen der Mediennutzung" (womit insbesondere situative und familiäre Bedingungen der Mediennutzung gemeint waren). Ebenfalls wichtige Themenbereiche sind die „Aktive Medienarbeit mit Kindern" (in 80% der Fälle ausführlich behandelt), die „Konzipierung und didaktische Umsetzung von Medienerziehung" sowie „Funktionen und Motive der Mediennutzung" (jeweils in 64% der Fälle ausführlich behandelt) und schließlich der Bereich „Analyse und Beurteilung von Medienangeboten" (in 62% der Fälle ausführlich behandelt).

---

20 Als zusätzliche Themenbereiche wurden „Mediensystem" und „Konzipierung und didaktische Umsetzung von Medienerziehung" eingeführt.

**Tabelle 6.8: Thematische Schwerpunkte des medienerzieherischen Lehrangebots**
(Basis: n = 39)

| | gar nicht behandelt | | eher am Rande behandelt | | ausführlich behandelt | |
|---|---|---|---|---|---|---|
| | Anz. | % | Anz. | % | Anz. | % |
| Mediennutzung | - | - | 7 | 17,9 | 32 | 82,1 |
| Medienbiographien | 3 | 7,7 | 17 | 43,6 | 19 | 48,7 |
| Kontextbedingungen der Mediennutzung* | - | - | 15 | 38,5 | 24 | 61,5 |
| Medienpräferenzen | 1 | 2,6 | 19 | 48,7 | 19 | 48,7 |
| Funktionen & Motive | 2 | 5,1 | 12 | 30,8 | 25 | 64,1 |
| Medienwirkungen | - | - | 3 | 7,7 | 36 | 92,3 |
| Analyse & Beurteilung von Medienangeboten | 1 | 2,6 | 14 | 35,9 | 24 | 61,5 |
| Medientechnik | 1 | 2,6 | 19 | 48,7 | 19 | 48,7 |
| Mediendidaktik | 8 | 20,5 | 19 | 48,7 | 12 | 30,8 |
| Ziele & Konzepte der Medienerziehung* | 7 | 17,9 | 19 | 48,7 | 13 | 33,3 |
| Konzipierung & didaktische Umsetzung von Medienerziehung | 2 | 5,1 | 12 | 30,8 | 25 | 64,1 |
| Rechtliche & ethische Aspekte* | 10 | 25,6 | 19 | 48,7 | 10 | 25,6 |
| Medienproduktionsweisen | 7 | 17,9 | 20 | 51,3 | 12 | 30,8 |
| Mediensystem | 12 | 30,8 | 19 | 48,7 | 8 | 20,5 |
| Aktive Medienarbeit mit Kindern | 1 | 2,6 | 7 | 17,9 | 31 | 79,5 |

* Eine Person gab an, das Themengebiet werde von einem Kollegen ausführlich bzw. am Rande behandelt.

Es fällt auf, daß einige Themenbereiche in jeweils einer beträchtlichen Anzahl der Fälle gar nicht oder nur am Rande behandelt werden. Dies betrifft insbesondere die Themenkomplexe „Mediensystem“ und „Ethische und rechtliche Aspekte“, die jeweils von etwa drei Vierteln der Befragten gar nicht oder nur am Rande thematisiert werden. Dieser Umstand erscheint allerdings nicht weiter überraschend, insofern angesichts zweifellos gegebener Zeitknappheit und der relativen Ferne der Thematik zur Praxis der Medienerziehung im Kindergarten die Behandlung anderer Themen vordringlicher erscheint. Ähnliches gilt auch für das Thema „Medienproduktionsweisen“ (womit die Frage nach der Entstehung medialer Produkte gemeint ist).

Erstaunlich ist jedoch, daß auch der Themenbereich „Mediendidaktik“ an immerhin 21 Prozent der Schulen in der Stichprobe gar nicht behandelt wird. Informationen darüber, wie bestimmte Themen im Kindergarten durch den Einsatz von Medien umgesetzt werden können (Mediendidaktik), erscheinen aber – unabhängig von medienerzieherischen Zielsetzungen – als geradezu grundlegendes Rüstzeug für die Arbeit im Kindergarten. Noch erstaunlicher ist die Vernachlässigung der Erörterung verschiedener medienerzieherischer Standpunkte („Ziele und Konzepte der Medienerziehung“): 18 Prozent der befragten Lehrkräfte vermitteln diesen Themenbereich überhaupt nicht und nur 33 Prozent tun dies ausführlich. Selbst wenn man in Rechnung stellt, daß von einigen Befragten eine ausgeprägte Praxisorientierung verbunden mit gewissen Vorbehalten gegenüber allzu theorieorientiertem Vorgehen geäußert wurde und solche Sichtweisen angesichts der Praxisbezogenheit des Ausbildungsgangs auch durchaus naheliegend erscheinen, ist doch festzuhalten, daß die Auseinandersetzung innerhalb eines Fachs mit dessen theoretischen Grundlagen einen Platz innerhalb der Ausbildung haben sollte.

Wenn medientheoretische Themenbereiche behandelt werden, so steht das Medium Fernsehen immer im Mittelpunkt (so wird das Fernsehen fast durchgehend von 87 bis 97 Prozent innerhalb medientheoretischer Themen behandelt). Im Bereich „Mediennutzung" folgen dann mit je etwa 50 Prozent der Befragten, die diesen Themenbereich anbieten, die Medien Computer und Internet, Video und Tonträger. Tonträger scheinen nach dem Fernsehen insbesondere in den Themenbereichen „Medienbiografien" (44% der Fälle) und „Medienpräferenzen" (42% der Fälle) im Mittelpunkt zu stehen. Zeitungen, Zeitschriften und Bücher werden insgesamt nur von wenigen Lehrkräften behandelt. Wenn Zeitungen und Zeitschriften thematisiert werden, dann in den Bereichen „Mediennutzung" und „Funktionen und Motive der Mediennutzung" (von knapp einem Drittel der Befragten). Bücher spielen gerade mal für ein Viertel der Fachlehrer/-innen in den Themenschwerpunkten „Mediennutzung" und „Medienbiografie" eine Rolle. Nicht weiter verwunderlich ist es, daß in den eher praxisbezogenen Themenbereichen (so z.B. bei „Konzeptionierung und didaktische Umsetzung", „aktive Medienarbeit") Tonträger und Video im Mittelpunkt stehen und bei „aktiver Medienarbeit" noch zusätzlich das Hörspiel[21] Beachtung findet.

Für eine Beurteilung, ob eine Ausrichtung am „Lehrplan zur Erprobung" Auswirkungen darauf hat, mit welcher Ausführlichkeit die einzelnen Themenbereiche behandelt werden, wurden die Lehrkräfte nach ihrer Orientierung am Lehrplan („ganz", „teilweise", „gar nicht") in drei Gruppen eingeteilt. Die Gruppe derjenigen, die sich nicht an der Vorgabe orientieren, bestand lediglich aus vier Personen. Unter den Ausbilder/-innen, die sich am „Lehrplan zur Erprobung" orientieren, behandeln fast alle (92%) die Themenbereiche „Konzipierung und Umsetzung von Medienerziehung"[22] (bei teilweiser Orientierung tun dies nur 52%) und „aktive Medienarbeit" (bei „teilweise" dagegen 70%) ausführlich. Ebenfalls werden in dieser Gruppe einige Themenbereiche häufiger (als unter der Bedingung teilweiser Orientierung an der Lehrplanvorgabe) ausführlich behandelt: „Analyse und Beurteilung bestehender Angebote" (in 83% der Fälle im Vergleich zu 52% in der anderen Gruppe), „Medientechnik" (75%; dagegen nur bei 35% derjenigen, die sich teilweise am „Lehrplan" orientieren), „Medienbiografien" (67% im

21 Das Hörspiel hat gleichzeitig im Vergleich zu anderen Themenbereichen in der aktiven Medienarbeit den höchsten Stellenwert; mehr als die Hälfte der Befragten vermittelt die aktive Medienarbeit am Beispiel Hörspiel.

22 Allerdings zeigt sich bei der späteren Analyse der „offenen" Antworten zu den inhaltlichen und didaktischen Schwerpunkten (s.u.), daß sich die Ausbilder/-innen zum größten Teil nur wenig unter diesem Bereich vorstellen können.

Vergleich zu 30%) „Mediensystem" (42% im Vergleich zu 13%) und „Rechtliche und ethische Aspekte" (50% im Vergleich zu 4%).

*(b) Inhaltliche Ausdifferenzierung und didaktische Umsetzung der Themenschwerpunkte des Lehrangebots zur Medienerziehung*

Im Folgenden soll auf Basis der Antworten zu den offen (ohne Antwortvorgaben) gestellten Fragen versucht werden, ein Bild der Lehr- und Lernpraxis der medienerzieherischen Ausbildung zu vermitteln. Dabei werden, soweit dies aus den Aussagen der Lehrkräfte hervorgeht, neben den verschiedenen Zugängen zu den jeweiligen Themenbereichen auch inhaltliche Schwerpunktsetzungen herausgestellt.

*Themenbereich: Mediennutzung*

Ein Großteil der Lehrkräfte machte deutlich, daß das Thema „Mediennutzung" unter verschiedenen Aspekten und sehr oft (sinnvollerweise) mit Bezug zu anderen Themenbereichen, behandelt wird. So werden – neben der rein quantitativen Nutzung – Bezüge zur „Medienbiografie", aber auch qualitative Aspekte (wie Rezeptionssituation, Fernsehen in der Familie, Präferenzen oder Motive von Kindern) angesprochen. Die Beschreibung und Reflexion der eigenen Mediennutzung der Auszubildenden (z.T. unter Einbeziehung des Tagesablaufs) wird hierbei u.a. mit statistischen Daten aus relevanten Untersuchungen verglichen. Überdies finden innerhalb von Projekten eigene Erhebungsaktivitäten in Schulen und Kindergärten statt, deren Ergebnisse ebenfalls im Unterricht besprochen werden. Die Vielseherproblematik wird überraschenderweise kaum fokussiert (2 Fälle).

*Themenbereich: Medienbiografien von Kindern, Jugendlichen und Erwachsenen*

Die eigene Medienbiografie der Schülerinnen dient für fast alle Befragten als Aufhänger bzw. Ausgangspunkt für die Vermittlung dieses Themenbereichs. Es werden aber auch medienbiografische Generationsunterschiede verdeutlicht oder Bezüge zur Entwicklung von Kindern hergestellt.

*Themenbereich: Kontextbedingungen der Mediennutzung*

Als Kontextbedingungen werden u.a. die folgenden berücksichtigt: die Rezeptionssituation, strukturelle und situative Bedingungen der Familie, Schichtzugehörigkeit und Bildung, allgemeine Lebensbedingungen sowie soziales und lokales Wohnumfeld. Auf die Ursachen der Mediennutzung (z.B. auf Bedürfnisse und Motive) wird ebenfalls im Unterricht eingegangen. Dabei wird nur von wenigen Lehrkräften ein Zusammenhang mit der Mediennutzung der Eltern und deren Vorbildfunktion thematisiert (bzw. wurde nur von wenigen Lehrkräften bei der offenen Befragung in dieser Weise benannt).

*Themenbereich: Medienpräferenzen*
Nach Angaben der Befragten werden sehr häufig Erfahrungen aus der Kindergartenpraxis bzw. eigene Erhebungen zu Medienpräferenzen von Kindern, darüber hinaus aber auch eigene Medienpräferenzen der Schülerinnen thematisiert. Außer Motiven werden als Determinanten von Medienpräferenzen insbesondere Gruppendruck, TV-Sendungsmerkmale und der Entwicklungsstand der Kinder angesprochen. Neben allgemeinen Medien- und Sendungspräferenzen der Kinder geht der Unterricht dabei nur selten auf mediale Identifikations- bzw. Lieblingsfiguren ein.

*Themenbereich: Motive und Funktionen der Mediennutzung*
Abgesehen von eigenen Nutzungsmotiven der Schülerinnen bilden für diese Thematik Praxiserfahrungen der Schülerinnen sowie eigene Umfragen mit Kindern die Ausgangsbasis. Außer einzelnen meist klassischen Medienmotiven werden gesellschaftliche Funktionen, Funktionalisierung des Fernsehens als „Babysitter" und Alternativen zur nichtmedialen Bedürfnisbefriedigung aufgezeigt. Ebenso finden Bezüge zu Entwicklungsstand und Alter der Kinder wie zu lebensweltlichem und familialem Kontext Beachtung. Nur wenige Lehrkräfte äußerten bei der Telefonbefragung explizit, daß sie für die Behandlung der Thematik Theorien heranziehen oder auf die allgemeinen Bedürfnisstrukturen von Kindern eingehen.

*Themenbereich: Medienwirkungen*
Bei etwa einem Viertel der befragten Ausbilder/-innen wurde ein kritischer und differenzierter Zugang zur Wirkungsthematik sichtbar. Entweder zeigten sie selbst durch die Art und Weise ihrer Aussagen im Interview eine differenzierte Sichtweise oder machten deutlich, daß sie im Unterricht darum bemüht sind, Wirkungstheorien in Diskussion und kritischer Auseinandersetzung mit den Schülerinnen zu vermitteln. Dabei werden teilweise auch Gestaltungsmerkmale von Medienprodukten berücksichtigt. Neben eigenen Wirkungserfahrungen und Beobachtungen bei Kindern werden anhand von Medienbeispielen potentielle Wirkungen diskutiert.

Im Unterricht werden insbesondere – neben dem am häufigsten genannten Wirkungsbereich „Gewalt und Aggression" – Auswirkungen von Rollenklischees und medialem Frauenbild, aber auch Werbewirkungen behandelt. Weitere Wirkungen, die von einzelnen Lehrkräften bei der telefonischen Befragung herausgehoben wurden, beziehen sich u.a. auf die Veränderung von Normen, Werten und Weltbild oder stehen im Zusammenhang mit diversen kognitiven und emotionalen Wirkungen. Über dies hinaus fiel bei einigen Befragten der Begriff „Montagssyndrom", der sich in diesem Rahmen als relevanter Praxisbezug zum Kindergarten anbietet. Interessant zu erwähnen ist noch ein „Experiment", das an einer der Schulen durchgeführt wird: Hierbei geht es darum, eine Woche lang kein Fernsehen zu schauen und dann gewissermaßen über die Erfahrungen bzw. Wirkungen des „Nichtfernsehens" Wirkungen des Fernsehens und den Zusammenhang zwischen Fernsehnutzung und deren Determinanten bzw. zugrunde liegenden Bedürfnissen zu erhellen.

*Themenbereich: Analyse und Beurteilung von Medienangeboten*
Fast alle Lehrkräfte führten hier Inhaltsanalysen zu bestimmten Medienbeispielen, z.T. auch im Medienvergleich, an. Die Analysen werden, auch wenn dies nur einige der Ausbilder/-innen ausdrücklich betonten, anhand von eigens durch die Schülerinnen entwickelten oder aber vorliegenden Kriterien vorgenommen. Hierfür werden insbesondere Fernsehen, Hörspiele und Zeitungen/Zeitschriften fokussiert. Sehr oft wird auch Werbung allgemein, vermutlich jedoch vorrangig bezogen auf das Fernsehen, unter Bewertungsaspekten untersucht. Computersoftware bzw. Computerspiele finden insgesamt wenig Beachtung.

Innerhalb des Fernsehangebotes werden besonders Kinder- und Jugendsendungen analysiert: Nur wenige Lehrkräfte brachten zum Ausdruck, daß sie unabhängig von spezifisch für Kinder und Jugendliche etikettierten Sendungen und Filmen (hier auch Kinofilmen) auf Fernsehsendungen oder TV-Serien allgemein eingehen. Ein Vergleich zwischen öffentlich-rechtlichem und privatem Fernsehen wurde, obwohl sich dies hier ebenfalls anbieten würde, kaum explizit genannt.

Wenn die Befragten die „Analyse und Beurteilung von Medienangeboten" am Telefon inhaltlich eingehender spezifizierten, so wurden insbesondere formale Kriterien – Gestaltungsmerkmale (Kameraführung, Musik, Schnitt) und Sprache – sowie Wirkungsaspekte als wesentlich zur Medienbeurteilung hervorgehoben. Es fanden sich jedoch auch vereinzelt Aussagen zu speziellen inhaltlichen Aspekten wie etwa zu Fragen nach dem Menschenbild oder Darstellungen von Frauen und Ausländern in bestimmten Sendungen.

*Themenbereich: Medientechnik*
Der Umgang mit Medientechnik findet vor allem in den Einsatzgebieten Fotografie, Videofilm- und Hörspielerstellung statt. Die Technik der Filmvorführung wird ebenfalls behandelt. In fast allen Fällen werden – über die rein theoretische Vermittlung der Medientechnik hinaus – eigene Produkte wie etwa Videos, Hörkassetten, Zeitungen oder Fotodokumentationen produziert. Dies geschieht oftmals mit Anknüpfung an andere Themenbereiche der Ausbildung wie etwa „Medienproduktionsweisen", wobei dann auch gestalterische und journalistische Techniken Berücksichtigung finden.

*Themenbereich: Mediendidaktik*
Mediendidaktik wird nur in geringem Ausmaß vorrangig behandelt. Dies zeigte sich auch in den Aussagen zu den offen gestellten Fragen. Viele Lehrkräfte wissen offensichtlich nicht, was Mediendidaktik ist, und scheinen dies oft mit Inhaltsanalysen zur Bewertung von Medienangeboten gleichzusetzen. Anson-

sten verstehen sie unter Mediendidaktik den Medieneinsatz für verschiedenste Anlässe im Rahmen der sonstigen Kindergartenarbeit (zur Lernförderung ebenso wie bei Elternabenden etc.), während erstaunlicherweise nur selten Möglichkeiten der Mediendidaktik zur Umsetzung von Zielen der Medienerziehung thematisiert werden.

*Themenbereich: Ziele und Konzepte der Medienerziehung*
Innerhalb dieses Ausbildungsbereichs werden Konzepte der Medienerziehung u.a. anhand medienpädagogischer Literatur erarbeitet (letzteres wurde allerdings in den Interviews nicht von allen Befragten so deutlich herausgestellt). Einige wenige machten an dieser Stelle darüber Aussagen, welche Konzepte sie behandeln[23]. Wenn weitere Bezüge zu Medienerziehungskonzepten genannt wurden, so bezogen sich diese u.a. auf die historische Entwicklung medienpädagogischer Ansätze oder auf Praxiserfahrungen der zukünftigen Erzieherinnen.

Mit diesem Themenschwerpunkt werden von einigen wenigen Lehrkräften auch übergeordnete Ziele wie etwa die Vermittlung von Medienkompetenz verknüpft. Dabei sollen Konzepte der Medienerziehung nicht nur bekannt gemacht, sondern auch an Fallbeispielen verdeutlicht werden, um damit zu ermöglichen, eigene Standpunkte zu entwickeln oder kritisch zu reflektieren. Weiterhin sollen die Schülerinnen dazu befähigt werden, ihren eigenen Standpunkt in das Spektrum von medienerzieherischen Konzepten einzuordnen und/oder das aktuelle Handeln der Erzieherinnen in der eigenen Einrichtung zu klassifizieren und zu beurteilen. Darüber hinaus sollen die angehenden Erzieherinnen in der Weise qualifiziert werden, daß sie später ihre eigenen Standpunkte – etwa gegenüber Eltern oder Kolleginnen – medienpädagogisch begründen können.

*Themenbereich: Konzipierung und didaktische Umsetzung von Medienerziehung im Kindergarten*
Ein Großteil innerhalb dieser Ausbildungssequenz bezieht sich auf das Kennenlernen und Umsetzen von Medienprojekten. Dies geschieht oft in Kombination mit anderen Themenbereichen wie „Medienproduktionsweisen", „Medientechnik" und „aktive Medienarbeit im Kindergarten". So sinnvoll diese Kombination auch ist, führte sie offensichtlich dazu, daß nur sehr wenige Ausbilder dezidierte Angaben zu diesem Bereich machten, da sie die benannten Bereiche nicht strukturell voneinander trennen konnten. Berichtet wurde u.a. darüber, daß verschiedene Methoden besprochen werden, die die medienerzieherische Arbeit im Kindergarten unterstützen bzw. den Kindern eine Aufarbeitung medialer Erlebnisse ermöglichen sollen (u.a. Rollenspiel, Gespräch). Die behandelten Projektbeispiele reichen dabei von Daumenkino

23 Welche Konzepte der Medienerziehung (vgl. hierzu Kap. 1.3) die befragten Lehrkräfte selbst vertreten, wird weiter unten anhand der entsprechenden geschlossenen Fragen erläutert.

und Lochbildkamera, über Hörspiele, bis zum Nachstellen von Fernsehrezeptionssituationen oder Nachspielen von Medieninhalten. Neben der Konzipierung und Umsetzung von Elternabenden wurden einige wenige übergeordnete Ziele benannt, u.a. bezogen auf spezifische pädagogische und medienerzieherische Maßnahmen, die speziell auf die Gruppe der Vielseher ausgerichtet sind. In diesem Zusammenhang soll auch erlernt werden, entsprechende nichtmediale Alternativen aufzeigen zu können oder passive in Richtung aktiver Mediennutzung zu modifizieren.

Von den Ausbildern/-innen wurde im telefonischen Interview nicht geäußert, daß sie Probleme der Umsetzung von Medienerziehung thematisieren (so z.B. bezogen auf Vorgaben des Kindergartens wie etwa spezifische Erziehungskonzeptionen oder Kooperationsmöglichkeiten und Handlungsstrategien für die Praxis in bezug auf „medienfeindliche" Kolleginnen oder „ignorante" Eltern). Eigentlich ist gerade dieser Themenbereich besonders geeignet, institutionelle und situative Randbedingungen der Praxis zu beleuchten und Handlungsstrategien zu vermitteln, die eine erfolgreiche Medienerziehung im Kindergarten erst ermöglichen. Eine solche Chance, das vielzitierte „Praxis-Theorie-Gefälle" zu entschärfen, wird offensichtlich in dieser Hinsicht verpaßt.

*Themenbereich: Aktive Medienarbeit mit Kindern*
Dieser Bereich überschneidet sich erheblich mit dem gerade genannten, da sinnvollerweise die Konzeptionierung und didaktische Umsetzung von Medienerziehung im Kindergarten sehr stark praxisbetont sind. Viele Aussagen der Ausbilder/-innen blieben zudem dahingehend unklar, inwieweit Schülerinnen Medienprodukte für Kinder entwickeln oder diese zusammen mit Kindern produzieren. Die mit der aktiven Medienarbeit verbundenen Zielvorstellungen wurden nur von wenigen Lehrkräften angesprochen. Da es sich aber methodisch bei den Fragestellungen zu den Themenbereichen nur um eine „qualitative Ergänzung" handelte, und nicht bewußt von seiten der Interviewer auf medienerzieherische Ziele abgehoben wurde, können hieraus keine weiteren Schlüsse abgeleitet werden.

*Themenbereich: Rechtliche und ethische Aspekte*
Rechtliche und ethische Aspekte führen unter den Themenbereichen offenbar eher ein Schattendasein. Mögen zwar viele Lehrkräfte das Thema „Kinder- und Jugendschutz" behandeln und dies teilweise an aktuellen Beispielen und mehrheitlich mit Bezug auf Gesetzestexte vermitteln, so ist es nur ein Viertel der Ausbilder/-innen, das dieses ausführlich umsetzt. Die Palette weiterer Rechtsthemen geht von Pressefreiheit, Persönlichkeitsschutz und Urheberrecht/ Copyright bis zu Werbung und Überschreitung von Werbezeiten. Darüber hinaus sprachen zwei Ausbilder auch die Möglichkeit an, wie man sich als Zuschauer bzw. Eltern gegen das TV-Programm zur Wehr setzen kann.

An jeder vierten Schule, wo dieser Themenbereich „eher am Rande" behandelt wird, liegt dies daran, daß rechtliche oder ethische Aspekte in anderen Fächern behandelt und daher nicht mehr ausführlich innerhalb der Medienerziehung erörtert werden. An weiteren fünf Schulen wird hierzu fächerübergreifender Unterricht praktiziert, was zwar entsprechend den Grad der Ausführlichkeit innerhalb des Faches Medienerziehung ebenfalls reduziert, nicht aber für eine insgesamt weniger ausführliche Erörterung der Thematik stehen muß (wenn z.B. mit den Fächern Jugend- und Jugendhilferecht oder Religion zusammengearbeitet wird).

Der ethische Bereich wurde insgesamt in den Antworten zu den offenen Fragen kaum thematisiert. Wenn, dann zeigten sich mehrheitlich Zusammenhänge mit der Gewaltthematik. In einzelnen Fällen wurden zudem auch Pornographie, Reality-TV und Diskriminierung von Frauen angesprochen.

*Themenbereich: Medienproduktionsweisen*

Nach Angaben der telefonisch interviewten Ausbilder/-innen wird in diesem Bereich je nach inhaltlicher Ausrichtung dargestellt, wie etwa Radio- oder Fernsehsendungen für Kinder, aber auch Nachrichten entstehen und verbreitet werden. Bei Fernsehfilmen werden in geringem Ausmaß auch gestalterische Merkmale – wie Schnitt, Einstellungen, Kameraperspektive – verglichen.

Durch den Besuch einer Radio- oder Fernseh-Sendeanstalt bekommen die Schülerinnen einen Einblick hinter die Kulissen der Medienproduktion. Eine solche Möglichkeit scheint gut ein Drittel der befragten Ausbilder/-innen zu nutzen. An anderen Schulen schauen und besprechen die Lehrkräfte mit den Schülerinnen zuweilen auch „Making of..."-Sendungen. Wenige Befragte beschäftigen sich neben der AV-Medienproduktion auch mit Produktionsweisen im Bereich der Printmedien (z.T. durch einen Besuch in einer Redaktion oder Druckerei).

In Kombination mit „Medientechnik" werden innerhalb dieses Schwerpunktes teilweise auch eigene Projekte umgesetzt oder eigene mediale Produkte erstellt.

*Themenbereich: Mediensystem*

Inhaltlich beschäftigt sich der Unterricht in diesem Themenbereich vor allem mit dem Dualen Rundfunksystem. Darüber hinaus werden, neben historischen Entwicklungen des Mediensystems oder Unterschieden zwischen öffentlich-rechtlichem und privatem Fernsehen, die Auswirkungen von Ökonomie und politischer Macht auf Inhalte und Programmgestaltung der Sender verdeutlicht. Unter ökonomischen Aspekten werden insbesondere Medienkonzentration und Praktiken des Einkaufs von Fernsehrechten problematisiert.

Nun könnte man annehmen, daß die inhaltliche Ausdifferenzierung und didaktische Umsetzung des Lehrangebots zur Medienerziehung in Abhängigkeit davon variiert, inwieweit sich die Lehrkräfte am „Lehrplan zur Erprobung Sozialpädagogik" orientieren. Um dies zu prüfen, wurden die gerade zusammengefaßten Aussagen aus den Telefoninterviews zu den einzelnen Themenbereichen unter dem Aspekt der Orientierung am „Lehrplan zur Erprobung" analysiert. Es zeigt sich ein sehr komplexes und differenziertes Bild, das zumindest nahelegt, daß sich die Lehrkräfte nicht aufgrund ihrer Orientierung an den Lehrplanvorgaben global unterscheiden. Zum großen Teil konnten die bereits oben genannten quantitativen Ergebnisse bezüglich der Unterschiede in der ausführlichen Behandlung von Themenbereichen bestätigt werden. Allerdings wurde auch deutlich, daß sich unabhängig von ihrer Orientierung am „Lehrplan zur Erprobung" einige Lehrkräfte unter bestimmten Themenbereichen – z.B. „Kontextbedingungen der Mediennutzung" oder „Konzipierung und didaktische Umsetzung von Medienerziehung" – nicht sonderlich viel vorstellen können, obwohl sie angaben, diese ausführlich oder zumindest teilweise zu behandeln.

#### 6.3.1.3 Medienerzieherische Konzepte

Abgesehen von der Behandlung des Themenbereiches „Ziele und Konzepte der Medienerziehung" im Fachunterricht galt es auch zu klären, welche medienerzieherischen Konzepte und Leitvorstellungen an den Schulen selbst vertreten und präferiert werden. Zu diesem Zweck wurden den Ausbilderinnen und Ausbildern zunächst die vier im Rahmen unserer Literaturrecherche (vgl. Kap. 1.3) zusammengestellten Kategorien medienerzieherischer Leitvorstellungen kurz erläutert. Im Anschluß daran wurde jeweils gefragt, ob das vorgestellte Konzept an der Schule (durch die Person selbst oder andere im Fach Medienerziehung tätige Personen) *vertreten* wird. Die abschließende Frage bezog sich auf das *präferierte* medienerzieherische Konzept, d.h. darauf, welches Konzept am ehesten der diesbezüglichen „Philosophie" des Lehrpersonals entspräche.

Aus Tabelle 6.9 wird ersichtlich, daß die drei nicht-bewahrpädagogischen Konzepte an allen Schulen etwa im gleichen Ausmaß vertreten werden. Bewahrpädagogische Vorstellungen von Medienerziehung in extremer Form (wonach Kinder vor den Medien bewahrt, d.h. diese von ihnen ferngehalten werden sollen) spielen an den von uns erfaßten Schulen offenbar keine Rolle (mehr?).

An zwei Dritteln der Schulen stellt nach Angaben der befragten Ausbilder/-innen das „kindzentrierte Konzept" die Leitvorstellung medienerzieherischen Handelns dar, während die anderen Ansätze von eher marginaler Bedeutung sind. Betrachtet man allerdings, in welch geringem Maße die hierfür wichtigen Themenbereiche „Medienpräferenzen", „Medienbiografie" und „Ziele und Konzepte der Medienerziehung" ausführlich (und nicht nur am Rande) behandelt werden, so bestehen zumindest im Hinblick auf die Vermittlung eines „kindzentrierten Konzepts“ einige Diskrepanzen. Einzige Ausnahme ist hierbei der Bereich „Funktionen und Motive“, der ebenfalls als sinnvoller Hintergrund für einen „kindzentrierten“ Ansatz gelten kann.

**Tabelle 6.9: An der Schule vertretene medienerzieherische Konzepte**
(Basis: n = 39)

| **An der Institution vertretene Medienerziehungskonzepte** (Mehrfachantworten; Anzahl Nennungen: 110) | **Anzahl** | **Prozent Nennungen** | **Prozent Fälle** |
|---|---|---|---|
| Bewahrpädagogisches Konzept | 1 | 0,9 | 2,6 |
| Kritisches Konzept | 35 | 31,8 | 89,7 |
| Kompetenzorientiertes Konzept | 37 | 33,6 | 94,9 |
| Kindzentriertes Konzept | 37 | 33,6 | 94,9 |

| **Vorrangig vertretenes Konzept** | **Anzahl** | **Prozent** |
|---|---|---|
| keines vorrangig | 7 | 17,9 |
| bewahrpädagogisch | - | - |
| kritisch | 2 | 5,1 |
| kompetenzorientiert | 4 | 10,3 |
| kindzentriert | 26 | 66,7 |

Betrachtet man insgesamt die qualitativen Aussagen zu den in diesem Zusammenhang genannten relevanten Themenbereichen, so läßt sich bei nur wenigen Lehrkräften annehmen, daß sie den „kindzentrierten Ansatz“ nicht nur vertreten, sondern im Unterricht den Schülerinnen tatsächlich auch näherbringen können. Gerade hier scheint es (noch immer) an einer entsprechenden entwicklungspsychologischen Fundierung und einer begründeten Motivierung der angehenden Erzieherinnen zu mangeln. So wird beispielsweise, wie bereits gezeigt, für die relevanten Themenschwerpunkte „Funktionen und Motive“, „Kontextbedingungen der Mediennutzung“ sowie „Medienpräferenzen“ nur höchst selten angegeben, daß im Unterricht entwicklungspsychologische Grundlagen einbezogen werden. Zudem werden nur in ausgesprochen geringem Maße Bedürfnisse und lebensweltlich bedeutsame Themen der Kinder hervorgehoben.

#### 6.3.1.4 Der Stellenwert einzelner Themenbereiche in Abhängigkeit vom Entstehungsjahr des aktuellen Lehrangebotes

Es wurde bereits gezeigt, daß keine Unterschiede zwischen den Fachschulen mit älterem und jüngerem Lehrangebot hinsichtlich der Orientierung am „Lehrplan zur Erprobung Sozialpädagogik“ bestehen. Dennoch ist davon auszugehen, daß sich in ihrer Schwerpunktsetzung zumindest tendenziell Schulen mit „älterem“ Lehrangebot von denen unterscheiden, deren Lehrangebot in jüngerer Zeit entstanden ist.

Tatsächlich läßt sich feststellen, daß „Medienbiografien“ innerhalb der Lehrangebote, die seit 1993 bestehen, einen höheren Stellenwert haben: Wird an 39 Prozent der Schulen mit einem Entstehungsdatum des medienerzieherischen Lehrangebots vor 1993 der Themenbereich „Medienbiografien“ ausführlich behandelt, so sind es innerhalb der Schulen mit dem jüngsten Lehrangebot (seit 1995/1996 bestehend) immerhin 56 Prozent. Als Erklärung hierfür könnte angesehen werden, daß gerade neuere Medienerziehungskonzepte eine „Kindzentrierung“ fokussieren, die sich sinnvollerweise u.a. in diesem Themenbereich ausdrückt (allerdings ist ein solcher Effekt nicht beim Themenbereich „Medienpräferenzen“ und kaum bei „Funktionen und Motive der Mediennutzung“ festzustellen). Ebenfalls behandeln mehr Schulen mit neuerem Lehrangebot die Themenbereiche „Ziele und Konzepte der Medienerziehung“ sowie „Mediendidaktik“ ausführlich. Hingegen ist die Tendenz beim Themenbereich „Rechtliche und ethische Aspekte“ umgekehrt: Nur noch 11 Prozent der Schulen mit einem Lehrangebot, das nach 1994 konzeptioniert wurde, behandeln diesen Lehrstoff ausführlich, während der entsprechende Prozentsatz bei Schulen mit „älterem“ Lehrangebot bei 29 bzw. 31 Prozent liegt (in die gleiche Richtung geht es auch „Analyse und Beurteilung des bestehenden Medienangebots“). Auffallend ist im übrigen der große Unterschied zwischen den nach dem Entstehungsdatum des aktuellen Lehrangebotes differenzierten drei Subgruppen im Hinblick auf den Themenbereich „Medientechnik“, der speziell 1993/94 einen „Boom“ erlebte (71% dieser Schulen behandeln den Themenbereich ausführlich), während er in seinem Stellenwert offenbar inzwischen (22%) noch weit hinter den Stand von vor 1993 (39%) zurückgegangen ist.

#### 6.3.1.5 Fazit der Befragung von Lehrkräften

Die Befragung der Ausbilder/-innen war ein Versuch, den Ist-Stand der Erzieherinnen-Ausbildung im Bereich der Medienerziehung für Nordrhein-Westfalen zu skizzieren. Bei den Antworten aus den Telefoninterviews zu offen gestellten Fragen konnten aus methodischen Gründen keine Quantifizierungen vorgenommen werden, zumal es den Befragten teilweise offenbar ohnehin schwer fiel, der von uns vorgegebenen Strukturierung von Themenbereichen zu folgen[24]. Dennoch geben die von den Lehrkräften gesetzten Akzentuierungen innerhalb der Themenbereiche deutlichen Aufschluß darüber, welche spezifischen Lehrinhalte vorrangig beachtet werden.

24 Es sei jedoch nochmals darauf hingewiesen, daß sich unsere Aufstellung von Themenbereichen großenteils an den Vorgaben im „Lehrplan zur Erprobung Sozialpädagogik“ orientierte. Im übrigen hatten die Befragten – wie bereits in Kapitel 5.3.3 erläutert – die Möglichkeit, sich auf die telefonische Befragung vorzubereiten und gegebenenfalls Unterlagen für das Gespräch bereitzulegen.

Es ist zunächst festzuhalten, daß an allen Schulen Medienerziehung in der Ausbildung mit einem erkennbar eigenem Profil vermittelt wird. Diese Aussage mag banal erscheinen, muß aber vor dem Hintergrund der Tatsache gesehen werden, daß dies keineswegs für alle Bundesländer selbstverständlich ist. So existiert beispielsweise in Rheinland-Pfalz nach wie vor kein entsprechendes eigenständiges Fach im Lehrplan für die Erzieherinnen-Ausbildung (vgl. Kap. 3.2).

Was die Umsetzung des „Lehrplans zur Erprobung Sozialpädagogik" angeht, so zeigt sich zumindest bei den Lehrkräften, die sich an dieser Lehrplanvorgabe orientieren, daß einige bestimmte Themenbereiche ausführlicher behandelt werden. Allerdings konnte auch gezeigt werden, daß nicht alle Themenbereiche, die im „Lehrplan zur Erprobung" vorgesehen sind, auch ein entsprechendes Gewicht im Fachunterricht haben. Dies ist nicht weiter verwunderlich, gibt doch auch das bestehende Curriculum zur Medienerziehung keine eindeutigen Schwerpunkte vor. Dennoch ist zu betonen: Für über die Hälfte der von uns vorgegebenen Themenbereiche gilt, daß mehr als jede(r) zweite Befragte angibt, den jeweiligen Bereich im Unterricht nur am Rande, teilweise auch gar nicht zu behandeln. Bei fünf Themenbereichen gilt dies sogar für mindestens zwei Drittel der Befragten; unter solchen Themenkomplexen befinden sich immerhin auch so wichtige wie „Ziele und Konzepte der Medienerziehung". Und selbst wenn die restlichen Themenbereiche von mehr als der Hälfte der Ausbilder/-innen ausführlich behandelt werden, so sollte dabei doch nicht vergessen werden, daß Lerngebiete wie „Funktionen und Motive der Mediennutzung", „Analyse und Beurteilung von Medienangeboten" und „Konzipierung und didaktische Umsetzung von Medienerziehung" gleichzeitig von etwa einem Drittel der Befragten allenfalls am Rande thematisiert werden.

Da sich ein beträchtlicher Teil der befragten Ausbilder/-innen nur teilweise oder gar nicht an den Vorgaben orientiert, eine Reihe wesentlicher Themen erheblich vernachlässigt wird und die inhaltliche und didaktische Umsetzung einiger Themenschwerpunkte in vielerlei Hinsicht eher unstrukturiert wirkt, ist auf Grundlage dieser Analyse davon auszugehen, daß die medienerzieherische Ausbildung zumindest an manchen Fachschulen ohne klares und einheitliches Konzept erfolgt, das neben der Vermittlung von Hintergrundinformationen auch zur aktiven und zielorientierten Medienerziehung motiviert. Letzteres erscheint uns besonders unbefriedigend im Hinblick auf den Bereich „Ziele und Konzepte der Medienerziehung" in Verbindung mit dem Lerngebiet „Konzipierung und didaktische Umsetzung von Medienerziehung". Sowohl vom Umfang her als aber auch bezüglich der vermittelten Inhalte werden hier offenbar zu wenig Anregungen dafür gegeben, wie man in der täglichen Kindergartenarbeit – und nicht nur im Rahmen von besonderen und deshalb seltenen Projekten – tatsächlich medienerzieherisch aktiv sein kann und sollte und wie sich ein Medienerziehungskonzept konkret im alltäglichen Handeln umsetzen läßt. Zudem erscheint uns auch eine für die Schülerinnen nachvollziehbare Logik zwischen den behandelten Themenbereichen, die den Zusammenhang von (a) Grundlagen und Hintergrundinformationen, (b) der Notwendigkeit von Medienerziehung im Kindergarten, (c) den Konzepten und Zielen und schließlich (d) den konkreten Strategien und medienerzieherischen Handlungsweisen ausmacht und verdeutlichen sollte, an vielen Schulen zu fehlen.

Den zu vermutenden Defiziten entspricht auch die Tatsache, daß alternatives Material (beispielsweise in Form selbstkonzipierter Curricula) offensichtlich ebenfalls kaum Anwendung findet; zumindest wurden uns von den angeschriebenen Schulen kaum enstprechende Materialien benannt/übersandt oder Informationen gegeben.

Daß der Schwerpunkt des medienerzieherischen Lehrangebots ganz deutlich auf dem Fernsehen liegt, kann angesichts der in den letzten Jahren deutlich noch weiter gestiegenen Bedeutung des Mediums auch bereits für sehr junge Kinder kaum überraschen. Dabei wird, was die Nutzung des Mediums durch die Kinder betrifft, offensichtlich in geringerem Maße, als dies aus der mehrheitlich von den Lehrkräften geäußerten „kindzentrierten" Haltung anzunehmen wäre, darauf Wert gelegt, den Fernsehkonsum im Rahmen seiner Funktion für die Kinder zu sehen, Motive und Gratifikationen zu berücksichtigen und generell den Einzelfall des Kindes im Fokus zu behalten. Entsprechend finden zwar Themen wie „Funktionen und Motive der Fernsehnutzung", „Kontextbedingungen der Mediennutzung", „Medienpräferenzen" etc. im Unterricht Beachtung, es ist aber nicht zu erkennen, daß innerhalb dieser Themenbereiche tatsächlich von vielen Lehrkräften eine inhaltliche Umsetzung aus einer „kindzentrierten" Perspektive unternommen wird. Kritisch anzumerken ist daher, daß die geäußerte „kindzentrierte" medienerzieherische Haltung vermutlich kaum den zukünftigen Erzieherinnen vermittelt werden kann. Dies gilt umso mehr, als eine Auseinandersetzung mit Konzepten und Zielen der Medienerziehung im Unterricht kaum stattzufinden scheint.

### *6.3.2 Medienerzieherische Qualifikation aus der Sicht der Erzieherinnen*

Nachdem wir auf Basis der Ergebnisse unserer Befragung von Lehrkräften ausführlich die aktuelle Situation im Hinblick auf die medienerzieherische Qualifikation von Erzieherinnen dargelegt haben, stellt sich die Frage, wie die in der Kindergartenpraxis Tätigen selbst zum Thema „Aus- und Fortbildung im Bereich Medienerziehung" stehen, welche Ausbildungserfahrungen sie gesammelt haben und inwieweit sie sich subjektiv für qualifiziert zur Medienerziehung halten. Um diese und weitere Aspekte der medienerzieherischen Qualifikation von Erzieherinnen zu beleuchten, wurden die Teilnehmerinnen der Repräsentativbefragung zunächst zu bestimmten Bereichen der medienerzieherischen Ausbildung gefragt, und zwar danach, ob der jeweilige Bereich Bestandteil ihrer eigenen Ausbildung war, inwieweit sie die entsprechenden Inhalte heute noch für nützlich halten und ob sie sich bereits privat mit dem Thema befaßt haben. Ebenfalls wurde in der Repräsentativstudie danach gefragt, für wie qualifiziert sich die Erzieherinnen zur Medienerziehung im Vergleich zu anderen Förderbereichen einschätzen. Darüber hinaus wurden in den themenzentrierten Face-to-Face-Interviews mit der Unterstichprobe der nochmals Befragten insbesondere der Stellenwert der Medienerziehung in der Ausbildung sowie Erfahrungen und eigenes Interesse im Hinblick auf Fortbildungsangebote thematisiert.

#### 6.3.2.1 Medienerzieherische Aus- und Fortbildung aus der Sicht der Erzieherinnen

Unsere im vorangegangenen Kapitel dargelegten Ergebnisse zur Ausbildungssituation bezogen sich auf die Gegenwart, auch wenn Unterschiede zwischen Schulen mit Lehrplänen unterschiedlicher Entstehungszeit und damit auch Veränderungen in der Ausbildungssituation am Rande berücksichtigt wurden. Nun haben aber naturgemäß nur die wenigsten Erzieherinnen, die gegenwärtig in der Kindergartenpraxis tätig sind, erst gerade in der jüngsten Vergangenheit ihre Ausbildung absolviert, so daß nur für einen geringen Teil der Stichprobe die aktuelle Ausbildungssituation für ihre individuelle Qualifikation ausschlaggebend sein dürfte. Tatsächlich liegt das Ausbildungsende nach unserem Ergebnis aus den themenzentrierten Interviews im Durchschnitt bereits knapp zwanzig Jahre zurück (M = 18,2 Jahre). Der breite Range in den Angaben zum Ausbildungsende liegt bei einem Jahr und immerhin 36 Jahren, wobei etwa jede Zehnte (10,6%) der 60 Face-to-Face-Interviewten vor weniger als vier Jahren, immerhin jede siebte (15,8%) aber bereits vor 20 Jahren ihre Ausbildung abgeschlossen hat. Diesem Ergebnis aus der Unterstichprobe entspricht in der Gesamtstichprobe auch, daß – wie bereits in Kapitel 5.3.4.1 berichtet – die Anzahl der Berufsjahre einen Range zwischen null und 39 Jahren (in der Unterstichprobe zwischen einem und 34 Jahren) und einen Mittelwert von M = 14,83 (in der Unterstichprobe M = 17,08; jeweils ohne Erziehungsurlaub) aufweist.

Vor diesem Hintergrund ist – da sich in der Vergangenheit die Medienlandschaft und der Stellenwert von Medien in der Gesellschaft wie auch für Kinder erheblich verändert haben und gleichzeitig auch aus der Wissenschaft zahlreiche neue Erkenntnisse vorgelegt wurden – davon auszugehen, daß die heute in der Kindergartenpraxis Tätigen ausgesprochen unterschiedliche Ausbildungserfahrungen im Hinblick auf Medienerziehung gewonnen haben. Es stellt sich also die Frage, zu welchen für die Medienerziehung im Kindergarten relevanten Themenbereichen die Befragten in ihrer Ausbildung

Kenntnisse und Kompetenzen haben erwerben können und inwieweit sie diese Ausbildungsinhalte heute noch für nützlich erachten, ebenso aber auch die Frage, ob sie sich in einzelnen Themen- bzw. Kompetenzbereichen möglicherweise (auch) privat fortgebildet haben.

In der Repräsentativstudie wurden den Probandinnen zu diesem Zweck zunächst sechs mögliche Themen medienerzieherischer Ausbildung vorgegeben mit der Frage, ob das jeweilige Thema Bestandteil der Ausbildung war; sodann, ob sie die damals vermittelten Inhalte als nützlich für die aktuelle Arbeit im Kindergarten bewerten, und schließlich, ob sie sich auch privat mit dem jeweiligen Thema befaßt haben. Tabelle 6.10 gibt die Ergebnisse zu diesem Fragenkomplex wieder.

**Tabelle 6.10: Ausbildung in verschiedenen Bereichen der Medienerziehung sowie Nützlichkeit und private Beschäftigung mit diesen Themen**
(Mehrfachantworten) (Basis: n = 602; gewichtete Daten)

| | Teil der Ausbildung | | Ausbildung nützlich | | private Beschäftigung | |
|---|---|---|---|---|---|---|
| Themenbereiche | n | % | n | % | n | % |
| Informationen darüber, welche Auswirkungen das Fernsehen auf Kinder hat | 403 | 67,0 | 347 | 86,8 | 560 | 93,0 |
| Ziele und Praxis von Medienerziehung im Kindergarten | 355 | 59,1 | 280 | 79,4 | 486 | 80,7 |
| Informationen darüber, in welchem Ausmaß und wozu Kinder das Fernsehen nutzen | 355 | 59,1 | 273 | 77,2 | 523 | 86,9 |
| Elternarbeit zur Medienerziehung von Kindern | 204 | 33,9 | 170 | 83,2 | 465 | 77,2 |
| Technischer Umgang mit Mediengeräten | 200 | 33,2 | 127 | 64,0 | 390 | 64,9 |
| Möglichkeiten des Einsatzes von Mediengeräten in der Einrichtung | 177 | 29,5 | 126 | 71,9 | 389 | 64,6 |

Wirkungen des Fernsehens auf Kinder, Ziele und Praxis von Medienerziehung sowie kindliche Fernsehnutzung und Nutzungsmotive wurden demnach bei jeweils deutlich mehr als der Hälfte der Befragten in der Ausbildung thematisiert, wobei wiederum die große Mehrheit die vermittelten Inhalte nach wie vor als nützlich empfindet. Zudem haben sich jeweils mehr als 80 Prozent der Befragten (auch) privat mit diesen Themen befaßt. Demgegenüber wurden die drei übrigen Themen zumindest in der Erinnerung der befragten Erzieherinnen eher vernachlässigt[25]: Nur etwa je ein Drittel gab an,

25 In der Publikation von Höltershinken und Mitarbeitern (1989; vgl. auch Kap. 3.2.2 im vorliegenden Band) wird in diesem Zusammenhang lediglich darüber berichtet, inwieweit nach Angaben der Befragten der Umgang mit Mediengeräten und der „methodisch-pädagogische Einsatz" von Medien während der Ausbildung erlernt worden sind, wobei festgestellt wird: Das Thema „Fähigkeit zum technischen Umgang" mit Mediengeräten (außer Filmprojektor) war lediglich bei „maximal bis zu 10%" der Gruppenleiterinnen Bestandteil der Ausbildung (a.a.O., S. 296; bezüglich des Umgangs mit einem Filmprojektor lag der Anteil bei 29%). Im Hinblick auf den „methodisch-pädagogischen Einsatz" von Mediengeräten im Kindergarten ergaben sich dagegen höhere Prozentsätze, wobei allerdings nicht genau berichtet wird, wieviel Prozent der Befragten dies während ihrer Ausbildung oder im Rahmen von Fortbildungen oder aber privat erlernt haben (vgl. Höltershinken, Kasüschke & Sobiech, 1989, S. 295ff). Für einen Vergleich

in der Ausbildung mit entsprechenden Inhalten konfrontiert worden zu sein; war dies jedoch der Fall, wird es – wie auch bei den anderen Themen – überwiegend als nützlich empfunden. Eine notwendige Einschränkung bei der Interpretation der Ergebnisse ergibt sich indes aus der Tatsache, daß keinerlei Quantifizierung erfragt wurde, oder anders ausgedrückt: Die Aussage, daß ein Thema in der Ausbildung behandelt wurde, sagt nichts über die relative Gewichtung des Themas in der Ausbildung und freilich erst recht nichts über die Qualität der Themenvermittlung aus (zum Stellenwert der Medienerziehung in der Ausbildung siehe weiter unten die Ergebnisse aus den qualitativen Interviews).

Interessanterweise zeigt sich, anders als bei den übrigen Bereichen, für die Themen „Ziele und Praxis der Medienerziehung im Kindergarten" und „Elternarbeit zur Medienerziehung", daß diejenigen, die mit entsprechenden Inhalten in der Ausbildung konfrontiert wurden, sich auch signifikant eher privat mit diesen Themen beschäftigt haben als solche, denen diese Themen nicht vermittelt wurden (Chi-Quadrat-Tests mit jeweils $p < .001$). Möglicherweise hat die Ausbildung dazu beigetragen, die Motivation zur Beschäftigung mit diesen Themen zu fördern bzw. diese Voraussetzungen der Medienerziehung als besonders wichtig zu erachten[26].

Betrachtet man nun die Angaben zur Ausbildung über alle Themenbereiche hinweg, so ergibt sich, daß im Durchschnitt bei jeder Erzieherin knapp drei der sechs vorgegebenen Themengebiete Bestandteil der Ausbildung waren. Allerdings gaben immerhin fast 15 Prozent an, daß keines der sechs Gebiete in der Ausbildung thematisiert worden sei. Dabei zeigt sich, daß diese Zahl altersabhängig ist; Tabelle 6.11 gibt die Ergebnisse einer entsprechenden Differenzierung nach Altersgruppen wieder.

---

mit unseren Ergebnissen ist darauf hinzuweisen, daß in der damaligen Untersuchung die beiden Fragen differenziert nach einzelnen Medien (wie Buch/Bilderbuch, Kassettenrekorder, Fotoapparat etc.) gestellt worden waren, die Ergebnisse jedoch für die Aus- und Fortbildung sowie für die private Beschäftigung gemeinsam berichtet werden und somit nicht unmittelbar mit unseren vergleichbar sind. Weitere Qualifikationsbereiche zur Medienerziehung wurden zudem vermutlich in der damaligen Untersuchung, anders als bei uns, nicht angesprochen.

26 Eine solche Vermutung bestätigt sich allerdings nicht über alle Themen hinweg, wenn man den Zusammenhang zwischen der Anzahl der Medienerziehungs-Themenbereiche, die nach Angaben der Befragten Bestandteil der Ausbildung waren, und der Anzahl derjenigen Bereiche, mit denen sich die Befragten privat beschäftigt haben, betrachtet (hier ergibt sich kein signifikanter Korrelationskoeffizient). Ebenfalls zeichnet sich ein positiver Zusammenhang zwischen der Anzahl an Themenbereichen, mit denen die Befragten in der Ausbildung konfrontiert wurden, und der subjektiven Wichtigkeit von Medienerziehung lediglich als Tendenz in der qualitativen Befragung ab ($r = .23$, $p = .041$, einseitiger Signifikanztest). Der positive Zusammenhang zwischen der Anzahl an medienerzieherischen Themenbereichen, mit denen die Befragten sich privat beschäftigt haben, und der subjektiven Wichtigkeit von Medienerziehung in der Kindergartenpraxis ist dagegen signifikant ($r = -.17$; $p = .000$), ebenso wie auch die subjektive Wichtigkeit der Elternarbeit zur Medienerziehung in signifikantem Zusammenhang mit der privaten Beschäftigung mit Themenbereichen der Medienerziehung steht ($r = -.22$; $p = .000$; zur subjektiven Wichtigkeit von Medienerziehung und der hierauf gerichteten Elternarbeit sowie zur Skalierung dieser Variablen siehe Kap. 6.5.3).

**Tabelle 6.11: Anzahl der in der Ausbildung behandelten Themenbereiche für die Gesamtstichprobe und differenziert nach dem Alter der Befragten** (Basis: n = 602)

| Alter | Anzahl der Themenbereiche | | | | | | | | | | | | | | | |
|---|---|---|---|---|---|---|---|---|---|---|---|---|---|---|---|---|
| | 0 | | 1 | | 2 | | 3 | | 4 | | 5 | | 6 | | | |
| (ungewichtet) | n | % | n | % | n | % | n | % | n | % | n | % | n | % | M | SD |
| 20-29 Jahre | 4 | 3,0 | 5 | 3,8 | 19 | 14,3 | 33 | 24,8 | 36 | 27,1 | 23 | 17,3 | 13 | 9,8 | 3,60 | 1,44 |
| 30-39 Jahre | 13 | 6,8 | 20 | 10,4 | 33 | 17,2 | 42 | 21,9 | 38 | 19,8 | 29 | 15,1 | 17 | 8,9 | 3,18 | 1,67 |
| 40-49 Jahre | 57 | 25,1 | 35 | 15,4 | 37 | 16,3 | 37 | 16,3 | 28 | 12,3 | 20 | 8,8 | 13 | 5,7 | 2,25 | 1,87 |
| 50-64 Jahre | 16 | 32,7 | 9 | 18,4 | 3 | 6,1 | 9 | 18,4 | 9 | 18,4 | 1 | 2,0 | 2 | 4,1 | 1,94 | 1,82 |
| Gesamt (gewichtet) | 90 | 15,0 | 69 | 11,5 | 90 | 15,0 | 126 | 20,9 | 112 | 18,6 | 70 | 11,6 | 45 | 7,5 | 2,82 | 1,80 |

a/b: unterschiedliche Indizes kennzeichnen auf dem 5%-Niveau signifikante Unterschiede

Sind es für die 20- bis 29-Jährigen noch durchschnittlich 3,6 Themenbereiche, die in der Ausbildung behandelt wurden, sinkt dieser Wert für die anderen Altersgruppen kontinuierlich bis auf durchschnittlich nur noch knapp zwei Bereiche für Probandinnen im Alter von 50 Jahren und mehr. Entsprechend gaben nur vier Prozent der jüngsten Altersgruppe an, keinen der Bereiche in der Ausbildung gehabt zu haben, während dies bei der ältesten Gruppe immerhin knapp 31 Prozent waren. Je älter also die Erzieherinnen sind, desto weniger Themenbereiche der Medienerziehung waren – zumindest in der Erinnerung der Befragten – Bestandteil ihrer Ausbildung, wie auch der korrelative Zusammenhang zwischen beiden Variablen zeigt (r = -.34; p = 000). Welche Themengebiete von den Erzieherinnen der verschiedenen Altersgruppen jeweils als Bestandteile ihrer Ausbildung benannt wurden, zeigt Tabelle 6.12.

Zieht man die Angaben der Erzieherinnen als Indikator für die Inhalte der medienerzieherischen Ausbildung heran[27], so zeigt sich, daß lediglich die Elternarbeit zur Medienerziehung in allen Altersgruppen im gleichen Umfang in der Ausbildung behandelt wurde. Auch der Umgang mit Mediengeräten scheint zumindest in den letzten Jahrzehnten in stabilem (jedoch insgesamt geringem, s.o.) Umfang vermittelt worden zu sein. Für die vier anderen Bereiche stellt sich eine teilweise sehr deutliche Abhängigkeit vom Zeitpunkt der Ausbildung heraus (der für die 60 Face-to-Face-Befragten ebenso bekannt ist wie der plausiblerweise starke Zusammenhang zwischen der Anzahl an Jahren seit dem Ausbildungsende und der Anzahl an Berufsjahren [r = .93; p = .000]; bei den übrigen 542 Befragten wie für die Gesamtstichprobe ist zudem bekannt, daß Alter und Berufsjahre plausiblerweise hoch miteinander korrelieren; für die Gesamtstichprobe beträgt der Korrelationskoeffizient r = .85; p = .000).

27 was freilich nur mit der gebotenen Vorsicht getan werden sollte, insofern hier sehr wohl Erinnerungseffekte eine Rolle gespielt haben mögen

**Tabelle 6.12: Ausbildung in verschiedenen Bereichen der Medienerziehung, differenziert nach Altersgruppen: Anteile derjenigen pro Altersgruppe, bei denen das jeweilige Thema Bestandteil der Ausbildung war**
(Basis: n = 602; ungewichtete Daten)

| | 20-29 Jahre | | 30-39 Jahre | | 40-49 Jahre | | 50-64 Jahre | |
|---|---|---|---|---|---|---|---|---|
| Themenbereiche | n | % | n | % | n | %n | n | % |
| Technischer Umgang mit Mediengeräten | 53 | 39,8 | 70 | 36,5 | 69 | 30,48 | 8 | 16,3 |
| Möglichkeiten des Einsatzes von Mediengeräten in der Einrichtung | 62 | 46,6 | 71 | 37,0 | 44 | 19,4 | 5 | 10,2 |
| Information darüber, in welchem Ausmaß und wozu Kinder das Fernsehen nutzen | 104 | 78,8 | 125 | 65,1 | 106 | 46,7 | 20 | 40,8 |
| Information darüber,welche Auswirkungen Fernsehen auf Kinder hat | 113 | 85,0 | 148 | 77,5 | 120 | 52,9 | 23 | 46,9 |
| Ziele und Praxis von Medienerziehung im Kindergarten | 101 | 75,9 | 132 | 69,1 | 98 | 43,2 | 21 | 42,9 |
| Elternarbeit zur Medienerziehung von Kindern | 46 | 34,6 | 65 | 33,9 | 73 | 32,2 | 18 | 36,7 |

In der Face-to-Face-Befragung wurde das Thema „Ausbildung“ ebenfalls angesprochen, wobei neben dem quantitativen Stellenwert der Medienerziehung auch die sonstigen Erfahrungen mit diesem Ausbildungsbereich thematisiert wurden. Zudem wurde in diesem Zusammenhang auch gefragt, ob die Interviewten bereits an einschlägigen Fortbildungen teilgenommen haben und welches Interesse gegenüber solchen Fortbildungsangeboten vorhanden ist.

Es läßt sich hierzu zunächst einmal feststellen: Insgesamt drei Viertel der Erzieherinnen (n = 44) gaben an, Medienerziehung sei ein Bestandteil ihrer Ausbildung gewesen, Fortbildung zu dieser Thematik hatte bisher nur ein Drittel der Befragten genossen (n = 19)[28], und immerhin jede zehnte Interviewte kann nach eigenen Angaben weder auf eine Ausbildung noch auf eine Fortbildung in Medienerziehung zurückgreifen. Dabei spielt – ähnlich wie für die Ausbildung bereits festgestellt – das Alter der Befragten sowohl für die Aus- als auch die Fortbildungserfahrungen eine Rolle: Befragte, die Medienerziehung in der Ausbildung hatten, sind im Durchschnitt 38,3 Jahre alt, während diejenigen, bei denen Medienerziehung in der Ausbildung (zumindest ihrer Erinnerung nach) nicht unterrichtet wurde, im Durchschnitt bereits über 46 Jahre alt sind (t-Test für unabhängige Stichproben: t = 3,40; p = .001). Umgekehrt zeigt sich für die Fortbildung, daß die Älteren schon häufiger an Fortbildungsveranstaltungen teilgenommen haben als ihre jüngeren Kolleginnen (t = -3,01; p = .004).

Unabhängig davon, ob man einen Anteil von drei Viertel der Erzieherinnen, bei denen Medienerziehung zum Bestandteil der Ausbildung gehörte

28 Auch in der Untersuchung von Höltershinken und Mitarbeitern hatte sich herausgestellt, daß die große Mehrheit (88%) der Befragten zumindest in den letzten drei Jahren an keiner einschlägigen Fortbildung teilgenommen hatte, in der Fragen zu Neuen Medien diskutiert und Medienerziehungskonzepte behandelt worden wären.

(n = 44), als hoch oder niedrig bewertet, zeigen die Aussagen dieser Face-to-Face-Interviewten keineswegs eine große Zufriedenheit mit der genossenen medienerzieherischen Ausbildung: Abgesehen davon, daß neun der 44 Befragten auf den „geringen Stellenwert“ der Medienerziehung in der Ausbildung verwiesen, war dieser Ausbildungsbereich nach Angaben von sechs Befragten zudem „thematisch eingeschränkt“, und immerhin knapp ein Viertel der Interviewten (n = 10) resümierte, daß die medienerzieherische Ausbildung ihnen für die Praxis im Kindergarten „nichts gebracht“ habe (wobei solche subjektiven Aussagen sicherlich unterschiedlich interpretiert werden können und nicht in jedem Fall einen Rückschluß auf die Qualität der Ausbildung zulassen). Solche eher kritischen Fazits über die eigenen Erfahrungen mit der Ausbildung in Medienerziehung wurden auch schon in früheren Untersuchungen ermittelt (vgl. Kap. 3.3).

Sofern die Aussagen, die sich ja auf das Gedächtnis der Befragten stützen mußten, als valide zu betrachten sind, sollte im Hinblick auf die Ausbildung an dieser Stelle zunächst festgehalten werden: Immerhin bei einem Viertel der Face-to-Face-Interviewten war Medienerziehung überhaupt nicht Bestandteil der Ausbildung; 30 Prozent der übrigen Befragten gaben an, daß die Medienerziehung insgesamt in ihrer Ausbildung einen lediglich geringen Stellenwert hatte oder thematisch nur sehr eingeschränkt behandelt wurde, wobei dies zu einem großen Anteil auch Erzieherinnen betrifft, die ihre Ausbildung erst vor maximal sechs Jahren beendet haben[29].

Für die Erzieherinnen, die bereits eine *Fortbildung* besucht haben (19 Fälle), zeigt sich ein ähnliches Bild. Negative Äußerungen wurden auch hier von knapp 50 Prozent der Befragten in der Hinsicht gemacht, daß die besuchte Fortbildungsveranstaltung für die Praxis wenig gebracht habe oder thematisch sehr eingeschränkt gewesen sei. Interessant scheint in diesem Zusammenhang, daß die Erzieherinnen, die bisher an Fortbildungen teilgenommen haben, bereits vor mindestens 20 Jahren ihre Ausbildung abgeschlossen haben; gleichzeitig wurde gerade von denjenigen die Erfahrung mit Fortbildung eher negativ geschildert, bei denen die letzte Fortbildungsteilnahme ebenfalls schon lange zurückliegt. Es läßt sich allerdings bei den meisten Probandinnen, die bereits eine Fortbildung zur Medienerziehung besucht haben, vermuten, daß sie nicht nur schlechte Erfahrungen in dieser Hinsicht gemacht haben, da der größte Teil dieser Gruppe auch weiterhin Fortbildungsinteresse bekundet.

Diejenigen, die bislang noch an keiner Fortbildung teilgenommen haben oder deren letzte Fortbildung zur Medienerziehung bereits lange zurückliegt, begründeten dies teilweise damit, daß es die personelle Situation in ihrem Kindergarten nicht zulasse bzw. keine Zeit für Fortbildung sei, manche be-

29 Großer Anteil bedeutet: Dies gilt für fünf von sieben Befragten, deren Examen maximal sechs Jahre zurückliegt und die Medienerziehung in der Ausbildung hatten.

mängelten auch das Angebot an Fortbildungsmöglichkeiten. Insgesamt immerhin 14 Prozent aller Erzieherinnen – und darunter in der Mehrheit solche, die noch keine Fortbildung in Medienerziehung besucht haben – forderten mehr Möglichkeiten zur Fortbildung als globalen Verbesserungsbedarf ein[30].

Innerhalb der 36 Interviews, die zum *Fortbildungsinteresse* ausgewertet werden konnten, bekundeten etwa 70 Prozent der Erzieherinnen ein solches Interesse. Aber auch bei den übrigen 30 Prozent der Befragten ist nicht in allen Fällen von Desinteresse auszugehen: So bilden sich einige Erzieherinnen durch den Austausch mit Kolleginnen selbst fort oder führen sogar selber Fortbildungen durch. Eine andere Erklärung hat ihren Ursprung allerdings in einem Mißverständnis zum Begriff der Medienerziehung: Wie in Kapitel 6.5.3 noch zu zeigen sein wird, gehen nicht wenige Erzieherinnen von einem Begriffsverständnis aus, wonach mit Medienerziehung zwangsläufig der Einsatz von Medien im Kindergarten verbunden ist, so daß sich dann für diese Interviewten die Frage stellt: Weshalb eine Fortbildung besuchen, wenn gleichzeitig keine Medienausstattung im Kindergarten vorhanden ist?

Beachtet man solche Einschränkungen bezüglich des Verständnisses zur Medienerziehung und berücksichtigt zusätzlich die weiter unten zu berichtenden Verbesserungsvorschläge für die Aus- und Fortbildung sowie die Ausführungen zum Bedarf an medienerzieherischen Hilfestellungen für den Kindergartenalltag, so kann von einem engagierten Interesse[31] an Medienerziehung ausgegangen werden, das innerhalb der Interview-Stichprobe bei etwa 50 Prozent der Befragten gegeben ist.

Generell ist zur Aus- und Fortbildung zunächst festzuhalten: Die befragten Erzieherinnen sind nach ihren eigenen Aussagen in der Ausbildung durchaus in nicht unerheblichem Umfang mit Inhalten vertraut gemacht worden, die als einschlägig für die Medienerziehung im Kindergarten gelten können. Weiterhin werden diese Inhalte mehrheitlich auch als nützlich angesehen. Und schließlich haben sich die Erzieherinnen in erheblichem Umfang selbst

---

30 Wenn auch nicht direkt vergleichbar, so ist dieses Ergebnis doch in der Tendenz ähnlich wie das aus der Untersuchung von Höltershinken und Mitarbeitern: In den qualitativen Interviews der damaligen Studie hatte sich herausgestellt, daß die Mehrheit der Interviewten ausdrücklich die Notwendigkeit von Fortbildung betont, nicht zuletzt um Mängel der Ausbildung auszugleichen.

31 Ein engagiertes Interesse an Medienerziehung ist hier so aufzufassen, daß es sich zum einen in einem Interesse zur Teilnahme an Fortbildungen in institutionalisierter Form zeigen kann. Es liegt nach unserem Verständnis zum anderen jedoch auch dann vor, wenn Erzieherinnen sich selbst fortbilden oder selber Fortbildungen durchführen und/oder entsprechende sinnvolle Qualifizierungsvorschläge in Form von konkreten Vorstellungen zu Hilfestellungen äußern. Zudem wurden für das Interesse an Medienerziehung nur solche Aussagen gewertet, bei denen zu erkennen war, daß hierunter nicht fälschlicherweise nur Mediendidaktik verstanden wurde.

Zur Feststellung des individuellen engagierten Interesses an Medienerziehung wurde ein Index durch Aussagen-Verknüpfungen gebildet: Danach haben Interesse an Medienerziehung in dem hier verstandenen Sinne solche Personen, die Fortbildungsinteresse bekundeten und sinnvolle Vorschläge nannten, was sie in der Aus- oder Fortbildung inhaltlich verbessern wollen. Ebenso wurden solche Fälle berücksichtigt, die sich selbst fortbilden, selber Fortbildungen durchführen und entsprechende sinnvolle Vorschläge und Hilfestellungen konkretisieren.

mit entsprechenden Inhalten befaßt. Unter den Einschränkungen für diese globalen Aussagen ist jedoch insbesondere folgendes zu betonen[32]:

- Nach den Ergebnissen der qualitativen Interviews hat jede vierte Erzieherin dieser Unterstichprobe keine Ausbildung im Bereich der Medienerziehung erhalten.
- Immerhin etwa jede siebte (15%) der in der Repräsentativstudie Befragten hat eine Ausbildung absolviert, bei der keiner der sechs relevanten, von uns vorgegebenen Themenbereiche behandelt wurde.
- Die Ergebnisse der themenorientierten Interviews lassen vermuten, daß - zumindest aus der Sicht der Erzieherinnen – die medienerzieherische Ausbildung keineswegs in dem Umfang und in der Qualität erfolgte, wie dies nötig (gewesen) wäre. Ähnlich defizitär scheint es um die Fortbildung zu stehen.
- Jede zehnte face-to-face befragte Erzieherin kann weder auf eine Ausbildung noch auf Fortbildung zur Medienerziehung zurückgreifen.
- Sowohl aus der Repräsentativ-Studie als auch aus den qualitativen Interviews geht hervor, daß – was angesichts der Veränderungen in der Medienlandschaft und vor dem Hintergrund der Diskussion um den Bedarf an Medienerziehung und medienerzieherischer Qualifikation (vgl. Kap. 2) durchaus plausibel ist – der Zeitpunkt der Ausbildung eine gewichtige Rolle zumindest im Hinblick auf Art und Menge der behandelten Themen spielt. Ebenfalls zeigt sich – in umgekehrter Richtung – eine Altersabhängigkeit bezüglich der Fortbildungsteilnahme: Sind es eher die Jüngeren, bei denen Medienerziehung Bestandteil der Ausbildung war, so sind es eher die Älteren, die bereits an Fortbildungen zur Medienerziehung teilgenommen haben, deren letzte Fortbildung jedoch bereits lange zurückliegt.
- Das Interesse an Fortbildung ist keineswegs gering, kann sich offenbar jedoch nicht im gewünschten Maße realisieren lassen, da es insbesondere an hierfür notwendigen strukturellen Voraussetzungen in den Einrichtungen zu mangeln scheint.

#### 6.3.2.2 Subjektive Qualifikation zur Medienerziehung

Vor dem Hintergrund der im vorangegangenen Abschnitt geschilderten durchaus komplexen Ergebnisse ist nun danach zu fragen, in welchem Ausmaß die Erzieherinnen selbst sich als qualifiziert für die Medienerziehung einschätzen, wobei auf der Basis der soeben zusammengefaßten Ergebnisse

32 Es wurde oben einschränkend bereits darauf hingewiesen, daß aus der Repräsentativstudie keine Aussage darüber gefällt werden kann, welches Gewicht die Medienerziehungs-Themen in der Ausbildung hatten; ebenfalls wurde die Qualität der Themenvermittlung in diesem Zusammenhang nicht erfragt. Hierzu geben jedoch die qualitativen Interviews näheren Einblick.

eine Vorhersage schwerfällt (es wäre aus den in den qualitativen Interviews abgegebenen Äußerungen zum Stellenwert der Medienerziehung in der Ausbildung evtl. zu vermuten, daß sich etwa 50 Prozent der Erzieherinnen als unzureichend qualifiziert ansehen müßten).

Um diese Selbsteinschätzung zu erfassen, baten wir die in der Repräsentativstudie Befragten darum, ihre Qualifikation auf einer Schulnotenskala (mit den bekannten Polen 1 = sehr gut und 6 = ungenügend) einzuschätzen. Um die Angaben auch einordnen zu können, baten wir sie darüber hinaus, dasselbe im Hinblick auf weitere Bereiche der Erziehung im Kindergarten zu tun. Tabelle 6.13 gibt die durchschnittlichen Selbsteinschätzungen für die verschiedenen Förderbereiche wieder.

**Tabelle 6.13: Subjektive Qualifikation für verschiedene Förderbereiche**
(Basis: n = 602; gewichtete Daten)

| *Für wie qualifiziert schätzen Sie sich jeweils in den folgenden Bereichen ein?* | M | SD |
|---|---|---|
| Erziehung u. Förderung im Sozialverhalten u. Spielverhalten | 1,75 | 0,59 |
| Kreativitätserziehung | 1,87 | 0,67 |
| Elternarbeit insgesamt | 2,03 | 0,69 |
| Erziehung u. Förderung im kognitiven Bereich | 2,10 | 0,58 |
| Erziehung u. Förderung im moralischen, ethischen u. religiösen Bereich | 2,11 | 0,82 |
| Bewegungserziehung | 2,15 | 0,78 |
| Musisch-ästhetische Erziehung | 2,54 | 0,90 |
| Gesundheitserziehung und Sexualerziehung | 2,55 | 0,80 |
| Verkehrserziehung | 2,74 | 0,83 |
| Medienerziehung | 3,06 | 0,88 |
| Elternarbeit zur Medienerziehung von Kindern | 3,18 | 1,03 |

Skala von 1 (sehr gut) bis 6 (ungenügend)

Die Erzieherinnen sehen sich ganz offensichtlich durchaus nicht als sonderlich qualifiziert für die Medienerziehung an. Weist schon der Mittelwert von fast genau 3 (also „befriedigend") auf eine nicht allzu positive Selbsteinschätzung hin, so wird dieser Eindruck noch verstärkt durch die durchweg höheren Noten für die anderen Erziehungsbereiche. Zwar bewerteten nur fünf Prozent der Probandinnen ihre eigene Qualifikation zur Medienerziehung als „mangelhaft" oder gar „ungenügend"; jedoch immerhin knapp 21 Prozent betrachten sie als lediglich „ausreichend". Vergleichbare Werte finden sich nur für die Elternarbeit zur Medienerziehung, sonst jedoch für keinen der übrigen Förderbereiche auch nur annähernd[33].

Plausiblerweise bewerteten Erzieherinnen, die relativ viele Themengebiete der Medienerziehung in ihrer Ausbildung vermittelt bekamen, ihre Qualifikation höher als solche, die vergleichsweise nur wenige Medienerziehungs-

33 Selbst im Hinblick auf die Verkehrserziehung (für die der Mittelwert mit 2,74 ebenfalls relativ schlecht ausfällt) bewerteten nur 2,1 Prozent der Erzieherinnen ihre eigene Qualifikation als „mangelhaft" oder „ungenügend" und 11,4 Prozent als „ausreichend".

Bereiche als Bestandteile ihrer Ausbildung benannten ($r = -.23$, $p < .001$). T-tests für unabhängige Stichproben bestätigen dieses Ergebnis: Erzieherinnen, die einen bestimmten Bereich als Bestandteil ihrer Ausbildung benannten, bewerteten – mit einer Ausnahme – ihre Qualifikation zur Medienerziehung stets signifikant positiver als diejenigen, die keine entsprechende Ausbildung hattern (vgl. hierzu Tab. A.6 im Anhang). Die Selbsteinschätzungen hinsichtlich der eigenen Qualifikation für die Medienerziehung im Kindergarten und für die Elternarbeit zur Medienerziehung korrelieren erwartungsgemäß recht hoch ($r = .54$; $p < .001$).

Interessanterweise scheint das Alter im Hinblick auf die Elternarbeit zur Medienerziehung – nicht jedoch hinsichtlich der Medienerziehung selbst – eine gewisse Rolle zu spielen: Ältere Erzieherinnen bewerten ihre entsprechende Qualifikation in der Tendenz etwas höher als jüngere ($r = -.17$; $p < .001$); für die Medienerziehung selbst ist diese Korrelation nicht signifikant. Entsprechend der Tatsache, daß die Einrichtungsleiterinnen plausiblerweise im Mittel auch älter sind als die anderen Probandinnen, ergibt sich ein signifikanter Unterschied (t-Test für unabhängige Stichproben; $p < .01$) hinsichtlich der Elternarbeit zur Medienerziehung zwischen den beiden Gruppen (nicht jedoch hinsichtlich der Medienerziehung): Einrichtungsleiterinnen schätzen ihre diesbezügliche Qualifikation höher ein.

Die Erzieherinnen der drei großen Träger unterscheiden sich nicht hinsichtlich ihrer Selbsteinschätzungen in bezug auf Medienerziehung und die Elternarbeit zur Medienerziehung. Auch das – für sich genommen doch höchst erstaunliche – Ergebnis, daß die Waldorf-Pädagoginnen sich offensichtlich für deutlich qualifizierter im Hinblick auf Medienerziehung halten als die Erzieherinnen anderer Träger, sollte nicht überbewertet werden· da die Fallzahl sehr gering ist. Ebenfalls unterscheidet sich die Stichprobe für die Face-to-Face-Interviews hinsichtlich ihrer Einschätzung der eigenen Qualifikation zur Medienerziehung nicht von der Gesamtstichprobe.

Insgesamt muß aus diesem Abschnitt festgehalten werden, daß unter allen vorgegebenen Förderbereichen der Kindergarten-Praxis die Medienerziehung und die Elternarbeit zur Medienerziehung im Hinblick auf die subjektive Qualifikation mit Abstand die beiden letzten Ränge einnehmen. Die Erzieherinnen fühlen sich also keineswegs für die Aufgaben der Medienerziehung gut qualifiziert, was nicht zuletzt vor dem Hintergrund ihrer bereits beschriebenen Aussagen über Defizite in der Ausbildung und in Fortbildungsmöglichkeiten wie auch über die Qualität von besuchten Fortbildungen durchaus plausibel ist.

Zu ähnlichen Ergebnissen gelangten auch Höltershinken und Mitarbeiter: Auch in der damaligen Untersuchung lag die subjektive Qualifikation zur

Medienerziehung auf dem vorletzten Rang[34] (vor dem Förderbereich „mathematische Frühförderung"). „Hierbei ist es nur noch rd. jede dritte Gruppenleiterin, die sich als gut bzw. sehr gut qualifiziert fühlt" (Höltershinken, Kasüschke & Sobiech, 1989, S. 303), während der entsprechende Anteil für die Sozial- wie auch die Spielförderung bei jeweils 95 Prozent lag. Dabei waren in der damaligen Untersuchung allerdings in dem positiv antwortenden Drittel der Stichprobe nur 4,5 Prozent mit der Antwortkategorie „sehr gut" enthalten, so daß man anstelle der zitierten Aussage auch formulieren könnte: Nur noch etwa jede vierte Gruppenleiterin fühlte sich zur Medienerziehung „gut" und nicht einmal jede zwanzigste „sehr gut" qualifiziert. Immerhin jeweils um die 40 Prozent der Befragten fühlten sich damals aber „sehr gut" und etwa 55 Prozent „gut" für die Sozialerziehung und die Spielförderung qualifiziert (vgl. Kasüschke, 1991). Im Vergleich dazu unsere Ergebnisse: Demnach fühlen sich gegenwärtig 32,3 Prozent „sehr gut" und 61,4 Prozent „gut" – zusammen also fast wie in der damaligen Studie 93,7 Prozent – für die Erziehung und Förderung im Sozial- und Spielverhalten qualifiziert, während nur 23,2 Prozent sich „gut" und 1,7 Prozent „sehr gut" – insgesamt also nur 24,9 Prozent (sehr) gut – zur Medienerziehung qualifiziert einschätzen. Somit hat sich, wenn man die Daten direkt miteinander vergleichen möchte, der Anteil von Erzieherinnen, die sich (sehr) gut für die Medienerziehung qualifiziert fühlen, von 32 Prozent auf 25 Prozent reduziert.

Vor diesem Hintergrund ist nun zweierlei anzunehmen: Zum einen könnte man vermuten, daß die Ausbildung zur Medienerziehung (und für die hierauf gerichtete Elternarbeit) sich seit der Untersuchung von Höltershinken und Mitarbeitern nicht verbessert, sondern eher noch verschlechtert hat. Dies kann – da ein Vergleich zwischen der früheren und gegenwärtigen Situation bezüglich der Ausbildung anhand der von Höltershinken und Mitarbeitern berichteten Ergebnisse nicht möglich ist – zwar nicht geprüft werden, ist jedoch angesichts unserer Befunde zum Zusammenhang zwischen Ausbildungserfahrungen und subjektiver Qualifikation auf der einen Seite und dem Zeitpunkt, wann die Ausbildung abgeschlossen wurde, auf der anderen Seite wie auch vor dem Hintergrund der in einigen Teilbereichen tendenziell verbesserten Ausbildungssituation (vgl. Kap. 6.3.1.4) nicht sehr wahrscheinlich. Wahrscheinlicher dürfte dagegen sein, daß – aufgrund des gestiegenen Stellenwertes von Medien(-erfahrungen) im Alltag der Kinder und im Kindergartenalltag sowie angesichts der von externer Seite an die Institutionen von Erziehung und Bildung herangetragenen Argumente für den Bedarf an Medienerziehung (vgl. Kap. 2) – die Anforderungen und Probleme der Medienerziehung für die in der Kindergartenpraxis Tätigen gestiegen sind; daraus kann sich als Konsequenz ergeben, daß die Erzieherinnen (trotz evtl. in

34 Ein direkter Vergleich mit unseren Ergebnissen ist jedoch nicht möglich, da von den Autoren (Höltershinken, Kasüschke & Sobiech, 1989; Kasüschke, 1991) keine Mittelwerte berichtet werden.

Teilen verbesserter Ausbildung, was allerdings für die meisten aufgrund ihres lange zurückliegenden Examens nicht relevant ist) sich hierfür nicht als hinreichend qualifiziert ansehen. Eine solche Interpretation wird indirekt u.a. auch gestützt durch unsere Ergebnisse aus den themenzentrierten Interviews zur subjektiven Selbstwirksamkeit der Erzieherinnen im Hinblick auf die Möglichkeiten und Erfolge medienerzieherischer Bemühungen (vgl. hierzu Kap. 6.5.4).

Insgesamt entsprechen in dieser Hinsicht unsere Ergebnisse – leider – recht genau den Befunden aus früheren Untersuchungen, die bereits eine geringe subjektive Qualifikation bei Erzieherinnen dokumentiert haben (vgl. Paus-Haase, Höltershinken & Tietze, 1990; siehe auch Kap. 3.3). Insofern ist hier noch immer eine schlechte Ausgangsbasis für die Konzeptionierung und Praktizierung von Medienerziehung im Kindergarten zu konstatieren, denn nicht nur die objektive Qualifizierung, sondern auch die subjektive Selbsteinschätzung der eigenen Kompetenzen dürfte einen erheblichen Einfluß darauf haben, welche Ansichten und insbesondere welche Motivationen die Erzieherinnen zur Medienerziehung mitbringen und inwieweit sowie mit welchem Erfolg sie sich letztlich auf diesen Erziehungs- bzw. Förderbereich in der Praxis einlassen. Die in dieser Hinsicht großen Übereinstimmungen mit früheren Untersuchungen lassen darauf schließen, daß eine Verbesserung der Ausbildungssituation und insbesondere eine Forcierung regelmäßiger Fortbildung zur Medienerziehung nicht nur in der Vergangenheit dringend erforderlich gewesen wären, sondern auch heute noch eine wesentliche Aufgabe für die nahe Zukunft darstellen.

#### 6.3.2.3 Verbesserungsbedarf und -möglichkeiten in Aus- und Weiterbildung

Die vorangegangenen Abschnitte zeichneten ein durchaus komplexes Bild der medienerzieherischen Ausbildung der Probandinnen auf der einen Seite und ihrer – subjektiven – medienerzieherischen Qualifikation auf der anderen. Gerade angesichts der von den Erzieherinnen benannten Defizite in der Aus- und Fortbildung ist nun anzunehmen, daß ein entsprechender Verbesserungsbedarf erkannt wird und auch Vorschläge zur Verbesserung der Qualifizierung gemacht werden. Aussagen hierzu liefert die Face-to-Face-Befragung, in der nach dem Verbesserungsbedarf in der Aus- und Fortbildung gefragt wurde.

Von einem Fünftel der Erzieherinnen wird unabhängig vom inhaltlichen Verbesserungsbedarf gefordert, daß Medienerziehung Bestandteil der *Ausbildung* sein bzw. dort einen höheren Stellenwert einnehmen sollte. Plausiblerweise äußern dies gerade solche Probandinnen, die sich durch Fortbildungsinteresse auszeichnen. Dabei wird angeregt, mehr Klarheit über Medienwirkungen und die Verarbeitung von Medieninhalten sowie verstärkt Medienkunde und Bewertungskriterien zu TV-Inhalten zu vermitteln. Ebenfalls wird von der Ausbildung erwartet, daß sie Anregungen und Informationen über Möglichkeiten der Medienerziehung und entsprechende Umsetzungsstrategien liefert. Über den Themenbereich Medienerziehung hinaus, aber mit deutlichem Bezug darauf, werden Anforderungen an die Ausbildung in der Hinsicht gestellt, daß sie mehr auf die Kritikfähigkeit und Selbstreflexion der Erzieherinnen abzielen solle und mehr auf allgemeine Erziehungskonzepte eingehen müsse. Wie bereits zu erwarten, wird auch unter dieser Fragestellung von vielen Erzieherinnen (20%) eine praxisbezogenere Ausbildung gewünscht. Allerdings wird unter Praxisbezug hierbei mehrheitlich der Einsatz von Medien verstanden und dies zudem nur in geringem Maße in medienerzieherischem Sinn. Insgesamt, auch wenn hier nicht alle Äußerungen dargestellt werden können, wurden durchaus sinnvolle Verbesserungsvorschläge gemacht. Außerdem zeigt sich, daß ein Verbesserungsbedarf unabhängig davon gesehen wird, wie lange die Ausbildung bereits zurückliegt.

Auch im Hinblick auf die *Fortbildung* wurden in den themenorientierten Interviews die Auffassungen zum Verbesserungsbedarf erfaßt. Diese durchweg sinnvollen Vorschläge münden über ähnliche Äußerungen wie zur Ausbildung in Forderungen, man solle Fortbildung in Medienerziehung zur Pflicht machen.

Unabhängig von ihrer Sichtweise bezüglich des Verbesserungsbedarfs in der Aus- und Fortbildung wünschen sich die Erzieherinnen vermutlich auch konkrete *Hilfestellungen* für den Kindergartenalltag. Es stellt sich also die Frage, inwieweit sie Hilfestellungen gegenwärtig tatsächlich für notwendig halten und in welchen Bereichen sie einen solchen Bedarf sehen. Zur Beantwortung dieser Frage gaben wir zunächst in der Repräsentativstudie den Probandinnen noch einmal die sechs Bereiche der Medienerziehung vor, deren Thematisierung in der Ausbildung wir überprüft hatten (vgl. Kap. 6.3.2.1). Dabei fügten wir einen siebten Bereich (Hilfestellungen zur „Elternberatung im Hinblick auf die Bewertung von Fernsehangeboten“) hinzu, da davon auszugehen war, daß hierin eine wichtige Anforderung an die Erzieherinnen liegt und sie von seiten der Eltern häufiger mit dieser Frage konfrontiert werden. Vorgegeben wurde den Probandinnen eine vierstufige Skala (mit den Ausprägungen „sehr notwendig“, „eher notwendig“, „eher nicht notwendig“ und „gar nicht notwendig“), anhand derer sie angeben sollten, inwieweit sie in dem jeweiligen Bereich „für sich persönlich medienpädagogische Hilfestellungen – z.B. in Form von Fortbildungen oder Broschüren“ sehen. Tabelle 6.14 gibt in der linken Spalte (Gesamt-Mittelwerte und Standardabweichungen) die diesbezüglichen Ergebnisse für die Gesamtstichprobe wieder.

Weiterhin erschien es von Interesse zu überprüfen, ob diejenigen Personen, die einen Bereich nicht in der Ausbildung durchgenommen hatten, dementsprechend dort auch mehr Bedarf an Hilfestellung haben. Ergebnisse dieser Differenzierung sowie Angaben zu Kennwerten für Mittelwertvergleiche (t-Tests) finden sich ebenfalls in der Tabelle 6.14.

Tatsächlich zeigt sich in der Tendenz, daß Erzieherinnen, in deren Ausbildung ein Bereich thematisiert wurde, dort medienpädagogische Hilfestellungen als etwas notwendiger erachten als ihre Kolleginnen, die in diesem Bereich keinen Unterricht genossen haben. Dieser Unterschied ist jedoch nur für einen der Bereiche signifikant. Dennoch muß die sich abzeichnende Tendenz als erstaunliches Ergebnis gelten, wäre doch das Umgekehrte zu erwarten gewesen: Wer in der Ausbildung nicht mit bestimmten Bereichen konfrontiert wurde, sollte entsprechend dort auch einen gewissen „Nachholbedarf" haben. Dies ist jedoch eindeutig nicht der Fall.

**Tabelle 6.14: Bedarf an Hilfestellungen zur Medienerziehung: Gesamtstichprobe** (Basis: n = 602; gewichtete Daten) **sowie Erzieherinnen mit und ohne Ausbildung im jeweiligen Bereich** (ungewichtete Daten)

| | gesamt | | mit Ausbildung | | ohne Ausbildung | | df | t | p |
|---|---|---|---|---|---|---|---|---|---|
| | M | SD | M | SD | M | SD | | | |
| Informationen darüber, welche Auswirkungen das Fernsehen auf Kinder hat | 1,54 | 0,57 | 1,52 | 0,58 | 1,58 | 0,57 | 594,00 | -1,26 | n. s. |
| Elternarbeit zur Medienerziehung von Kindern | 1,56 | 0,56 | 1,50 | 0,51 | 1,59 | 0,59 | 595,00 | -1,94 | .053 |
| Elternberatung im Hinblick auf die Bewertung von Fernsehangeboten | 1,56 | 0,58 | | | | | | | |
| Informationen darüber, in welchem Ausmaß und wozu Kinder das Fernsehen nutzen | 1,70 | 0,62 | 1,67 | 0,60 | 1,76 | 0,60 | 594,00 | -1,91 | n. s. |
| Ziele und Praxis von Medienerziehung im Kindergarten | 2,01 | 0,68 | 1,96 | 0,67 | 2,09 | 0,69 | 594,00 | -2,33 | .020 |
| Technischer Umgang mit Mediengeräten | 2,23 | 0,84 | 2,16 | 0,81 | 2,27 | 0,86 | 419,60 | -1,60 | n. s. |
| Möglichkeiten des Einsatzes von Mediengeräten in der Einrichtung | 2,32 | 0,82 | 2,25 | 0,80 | 2,38 | 0,82 | 596,00 | -1,69 | n. s. |

Skala von 1 (sehr notwendig) bis 4 (gar nicht notwendig)

Vielmehr scheint es umgekehrt eher so zu sein, daß die Ausbildung gerade im Bereich „Ziele und Praxis der Medienerziehung im Kindergarten" dazu geführt hat, Ansprüche an die eigene medienerzieherische Arbeit zu stellen, die sich jedoch in der Praxis nicht umsetzen lassen oder bei Umsetzungsversuchen zur Wahrnehmung von Hilfestellungsbedarf geführt haben: Möglicherweise hat man in der Ausbildung zu wenig konkrete Handlungsstrategien und -kompetenzen zur Medienerziehung vermittelt bekommen oder bei Umsetzungsversuchen Schwierigkeiten erlebt; beides kann zu Bedarf an Hilfestellungen führen, der dann stärker ausgeprägt ist als bei Kolleginnen, die – weil sie keine entsprechende Ausbildung hatten – ein geringes Anspruchsniveau mitbringen und/oder eine geringere Motivation haben, ihr de facto geringeres subjektives Qualifikationsniveau (vgl. Kap. 6.3.2.2) durch externe Hilfe zu kompensieren[35].

Deutlicher zeichnet sich die oben genannte Tendenz ab, wenn man diejenigen Befragten, die sich mit einem Bereich privat befaßt haben, mit denjenigen vergleicht, die dies nicht taten[36]: Hier ist der Unterschied lediglich für den Bereich „Auswirkungen des Fernsehens auf Kinder" nicht signifikant und für „Ziele und Praxis der Medienerziehung im Kindergarten" knapp nicht signifikant. Ansonsten zeigt sich wieder das gleiche Bild: Erzieherinnen, die sich mit einem Thema privat befaßt haben, sehen für sich selber eher Bedarf an Hilfestellungen als solche, die sich nicht mit dem Bereich befaßt haben.

Insgesamt konstatieren die Probandinnen sehr wohl Bedarf an Hilfestellungen: Der Mittelwert über alle sieben Bereiche hinweg beträgt $M = 1{,}84$ ($SD = 0{,}45$), liegt also noch deutlich jenseits des rechnerischen Skalenmittels von 2,5. Das Alter der Probandinnen spielt dabei keine Rolle, lediglich im Hinblick auf den technischen Umgang mit Mediengeräten sehen ältere Erzieherinnen für sich persönlich tendenziell mehr Bedarf als jüngere ($r = -.11$, $p < .01$). Gleichwohl zeigen sich (in t-Tests für unabhängige Stichproben) deutliche Unterschiede zwischen Einrichtungsleiterinnen und den übrigen Probandinnen und insofern indirekt dann doch Altersunterschiede: Insgesamt

35 Ein positiver Zusammenhang zwischen der Anzahl an Themenbereichen, mit denen die Befragten in der Ausbildung konfrontiert wurden, und der subjektiven Wichtigkeit von Medienerziehung zeichnet sich allerdings lediglich als Tendenz in der qualitativen Befragung ab ($r = .23$, $p = .041$, einseitiger Signifikanztest). Der positive Zusammenhang zwischen der subjektiven Wichtigkeit von Medienerziehung in der Kindergartenpraxis und der Anzahl an medienerzieherischen Themenbereichen, mit denen die Befragten sich privat beschäftigt haben, ist signifikant ($r = -.17$; $p = .000$), ebenso wie auch die subjektive Wichtigkeit der Elternarbeit zur Medienerziehung in signifikantem Zusammenhang mit der privaten Beschäftigung mit Themenbereichen der Medienerziehung steht ($r = -.22$; $p = .000$; zur subjektiven Wichtigkeit von Medienerziehung und der hierauf gerichteten Elternarbeit sowie zur Skalierung dieser Variablen siehe Kap. 6.5.3).

36 wobei in Rechnung gestellt werden muß, daß – wie in Kap. 6.3.2.1 erwähnt – für die Bereiche „Ziele und Praxis der Medienerziehung" und „Elternarbeit zur Medienerziehung" gilt, daß Erzieherinnen, die sich mit entsprechenden Inhalten in der Ausbildung konfrontiert sahen, sich auch eher privat mit diesen Themen beschäftigt haben.

erachten Leiterinnen für sich persönlich Hilfestellungen als notwendiger ($p < .01$) im Vergleich zu ihren Kolleginnen, die keine Leiterinnen – und plausiblerweise im Schnitt jünger – sind. Differenziert nach den verschiedenen Bereichen fällt der Unterschied nur für „Auswirkungen des Fernsehens auf Kinder" und „Information darüber, in welchem Ausmaß und wozu Kinder das Fernsehen nutzen" nicht signifikant aus; für die „Möglichkeiten des Einsatzes von Mediengeräten" sowie die „Elternarbeit zur Medienerziehung" verfehlt er knapp die Signifikanz ($p < .10$). Für die übrigen Bereiche ist er mindestens auf dem 5-Prozent-Niveau signifikant.

Der Bedarf an Hilfestellungen wurde über die Repräsentativstudie hinaus auch in den qualitativen Interviews thematisiert. Entsprechende Äußerungen bezogen sich nicht nur auf eine bessere Medienausstattung und weitere Wünsche zur Verbesserung der strukturellen Rahmenbedingungen, sondern weisen ein größeres Spektrum auf: Sie reichten von einer Nachfrage nach diversem Informationsmaterial zur Elternarbeit und Projektvorschlägen, über Hilfen zur Bewertung von TV-Sendungen bzw. Informationen über Inhalt und Aufbau aktueller Kinderfilme, bis hin zu Vorstellungen eines Informationsaustauschs mit anderen Kindergärten. Dabei wurde auch daran gedacht, für die Elternarbeit oder die Durchführung von Projekten mit externen Einrichtungen oder Referenten zusammenzuarbeiten.

### *6.3.3 Fazit zur medienerzieherischen Qualifikation*

Die Befragung von Lehrkräften der Erzieher[innen]ausbildung in Nordrhein-Westfalen ergab auf der einen Seite, daß an allen einbezogenen Schulen Medienerziehung mit einem erkennbar eigenem Profil unterrichtet wird, was keineswegs für alle Bundesländer selbstverständlich ist (vgl. Kap. 3.2). Auf der anderen Seite konnte allerdings auch gezeigt werden, daß nicht alle im neuen „Lehrplan zur Erprobung Sozialpädagogik" vorgesehenen Themenbereiche auch ein entsprechendes Gewicht im Fachunterricht haben. Dies wäre nicht weiter verwunderlich, gibt doch dieser Lehrplan keine eindeutigen Schwerpunkte zur Medienerziehung vor. Dennoch ist hervorzuheben: Für acht der 15 von uns einbezogenen Themenbereiche gilt, daß mindestens jede(r) zweite Befragte angibt, den jeweiligen Bereich im Unterricht nur am Rande, teilweise auch gar nicht zu behandeln. Bei fünf dieser Themenbereiche trifft dies sogar auf mindestens zwei Drittel der Befragten zu, wobei sich unter solchen Themenkomplexen immerhin auch so wichtige wie „Ziele und Konzepte der Medienerziehung" finden. Und selbst wenn die restlichen insgesamt sieben Themenbereiche von mehr als der Hälfte der Ausbilder/-innen ausführlich behandelt werden, so sollte dabei doch nicht vergessen werden, daß Lerngebiete wie „Funktionen und Motive der Mediennutzung", „Analyse und Beurteilung von Medienangeboten" und „Konzipierung und didaktische Umsetzung von Medienerziehung" gleichzeitig immerhin von etwa einem Drittel der Befragten allenfalls am Rande thematisiert werden.

Da sich ein beträchtlicher Teil der befragten Ausbilder/-innen nur teilweise oder gar nicht am „Lehrplan zur Erprobung Sozialpädagogik" orientiert, eine Reihe wesentlicher Themen erheblich vernachlässigt werden und die inhaltliche und didaktische Umsetzung einiger Themenschwerpunkte in vielerlei Hinsicht eher unstrukturiert wirkt, ist auf Grundlage dieser Analyse davon auszugehen, daß die medienerzieherische Ausbildung zumindest an manchen Fachschulen ohne klares und einheitliches Konzept vermittelt wird, das neben der Vermittlung von Hintergrundinformationen auch zur aktiven und zielorientierten Medienerziehung motiviert. Letzteres erscheint uns besonders unbefriedigend im Hinblick auf den Bereich „Ziele und Konzepte der Medienerziehung" in Verbindung mit dem Lerngebiet „Konzipierung und didaktische Umsetzung von Medienerziehung". Sowohl vom Umfang her als aber auch bezüglich der vermittelten Inhalte werden hier offenbar zu wenig Anregungen dafür gegeben, wie man in der täglichen Kindergartenarbeit – und nicht nur im Rahmen von besonderen und deshalb seltenen Projekten – tatsächlich medienerzieherisch aktiv sein kann und sollte und wie sich ein „kindzentriertes" Medienerziehungskonzept konkret im alltäglichen Handeln umsetzen läßt. Zudem erscheint uns auch eine für die Schülerinnen nachvollziehbare Logik zwischen den behandelten Themenbereichen, die den Zusammenhang von (a) Grundlagen und Hintergrundinformationen, (b) der Notwendigkeit von Medienerziehung im Kindergarten, (c) den Zielen einer „kindzentrierten" Medienerziehung und schließlich (d) den konkreten Strategien und medienerzieherischen Handlungsweisen ausmacht und verdeutlichen sollte, an vielen Schulen zu fehlen.

Sofern die in Kapitel 6.3.1 dargestellten Defizite in der Erzieher[innen]-ausbildung zur Medienerziehung (vgl. hierzu auch Kap. 3.2) zutreffen, müssen sie als durchaus plausibel angesehen werden: (1) Ein Großteil der Lehrfachkräfte, die sich vorrangig aus Absolventen von Lehramtsstudiengängen zusammensetzen, hatte innerhalb ihres Lehramtsstudiums vermutlich nur in geringem Umfang die Möglichkeit, an medienpädagogischen Lehrangeboten teilzunehmen (vgl. hierzu auch Tulodziecki & Mütze, 1996), und ist daher in der Regel gezwungen, sich Inhalte und Didaktik des Fachs Medienerziehung quasi nebenbei und mit wenig Unterstützung zu erarbeiten. Eine medienpädagogische Zusatzqualifikation ist und war mit einer noch geringeren Wahrscheinlichkeit an den Universitäten/Hochschulen zu erwerben. (2) Die Medienlandschaft entwickelt sich dynamisch weiter und stellt erhebliche Anforderungen an die individuelle Medienkompetenz, an die eigenen Interessen und Motivationen, sich in diesem Bereich auf dem Laufenden zu halten, sowie an die medienpädagogische Weiterbildung von Multiplikatoren. (3) Die strukturellen Rahmenbedingungen (z.B. bezüglich Ausstattung mit Mediengeräten und qualifiziertem Personal) sind nach Aussagen der von uns schriftlich und telefonisch befragten Lehrkräfte (vgl. Kap. 6.3.1.1) nicht immer ausreichend für eine adäquate Unterrichtung zur Medienerziehung, und Evaluationen der Ausbildung, wie sie derzeit im Hinblick auf die Universitäten/ Hochschulen angeregt und teilweise realisiert werden, stehen für die Fachschulen der Erzieherinnen-Ausbildung noch aus.

Im übrigen konnten wir feststellen, daß zumindest bei den Lehrkräften, die sich am „Lehrplan zur Erprobung Sozialpädagogik" orientieren, bestimmte Themenbereiche inzwischen auch ausführlicher behandelt werden, so daß manche Defizite in naher Zukunft reduziert werden können.

Stellt man den Ergebnissen aus der Befragung von Lehrkräften die Befunde aus unseren Erzieherinnen-Befragungen gegenüber, so ist zu bedenken, daß nur ein äußerst geringer Teil der im Kindergarten Tätigen erst in den letzten Jahren ihre Ausbildung absolviert hat, so daß für sie persönlich die aktuelle Ausbildungssituation – anders als die Fortbildung – keine Relevanz hat. Insgesamt läßt sich im Hinblick auf die Ausbildungs- bzw. Qualifizierungserfahrungen der Erzieherinnen folgendes zusammenfassend herausstellen:

- Die befragten Erzieherinnen sind nach ihren eigenen Aussagen in der Ausbildung durchaus in nicht unerheblichem Umfang mit Inhalten vertraut gemacht worden, die als einschlägig für die Medienerziehung im Kindergarten gelten können. Weiterhin werden diese Inhalte mehrheitlich auch als nützlich angesehen. Und schließlich haben sich die Erzieherinnen in erheblichem Umfang selbst mit entsprechenden Inhalten befaßt. Diese zunächst sehr positiv anmutenden globalen Aussagen müssen jedoch unter verschiedenen Aspekten eingeschränkt werden, wie aus den folgenden Punkten deutlich wird.
- Nach den Ergebnissen der qualitativen Interviews hat jede vierte Erzieherin dieser Unterstichprobe keine Ausbildung im Bereich der Medienerziehung erhalten.
- Immerhin etwa jede siebte der in der Repräsentativstudie Befragten hat eine Ausbildung absolviert, bei der keiner der sechs relevanten, von uns dort vorgegebenen Themenbereiche behandelt wurde.
- Jede zehnte face-to-face befragte Erzieherin kann weder auf eine Ausbildung noch auf Fortbildung zur Medienerziehung zurückgreifen.
- Sowohl aus der Repräsentativ-Studie als auch aus den qualitativen Interviews geht hervor, daß – was angesichts der Veränderungen in der Medienlandschaft und vor dem Hintergrund der Diskussion um den Bedarf an Medienerziehung und medienerzieherischer Qualifikation (vgl. Kap. 2) durchaus plausibel ist – der Zeitpunkt der Ausbildung eine gewichtige Rolle zumindest im Hinblick auf Art und Menge der behandelten Themen spielt: Nicht nur die Ausbildung innerhalb des Faches Medienerziehung

scheint inzwischen in manchen Bereichen verbessert worden zu sein, sondern insgesamt hat in den letzten Jahren auch der Anteil derjenigen Erzieherinnen zugenommen, bei denen Medienerziehung überhaupt ein Bestandteil der Ausbildung war und die innerhalb ihrer medienerzieherischen Qualifizierung ein größeres Spektrum an Themenbereichen im Unterricht vermittelt bekommen haben.

- Unabhängig jedoch vom Zeitpunkt, wann die Erzieherinnen ihre Ausbildung abgeschlossen haben, ist auffallend: Unter allen vorgegebenen Förderbereichen der Kindergarten-Praxis nehmen die Medienerziehung und die Elternarbeit zur Medienerziehung im Hinblick auf die subjektive Qualifikation mit Abstand die beiden letzten Ränge ein. Die Erzieherinnen fühlen sich also keineswegs für die Aufgaben der Medienerziehung gut qualifiziert, was nicht zuletzt vor dem Hintergrund ihrer Aussagen über Defizite in der Ausbildung und in Fortbildungsmöglichkeiten wie auch über die Qualität von besuchten Fortbildungen durchaus plausibel ist.
  Zu ähnlichen Ergebnissen gelangten auch Höltershinken und Mitarbeiter: Auch in der damaligen Untersuchung lag die subjektive Qualifikation zur Medienerziehung auf dem vorletzten Rang (vor dem Förderbereich „mathematische Frühförderung"). Zudem hat sich, wenn man die damaligen und unsere neuen Daten direkt miteinander vergleichen möchte, der Anteil von Erzieherinnen, die sich (sehr) gut für die Medienerziehung qualifiziert fühlen, von 32 Prozent auf 25 Prozent reduziert.
  Zur Erklärung dieses Ergebnisses scheidet wohl die Vermutung aus, daß die Ausbildung zur Medienerziehung sich seit der Untersuchung von Höltershinken und Mitarbeitern nicht verbessert, sondern eher noch verschlechtert hat. Wahrscheinlicher dürfte dagegen sein, daß – aufgrund des gestiegenen Stellenwertes von Medien(-erfahrungen) im Alltag der Kinder und im Kindergartenalltag sowie angesichts der von externer Seite an die Institutionen von Erziehung und Bildung herangetragenen Argumente für den Bedarf an Medienerziehung (vgl. Kap. 2) – die Anforderungen und Probleme der Medienerziehung für die in der Kindergartenpraxis Tätigen gestiegen sind; daraus kann sich als Konsequenz ergeben, daß die Erzieherinnen (trotz evtl. in Teilen verbesserter Ausbildung, was allerdings für die meisten aufgrund ihres lange zurückliegenden Examens nicht relevant ist) sich hierfür nicht hinreichend qualifiziert ansehen.
  Insgesamt entsprechen in dieser Hinsicht unsere Ergebnisse – leider – recht genau den Befunden aus früheren Untersuchungen, die bereits eine geringe subjektive Qualifikation bei Erzieherinnen dokumentiert haben (vgl. auch Kap. 3.3). Insofern ist hier noch immer eine schlechte Ausgangsbasis für die Konzeptionierung und Praktizierung von Medienerziehung im Kindergarten zu konstatieren, denn nicht nur die objektive Qualifizierung, sondern auch die subjektive Selbsteinschätzung der eigenen

Kompetenzen dürfte einen erheblichen Einfluß darauf haben, welche Ansichten und insbesondere welche Motivationen die Erzieherinnen zur Medienerziehung mitbringen und inwieweit sowie mit welchem Erfolg sie sich letztlich auf diesen Erziehungs- bzw. Förderbereich in der Praxis einlassen. Die in dieser Hinsicht großen Übereinstimmungen mit früheren Untersuchungen lassen darauf schließen, daß eine Verbesserung der Ausbildungssituation und insbesondere eine Forcierung regelmäßiger Fortbildung zur Medienerziehung nicht nur in der Vergangenheit dringend erforderlich gewesen wären, sondern auch heute noch eine wesentliche Aufgabe für die nahe Zukunft darstellen.

- Die Ergebnisse der themenorientierten Interviews lassen vermuten, daß – zumindest aus der Sicht der Erzieherinnen – die medienerzieherische Ausbildung keineswegs in dem Umfang und in der Qualität erfolgte, wie dies nötig (gewesen) wäre, wobei allerdings Erzieherinnen, die relativ viele Themengebiete der Medienerziehung in ihrer Ausbildung vermittelt bekamen, ihre Qualifikation höher bewerteten als solche, die vergleichsweise nur wenige Medienerziehungs-Bereiche als Bestandteile ihrer Ausbildung benannten.
  Ähnlich defizitär scheint es um die Fortbildung zu stehen. Hinzukommt dabei noch: Das Interesse an Fortbildung ist keineswegs gering, kann sich offenbar jedoch nicht im gewünschten Maße realisieren lassen, da es insbesondere an hierfür notwendigen strukturellen Voraussetzungen in den Einrichtungen zu mangeln scheint.
- Selbst wenn man einen Anteil von drei Viertel der face-to-face-befragten Erzieherinnen, bei denen Medienerziehung zum Bestandteil der Ausbildung gehörte, als hoch bewerten möchte, zeigen die Aussagen dieser (im Vergleich zur Repräsentativstudie ausführlicher) Befragten keineswegs eine große Zufriedenheit mit der genossenen medienerzieherischen Ausbildung: Bemängelt werden von ihnen der geringe Stellenwert der Medienerziehung in der Ausbildung, die thematische Einschränkung und die in der Praxis häufig wenig verwendbaren Inhalte. Dabei wird angeregt, mehr Klarheit über Medienwirkungen und die Verarbeitung von Medieninhalten sowie verstärkt Medienkunde und Bewertungskriterien zu TV-Inhalten zu vermitteln. Ebenfalls wird von der Ausbildung erwartet, daß sie Anregungen und Informationen über Möglichkeiten der Medienerziehung und entsprechende Umsetzungsstrategien liefert. Hinzuweisen ist schließlich auch darauf, daß ein Verbesserungsbedarf unabhängig davon gesehen wird, wie lange die Ausbildung bereits zurückliegt.
  Auch im Hinblick auf die Fortbildung wurden in den themenorientierten Interviews Auffassungen zum Verbesserungsbedarf gemacht, wobei die durchweg sinnvollen Vorschläge, über ähnliche Äußerungen wie zur

Ausbildung, in Forderungen münden, man solle Fortbildung in Medienerziehung zur Pflicht machen.

- Unabhängig von ihrer Sichtweise bezüglich des Verbesserungsbedarfs in der Aus- und Fortbildung konstatieren die Erzieherinnen für sich einen hohen Bedarf an Hilfestellungen (wobei das Alter der Probandinnen dabei keine Rolle spielt; lediglich im Hinblick auf den technischen Umgang mit Mediengeräten sehen ältere Erzieherinnen für sich persönlich tendenziell mehr Bedarf als jüngere). Der Bedarf an Hilfestellungen wurde über die Repräsentativstudie hinaus auch in den qualitativen Interviews thematisiert. Entsprechende Äußerungen bezogen sich nicht nur auf eine bessere Medienausstattung und weitere Wünsche zur Verbesserung der strukturellen Rahmenbedingungen, sondern weisen ein größeres Spektrum auf: Sie reichten von einer Nachfrage nach diversem Informationsmaterial zur Elternarbeit und Projektvorschlägen, über Hilfen zur Bewertung von TV-Sendungen bzw. Informationen über Inhalt und Aufbau aktueller Kinderfilme, bis hin zu Vorstellungen eines Informationsaustauschs mit anderen Kindergärten. Dabei wurde auch daran gedacht, für die Elternarbeit oder die Durchführung von Projekten mit externen Einrichtungen oder Referenten zusammenzuarbeiten.

## 6.4 Kenntnisse, Annahmen und Problemwahrnehmung bezüglich Medien und kindlicher Mediennutzung

Im vorangegangenen Kapitel 6.3 wurde – nach den institutionellen Rahmenbedingungen der Einrichtungen (vgl. Kap. 6.1) und dem privaten Medienumgang der Erzieherinnen als weiterer Komponente von Bedingungen und Einflußfaktoren der Medienerziehung im Kindergarten (vgl. Kap. 6.2) – die Qualifikation zur Medienerziehung sowohl aus Sicht von Lehrkräften der Erzieher[innen]ausbildung als auch aus Sicht der Erzieherinnen selbst betrachtet. Dabei wurden unter beiden Aspekten bestehende Defizite deutlich, die entsprechend leider auch mit der eher negativen Selbsteinschätzung der in der Kindergartenpraxis Tätigen im Hinblick auf ihre subjektive Qualifikation für diesen Förderbereich korrespondieren. Gemeinsam dürften diese Ausgangsbedingungen einen erheblichen Einfluß darauf haben, welche Kenntnisse und Ansichten und insbesondere welche Motivationen die Erzieherinnen zur Medienerziehung mitbringen und inwieweit sowie mit welchem Erfolg sie sich letztlich auf diesen Erziehungs- bzw. Förderbereich in der Praxis einlassen. Vor diesem Hintergrund befaßt sich das vorliegende Kapitel zunächst mit bestimmten Kognitionen und Wissenselementen der Erzieherinnen bezüglich Medien und Mediennutzung von Kindern, wobei neben ihren diesbezüglichen Kenntnissen und Annahmen hiermit gleichzeitig bereits eine bestimmte Komponente ihrer Problemwahrnehmung zum Thema „Kinder und Medien – Medienerziehung im Kindergarten" angesprochen ist. Erst im anschließenden Kapitel 6.5 betrachten wir dann auch diejenige Komponente des Problembewußtseins von Erzieherinnen, die sich unmittelbar auf den Kindergartenalltag bezieht, indem es dann um Grundauffassungen, Problemwahrnehmung und Ansichten zur Medienerziehung in der Kindergartenpraxis geht.

### *6.4.1 Kindliche Fernsehnutzung*

Eine umfassende Medienerziehung, wie wir sie in Kapitel 1 unter einer theoretischen Perspektive umschrieben haben, setzt – dies mag wie ein Gemeinplatz klingen – Wissen über kindlichen Medienkonsum voraus, denn nur vor dem Hintergrund solchen Wissens können beispielsweise Entscheidungen über ein „Zuviel" der Mediennutzung gefällt und beurteilt werden. Dieses Wissen bezieht sich freilich nicht nur auf das „Wieviel" (also das Nutzungsquantum), sondern auch auf das „Was" und das „Warum" der Mediennutzung, d.h. die Frage nach Präferenzen und damit verbundenen Motiven. Insofern das Fernsehen das Medium ist, mit dem allgemein die meisten Befürchtungen verbunden werden, wurden diese Fragen sowohl in der Repräsentativstudie als auch in den qualitativen Interviews auf das Fernsehen bezogen, andere Medien mithin nicht in diesem Zusammenhang thematisiert.

#### 6.4.1.1 Geschätztes Fernsehnutzungsquantum drei- bis fünfjähriger Kinder in Deutschland

Tabelle 6.15 zeigt die Einschätzungen der Erzieherinnen bezüglich des durchschnittlichen täglichen Fernsehnutzungsquantums drei- bis fünfjähriger Kinder in Deutschland[37].

Die Erzieherinnen in der Gesamtstichprobe überschätzen den täglichen Fernsehkonsum drei- bis fünfjähriger Kinder zum Teil ganz erheblich. Etwa ein Sechstel der Befragten glaubt, daß diese täglich dreieinhalb Stunden und länger vor dem Fernseher verbringen. Über 40 Prozent schätzen den täglichen Konsum auf drei Stunden und mehr. Nur ein Viertel der Probandinnen vermutet einen Durchschnittswert von weniger als zwei Stunden. Insgesamt ergibt sich ein Mittelwert von etwas weniger als 150 Minuten. Demgegenüber weist die GfK für das Jahr 1997 einen Duchschnittskonsum von lediglich 76 Minuten aus (vgl. Feierabend & Klingler, 1998, S. 169). Dieser Wert

37 Wie später noch zu diskutieren sein wird, ist in diesem Zusammenhang die genaue Formulierung der Frage von nicht unerheblicher Bedeutung. In der Repräsentativstudie lautete diese: „Was meinen Sie: Wieviel Zeit verbringen 3- bis 5-Jährige in Deutschland täglich vor dem Fernseher? Schätzen Sie bitte einen Durchschnittswert über die gesamte Woche – d.h. Werktage und Wochenende zusammengenommen".

hat sich im Verlauf der letzten Jahre auch nicht in dramatischem Ausmaß geändert: 1996 waren es im Durchschnitt 81 Minuten, 1995 74 Minuten und 1993 bzw. 1992 64 respektive 66 Minuten (ebd.).

**Tabelle 6.15: Einschätzungen des durchschnittlichen täglichen Fernsehkonsums drei- bis fünfjähriger Kinder in Deutschland (in Minuten pro Tag; nachträglich kategorisiert)**
(Basis: n = 602; gewichtete Daten)

| Täglicher TV-Konsum 3- bis 5-Jähriger | n | % | | |
|---|---|---|---|---|
| unter 60 Minuten | 24 | 4,1 | | |
| 60 bis 89 Minuten | 60 | 10,1 | | |
| 90 bis 119 Minuten | 60 | 10,1 | | |
| 120 bis 149 Minuten | 163 | 27,2 | | |
| 150 bis 179 Minuten | 27 | 4,6 | | |
| 180 bis 209 Minuten | 164 | 27,5 | | |
| 210 Minuten und mehr | 97 | 16,3 | | |
| keine Antwort | 5 | -- | M = 147,28 | SD = 62,72 |

Womit ist der deutliche Unterschied zwischen vermuteter und tatsächlicher Fernsehnutzung der Kinder zu erklären? Zunächst ist festzuhalten, daß die befragten Erzieherinnen mit ihren Einschätzungen keineswegs schlechter liegen als andere Gruppen, denen wir im Rahmen früherer Untersuchungen dieselbe Frage stellten: Sowohl Grundschullehrerinnen und -lehrer als auch Eltern zeigten sich in dieser Hinsicht erstaunlich schlecht informiert (vgl. Frey & Six, 1997; siehe auch Kap. 3.3).

Allerdings – und damit wäre die Qualifizierung „schlecht informiert" für die Probandinnen einzuschränken – muß in Rechnung gestellt werden, daß die Frage nach dem Fernsehkonsum der Kinder sich zwar explizit auf „3- bis 5-Jährige in Deutschland" bezog und auch darauf hingewiesen wurde, daß der anzugebende Wert die (bekanntlich höhere) Wochenendnutzung einbeziehen sollte, die Probandinnen jedoch möglicherweise Kinder, die das Fernsehen überhaupt nicht nutzen, nicht miteinbezogen. Vergleicht man nämlich die Einschätzungen der Erzieherinnen mit der ebenfalls von der GfK ausgewiesenen Verweildauer (d.h. der Durchschnittsnutzung derjenigen, die auch tatsächlich fernsahen), so stellt man fest, daß letztere nur unwesentlich unter dem Mittelwert der von den Probandinnen geschätzten Nutzung liegt (nämlich in dieser Altersgruppe bei 141 Minuten für das Jahr 1997; vgl. Feierabend & Klingler, 1998). Es erscheint zunächst kaum abwegig zu vermuten, daß die Erzieherinnen die Tatsache, daß manche Kinder eben gar nicht fernsehen, nicht in ihrer Rechnung berücksichtigten, sondern nur die „Seher" einbezogen.

Die 60 zusätzlich qualitativ befragten Erzieherinnen gaben in der Repräsentativstudie im Durchschnitt keine anderen Werte an als ihre übrigen Kolleginnen (M = 147,97; SD = 61,88). Allerdings wurden sie im Rahmen der qualitativen Interviews erneut um eine Einschätzung des durchschnittlichen Fernsehkonsums von Vorschulkindern gebeten. Der Mittelwert dieser Angaben beträgt 144, 48 Minuten (SD = 80,76). Vergleicht man die beiden Werte, so ergibt sich kein signifikanter Unterschied (df = 53; t = -0,32; n.s.).

Interessanterweise jedoch korrelieren die beiden Variablen zwar signifikant, aber nicht übermäßig hoch (r = .43; p = .001). Bildet man einen Differenzwert aus den beiden Angaben, so zeigt sich, daß der Mittelwert für diese Differenzvariable zwar nahe bei Null liegt (die beiden Einschätzungen sich also im Mittel nur unwesentlich unterscheiden), jedoch insgesamt fast ein Drittel der 60 Befragten in den Interviews einen Wert angab, der über eine Stunde höher oder niedriger liegt als der, den sie in der Repräsentativstudie angegeben hatten. Mit anderen Worten: Die Einschätzungen der Probandinnen variierten von Befragung zu Befragung; sie haben offenbar keineswegs eine feste Vorstellung von der Höhe des kindlichen Fernsehnutzungsquantums, sondern stellten jeweils neue Überlegungen an und kamen dabei auch zu unterschiedlichen Ergebnissen.

Damit läßt sich jedoch kaum an der obigen Vermutung festhalten, daß die Erzieherinnen nicht die Sehdauer, sondern die Verweildauer drei- bis fünfjähriger Kinder schätzten, mithin in ihren Einschätzungen gar nicht so falsch lagen. Wäre dem nämlich so, dürften sich die in den beiden Studien angegebenen Werte nicht in dem Ausmaß und so wenig systematisch unterscheiden, wie sie es tun[38].

Wie aber kamen dann die Angaben zustande? In den qualitativen Interviews hatten wir die Gelegenheit, die Probandinnen direkt danach zu fragen, auf Basis welcher Überlegungen sie zu den Werten kamen, die sie nannten. Deutlich zu erkennen war dabei – aufgrund der Aussagen der Erzieherinnen – daß sie ihre Einschätzung/Vermutungen hinsichtlich des durchschnittlichen TV-Konsums aus geäußerten Medienerlebnissen der Kinder ableiteten oder aus Berichten der Kinder und/oder der Eltern über den Tagesablauf erschlossen. Die Grundlagen bezogen sich also in der überwiegenden Mehrheit nicht auf Kenntnisse aus Fachpublikationen oder Fernsehzeitungen, in denen zum Teil auch Fernsehnutzungsdaten berichtet werden. Die folgenden Zitate illustrieren dies sehr plastisch:

Erzieherin: „4 bis 6 Stunden [...]. Also das ist im Sommer etwas weniger, aber gucken Sie mal: Da kommen manche um neun hierher, und da ist zu Hause die Glotze schon die ganze Zeit gelaufen, das weiß ich. Eine Stunde ist ja doch dann schon drin morgens. Mittags, wenn sie nach Hause gehen, ist durchaus auch noch ´ne Stunde drin, dann sind ganz schnell am Abend noch zwei drin, denn keiner macht nur das Sandmännchen an. Also sechs Stunden kommste mit Schwierigkeiten – Am Wochenende kommste auf mehr, kommste auf viel mehr. Aber ich glaube [...] an einem durch-

38 Auf derselben Linie liegt auch, daß immerhin 10 Prozent der Erzieherinnen in der Face-to-Face-Befragung starke Unsicherheiten bei ihren Einschätzungen äußerten.

schnittlichen Tag, wo sie dann mittags um vier aus dem Kindergarten gehen, da kommen sie auf vier Stunden, wenn sie aber mittags nicht mehr in den Kindergarten gehen, also ab halb eins quasi zu Hause sind, kommen sie auf sechs Stunden. Das ist doch ganz schnell! Rechnen sie mal aus!"

Interviewer: „Aber im Kindergartenalter?"
Erzieherin: „Glauben Sie mir, es ist so! Selbst auf dem Dorf so! Wenn Du schon hörst, was man alles gesehen hat oder wie es gelaufen ist oder was nachgespielt wird, dann kannste doch ausrechnen, was das ist: So ´ne Serie dauert ja ´ne halbe Stunde, ne? Guckste am Tag drei davon, sind eineinhalb Stunden. Guckste die Werbung noch ein bißchen dazu, sind es zwei Stunden, noch ein Film dazu oder Video dazu, ist es so – Es geht ja nicht nur um das reine Fernsehen, es geht ja sicher auch um das Video. Das ist doch – Wenn nichts auf der Glotze kommt, kann man doch ein parates Video einschieben." (Fallnr. 126)

„Viele Kinder gucken schon morgens um sechs/sieben Uhr vor dem Kindergarten. Das sind also doch 'ne ganze Menge, sagen wir mal ein Drittel bestimmt, die frühstücken -allein – und dabei fernsehen – Mama will noch ein bißchen schlafen – da wird dann der Fernseher angestellt, auch ohne Frühstück. [...] Dann sehen Kinder auch noch nach dem Kindergarten, auch abends und am Wochenende noch viel mehr [...] Ja, es ist ein bißchen erschreckend, aber ich glaube bestimmt fünf Stunden. [...] Der Fernseher läuft in vielen Familien nebenbei – so wie das Radio früher, so läuft der Fernseher. Und dann spielt das Kind vielleicht, und der Fernseher läuft. [...] Ne ganze Zeit guckt das Kind dabei auch intensiv fern, [...] aber beides nicht konzentriert." (Fallnr. 117)

Aus den gerade genannten Fallbeispielen, in denen Erzieherinnen zudem einen sehr hohen Wert für den Fernsehkonsum von Kindern ansetzen, wird auch deutlich, daß diese Probandinnen im Interview bei ihren Einschätzungen stark von der aktuellen Situation im Kindergarten und dabei vermutlich in erheblichem Maß von bestimmten Kindern ausgehen. So läßt sich zumindest vorläufig festhalten, daß es sich bei den Angaben zum Fernsehkonsum von Kindern weniger um stabile (und damit abfragbare) Kenntnisse als vielmehr um stark situativ geprägte Einschätzungen handelt. Zudem ist davon auszugehen, daß sich solche Schätzungen, die quasi „aus dem Bauch heraus" in der Telefonbefragung geäußert wurden, von solchen unterscheiden müssen, die in den qualitativen Interviews gleichzeitig mit der Frage nach dem jeweiligen Rechenvorgang verbunden waren und für die den Interviewten die Möglichkeit gegeben wurde, anhand von Differenzierungen die eigene Schätzung zu überprüfen und gegebenenfalls einzuschränken oder zu präzisieren.

Außer Differenzierungen zwischen Wochenendtag und Werktag, die ein Drittel der Befragten berücksichtigte (vgl. auch die gerade zitierten Passagen), wurden Unterschiede zwischen den Kindern (v.a. bezogen auf das Alter) oder Differenzierungen nach ihren jeweiligen Lebensbedingungen (z.B. sonstige Beschäftigungsmöglichkeiten) oder auch akuten Situationen und Befindlichkeiten (z.B. Krankheit) nur von jeder sechsten Erzieherin in ihre Überlegungen miteinbezogen.

Interessanterweise gab gerade die zuletzt genannte Gruppe von Erzieherinnen, die solche Differenzierungen bei ihren Berechnungen des durchschnittlichen täglichen Fernsehkonsums beachteten, deutlich niedrigere Werte für das tägliche Fernsehquantum von Vorschulkindern an.

Erzieherinnen mit eigenen Kindern schätzten den Fernsehkonsum von Kindern nicht signifikant anders ein als solche, die keine eigenen Kinder haben[39]. Dasselbe gilt für Einrichtungsleiterinnen: Auch diese gaben keine anderen Werte an als Erzieherinnen ohne Leitungsfunktion. Ebenso spielen anscheinend weder das Alter der Befragten noch ihre Berufserfahrung in diesem Zusammenhang eine Rolle. Und schließlich hat offensichtlich und erstaunlicherweise auch die Ausbildung keinen nennenswerten Einfluß: Erzieherinnen, die angaben, in ihrer Ausbildung über Fernsehnutzung und -motive von Kindern informiert worden zu sein (vgl. Kap. 6.3.2), gaben keinen signifikant anderen Wert an als solche, bei denen dies nicht der Fall war.

Einen gewissen Einfluß scheint jedoch das eigene Nutzungsquantum zu haben: Zwar ist die entsprechende Korrelation knapp nicht mehr signifikant; teilt man die Erzieherinnen jedoch ein in solche, die täglich mehr als eine Stunde fernsehen, und solche, die täglich bis zu einer Stunde fernsehen, so zeigt sich zwischen diesen beiden Gruppen ein signifikanter Unterschied ($df = 583$, $t = -2{,}23$; $p < .05$): Erstere schätzen den täglichen Fernsehkonsum höher ein ($M = 151{,}56$; $SD = 61{,}71$) als ihre Kolleginnen, die weniger fernsehen ($M = 140{,}09$; $SD = 62{,}10$).

Schlüsselt man die Angaben nach den Trägern der Einrichtungen, in denen die Befragten arbeiten, auf, so erhält man die in Tabelle 6.16 angegebenen Werte.

**Tabelle 6.16: Einschätzungen des Fernsehkonsums drei- bis fünfjähriger Kinder in Deutschland, differenziert nach Trägern (in Minuten pro Tag)**
(Basis: n = 602; gewichtete Daten)

| | | Täglicher TV-Konsum 3- bis 5-Jähriger | |
|---|---|---|---|
| Träger | n[1] | M | SD |
| Stadt | 156 | 159,69 | 62,17 |
| Ev. Kirche | 141 | 136,95 | 64,62 |
| Kath. Kirche | 248 | 146,07 | 60,08 |
| Sonstige | 50 | 143,88 | 67,15 |

1 Zur Erinnerung: In Tabellen, die gewichtete Daten berichten, können sich aufgrund der Gewichtung geringfügige Unterschiede zwischen der Summe der angegebenen Fallzahlen und der tatsächlichen Stichprobengröße ergeben.

39 Dieses und die folgenden Ergebnisse beziehen sich ausschließlich auf die Angaben aus der Repräsentativstudie, da hier höhere Fallzahlen vorliegen.

Eine einfaktorielle Varianzanalyse ergibt zwar eine grundsätzliche Unterschiedlichkeit der verschiedenen Gruppen ($F = 3{,}44$; $p < .05$); tatsächlich unterscheiden sich jedoch lediglich die Mittelwerte der Erzieherinnen aus städtischen und aus evangelischen Einrichtungen signifikant voneinander (Scheffé-Test mit $p < .05$).

#### 6.4.1.2 Vermutete Lieblingssendungen drei- bis fünfjähriger Kinder

Die Frage nach den Lieblingssendungen der Kinder wurde in zweierlei Form gestellt: Zunächst wollten wir wissen, welche Lieblingssendungen der Kinder die Befragten aus persönlicher Anschauung kennen; sodann fragten wir nach Lieblingssendungen, die sie zwar nicht aus eigener Anschauung kennen, deren Titel sie jedoch nennen können. Von den Angaben der Befragten wurden nur diejenigen codiert, die tatsächlich auch Sendungen bezeichnen[40] (unabhängig davon, wie wahrscheinlich es ist, daß diese auch von einer größeren Menge von Kindern gerne gesehen werden).

Offensichtlich sind die Erzieherinnen nicht sonderlich gut über die Fernsehpräferenzen von Kindern informiert: Im Durchschnitt konnten sie nur knapp drei Sendungen benennen, die sie aus persönlicher Anschauung kennen. Dazu kommen dann noch einmal knapp zwei, deren Titel sie zumindest nennen können, ohne sie allerdings selbst bereits einmal gesehen zu haben (vgl. Tab. A.7 im Anhang).

Die Sendungen, die die Probandinnen nach eigenen Angaben kennen, sind in der Regel solche, die aller Wahrscheinlichkeit nach als zumindest nicht sehr problematisch oder sogar als positiv angesehen werden. Dagegen findet sich in den Antworten auf die zweite Frage eine ganze Reihe an vermutlich als problematisch angesehenen Serien oder Sendungen (wie z.B. „Power Rangers", „Turtles", „He-Man" usw.; vgl. Tab. A.7 im Anhang). Das heißt also, daß die befragten Erzieherinnen gerade die Sendungen, die sie besonders kritisch sehen (vgl. Kap. 6.4.3.3), gar nicht aus eigener Anschauung, sondern lediglich aus den Berichten der Kinder und aus anderen Sekundärquellen kennen[41].

Ähnliche Erkenntnisse lassen sich auch aus der Face-to-Face-Befragung ziehen. So geht fast die Hälfte der Erzieherinnen ($n = 28$) korrekterweise davon aus, daß Kinder auch heute noch zumindest *auch* gerne Kindersendungen sehen, wobei hierunter häufig „die Sendung mit der Maus" genannt wurde. Gleichzeitig glaubt aber auch fast jede vierte Probandin ($n = 17$), daß Kinder „Action-Programme" (mit Kampfszenen bis hin zu brutalen Inhalten) vor anderen Angeboten präferieren. Jede fünfte Erzieherin ($n = 12$)

40 Manche Erzieherinnen nannten lediglich global „Zeichentrickfilme" u.ä.; diese Angaben wurden nicht codiert.

41 zu den Informationsquellen der Erzieherinnen im Hinblick auf kindlichen Fernsehkonsum siehe weiter unten Kap. 6.4.1.4

ist korrekterweise der Meinung, daß Kinder vorrangig Zeichentrickfilme anschauen, die allerdings von den Befragten sogleich negativ bewertet wurden (zur Bewertung von problematischen Programmbereichen und Fernseh-Sendungen vgl. Kap. 6.4.3.3). Immerhin neun der 60 Interviewten gehen sinnvollerweise davon aus, daß Kinder im Vorschulalter auch gerne Sendungen sehen, die nicht für ihr Alter produziert sind (weitere drei Befragte glauben sogar – und dies stimmt sicherlich nicht – daß Kinder Sendungen solcher Art im Gesamtangebot bevorzugen). Nach Aussagen von weiteren vier Erzieherinnen sehen Kinder schließlich „quer Beet" alles. Dagegen meinten – etwas übertrieben positiv – sieben Probandinnen, daß Kinder vorrangig oder sogar nur Sendungen mögen und schauen, die für ihre Altersgruppe produziert sind. Während viele Erzieherinnen mit ihren Nennungen von Lieblingssendungen der Vorschulkinder durchaus Einschätzungen abgaben, die dem Forschungsstand nicht widersprechen (vgl. Kap. 2.3.3), äußerte immerhin ein Viertel der Befragten, daß sie sich im gegenwärtigen Programm nicht auskennen bzw. mit Inhalten oder Titel der Lieblingssendungen nicht vertraut sind. Im Folgenden hierzu einige Interviewauschnitte:

„'Ne Zeit lang die 'Hero-Turtles' – 'Notruf', Krimiserien – Ich kenn aber auch nicht mehr so viele Sendungen, bin da nicht mehr so auf dem Laufenden. Ich weiß auch nicht, wenn die so erzählen, zu welcher Sendung das jetzt paßt." (Fallnr. 28)

„Also möglicherweise ist die Werbung vielleicht auch interessant. Ansonsten außer diesen Actionfilmen fällt mir da im Moment nix ein [...] Wie die heißen, weiß ich nämlich auch nicht." (Fallnr. 143)

„Ich kenn mich da nicht so aus, ich arbeite in dieser Zeit." (Fallnr. 56)

Geringe Kenntnisse zeigen sich aber auch bei weiteren drei Probandinnen, die statt Sendungen oder Genres nur oder vorrangig Sender benannten (z.B. RTL oder „die Sendung Nickelodeon"). Auch dies soll mit einem Zitat illustriert werden, welches darüber hinaus verdeutlicht, daß es für Erwachsene und eben auch für Erzieherinnen offensichtlich sehr schwer ist, angesichts der heutigen Fülle an Sendungsangeboten den Überblick zu bewahren:

„Ja, das sind diese 'Power-Rangers' in erster Linie, dann – oh mei oh mei oh mei – ich hätte mir ja die Zeitung mitbringen können, ich behalte diese Namen nicht, sind all diese Pro 7 und Super RTL, die sind im Block, die sind also im Block. Wenn Sie das in der Zeitung nachgucken, die sind immer so im Block, und da läuft das also von vorne bis hinten runter." (Fallnr. 114)

Differenzierungen im Hinblick auf die jeweiligen familiären Nutzungspräferenzen (z.B. von älteren Geschwistern), Geschlechts- oder Altersunterschiede oder sonstigen Merkmale der Kinder führen vergleichsweise wenige Erzieherinnen an (n = 9).

Die Anzahl der genannten Sendungen scheint unabhängig von den bisher berichteten Variablen zu sein: Weder das Alter der Erzieherinnen noch ihr eigener Fernsehkonsum spielen in diesem Zusammenhang eine nennenswerte Rolle. Auch unterscheiden sich Erzieherinnen mit eigenen Kindern in dieser Hinsicht nicht von Erzieherinnen ohne eigene Kinder, was insofern einigermaßen erstaunt, als man hätte vermuten können, daß Mütter sehr viel besser darüber Bescheid wissen (müßten), was Kinder (gerne) ansehen als kinderlose Frauen, deren Kenntnisse sich ausschließlich auf die Berichte der Kinder oder Sekundärquellen stützen. Wie bereits an anderer Stelle erwähnt, zeigte sich indes auch in anderen Untersuchungen (vgl. Frey & Six, 1997) eine erstaunliche Unkenntnis von Eltern hinsichtlich des Fernsehkonsums ihrer Kinder. Bleibt schließlich noch zu erwähnen, daß sich im Hinblick auf die Kenntnis von Lieblingssendungen der Kinder auch keine Unterschiede zwischen den verschiedenen Trägern zeigen.

Höltershinken und Mitarbeiter thematisierten in ihrer Untersuchung auch den Bekanntheitsgrad von Lieblingssendungen der Kinder. Da den Befragten hierzu jedoch eine Liste von Sendungen vorgegeben wurde, sind diese Ergebnisse mit den unseren nur in sehr eingeschränktem Maße vergleichbar. Tatsächlich zeigten sich die Befragten dieser Untersuchung scheinbar informierter: So war lediglich eine einzige der vorgegebenen Sendungen mehr als zehn Prozent der Befragten gänzlich unbekannt[42]; abgesehen von dieser einen hatten jeweils mindestens zwei Drittel der Befragten die Sendungen schon einmal gesehen – allerdings hatte dies in den meisten Fällen bereits mehr als vier Wochen zurückgelegen (vgl. Kasüschke, 1991, S. 59). Angesichts der Vorgabe der Sendungen sind diese Ergebnisse jedoch mit einer gewissen Vorsicht zu interpretieren: Inwieweit die Erzieherinnen der damaligen Untersuchung tatsächlich informierter waren bzw. mehr Lieblingssendungen der Kinder aus eigener Anschauung kannten als die Erzieherinnen unserer Untersuchung, ist angesichts der unterschiedlichen Vorgehensweise nicht zu entscheiden.

#### 6.4.1.3 Vermutete Motive des Fernsehkonsums von drei- bis fünfjährigen Kindern

Wie in Kapitel 5.2 berichtet, gaben wir den Erzieherinnen in der Repräsentativstudie eine Liste von 11 möglichen Motiven des Fernsehkonsums drei- bis fünfjähriger Kinder vor mit der Bitte, auf einer fünfstufigen Skala[43] anzu-

---

42 was sich in diesem Fall in erster Linie dadurch erklärte, daß die fragliche Sendung nur in verkabelten Gebieten zu empfangen war; der Grad der Verkabelung war jedoch zum Zeitpunkt der Untersuchung – wie allgemein bekannt – noch ausgesprochen gering.

43 mit den Polen „trifft voll und ganz zu“ bzw. „trifft gar nicht zu“ sowie einer mittleren Ausprägung „trifft weder zu noch nicht zu“.

geben, inwieweit sie glauben, daß das jeweilige Motiv für Kinder dieser Altersgruppe zutrifft. Tabelle 6.17 zeigt die Ergebnisse im Überblick.

Im Durchschnitt gehen die befragten Erzieherinnen davon aus, daß Kinder eher nicht fernsehen, um sich zu informieren oder Neues zu lernen oder „weil sie dann mit der Familie zusammen sind"; eher unentschieden zeigen sie sich hinsichtlich der Möglichkeit fernzusehen, um in der Gruppe „mitreden" zu können oder „weil sie dann an nichts anderes mehr denken".

**Tabelle 6.17: Vermutete Fernsehmotive drei- bis fünfjähriger Kinder**
(Basis: n = 602; gewichtete Daten)

| *Kinder sehen fern, ...* | M | SD |
|---|---|---|
| ... um zu sehen, was in der Welt passiert | 1,68 | 0,67 |
| ... weil sie dann in der Familie zusammen sind | 2,26 | 1,07 |
| ... weil sie dadurch Neues lernen | 2,43 | 1,06 |
| ... weil sie dann an nichts anderes mehr denken | 3,55 | 1,22 |
| ... weil sie dann in ihrer Gruppe mitreden können | 3,55 | 1,16 |
| ... weil es lustig ist | 3,71 | 1,05 |
| ... weil es interessant und spannend ist | 3,82 | 0,97 |
| ... weil sie sich dann nicht so alleine fühlen | 3,91 | 0,99 |
| ... weil der Fernseher bei ihnen immer läuft | 4,13 | 0,80 |
| ... weil sie sonst nichts zu tun haben | 4,25 | 0,86 |
| ... aus Langeweile | 4,50 | 0,67 |

1 = trifft gar nicht zu; 3 = trifft weder zu noch nicht zu; 5 = trifft voll und ganz zu

Wichtigste Motive – wenn man die Höhe des Mittelwerts als Indikator für die Wichtigkeit nehmen kann – sind nach Ansicht der Probandinnen die schiere „Langeweile" der Kinder und die Tatsache, daß „der Fernseher bei ihnen immer läuft".

Es muß darauf hingewiesen werden, daß keineswegs Bewertungen dieser Fernsehmotive erfragt wurden, sondern Einschätzungen, inwieweit diese Motive zutreffen. Es fällt freilich auf, daß gerade die Motive, die vermutlich als negativ angesehen werden („Langeweile", „sonst nichts zu tun haben", „weil der Fernseher immer läuft"), die höchsten Mittelwerte erzielten, also von der Mehrheit der Befragten als zutreffend angesehen werden.

Dabei spielen weder das Alter der Befragten noch das Ausmaß des eigenen Fernsehkonsums eine nennenswerte Rolle. Zwar unterscheiden sich Erzieherinnen mit eigenen Kindern (die natürlich einen unmittelbareren Zugang zu den Gründen haben, aus denen Kinder fernsehen) hinsichtlich einiger Motiv-Items signifikant von Probandinnen ohne eigene Kinder; die Unterschiede fallen jedoch nur gering aus, so daß sich insbesondere keine eindeutig andere Antworttendenz zeigen läßt.

Um weitere Aufschlüsse über Tendenzen im Antwortverhalten der Erzieherinnen hinsichtlich der Motivskala zu erhalten, wurde eine Hauptkomponentenanalyse mit Varimax-Rotation durchgeführt. Eine Faktorenextraktion nach dem Kaiser-Kriterium erweist eine 4-faktorielle Struktur mit einer insgesamt durchaus befriedigenden Varianzaufklärung von 53,1 Prozent. Die Höhe des Kaiser-Meyer-Olkin-Kriteriums (.64) sowie weitere, ebenfalls nicht sehr zufriedendstellend ausfallende Kennwerte mahnen bei der Interpretation der Faktoren jedoch zur Vorsicht; insbesondere ist in diesem Zusammenhang auf die teilweise recht niedrigen Kommunalitäten hinzuweisen. Tabelle 6.18 gibt Faktorenladungen, Eigenwerte (EW) und Kommunalitäten für die 4-Faktoren-Lösung wieder.

Tabelle 6.18: **Faktorielle Struktur der vermuteten Fernsehmotive drei- bis fünfjähriger Kinder: Kennwerte (Eigenwerte, Faktorenladungen, Kommunalitäten) der rotierten 4-faktoriellen Lösung (Hauptkomponentenanalyse mit Varimax-Rotation; Kaiser-Kriterium)**
(Basis: n = 602; ungewichtete Daten)

| *Kinder sehen fern, ...* | Faktor 1 | Faktor 2 | Faktor 3 | Faktor 4 | Kommunalitäten |
|---|---|---|---|---|---|
| | EW = 2,13 | EW = 1,41 | EW = 1,27 | EW = 1,03 | |
| ... weil sie sonst nichts zu tun haben | .79 | .02 | .15 | -.04 | .65 |
| ... aus Langeweile | .76 | .09 | .13 | -.11 | .61 |
| ... weil der Fernseher bei ihnen immer läuft | .55 | .25 | -.02 | .00 | .36 |
| ... weil sie sich dann nicht so alleine fühlen | .23 | .71 | -.11 | .02 | .56 |
| ... weil sie dann in ihrer Gruppe mitreden können | -.04 | .71 | .14 | -.07 | .52 |
| ... weil sie dann an nichts anderes mehr denken | .13 | .58 | .05 | .09 | .36 |
| ... weil es lustig ist | .15 | .03 | .75 | .04 | .59 |
| ... weil es interessant und spannend ist | .10 | .06 | .72 | -.09 | .54 |
| ... um zu sehen, was in der Welt passiert | -.18 | .10 | .00 | .69 | .52 |
| ... weil sie dann in der Familie zusammen sind | .14 | -.05 | -.27 | .68 | .55 |
| ... weil sie dadurch Neues lernen | -.10 | -.00 | .42 | .61 | .56 |

Die faktorielle Struktur der Skala ist nur zum Teil eindeutig interpretierbar. So bilden die drei vermutlich als negativ angesehen Motive (sonst nichts zu tun zu haben; aus Langeweile; weil der Fernseher immer läuft) einen stabilen Faktor, auf den auch keine anderen Items in nennenswertem Ausmaß laden. Faktor 2 liegt auf einer sozio-emotionalen Ebene und wird von den beiden eher emotional getönten Motiven „nicht so allein fühlen" und „an nichts anderes mehr denken" sowie dem sozialen Motiv „mitreden können" gebildet. Faktor 3 (der die Items „... weil es lustig ist" und „... weil es interessant und spannend ist" beinhaltet) scheint als Unterhaltungsfaktor recht gut verstehbar, zumal die Doppelladung des letzten Items aus Faktor 4 („Neues lernen") durchaus interpretierbar erscheint, wenn man sich vergegenwärtigt, daß Sendungen wie „Die Sendung mit der Maus" oder auch die „Sesamstraße" und andere ja den Anspruch haben, Lustiges mit Wissenwertem zu verbinden. Faktor 4 schließlich stellt das Informationsmotiv dar und besteht damit aus denjenigen Items, die von den Erzieherinnen als am wenigsten zutreffend für den Fernsehkonsum von Kindern beurteilt werden. Inhaltlich erscheint jedoch die Verbindung der beiden informationsorientierten Motive mit dem Geselligkeitsmotiv („zusammen mit der Familie“) allenfalls dann einleuchtend, wenn man sich vergegenwärtigt, daß Kinder häufig auch – gerne – mit dabei sind, wenn Erwachsene Informationssendungen oder auch etwa Talkshows anschauen.

Es ist zu bedenken, daß es sich hier um Vermutungen der Erzieherinnen hinsichtlich der Fernsehmotive von Kindern handelt, nicht um Aussagen von Kindern. Dadurch erklärt sich die von einschlägigen Untersuchungen abweichende faktorielle Struktur der Skala. Ein wesentlicher Aspekt scheint die Bewertung der Motive gewesen zu sein. Es ist zu vermuten, daß hier grundlegende Überzeugungen hinsichtlich des kindlichen Fernsehkonsums zum Tragen kamen: Die Befragten bewerten den kindlichen Fernsehkonsum, sein Ausmaß und seine Hintergründe generell wohl eher negativ, d.h. sie gehen zum einen davon aus, daß Kinder ohnehin „zuviel“ fernsehen (dies wird in Kapitel 6.4.2.1 zu zeigen sein; erste Hinweise liefert jedoch bereits die enorme Höhe des geschätzten Nutzungsquantums); zum anderen sehen Kinder ihrer Ansicht nach aus den „falschen Gründen“ fern, d.h. sie konsumieren – anders als die Erzieherinnen selbst – nicht, um sich zu informieren oder Wissenswertes zu erfahren, sondern aus Langeweile und weil sie sonst nichts zu tun haben (also Anregungen anderer, d.h. positiverer Art fehlen).

Insgesamt ist damit festzuhalten, daß die berichteten Ergebnisse also möglicherweise weniger realistische, auf systematische Beobachtungen gestützte Einschätzungen wiedergeben (was auch die Diskrepanz zu den Forschungergebnissen über Fernsehmotive von Kindern zeigt), sondern vermutlich eher eine generell negative Sichtweise des kindlichen Fernsehkonsums widerspiegeln.

Einen Vergleich der von den Befragten vermuteten Fernsehmotive von Kindern mit den Motiven, die sie für sich persönlich angaben, bezüglich der identisch oder vergleichbar formulierten Items zu ziehen, halten wir vor dem Hintergrund sowohl der soeben genannten Ergebnisse als auch unserer Ausführungen zu den Fernsehmotiven der Erzieherinnen (vgl. Kap. 6.2.3) nicht für sinnvoll. Im übrigen sei darauf hingewiesen, daß sich keine systematischen Zusammenhänge feststellen ließen. Allenfalls ist erwähnenswert, daß Erzieherinnen, die selbst fernsehen, „weil es unterhaltsam und spannend ist“, in der Tendenz auch eher vermuten, daß Kinder aus dem nämlichen Motiv heraus fernsehen ($r = .22$; $p = .000$).

Eine Vergleichbarkeit mit den Ergebnissen der Untersuchung von Höltershinken und Mitarbeitern ist nicht gegeben. Dort wurden die Befragten mit einer Liste von „Bedürfnissen, die durch das Fernsehen bei den Kindern befriedigt werden“ (Kasüschke, 1990, S. 54) konfrontiert mit der Bitte anzugeben, in welchem Ausmaß die Bedürfnisse tatsächlich befriedigt werden. Die Art der Fragestellung war indes offensichtlich uneindeutig: So ist zunächst zu fragen, ob die vorgegebenen Bedürfnisse auch tatsächlich den Bedürfnissen von Vorschulkindern entsprechen. Die Autoren lieferten leider jedoch weder entsprechende Begründungen noch gaben sie den Befragten die Gelegenheit, eine abweichende Meinung zu formulieren. Wenn aber unklar ist, ob die Befragten die vorgegebenen Bedürfnisse überhaupt für relevant hielten, können die Ergebnisse nur mit äußerster Vorsicht interpretiert werden. Ein Vergleich mit den Ansichten unserer Befragten zu kindlichen Fernsehmotiven verbietet sich gänzlich.

Nicht nur in der Repräsentativstudie, sondern auch in den themenzentrierten Interviews wurden die Erzieherinnen darauf angesprochen, welche Bedürfnisse, Gründe und Motive für den Fernsehkonsum sie bei Kindern im Kindergartenalter annehmen. Im Durchschnitt kam jede Befragte auf etwa vier unterschiedliche Motive bzw. Gründe des Fernsehens bei Kindern zu sprechen (M = 4,3 Nennungen). Dabei dominierten mit Abstand die Grobkategorien „Langeweile“ und „Unterhaltung“ mit insgesamt 92 Nennungen. Inwieweit die Befragten dabei jeweils stärker den Defizitaspekt der Langeweile oder aber den möglicherweise auch positiv bewerteten Unterhaltungsaspekt fokussierten, ließ sich in den entsprechenden Textpassagen nicht immer klar trennen.

Wenn sie sich eindeutig auf Langeweile als TV-Motiv bezogen (n = 34 Nennungen), fügten immerhin neun Befragte weitere Bedingungen hinzu wie etwa die defizitären Beschäftigungsmöglichkeiten in der Wohnumgebung oder den Mangel an Interaktions- bzw. Spielpartnern in der aktuellen Situation[44]. Andere Befragte identifizierten in diesem Zusammenhang unmittelbar die „Schuld“ auf seiten der Eltern, die den Kindern ihrer Ansicht nach ein antriebsloses, wenig phantasievolles Alltagsleben vorleben, so daß diese Kinder dann auch keine Eigeninitiative entwickeln können (5 Nennungen). Und schließlich verwiesen acht Befragte auf die bekannte „Babysitterfunktion“ des Fernsehens im Familienalltag. Beispiele für Hinweise auf das Motiv, Langeweile überwinden zu wollen, sind:

„Um der Langeweile entgegenzuwirken – die eigene Bequemlichkeit. Mangelnde Phantasie ist so ein zweischneidiges Schwert, denn ich denk mir, die muß eigentlich durch das Elternhaus gefördert werden. [...] Also manche finden das nicht schwer, irgendwie Spielgelegenheiten zu finden, aber weil natürlich immer so auch ein Angebot da ist [...].“ (Fallnr. 143)

„[...] Langeweile, weil sie einfach nicht wissen, was sie tun sollen. Und da spielt meiner Meinung nach dieser totale Überfluß an Spielzeug eine Rolle, also das stellt man hier auch immer wieder fest.“ (Fallnr. 93)

---

44 So eindeutig auf Defizite bezogen äußerten sich allerdings keineswegs alle Erzieherinnen: Einige wenige verwiesen auch darauf, daß Kinder nur selten Langeweile haben.

Innerhalb der Grobkategorie „Unterhaltung“ (explizit von n = 18 so bezeichnet; insgesamt aber 50 Nennungen) ist eine zumeist als negativ bewertete Unterkategorie herauszustellen: das Motiv, sich durch das Fernsehen ohne eigene Aktivität oder Anstrengung „berieseln zu lassen“ bzw. fernsehen aus reiner Bequemlichkeit (20 Nennungen). Hinzukommt von 12 Erzieherinnen der Verweis darauf, daß Kleinkinder unabhängig von allen Inhalten allein schon von den bewegten Bildern, den Farben und der Schnelligkeit in der Abfolge der bunten Bilder fasziniert sind. Dabei gaben immerhin vier Befragte differenziertere Äußerungen ab, indem sie auf das Alter der Kinder als intervenierende Variable hinwiesen. Beispiele für Aussagen zur Unterhaltung, Berieselung und Faszination sind die folgenden:

„Das ist zu einem starken Gebrauch geworden, um selber nicht aktiv zu werden. Ich kriege was geboten über ein Medium, ohne selbst körperlich, geistig und was weiß ich nicht angestrengt zu werden. Das ist, glaube ich, das Hauptmotiv. [...] Bei ganz jungen Kindern noch nicht. Je älter sie werden, desto stärker nehmen diese Tendenzen zu, weil da auch ein Konsumverhalten von den Eltern vorgelebt wird.“ (Fallnr. 192)

„Es ist einfach, sich vor den Fernseher zu setzen, es macht Spaß, man bekommt was geboten und braucht sich dabei nicht anzustrengen. [...] Ich weiß nicht, vom Fernsehen geht so insgesamt eine Faszination aus. [...] Es ist ein Kasten, da kommt was raus, da läuft was, da sind bewegte Bilder.“ (Fallnr. 28)

„Es läuft, ist bunt, bewegt sich – das finden die toll.“ (Fallnr. 56)

„Bei den Kindern, denk ich mir, daß der Unterhaltungswert auch einfach da ist: Spaß haben und witzig finden, lachen können, das ist ja auch ein großer Aspekt bei den Kindern.“ (Fallnr. 57)

„[...] Und dann – es passiert irgendetwas, es ist ´ne Aktivität, ich brauch zwar nicht selbst was zu machen, aber es ist spannend, es ist lustig, ich werd´ ja unterhalten.“ (Fallnr. 78)

An zweiter Stelle aller Motive wurden solche auf emotionaler Ebene im Sinne von Identifikations- und Eskapismusmotiven benannt (insgesamt 58 Nennungen). Innerhalb der Identifikationsmotive zeigten die Erzieherinnen mit insgesamt 38 Nennungen eine erstaunlich breite Palette auf: So verwiesen zwar einige lediglich darauf, daß Kinder sich mit Fernseh-Akteuren bzw. -Helden identifizieren (12 Nennungen). Andere schilderten dagegen genauer, wie Kinder sich funktional des Fernsehens bedienen, indem sie sich in die jeweiligen Personen/Figuren hineinversetzen und in der kindlichen Vorstellung Verhaltensweisen oder Merkmale von Akteuren übernehmen, um sich durch eine solche Identifikation besser bzw. gut zu fühlen (11 Nennungen). Darüber hinaus wiesen fünf Befragte auf die funktionale Bedeutung der Nachahmung von TV-Figuren oder -Personen im Spiel oder auch auf Stellvertreter- und Katharsiseffekte hin. Identifikation als Motiv wird z.B. aus der folgenden Textpassage deutlich:

„Identifikationsfiguren, Figuren die stärker sind als sie und – ja – wo sie sich dann ein Stück abgucken können und quasi dann diese Stärke sich auf sie überträgt, wo sie dann auch der Held sind und sowas – diese Dinge." (Fallnr. 187)

Eskapistische TV-Motive von Kindern benannten insgesamt 20 Erzieherinnen. Diese auch in der Medienforschung bekannte Motivdimension wurde von den Befragten erstaunlich differenziert: Die meisten der in diesem Sinne zu interpretierenden Aussagen richteten sich darauf, daß Kinder per Medien und speziell durch das Fernsehen in eine „heile Welt" fliehen, in eine Traumwelt, in der „alles möglich ist" und wo auch Schwache gewinnen können (11 Nennungen). Weitere jeweils drei Nennungen bezogen sich nicht auf die Flucht *in* eine andere Welt, sondern auf diejenige heraus *aus* der Realität, um – auf der emotionalen Ebene – die eigenen Probleme zu vergessen, an nichts Negatives mehr zu denken und sich ablenken zu können, oder um – eher im Sinne einer sozialen Ebene – aus einer konfliktreichen Situation zwischen den Geschwistern oder den Eltern herauszukommen und sich von den Familienmitgliedern vorübergehend distanzieren zu können. Eskapistische Motive lassen sich in folgenden Beispielen der Interviews erkennen:

„Das ist auch Stück Realitätsflucht, man muß sich dann nicht mehr mit sich selbst und nicht mehr mit anderen Leuten auseinandersetzen." (Fallnr. 16)

„Sagen wir mal, wenn sie irgendeinen Familienfilm konsumieren, daß sie ´ne heile Welt sich holen, die sie zu Hause nicht haben, weil die Eltern getrennt leben oder so." (Fallnr. 143)

„Es ist bei manchen Kindern sicher auch eine Flucht, ´ne Flucht aus ihrem eigenen Leben. [...] Da haben wir einen, [...] wenn der die Prügel von seinem Vater einstecken muß, dann macht der nie was richtig. [...] So ein Kind flüchtet sich auch da sicher in so ´ne Scheinwelt [...] Also besonders Kinder ohne oder mit wenig Selbstwertgefühl, die sind ja darauf fixiert. [...] Wenn ein Kind da so fliehen will, nicht unbedingt so in ´nen abstrakten Film – doch realitätsbezogen – die würden sich, glaube ich, nicht, wenn sie so unbedingt fliehen wollen, sich dann Batman reinziehen." (Fallnr. 126)

Ungefähr in gleichem Maße wie emotionale Fernsehmotive wurden von den Face-to-Face-Interviewten auch Motive auf der sozialen Ebene benannt (insgesamt 52 Nennungen). Unter solchen Motiven wurden an erster Stelle die Reduzierung von Einsamkeit (10 Nennungen) und die Kompensation eines aktuellen Mangels an Interaktions- und Spielpartnern (9 Nennungen) als Beweggründe von Kindern für das Fernsehen erläutert. Weitere Nennungen bezogen sich darauf, daß Kinder gerne fernsehen, um mit den Eltern oder Geschwistern zusammen zu sein und eine „schöne Familiensituation" genießen zu können (7 Nennungen). Auf sozialer Ebene liegt schließlich aber auch das Motiv, dem Gruppendruck zu entsprechen und über Fernseherlebnisse mitreden zu können (13 Nennungen). Zwei Beispiele für sozial-kompensatorische Motive sollen an dieser Stelle genügen:

„Für mich ist so auch wichtig, mit dem Kind die Kommunikation zu haben. [...] Weil: Diese Kommunikation macht die Seele satt, und wenn ich das nicht mehr habe, dann fehlt mir was, dann such ich mir Ersatz – das kann Fernsehen sein, können Süßigkeiten sein oder Kaufzwang, andere Dinge konsumieren. In dem Moment hab ich dann Ersatzbefriedigung." (Fallnr. 180)

„Dann schauen sie ja nur, weil der Fernseher an ist oder weil 'Mama gerade mal keine Zeit für mich hat'." (Fallnr. 203)

Auf dem vorletzten Rangplatz liegen Informationsmotive, die lediglich von insgesamt 19 Erzieherinnen angesprochen wurden, wobei hier häufig nur auf bestimmte Sendungen („Sendung mit der Maus", Tiersendungen, Sachgeschichten etc.) und das spezielle Interesse einzelner Kinder – „so einfach das Interesse an dem Wissen" (Fallnr. 239) – Bezug genommen wurde. An letzter Stelle wurde schließlich von den Befragten auch auf das Motiv verwiesen, sich mithilfe des Fernsehens entspannen und erholen zu können (16 Nennungen), wie etwa aus folgendem Beispiel deutlich wird:

„[...] Ich hör das von vielen Müttern, daß die Kinder mittags nach Hause kommen, und nach vier Stunden Kindergarten sind die erst mal fertig, und die brauchen das dann zur Entspannung." (Fallnr. 61)

Eine solche Kategorisierung wie auch der bereits genannte Mittelwert über alle Interviewten hinweg lassen jedoch nicht erkennen, daß manche Befragte durchaus ein breites Spektrum an Motiven benannten. So faßte eine Erzieherin ihre Gedanken bezüglich kindlicher TV-Motive folgendermaßen zusammen: „Es sind sehr vielschichtige Beweggründe, warum Kinder Fernsehen gucken [...]: Zeitvertreib, sich beschäftigen, aber auch aus Interesse, etwas Neues zu lernen, um vielleicht Angst, die ich habe, zu bewältigen, Spannung zu erleben, Spaß, Freude, oder vielleicht auch mit anderen mir Fernsehsendungen anzuschauen oder auch nachher Gesprächsthemen zu haben. Also Beweggründe können total unterschiedlich sein, positiv wie negativ" (Fallnr. 22). Zu Erzieherinnen, die besonders viele Motive kindlicher Fernsehnutzung nannten, gehören besonders solche, die sich bereits privat mit einer Reihe von Themen der Medienerziehung befaßt haben[45]. Dem entspricht auch, daß den Befragten, die viele Motive der Fernsehnutzung von Kindern nannten,

45 Der Zusammenhang zwischen der Anzahl an Themenbereichen der Medienerziehung, mit denen man sich bereits privat befaßt hat, und der Anzahl genannter Motive bildet sich ab im Pearson-Koeffizient, der mit $r = .32$ ($p = .015$) signifikant ist; zudem ergaben sich in t-Tests auch einige signifikante Unterschiede zwischen Erzieherinnen, die sich privat mit einzelnen Bereichen der Medienerziehung – etwa mit Zielen und Praxis der Medienerziehung – befaßt haben, und der Anzahl der von ihnen genannten Motive kindlicher Fernsehnutzung.

gleichzeitig auch vergleichsweise viele Wirkungen des Fernsehens auf Kinder (r = .31; p = .015) und Kriterien zur Bewertung von Fernsehsendungen (r = .31; p = .018) einfielen.

Differenzierungen wurden zwar von einigen Erzieherinnen bei ihren Erläuterungen zu kindlichen TV-Motiven angeführt, waren jedoch eher die Ausnahme: Etwa jede Sechste verwies auf Unterschiede zwischen einzelnen Programmbereichen oder Sendungen oder auf in diesem Kontext als wesentlich erachtete Merkmale der Kinder (z.B. Alter, Geschlecht, gezieltes oder ungezieltes Fernsehen, Ausmaß der Eigeninitiative). Ebenfalls nur selten wurden Lebensbedingungen (Wohnumgebung, familiäre Situation etc.) als Einflußgrößen für die individuellen Fernsehmotive von Kindern angesprochen. Dabei läßt sich feststellen, daß Erzieherinnen, die sich im Rahmen der qualitativen Interviews insgesamt als differenzierter – im Hinblick etwa auf Differenzierungen zwischen verschiedenen Kindern oder bezüglich einzelner Fernsehangebote etc. – erwiesen (vgl. Kap. 6.5.3.6), sich auch differenzierter und mit einer größeren Anzahl an Nennungen zu kindlichen Motiven der Fernsehnutzung äußerten (die Korrelation zwischen der Differenziertheit der Probandinnen und der Anzahl der von ihnen genannten TV-Motive beträgt r = .30; p = .019).

Insgesamt weisen die Interview-Ergebnisse in bezug auf manche Motivdimensionen eine erstaunliche Übereinstimmung mit den Befunden aus der Repräsentativstudie auf: In beiden Befragungen rangierte die Reduzierung von Langeweile unter den am häufigsten vermuteten Motiven, während ebenfalls in beiden Befragungen festzustellen war, daß Informationsmotive bei Kindern eher selten als Beweggründe des Fernsehens vermutet werden. Darüber hinaus erläuterten die Interviewten jedoch auch eine Reihe von Motiven kindlicher Fernsehnutzung, die wir in der Repräsentativstudie nicht vorgegeben hatten. Auf diese Weise ergibt sich im Vergleich sowohl zu unseren Ergebnissen aus der Repräsentativ-Befragung als auch gegenüber dem bisherigen Forschungsstand zu TV-Motiven von Kindern eine interessante Ausdifferenzierung und Erweiterung aus der Sicht von Erzieherinnen.

#### 6.4.1.4 Informationsquellen der Erzieherinnen zu kindlichem Fernsehkonsum

Worauf stützen sich Kenntnisse und Annahmen der befragten Erzieherinnen zum kindlichem Fernsehkonsum? Lediglich etwas mehr als die Hälfte der Erzieherinnen gab in diesem Zusammenhang ihre Ausbildung an (vgl. Abb. 6.1). Dabei benannten plausiblerweise ältere Erzieherinnen deutlich seltener als jüngere die eigene Ausbildung als Informationsquelle[46]. Auch Fortbil-

46 Allerdings zeigt sich interessanterweise auch, daß durchaus nicht alle Erzieherinnen, die nach eigenen Angaben mit entsprechenden Inhalten („Information dazu, in welchem Ausmaß und wozu Kinder das

dungsveranstaltungen wurden deutlich seltener (77,3% der Befragten) als die meisten anderen vorgegebenen Quellen genannt.

**Abb. 6.1: Von den Erzieherinnen genutzte Informationsquellen zum kindlichen Fernsehkonsum (Mehrfachantworten)**
(Prozent der Fälle; Basis: n = 602; gewichtete Daten)

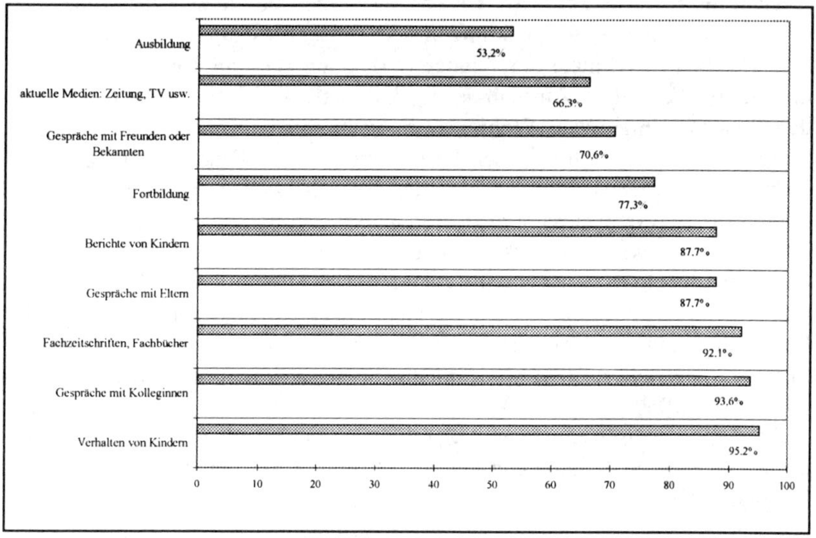


Wichtigste Informationsquellen sind das Verhalten der Kinder selbst (95,2%)[47], Gespräche mit Kolleginnen (93,6%) sowie Fachzeitschriften und Bücher (92,1%). Darüber hinaus scheinen auch Gespräche mit Eltern und Berichte der Kinder darüber, wie sie mit Medien umgehen (beide jeweils 87,7%), eine wichtige Rolle zu spielen. Gespräche mit Freunden und Bekannten (70,6%) sowie aktuelle Medien wie Tageszeitungen, Fernsehen etc. (66,3%) wurden demgegenüber deutlich seltener als Informationsquellen angegeben.

Vergleiche mit den Ergebnissen von Höltershinken und Mitarbeitern sind nur äußerst eingeschränkt möglich, da in dieser Studie Informationsquellen vorgegeben waren. Darüber hinaus bezogen sich diese (in unterschiedlichen Kombinationen) lediglich auf die Kinder, die Eltern sowie das Erzieherinnen-Team, während Ausbildung, Fachliteratur usw. nicht berücksichtigt wurden.

Fernsehen nutzen" – vgl. Kap. 6.3.2.1) in der Ausbildung vertraut gemacht wurden, entsprechend auch ihre Ausbildung als Informationsquelle benannten: Dies trifft tatsächlich nur auf knapp 70 Prozent dieser Gruppe zu.

47 Auch bei den qualitativen Interviews ergab sich – wie wir bereits bei den Einschätzungen von seiten der Erzieherinnen zum TV-Quantum von Kindern vermerkt haben –, daß ihre Hauptinformationsquelle die Kinder selbst und deren in den Kindergarten hineingetragene Medienerlebnisse sind. Dies gilt ebenfalls für Kenntnisse von Lieblingssendungen und Fernsehmotiven der Kinder sowie für eine Reihe weiterer Variablen.

Vor diesem Hintergrund kann lediglich angemerkt werden, daß auch für die Befragten der damaligen Untersuchung die Kinder selbst die Hauptinformationsquelle zum kindlichen Medienverhalten darstellten.

### *6.4.2 TV-Konsumgrenzen für Kinder: Schädlichkeit und Vielsehen*

Die Angaben der Befragten zur täglichen Fernsehnutzungsdauer bei Kindergartenkindern geben für sich betrachtet zunächst einmal lediglich Aufschluß über entsprechende Kenntnisse von Erzieherinnen. Sie sagen jedoch noch nichts darüber aus, welche Ansichten die Befragten über das von ihnen eingeschätzte Fernsehquantum im Hinblick auf seine potentielle Schädlichkeit haben und welche Auffassungen sie mit einem solchen TV-Quantum verbinden, das sie selbst als „Vielsehen" bezeichnen würden. Insofern stellt sich die Frage: Ab welcher täglichen Nutzungsdauer halten sie einerseits das Fernsehen bei Kindern im Kindergartenalter für schädlich und welches ist die Grenze der Sehdauer, ab der sie von „Vielsehern" sprechen würden? Was glauben sie andererseits, wie groß die Gruppe der Vielseher ist, und welche Eigenschaften dieser Kinder verbinden sie mit dem Begriff?

#### 6.4.2.1 Schädlichkeit des Fernsehquantums

In Kapitel 6.4.1.1 wurde berichtet, daß die befragten Erzieherinnen im Durchschnitt von einem ausgesprochen hohen täglichen Fernsehkonsum von Vorschulkindern ausgehen. Glauben sie nun, daß Vorschulkinder in Deutschland einfach sehr viel fernsehen, dies jedoch nicht weiter schädlich ist, oder verbinden sich mit den hohen Einschätzungen des täglichen Fernsehkonsums auch Vermutungen darüber, daß hier von einem „Zuviel" gesprochen werden muß? Um dies zu klären, fragten wir die Erzieherinnen in der Repräsentativstudie, ab welchem täglichen Nutzungsquantum sie Fernsehen als schädlich für Vorschulkinder erachten. Dieser – im Folgenden als „Schädlichkeitsgrenze" bezeichnete – Wert sollte in Minuten pro Tag angegeben werden.

Im Durchschnitt sind die Befragten der Meinung, daß Fernsehen für Drei- bis Fünfjährige ab einem täglichen durchschnittlichen Nutzungsquantum von genau einer Stunde schädlich wird (M = 59,96; SD = 39,15). Dabei zeigen sich zwischen den befragten Erzieherinnen jedoch enorme Unterschiede: Immerhin etwas mehr als fünf Prozent halten Fernsehen schon ab einem täglichen Nutzungsquantum von bis zu 25 Minuten für schädlich. Insgesamt ungefähr ein Drittel setzte die Schädlichkeitsgrenze bei 40 Minuten und weniger an[48]. Es fällt auf, daß nur ausgesprochen wenige Erzieherinnen (3,9%)

48 Damit zeigen sich unsere Befragten auf den ersten Blick „liberaler" als die Erzieherinnen der Untersuchung von Höltershinken und Mitarbeitern: Die damals befragten Gruppenleiterinnen gaben im Durchschnitt an, daß Vorschulkinder nicht mehr als knapp 23 Minuten täglich fernsehen sollten (Kasüschke, 1991, S. 143). Es ist indes zu beachten, daß damals nicht danach gefragt wurde, ob der Fernsehkonsum

eine Schädlichkeitsgrenze angaben, die dem Durchschnittswert für den von ihnen geschätzten Fernsehkonsum von Vorschulkindern entspricht oder darüber liegt: Der Mittelwert für die geschätzte tägliche TV-Nutzungsdauer fällt mit 150 Minuten (vgl. Kap. 6.4.1.1) weit mehr als doppelt so hoch aus als diejenige Nutzungsdauer, die sie im Hinblick auf Kindergartenkinder bereits für schädlich halten. Schon aus diesen Ergebnissen wird deutlich, daß die Probandinnen offensichtlich der Meinung sind, daß Vorschulkinder in Deutschland mehrheitlich länger fernsehen, als für sie gut ist, daß also das schiere Ausmaß des Fernsehkonsums – unabhängig von den rezipierten Inhalten – bereits als schädlich zu bezeichnen wäre (zu ähnlichen Ergebnissen bei Lehrkräften in der Erzieherinnenausbildung, bei Eltern sowie bei Lehrern und Lehrerinnen siehe Kap. 2.2).

Tatsächlich zeigt ein Vergleich der beiden Werte, daß lediglich knapp acht Prozent der Befragten die Schädlichkeitsgrenze höher ansetzen als den vermuteten täglichen Fernsehkonsum von Vorschulkindern; 6,3 Prozent gaben jeweils identische Werte an. Über 90 Prozent der Befragten gehen somit davon aus, daß Vorschulkinder in Deutschland mehr bzw. weitaus mehr fernsehen, als für sie bekömmlich ist. Um dies genauer zu betrachten, wurde ein „Schädlichkeitsindex" nach der folgenden Formel errechnet:

$$100 - [(\text{Schädlichkeitsgrenze} / \text{geschätzte Nutzung}) \times 100]$$

Dieser Schädlichkeitsindex gibt denjenigen Teil (in Prozent) an der geschätzten Nutzung[49] an, der nach Ansicht der Befragten schädlich ist, d.h.: Eine Person, die die durchschnittliche Fernsehnutzungsdauer von Vorschulkindern auf 135 Minuten schätzt, die Schädlichkeitsgrenze jedoch bei einer Nutzung von 75 Minuten zieht, erhält einen Wert von:

$$100 - [(75 / 135) \times 100] = 44{,}44$$

Demnach ist die Person der Meinung, daß ein Anteil von 44 Prozent an der geschätzten Fernsehnutzungsdauer der Kinder schädlich ist, da diese 44 Prozent über die Schädlichkeitsgrenze von 75 Minuten hinausgehen[50].

Stellt man anhand dieses Schädlichkeitsindexes die von den Befragten vermutete Fernsehnutzungsdauer der Kinder der von ihnen angegebenen Schädlichkeitsgrenze gegenüber, so bestätigt sich eindeutig die oben angeführte Vermutung, daß die Erzieherinnen in der weitaus überwiegenden Mehrheit glauben, daß Vorschulkinder in Deutschland erheblich zuviel fernsehen:

ab einer Nutzungsdauer, die über dieser Grenze liegt, als schädlich angesehen werden muß. Vielmehr wurde danach gefragt, was die Erzieherinnen Eltern bezüglich der Frage, wie lange ein Kindergartenkind pro Tag maximal fernsehen solle, empfehlen würden (vgl. Kasüschke, 1991). Insofern ist auch nicht auszumachen, ob sich die Erzieherinnen unserer Befragung in dieser Hinsicht von denen der früheren Studie unterscheiden.

49 geschätzte Nutzungsdauer = 100%

50 Generell bedeutet ein negativer Wert, daß die Person der Ansicht ist, Kinder sähen durchschnittlich nicht mehr fern, als für sie gut ist. Positive Werte bedeuten, daß die geschätzte Nutzungsdauer über der Schädlichkeitsgrenze liegt.

Insgesamt über die Hälfte aller befragten Erzieherinnen (57,2%) glaubt, daß wenigstens 50 Prozent des täglichen Fernsehkonsums von Kindern bereits als schädlich anzusehen sind. Ein Fünftel (20,4%) ist gar der Ansicht, daß dies für über 75 Prozent des täglichen Nutzungsquantums gilt[51]. Demgegenüber sind die „optimistischeren" Erzieherinnen in einer verschwindenden Minderheit: Nur knapp vier Prozent (3,9%) meinen, daß die Kinder täglich doppelt soviel fernsehen könnten, bevor dies als schädlich anzusehen wäre (d.h. die Schädlichkeitsgrenze wurde doppelt so hoch angesetzt wie das vermutete Nutzungsquantum); bei weiteren 1,6 Prozent liegt die geschätzte Nutzung im Vergleich zur Schädlichkeitsgrenze noch niedriger.

Interessanterweise steht die Schädlichkeitsgrenze in einem signifikanten Zusammenhang mit dem Alter der Befragten: In der Tendenz setzen jüngere Erzieherinnen die Grenze höher an ($r = -.19$; $p < .001$); allerdings zeigt sich dieser Zusammenhang nicht mehr für den Schädlichkeitsindex, was auf den Einfluß einiger extremer „Ausreißerwerte" zurückzuführen sein dürfte.

Ein weiterer Zusammenhang zeigt sich mit dem eigenen Fernsehkonsum der Befragten: Erzieherinnen, die selbst mehr fernsehen, setzen die Schädlichkeitsgrenze auch höher an ($r = .23$; $p < .001$), billigen also gewissermaßen den Kindern auch ein höheres Nutzunsgquantum zu.

Plausiblerweise korrelieren auch einige der vermuteten Fernsehmotive von Vorschulkindern (vgl. Kap. 6.4.1.3) mit der Schädlichkeitsgrenze: So setzen die Probandinnen diese umso höher an, je eher sie positiv konnotierte Motive wie „Kinder sehen fern, weil es lustig ist" ($r = .09$; $p < .05$) oder „ ... weil sie dadurch Neues lernen" ($r = .16$; $p < .001$) als zutreffend bezeichnen; umgekehrt gehen niedrige Werte in der Schädlichkeitsgrenze einher mit hohen Werten[52] bei den vermuteten Motiven „ ... weil sie sonst nichts zu tun haben" ($r = -.11$; $p < .01$) und „ ... weil bei ihnen der Fernseher immer läuft" ($r = -.15$; $p < .001$).

Die Höhe der Schädlichkeitsgrenze hängt offenbar keineswegs davon ab, ob die Befragten im Rahmen ihrer Ausbildung Informationen zu Fernsehnutzung und -motiven von Vorschulkindern oder zu Auswirkungen des Fernsehens auf Kinder vermittelt bekommen haben (vgl. Kap. 6.3.2); auch in diesem Zusammenhang erweist sich – wie auch an anderen Stellen – die offensichtlich relativ geringe Bedeutung der Ausbildung(sinhalte) für Annahmen und Kenntnisse bezüglich des kindlichen Fernsehkonsums[53].

---

51 Mit einer gänzlich anderen Art der Fragestellung kamen Höltershinken und Mitarbeiter zu einem vergleichbaren Ergebnis: In ihrer Untersuchung äußerten 78,6% der Befragten, „daß sich in der Gruppe 'viele' bzw. 'fast alle' Kinder 'zu lange' oder 'zu viel' mit dem Fernsehen beschäftigen" (Höltershinken, Kasüschke & Sobiech, 1989, S. 327). Daraus geht hervor, daß auch die Befragten dieser Untersuchung dem Fernsehkonsumquantum von Kindern ausgesprochen kritisch gegenüberstanden.

52 Hohe Werte bei den vermuteten Fernsehmotiven bedeuten, daß die Probandin dieses Motiv als zutreffend ansieht.

53 Dabei muß indes beachtet werden, daß die Information, ob eine Erzieherin ihrer eigenen Erinnerung zufolge in ihrer Ausbildung mit dem einen oder anderen medienerzieherischen Inhalt konfrontiert wurde,

Einrichtungsleiterinnen setzen die Schädlichkeitsgrenze signifikant – um etwa 10 Minuten – niedriger an als die anderen Befragten. Dasselbe gilt für Erzieherinnen, die selbst Kinder haben, im Vergleich zu denen ohne eigene Kinder: Auch hier beträgt der Unterschied etwa 10 Minuten. Die Trägerschaft der Einrichtungen liefert in diesem Zusammenhang keine signifikanten Unterschiede (vgl. Tab. A.8 im Anhang).

Die Interview-Stichprobe unterscheidet sich von der Gesamtstichprobe nur geringfügig und nicht signifikant: Die interviewten Probandinnen gaben im Durchschnitt einen Wert an, der knapp vier Minuten unter dem der Gesamtstichprobe liegt.

#### 6.4.2.2 Vielsehende Kinder

Vorschulkinder in der Bundesrepublik – dies geht aus dem vorhergehenden Abschnitt hervor – sehen nach Ansicht der befragten Erzieherinnen zuviel fern. Sind Drei- bis Fünfjährige also überwiegend als Vielseher zu bezeichnen? Um auch hierfür Anhaltspunkte zu gewinnen, baten wir in der Repräsentativstudie die Probandinnen anzugeben, ab welcher durchschnittlichen Fernsehnutzungsdauer pro Tag sie drei- bis fünfjährige Kinder als „Vielseher" bezeichnen würden. Die entsprechenden werden im Folgenden auch als „Vielsehergrenze" bezeichnet. Tabelle 6.19 zeigt die Ergebnisse für die Gesamtstichprobe.

**Tabelle 6.19: „Vielsehergrenze" für 3- bis 5-jährige Kinder (in Minuten pro Tag)**
(Basis: n = 602; gewichtete Daten; Angaben im Nachhinein kategorisiert)

| | n | % |
|---|---|---|
| unter 45 Minuten | 38 | 6,3 |
| 45 bis 80 Minuten | 167 | 28,0 |
| über 80 bis 100 Minuten | 40 | 6,7 |
| über 100 bis 160 Minuten | 148 | 24,8 |
| über 160 bis 210 Minuten | 106 | 17,7 |
| über 210 Minuten | 98 | 16,4 |
| keine Angaben | 5 | -- |

M = 129,32 SD = 76,41

Der Mittelwert für die Vielsehergrenze (M = 129,32 Minuten) liegt um etwa 20 Minuten niedriger als der Mittelwert für den geschätzten täglichen Fernsehkonsum (M = 147,28 Minuten; vgl. Kap. 6.4.1.1); dabei würden 6,3 Prozent der Befragten bereits einen täglichen Konsum von weniger als 45 Minuten als „Vielsehen" bezeichnen. Allerdings würden wiederum 16,4 Prozent erst ab einem täglichen Nutzungsquantum von mehr als dreieinhalb Stunden von „Vielsehen" sprechen.

zunächst lediglich einen relativ groben Anhaltspunkt für tatsächlich in der Ausbildung vermittelte Inhalte darstellt.

Die Tatsache, daß der Mittelwert für die Vielsehergrenze unter dem Mittelwert für den geschätzten Fernsehkonsum der Kinder liegt, bedeutet zunächst nur, daß Vorschulkinder in Deutschland nach Ansicht der Befragten – im Durchschnitt – wohl als Vielseher anzusprechen wären. Es stellt sich die Frage, wieviele Erzieherinnen tatsächlich eine Vielsehergrenze angaben, die unter dem von ihnen geschätzten Fernsehkonsum der Kinder liegt. Um dies zu klären, wurde pro Person die Differenz der beiden Werte gebildet (vgl. Tab. 6.20).

**Tabelle 6.20: Differenz zwischen der Vielsehergrenze und dem geschätzten täglichen Fernsehkonsum von Drei- bis Fünfjährigen**
(Basis: n = 602; gewichtete Daten)

| geschätzter TV-Konsum liegt über der Vielsehergrenze | n | % | | |
|---|---|---|---|---|
| über 120 Minuten | 72 | 12,1 | | |
| 91-120 | 62 | 10,5 | | |
| 61-90 | 30 | 5,1 | | |
| 31-60 | 82 | 13,8 | | |
| 1-30 | 44 | 7,5 | | |
| identisch | 100 | 16,9 | | |
| geschätzter TV-Konsum liegt unter der Vielsehergrenze | n | % | | |
| 1-30 Minuten | 46 | 7,7 | | |
| 31-60 | 62 | 10,4 | | |
| 61-90 | 21 | 3,6 | | |
| 91-120 | 36 | 6,1 | | |
| über 120 | 37 | 6,3 | M[1] = -17,74 | SD = 98,11 |

1 Der negative Mittelwert besagt, daß der geschätzte Fernsehkonsum im Schnitt um 18 Minuten höher lag als die angegebene Vielsehergrenze

49 Prozent der Befragten gaben eine Vielsehergrenze an, die niedriger liegt als der von ihnen geschätzte durchschnittliche Fernsehkonsum von Vorschulkindern, d.h.: Fast die Hälfte der Erzieherinnen ist der Meinung, daß die Drei- bis Fünfjährigen in Deutschland im Durchschnitt als Vielseher zu bezeichnen sind. Dabei gaben immerhin 12 Prozent eine Vielsehergrenze an, die um mehr als zwei Stunden unter der geschätzten Nutzung von Kindern liegt. Nur insgesamt etwa ein Drittel der Befragten setzte die Vielsehergrenze überhaupt höher als das geschätzte Nutzungsquantum der Kinder an.

Sind die befragten Erzieherinnen tatsächlich der Meinung, daß die Vorschulkinder in Deutschland mehrheitlich oder gar alle zu Vielsehern zu rechnen sind? Gefragt nach dem Prozentanteil an Vielsehern unter den Vorschulkindern in Deutschland sowie unter den Kindern der von ihnen betreuten Gruppe gaben die Befragten im Durchschnitt an, daß fast sechzig Prozent (M = 58,27 Prozent; SD = 20,11) der Drei- bis Fünfjährigen in der Bundesrepublik als Vielseher zu bezeichnen seien – also eine deutliche Mehrheit (was die oben angestellte Vermutung eindrucksvoll bestätigt). Interessanterweise gehen sie jedoch davon aus, daß dieser Prozentanteil in der von ihnen betreuten Gruppe niedriger als im Bundesdurchschnitt ist: Der Mittelwert beläuft sich hier auf etwas mehr als 43 Prozent (M = 43,39 Prozent; SD = 26,81). Der Unterschied zwischen beiden Werten ist hochsignifikant (t-Test für gepaarte Stichproben: df = 590; t = 18,96; $p < .001$). Beide Einschätzungen korrelieren signifikant positiv mit dem geschätzten Nutzungsquantum von Vorschulkindern, d.h.: Je höher dieses angesetzt wird, desto höher fällt auch der vermutete Anteil an Vielsehern sowohl in der Gruppe ($r = .19$; $p < .001$) als auch in Deutschland insgesamt ($r = .21$; $p < .001$) aus[54].

Ein ähnliches Ergebnis zeigte sich auch in der Untersuchung von Höltershinken und Mitarbeitern: Auch dort korrelierte der angenommene Prozentsatz an Vielsehern in der Gruppe mit den Einschätzungen des kindlichen Fernsehquantums. Allerdings muß dabei berücksichtigt werden, daß die Befragten dieser Untersuchung nicht in offener Form nach dem Fernsehkonsum von Vorschulkindern gefragt wurden, sondern lediglich danach, wieviele Kinder sich „zu viel" oder „zu lange" mit dem Fernsehen beschäftigen. Diese Wertung besagt freilich nichts über die angenommene Höhe dieses „Zuviel". Gleichwohl ziehen die Autoren den Schluß, „daß die allgemeine Einschätzung [der Anzahl an Vielsehern in der Gruppe, d. Verf.] zusammenhängt mit einer angenommenen konkreten Erhöhung der Fernsehnutzungszeiten von Kindern" (Höltershinken, Kasüschke & Sobiech, 1989; S. 329). Dieser Interpretation ist zwar auf Basis der entsprechenden Items nicht zuzustimmen, sie entspricht jedoch dem in unserer Untersuchung gefundenen Zusammenhang. Die in der angesprochenen Untersuchung ermittelten Prozentanteile an Vielsehern in der eigenen Gruppe sind mit denen unserer Befragung durchaus vergleichbar: Im Mittel vermuteten die Befragten damals, daß werktags 41,6 Prozent und am Wochenende 59,1 Prozent der Kinder in der Gruppe als „Vielseher" zu bezeichnen seien (ebd.); dabei ist indes zu berücksichtigen, daß nicht explizit nach „Vielsehern" gefragt wurde; vielmehr sollten die Erzieherinnen angeben, wieviele Kinder der Gruppe mehr als 1,5 Stunden täglich fernsehen[55]. Die von uns befragten Erzieherinnen bezogen sich jedoch in

54 Das Alter der Befragten scheint keinen Einfluß auf die berichteten Einschätzungen zu haben: Keine der Variablen (Vielsehergrenze; Differenz zwischen Vielsehergrenze und geschätztem Fernsehkonsum von Vorschulkindern; Prozentanteil an Vielsehern unter Vorschulkindern in Deutschland und in der Gruppe) korreliert signifikant mit dem Alter der Erzieherinnen.
Erzieherinnen aus Einrichtungen verschiedener Träger unterscheiden sich im Hinblick auf die genannten Variablen nicht signifikant voneinander. Dabei ist u.E. besonders interessant, daß der geschätzte Prozentanteil an Vielsehern in der eigenen Gruppe bei allen Trägern in etwa gleich hoch ausfällt.

55 In der Publikation der Ergebnisse verwenden die Autoren zwar den Begriff „Vielseher", es bleibt jedoch unklar, ob dieser bereits in der Befragung verwendet wurde oder ob lediglich von einem Nutzungsquantum über 1,5 Stunden die Rede war und dieses erst in der Ergebnispublikation als „Vielsehen" bezeichnet wurde. Insofern der Begriff auch zum damaligen Zeitpunkt bereits eine gewisse Verbreitung erlangt hatte und zweifellos zahlreichen Befragten geläufig war, ist diese Unterscheidung jedoch nicht nur von akademischer Bedeutung, da es sicherlich einen Unterschied macht, ob man Erzieherinnen nach der Anzahl der

ihren Einschätzungen auf ihre eigenen Angaben zum Begriff „Vielsehen", die – wie berichtet – im Mittel bei knapp 130 Minuten, also deutlich mehr als zwei Stunden lagen. Insofern ist kaum zu entscheiden, ob sich hinsichtlich dieser Einschätzungen in den letzten Jahren ein Wandel vollzogen hat.

Aus dem oben angesprochenen Umstand, daß die Einschätzungen hinsichtlich des Prozentanteils an Vielsehern in der Gruppe und in Deutschland signifikant divergieren, könnte man den Schluß ziehen, daß die Befragten sich in ihren Einschätzungen des kindlichen Fernsehkonsums von Drei- bis Fünfjährigen in der Bundesrepublik weniger auf eigene Beobachtungen (der Kinder in der Gruppe) als vielmehr auf andere Informationsquellen stützten. Dem widersprechen jedoch die Ergebnisse der qualitativen Interviews: Ganz offensichtlich erklären sich die Einschätzungen des Nutzungsquantums von Vorschulkindern in erster Linie durch Erfahrungen, die die Erzieherinnen in ihrer Gruppe gemacht haben und die sie auf die Gesamtheit der Vorschulkinder in Deutschland „hochrechneten" (vgl. Kap. 6.4.1.1). Wenn jedoch die eigenen Beobachtungen dazu geführt haben, daß die Probandinnen den Fernsehkonsum in dem Ausmaß überschätzen, wie sie es auf die entsprechende Frage hin taten, dann ist zunächst unverständlich, warum sie gleichzeitig der Meinung sind, daß der Prozentanteil an Vielsehern in der Gruppe geringer ist als unter Vorschulkindern generell.

Hier mag ein ähnlicher Effekt zum Tragen kommen, wie wir ihn bereits in einer früheren Untersuchung (vgl. Kußmann, 1996) bei Eltern fanden: Dort zeigte sich, daß Eltern zwar den durchschnittlichen täglichen Fernsehkonsum von Kindern generell enorm *überschätzten*, das Nutzungsquantum der eigenen Kinder jedoch *unterschätzten*. Gleichzeitig fanden wir in dieser und auch anderen Untersuchungen (vgl. Frey & Six, 1997) ausgesprochen kritische Meinungen zum Fernsehen: Die befragten Personen bewerteten das Fernsehen ganz generell als negativ im Hinblick auf Kinder; dies gilt – wie weiter unten noch zu zeigen sein wird (vgl. Kap. 6.4.3.1) – auch für die von uns befragten Erzieherinnen. Dementsprechend dürfte ein hoher Fernsehkonsum bei Kindern sehr kritisch gesehen werden. Insofern liegt es nahe zu vermuten, daß Personen, die für die Erziehung von Kindern zumindest mitverantwortlich sind, unter Umständen nur ungern zugeben, daß „ihre" Kinder selbst als Vielseher zu bezeichnen wären – auch (oder gerade) dann, wenn sie der Meinung sind, daß generell die meisten oder zumindest sehr viele Kinder zu Vielsehern zu rechnen sind.

Weiter oben wurde die Vermutung angestellt, daß hoher kindlicher Fernsehkonsum vermutlich ausgesprochen kritisch gesehen wird; dementsprechend dürften vielsehenden Kindern vor allem negative Eigenschaften zugeschrieben werden. Um diese Vermutung zu überprüfen, wurde den Proban-

---

„Vielseher" in ihrer Gruppe oder derjenigen Kinder, die mehr als 1,5 Stunden täglich fernsehen, fragt (vgl. hierzu auch die im folgenden Abschnitt angestellten Überlegungen).

dinnen in der Repräsentativstudie eine Liste von zwölf möglichen Eigenschaften (6 positive und 6 negative) vielsehender Kinder vorgelesen. Dabei sollten sie auf einer dreistufigen Antwortskala vielsehende Kinder im Hinblick auf die genannten Eigenschaften mit anderen Kindern vergleichen. Die Ergebnisse (vgl. Tab. 6.21[56]) bestätigen unsere Vermutung im Großen und Ganzen.

**Tabelle 6.21: Eigenschaften vielsehender Kinder**
(Basis: n = 602; gewichtete Daten)

| *Vielsehende Kinder ...* | trifft weniger zu | | trifft genauso zu | | trifft mehr zu | |
|---|---|---|---|---|---|---|
| | n | % | n | % | n | % |
| ... sind häufig nervös und zappelig | 6 | 1,0 | 56 | 9,4 | 530 | 89,6 |
| ... sind meist lustig und guter Laune | 205 | 34,9 | 363 | 61,9 | 19 | 3,2 |
| ... sind häufig ängstlich | 49 | 8,4 | 313 | 54,1 | 218 | 37,5 |
| ... sind an allem Neuen interessiert | 192 | 32,7 | 326 | 55,5 | 70 | 11,9 |
| ... sind häufig aggressiv/ streiten viel mit anderen Kindern | 9 | 1,6 | 100 | 17,0 | 477 | 81,4 |
| ... sind bei anderen Kindern sehr beliebt | 84 | 14,4 | 361 | 61,8 | 139 | 23,8 |
| ... sind Vorbild für andere Kinder | 129 | 22,0 | 311 | 53,0 | 147 | 25,0 |
| ... sind passiv | 47 | 8,0 | 258 | 43,9 | 282 | 48,0 |
| ... sind isoliert und Einzelgänger | 48 | 8,2 | 405 | 68,8 | 135 | 23,0 |
| ... lassen sich leicht ablenken/ sind häufig unkonzentriert | 12 | 2,0 | 57 | 9,6 | 519 | 88,3 |
| ... erzählen und berichten gerne | 93 | 15,8 | 233 | 39,7 | 262 | 44,5 |
| ... haben einen großen Wortschatz | 257 | 43,7 | 251 | 42,8 | 79 | 13,5 |

So sind die drei Eigenschaften, die vielsehende Kinder nach Ansicht der weitaus überwiegenden Mehrheit der Erzieherinnen (jeweils über 80%) in höherem Maße als andere Kinder aufweisen, eindeutig negative: Vielsehende Kinder sind demnach häufiger als andere Kinder „nervös und zappelig"; sie sind häufiger „aggressiv bzw. streiten viel mit anderen Kindern" und lassen sich überdies „leicht ablenken und sind häufig unkonzentriert"; knapp die Hälfte der Befragten hält sie für „passiver", und 38 Prozent halten sie für häufiger „ängstlich" als andere Kinder. Schließlich sind 23 Prozent der Meinung, daß sie eher als andere Kinder „isoliert und Einzelgänger" sind. Für die beiden letztgenannten Eigenschaften gilt indes, daß gleichzeitig jeweils eine Mehrheit der Befragten glaubt, daß dies für vielsehende Kinder nicht in stärkerem Maße gilt als für andere (vgl. hierzu auch Schilderungen von Medienerlebnissen vielsehender Kinder in den Face-to-Face-Interviews; Kap. 6.5.2.1).

Lediglich eine einzige positive (oder auch neutral bewertete?) Eigenschaft wird vielsehenden Kindern in stärkerem Ausmaß zugesprochen: Sie „erzählen und berichten gerne"; 45 Prozent der Erzieherinnen glauben, daß diese Eigenschaft für vielsehende Kinder mehr gilt als für andere, nur 16 Prozent

56 Die präzisen Antwortvorgaben sind dem im Anhang dokumentierten Erhebungsinstrument zu entnehmen.

halten das Gegenteil für richtig, und 40 Prozent glauben, daß sich die Vielseher in dieser Hinsicht nicht von anderen Kindern ihrer Altersgruppe unterscheiden. Dabei ist indes zu fragen, inwieweit „erzählen und berichten“ tatsächlich als positive Eigenschaft verstanden wird. Zumindest könnte man vermuten, daß dies nicht so eindeutig als positiv angesehen wird wie beispielsweise die Aussage, vielsehende Kinder hätten „einen großen Wortschatz“ – was im übrigen nach der Ansicht der Mehrheit der Erzieherinnen nicht zutrifft. In ähnlicher Weise wäre die – immerhin von einem Viertel der Probandinnen postulierte – Vorbildfunktion vielsehender Kinder zu problematisieren: Es steht zu vermuten, daß damit häufig ein „schlechtes Vorbild“ gemeint war.

Da die von uns verwendete Skala eine nur geringfügig abgewandelte Version der von Höltershinken und Mitarbeitern in ihrer Untersuchung verwendeten Skala darstellt, ist hier weitgehende Vergleichbarkeit gegeben. Es zeigt sich eine in diesem Ausmaß auch für uns überraschende Entwicklung (siehe Tab. 6.21 und A.9 im Anhang zum Vergleich): Tatsächlich sind die Einschätzungen unserer Befragten deutlich negativer als die der Erzieherinnen aus der damaligen Untersuchung. Allerdings ist darauf hinzuweisen, daß sich die Fragestellung in dieser Untersuchung von der unseren unterschied: Tatsächlich wurde damals nämlich nicht der Begriff „Vielseher“ verwendet; stattdessen wurden die Erzieherinnen nach Eigenschaften von Kindern, „die elektronische Medien (Fernsehen, Videorekorder, Computer, Telespiele, Kassetten, Schallplatten, Walkman) [...] besonders intensiv nutzen“ (Höltershinken, Kasüschke & Sobiech, 1989, S. 339) befragt.

Dabei sind zwei Punkte besonders zu beachten: Zum einen ging es damals nicht nur um vielsehende Kinder, sondern um Kinder, die das gesamte Ensemble elektronischer Medien besonders intensiv nutzen; zum anderen wurde damit auch der – vermutlich negativ konnotierte – Begriff „Vielseher“ vermieden. Wir haben weiter oben bereits Vermutungen darüber angestellt, inwieweit die Verwendung dieses Begriffs Einschätzungen beeinflussen könnte. Dies trifft u.E. auch in diesem Fall zu. Insofern kann spekuliert werden, daß auch die Einschätzungen der Befragten in der angesprochenen Studie negativer ausgefallen wären, hätte man sich auch dort auf das Fernsehen beschränkt und sich dabei explizit auf vielsehende Kinder bezogen.

Zwar unterscheiden sich die Ergebnisse für die in den themenzentrierten Interviews zusätzlich befragten Erzieherinnen dem Augenschein nach von denen der Gesamtstichprobe; eine genauere Inspektion der Werte läßt jedoch keine systematischen Unterschiede feststellen (z.B. in dem Sinn, daß die Interviewten den vielsehenden Kindern grundsätzlich häufiger negative Eigenschaften zuschrieben). Zählt man pro Person lediglich aus, wie oft sie angab, daß vielsehende Kinder sich bezüglich der gegebenen Eigenschaft *nicht* von anderen Kindern unterscheiden (Antwortkategorie „... ebenso wie"), und vergleicht die Mittelwerte der beiden Stichproben (Gesamt- und Interviewstichprobe), so zeigt sich, daß sich auch in dieser Hinsicht nur minimale Unterschiede ergeben: Im Durchschnitt sind es in der Gesamtstichprobe nur 5,13 Eigenschaften (SD = 2,54), hinsichtlich derer sich vielsehende Kinder *nicht* von anderen unterscheiden; in der Interview-Stichprobe sind es im Durchschnitt 4,91 (SD = 2,51) der vorgegebenen insgesamt 12 Eigenschaften.

An diesen Werten zeigt sich gleichzeitig auch, daß vielsehende Kinder im Vergleich zu anderen Kindern hinsichtlich der Mehrheit der vorgegebenen Eigenschaften als „anders" angesehen werden.

Systematische Unterschiede durch die Variable „Einrichtungsträger" ergaben sich bei diesen Einschätzungen nicht. Weder läßt sich zeigen, daß vielsehenden Kindern in Einrichtungen eines bestimmten Trägers häufiger negative Eigenschaften zuschreiben, noch wird in Abhängigkeit von der Einrichtungsträgerschaft häufiger angegeben, daß sich vielsehende Kinder von anderen Kindern unterscheiden. Aus diesem Grunde unterbleibt eine ausführlichere Differenzierung der Ergebnisse im Hinblick auf diese Aufrißvariable.

Es zeigt sich indes ein Zusammenhang mit dem Alter der Befragten: Ältere Erzieherinnen gaben in der Tendenz negativere Urteile ab als jüngere, indem sie vielsehenden Kindern häufiger negative und seltener positive Eigenschaften zuschrieben. Dies gilt jedoch nicht für alle vorgegeben Eigenschaften, was insofern plausibel ist, als auf einer dreistufigen Skala wenig Variation möglich ist, sich also vergleichsweise schnell „Boden-" oder „Deckeneffekte" einstellen. Auch ergibt sich kein signifikanter Zusammenhang zwischen dem Alter der Probandinnen und der Anzahl der Eigenschaften, hinsichtlich derer vielsehende Kinder als „anders" eingeschätzt werden.

Zusammenfassend ist in bezug auf die Vielseherproblematik insbesondere Folgendes festzuhalten:

- Vorschulkinder in Deutschland sind nach Ansicht der befragten Erzieherinnen überwiegend zu den Vielsehern zu rechnen. Dies ergibt sich zum einen aus der Tatsache, daß nach ihren Angaben Kinder bereits ab einem täglichen durchschnittlichen Fernsehkonsum, der unterhalb des von ihnen vermuteten Durchschnittskonsums von Vorschulkindern liegt, als Vielseher zu bezeichnen sind. Zum anderen gaben die Probandinnen auf die direkte Frage an, daß etwa 60 Prozent der Drei- bis Fünfjährigen als Vielseher anzusprechen seien.
- Vielsehende Kinder unterscheiden sich nach Einschätzung der Erzieherinnen darüber hinaus in verschiedenen Eigenschaften recht deutlich von anderen Kindern; dabei werden mit dem Begriff „Vielseher" eindeutig eher negative Eigenschaften assoziiert, was eine Erklärung für den Umstand sein mag, daß der Prozentanteil an Vielsehern in der eigenen Gruppe bedeutend niedriger geschätzt wurde.

### *6.4.3 Annahmen und Ansichten zu Medien*

Für die Medienerziehung wie auch für die hierauf gerichtete Elternarbeit dürfte es von erheblicher Bedeutung sein, welche Ansichten zum Fernsehen und zu neueren Entwicklungen im Medienbereich Erzieherinnen haben, von welchen Annahmen zu Wirkungen des Fernsehens auf Kinder sie ausgehen und welche TV-Programmbereiche sie in Verbindung mit welchen Bewertungskriterien als besonders problematisch für Kinder einschätzen. Diese Teilaspekte der Problemwahrnehmung von Erzieherinnen werden im Folgenden anhand unserer Untersuchungsergebnisse näher betrachtet.

#### 6.4.3.1 Bewertungen des Fernsehens und neuerer Entwicklungen im Medienbereich

Es ist davon auszugehen, daß medienerzieherische Einstellungen, Handlungsstrategien und Handlungsweisen in beträchtlichem Maße von generellen Bewertungen der Medien und insbesondere des Fernsehens (als dem gerade im Hinblick auf Kinder seit langem und aktuell umstrittensten Medium) bestimmt werden. Die Teilnehmerinnen der Repräsentativstudie wurden gebeten,

- „das Fernsehen" („... ganz allgemein gesehen ..."),
- „zukünftige Entwicklungen des Fernsehens" („... wie z.B. mehr Programme, mehr Spartenkanäle oder Interaktives Fernsehen ...") sowie
- „Multimedia" („... wenn Sie dabei einmal z.B. an Teleshopping, Telebanking oder an das Internet denken ...")

auf einer 5-stufigen Skala mit den Polen „Fluch" (=1) und „Segen" (=5) zu bewerten, und zwar in bezug auf

- „die Gesellschaft",
- „die eigene Person",
- „Kinder im Kindergartenalter" sowie
- „die Arbeit im Kindergarten".

Die Pole der Antwortskala wurden bewußt stark wertend formuliert, um die Probandinnen so zu ermutigen, spontane Bewertungen zu äußern und sich nicht auf allgemeine – möglicherweise als sozial erwünscht erachtete – Positionen zurückzuziehen. Dies erschien gerechtfertigt, insofern zu vermuten ist, daß es insbesondere solche „Bewertungen aus dem Bauch heraus" sind, die die Problemwahrnehmung medienbedingten oder -bezogenen Verhaltens von Kindern und damit letztlich auch das medienerzieherische Alltagshandeln bestimmen, und weniger wohlerwogene „Kopfurteile". Eine identische Fragestellung hat sich außerdem bereits in früheren Untersuchungen (vgl. Frey & Six, 1997) als fruchtbar erwiesen.

Tabelle 6.22 zeigt die Ergebnisse aller insgesamt 12 Bewertungen für die gewichtete Gesamtstichprobe im Überblick. Niedrige Werte stehen dabei für eine negative Einschätzung („Fluch"), hohe Werte dementsprechend für eine positive („Segen").

**Tabelle 6.22: Medienbewertungen**
(Basis: n = 602; gewichtete Daten)

| Bewertungsobjekte | „Fluch" / „Segen" in bezug auf[1] ... die Gesellschaft | | ... die eigene Person | | ... die Kinder im Kindergartenalter | | ... die Arbeit im Kindergarten | |
|---|---|---|---|---|---|---|---|---|
| | M | SD | M | SD | M | SD | M | SD |
| „Fernsehen allgemein" | 2,88 a | 1,01 | 3,21 d | 0,83 | 1,92 f | 0,82 | 2,20 h | 0,91 |
| „Zukünftige Entwicklungen des Fernsehens" | 2,08 b | 0,94 | 2,55 e | 0,91 | 1,71 g | 0,73 | 1,91 i | 0,84 |
| „Multimedia" | 2,27 c | 1,03 | 2,44 e | 0,93 | 1,86 f | 0,80 | 2,07 j | 0,92 |

1 1 = „Fluch"; 2 = „eher Fluch"; 3 = „weder Fluch noch Segen"; 4 = „eher Segen"; 5 = „Segen"
Unterschiedliche Indizes in Zeilen oder Spalten kennzeichnen mindestens auf dem 1%-Niveau signifikante Unterschiede.

Zunächst ist festzuhalten, daß die Mittelwerte für die verschiedenen Bewertungen ausgesprochen differenziert ausfallen: Sowohl die Mittelwerte in den Zeilen (Bewertungsobjekte) als auch in den Spalten (Bewertungsbezüge) unterscheiden sich mit wenigen Ausnahmen signifikant. Gleichwohl lassen sich Tendenzen aufzeigen. Diese lassen sich übersichtlicher in Abbildung 6.2 ablesen.

Für jedes der drei Bewertungsobjekte[57] ergibt sich dieselbe Rangreihenfolge der Bewertungsbezüge: Stets wird das Bewertungsobjekt in bezug auf die eigene Person am positivsten und in bezug auf Kinder im Kindergartenalter am negativsten bewertet. Dazwischen stehen jeweils die Gesellschaft und die Arbeit im Kindergarten.

Die Mittelwerte pro Bewertungsbezug (eigene Person, Gesellschaft, Arbeit im Kindergarten, Kinder im Kindergartenalter) über die drei Objekte hinweg bestätigen diese Tendenz: Am höchsten fallen die Bewertungen hinsichtlich der eigenen Person aus (M = 2,74; SD = 0,65), gefolgt von den Einschätzungen bezüglich der Gesellschaft (M = 2,42; SD = 0,73) und der Arbeit im Kindergarten (M = 2,07; SD = 0,71); am Ende (und damit deutlich in Richtung des negativen Pols) stehen die Bewertungen im Hinblick auf Kinder im Kindergartenalter (M = 1,83; SD = 0,62). Alle Unterschiede zwischen den Mittelwerten sind jeweils hochsignifikant ($p < .001$; t-Tests für abhängige Stichproben).

57 „Fernsehen allgemein", „Zukünftige Entwicklungen des Fernsehens" und „Multimedia"

**Abbildung 6.2: Medienbewertungen**
(Basis: n = 602; gewichtete Daten)

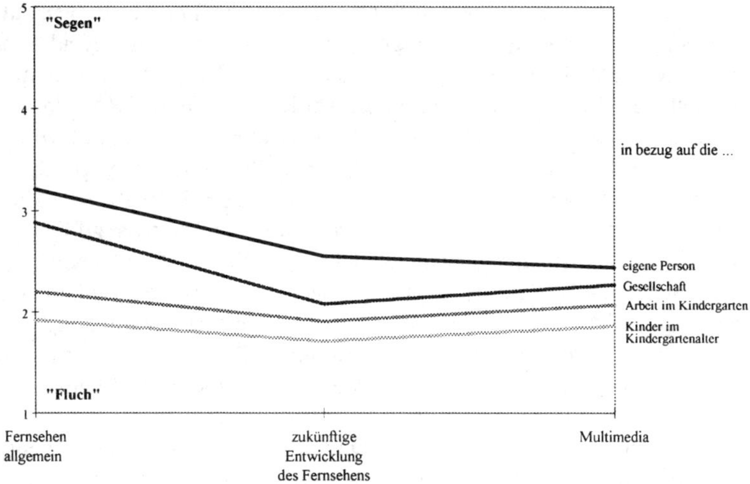


Diese Ergebnisse bestätigen die Erkenntnisse früherer eigener Untersuchungen nicht nur mit Kindergarten-Erzieherinnen, sondern auch mit Lehrerinnen und Lehrern sowie Eltern (vgl. Frey & Six, 1997; vgl. auch Kap. 3.3): Alle diese Gruppen bewerteten das Fernsehen signifikant positiver („Segen") in bezug auf die eigene Person als hinsichtlich der anderen Bewertungsbezüge[58].

Darüber hinaus fällt auf, daß lediglich drei der zwölf Bewertungen wenigstens in den neutralen Bereich der Skala („weder Fluch noch Segen") fallen, alle anderen zum Teil deutlich darunter liegen. Selbst für das „Fernsehen Allgemein" (dessen Bewertungen zumindest für die eigene Person und die Gesellschaft noch in den neutralen Bereich der Skala fallen), wird eine negative Entwicklung prognostiziert: „Zukünftige Entwicklungen des Fernsehens" sind lediglich für die eigene Person noch neutral aufzufassen; für alle anderen Bewertungsbezüge gilt, daß diese zukünftigen Entwicklungen eher einen „Fluch" darstellen. Damit erweisen sich die Befragten als ausgesprochen skeptisch, so daß in diesem Zusammenhang unseres Erachtens bei aller gebotenen Vorsicht von einer gewissen „Medienfeindlichkeit" gesprochen werden kann.

58 Höltershinken und Mitarbeiter (1989) kommen – allerdings mit Hilfe anderer Fragestellungen – zu einem sehr ähnlichen Ergebnis: „Während für die Erwachsenen durchaus sinnvolle Nutzungsmöglichkeiten gesehen werden, überwiegt bei der Beurteilung des kindlichen Medienkonsums – der in den Interviews immer wieder und sehr rasch auf den Fernseh-Videokonsum eingeschränkt wird – die Sorge vor negativen Auswirkungen" (Höltershinken, Kasüschke & Sobiech, 1989, S. 319).

Ein weiteres Ergebnis geht nicht unmittelbar aus der obigen Abbildung hervor: Bildet man pro Bewertungsobjekt („Fernsehen Allgemein", „Zukünftige Entwicklungen des Fernsehens" und „Multimedia") den Mittelwert über alle Bewertungsbezüge hinweg (eigene Person, Gesellschaft, Kinder und Arbeit im Kindergarten), so zeigt sich auch eine eindeutige Rangreihenfolge hinsichtlich der Objekte: Am negativsten werden die „Zukünftigen Entwicklungen des Fernsehens" bewertet (M = 2,06; SD = 0,70), gefolgt von der Multimedia-Technologie (M = 2,18; SD = 0,76); am relativ positivsten schneidet das „Fernsehen Allgemein" (M = 2,55; SD = 0,69) ab. Alle Unterschiede zwischen den drei Mittelwerten sind jeweils mindestens auf dem 0,1-Prozent-Niveau signifikant (t-Tests für abhängige Stichproben). Damit zeigt sich, daß die angesprochene Skepsis gegenüber elektronischen Medien insbesondere in die Zukunft gerichtet ist. Sowohl zukünftige Entwicklungen auf dem Fernsehsektor als auch der gesamte Komplex „Multimedia" (der ja zweifellos als Zukunftstechnologie zu bezeichnen ist) werden signifikant negativer bewertet als das Fernsehen in seinem Jetzt-Zustand.

Auch in der Untersuchung von Höltershinken und Mitarbeitern zeigten sich solche in die Zukunft gerichteten Befürchtungen: So stimmten über 80 Prozent der Befragten der Aussage zu, die „Neuen Medien" (gemeint waren damit „Video, Computer, Telespiele, Kabelfernsehen usw.") zerstörten „die Qualität zwischenmenschlicher Kommunikation", während nur etwas mehr als 15 Prozent der Ansicht waren, es sei wichtig, „den mit den Neuen Medien [...] gegebenen technischen Fortschritt zu unterstützen" (Kasüschke, 1991, S. 52). Gleichzeitig jedoch – und damit zeigt sich ein ähnlicher Effekt wie in unserer Untersuchung – waren die Befragten mehrheitlich durchaus der Meinung, daß etwa der Computer für die private Aus- und Fortbildung sinnvoll genutzt werden könne, d.h. auch hier richteten sich Befürchtungen in erster Linie auf die Kinder bzw. die Auswirkungen der „Neuen Medien" auf andere; für die eigene Person wurden durchaus sinnvolle Nutzungsmöglichkeiten erkannt und auch befürwortet.

Weitere Tendenzen im Antwortverhalten der in unserer Repräsentativstudie Befragten lassen sich anhand der Korrelationen zwischen den einzelnen Bewertungen aufzeigen (vgl. Tab. A.10 im Anhang): Zunächst läßt sich feststellen, daß sämtliche Bewertungen offensichtlich in einem relativ engen Zusammenhang stehen. Eine genauere Inspektion der Korrelationen läßt indes systematische Unterschiede erkennen: Im Mittel scheinen die Korrelationen zwischen den Bewertungsbezügen etwas niedriger auszufallen als die zwischen den Bewertungsobjekten. Es stellt sich insofern die Frage, was für die Befragten eher ausschlaggebend bei ihrer Beantwortung war: der Bewertungsbezug oder das Bewertungsobjekt. Aufschluß darüber kann eine Faktorenanalyse liefern. In Tabelle 6.23 werden Faktorenladungen, Eigenwerte

(EW) und Kommunalitäten für eine vierfaktorielle Lösung entsprechend dem Kaiser-Kriterium (Hauptkomponentenanalyse mit Varimax-Rotation) berichtet.

Die Vier-Faktoren-Lösung weist äußerst zufriedenstellende Kennwerte auf: Das Kaiser-Meyer-Olkin-Maß verfehlt mit einem Wert von .79 nur knapp das Prädikat „verdienstvoll" (vgl. Backhaus et al., 1996, S. 206); die entsprechenden Werte für die Variablen liegen durchweg über .75. Mit 74,4 Prozent liegt zudem die Varianzaufklärung in einem äußerst annehmbaren Bereich. Wie Tabelle 6.23 zeigt, liegt die Varianzaufklärung der Items durch die Faktoren ebenfalls recht hoch (bis auf zwei Ausnahmen alle Kommunalitäten über .70).

**Tabelle 6.23: Medienbewertungen: Faktorielle Struktur (Kennwerte der Vier-Faktoren-Lösung einer Hauptkomponentenanalyse mit Varimax-Rotation; Kaiser-Kriterium)**
(Basis: n = 602; ungewichtete Daten)

| | Faktor 1<br>EW=4,91 | Faktor 2<br>EW=1,60 | Faktor 3<br>EW=1,31 | Faktor 4<br>EW=1,10 | Kommunalitäten |
|---|---|---|---|---|---|
| Multimedia, bezogen auf die eigene Person | .81 | .21 | -.02 | .14 | .73 |
| Multimedia, bezogen auf die Gesellschaft | .80 | .16 | -.00 | .06 | .67 |
| Multimedia, bezogen auf die Arbeit im Kiga | .76 | .11 | .47 | .03 | .80 |
| Multimedia, bezogen auf Kinder im Kiga-Alter | .72 | .09 | .46 | .01 | .75 |
| TV-Entwicklung, bezogen auf die Gesellschaft | .16 | .83 | .09 | .20 | .76 |
| TV-Entwicklung, bezogen auf die eigene Person | .29 | .74 | -.09 | .31 | .73 |
| TV-Entwicklung, bezogen auf Kinder im Kiga-Alter | .10 | .73 | .49 | -.06 | .79 |
| TV-Entwicklung, bezogen auf die Arbeit im Kiga | .14 | .71 | .54 | -.05 | .82 |
| TV allgemein, bezogen auf Kinder im Kiga-Alter | .10 | .13 | .77 | .31 | .72 |
| TV allgemein, bezogen auf die Arbeit im Kiga | .18 | .18 | .73 | .26 | .67 |
| TV allgemein, bezogen auf die eigene Person | .05 | .11 | .11 | .87 | .78 |
| TV allgemein, bezogen auf die Gesellschaft | | .11 | .15 | .35 | .75 |

Eine Inspektion der Faktorenladungen läßt eine komplexe faktorielle Struktur erkennen. Es zeigt sich, daß bei den Bewertungen generell offensichtlich eher die Bewertungsobjekte im Vordergrund standen, daß jedoch gleichzeitig systematische Einflüsse der Bewertungsbezüge zu berücksichtigen sind. Dies gilt insbesondere für die Einschätzungen in bezug Kinder und die Arbeit im Kindergarten, die ganz offensichtlich – und dies zeigt auch ein Blick auf die Korrelationsmatrix – unabhängig vom Bewertungsobjekt ebenfalls jeweils recht eng zusammenhängen.

Interessanterweise beseitigt eine Voreinstellung auf drei Faktoren – die indes durch eine Betrachtung des Scree-Plots keineswegs nahegelegt wird und darüber hinaus etwas schlechtere Kennwerte aufweist[59] – die berichteten Uneinheitlichkeiten und gruppiert die Faktoren ohne signifikante Doppelladungen entlang der Bewertungsobjekte. Damit jedoch wird unseres Erach-

59 Varianzaufklärung: 65,2 %; einige Kommunalitäten unter .6

tens der Blick auf die komplexeren Zusammenhänge innerhalb der Medienbewertungsvariablen verstellt.

Merkmale der Erzieherinnen leisten nur einen geringen Beitrag zur Erklärung der Bewertungsvariablen: So unterscheiden sich die Angehörigen verschiedener Träger nicht hinsichtlich ihrer Einschätzungen. Das Alter der Befragten spielt lediglich für die Urteile hinsichtlich des „Fernsehens Allgemein" eine Rolle: Mit zunehmendem Alter tendieren die Befragten zu einer etwas positiveren Bewertung des Fernsehens für die eigene Person ($r = .08$; $p < .05$), die Gesellschaft ($r = .10$; $p < .05$) sowie im Hinblick auf Kinder ($r = .13$; $p < .01$). Dasselbe gilt für Einschätzungen „Zukünftiger Entwicklungen des Fernsehens" im Hinblick auf die eigene Person ($r = .08$; $p < .05$). Der eigene Fernsehkonsum steht lediglich mit den Bewertungen des „Fernsehens Allgemein" im Hinblick auf die Gesellschaft ($r = .11$; $p < .01$) sowie die eigene Person ($r = .11$; $p < .01$) in Zusammenhang: Erwartungsgemäß gehen höhere Werte für das eigene Fernsehnutzungsquantum einher mit höheren (d.h. positiveren) Bewertungen.

Ähnlich wie in der Repräsentativstudie ergaben sich eher negative Auffassungen zum Fernsehen auch in der Face-to-Face-Befragung. Pro Interview wurden alle Aussagen betrachtet, in denen die Einstellung der Probandinnen zum Fernsehen deutlich wird. Im Rahmen der Auswertungsschritte (vgl. Kap. 5.4) wurden die entsprechenden Aussagen skaliert (indem sie auf einer Einstellungsskala mit den Polen 1 = negativ und 5 = positiv positioniert wurden; eine solche Skalierung pro Person wurde jedoch nur dann vorgenommen, wenn die drei unabhängigen Rater übereinstimmend zum gleichen Wert gelangt waren). Die Verteilung der so erzeugten Einstellungsscores weist darauf hin, daß nur 25 Prozent der Erzieherinnen eine positive Einstellung zum Fernsehen attestiert werden kann.

Diese Einstellungsscores korrelieren mit den weiter oben berichteten Bewertungen des Fernsehens bezogen auf die Arbeit im Kindergarten ($r = 31$; $p = .04$), was vermuten läßt, daß Einstellungen, die in den Face-to-Face-Interviews geäußert wurden, durch Erfahrungen in der Kindergartenarbeit geprägt sind. Für solche Einstellungsäußerungen sollen beispielhaft die folgenden Passagen aus den Face-to-Face-Interviews stehen:

„Fernsehen ist für uns Pädagogen ein Kampfgegner. [...] Das hat also eine so große Wirkung und so ´ne Faszination. Kinder erzählen mir, sie haben was im Fernsehen geguckt, und 'das hat mir so Angst gemacht'; hab ich gesagt: 'Ja biste denn dann weggegangen?' '*Nein*'. Ja es ist dieses die Hand-vor-die-Augen-Halten und gleichzeitig dazwischen Linsen doch noch, ja und die Folgen, die kriegen wir einfach zu spüren." (Fallnr. 97)

Erzieherin: „[...] wo man auch irgendwie immer so ein bißchen allergisch reagiert. Also keiner in meiner Berufsgruppe ist gut auf Fernsehen zu sprechen."
Interviewer: „Aber trotzdem ist es nicht wegzudenken."

Erzieherin: „Nein, es ist nicht wegzudenken. Gibt eben auch ordentliche Sachen, die man selber auch gerne ansieht. Aber auch ganz viel Schrott, wo man sich auch immer wieder drüber aufregt, daß solche Sachen überhaupt gesendet werden, aber leider auch konsumiert werden. Da wird ganz viel Elend mit angerichtet, muß man sagen. Das ist zum Teil Körperverletzung!" (Fallnr. 164)

„Aber da natürlich für die Kinder heute das Fernsehen der Mittelpunkt ist, kann man die Schraube nicht zurückdrehen, von der Entwicklung her der Medien. Das muß man dann so nehmen und das Beste draus machen." (Fallnr. 108)

„[...] denn die Ansätze vom Fernsehen sind eigentlich toll, eigentlich toll. [...] Ich habe noch nie gesagt: 'Kinder, Fernsehen ist Quatsch' oder so. Sondern ich sage immer: 'Fernsehen – ich finde das eine tolle Sache', und ich erzähle ihnen auch, was *ich* sehe." (Fallnr. 114)

Von Interesse erscheint die Frage, inwieweit die in der Repräsentativstudie abgegebenen Bewertungen des Fernsehens und neuerer Entwicklungen im Medienbereich in Zusammenhang mit Einschätzungen und Überzeugungen hinsichtlich des kindlichen Fernsehkonsums stehen. Tatsächlich weisen (wie Tabelle A.11 im Anhang zeigt) die Korrelationen mit äußerst wenigen – und nicht signifikanten – Ausnahmen in die erwartete Richtung: In der Tendenz schätzen Erzieherinnen, die die drei Bewertungsobjekte „Fernsehen Allgemein", „Neuere Entwicklungen des Fernsehens" und „Multimedia" eher negativ beurteilen, gleichzeitig ein höheres tägliches Fernsehnutzungsquantum der Kinder, setzen die Schädlichkeitsgrenze wie auch die Vielsehergrenze niedriger an und machen höhere Prozentanteile an Vielsehern unter den Vorschulkindern sowohl in Deutschland als auch in der eigenen Gruppe aus (differenziertere Ergebnisse lassen sich der Tab. A.11 im Anhang entnehmen). Allerdings muß darauf hingewiesen werden, daß Korrelationen bekanntlich nichts über Kausalzusammenhänge aussagen: Die Tatsache, daß in der Tendenz hohe Werte in der einen Variable mit hohen (oder im Falle negativer Korrelationen: niedrigen) Werten in der anderen einhergehen, bedeutet nicht, daß die Angaben der einen Variablen durch die der anderen erklärt werden.

Hinsichtlich der Eigenschaften vielsehender Kinder zeigt sich: Erzieherinnen, die die drei Bewertungsobjekte eher negativ sehen, schreiben vielsehenden Kindern tendenziell auch eher negative Eigenschaften (und dafür nicht so sehr positive) zu.

Die vermuteten Fernsehmotive von Vorschulkindern scheinen hingegen nicht in einem ausgeprägten Zusammenhang mit den Medienbewertungen zu stehen (vgl. Tab. A.12 im Anhang): Lediglich drei Motive weisen einige signifikante Korrelationen mit den Bewertungsvariablen auf: Erzieherinnen, die die drei Bewertungsobjekte eher negativ beurteilen, vermuten eher nicht, daß Vorschulkinder fernsehen, „um zu sehen, was in der Welt passiert" oder um „Neues zu lernen"; dafür gehen sie eher davon aus, daß sie fernsehen, weil sie „sonst nichts zu tun haben". Zusammenhänge ergeben sich in erster

Linie mit den Bewertungen des „Fernsehens Allgemein“ sowie des Komplexes „Multimedia“ und dabei in erster Linie mit den Bewertungen im Hinblick auf Kinder im Kindergartenalter sowie die Arbeit im Kindergarten.

#### 6.4.3.2 Wirkungsannahmen

Nachdem bereits deutlich wurde, daß die Erzieherinnen mehrheitlich dem Fernsehen gegenüber negativ eingestellt und der Meinung sind, die meisten Kinder sähen weitaus zu lange fern, interessiert weiterhin, welche Wirkungen auf Kinder sie mit deren Fernsehnutzung verbinden. Antworten hierauf liefern die themenzentrierten Interviews: Im Verlauf der Face-to-Face-Befragung wurden die Erzieherinnen danach gefragt bzw. gingen von sich aus darauf ein, welche Wirkungen ihrer Meinung nach das Fernsehen auf Kinder im Kindergartenalter hat, woraus sich die im Folgenden erläuterten Befunde ableiten ließen.

Insgesamt wird das Fernsehen als sehr wirksam angesehen, worauf einige Erzieherinnen explizit verwiesen, indem sie z.B. von „verheerenden großen“ Wirkungen ausgehen. Pro Person wurden im Durchschnitt etwa sechs Wirkungen (M = 5,92 Nennungen; SD = 2,98) benannt. Dabei bezieht sich der kleinste Teil der Nennungen auf positive (M = 1,45) oder neutrale bzw. ambivalent bewertete Wirkungen (M = 0,15 Nennungen), wohingegen deutlich mehr negative Wirkungen (M = 4,39) genannt wurden.

> „[...] aber das Negative bleibt halt hängen. Das Negative wirkt sich eben stärker dann wieder aus im Kindergarten oder im Freundeskreis oder in der Familie als das Positive – wirkt sich sichtbarer aus.“ (Fallnr. 188)

Das Zitat macht auch deutlich, daß „Kenntnisse“ über Wirkungen offensichtlich aus der Praxis gezogen werden und nicht etwa aus der Aus- oder Fortbildung.

Als neutrale bzw. ambivalent bewertete Wirkungen wurden von uns Äußerungen der Erzieherinnen aufgefaßt, in denen ohne Bewertung oder mit negativer wie auch mit positiver Stellungnahme darauf hingewiesen wurde, daß Kinder bestimmte Verhaltensweisen oder auch das Vokabular bzw. Redewendungen von TV-Akteuren nachahmen oder sich mit TV-Helden identifizieren; ebenso auch Hinweise auf das Auslösen von Stimmungen (insgesamt nur 9 Nennungen). Hierunter wurden etwa folgende Passagen subsumiert:

> „Fernsehen beeinflußt Kinder sehr stark, auch nachhaltig noch sehr stark. Die Wirkung kann positiv, aber auch negativ sein. [...] Vor allen Dingen – wir sprechen ja über Kleinkinder – Kinder reagieren ja sehr stark in Mimik und Gestik usw. Man wird ja darauf aufmerksam, man merkt ja, wie ein Kind mitgeht.“ (Fallnr. 5)

> „Durch das Fernsehen können momentane Stimmungen ausgelöst werden.“ (Fallnr. 14)

„Kinder ahmen genauso schlechte wie auch gute Vorbilder nach, wenn es um Konfliktlösungen geht.“ (Fallnr. 122)

Innerhalb der positiven Wirkungen (n = 87 Nennungen) überwiegen mit Abstand solche auf der kognitiven Ebene; sie betreffen im weitesten Sinne Bildung und Wissen sowie Meinungsbildung (71%). So wird das Fernsehen auch als Erweiterung des Erfahrungshorizontes begriffen, da Dinge erfahrbar gemacht werden können, die außerhalb der eigenen Erfahrungsmöglichkeiten liegen. Zu solchen Äußerungen gehören etwa die folgenden Passagen:

„Die lernen etwas vom Fernsehen in allen Bereichen, gerade speziell so die Sachbereiche. Die Kinder erweitern den Horizont – müssen sie – wir leben in Europa, und wir sind also nicht mehr hier nur noch Deutschland.“ (Fallnr. 114)

„Wenn ich so an Peter Lustig denke oder so: Da kommt Erfahrung rüber, die die Kinder auch selber nachher ausprobieren, die dann auch draußen im Garten irgendwas, was weiß ich, einen Käfer oder eine Raupe suchen oder sonst irgendwas, aber wo ihre eigene Phantasie angeregt wird und sie auch angeregt werden, neue Erfahrungen zu machen und ihren Horizont zu erweitern.“ (Fallnr. 85)

„Bei wirklich guten Sendungen hab ich den Eindruck, daß es auch ´ne Wissensvermittlung ist für Kinder, weil sie doch dann auf viele Sachen einfach auch mal zurückgreifen und sagen: ‘Ja, das ist so und so’. Und wenn ich dann nachhake, woher und wieso, und dann sagen sie schon mal: ‘Ja, das hab ich im Fernsehen gesehen’.“ (Fallnr. 57)

„Wenn wir das Fernsehen nicht hätten, wüßten wir vieles nicht, was in der Welt los ist – und das gilt auch für Kinder.“ (Fallnr. 56)

Mit weitem Abstand hinter kognitiven Wirkungen folgen innerhalb der Kategorie positiver Wirkungen jedoch auch Gratifikationen wie etwa Entspannung und Unterhaltung (n = 12 Nennungen) sowie solche auf der sozial-emotionalen Ebene (n = 13 Nennungen), die u.a. auf Chancen einer positiven sozialen Orientierung wie etwa Nachahmung von adäquaten Vorbildern und Konfliktlösungen abheben. Beispiele aus den Interviews sind hierfür die folgenden Passagen:

„Kinder [...] erfahren durch das Fernsehen, daß es nicht nur Gutes in der Welt gibt. Solche Inhalte im Fernsehen brauchen sie zur Orientierung in der Welt, zur Differenzierung zwischen Gut und Böse in der Welt, zum Kennenlernen des Spektrums und dessen Bewertung.“ (Fallnr. 181)

„Solche Filme oder Videos, wo Kinder sich auch positiv mit identifizieren können, zu sehen: Der reagiert so und so, der ist so und so, der hat Freunde oder der hatte vorher keine Freunde, und jetzt hat der Freunde, und ich probier das auch mal so.“ (Fallnr. 196)

„[...] Dadurch, daß die Kinder sich mit diesen Helden da identifizieren – ich denke mal, daß es auch vielen also ruhigeren Kindern [...], die sich dann mal als Held darstellen können, daß es denen auch gut tut [...].“ (Fallnr. 61)

Wie nicht anders zu erwarten, ist die Kategorie der negativen Auswirkungen diejenige mit den meisten Nennungen (insgesamt 259) und wird von solchen Wirkungen angeführt, die sich im sozialen Verhalten – in Form der Nachahmung von Gewalt bzw. Aggression oder der Umsetzung negativer einseitiger Konfliktlösungsmöglichkeiten – widerspiegeln. Dabei wurden häufig auch sozial-kognitive Wirkungen thematisiert, die aus der Vermittlung negativer Leitbilder, Normen und Werte bzw. der Beeinträchtigung der moralischen Entwicklung herrühren. Insgesamt wurden derartige negativ bewertete Wirkungen auf der sozialen und sozial-kognitiven Ebene mehrheitlich mit Gewaltdarstellungen assoziiert und in dieser Weise von etwas mehr als der Hälfte der Erzieherinnen (n = 33 Fälle) genannt, aber nur von wenigen Befragten mit Vielseher und/oder dessen Determinanten in Verbindung gebracht. Aus den Interviews sollen lediglich die folgenden Passagen zitiert werden:

„Ich denke, gerade diese ganzen Geschichten, die über Gewalt ablaufen, wenn Kinder dann entsprechend oft diese Gewalt- oder Actionfilme sehen, daß die Hemmschwelle sinkt oder die Beurteilung von Gewalt ´ne ganz andere ist.“ (Fallnr. 175)

„[...] Für die ist nicht klar, daß das nicht gut ist, was die Erwachsenen da machen. [...] So jede Familienszene, wo Vater die Mutter umbringt, all diese Dinge kriegen wir ja zigmal am Tag präsentiert. Und wenn Kinder das so häufig sehen, sind die irgendwann ja auch davon überzeugt und sagen dann: ‘Das ist es, so muß ich es machen, so komm ich an Geld. Da überfall ich irgendne alte Frau, und dann hab ich Geld’. [...] Wenn Vater und Mutter sich nur mit Händen und Fäusten wehren [...] oder wenn der Vater die Mutter rausschmeißt, dann ist das ja real für das Kind, und dann ist Fernsehen noch das Tüpfelchen auf das, was es sowieso schon mitbekommt.“ (Fallnr. 169)

„[...] Das Gleiche gilt für Schlägereien, Konflikte, die sehr handgreiflich ausgetragen werden: Daß eigentlich keiner mehr dahingeht und sagt: ‘Das geht aber nicht’. Da stehen also die Kinder wie auf Beobachtungsposten, als ob sie das Knöpfchen angestellt hätten, und gucken dann zu. [...] Solche Gewalttaten werden auch total unreflektiert geguckt und wiedergegeben. Dann kommen dann schon mal so Äußerungen: ‘Ja, der macht das doch auch, stell Dich doch nicht so an!’.“ (Fallnr. 155)

An zweiter Stelle unter den negativen Wirkungen wurden von knapp der Hälfte der Erzieherinnen (n = 25 Fälle) solche genannt, die sich auf negative Folgen für die Sprachentwicklung, auf Sprachprobleme oder einen reduzierten Wortschatz beziehen. Etwa genauso häufig äußerten die Erzieherinnen negative emotionale Wirkungen (27 Fälle) in Form kurzfristiger Angstreaktionen oder längerfristiger Folgen erhöhter Ängstlichkeit, aber auch Wirkungen im Sinne von Konzentrationsproblemen bzw. Unruhe, Nervosität und Schlafstörungen (22 Fälle).

Nicht ganz unwichtig sind auch die von immerhin fast einem Drittel der Befragten benannten Wirkungen bezüglich der Vermittlung eines verzerrten oder unrealistischen Welt- oder Menschenbildes.

Unter unzähligen weiteren negativen Wirkungen (eine Erzieherin schaffte es, insgesamt 14 negative Wirkungen aufzuzählen) sind noch körperlich negative Folgen wie z.B. Sehstörungen zu nennen und – bezogen auf langen Fernsehkonsum – auch Folgen von Bewegungsmangel, Kopfschmerzen und Verdauungsprobleme.

Im Zusammenhang mit Auswirkungen des Vielsehens wurden, neben den bereits genannten negativen Wirkungen, mangelnde Bindungsfähigkeit, Verlust der Phantasiefähigkeit und Eigeninitiative sowie reduzierte Begeisterungsfähigkeit bzw. Lustlosigkeit angeführt. Einige Erzieherinnen äußerten sich auch mehr oder weniger differenziert dazu, daß negative Phänomene auf seiten der Kinder nicht global als Auswirkungen des Fernsehens gesehen werden können. Als Differenzierungen wurden von den Probandinnen, neben der bereits genannten Viel-/Häufig- oder Langseherei, zudem Bedingungen oder Faktoren genannt, die man als intervenierende Variablen auffassen kann: Persönlichkeit und Soziodemographie der Kindes, Rezeptions- und Lebenssituation sowie das soziale Umfeld. Differenzierungen auf seiten des Fernsehens beziehen sich auf kindgerechte Sendungsinhalte und -formen, wie etwa an folgendem Beispiel deutlich wird:

„[...] ich glaube, das kriegen die noch gar nicht mit. Kinder brauchen ja diese kleineren Schnitte, ne? Und was so alles an denen vorbeirast – ich denke mal, die Wirkung ist dann eher so ein riesiger Obstsalat, ne? [lacht]: Es ist mehr oder weniger durcheinander. Man weiß nicht mehr genau, war es jetzt ne Birne, ein Apfel, eine Kiwi, oder was war es jetzt eigentlich.“ (Fallnr. 187)

Allerdings machten immerhin 20 Befragte – also ein Drittel der Interview-Stichprobe – keinerlei Einschränkungen oder Differenzierungen. Nun ist allerdings vermutlich davon auszugehen, daß auch diese Erzieherinnen – direkt darauf angesprochen – sehr wohl zum Ausdruck bringen würden, daß die von ihnen benannten Wirkungen des Fernsehens nicht immer und in allen Fällen auftreten. Gleichwohl scheinen ihnen entsprechende Differenzierungen nicht unmittelbar präsent zu sein.

Einige Erzieherinnen bieten Hinweise an, wie man negativen Wirkungen entgegentreten kann. Beispiele für solche Präventionsmaßnahmen sind: Eltern sollen mit den Kindern gemeinsam schauen oder während bzw. nach dem Fernsehen mit Kindern über die gesehenen Inhalte reden. Auffallend ist, daß in diesem Zusammenhang keine Kompetenzförderung genannt wurde. Offensichtlich wird in dieser Hinsicht die Wirkungsthematik und die entsprechende Zuständigkeit für die Prävention negativer (und die Maximierung positiver Wirkungen) implizit mit den Eltern assoziiert.

Zusammenfassend ist festzuhalten, daß die befragten Erzieherinnen zum einen überwiegend negative Wirkungen des Fernsehens auf Vorschulkinder vermuten; zum anderen sind diese Wirkungsannahmen in vielen Fällen nur wenig bis überhaupt nicht differenziert. Dabei gilt, was auch Höltershinken und Mitarbeiter in ihrer Untersuchung hinsichtlich der Wirkungsannahmen der von ihnen Befragten bilanzierend konstatierten, daß nämlich die Erzieherinnen „Probleme, die die 3- bis 6-jährigen Kinder [mit dem Fernsehen – d. Verf.] haben [...] monokausal mit den negativen Verhaltensweisen, die sie bei den Kindern wahrnehmen", verknüpfen (Höltershinken, Kasüschke & Sobiech, 1989, S. 344). Überhaupt ergibt ein Vergleich der Angaben unserer Befragten mit denen von Höltershinken und Mitarbeitern eine weitgehende Übereinstimmung in den Überzeugungen hinsichtlich der Wirkungen des Fernsehens, die teilweise bis hin zu fast identischen Aussagen reicht. Dabei thematisierten die Erzieherinnen der früheren Befragung im Großen und Ganzen dieselben (Wirkungs-) Bereiche. Eine Einschränkung ist jedoch insofern zu machen, als die Autoren zwar hervorheben, daß keine positiven Auswirkungen genannt wurden, was dafür spräche, daß die damals befragten Erzieherinnen sogar noch negativere Wirkungsüberzeugungen gehabt hätten als die Befragten unserer Studie; es ist indes zu berücksichtigen, daß in der angesprochenen Untersuchung nach den „wichtigsten Problemen, die Kinder Ihrer [also der Erzieherinnen – d. Verf.] Erfahrung nach mit den elektronischen Medien haben" (Höltershinken, Kasüschke & Sobiech, 1989, S. 343), gefragt wurde. Angesichts dieser Fragestellung wären Nennungen positiver Auswirkungen durchaus erstaunlich gewesen.

Abschließend ist anzumerken, daß Wirkungsüberzeugungen der beschriebenen Art (insbesondere was das Übergewicht negativer Nennungen, aber auch was die Undifferenziertheit der Annahmen anbelangt) sich nicht nur bei Kindergarten-Erzieherinnen finden: Frühere Untersuchungen mit Grundschullehrerinnen und -lehrern (vgl. Frey & Six, 1997) erbrachten durchaus vergleichbare Ergebnisse, so daß vermutet werden kann, daß es sich hierbei um ein Phänomen handelt, das generell Personen in Berufen, die mit der Erziehung von Kindern zu tun haben, betrifft.

#### 6.4.3.3 Problematische Fernseh-Programmbereiche und Kriterien zur Sendungsbewertung im Hinblick auf Kindergartenkinder

Die bisher berichteten Einschätzungen der Erzieherinnen problematisierten ausschließlich das schiere Fernsehnutzungsquantum der Kinder; es wurde lediglich betrachtet, *wieviel* die Kinder fernsehen und inwieweit dies als ein „Zuviel" bezeichnet werden könnte, ohne dabei zu unterscheiden, *was* die Kinder sehen. Es ist aber anzunehmen, daß die Befürchtungen und Problemwahrnehmungen der Probandinnen sich nicht ausschließlich auf die Menge des täglichen Fernsehkonsums beziehen, sondern daß durchaus bezüglich der rezipierten Inhalte differenziert wird[60]. Um uns ein Bild darüber zu machen, welche Art von Inhalten als besonders problematisch angesehen wird, präsentierten wir den Probandinnen in der Repräsentativstudie eine Liste von möglicherweise als problematisch angesehenen Programmbereichen[61] mit der Bitte anzugeben, inwieweit sie diese – auf einer vierstufigen Skala mit den Polen „problematisch" und „unproblematisch" – für problematisch für drei- bis fünfjährige Kinder halten. Tabelle 6.24 zeigt die Ergebnisse für die Gesamtstichprobe.

Nur drei der vorgegebenen Sendungsarten erreichen einen Mittelwert in der Nähe des rechnerischen Skalenmittels (2,5): Quiz- und Showsendungen (M = 2,25; SD = 0,95), Rock-/Popmusiksendungen (M = 2,48; SD = 0,93) und Sportsendungen (M = 3,01; SD = 0,70).

**Tabelle 6.24: Problematische TV-Programmbereiche (Basis: n = 602; gewichtete Daten)**

| | M | SD |
|---|---|---|
| Krimis | 1,07 | 0,29 |
| Actionfilme | 1,08 | 0,31 |
| Science-Fiction-Filme | 1,13 | 0,39 |
| Western | 1,19 | 0,50 |
| Werbung | 1,28 | 0,56 |
| Zeichentrickfilme | 1,69 | 0,84 |
| Nachrichtensendungen | 1,69 | 0,84 |
| Talkshows | 2,12 | 0,95 |
| Quiz- oder Showsendungen | 2,25 | 0,95 |
| Rock- und Popmusiksendungen | 2,48 | 0,93 |
| Sportsendungen | 3,01 | 0,70 |

1 = problematisch; 2 = eher problematisch; 3 = eher nicht problematisch; 4 = unproblematisch

Dabei ist jedoch anzumerken, daß jeweils eine erkleckliche Menge an Erzieherinnen auch diese Sendungen für problematisch im Hinblick auf Vorschulkinder hält: 15,5 Prozent halten auch Sportsendungen für „problematisch" oder „eher problematisch"; bei Rock-/Popmusiksendungen sind es 43,6 Prozent und bei Quiz- und Showsendungen sogar 55,8 Prozent. Für alle anderen Sendungen fallen die diesbezüglichen Werte noch weitaus eindeutiger aus: Jeweils mindestens 80 Prozent halten die übrigen vorgegebenen Sendungsarten für wenigstens „eher problematisch"[62]. Die weitaus größten Befürch-

60 wie auch Passagen aus den qualitativen Interviews zu Wirkungsannahmen der Erzieherinnen zeigten

61 Der Begriff „Genre" – obwohl intuitiv zutreffend – paßt hier nicht, da es sich bei den vorgegebenen Items nicht bzw. nur zum Teil um Genres im engeren Sinne handelt. Um Mißverständnisse zu vermeiden, wird deshalb der Begriff „Genre" vermieden und stattdessen auf die allgemeineren (und damit leider auch weniger aussagekräftigen) Begriffe „Programmbereiche" oder „Fernsehsendungsarten" zurückgegriffen.

62 Ausnahme: Talkshows; diese werden lediglich von 61,7 Prozent der Befragten für „eher problematisch" oder „problematisch" gehalten

tungen werden – plausiblerweise – mit Krimis, Actionfilmen und Science-Fiction-Filmen verbunden (vgl. Tab. 6.24)[63].

Erste Hinweise auf Kriterien, die den Bewertungen zugrunde gelegen haben könnten, liefert eine Faktorenanalyse zu den Einschätzungen der Sendungsarten (Hauptkomponentenanalyse mit Varimax-Rotation; Faktorenextraktion nach dem Kaiser-Kriterium). Tabelle 6.25 zeigt die Ergebnisse der Analyse im Überblick. Das KMO-Maß erreicht mit einem Wert von .82 das Prädikat „verdienstvoll" (vgl. Backhaus et al., 1996, S. 206). Entsprechend liegen auch die einzelnen KMO-Werte der Items sämtlich mindestens bei .75. Die Gesamtvarianzaufklärung von 55,3 Prozent für die Drei-Faktoren-Lösung kann als zufriedenstellend bezeichnet werden; allerdings fallen die Kommunalitäten im Schnitt relativ niedrig aus. Eine Inspektion der Faktorenladungsmatrix zeigt keine Doppeladungen größer als .3.

**Tabelle 6.25: Problematische TV-Programmbereiche: Faktorielle Struktur der Bewertungen (Rotierte Lösung: Hauptkomponenten-Analyse mit Varimax-Rotation; Kaiser-Kriterium)**
(Basis: n = 602; ungewichtete Daten; die berichteten Faktormittelwerte sind jedoch gewichtet)

| | Faktor 1<br>FM = 1,12<br>FSD = 0,29<br>EW = 3,39 | Faktor 2<br>FM = 2,47<br>FSD = 0,63<br>EW = 1,67 | Faktor 3<br>FM = 1,56<br>FSD = 0,54<br>EW = 1,02 | Kommuna-<br>litäten |
|---|---|---|---|---|
| Krimis | 79 | .05 | .18 | .66 |
| Science-Fiction-Filme | .77 | .11 | .17 | .64 |
| Actionfilme | .74 | .05 | .05 | .56 |
| Western | .74 | .16 | .22 | .62 |
| Sportsendungen | .02 | .74 | .01 | .55 |
| Quiz- oder Showsendungen | .04 | .73 | .12 | .54 |
| Rock- oder Popmusiksendungen | .20 | .70 | .02 | .52 |
| Talkshows | .08 | .62 | .22 | .44 |
| Nachrichtensendungen | .07 | .22 | .72 | .57 |
| Zeichentrick | .18 | -.03 | .71 | .53 |
| Werbung | .25 | .13 | .60 | .44 |

(FM = Faktor-Mittelwert; FSD = Faktor-Standardabweichung; EW = Eigenwert)
1 = problematisch; 2 = eher problematisch; 3 = eher nicht problematisch; 4 = unproblematisch

Der erste Faktor wird aus den als besonders problematisch angesehenen Sendungsarten gebildet; dementsprechend fällt der Faktormittelwert[64] für diese vier, bei gleichzeitig extrem geringer Varianz, enorm niedrig. Der zweite Faktor umfaßt die tendenziell als am wenigsten problematisch angesehenen Sendungen; dies zeigt auch der ziemlich exakt am rechnerischen Skalenmittel

63 Tatsächlich hielten nur acht Befragte Science-Fiction-Filme, vier Actionfilme und drei Krimis für „eher nicht problematisch" oder sogar „unproblematisch", wobei dies nicht immer dieselben Personen waren.

64 Zur Berechnung der Faktormittelwerte wurde pro Person ein Mittelwert über die Items eines Faktors gebildet; die angegebenen Faktormittelwerte sind die (hier allerdings gewichteten) Mittelwerte dieser Individualscores für die Gesamtstichprobe.

liegende Faktormittelwert. Faktor 3 schließlich stellt eine Mischkategorie von – allerdings im Mittel als ebenfalls problematisch angesehenen – Sendungsarten dar. Alle Unterschiede zwischen den Faktormittelwerten sind hochsignifikant ($p < .001$; t-Tests für abhängige Stichproben).

Eine Interpretation der Ladungsmatrix legt die Vermutung nahe, daß Gewalt das ausschlaggebende Kriterium für die Beurteilung der Programmbereiche war. Während sich die Sendungsarten des ersten Faktors sämtlich durch vermutlich recht hohe Gewaltanteile auszeichnen, gilt für die Items des zweiten Faktors das Gegenteil: Weder in Sport- noch in Show-, Musik- oder Talksendungen sind Darstellungen von Gewalt in größerem Ausmaß zu erwarten. (Vorausgreifend ist an dieser Stelle zu erwähnen, daß die Erzieherinnen in den qualitativen Interviews sehr häufig „Gewalt“ als Kriterium dafür, eine Sendung negativ zu bewerten, nannten.) Daß jedoch nicht ausschließlich die vermuteten Gewaltanteile einer Sendung ausschlaggebend gewesen sein dürften, ergibt sich aus dem letzten Faktor: Während in Nachrichten und auch in Zeichentrickfilmen[65] nicht selten Gewalt vorkommt (wenn auch beide Sendungsarten nicht derart unmittelbar mit Gewalt zu assoziieren sind wie Krimis, Actionfilme etc.), ist dies bei Werbespots sicherlich eher nicht zu erwarten. Gleichwohl wird – unter anderen Aspekten – Werbung ausgesprochen eindeutig als problematisch für Vorschulkinder wahrgenommen. Insofern ist auch die Zusammenstellung des Faktors – aus Sendungsarten, die zunächst schwerlich auf einen gemeinsamen Nenner gebracht werden können – plausibel: Es sind dies jene Sendungsarten, deren Problematik nicht ausschließlich etwas mit gezeigter Gewalt zu tun hat. Überdies sah eine jeweils durchaus nicht unerhebliche Minderheit diese Sendungen als eher nicht problematisch an[66].

Kommen wir noch einmal zurück zu den Einzelbewertungen, so lassen sich aus den zahlreichen Analysen zu Differenzierungen innerhalb der Stichprobe und Zusammenhängen mit anderen Variablen lediglich zwei Ergebnisse herausstellen: Nennenswerte Zusammenhänge ergeben sich mit der sog. „Schädlichkeitsgrenze“ (vgl. Kap. 6.4.2). Diese korreliert mit den Bewertungen fast aller Sendungsarten[67] positiv: Je niedriger die Erzieherinnen die Schädlichkeitsgrenze einschätzen, desto problematischer bewerteten sie in der Tendenz beinahe alle vorgegebenen Sendungsarten[68].

Es steht zu vermuten, daß die Auffassung, eine bestimmte Sendungsart sei

---

65 wobei hinsichtlich der Zeichentrickfilme freilich die entscheidende Frage ist, was unter dem Begriff verstanden wird; aller Wahrscheinlichkeit nach dachten die Befragten eher nicht an Zeichentrickserien wie „Heidi“ o.ä., sondern eher an – durchaus gewalthaltige – Serien wie „He-Man“ usw.

66 Zeichentrickfilme: 18,0% „eher nicht problematisch“ oder „unproblematisch“; Nachrichtensendungen: 16,6%

67 Ausnahmen sind: Quiz- und Showsendungen, Sportsendungen und Talkshows, d.h. drei der vier Sendungsarten, die den Faktor der gewaltlosen Sendungen ausmachen

68 Es sei daran erinnert, daß niedrige Werte für die Schädlichkeitsgrenze bedeuten, daß die Befragten bereits eine vergleichsweise niedrige TV-Tagesnutzungsdauer für schädlich bei Vorschulkindern halten.

problematisch (oder unproblematisch) für Vorschulkinder, im Zusammenhang mit generellen Bewertungen des Fernsehens steht, wie sie in Kapitel 6.4.3.1 berichtet wurden. Die hierzu berechneten Korrelationskoeffizienten erweisen sich für einige Programmbereiche (v.a. Krimis, Actionfilme und Science-Fiction-Filme) als nicht nennenswert, was vor dem Hintergrund der Tatsache nicht verwunderlich ist, daß sich gerade bei diesen Sendungsarten die Erzieherinnen besonders einig waren (und deshalb die für Korrelationen erforderlichen Streuungen äußerst gering ausfielen; vgl. auch Tab. 6.24). Bei anderen Programmbereichen zeigt sich jedoch erwartungsgemäß, daß diese als umso problematischer angesehen werden, je eher die Befragten der Meinung sind, daß das Fernsehen bzw. zukünftige Entwicklungen des Fernsehens einen „Fluch" darstellen (dies gilt insbesondere für Zeichentrickfilme, Western, Sportsendungen und Rock-/Popmusiksendungen)[69]. Es zeigt sich darüber hinaus, daß die vier Bewertungsbezüge („Fluch/Segen" des Fernsehens bezüglich der Gesellschaft, der eigenen Person, der Kinder im Kindergartenalter und der Arbeit im Kindergarten) in diesem Zusammenhang offensichtlich keine bedeutende Rolle spielen: Die Korrelationen pro Sendungsart fallen für diese Bewertungsbezüge nicht auffallend unterschiedlich aus (weder in der Höhe noch in der Richtung). Dies spricht unseres Erachtens dafür, daß hier eine sehr globale Einstellung zum Tragen kommt.

Im Rahmen der themenzentrierten Interviews wurden die nochmals Befragten zwar nicht unmittelbar auf problematische TV-Programmbereiche angesprochen; sie wurden dort aber danach gefragt, welche Sendungsarten oder Sendungen sie für Kinder im Kindergartenalter als besonders gut oder besonders schlecht beurteilen und welche Kriterien sie bei solchen Beurteilungen zugrunde legen. Aus den hierauf bezogenen Antworten ließen sich neben Kriterien auch ihre Einschätzungen bezüglich der für Kinder geeigneten oder ungeeigneten Sendungen bzw. Sendungsarten ablesen. Dabei zeigte sich, daß bestimmte Sendungsarten, die anhand der Vorgaben in der Repräsentativstichprobe zu bewerten waren, in der Face-to-Face-Befragung nur in geringem Umfang genannt wurden. Gleichzeitig liegen unter den von den Erzieherinnen genannten und von ihnen negativ bewerteten Sendungsarten[70] (insgesamt 78 Nennungen) – anders als in der Repräsentativbefragung – mit Abstand Zeichentrickfilme wie z.B. die „Turtles" oder „Tom und Jerry" auf dem ersten Rangplatz (33 Nennungen), da diese von Erzieherinnen eher mit kindlichem Fernsehkonsum assoziiert werden als etwa Westernfilme. An

69 Die Korrelationskoeffizienten für den Zusammenhang zwischen den Beurteilungen dieser vier Sendungsarten und den Bewertungen des „Fernsehens allgemein" erreichen zwar auch hier keine beachtliche Höhe, indem sie lediglich zwischen .09 und .13 liegen, weisen jedoch alle in die gleiche Richtung und sind großenteils signifikant. Es ist dabei nochmals darauf hinzuweisen, daß angesichts der sehr niedrigen Varianz einzelner Sendungsbeurteilungen hohe Zusammenhänge kaum zu erwarten waren.

70 Die von den Erzieherinnen genannten Sendungen bzw. Sendungsarten wurden im Rahmen unserer Auswertungsschritte in Programmkategorien zusammengefaßt.

zweiter Stelle der negativ bewerteten Sendungen rangieren die „Power-Rangers“ (mit 12 Nennungen), deren offenbar besonderen Stellenwert für die Erzieherinnen wir dadurch berücksichtigten, daß wir sie nicht einer Kategorie zugeordneten, sondern als Einzelsendung in die Rangreihe einbezogen. Weitere negativ bewertete Programmbereiche sind „Actionfilme“ (7 Nennungen), aber auch „Unterhaltungsshows“ (z.B. „Mini-Playback Show“), einige „Kindersendungen“ (z.B. „Tabaluga-TV“ und „Märchenfilme“) und „Vorabend-Serien“. Unter den für Kinder als geeignet bezeichneten Sendungen liegen mit großem Abstand „Kindersendungen“ (53 Nennungen) wie z.B. die „Sendung mit der Maus“ oder „Löwenzahn“ auf dem ersten Platz; eine nennenswerte Anzahl von Befragten bezog sich zudem noch auf „Tier- und Natursendungen“ (12 Nennungen).

Nach entsprechenden Kriterien gefragt, die sie bei ihrer Bewertung von Fernsehsendungen oder Programmbereichen zugrunde legen, gab jede Erzieherin im Durchschnitt sechs Nennungen ab. Dabei nannten sie am häufigsten inhaltliche Kriterien (insgesamt 256 Nennungen; formale Kriterien: 104 Nennungen)[71]. Unter den negativen inhaltlichen Kriterien überwiegen solche Nennungen, die sich auf Gewaltinhalte beziehen (39 Nennungen). Als Kriterien für kindgerechte Sendungen bzw. Programme nannten die Erzieherinnen – neben der allgemeinen Bezeichnung „kindgerecht“ – insbesondere Sendungsmerkmale wie „lehrreich“, „informativ“ und „in der Machart auf Kinder abgestimmt“ (z.B. Schnittfolge, Schnelligkeit der Bildfolge). Beispiele für die genannten Bewertungskriterien liefert Tabelle 6.26, die zusammengefaßte und kategorisierte Aussagen der Interviewten wiedergibt.

Ein auffälliges Ergebnis unserer qualitativen Interviews ist, daß immerhin zehn Prozent der befragten Erzieherinnen angaben, keine negativ zu bewertenden Sendungen aus eigener Anschauung zu kennen. Solche Sendungen „tun“ sie sich nach eigenen Aussagen „nicht an“ und kennen zudem z.T. auch keine aktuellen Kindersendungen, was im übrigen auch bei anderen Erzieherinnen, die dies nicht explizit über sich selbst äußerten, im Verlauf der Face-to-Face-Interviews, aber auch innerhalb der Repräsentativstudie deutlich wurde (vgl. auch die Frage zu Lieblingssendungen von Kindern in Kap. 6.4.1.2). So wurde beispielsweise geäußert:

„Ich kenne mich überhaupt nicht aus. Ich kann Ihnen nicht eine Sendung nennen. Ich weiß überhaupt nicht, was aktuell ist. Ich weiß nicht eine Kindersendung, ich weiß nicht – ich weiß nur noch mal, es gab den ‘Li-La-Laune-Bär’, und das wurde ja damals ganz früh gesendet, und daß es wohl heute auch diese Sendung ‘Nickelodeon’ oder so gibt, die dann früher gesendet werden [...].“ (Fallnr. 187)

---

71 Im Durchschnitt nannte jede Erzieherin 4,3 inhaltliche und 1,7 formale Kriterien zur Bewertung von Fernsehsendungen.

**Tabelle 6.26: Kriterien der Erzieherinnen zur Bewertung von Fernsehsendungen**

| | |
|---|---|
| formal positiv | gute Mischung zwischen Information und Unterhaltung bzw. zwischen Spannung und Entspannung in der Machart; immer die gleichen Personen (Moderator, Schauspieler etc.) treten in der Sendung auf und sind damit den Kindern vertraut; kurze Sequenzen; nachvollziehbare Struktur des Sendungsablaufs |
| formal negativ | „schnelle Schnitte"; lange Sendungen; Sendetermin zu spät im Tagesverlauf des Kindes; durch zu viele auftretende Figuren/Personen wirkt die Sendung verwirrend; hektische Präsentation (schnelle Bewegungen; schnell wechselnde, grelle Farben); Zeit- und Raum-Umsprünge |
| inhaltlich positiv | informativ; lehrreich; kindgerechte Sprache; aus der Lebenswelt des Kindes; realistisch; für Kinder relevante Themen; lustig; positive Leitbilder; Aufzeigen kindlicher Konfliktlösungen; Hinweise zum Umweltverhalten; Inhalte, die Phantasie der Kinder ermöglichen (durch offenes Ende etc.) |
| inhaltlich negativ | Gewalt, Brutalität; sex. Darstellungen; beängstigende Inhalte z.B. aus Nachrichten, Horrorfilmen; unvollständige oder verwirrende Handlungsabläufe; Stereotype bzw. Schwarz-Weiß-Malerei; Vermittlung negativer Normen |

Manche Erzieherinnen vertreten auch – wie im nachfolgenden Beispiel deutlich wird – Extrempositionen und reagieren auf die Frage nach positiv bewerteten Fernsehsendungen in bewahrpädagogischer Manier:

„Gar keine. Ich sag das jetzt mal ganz provokativ. Für mich hat keine Sendung im Fernsehen eine positive Einwirkung auf Kinder unter sechs Jahren. Sendungen sind alle negativ. Ich persönlich habe keine Sendung, die ich mir mit Kindern unter sechs Jahren angucken würde." (Fallnr. 199)

Insgesamt läßt sich aber feststellen, daß die Mehrheit der Erzieherinnen durchaus eine ganze Reihe sinnvoller Bewertungskriterien nannte, wenngleich auch zu vermuten ist, daß sich nicht alle Erzieherinnen mit ihren Kriterien, insbesondere bezüglich negativ bewerteter Programme, auf eigene Anschauung der entsprechenden Sendungen stützen konnten. Festzuhalten ist aus den entsprechenden Interviewpassagen insbesondere Folgendes:

Im Gegensatz zu unseren früheren Befragungen bei Erzieherinnen, Lehrern und Lehrerinnen sowie Eltern, die jeweils schriftlich befragt wurden (vgl. u.a. Frey & Six, 1997), ergab sich bei dieser Methode der themenzentrierten Interviews ein entschieden besseres Bild: Immerhin nannten die Erzieherinnen hier im Durchschnitt mehr als vier inhaltliche und fast zwei formale Kriterien, was nach unserer Erfahrung aus den früheren Studien doch eine beachtliche Anzahl darstellt. Zudem benannten sie – anders als die von uns befragten Lehrer/-innen – eben keineswegs nur inhaltsbezogene Kriterien und sprachen sowohl im Hinblick auf Inhalte als auch bezüglich der formalen Sendungsmerkmale ein weitaus größeres Spektrum von sinnvollen Bewertungsaspekten an.

Die Erzieherinnen der Befragung von Höltershinken und Mitarbeitern definierten – soweit dies aus der Publikation der Ergebnisse hervorgeht – den

Begriff „kindgerecht“ ausschließlich durch inhaltliche Kriterien: Demnach sollte in kindgerechten Sendungen weder „Aggressivität“ vorkommen, noch sollten „zu viele Informationen“ vermittelt werden. Den Kindern sollten „Anregungen“ gegeben werden, die Sendungen „möglichst realitätsnah“ sein und außerdem – da dies das Verständnis erleichtere – wiederholt werden (Höltershinken, Kasüschke & Sobiech, 1989, S. 334). Die Autoren merken zudem an, daß es hinsichtlich der Anzahl an Kriterien große interindividuelle Unterschiede gebe und daß – bei aller Einigkeit in der Forderung, daß Kindersendungen „kindgerecht“ zu sein hätten – doch vielen eine inhaltliche Konkretisierung des Begriffs schwerfalle (ebd.). Da diese Aussage nicht quantifiziert wird, ist es nicht möglich, zuverlässig zu entscheiden, inwieweit die Erzieherinnen unserer Befragung in dieser Hinsicht „besser“ abschneiden. Es darf jedoch unseres Erachtens mit Fug und Recht gesagt werden, daß eine durchschnittliche Anzahl von sechs Kriterien[72] durchaus dafür spricht, daß diese sehr wohl über eine Vorstellung verfügen, was als „kindgerechte Sendung“ zu bezeichnen ist. Die oben angeführte Aussage läßt sich also in dieser Bestimmtheit nicht auf die von uns befragten Erzieherinnen anwenden.

### *6.4.4 Multimedia*

In den vergangenen Kapiteln ging es teilweise um Kenntnisse der Erzieherinnen (z.B. über den Medienkonsum von Kindergartenkindern oder deren Lieblingssendungen), in anderen Abschnitten dagegen vorrangig um Ansichten und Problemwahrnehmung. In der Repräsentativstudie wie auch in den qualitativen Interviews richteten sich – in vergleichsweise geringem Umfang – einige Fragen jedoch auch auf eine weitere Kategorie von Kenntnissen der Erzieherinnen: Grundkenntnisse zu „Multimedia“ und Wissen zu Multimedia-Angeboten für Kinder (vgl. auch Kap. 5.2.4).

Ihre Kenntnisse hinsichtlich der Multimedia-Technik schätzten die in der Repräsentativstudie befragten Erzieherinnen überwiegend als ziemlich gering ein: 11,2 Prozent gaben an, keinerlei Vorstellung zu haben, was unter dem Begriff „Multimedia“ zu verstehen ist. 61,2 Prozent haben den eigenen Angaben zufolge lediglich eine vage Vorstellung; nur etwas mehr als ein Fünftel (21,0%) kann sich unter dem Begriff konkret etwas vorstellen, und weitere 6,6 Prozent haben nicht nur eine konkrete Vorstellung, sondern nutzen Multimedia-Technik auch selbst.

Plausiblerweise besteht ein Zusammenhang mit dem privaten Besitz eines Computers; dieser fällt allerdings schwächer aus als vermutet: Zwar gaben mehr Erzieherinnen, die selbst einen Computer besitzen, an, wenigstens „eine konkrete Vorstellung“ vom Begriff Multimedia zu haben (also nicht unbe-

72 wobei berücksichtigt werden muß, daß nur solche Nennungen kodiert wurden, die nicht lediglich Gemeinplätze (wie z.B. die Aussage, eine Sendung habe „kindgerecht“ zu sein) darstellen

dingt auch selbst Multimedia-Technik anzuwenden), aber der Unterschied fällt mit 32,6 Prozent im Vergleich zu den 21,4 Prozent derjenigen Probandinnen, die nicht über einen eigenen Computer verfügen, nicht sonderlich hoch[73] aus. Erwartungsgemäß gaben aber Erzieherinnen, die nach eigener Einschätzung über eine allenfalls „vage Vorstellung“ von Multimedia verfügen[74], auch eine signifikant geringere eigene Computernutzung an ($M = 14,70$ Minuten pro Tag im Durchschnitt; $SD = 15,78$) als diejenigen, die wissen, was Multimedia bedeutet oder Multimedia-Technik sogar selbst nutzen ($M = 24,01$; $SD = 20,35$; $df = 147,11$; $t = -3,89$; $p < .001$). Interessanterweise scheinen erstere dafür das Fernsehen in etwas höherem Ausmaß zu nutzen ($M = 84,45$; $SD = 49,32$ vs. $M = 75,77$; $SD = 41,05$); der Unterschied ist immerhin auf dem 5-Prozent-Niveau signifikant ($df = 329,77$; $t = 2,14$).

Die hinsichtlich Multimedia besser informierten Probandinnen bewerteten die Multimedia-Technik in bezug auf die eigene Person weniger negativ ($M = 2,61$; $SD = 1,01$) als die Erzieherinnen, die sich unter dem Begriff nichts oder nur wenig vorstellen können ($M = 2,41$; $SD = 0,88$; $df = 569$; $t = -2,40$; $p < .05$)[75]; hinsichtlich der anderen Einschätzungen der Multimedia-Technik (in bezug auf die Gesellschaft, die Arbeit im Kindergarten sowie Kinder im Kindergartenalter) unterscheiden sich die beiden Gruppen jedoch nicht signifikant voneinander.

Die Angehörigen der großen Träger unterscheiden sich nicht signifikant hinsichtlich ihrer Multimedia-Kenntnisse (ein wenig aus dem Rahmen fallen die Angehörigen der kleineren Träger, deren Angaben jedoch aufgrund der geringen Fallzahl nicht überbewertet werden dürfen).

Entgegen naheliegenden Vermutungen schneiden ältere Erzieherinnen in diesem Zusammenhang nicht schlechter ab als jüngere[76] (wobei letztere doch eigentlich mit dem Computer gewissermaßen aufgewachsen sein müßten).

Innerhalb der Face-to-Face-Interviews konnte der Bereich „Multimedia“ genauer behandelt werden. Dabei wurde neben dem Begriffsverständnis auch das prinzipielle Interesse, sich mit diesem Thema zu beschäftigen, erfragt. Nebenprodukt – aber dies nur bei wenigen Erzieherinnen im Interview – waren Äußerungen, aus denen ihre Einstellung zu Computern und Multimedia hervorgeht. Solche Einstellungen beziehen sich teilweise auch auf die Nutzung von Multimedia im Vorschulalter bzw. auf den Einsatz von Multimedia im Kindergarten. Darüber hinaus zielte eine andere Frage darauf ab zu

---

73 jedoch signifikant auf dem 1-Prozent-Niveau (Chi-Quadrat-Test)

74 Für diese und die folgenden Berechnungen wurden die Erzieherinnen hinsichtlich ihrer Multimedia-Kenntnisse in zwei Gruppen eingeteilt: Diejenigen, die über keine oder nur eine vage Vorstellung hinsichtlich des Begriffs Multimedia verfügen, sowie die Erzieherinnen, die mindestens eine konkrete Vorstellung haben, was Multimedia bedeutet, oder Multimedia-Technik sogar selbst nutzen (t-Tests für unabhängige Stichproben).

75 Niedrige Werte in den Medienbewertungsvariablen weisen auf negative Einschätzungen („Fluch“) hin.

76 allerdings auch nicht besser: Es besteht keinerlei Zusammenhang zwischen dem Alter der Befragten und ihren Kenntnissen hinsichtlich Multimedia-Technik.

erfahren, inwieweit Erzieherinnen Multimedia-Angebote für Kinder im Kindergartenalter kennen.

Auf die Frage nach einer Definition von Multimedia konnten neun Prozent der Interviewten eine Antwort liefern, die sich als vertretbar oder annähernd richtig bezeichnen ließ. So wurde beispielsweise deutlich gemacht, daß verschiedene bisher getrennte Medien miteinander kombiniert und damit die Möglichkeiten des Computers erweitert werden. Desweiteren wurde die Online-Nutzung herausgehoben. Aus weiteren 27 Prozent der Aussagen wurde zumindest deutlich, daß den Befragten grob geläufig war, daß Multimedia etwas mit Computern oder dem Internet zu tun hat, auch wenn die Definitionen eher falsch oder unbeholfen waren. Die Mehrheit der Befragten, immerhin 64 Prozent, konnte keine sinnvolle Definition oder Umschreibung von Multimedia liefern. Innerhalb dieser Kategorie sah sich sogar etwa die Hälfte der Befragten nicht in der Lage, überhaupt eine Antwort zu geben, bzw. hatte den Begriff noch nie gehört[77].

Entsprechend dem daraus ersichtlichen Kenntnisstand zum Thema „Multimedia“ ist es nicht verwunderlich, daß nur drei Prozent der Probandinnen Multimedia-Angebote für [Vorschul-] Kinder kennen und auch benennen konnten. Weitere 13 Prozent gaben an, solche Angebote zu kennen, waren aber nicht in der Lage, Beispiele anzuführen. Schließlich hat die Mehrheit (über 80%) noch nichts von Angeboten für Kinder mitbekommen.

Entgegen den defizitären Kenntnissen der Erzieherinnen zum Thema „Multimedia“ ist bei immerhin 38 Prozent der Probandinnen, die weiter zu diesem Themenbereich befragt wurden, zumindest ein Interesse (z.T. sogar starkes Interesse) zu erkennen. Auch läßt sich aus der Unwissenheit nicht direkt auf mangelndes Interesse schließen, da bei immerhin 32 Prozent der Befragten nach einer Erklärung der Interviewer, was unter Multimedia zu verstehen sei, Aussagen folgten, aus denen eine deutliche Aufgeschlossenheit zu erkennen ist, auch wenn den Interviewten vorher zu dieser Thematik nichts eingefallen war. Ein weiteres Drittel der Erzieherinnen hat offenbar kein Interesse an diesem Thema. Dabei trifft Multimedia beispielsweise dann nicht auf Interesse oder Aufgeschlossenheit, wenn die Befragten davon ausgehen, daß diese Neuentwicklungen sie überfordern. Andere Äußerungen machen deutlich, daß sie sich nach eigener Auffassung eigentlich damit beschäftigen müßten oder zumindest dann Interesse haben werden, „wenn es so weit ist“. Schließlich ist ein weiterer Teil der Erzieherinnen noch nicht einmal unter dieser Zukunftsperspektive aufgeschlossen, sondern geht davon

77 Letzteres kann allerdings nicht zutreffen, da in der Repräsentativbefragung, die den qualitativen Interviews vorgelagert war, in zwei Fragen jeweils eine kurze Erläuterung des Begriffs vorgegeben worden war (vgl. Kap. 6.1.2 und 6.2.1). Offensichtlich war aber hier der Erinnerungseffekt nicht bei allen Erzieherinnen hoch genug, um wenigstens benennen zu können, daß Multimedia etwas mit Computern oder Internet zu tun hat.

aus, daß sie aufgrund ihres Alters „nicht mehr alles mitmachen müssen" oder wissen, daß es „nicht ihre Welt" ist.

In diesem Zusammenhang ist ein weiterer Bezug zu der Untersuchung von Höltershinken und Mitarbeitern herzustellen: Zwar wurde in dieser Studie nicht der Begriff „Multimedia" thematisiert (dieser tauchte ja erst in den letzten Jahren verstärkt in der öffentlichen Debatte auf); gleichwohl ging es hier auch um zukünftige Entwicklungen im Bereich elektronischer Medien, die unter dem Sammelbegriff „Neue Medien" (worunter die Autoren sowohl den Computer als auch beispielsweise Kabelfernsehen und Telespiele verstanden) zusammengefaßt wurden (vgl. Kasüschke, 1991, S. 52). Hierbei zeigte sich, daß die damals befragten Erzieherinnen zwar einerseits in der überwiegenden Mehrzahl der Ansicht waren, die technische Entwicklung sei so weit fortgeschritten, daß sie gar nicht umhinkämen, sich mit den „Neuen Medien" auseinanderzusetzen; gleichzeitig jedoch äußerten sie – ebenfalls in der überwiegenden Mehrheit – ganz deutliche Vorbehalte hinsichtlich der „Neuen Medien" und ganz besonders hinsichtlich deren Auswirkungen auf Kinder (ebd.). Ähnliches läßt sich auch bei den von uns befragten Erzieherinnen feststellen: Einerseits wird die Multimedia-Technologie als etwas wahrgenommen, was auf die Erzieherinnen „zukommt", als etwas, mit dem man sich mithin auseinandersetzen muß. Gleichzeitig begegenen wir andererseits ganz deutlichen Vorbehalten bezüglich zukünftiger Entwicklungen auf dem Sektor der elektronischen Medien bzw. der Multimedia-Technologie (vgl. hierzu insbesondere auch Kap. 6.4.3.1), die bei vielen der Befragten durchaus mit dem Begriff „Technikfeindlichkeit" überschrieben werden können. Zusätzlich fühlen sich gerade ältere Erzieherinnen häufig überfordert, wenn es darum geht, mit den technischen Entwicklungen Schritt zu halten. Sind viele Erzieherinnen schon ausgesprochen schlecht über das Angebot für Kinder auf dem Fernsehmarkt informiert bzw. wissen gar nicht so genau, was Kinder im Fernsehen ansehen (vgl. hierzu Kap. 6.4.1.2), so zeigen sich noch viel deutlichere Lücken und Unkenntnisse hinsichtlich Angeboten für Kinder im Rahmen neuerer technischer Entwicklungen (s.o.). Damit wird verständlich, daß viele Erzieherinnen eine eher resignative Haltung einnehmen, was die elektronischen Medien bzw. neuere Entwicklungen derselben angeht, und diese gerne pauschal aus dem Kindergarten – und damit auch aus ihrer Wahrnehmung – verbannen würden. Daß diese Haltung durchaus verbreitet ist, wird in Kapitel 6.5.3 zu zeigen sein.

### *6.4.5 Fazit*

In Kapitel 4.1 haben wir erläutert, daß medienerzieherisches Handeln im Kindergarten zu einem großen Teil von personeninternen Kognitionen und Wissenselementen auf seiten der Erzieherinnen abhängen dürfte. Im vorliegenden Kapitel 6.4 wurden Ergebnisse zu denjenigen Kognitionen und Wissenselementen berichtet, die sich auf die Medien bzw. auf die kindliche Medienutzung richten. Im anschließenden Kapitel 6.5 wird der Teil zu behandeln sein, der sich auf Erziehung im Allgemeinen sowie – vor allem – auf die Medienerziehung im Besonderen bezieht. Dabei ist zu beachten, daß beide Teile selbstverständlich nicht unabhängig voneinander gesehen werden können, insofern anzunehmen ist: Ansichten und Überzeugungen zum Umgang von Vorschulkindern mit den Medien bzw. Einstellungen zu den Medien auf der einen Seite beeinflussen Problemwahrnehmungen hinsichtlich des kindlichen (medienbezogenen und/oder medienbeeinflußten) Verhaltens auf der anderen Seite; oder anders ausgedrückt: Einstellungen zu den Medien und zum kindlichen Medienkonsum schaffen und beeinflussen Problembewußtsein, das wiederum die (medienbezogene) Problemwahrnehmung im Kindergarten beeinflußt.

Interpretiert man die Angaben der Erzieherinnen, wie lange pro Tag Drei- bis Fünfjährige ihrer Meinung nach fernsehen und welche Sendungen, die Kinder nach ihren Erfahrungen häufig oder gerne anschauen, sie persönlich kennen, als Wissen über kindliche Mediennutzung und Programmangebote, so werden erhebliche Lücken deutlich: Die Erzieherinnen gehen davon aus, daß Vorschulkinder in Deutschland beinahe doppelt soviel fernsehen, als dies – wie wir aus den Ergebnissen der kontinuierlichen Nutzungsforschung wissen – tatsächlich der Fall ist (vgl. Kap. 6.4.1.1). Dabei divergieren die Angaben in den beiden Befragungen zum Teil ganz erheblich: Die Befragten verfügen offensichtlich nicht über eine feste Vorstellung hinsichtlich des kindlichen Fernsehnutzungsquantums, sondern schätzten jeweils „ad hoc", wobei vermutlich aktuelle Beobachtungen im Kindergartenalltag und vor allem generell negative Einstellungen zum kindlichen Fernsehkonsum ihren Niederschlag gefunden haben dürften. Ähnliches gilt auch für die Angaben der Erzieherinnen zu Lieblingssendungen von Kindern, über die sie wenig Konkretes wissen. Gerade diejenigen Sendungen, die sie für Kinder als besonders problematisch ansehen, kennen sie nicht aus eigener Anschauung, sondern aus Berichten der Kinder und anderen Sekundärquellen.

Insgesamt beziehen die Erzieherinnen ihr Wissen und ihre Kenntnisse bezüglich des Fernsehumgangs der Kinder in erster Linie aus deren Verhalten selbst sowie aus Gesprächen mit Eltern und Kolleginnen, aber auch aus der Lektüre von Fachzeitschriften und -büchern. Die Ausbildung wurde in diesem Zusammenhang hingegen sehr viel seltener benannt (vgl. Kap. 6.4.1.4).

Mit den Medien bzw. dem kindlichen Medienkonsum assoziieren die befragten Erzieherinnen offensichtlich in erster Linie Negatives: Die Einschätzungen zur Fernsehnutzung bei Kindern verbinden sich in erster Linie mit Befürchtungen hinsichtlich der Schädlichkeit des angenommenen Nutzungsquantums: Die Kinder sehen nach Auffassung der Erzieherinnen nicht nur

„viel“, sondern „zuviel“ fern, da Fernsehen für Kinder im Kindergartenalter ihrer Ansicht nach bereits ab einer täglichen Dauer von einer Stunde als schädlich zu bezeichnen ist, während sie gleichzeitig davon ausgehen, daß Drei- bis Fünfjährige täglich im Durchschnitt etwa zweieinhalb Stunden fernsehen (vgl. Kap. 6.4.1 und Kap. 6.4.2.1).

Angesichts dessen überrascht es kaum, daß ihrer Meinung nach Vorschulkinder in Deutschland mehrheitlich als „Vielseher“ zu bezeichnen sind. Dies geht zum einen daraus hervor, daß die Erzieherinnen bereits ab einem täglichen Nutzungsquantum, das im Mittel um etwa 20 Minuten unter der von ihnen geschätzten durchschnittlichen TV-Nutzung von Vorschulkindern liegt, von „Vielsehen“ sprechen würden (vgl. Kap. 6.4.2.2). Zum anderen gaben sie – direkt gefragt – im Durchschnitt an, daß knapp 60 Prozent der Vorschulkinder in Deutschland als „Vielseher“ anzusprechen seien. Interessant ist dabei, daß sie gleichzeitig annehmen, daß in den von ihnen betreuten Gruppen deutlich weniger „Vielseher“ aufzufinden sind. Dieser Umstand ist unseres Erachtens darauf zurückzuführen, daß – wie die Ergebnisse zeigen – Vielseher in vielerlei Hinsicht als „anders“ im Vergleich zu anderen Kindern wahrgenommen werden; dabei verbinden sie mit dem Begriff vor allem negative Eigenschaften, was nahelegen könnte, den Anteil solcher Kinder in der eigenen Gruppe niedriger anzusetzen, da ansonsten u.U. die eigene erzieherische Kompetenz in Frage gestellt wäre.

Die Befürchtungen der Erzieherinnen hinsichtlich der kindlichen Fernsehnutzung beziehen sich jedoch nicht nur auf die schiere Höhe des Nutzungsquantums: Sie gehen auch davon aus, daß Kinder eher aus negativen Motiven heraus fernsehen, d.h. aus Motiven, die eher auf Defizite (etwa in Form fehlender Anregungen von außen oder sonstiger negativer Sozialisationsbedingungen ) schließen lassen. Kinder sehen demzufolge nicht fern, um sich zu informieren oder Neues zu lernen (wie die Erzieherinnen selbst; vgl. Kap. 6.2.3), sondern aus Langeweile, weil der Fernseher ohnehin immer läuft oder auch weil sie sonst nichts zu tun haben (vgl. Kap. 6.4.3.1).

Weiterhin sind die Befragten der Ansicht, daß Kinder häufig Sendungen sehen, die für sie nicht gedacht sind und die die Erzieherinnen auch nicht gutheißen (vgl. Kap. 6.4.3.3); dabei zeigt sich indes, daß sie insbesondere solche Sendungen, die sie als besonders problematisch ansehen, gar nicht aus eigener Anschauung kennen sowie generell nur sehr wenige Lieblingssendungen der Kinder benennen können (vgl. hierzu auch Kap. 6.4.1.2). Ein zentraler Aspekt für die Bewertung von Sendungen im Hinblick auf ihre Schädlichkeit für Kinder scheint das Vorkommen von Gewalt zu sein: Sendungen, die Gewalt beinhalten, werden grundsätzlich als problematisch für Kinder abgelehnt (vgl. Kap. 6.4.3.3). Kritisch werden sehr wohl jedoch auch Sendungsarten gesehen, in denen Gewalt in der Regel nicht vorkommt (wie z.B. Werbung). Auf der anderen Seite sind die Befragten durchaus in der

Lage, Kriterien für „kindgerechte“ Sendungen zu benennen, die nicht lediglich die Abwesenheit negativer Aspekte thematisieren, sondern auf (vor allem) inhaltliche und (weniger) formale Merkmale abheben.

Insbesondere auf von ihnen negativ bewertete Sendungen oder Sendungsarten beziehen sich die Wirkungsannahmen der Erzieherinnen: In erster Linie wurden negative Auswirkungen benannt, wobei ein erheblicher Teil der Befragten hierbei nicht oder nur wenig differenzierte, d.h. es ist ihnen vermutlich geläufig, daß Wirkungen – wenn sie denn auftreten – nicht immer und bei allen Kindern in gleichem Maße auftreten; gleichwohl wurden entsprechende Einschränkungen und Differenzierungen nur selten explizit geäußert (vgl. Kap. 6.4.3.2).

Daran zeigt sich, was durch die Ergebnisse der Medienbewertungen zusätzlich bestätigt wird: Das Fernsehen bzw. generell neuere elektronische Medien werden im Hinblick auf Vorschulkinder insgesamt ausgesprochen negativ gesehen (vgl. Kap. 6.4.3.1). Die Befürchtungen, die hinter diesen Bewertungen stehen, scheinen vor allem in die Zukunft gerichtet zu sein: „Zukünftige Entwicklungen des Fernsehens“ sowie die Multimedia-Technologie werden signifikant negativer bewertet als das Fernsehen in seinem „Jetzt-Zustand“. Gleichzeitig zeigt sich, daß im Hinblick auf die eigene Person offenbar deutlich geringere Befürchtungen bestehen: Alle diesbezüglichen Bewertungen fallen signifikant positiver aus als diejenigen im Hinblick auf „die Gesellschaft“, „Kinder im Kindergartenalter“ oder die „Arbeit im Kindergarten“. Angesichts der Tatsache, daß jedoch auch die Bewertungen im Hinblick auf die eigene Person lediglich in den neutralen Bereich der Skala, nicht jedoch in den positiven fallen, scheint es durchaus vertretbar, von einer offenbar weit verbreiteten „Technikfeindlichkeit“ der Befragten zu sprechen.

Sowohl die angesprochene „Technikfeindlichkeit“ als auch die Erkenntnis, daß Befürchtungen vor allem in die Zukunft gerichtet sind, werden auch durch die Angaben und Äußerungen der Befragten zu ihren Interessen und Kenntnissen hinsichtlich der Multimedia-Technologie gestützt (vgl. Kap. 6.4.4): Zum einen wissen die Befragten mit dem Begriff „Multimedia“ überwiegend nichts oder wenigstens kaum etwas anzufangen; zum anderen verbinden sich jedoch gerade mit der Multimedia-Technologie zahlreiche Befürchtungen sowie die Einschätzung, daß daran „nicht vorbeizukommen“ sei. Vor diesem Hintergrund ist zu vermuten, daß mit fortschreitender Verbreitung der Technologie sowie insbesondere einer – mit einiger Sicherheit zu prognostizierenden – Ausweitung des entsprechenden Angebots und damit einer steigenden Bedeutung für Kinder der Komplex „Multimedia“ das Fernsehen mittelfristig als „Kampfgegner“ (wie eine Befragte das Fernsehen wohl nicht zufällig bezeichnete) ablösen wird.

In Zusammenhang mit den genannten Kenntnissen und Ansichten war auch von Interesse, ob sich hierbei die Aus- oder Fortbildung in irgendeiner

Weise niederschlägt. Entgegen unseren Erwartungen lassen sich aber bezüglich keiner der Variablen Unterschiede aufzeigen, die die Gruppe der in Medienerziehung Ausgebildeten herausheben. Auch die Fortbildung scheint (abgesehen davon, daß die in Medienerziehung Fortgebildeten mehr formale Kriterien zur Bewertung von Fernsehsendungen nannten[78]) keinen positiven Effekt zu haben. Dabei dürfte gerade für die Fortbildung maßgeblich sein, inwieweit Erzieherinnen aus eigenem Interesse an einer Fortbildung teilnahmen und welche Kognitionen und Wissenshintergründe sie bereits zur Fortbildungsmaßnahme mitbrachten. So ist davon auszugehen, daß zum einen eine „aufgezwungene" Fortbildung weniger Früchte trägt und zum anderen solche Erzieherinnen, die ohne einschlägige Vorkenntnisse und mit stark negativen Vorbehalten gegenüber Medien und kindlichem Medienumgang eine Fortbildung in Medienerziehung besuchen, von einer wenig motivierenden Fortbildungsmaßnahme auch nur wenig profitieren können. Auf diese Weise wäre dann auch nicht zu erwarten, daß sich ein Fortbildungseffekt im Hinblick auf unsere Variablen zeigen könnte. Diese Argumentation ist noch zu erweitern, wenn man davon ausgeht, daß ohnehin nur in Medienerziehung engagierte Erzieherinnen für Fortbildung offen sind (was in Kap. 6.6.1 in Zusammenhang mit dem medienerzieherischen Engagement der Befragten nachzuweisen ist). Somit scheint es für die Ausbildung wie auch für die Fortbildung wichtig, die Erzieherinnen insbesondere zu motivieren und ihnen deutlich zu machen, daß ein Bedarf an Medienerziehung im Kindergarten – auch und vor allem im Sinne von Förderung der Medienkompetenz – besteht und daß sie entsprechend den ständigen Veränderungen im Medienbereich selbst bemüht sein müssen, ihre Kenntnisse zu erweitern bzw. zu aktualisieren.

Es hat sich in diesem Kapitel gezeigt, daß die personeninternen Kognitionen und Wissenselemente der Erzieherinnen, die sich auf die Medien und den kindlichen Umgang mit diesen beziehen (zum Verständnis unserer zugrunde liegenden theoretischen Aufassungen vgl. Kap. 4.1), im zusammenfassenden Überblick als negativ geprägt bzw. lückenhaft bezeichnet werden müssen. Im anschließenden Kapitel 6.5 wird zu klären sein, inwieweit Ähnliches auch für solche Kognitionen gilt, die sich auf die Erziehung bzw. auf die Medienerziehung richten, und in welcher Form oder in welchem Ausmaß negative Einstellungen zu den Medien bzw. zum kindlichen Medienkonsum die Problemwahrnehmung medienbezogenen oder -bedingten Verhaltens der Kinder im Kindergarten beeinflussen.

---

78 t-Test für unabhängige Stichproben: $df = 56$; $t = -2{,}22$; $p < .05$

## 6.5 Grundauffassungen, Problemwahrnehmung und Ansichten von Erzieherinnen zur Medienerziehung im Kindergarten

In Kapitel 6.4 konnten wir zeigen, daß sich für die befragten Erzieherinnen mit dem Fernsehkonsum von Vorschulkindern offenbar vor allem negative Annahmen und Überzeugungen verbinden: Fernsehen wird – dies kann u.E. so global gesagt werden – in erster Linie als schädlich für die Kinder angesehen oder sogar, wie eine Erzieherin es in den qualitativen Interviews formulierte, als „Kampfgegner" wahrgenommen. Umso wichtiger, so sollte man annehmen, dürfte den Befragten damit die Medienerziehung sein, um diesen „Kampf" aufzunehmen und dabei die Kinder gegen übermäßigen Medienkonsum und gegen negative Medienwirkungen zu „wappnen" und sie letztlich zu Kritik und Widerstandskraft zu befähigen. Inwieweit sich mit solchen negativen Überzeugungen gegenüber AV-Medien und deren neueren Entwicklungen allerdings auch Auffassungen verbinden, die neben dem Präventionsgedanken auch die Förderung einer umfassenden Medienkompetenz (vgl. Kap. 1.2) als Ziel der Medienerziehung beinhalten, ist dann sehr die Frage. Was also assoziieren die Erzieherinnen mit dem Begriff „Medienerziehung", welche Ziele verbinden sie mit diesem Förderbereich des Kindergartens und wie wichtig ist er ihnen? Zu fragen ist aber auch, auf welchen allgemeineren Grundauffassungen zur Erziehung und insbesondere auf welcher Problemwahrnehmung im Hinblick auf medienbezogenes Verhalten von Kindern – auch in Gegenüberstellung zu den genannten negativen Überzeugungen – diese Ansichten basieren.

Dabei ist zunächst (Kap. 6.5.1) zu klären, wie die (schädlichen) Einflüsse des Fernsehens von den Befragten quantifiziert werden, für wie „mächtig" Erzieherinnen also das Fernsehen im Vergleich zu anderen Sozialisationsinstanzen halten, denn: Die Tatsache, daß das Medium in bezug auf Kinder negativ bewertet wird, bedeutet für sich genommen ja noch nicht, daß damit auch gleichzeitig ein Problem größeren Ausmaßes besteht, könnte man doch auch der Auffassung sein, daß andere Einflüsse sehr viel wichtiger und prägender sind, so daß im Hinblick auf den Medienumgang allenfalls wenig Handlungsbedarf besteht. Dabei ist zu berücksichtigen, daß die Ansicht über den relativen Einfluß des Fernsehens wie auch anderer Sozialisationsinstanzen vermutlich auch damit zusammenhängt, inwieweit man Kinder überhaupt durch Sozialisationsinstanzen, aber auch durch sonstige Umwelteinflüsse für „formbar" hält. Insofern die Anlage-Umwelt-Relation bis heute noch ungeklärt ist, sind für diesbezügliche Überzeugungen auch bei Erzieherinnen starke interindividuelle Unterschiede anzunehmen, wenngleich auch zu berücksichtigen ist, daß gerade der Erzieherinnen-Beruf die Auffassung von einem recht hohen „formbaren" Anteil des Menschen nahelegen dürfte. Zudem sollte man annehmen, daß in ihrem Beruf motivierte Erzieherinnen sich als einigermaßen wirksam im Hinblick auf die verschiedenen Förderbereiche im Kindergarten und damit auch in der Medienerziehung einschätzen, sofern sie sich nicht überfordert fühlen oder – wie man angesichts der negativen Überzeugungen zum Fernsehen annehmen könnte – im Hinblick auf den Förderbereich „Medienerziehung" resigniert sind. Es fragt sich insofern: Inwieweit haben Erzieherinnen das Gefühl, bezüglich des Medienumgangs von Kindern etwas bewirken zu können?

Vor diesem Hintergrund wenden wie uns in Kapitel 6.5.2 der Problemwahrnehmung im engeren Sinne zu. Zu fragen ist, wie medienbezogenes Verhalten der Kinder im Kindergarten wahrgenommen wird. Es ist also zu zeigen, inwieweit Problembewußtsein hinsichtlich des kindlichen Fernsehkonsums bzw. der Auswirkungen desselben verknüpft ist mit einer Wahrnehmung von diesbezüglichen Problemen der Kinder, die sich aus der Beobachtung entsprechenden Verhaltens im Kindergarten ergibt (Kap. 6.5.2.1). Dabei ist zu berücksichtigen, daß medienbezogene Verhaltensweisen gleichzeitig einen wesentlichen Ausgangs- und Anknüpfungspunkt medienerzieherischer Tätigkeit darstellen (können). In diesem Zusammenhang ist auch die Problemwahrnehmung hinsichtlich der Defizite von Kindern im Umgang mit dem Fernsehen, die sich aus ihrem Entwicklungsstand ergeben, zu beleuchten. Zu fragen ist, inwieweit den Erzieherinnen solche Kompetenzdefizite geläufig sind und welche Fördermaßnahmen sie in dieser Hinsicht als sinnvoll und möglich erachten (Kap. 6.5.2.2).

Ausgehend von diesen Dimensionen der Problemwahrnehmung werden in Kapitel 6.5.3 die Vorstellungen der Erzieherinnen insbesondere zum Begriff, zu Zielen und zur subjektiven Bedeutsamkeit der Medienerziehung eingehend betrachtet. Im Hinblick auf die Zielperspektive (Kap. 6.5.3.3) ist dabei zu differenzieren zwischen eher abstrakten Zielen der Medienerziehung auf der einen Seite und konkreteren Zielen, mit denen man den Medienkompetenz-Defiziten von Kindern (wie sie in Kap. 6.5.2.2 thematisiert werden) begegnen kann, sowie schließlich Zielen von praktischen medienerzieherischen Maßnahmen und Projekten im Kindergarten auf der anderen Seite. Zum Schluß sollen – um wieder den Bogen zurück zu den in Kapitel 6.5.1 zu berichtenden Ergebnissen zu schlagen – die Grenzen, die die Erzieherinnen im Hinblick auf ihre medienerzieherischen Bemühungen sehen, aufgezeigt werden (Kap. 6.5.3.4).

### *6.5.1 Allgemeine Grundauffassungen zur (Medien-) Erziehung*

Ausgehend von der Tatsache, daß die verschiedenen Sozialisationsinstanzen (zu denen auch der Kindergarten gehört) in der Entwicklung von Kindern sicher unterschiedliches Gewicht haben, fragten wir die Erzieherinnen in der

Repräsentativstudie, welchen Einfluß ihrer Ansicht nach das Fernsehen als Sozialisationsagent habe. Dabei sollten sie in Form eines Prozentwertes angeben, wie groß ihrer Meinung nach der Einfluß des Fernsehens im Vergleich zu allen anderen Sozialisationsinstanzen gemeinsam ist[79]. Die entsprechenden Antworten zeigen, daß das Fernsehen bzw. der kindliche Fernsehkonsum – angesichts seiner vermuteten Schädlichkeit für Vorschulkinder – in den Augen der befragten Erzieherinnen ein erhebliches Problem darstellt (vgl. Tab. 6.27).

**Tabelle 6.27: Prozentualer Einfluß des Fernsehens als Sozialisationsinstanz**
(100% = Einfluß aller Sozialisationsinstanzen gemeinsam)
(Basis: n = 602; gewichtete Daten, nachträglich kategorisiert)

| Einfluß des Fernsehens als Sozialisationsinstanz in Prozent | n | % |
|---|---|---|
| bis 10% | 25 | 4,2 |
| 11% bis 20% | 60 | 10,2 |
| 21% bis 30% | 93 | 15,9 |
| 31% bis 40% | 111 | 18,9 |
| 41% bis 50% | 140 | 23,7 |
| 51% bis 60% | 59 | 10,0 |
| 61% bis 70% | 56 | 9,5 |
| über 70% | 44 | 7,5 |
| K. A. | 14 | -- |
| | M = 44,99 | SD = 18,88 |

Im Durchschnitt hat das Fernsehen nach Ansicht der Befragten beinahe genau so viel Einfluß wie alle anderen Sozialisationsinstanzen *zusammengenommen* – denn nichts anderes bedeutet der Mittelwert von 44,99 Prozent. Ein Blick auf die Häufigkeitsverteilung der Variablen zeigt indes, daß längst nicht alle befragten Erzieherinnen diese Ansicht teilen: Nur 27 Prozent gaben tatsächlich einen Anteil von über 50 Prozent an, wobei allerdings 7,5 Prozent dem Fernsehen sogar einen Anteil von über 70 Prozent zuschreiben, mithin offenbar der Auffassung sind, daß Vorschulkinder im Großen und Ganzen beinahe ausschließlich durch das Fernsehen geprägt werden. Immerhin fast ein Drittel der Probandinnen schätzte den Einfluß des Fernsehens demgegenüber auf höchstens 30 Prozent.

Die Formulierung der Frage (s.o.) weist bereits darauf hin, daß indes eine weitere Größe in Rechnung gestellt werden muß: Kinder werden ja nicht nur von Sozialisationsinstanzen beeinflußt, sondern sind sicherlich bis zu einem

79 Die genaue Fragestellung lautete: „Kinder werden bekanntlich sowohl durch ihre Anlagen als auch durch Umwelt und Erziehung geprägt. Wenn Sie nun den Teil, der durch Umwelt und Erziehung geprägt wird, als 100 Prozent betrachten: Wieviel Einfluß hat das Fernsehen im Vergleich zu dem Einfluß, den Eltern, Gleichaltrige, Kindergarten usw. gemeinsam haben? Geben Sie bitte einen Prozentsatz für die Prägung durch das Fernsehen an."

gewissen Grad auch von ihren (genetischen) Anlagen geprägt (Stichwort: „Anlage-Umwelt-Debatte"). In den qualitativen Interviews baten wir deshalb die Erzieherinnen anzugeben, wie stark ihrer Ansicht nach der Einfluß der (genetischen) Anlagen im Vergleich zum Einfluß der Umwelt (Sozialisationsinstanzen) auf die Entwicklung von Kindern ist. Auch diese Relation sollte in Form einer Prozentangabe ausgedrückt werden (ein Wert z.B. von 30 Prozent für die Anlagen bedeutet, daß nach Auffassung der Erzieherin 70 Prozent der kindlichen Entwicklung durch die Umwelt geformt werden). Die von den 60 Befragten angegebenen Werte weisen einen breiten Range auf (sie reichen von fünf Prozent bis hin zu 80 Prozent). Die Mehrheit (56,6%) gab freilich einen Wert zwischen 30 und 50 Prozent an. Der Mittelwert beträgt 38,62 Prozent (SD = 16,62) für den Anlagenanteil; im Durchschnitt sind die Befragten also der Meinung, daß die Umwelt (und damit auch erzieherische Maßnahmen) im Vergleich zu genetischen Anlagen weitaus bedeutsamer für die Entwicklung von Kindern ist, indem sie dem potentiell formbaren Anteil etwas mehr als 60 Prozent zuschreiben[80]. Das bedeutet freilich auch, daß der vermutete Einfluß des Fernsehens (der ja im Durchschnitt immerhin beinahe die Hälfte dieses formbaren Anteils ausmacht; s.o.) auch vor diesem Hintergrund als enorm hoch bezeichnet werden muß.

Die Angaben zu diesem potentiell durch Sozialisation und Erziehung formbaren Anteil (Prozentwert für „Umwelt") stehen erwartungsgemäß zumindest tendenziell in Zusammenhang mit denen zum prozentualen Anteil des Fernsehens an der Sozialisation von Kindern (die Korrelation verfehlt jedoch knapp die Signifikanz; $r = -.23$; $p < .1$): Je höher der prinzipiell formbare Anteil eingeschätzt wird, desto höher wird also in der Tendenz auch der relative Anteil des Fernsehens als Sozialisationsinstanz angenommen.

Insgesamt ergibt sich ein in dieser Eindeutigkeit auch für uns überraschendes Bild: Das Fernsehen erscheint vor dem Hintergrund der weiter oben berichteten Angaben und angesichts der Schädlichkeit, die ihm in bezug auf Vorschulkinder zugeschrieben wird, als geradezu übermächtiger „Kampfgegner" (s.o.). Dieser prägt den prinzipiell „formbaren Anteil" der kindlichen Entwicklung in beinahe demselben Ausmaß wie alle anderen Sozialisationsinstanzen (Familie, Kindergarten, Freunde etc.) gemeinsam.

Weitere qualitative Analysen der in den Face-to-Face-Interviews gegebenen Erläuterungen zeigen allerdings, daß die Anlage-Umwelt-Relation von den Erzieherinnen häufig losgelöst von der Medienerziehung (z.T. auch ohne Thematisierung des Fernsehens als Umwelteinfluß) im Sinne einer generellen

---

80 Damit erweisen sich die Befragten als etwas optimistischer hinsichtlich des Einflusses erzieherischer Maßnahmen als in einer früheren Untersuchung von uns befragte Grundschullehrerinnen und -lehrer (vgl. Frey, 1996): Diese gaben im Durchschnitt einen Wert von knapp 50% an, waren also der Meinung, Anlage und Umwelt seien in etwa gleich zu gewichten.

Formbarkeit im Rahmen von Erziehung und Förderung betrachtet wurde, wie etwa aus folgenden Interviewpassagen deutlich wird:

„Wenn eine gute Anlage da ist, hat die Umwelt nicht den allergrößten Einfluß. Trotzdem kann natürlich Umwelt noch ´ne Menge ausschlaggebend sein. [...] wie beim Haus sind die Grundmauern eben das Wichtigste." (Fallnr. 181)

„Ich würde sagen, gerade in unserer Altersstruktur – bzw. noch jüngere Kinder – bin ich eher der Ansicht: Wenn es sich um ein körperlich und auch geistig normal und gesundes Kind handelt, ohne irgendwelche Frühschädigungen oder sonstigen vorgeburtlichen Schäden, denk ich, ist so die Beeinflussung durch das Elternhaus – sprich wäre ja dann die Umwelt sehr groß. Anlagen sind sicherlich vorhanden, aber mit viel Zeit und Liebe lassen sich auch Anlagen in gewisse Richtungen noch entsprechend formen, lenken." (Fallnr. 143)

„Umwelt oder Vorbild spielen eigentlich die größere Rolle nach meinen Erfahrungen. Also ich bringe bestimmte Eigenschaften mit auf die Welt, aber ich denke mal, wenn jemand zum Beispiel ein Kind adoptiert, [...] daß man bei solch einem Kind dann durch Vorbild und Umgebung und all diese Einflüsse im Laufe der Erziehung sehr viel mehr erreichen kann oder daß das einen viel größeren Wert hat als das, was das Kind durch die Geburt mitbringt." (Fallnr. 10)

Wurden Medien allerdings in Verbindung mit der Anlage-Umwelt-Relation als Sozialisationsinstanz thematisiert (was allerdings lediglich bei sechs der 60 Befragten explizit zutraf), so wurden auch in diesem Kontext wieder die negativen Auswirkungen des Fernsehens auf die Sozialisation fokussiert, wobei dann gleichzeitig Mißverständnisse wie im folgenden ersten Beispiel auftraten. In anderen Interviews wurde darüber hinaus zuweilen deutlich, daß manche Erzieherinnen sich zur Anlage-Umwelt-Debatte bislang offenbar noch wenig Gedanken gemacht haben, sondern das Thema sofort unter ökologischen Gesichtspunkten mißinterpretierten, wie aus dem folgenden zweiten Beispiel hervorgeht.

„[...] das ist ja bei den Medien auch: Wenn Du bei den Medien jetzt so bewußt negative Medien einsetzt, dann muß man aber davon ausgehen, daß die auch 80% oder 75% des Charakters oder Lebensweges des Kindes bestimmen. Und das macht mir Angst, wenn ich es nicht kontrolliere [...]." (Fallnr. 26)

„Hier bei uns hält sich das sehr in der Waage, weil zunehmend Allergiker- und Neurodermitis-Kinder geboren werden. Und die Eltern, die leben hier schon sehr bewußt mit der Umwelt, also wir haben hier viele Eltern, die haben Öko-Häuser, Solarzellen, leichte Solarzellen, ohne Synthetikkleider, schadstoffarmes, also Bioessen, wie man so schön sagt [...]." (Fallnr. 136)

Vergegenwärtigen wir uns noch einmal den erwartungsgemäß recht hohen Anteil, der nach Ansicht der Befragten auf das Konto von Umwelteinflüssen (und damit auch zumindest unter anderem von Möglichkeiten der Erziehung und Förderung) geht, gleichzeitig aber auch die Tatsache, daß dabei der Kindergarten eher selten thematisiert wurde, und betrachten wir zudem den hoch angesetzten prozentualen Anteil des Fernsehens an der Sozialisation der Kinder, so stellt sich die Frage, welche Position Erzieherinnen bezüglich ihrer eigenen Selbstwirksamkeit im Kindergarten einnehmen. Einerseits scheint ein gewisser Optimismus vorzuliegen, wenn es um die Erziehungsmöglichkeiten von Kindern allgemein geht, was durchaus als erwartbare Berufseinstellung von Erzieherinnen verstanden werden kann. Andererseits kann angesichts des geringen Einflusses, den die Erzieherinnen den anderen Sozialisationsinstanzen im Vergleich zum Fernsehen zuschreiben, vermutet werden, daß diese Aufgabe geradezu als „Sisyphusarbeit“ empfunden werden müßte. Und dies ist umso mehr anzunehmen, als viele Erzieherinnen das Fernsehen im Hinblick auf Kinder negativ bewerten (wie bereits in Kap. 6.4 gezeigt werden konnte).

Inwieweit sehen sich also die Befragten in der Lage, gegen den „Kampfgegner“ Fernsehen anzutreten bzw. in ihren medienerzieherischen Bemühungen wirksam zu sein? Zu dieser Frage wurde den Erzieherinnen in der Repräsentativstudie eine Aussage vorgelesen, die die „Selbstwirksamkeit“ bzw. „Kontrollüberzeugung“ der Befragten im Hinblick auf die Mediennutzung der Kinder thematisiert. Diese lautete: „Es hängt erheblich von meinem Engagement ab, ob die Kinder das Medium Fernsehen sinnvoll nutzen können.“ Zustimmung oder Ablehnung sollten auf einer fünfstufigen Skala[81] angegeben werden.

Die Ergebnisse weisen darauf hin, daß die Befragten sehr wohl der Ansicht sind, in dieser Hinsicht Einfluß auf die Kinder nehmen zu können. Immerhin 67,2 Prozent bezeichneten die Aussage als „eher richtig“ oder „völlig richtig“, nur 14,6 Prozent lehnten sie mehr oder weniger stark ab. Im Mittel ergibt sich also eine eher zustimmende Reaktion ($M = 2{,}06$; $SD = 1{,}23$).

Auch im Hinblick auf den „Einfluß des Fernsehens als Sozialisationsinstanz“ und die „Selbstwirksamkeit“ unterscheiden sich die Angehörigen verschiedener Träger nicht signifikant voneinander. Ebensowenig scheinen das Alter und der Fernsehkonsum der Befragten eine Rolle zu spielen. Generell ist festzustellen, daß die Einschätzungen der Einflußmöglichkeiten hinsichtlich kindlicher Fernsehnutzung nicht systematisch mit den bisher berichteten Variablen variieren (geschätztes Fernsehnutzungsquantum der Kinder, vermutete Schädlichkeitsgrenze, Medienbewertungen usw. zeigen keine signifikanten Zusammenhänge mit dieser Variable). Plausiblerweise besteht allerdings ein Zusammenhang zwischen der subjektiven Selbstwirksamkeit und der privaten Beschäftigung mit verschiedenen für die Medienerziehung relevanten Themengebieten (wie „Ziele und Praxis von Medienerziehung“, „Möglichkeiten des Einsatzes von Mediengeräten“ etc.; vgl. Kap. 6.3.2): Die Erzieherinnen schätzen sich tendenziell als umso wirksamer ein, mit je mehr

81 mit den Polen „völlig richtig“ (1) und „völlig falsch“ (5)

Themenbereichen zur Medienerziehung sie sich bereits privat beschäftigt haben, bzw. umgekehrt formuliert: Für je selbstwirksamer sie sich halten, desto mehr fanden sie es tendenziell bislang auch sinnvoll, sich privat mit diesen Themen zu befassen (r = -.12; p < .01).

Sehr wohl von Bedeutung scheinen einige der erhobenen Variablen für die angegebene Höhe des Einflusses des Fernsehens als Sozialisationsinstanz zu sein: Je höher dieser Einfluß geschätzt wird, desto eher wird das Fernsehen („Allgemein“ und „Zukünftige Entwicklungen“) gleichzeitig als Fluch angesehen; alle acht entsprechenden Korrelationen sind negativ, fünf fallen auch signifikant aus[82], weitere zwei verfehlen knapp die Signifikanz. Interessant erscheint die Tatsache, daß auch zwei der vier Bewertungen der Multimedia-Technologie (in bezug auf Kinder im Kindergartenalter sowie die Arbeit im Kindergarten) signifikant negativ mit der Einflußvariablen korrelieren (r = -.14 bzw. r = -.13; beide p < .01); eine weitere (bezogen auf die eigene Person) verfehlt knapp die Signifikanz. Auch hier zeigt sich der an anderer Stelle bereits angesprochene Umstand, daß Medienbewertungen möglicherweise in sehr allgemeiner Art – i.S.v. generellen Überzeugungen hinsichtlich der Schädlichkeit (neuerer) elektronischer Medien – von Bedeutung sind.

Weitere signifikante Zusammenhänge ergeben sich – plausiblerweise – mit den Einschätzungen des täglichen Fernsehnutzungsquantums von Vorschulkindern sowie den vermuteten Prozentanteilen an Vielsehern unter den Vorschulkindern in Deutschland und in der eigenen Gruppe: Erzieherinnen, die einen relativ hohen Einfluß des Fernsehens vermuten, gaben in der Tendenz auch höhere Werte für den kindlichen Fernsehkonsum (r = .17; p < .001) bzw. höhere Prozentanteile an Vielsehern an sowohl bezogen auf die Gesamtheit der Drei- bis Fünfjährigen in Deutschland (r = .28; p < .001) als auch bezogen auf die Kinder der eigenen Gruppe (r = .21; p < .001).

Es ist jedoch (wie immer bei korrelativen Zusammenhängen) zu beachten, daß die Korrelationen nicht im Sinne von Kausalzusammenhängen verstanden werden dürfen. Ob Personen, die einen starken Einfluß des Fernsehens vermuten, dementsprechend auch das Fernsehen eher als „Fluch“ ansehen, kann auf Basis der Datenlage nicht entschieden werden. Es wird späteren Untersuchungen vorbehalten sein zu klären, welche Überzeugungen gewissermaßen als die grundlegenderen und auschlaggebenderen anzusehen sind. Zum jetzigen Zeitpunkt ist lediglich zu konstatieren, daß offenbar verschiedenste Überzeugungen hinsichtlich des kindlichen Fernsehkonsums, hinsicht-

82 Unter den vier Korrelationen mit den Bewertungen des „Fernsehens allgemein“ sind drei auf dem 0,1-Prozentniveau signifikant („Fluch/Segen“ bezüglich der Gesellschaft: r = -.18, p < .001; bezüglich der Kinder im Kindergartenalter: r = -.18; p < .001; bezüglich der Arbeit im Kindergarten: r = -.19; p < .001). Unter den vier Korrelationen mit den Bewertungen „Zukünftiger Entwicklungen des Fernsehens“ sind zwei signifikant auf dem 5%-Niveau („Fluch/Segen“ bezüglich der eigenen Person: r = -.10; p < .05; bezüglich der Kinder im Kindergartenalter: r = -.09; p < .05). Es ist zu beachten, daß niedrige Werte in den Medienbewertungsvariablen für die Auffassung stehen, daß das Bewertungsobjekt eher einen „Fluch“ darstellt.

lich der Schädlichkeit des Fernsehens sowie seiner Einflußstärke miteinander zusammenhängen und – dies wird in den folgenden Kapiteln zu überprüfen sein – möglicherweise auch von Bedeutung für das medienerzieherische Handeln der Erzieherinnen sind.

### *6.5.2 Problembewußtsein und Problemwahrnehmung im Hinblick auf medienbedingtes oder medienbezogenes Verhalten von Kindern*

Zur Erfassung von Problembewußtsein und daraus (potentiell) resultierender Problemwahrnehmung erschien es zunächst einmal erforderlich zu klären, in welchem Ausmaß Erzieherinnen medienbezogenes oder medienbedingtes Verhalten von Kindern bzw. Äußerungen von deren Medienerlebnissen wahrnehmen und wie sie diese bewerten. Dieser Komponente der Problemwahrnehmung wurde in beiden Erzieherinnen-Befragungen, insbesondere aber in den Face-to-Face-Interviews, relativ viel Platz eingeräumt: In den qualitativen Interviews wurden die Befragten ganz allgemein dazu aufgefordert zu schildern, inwieweit Kinder ihre Medienerfahrungen und -erlebnisse in den Kindergartenalltag hineintragen bzw. Verhaltensweisen zeigen, die nach Meinung der Befragten direkt oder indirekt mit dem Medienkonsum der Kinder zu tun haben. Darüber hinaus wollten wir von ihnen wissen, ob solche Verhaltensweisen bei allen oder nur bei bestimmten Kindern in der Gruppe auftreten. Schließlich wurden sie – sofern sie nicht bereits von sich aus darauf eingegangen waren – auch nach ihrer Bewertung solcher Medienerlebnisse bzw. medienbedingter oder medienbezogener Verhaltensweisen der Kinder gefragt. In der Repräsentativstudie wurden derartige Verhaltensweisen dagegen vorgegeben (wie unaufgefordertes Nachspielen von Fernseherlebnissen, Nachahmung von Medienpersonen bzw. -figuren, eigenständige Benutzung von Mediengeräten in der Einrichtung etc.). Die Erzieherinnen wurden dabei aufgefordert anzugeben, wie häufig das jeweilige Verhalten im Kindergarten vorkommt und – ähnlich wie in den qualitativen Interviews – inwieweit es sich nur bei bestimmten Kindern oder bei der gesamten Gruppe beobachten läßt. Auf diesen Themenkomplex geht das folgende Kapitel 6.5.2.1 ein[83].

---

83 Diese Fragen in der Repräsentativstudie bzw. in den qualitativen Interviews sind anders als bei der Untersuchung von Höltershinken und Mitarbeitern gestellt worden, so daß die dortigen Ergebnisse nicht unmittelbar mit unseren vergleichbar sind: Während in unseren Erzieherinnen-Befragungen die (Problem-) Wahrnehmung unaufgeforderten medienbezogenen bzw. medienbedingten Verhaltens und Handelns der Kinder einerseits und die Initiierung solcher Verhaltensweisen und Aktivitäten von seiten der Erzieherinnen andererseits bewußt getrennt erfragt wurden, war bei der anderen Untersuchung offenbar beides miteinander gekoppelt worden. Gefragt wurde danach, inwieweit die Kinder aus eigenem Antrieb oder auch auf Anregung der Gruppenleiterinnen hin medienbezogenes Verhalten im Kindergarten zeigen. („Unter medienbezogenen Tätigkeiten werden sowohl Tätigkeiten der Kinder verstanden, die – aus eigenem Antrieb der Kinder oder auf Anregung der Gruppenleiterin – im direkten Umgang mit verschiedenen Medien stehen, als auch unterschiedliche Tätigkeiten, bei denen sich Kinder, z.B. im Gespräch, durch

Darüber hinaus rechnen wir unter Problembewußtsein und Problemwahrnehmung auch Auffassungen der Erzieherinnen darüber, inwieweit sie bei Kindern im Kindergartenalter spezifische Defizite in den für einen adäquaten Medienumgang notwendigen Kompetenzen (z.B. Fähigkeit zur Unterscheidung zwischen Realität und Fiktion) als problematisch für die Mediennutzung ansehen und welchen Bedarf bzw. welche Möglichkeiten der Förderung solcher Kompetenzen sie für den Kindergarten sehen. Hierauf ist in Kapitel 6.5.2.2 einzugehen.

#### 6.5.2.1 Medienbezogenes oder medienbedingtes Verhalten von Kindern im Kindergarten: Wahrnehmung und Bewertung durch die Erzieherinnen

Zu Beginn der themenorientierten Face-to-Face-Interviews wurden die Erzieherinnen darum gebeten, über ihre Erfahrungen und Einschätzungen im Hinblick auf Medienerlebnisse der Kinder zu berichten[84]. Dabei ging es uns zunächst noch weniger um sehr konkrete und differenzierte Informationen, sondern vorrangig – da es sich um die Interview-„Aufwärmphase“ handelte – darum, daß die Erzieherinnen auf diese Eingangsfrage hin ohne weitere Lenkungen durch die Interviewer in ungezwungener Gesprächsform die Gelegenheit bekamen, sich auf die Gesamtthematik des Interviews einzustellen und sich ausführlich zu äußern. Um einen möglichst vollständigen Eindruck davon zu bekommen, wie sich Medienerlebnisse nach den Erfahrungen bzw. Ansichten der Erzieherinnen im Kindergartenalltag niederschlagen, wurden die Befragten – wenn sie bereits bei dieser allgemeinen Frage auch auf andere Themenbereiche eingingen – wiederholt dazu angeregt, eventuelle weitere Erfahrungen zu Phänomenen von Medienerlebnissen der Kinder zu schildern.

Angesichts dieser Vorgehensweise war davon auszugehen, daß den Befragten ein breites Spektrum an Erfahrungen mit medienbedingtem bzw. medienbezogenem Verhalten der Kinder im Kindergarten nicht nur präsent wäre, sondern sie auch entsprechend viele Erfahrungen schildern würden. Um diese und weitere Fragen in Verbindung mit Medienerlebnissen zu klären, wurden die entsprechenden transkribierten Aussagen zunächst einmal unter inhaltlichen Gesichtspunkten kategorisiert (wie Nachspielen oder Thematisieren von Medieninhalten; Ausagieren von Medienerlebnissen etwa in Form von Aggressionen; von den Erzieherinnen beobachtete Unkonzentriertheit, die sie auf den Medienumgang der Kinder zurückführen; „Montagssyn-

---

Spiele, durch kreatives Gestalten, mit den Inhalten aus verschiedenen Medien auseinandersetzen“; Höltershinken, Kasüschke & Sobiech, 1989, S. 340)

84 Im Folgenden werden – aus ökonomischen Gründen – die von den Erzieherinnen wahrgenommenen medienbedingten oder medienbezogenen Verhaltensweisen der Kinder bzw. deren Äußerungen von Medienerlebnissen gemeinsam unter dem Sammelbegriff „Medienerlebnisse“ zusammengefaßt, wobei jedoch stets zu berücksichtigen ist, daß es sich nicht um die Wahrnehmung der kindlichen Medienerlebnisse selber, sondern um die hierauf bezogenen Erfahrungen bzw. Ansichten der Erzieherinnen bezüglich der von ihnen entsprechend attribuierten Verhaltensweisen bzw. Äußerungen der Kinder handelt.

drom“ etc.). Auf Basis dieser Kategorisierung ließ sich für die einzelnen Probandinnen jeweils eine Summe der von ihnen geschilderten Medienerlebnisse der Kinder bilden; die dadurch erzeugte Variable konnte dann für weitere Auswertungen herangezogen werden.

Betrachten wir zunächst einmal nur diese quantitativen Daten, so ergibt sich bezüglich der Anzahl genannter Medienerlebnisse über die Stichprobe hinweg ein Range von null bis sechs Nennungen pro Person, wobei der Mittelwert bei 2,6 liegt. Im Durchschnitt schilderte also jede Erzieherin zwei bis drei einzelne Situationen oder Erfahrungen im Hinblick darauf, daß Kinder ihre Medienerlebnisse in den Kindergarten hineintragen bzw. medienbezogene Verhaltensweisen und Äußerungen im Kindergarten zeigen.

Innerhalb der u. E. nicht gerade großen Anzahl von Nennungen dominieren mit weitem Abstand Schilderungen darüber, wie Kinder ihre Medienerlebnisse im Kindergarten nachspielen bzw. dort in Rollenspielen umsetzen (insgesamt 53 Nennungen von 60 Erzieherinnen). An zweiter Stelle rangiert das Thematisieren von Medienerlebnissen (31 Nennungen): Kinder erzählen im Kindergarten von ihren Medienerfahrungen, tauschen im Kindergarten mit anderen Kindern oder auch mit den Erzieherinnen ihre Meinungen zu Medieninhalten aus oder stellen zu bestimmten Medieninhalten gezielte Fragen. Aber auch das Mitbringen von eigenen Merchandising-Artikeln und das Spielen mit denselben wird relativ häufig wahrgenommen (25 Nennungen). Als weitere auf Medienerlebnisse bezogene Verhaltensweisen werden das Nachsingen von Melodien aus den Medien (insbesondere aus der Werbung; 16 Nennungen) und das Nachbasteln bzw. Nachbauen von Medienszenen (12 Nennungen) erwähnt.

Einige Passagen aus den Interviews mögen solche unterschiedlichen Schilderungen beispielhaft illustrieren, wobei sie teilweise gleichzeitig die Problematik des „Montagssyndroms“ dokumentieren. Darüber hinaus kann das letzte Zitat verdeutlichen, wie diffus solche Attributionen und zugrunde liegenden Kenntnisse von Medieninhalten und Mediennutzung der Kinder auf seiten vieler Erzieherinnen sind und wie komplex gleichzeitig die entsprechenden Gedankengänge sind.

„[...] Also es gibt zweierlei Sparten, würde ich sagen. Einmal, daß die Kinder es im Spiel nachspielen mit Material, das wir hier im Kindergarten haben; wo wir dann also auch Spielszenen ausfüllen, wiedererkennen. Dann gibt es Situationen, auch sachliche Informationen, die die Kinder mitreinbringen, bei Gesprächen z.B. über Natur oder so. Dann kommen schon so Sachen, ich sag jetzt mal: von dem Peter Lustig, dann merkt man dann schon auch, daß Kinder auch diese Sendung gesehen haben und einfach da von ihren Erfahrungen aus der Fernsehsendung dann auch berichten. Also es ist schon unterschiedlich gelagert. Und auch daß Kinder bei Gesprächen auch von Ängsten erzählen, die sie durch Medien bekommen haben. Also ich erinnere mich an eine Zeit, als das mit dem Golfkrieg war und in jeder Tagesschau davon berichtet wurde. Da hatten wir doch vereinzelte Kinder, die dadurch also wirklich Ängste hatten und ja auch Probleme hatten, damit umzugehen [...].“(Fallnr. 85)

„Also auffällig ist, daß sie in den letzten Jahren verstärkt eben – wie sie selber mittlerweile sagen, die Kinder: ‘Wir saßen vor der Glotze’ – daß sie also verstärkt vor dem Fernseher sitzen und dieser Fernseher eben als Babysitter genommen wird. Die Kinder kommen dann morgens schon mal rein und sagen [...]: ‘Ich hab schon – ich habe schon heute morgen Fernsehen geguckt’. *Vor* der Kindergartenzeit, *vor* dem Frühstück teilweise, ja? Und wenn ich dann nachfrage, ‘Was hat die Mama gemacht?’: ‘Ja, Mama war unter der Dusche’ oder sonst irgendwas. Dann erzählen sie, daß sie da alle möglichen Trickfilme gesehen haben schon, dann erzählen sie, daß sie an den Wochenenden Trickfilme schauen. Also in allererster Linie Trickfilme, ja? Und viele eben auch Trickfilme, die viel mit Kämpfen zu tun haben, furchtbar viel mit Kämpfen. Und dann kommt also so langsam mit Nachfragen heraus – gerade Wochenende: Papa, Mama wollen länger schlafen, und die Kinder wissen, daß der Fernseher da ist, und die *dürfen* also auch wirklich dann, sobald sie wach sind, meistens runtergehen, ne? [...] So. Und dann läuft der Kasten von sechs Uhr morgens bis zehn Uhr ungefähr, und dann sind die voll.“ (Fallnr. 114)

„[...] Meistens montags [...], das ist aber zunehmend auf die schlechte Jahreszeit hin mehr [...]: Da ist Wochenende; da viele Eltern *beide* berufstätig sind – am Wochenende denken sich, selber ausspannen zu müssen – ist es oft so, daß sie ihre Kinder vor den Babysitter stellen und das Knöpfchen andrücken, und je nachdem, wie aggressiv denn diese Sendungen waren, die die Kinder gesehen haben, kannst Du das montags – ja bis elf – mitkriegen [...] Was sie geguckt haben, spielen sie teilweise nach und bringen auch die bestimmten Figuren mit, und sie ziehen sich dann immer in diese Nebenräume zurück [...] setzen sich auch manchmal, je nachdem, wie alt sie sind oder wie kritisch sie sind, damit auseinander. Aber da mußt Du sie auch oft hinführen [...] Ja, warum war der das – oder ob das so richtig war [...].“ (Fallnr. 126)

„[...] Ja, Kleidung natürlich auch, denn es gab da diese Turtle-Turnschuhe und Power-Ranger-T-Shirts, die dann ganz aktuell waren. Ansonsten merken Sie höchstens so, wo wir immer drunter zu leiden haben, vornehmlich montags, wenn dann Wochenende gewesen ist, dann kriegen Sie schon mit, dann gibt es dann haufenweise brüllende Geschöpfe, wo wir dann schon hinterher fragen: ‘War es ein Löwe?’, aber es war meistens kein Löwe, sondern irgendein Ungeheuer. Die Kinder können selten erzählen, was sie geguckt haben. Sie können schon mal so sagen, ‘Ja, da war das und das’ [...] aber jetzt nicht gezielt: ‘Ich hab mir die und die Serie angeguckt’. Es sind auch keine bestimmten Serien, die konsumiert werden, aber man merkt schon, sie haben auf jeden Fall mehr geguckt, als ihnen gut getan hat.“ (Fallnr. 143)

„Wir hatten mal ein Mädchen, was eben auch so gern diese Deutschländer [...] Würstchen so aß, die dann auch jeden Morgen so am Frühstückstisch diesen Werbeslogan so gesungen hat, ne? ‘Deutschländer Würstchen’, wie lecker die sind und so. [...] Also da sieht man dann schon, was die auch so mitbekommen. Oder auch mal ein Junge [...], der hat dann auch abends mit seinem Vater und Bruder die Tutti-Frutti-Sendungen geguckt. Da hieß es dann auch [...]: ‘Kennste Tutti Frutti?’ Und da hab ich gesagt: ‘Ja, das ist ein Pudding’ – also ich kannte die Sendung selber nicht – und da hat er gesagt: 'Nee, das sind die Weiber mit den dicken Brüsten!'. Also das kriegen wir dann schon mit, aber daß das jetzt unbedingt nachgespielt wird oder diesen Nachahmungseffekt hat, das kann ich nicht *so* unterstützen oder *so* bestätigen." (Fallnr. 169)

„Die Mütter regen sich zum Teil schon darüber auf. Letzte Woche auf ´nem Elternabend war das *das* Thema, weil die Kinder also morgens früh – die erste Amtshandlung ist schon zum Maltisch, und die malen sich das Stirnband von der Sendung. [...] Die Benutzung der Spülmaschine soll bei uns ja eher die Ausnahme sein. Beim Handspülen sagen dann die Kinder: 'Komm, ist das denn Palmolive?!'. Die kennen die genauen Sprüche dazu! [...] Die wissen das alles ganz genau." (Fallnr. 181)

„An solch einem Montag sind sie dann unkonzentrierter – lauter – es kommen dann auch von diesen Gewaltszenen was rüber – Power Ranger – so ein Schlagwort, so speziell für die Jungs [...]." (Fallnr. 32)

„Der Montag ist zum Beispiel ein ganz extremer Tag hier bei uns im Kindergarten, die sind montags überhaupt nicht aufnahmefähig, die sind abgefüllt mit dem Fernsehen und haben die Sachen überhaupt nicht verstanden [...]." (Fallnr. 114)

„Ich kann Ihnen die Situation mit den Kindern schildern, aber ich kann keine Sendung direkt nennen. [....] Es ist zum Beispiel – in der ersten Gruppe sind zwei Kinder, die seit einem Jahr im Kindergarten sind: Der eine ist sehr schüchtern gewesen und sehr zurückhaltend, aber der muß an verschiedenen Tagen irgendeine Sendung gesehen haben, die ein anderer so aufgenommen hat, daß die beiden nur noch Räuber waren, Polizisten, sich versteckten, unter´m Tisch waren und noch einen dazunahmen. Und das war für uns sehr interessant zu beobachten, weil das *sonst* sehr inaktive Kinder waren, brav und sehr, sehr ruhig. Aber durch dieses Erlebnis haben die eine Basis gefunden und kommuniziert und das natürlich wiedergebracht. Und das lief eine ganze Zeit. Die Kollegin schritt auch ein, als das zu heftig wurde innerhalb der Gruppe, wenn andere Kinder davon betroffen waren, die zogen einfach welche mit hinein, die wollten gar nicht. Und danach ebbte das ein bißchen ab. – Und dann durch grippale Infekte, durch Urlaub zogen sich die Kinder zurück, und im Moment ist nichts mehr. Ist gar nichts mehr. – Was noch zum Tragen kommt, ist, daß ja die Medien sehr schnell den Konsum beauftragen und dann dementsprechend Power-Figuren herstellen. Und da wir mit den Eltern eben die Übereinstimmung getroffen haben, keinerlei kleine Figuren mitzubringen, da sie sehr verloren gehen und die Kinder dann immer traurig sind, bringen die das dann heimlich mit und haben das in der Hand. Und das ist *auch* ab und zu zu beobachten, aber ansonsten nichts. [...] Ja, das sind auch Privat-Sendungen – ja Power – und was da im Moment so läuft, davon bin ich ja nicht so informiert. *So* drückt sich das *hier* aus; es gibt Einrichtungen, von denen Kolleginnen berichten, da ist das wesentlich stärker und ganz, ganz massiv, daß die Kinder nur darin leben; also *hier* nicht." (Fallnr. 136)

Auch in der Repräsentativstudie wurden die Erzieherinnen danach gefragt, inwieweit sich Medienerlebnisse bzw. medienbezogenes Verhalten im Kindergarten zeigen. Hierzu wurden den Befragten sieben Items vorgegeben, die sich u.a. auf das Mitbringen von Merchandising-Artikeln, Nachahmen und

Nachspielen von Fernseherlebnissen und Medienfiguren und auf die Thematisierung des Medienkonsums/der Medienerlebnisse von Kindern bezogen. Dabei wurden die Erzieherinnen gefragt, wie häufig die jeweiligen Aktivitäten unaufgefordert im Kindergarten auftreten und inwieweit sie sich bei der gesamten Gruppe oder nur bei bestimmten Kindern beobachten lassen. In der Gesamtstichprobe (n = 602) zeigt sich dabei die folgende *Rangfolge*[85]:

1. Nachahmung von Fernsehpersonen oder -figuren (M = 2,26; SD = 0,73)
2. Nachsingen/-sprechen von Liedern oder Texten aus dem Fernsehen (M = 2,35; SD = 0,72)
3. Nachspielen von Fernseherlebnissen (M = 2,43; SD = 0,75)
4. Thematisierung von Medien/-Konsum/-Erlebnissen (M = 2,61; SD = 0,66)
5. Mitbringen von Merchandising-Artikeln (M = 2,82; SD = 0,74)
6. Nachbasteln/Malen von Medienfiguren/-personen (M = 2,99; SD = 0,73)
7. Eigenständige Nutzung von Mediengeräten in der Einrichtung (M = 3,04; SD = 0,89)

An diesen Mittelwerten läßt sich zunächst feststellen, daß keine der vorgegebenen Aktivitäten nach Angaben der Befragten besonders häufig auftritt, wobei insbesondere das Mitbringen von Merchandising-Artikeln, das Nachbasteln/Malen von Medienfiguren bzw. -personen und das eigenständige Nutzen von Mediengeräten in der Einrichtung eher selten stattfinden (die Mittelwerte für die einzelnen Items differieren nicht sehr stark, dennoch lassen sie gemeinsam mit den entsprechenden Varianzen Interpretationen und Zusammenhangsanalysen zu, auf die später auch in Verbindung mit Interkorrelationen zwischen den Items eingegangen werden soll).

Innerhalb der Teilstichprobe der in den qualitativen Interviews zusätzlich Befragten ergaben sich nahezu identische Werte. Gleichzeitig ist hier die Rangfolge bei den gerade genannten Items durchaus ähnlich derjenigen, die sich in den Interviews für die von den Befragten geschilderten Erfahrungen bezüglich des Aufscheinens kindlicher Medienerlebnisse in der Einrichtung ergibt (wenn man davon ausgeht, daß Nachahmung und Nachspielen inhaltlich vergleichbar mit der dort gebildeten Kategorie „Rollenspiel/Nachspielen" sind; s.o.).

Über die bislang betrachteten unmittelbar wahrnehmbaren Äußerungen zu Medieninhalten bzw. Medienerlebnissen der Kinder hinaus wurden im Rahmen der qualitativen Face-to-Face-Interviews von wenigen Erzieherinnen auch solche Verhaltensweisen geschildert, die sie explizit auf die Medienerlebnisse der Kinder zurückführen. Zu solchen Verhaltensweisen, die von etwa jeder sechsten Befragten in dieser Attributionsweise beschrieben wurden, gehören an erster Stelle Phänomene, die als „Montagssyndrom" bekannt sind (siehe auch die oben zitierten Textpassagen). Unabhängig von Wochentagen fallen hier-

85 Skala von 1 = „sehr häufig" bis 4 = „nie"; berichtet werden gewichtete Daten

unter aber auch allgemeine Schilderungen beispielsweise von aggressivem Verhalten, Konzentrationsproblemen, Unruhe und sozialer Isolation. Dabei gingen einige Befragte auch bereits speziell auf die Vielseherproblematik ein (s.u.; vgl. auch Kap. 6.4.2.2), andere kamen in Zusammenhang mit Medienerlebnissen bzw. deren Auswirkungen im Kindergarten bereits auf andere Themenbereiche zu sprechen, wie etwa auf wahrgenommene Probleme mit den Eltern bzw. mit der auf Medienerziehung gerichteten Elternarbeit, auf die Situation im Kindergarten allgemein oder auf spezielle Wirkungen der Mediennutzung.

Allerdings gibt es unter den 60 Befragten auch einige Erzieherinnen, denen offenbar ganz besonders wenige – bis hin zu gar keine – Situationen im Kindergarten bewußt sind, die mit Medienerlebnissen der Kinder zu tun haben. Andere kennzeichneten in diesem Zusammenhang ihren Kindergarten als nicht nur mehr oder weniger medienfrei, sondern auch als eine spezielle Einrichtung, in der aufgrund des besonderen Erziehungsklimas und der positiven Möglichkeiten im Kindergarten (z.B. spezielle Räume zum Austoben oder besonders gute Spielmöglichkeiten im Freien), des besonderen Einzugsgebietes (z.B. Familien aus der „Oberschicht") oder der regionalen Gegebenheiten (z.B. „ländliche Idylle") sich Medienerlebnisse seltener als in anderen Einrichtungen äußern:

„[...] Also hier nicht so häufig, muß ich sagen [...]. Ich denke, in einer Großstadt ist das schlimmer. Habe ich auch so erlebt. Ist also hier eigentlich noch so ein bißchen heile Welt – Ja, die Kinder können auch hier noch sehr viel nach draußen zum Spielen, obwohl das wird auch schon immer weniger. Man merkt auch so die Tendenz – sie hätten die Möglichkeit hier, draußen zu spielen, es ist nicht so gefährlich hier, es ist sehr viel freies Land und so da, also von daher Möglichkeiten genug [...]." (Fallnr. 88)

„Bei uns ist das nicht so oft: Weil wir eben auch draußen bemüht sind, wirklich viel kreatives Material anzubieten, sprich Balken, Autoreifen, und wir haben uns einen abgesägten Kirschbaum jetzt letztlich uns hier ankarren lassen, wo die klettern. Wir haben Lauben, wir haben Büsche, wo die hinter spielen. Also dieses wird eigentlich dann auch sehr genutzt [...] Und dann werden diese anderen Sachen überhaupt nicht mehr – die kommen gar nicht zum Tragen. Das ist also sehr auffallend, finde ich, wenn man ihnen diese Sachen anbietet, die auch wirklich mit Begeisterung genutzt werden." (Fallnr. 93)

„[...] Nein, nicht so sehr. Ich sage mal, daß die Familie noch funktioniert – das ist ländlich, das ist dörflich. Die können raus, die können auch alleine raus. Ich denke, die können sich hier anders beschäftigen, wirklich noch. Eltern kümmern sich hier noch mehr um die Kinder, als das in der Stadt der Fall ist." (Fallnr. 186)

Solche Schilderungen und Sichtweisen sprechen unseres Erachtens für ein eher geringes Problembewußtsein zur Medienerziehung, da bekanntlich Kinder aller Schichten und in allen Regionen Medien mehr oder weniger stark nutzen und insofern ihre individuellen Medienerfahrungen und -erlebnisse haben, die sich durchaus im Kindergarten auch unter positivsten Bedingungen und besten Spielmöglichkeiten äußern. Im übrigen sind schließlich medienbezogene oder medienbedingte Verhaltensweisen von Kindern bzw. Äußerungen von Medienerlebnissen keineswegs nur als negativ zu werten, was von den gerade zitierten Erzieherinnen jedoch offenbar anders gesehen wird (auf die Bewertung von Medienerlebnissen bzw. deren Aufscheinen im Kindergarten gehen wir weiter unten nochmals ein).

Während also einige der 60 in den themenorientierten Face-to-Face-Interviews Befragten das Auftauchen von Medienerlebnissen im Kindergarten von speziellen Bedingungen innerhalb und außerhalb der Einrichtung abhängig zu machen schienen, gingen viele ihrer Kolleginnen bereits von sich aus sinnvollerweise auf *Unterschiede zwischen Kindern* ein: Die Auffälligkeit und Problematik von medienbezogenem oder medienbedingtem Verhalten wird dann auf „bestimmte Kinder" begrenzt wahrgenommen, die sich durch einen besonders hohen Fernseh- bzw. Videokonsum auszeichnen, deren Eltern ihnen besonders große Freiheit in ihrem Medienumgang gewähren, die auch unabhängig von ihrer Mediennutzung eher ungünstigen Sozialisationsbedingungen ausgesetzt sind oder die selber bestimmte hierfür relevante Charakteristika mitbringen.

Sowohl in der Teil- als auch in der Gesamtstichprobe läßt sich feststellen, daß unaufgefordertes medienbezogenes Verhalten in zwei Dritteln der Fälle von den Erzieherinnen nur bei „ganz bestimmten Kindern" in ihrer Gruppe beobachtet wird. Sieht man von wenigen Befragten ab, die innerhalb der Gesamtstichprobe angaben, daß dies „ganz unterschiedlich" sei (und solche Fälle sind nur in der Gesamtstichprobe vorhanden), so ist ein weiteres Drittel der Erzieherinnen der Auffassung, daß sich medienbezogene Aktivitäten bei vielen Kindern, wenn nicht sogar bei der Mehrheit zeigen. Interessanterweise nehmen dabei solche Erzieherinnen, die der Auffassung sind, daß sich derartige Aktivitäten bei mehr oder weniger allen Kindern zeigen, am häufigsten unaufgefordertes medienbezogenes Verhalten bei den Kindern wahr (Gesamtmittelwert über alle 7 Items hinweg: $M = 2{,}45$; $SD = 0{,}41$). Sie unterscheiden sich darin von ihren Kolleginnen, die davon ausgehen, daß sich Medienerlebnisse nur bei bestimmten Kindern zeigen ($M = 2{,}73$; $SD = 0{,}43$; der Mittelwertsunterschied erweist sich als hochsignifikant: $t = 7{,}40$; $df = 564$; $p = .000$).

Was für eine Art von „bestimmten Kindern" ist dies nun aber? Aus den themenorientierten Face-to-Face-Interviews geht deutlich hervor, welche Bedingungen und Differenzierungen die befragten Erzieherinnen an die Wahrnehmung bzw. das Auftreten medienbezogener/-bedingter Verhaltensweisen von Kindern knüpfen. Dabei verwiesen zahlreiche Befragte – entweder von sich aus oder teilweise erst auf Nachfrage hin – darauf, daß sich medienbezogene oder medienbedingte Verhaltensweisen bei Jungen weitaus häufiger als bei Mädchen beobachten lassen. So erläuterte eine Erzieherin (Fallnr.

214), daß Jungen häufig Gewaltszenen nachspielen und sich dabei mit den „siegreichen Helden identifizieren, besonders mit 'Knight Rider' und Krimis"; für Mädchen sehe sie das Pendant zwar im Nachspielen von „Trotzkopf-Filmen, 'Verbotene Liebe' oder 'Marienhof', das ist aber seltener". Folgende Zitate illustrieren beispielhaft, wie insbesondere Geschlechtsunterschiede im Hinblick auf Äußerungen von Medienerlebnissen betont werden:

„Es sind doch eher immer dieselben – würde ich vielleicht auf ein Drittel der Kinder festlegen, die da ganz intensiv mit beschäftigt sind – bei anderen Kindern viel weniger. Es sind schon immer bestimmte Gruppen von Kindern. In der überwiegenden Zahl, die mir aufgefallen sind, sind es dann doch, wenn ich es einordnen müßte, Jungen. So im Alter fünf, sechs Jahre, kann aber auch dran liegen, daß ich so ein besonderes Augenmerk drauf habe, das weiß ich nicht." (Fallnr. 22)

„Auf Fernsehen reagieren mehr die Jungen. Dagegen Kassettenrekorder mit Hörspielen reagieren mehr die Mädchen drauf. Und es sind auch nicht immer nur die gleichen Kinder. Wir merken sehr oft, daß, wenn die mit drei Jahren hier in den Kindergarten kommen, da haben die noch gar nichts mit Medien am Hut, interessiert die noch gar nicht. Man merkt dann so die Steigerung: Mit vier Jahren, dann kriegen sie die erste Kassette geschenkt oder so. Oder da bringen sie die auch mit, die wird auch eingelegt mal, und nach fünf Minuten geht das Kind spielen, da interessiert die Kassette überhaupt nicht mehr. Aber man merkt dann die Steigerung. Die Kinder ziehen sich gegenseitig auch mit. Und auch selbst Familien, wo ich weiß, die Kinder dürfen da kein Fernsehen gucken oder so, aber die Kinder sind interessiert daran, und die suchen sich andere Wege." (Fallnr. 85)

„Die Mädchen, die sind gar nicht so wild eigentlich auf diese aggressiven Sendungen, die schauen sie zwar, aber die schauen nach wie vor lieber so diese alten Trickfilme noch, ja? Aber die Jungs – das ist zum Verrücktwerden!" (Fallnr. 114)

„[...] Nee, nicht alle, aber ein sehr großer Teil, wobei es also dann überwiegend Jungen waren, die das halt angefangen haben und nachspielten. Und Kinder, die mindestens schon vier, fünf Jahre alt waren – oder fünf, sechs Jahre. Die Drei-/Vierjährigen weniger, die sind noch so in ihrer Traumwelt, die haben noch ganz andere Vorstellungen." (Fallnr. 51)

„Das ist ganz unterschiedlich. Diese Notrufsache ist überwiegend bei Jungen, und die Mädchen, die schauen sich meistens so Zeichentrickfilme an, aber nicht so aggressive; wie 'Bambi' oder 'Arielle, die Meeresjungfrau', das interessiert dann mehr Mädchen, die spielen oder malen das dann auch und unterhalten sich, wer was gesehen hat. Bei den Jungen werden mehr so die aggressiven Szenen nachgespielt, und die Mädchen eigentlich gar nicht so sehr interessieren. Ich weiß nicht, ob das jetzt so geschlechtsspezifisch ist, hab mich das auch oft gefragt, weil es ist weniger, daß es bei den Mädchen so ist." (Fallnr. 196)

Wie schon an den bisherigen Zitaten teilweise deutlich wurde, sehen manche Erzieherinnen zudem Bedingungen von seiten des familiären Hintergrundes wie aber auch das Einzugsgebiet und weitere Kontextbedingungen als ausschlaggebend dafür an, inwieweit sich Medienerlebnisse im Kindergarten in auffallender Weise niederschlagen bzw. beobachten lassen. Auch hierfür sollen einige Zitate als Beispiele dienen:

„Ja, es sind ganz bestimmte Kinder. Entscheidend ist, wie die Eltern mit dem Fernsehen umgehen. Kinder, die im Hinblick auf das Fernsehen besonders auffällig werden, kommen meist auch aus Familien, in denen entweder ein Elternteil fehlt, oder aber es gibt Geschwister, zu denen der Altersabstand besonders hoch ist. Kinder bedienen sich des Fernsehens – der Rollen, die ihnen im Fernsehen angeboten werden, um eigene Gefühle auszudrücken. Ein Prozentsatz an derartig auffälligen Kinder kann ich nicht benennen, da sich das Verhalten eines Kindes auch im Verlauf der Zeit ändern kann.“ (Fallnr. 34)

„Geschlechter kann man jetzt nicht so unbedingt trennen. Man könnte so die soziale Schicht so ein bißchen abchecken. Da gibt es dann auch so welche, das sind auch immer die gleichen Kinder, die dann schon morgens früh Fernsehen geguckt haben, bevor sie hier reinkommen. Und das bringen die dann auch mit. Das sind nicht viele. Aber wir haben jetzt hier 50 Kinder im Kindergarten. Davon würd ich mal sagen: so zehn ungefähr, die dann morgens früh schon kommen: ‘Ich hab schon das und das geguckt’.“ (Fallnr. 88)

„[...] Ja nicht unbedingt aus sozial schwachen Familien, sondern vor allem Kinder von berufstätigen Müttern. [...] Mehr Jungen – nicht die Masse, sondern nur ca. drei bis vier von 25. Man merkt beim Kind vieles: Kinder sind nach dem Fernsehen total entnervt, können sich auch nach dem Hören von Kassetten nicht so schnell auf den normalen Kindergartenalltag umstellen, darum brauchen sie anschließend Möglichkeiten zum Ausleben.“ (Fallnr. 188)

„Es ist unterschiedlich. Ich denke, es gibt einige, die unternehmen noch ´ne Menge und deren Kinder spielen auch noch so richtig. Es gibt halt Familien, die hocken viel vor dem Fernseher. Aber selbst bei den anderen Freizeitunternehmungen ist das oft reiner Konsum: lauter Feste, das ist wie beim Fernsehen, das es wie die Feste so zum Konsumieren gibt. Manche sind hibbeliger und unkonzentrierter als andere, aber ich kann das nicht beschreiben.“ (Fallnr. 220)

Abgesehen von Geschlechtsunterschieden und Kontext- bzw. familiären Bedingungen nannten einige wenige Erzieherinnen auch bestimmte Charakteristika der Kinder, bei denen medienbezogene bzw. medienbedingte Verhaltensweisen eher auffallen oder die aufgrund ihrer Persönlichkeit auch andere Kinder in dieser Hinsicht beeinflussen. Dabei wurde von einigen Befragten zudem hervorgehoben, daß Kinder mit bestimmten Eigenschaften in einer speziellen Weise Medieninhalte nachspielen bzw. in Rollenspielen verarbeiten; so verwiesen einige darauf, daß „phantasiebegabte Kinder“ (z.B. Fallnr. 56) die Medieninhalte kreativer in das eigene Spiel integrieren und weitere Inhalte eigenständig hinzuerfinden. Schließlich wurde plausiblerweise in diesem Zusammenhang auch die Vielseher-Thematik angesprochen. Zu beiden

Aspekten (Eigenschaften der Kinder und Vielseher-Thematik) sollen auch hier wieder einige Beispiele die Sichtweise der Erzieherinnen veranschaulichen:

„Es sind nur zwei oder drei von 25; wenn die aber sehr dominant sind, dann werden die gleich von allen anderen Kindern nachgeahmt. Es kommt also auf die Dominanz dieser Kinder an, wie selbstbewußt die so ´ne Sendung in die Gruppe bringen. Wenn die es schaffen, dann haben es ruckzuck ganz viele Kinder drauf. Das führt dann auch dazu, daß weitere Kinder animiert werden, sich so ´ne Sendung anzugucken." (Fallnr. 181)

„Und wenn es darum geht, was nachzuspielen oder etwas aufzuarbeiten, dann sind das für mich, jetzt in Anführungszeichen, sag ich jetzt mal, die sensibleren Kinder." (Fallnr. 20)

„Das sind dann oft so Kinder, die sowieso in der Gruppe nicht so das Sagen haben, die eher, sag ich mal, nicht so – sind nicht unbedingt Kinder, die sehr beliebt sind. Aber die werden dadurch beliebt, weil sie ja dann auch Macht praktisch ausüben, ne?" (Fallnr. 51)

„[...] Aber den 'Weißen Hai' spielen Kinder nach, die zu Hause unkontrolliert viel fernsehen, weil die Eltern früh arbeiten gehen müssen und die Kinder vor dem Kindergarten vor den Babysitter gesetzt werden." (Fallnr. 214)

„[...] Das sind sowieso schon Kinder, die sozial benachteiligt sind, die sehr wenig Grundfertigkeiten [...] haben und die dann noch ihre ganze Zeit verzetteln, um mit diesen ganzen unverarbeiteten Inhalten zu kämpfen, und nicht dazu kommen, konstruktiv irgendetwas auf die Beine zu stellen." (Fallnr. 164)

„Es sind immer wieder ganz bestimmte Kinder – wo man also auch sieht, da ist eben auch ein extremer Fernsehkonsum, wo man auch nicht so auswählt." (Fallnr. 180)

„Mit den Werbesprüchen, das sind die Kinder, die auch mehr konsumieren als andere und die in ihrem Verhalten auffälliger, z.B. unruhiger sind." (Fallnr. 189)

„Das äußert sich im Spielverhalten ganz kraß: Wer guckt viel Fernsehen, wer guckt wenig Fernsehen. Also die Kinder, die wenig gucken, haben eine unglaubliche Phantasie, sind in den Rollenspielen ganz, ganz stark. Und die anderen Kinder, das sind mehr so die Einzelgänger, Eigenbrötler, die sich nur sehr, sehr schwer mitziehen lassen." (Fallnr. 177)

„Aber es sind dann schon ganz bestimmte Kinder, die dadrin auch immer wieder auffallen – wo man dann auch weiß, daß die Mehrseher sind. [...] Ich denke, wenn die *eine* Sache sehen am Tag, das ist ja noch nicht so schwierig. Das kriegen sie ja meistens noch gebacken, ne? – irgendwie verarbeitet. Aber wenn das dann eine *Vielzahl* von Sendungen sind – und das ist ja dann meistens montags – das ist einfach so, wo die dann alle auf´s Trapez kommen, hier auf den Tisch, dann sind das immer ziemlich ähnliche Kinder, also die gleichen. [...] Aber ich denke, es gibt schon Kinder, die dann verstärkt auffallen, die ja aber auch verstärkt fernsehen, weil sie keine anderen Angebote haben von zu Hause. Aber das möchte ich jetzt auch nicht so verallgemeinern, weil ich denke, es gibt auch in anderen Familien häufig Situationen, wo zwischendurch auch noch was mit den Kindern gemacht wird – gespielt wird oder auch was unternommen wird, wo es auch Zeiten gibt, wo die dann viel fernsehen. Das kann ich jetzt aber rein nur gefühlsmäßig sagen. Ich habe so den Eindruck, daß Jungen das mehr verarbeiten müssen und daß wir das von daher mehr hier merken, weil die vielleicht auch mehr Actiongeschichten gucken. Bei Mädchen ist das nicht so, kommt natürlich auch vor, das ist klar, aber auffälliger für uns jedenfalls ist das mit den Jungs." (Fallnr. 20)

Zumindest aus dem letzten Zitat geht eine gewisse *Differenziertheit* hervor, die in anderen Interviews noch deutlicher wurde: So zeigt sich bei manchen Erzieherinnen eine reflektierte Art der Problemwahrnehmung, mit der sie nicht nur über ihre eigenen Erfahrungen bezüglich der im Kindergarten aufscheinenden (oder störenden) Medienerlebnisse der Kinder berichteten oder auch zwischen verschiedenen Gruppen von Kindern unterschieden. Vielmehr stellten solche Befragten dann ihre Erfahrungen oder auch die Möglichkeit, medienbezogenes bzw. medienbedingtes Verhalten von Kindern wahrnehmen zu können, in einen umfassenderen Kontext: Sie verwiesen etwa auf Veränderungen auf seiten des Medienangebotes, des kindlichen Medienumgangs und der elterlichen Medienerziehung oder auch auf die eigene Gewöhnung bzw. Abstumpfung gegenüber dem medienbezogenen Verhalten oder den Äußerungen von Medienerlebnissen der Kinder. So führte eine Erzieherin aus, daß Kinder heutzutage weniger als noch vor ein paar Jahren Werbespots nachsingen oder in anderer Weise Werbung nachahmen, da „Kinder viel zu viel damit überschwemmt werden; wo sie hinkommen, ist Werbung". Ebenso werde beim Frühstück im Kindergarten weniger als früher über Fernsehsendungen gesprochen; „das liegt aber bestimmt nicht daran, daß sie weniger gucken, sondern weil das einfach normal zu deren Leben gehört. Früher war das was Besonderes und jetzt ist das – na ja!" (Fallnr. 216). Das erweiterte Programmangebot führt nach Meinung einiger Befragten dazu, daß die Kinder kaum noch in der Lage sind, Medieninhalte nachzuspielen oder sich über Medienerlebnisse zu unterhalten, da sie aufgrund des gesteigerten TV-Konsums insgesamt weniger bewußt fernsehen und sich weniger an einzelne Inhalte erinnern können. Dabei unterschied eine Erzieherin zwischen der Zeit vor Einführung des Kabelfernsehens und der heutigen Zeit und stellte fest, daß früher die Kinder von bestimmten Sendungen im Kindergarten gesprochen und Sendungsinhalte nachgespielt hätten; inzwischen sei dies jedoch zurückgegangen, da angesichts der Programmvielfalt jedes Kind seine individuellen Fernseherfahrungen mache, die es mit anderen weniger austauschen könne, „inzwischen driftet das alles etwas auseinander" (Fallnr. 214). Auch einige weitere Befragte gingen auf die erweiterte Programmvielfalt ein, die dazu führe, daß Kinder interindividuell heterogene Medienerlebnisse hätten, womit ein gemeinsames Thematisieren oder Nachspielen im Kindergarten unwahrscheinlicher werde: „Die schauen zu viel Unterschiedliches. Wenn ein

Kind eine Figur oder Sendung nachspielen will, kennen die anderen die Sendung nicht, die können dann nicht mehr zusammen dazu was spielen" (Fallnr. 164). Die folgenden Beispiele stehen für differenzierte Auskünfte, in denen zugleich auch die eigene Gewöhnung bzw. die Verschiebung des subjektiven Stellenwertes bezüglich kindlicher Äußerungen von Medienerlebnissen zum Ausdruck gebracht werden:

„Jungen spielen eher mit Figuren aus Kampfserien wie 'Power-Rangers' und 'He-Man' – diese Figuren, die durch Muskelkraft beeindrucken und was die nicht alles können – Mädchen eher mit 'Barbie'. Man kann eigentlich nicht behaupten, daß die breite Masse der Kinder durch solche Spiele auffallen, jedenfalls im Moment nicht. Das ist abhängig von dem Einzelfall. G'rad in der Zeit, als das anfing mit diesen privaten Sendern auch und diese Filme gezeigt wurden, da war das schon auffällig, daß also die Jungen überwiegend mit diesen Spielzeugen auch ankamen. Im Moment geht es eigentlich. Zum Teil sind manche Eltern auch bewußter geworden. Es gibt natürlich auch andere, die eben da jeden Mist ihren Kindern auch kaufen. Sicherlich ein Grund ist auch, weil man sich daran gewöhnt hat, daß man das mittlerweile schon als normal empfindet, wenn die Kinder dann mal was erzählen oder solche Sachen spielen. Wobei mit den kraftprotzigen Figuren ist es im Moment also wirklich nicht schlimm oder auffällig. Was immer noch interessant ist, sind Gewehre oder Pistolen oder so, aber da wissen die ganz genau, wie wir im Kindergarten damit umgehen, und bringen das deshalb schon nicht mit. Aber so fürchterlich auffällig ist es im Moment nicht. Ich denke, das hat auch was mit dem Einzugsgebiet hier zu tun: Es ist gemischt von gutsituierten Familien bis hin zu Sozialhilfeempfängern, der Ausländeranteil ist im Moment auch wieder ganz hoch. Aber es sind schon viele bewußte Eltern da, die also auf so was auch Wert legen und die sich bemühen, ihren Kindern nicht immer so etwas zugänglich zu machen, die ganz bewußt mit ihren Kindern fernsehen oder ihren Kindern ganz bewußt gewisse Sendungen erlauben." (Fallnr. 239)

„[...] im Moment ist es weniger, also da könnte ich weniger sagen, daß sie von bestimmten Fernsehserien – angetan sind, daß sie die eher also in Rollenspielen ausleben. Wir haben aber sicherlich die Zeit gehabt, als He-Man und Batman – wie diese Zeiten waren, daß sie doch da sehr viel mit den fliegenden Gewändern rumliefen und auch ihre Kräfte so messen wollten, wie es dann auch im Fernsehen dargestellt war. Also das hat man zu der Zeit schon beobachten können. Im Augenblick guck ich jetzt selber schon mal bewußt so Sendungen, um eben auch auf dem Laufenden zu bleiben, weil wir bei den Kindern wenig mitbekommen. [...] Ich weiß nicht, ob sich das jetzt in der Elternschaft so ein Stück gewandelt hat, daß Kinder wirklich jetzt ausgesuchter suchen, also Fernsehen gucken, ne?, daß man ganz gezielt Sendungen anschaut, oder ob Kinder das in der heutigen Zeit auch besser verarbeiten." (Fallnr. 169)

„Das ist mittlerweile differenziert geworden. Also vor zehn Jahren wurden wir dann gefragt, und dann haben wir gesagt: 'Ja, montags merken wir das, dann spielen sie alle – ja was weiß ich nicht' – damals waren es die Turtles – weil dann haben sie sich gekloppt oder was weiß ich nicht, und es war erkennbar. Heute ist es differenzierter geworden. Ich glaube noch nicht einmal mehr, daß einige Kinder wissen, was sie da konsumieren bzw. daß sie so berieselt sind, daß auch einiges in so einem großen

Sumpf abgeht einfach [...]. Es sind zum Teil Bruchstücke aus Filmen. [...] – Verregneter Sonntag, ich denke, ein Kind kommt auf sechs Filme in einer schlechten Situation, doch ja! Und das ist einfach sowas, man kann es nicht aufnehmen. [...] Die können keinen roten Faden mehr in der Handlung erkennen. Und das ist dann schon so, daß das ganze auch sehr diffus dann hier wirkt. [...] Das erkennbare Nachspielen ist weniger geworden, weil das vermischt sich auch mehr mit anderen Anteilen – oder ich empfinde das einfach nicht mehr als so wild, weil ich andere Dinge schlimmer finde: Ich find´s mittlerweile in meiner Wertigkeit problematischer, wenn ein Kind isoliert ist [...]. Von daher kann es auch sein, daß ich es gar nicht mehr als solches so gravierend wahrnehme." (Fallnr. 113)

Mit einigen Kolleginnen gemeinsam stellte die zuletzt zitierte Erzieherin in ihrer Differenziertheit und Reflektiertheit eher die Ausnahme dar: Insgesamt war mindestens die Hälfte der in den Face-to-Face-Interviews befragten Erzieherinnen wenig differenziert und reflektiert im Hinblick auf ihre Erfahrungen mit kindlichen Äußerungen von Medienerlebnissen bzw. medienbezogenem Verhalten der Kinder und auf ihre entsprechende Problemwahrnehmung. Dies gilt auch für die Bewertungen von Medienerlebnissen, die wir nun betrachten wollen.

Um die *Bewertungen* kindlicher Medienerlebnisse bei den Face-to-Face-Interviewten anhand eines gemeinsamen Maßstabs einordnen und quantifizieren zu können, wurden alle Aussagen der Befragten, die ausführlicher auf Meinungen bzw. Einstellungen zu Medienerlebnissen eingingen, einer Skalierung unterzogen, sofern sie eine eindeutige Zuordnung auf Basis einer fünfstufigen Skala von 1 (sehr negative Meinung) bis 5 (sehr positive Meinung) zuließen[86]. Folgende interessante Ergebnisse lassen sich aus den Kategorisierungen und Skalierungen der auf Bewertungen bezogenen Interview-Passagen ableiten:

In ähnlicher Weise wie in der Repräsentativstudie mit Antwortvorgaben erfragt, bezogen sich auch die Teilnehmerinnen der qualitativen Face-to-Face-Interviews (nun aber ohne eine explizite Frage und selbstverständlich ohne Antwortvorgaben) mit ihren Bewertungen teilweise auf die kindlichen Medienerlebnisse an sich – also etwa auf Risiken des Medienkonsums oder des Fernsehens insgesamt[87] oder auf Gefahren von seiten bestimmter TV-Programme oder Hörkassetten. Hierzu gaben neun der 60 Interviewten von sich aus eine ausführlichere Stellungnahme ab, die in allen Fällen (eher) negativ ausfiel. Folgende zwei Beispiele eher negativer Aussagen sollen an dieser Stelle genügen:

---

86 Wie in Kapitel 5.4 erläutert, wurden alle Kategorisierungen bzw. Skalierungen unter den drei unabhängig voneinander arbeitenden Auswertern verglichen und nur bei Homogenität in die weiteren Auswertungsschritte und Interpretationen einbezogen.

87 ähnlich den in Kap. 6.4.3.1 erläuterten Ansichten zum Fernsehen bezogen auf Kinder im Kindergartenalter

„[...] ich denke, die Kinder tun ja das, was ihnen aufgetragen wird, der Knopf – also dieses Ding benutzen. So. Ich kann auch die Eltern nicht abwerten und sagen: 'Eure Eltern sind doof, wenn sie Euch immer das Ding anmachen'. So. Will ich ja auch gar nicht. Aber ich kann wohl zu den Kindern sagen, wenn sie dann mit sowas kommen: 'Ja, wie hast Du Dir das vorgestellt? Wie war das? Hast Du denn nichts anderes machen können?'. Da versuchst Du also da, einfach ein Kind dazu zu ermutigen, auch mal 'nee' zu sagen oder zu sagen: 'Nee, Mama, ich mach lieber was anderes'. Das klappt ganz, ganz selten [...]. Ich hab das immer so gesagt: 'Sag mal, haste nix gemalt?' oder 'Es war doch so schön draußen, warum haste nicht das oder jenes gemacht?!'. Also da versucht man schon mal, so ´nem Kind ´nen Anstoß zu geben, beim nächsten Mal vielleicht ´ne andere Reaktion zu zeigen einfach – Das ist negativ in meinen Augen, wenn die sich nur bespielen lassen von dieser Glotze. Aber es ist nun mal Trend, ne? [...]." (Fallnr. 126)

„[...] weil je länger die Fernsehen gucken, desto weniger Bewegung hatten die, die Kinder sind dann richtig durchgeknallt, das heißt, sie wissen vor lauter Information ja überhaupt nicht mehr, was sie noch wie einordnen sollen, geschweige denn, wie sie selber agieren sollen, weil es ist ja viel einfacher, sich vor die Kiste zu setzen und sich berieseln zu lassen, als selber aktiv im Spiel zu sein." (Fallnr. 177)

Andere Befragte gaben dagegen vorrangig unter dem Gesichtspunkt Bewertungen ab, inwieweit das Hineintragen von Medienerlebnissen bzw. das medienbezogene oder medienbedingte Verhalten der Kinder die Kindergartenarbeit positiv oder negativ tangiert[88]. Hierzu äußerten sich in ausführlicher Weise 22 der 60 Interviewten; von diesen Aussagen konnten wiederum lediglich drei als eher positive skaliert werden, so daß auch aus diesen Passagen eine insgesamt (eher) negative Bewertung abzulesen ist, wie aus folgenden Beispielen deutlich wird:

„[...] Ja, ich mein, es ist ja meistens auch mit Krawall verbunden, ne? Die Kämpfe, die spielen dann ein bißchen lauter. Aber es ist auch so Unruhe. Ich meine, es gibt auch Kinder, die das nicht gucken. So. Jetzt werden die dann noch animiert, so mitzumachen – muß nicht unbedingt sein, denk' ich. Und ich versuch auch immer, dann noch was anzubieten, was ihnen dann auch Spaß machen könnte oder wo sie auch was Interessantes machen, ne? Ich denk, verbieten kannste nicht. Und dann, denke ich, soll ein Kind auch mal gezwungen werden, was anderes zu tun, sonst würden sie vielleicht *nur* noch so was machen, ich weiß es nicht. Der Torsten ist also ein Kind, das sehr dadrauf fixiert ist, das sind Zwillinge, der ist sehr da – von der Phantasie her auch schon so beschränkt auf diese Sache. Und das geht Dir dann schon auf den Keks. Dann denk ich immer: 'Jetzt ist aber Feierabend! Jetzt setz Dich mit mir dahin, wir machen jetzt ein Spiel'. Dann unterhältst Du Dich ja auch, um mal so was anderes aufzukratzen. Aber es ist in mancher Beziehung, wenn ich es den ganzen Vormittag zulassen würde – nee, fänd ich nicht in Ordnung. Es wär mir zu einseitig für die Kinder." (Fallnr. 126)

88 ähnlich den in Kap. 6.4.3.1 genannten Meinungen zum Fernsehen bezogen auf die Arbeit im Kindergarten

„Wir finden es halt nicht so schön, wenn immer nur – ich sag mal – Kampfszenen, Mord und Totschlag und so Dinge, die Kinder – ich sag mal – in dem Sinne ja gar nicht so begreifen können, immer so massiv nachspielen und sich auch zum Teil dann wehtun, also dann wird wirklich auch ein Holzstück genommen und auf ein Kind geworfen. In dem Trickfilm passiert nix, die haben ja irgendwelche magischen Kräfte. Ja und hier ist dann Chaos!" (Fallnr. 51)

„Ich find es sehr schade und teilweise auch für die Gruppe an sich, für den Gruppenablauf ist es sehr belästigend. Dieses Power-Ranger-Fieber [...] das überrollt einen, weil da fingen zwei an, es kamen noch zwei dazu, und vier ließen sich fasziniert mitreißen." (Fallnr. 143)

„Wer tagtäglich dann in der Gruppe diese Kinder hat – das sind ja meistens Actionfilme – da stört der Lärmpegel. [...] Aber daß ich das jetzt positiv – nee, da fällt mir nichts ein!" (Fallnr. 150)

„[...] das macht dann keinen Spaß mehr, dann ist es höchstens ein Abreagieren von Aggressionen, aber es bringt doch sehr viel Unruhe und auch ein Stück Gewalt in die Gruppe." (Fallnr. 181)

Eine dritte Kategorie von Bewertungsaussagen konzentrierte sich auf die Frage, wie es für die Kinder selber zu bewerten ist, wenn sie ihre Medienerlebnisse in den Kindergarten hineintragen bzw. dort „ausagieren". Hierzu gaben insgesamt immerhin 30 der 60 Interviewten eine ausführlichere Stellungnahme ab. Anders als die vorher genannten Aussagen waren diese jedoch in nur einem Fall eindeutig negativ, während neun Bewertungen sehr positiv (Skalenwert 5) und weitere 18 eher positiv (Skalenwert 4) ausfielen (zwei weitere Befragte äußerten sich ambivalent). Darüber hinaus empfindet es jede zehnte Interviewteilnehmerin als nützlich für ihre medienerzieherische Arbeit oder für ihre sonstigen pädagogischen Bemühungen, wenn Kinder ihre Medienerlebnisse in den Kindergarten hineintragen: Auf diese Weise können sie besser an die Kinder herankommen, besser auf die Kinder einwirken und ihnen besser dabei helfen, ihre Medienerlebnisse aufzuarbeiten:

„Das muß ja mal raus, das können sie dann besser verkraften." (Fallnr. 72)

„Ich meine – ich kann das ja dazusagen – von dem einem Kind der Vater ist Polizist, und der andere Vater ist wohl so ein – also sehr wenig zuhause, der ist sehr agil [...] und sehr viel unterwegs – und daß diese Kinder das einfach als Puffer brauchten. Der eine, seine Ängste – 'mein Vater ist Polizist', denn es ist auch ein sehr angepaßtes Kind – loszuwerden; und der andere, sich eben darüber stark zu machen, weil er sehr ängstlich war, er ließ den Vater einfach nicht los. Der Vater kam morgens schon mit seinem Aktenbündel und brachte den hier rein, der [...] also abgehängt war, da brauchte der das auch als Puffer. So daß ich das nicht immer als negativ betrachte [...]. Und das ist bei diesen beiden Kindern nicht gegeben, also so daß ich das da auch nicht als schädlich ansehe, eher als eine Befreiung für den einen und für den anderen auch ´ne Kommunikation, um Kontakte herzustellen [...], daß das Kind das erstmal, was es aufgenommen hat, hier wieder abgeben kann und auch die Möglichkeit hat, das abzubauen, also mit anderen Kindern zu sprechen und auch einem Erwachsenen zu sagen. Ich finde, das ist auch sehr, sehr wichtig.“ (Fallnr. 136)

„Die Kinder brauchen ja die Möglichkeit, die Dinge auszuspielen. [...] Ich sehe das nicht unbedingt als negativ. *Wenn* die Kinder noch drüber spielen und drüber sprechen, ist es immer gut für sie. Wenn sie sich zurückziehen und ihre eigene Welt schaffen und nicht mehr auf den anderen eingehen können, dann wird es problematisch. [...] Weil man merkt, das interessiert die Kinder ja oder sie möchten da auch weiter drüber reden und spielen. [...] Einfach auch für uns als Spiegel, was sehen die Kinder. [...] Rückschlüsse für uns, warum sie müde sind, warum das und das auftritt oder das und das ansteht.“ (Fallnr. 192)

„Generell finde ich es wichtig, wenn Kinder Fernseh´ gucken, daß da jemand daneben sitzt und sich nach dem Film mit den Kindern darüber unterhält. Und wenn ich merke im Kindergarten, das findet zu Hause nicht statt [...], daß die hier die Möglichkeit haben, das mit uns zu bereden. Und daß die auch wissen, ´o. k. die ist für mich da, da kann ich hingehen, und die sagt *nicht* erstmal, oh Gott, warum schlägst du denn schon wieder’, [...] daß wir schon versuchen, daß sie es ausleben können. Weil, wenn sie es unterdrücken, dann wird´s irgendwann an einer anderen Stelle rauskommen, vielleicht auch gegen ein anderes Kind oder gegen uns [...]. Das ist so wie mit Alpträumen erzählen [...]: Wenn man einen Alptraum erzählt, dann ist er weg und man wird ihn nie wieder träumen, und ich hoff, daß es bei den Kindern auch so ist, wenn sie es dann erzählen, daß es dann einfach weg ist.“ (Fallnr. 28)

„Ich find das richtig, ich find das gut. Weil sie alleine damit nicht klarkommen. Tja, zu Hause – Guck mal: Der Vater oder die Mutter, den werden sie kaum drauf ansprechen, weil die haben eh keine Zeit für sich, die gucken die Filme ja auch wahrscheinlich nicht mit, oder meistens nicht mit [...]. Die sollen uns das erzählen, damit wir damit umgehen können [...]. Wir haben im Moment ein Kind, wir haben gesagt, das ist bockig, ne? Das ist verzogen und war wirklich alle so, diese – Stellt sich jetzt auch raus: Papa und Mama lassen sich scheiden, und das dreijährige Kind hat den Zoff da zu Hause mitgekriegt. [...] Und das ist ja auch mit *diesen* Sachen so: Wenn ich weiß, warum ein Kind so reagiert, was es zu Hause erlebt hat, dann kann ich ja auch anders damit umgehen. Das ist auch so mit diesem Film: Wenn ich weiß, das hat die geguckt, dann kann ich die so – Verhalten des Kindes ein bißchen steuernd oder helfend eingreifen. Das kann ich nicht, wenn es mir das nicht erzählt. Ich würd auch nie sagen: ‘Das ist aber Scheiße, was Du da machst’ oder so, dann würd es mir das ja nicht mehr erzählen.“ (Fallnr. 126)

Ähnlich wie der zuletzt und bereits vorher mehrfach zitierte Fall 126 sprach knapp ein Drittel der Befragten nicht nur jeweils *eine* der bislang genannten, sondern mehrere Bewertungsdimensionen (unabhängig voneinander oder in Zusammenhang) an, wobei dann teilweise auch eine ambivalente Haltung abzulesen ist:

„Also ich weiß, daß die das verarbeiten müssen, solche Sachen, und daß es wichtig ist, daß die das verarbeiten und auch ausspielen und Dinge machen. Aber irgendwie ist bei mir persönlich – kommen dann immer ganz andere Sachen hoch: Müssen die so einen Scheiß gucken?! – oder: Ist wieder keiner dabei gewesen, der mit denen das besprochen hat?! – oder so in dem Stil. So zweierlei eigentlich. Aber das liegt garantiert, denke ich auch so, an meiner Generation, sag ich mal. Wir sind ja noch ganz anders mit Fernsehen großgeworden. Ich denke, daß die jüngeren Kollegen da schon ganz anders mit umgehen [...]. Wenn ich die Zeit hab, gehe ich darauf ein und versuche, da einzulenken bzw. auch Alternativen aufzuzeigen, also wie man *auch* reagieren kann oder so. Aber das interessiert die nicht so sehr. Wenn die in der Rolle sind, dann sind die eben hier 'Master' [...]. Es gibt alle Varianten im Grunde: von, daß man versucht abzublocken, wenn man eh keinen Nerv hat, bis auf ja – daß man es wirklich aufgreift. Das ist ja eine Wirklichkeit bei den Kindern." (Fallnr. 14)

„[...] Find ich in Ordnung. Hab meine Meinung geändert, weil ich einfach denke, es ist eine Hilfe für die Kinder, was von zu Hause mitzubringen. Auch bei Eingewöhnungsschwierigkeiten oder so. Und es ist schon für die Kinder auch wichtig, ihre Sachen zeigen zu können und drüber reden zu können. Und ich hab viel eher die Möglichkeit, auch da irgendwie Einfluß zu nehmen. Ich kann mich dann mit ihnen darüber unterhalten, ich kann mir von ihnen erzählen lassen, welche Sendung das denn im Fernsehen ist. Erstmal lern ich das dann kennen, kann das besser beurteilen – und ich kann das ja steuern. Wir haben ein Abkommen getroffen, daß also nicht dann den ganzen Morgen mit dieser Figur gespielt wird und daß eben die anderen Kinder auch damit spielen dürfen." (Fallnr. 10)

„Ich denke, die Kinder geben uns dadurch ne Gelegenheit, daß wir darauf eingehen können. Auf der anderen Seite, finde ich, ist ja negativ, daß die Kinder sowas sehen, daß ihnen das zugemutet wird [...], alleine es zu sehen und es dann auch zu verarbeiten." (Fallnr. 108)

Bewertungen wurden von seiten der Erzieherinnen zuweilen auch mit den jeweils eigenen *Reaktionen* auf die verschiedenen kindlichen Äußerungen von Medienerlebnissen bzw. -erfahrungen verknüpft. So verwies eine Reihe von Befragten etwa darauf, daß sie bei ihren Reaktionen kritisch auf die jeweils gesehenen Sendungen oder den generellen Fernsehkonsum der Kinder (n = 16 Fälle) oder auf das entsprechende Verhalten, aus dem auf die Medienerlebnisse zu schließen ist (n = 9 Fälle), eingehen. Andere Aussagen wiederum verknüpften Bewertungen anderer Art mit den darauf gezeigten Reaktionen, wie etwa in folgendem Fall: „Ich finde es gut, wenn Kinder von ihren Medienerlebnissen berichten. Das muß ja mal raus! Das können sie dann besser verkraften. [...] Ich lasse sie erzählen, verhalte mich ganz neutral. [...] Ich interveniere da nicht, sondern lasse sie gewähren" (Fallnr. 72).

Insgesamt beschrieben die in den themenorientierten Interviews Befragten allerdings ihre Reaktionen eher wenig ausführlich. Bildet man pro Person aus allen hierfür relevanten Aussagen eine individuelle Summe der genannten Reaktionen, so ergibt sich in der Teilstichprobe ein Mittelwert von 1,4, wobei allerdings immerhin mehr als jede vierte Befragte (13 von 59) auch auf Nachfrage hin gar keine und über die Hälfte (31 von 59) nur eine Reaktion nannte, wiewohl in den Interviews gerade beim Thema „Medienerlebnisse" viel „Narrationsfreiheit“ gelassen wurde. Dabei bezog sich die Mehrheit der entsprechenden Aussagen darauf, daß die Erzieherin sich von den Kindern einzelne Medieninhalte erzählen läßt bzw. sich mit den Kindern über Sendungen unterhält (n = 29). Differenziertere Reaktionen – wie etwa das Erklären von Unterschieden zwischen Realität und Fiktion (n = 6) oder die Nachfrage, was die Kinder an einzelnen TV-Sendungen oder Merchandising-Artikeln denn so fasziniere (n = 5) – stellen dagegen offenbar eher Ausnahmen dar. Und schließlich ist an dieser Stelle bereits anzumerken, daß eine ganze Reihe von Erzieherinnen als Reaktionen solche benannte, die sich lediglich auf das jeweils beobachtete Verhalten der Kinder – insbesondere Aggressionen und impulsives, lautes Verhalten oder Toben – statt auf Reaktionen im Sinne medienerzieherischen Handelns beziehen. Dabei wurde häufig hinzugefügt, daß solche Reaktionen nur „in Notfällen“ bzw. bei extremen medienbezogenen/-bedingten Verhaltensweisen erforderlich seien, so daß nicht zuletzt hierin eine Erklärung für die geringe Nennungsanzahl zu sehen ist („Wir gehen darauf ein, wenn wir gar nicht anders können“; Fallnr. 20; für weitere Ausführungen zu Reaktionen auf geäußerte Medienerlebnisse siehe Kap. 6.6.1.4).

Im Folgenden gehen wir von den Reaktionen noch einmal zurück zur Wahrnehmung der Medienerlebnisse bzw. des medienbezogenen Verhaltens im Kindergarten. Dabei ist zunächst zu erläutern, daß die in der Repräsentativstudie vorgegebenen Aktivitäten der Kinder offenbar in einer bestimmten Weise von den Erzieherinnen verknüpft wurden und daß gleichzeitig die Stellungnahmen zu den Itemvorgaben mit anderen Variablen in unterschiedlicher Weise zusammenhängen.

Wer den Kindergarten kennt, weiß, daß Kinder ein großes Spektrum von Handlungs- bzw. Verhaltensweisen an den Tag legen, ohne von den Erzieherinnen dazu aufgefordert zu werden, während andere Aktivitäten eher von Reglementierungen oder Aufforderungen seitens der Erzieherinnen abhängig sind. Zu der ersteren Kategorie dürften u.a. das Nachsingen von Werbeslogans, das Nachspielen von Filmszenen und das Nachahmen von Medienhelden wie auch die Integration von Medienerlebnissen in Rollenspielen und Gesprächen gehören. Der zweiten Kategorie lassen sich dagegen das Mitbringen von Merchandising-Artikeln, vermutlich auch das Basteln von Medienfiguren und mit Sicherheit die eigenständige Nutzung von Mediengeräten durch die Kinder subsumieren. Zumindest bezüglich des Mitbringens von Merchandising-Artikeln und der eigenständigen Mediennutzung war insofern von vornherein zu vermuten, daß das Beobachten entsprechender Aktivitäten nicht nur eine Form der Problemwahrnehmung darstellt, sondern auch die bloße Beobachtung desjenigen Verhaltens der Kinder impliziert, das die Erzieherinnen selbst forcieren oder aber verbieten. Ein solcher Unterschied und damit verbundene Konsequenzen werden in unseren Ergebnissen mehrfach deutlich:

In den meisten Einrichtungen sind Spielmaterialien bzw. Figuren, die etwas mit dem Fernsehen zu tun haben, nicht vorhanden (66,7% in der Repräsentativstichprobe) oder sind zwar vorhanden, werden dort aber nicht benutzt (10,6%). Das Mitbringen dieser Figuren ist in 79,5 Prozent der Einrichtungen reglementiert (bei 66,2% dürfen die Kinder nur zu bestimmten Gelegenheiten bzw. nur an bestimmten Tagen solche Artikel mitbringen und in 13,3% der Fälle nie). Ebenfalls wird in den Einrichtungen in der Regel das Mitbringen von Merchandising-Artikeln nicht gewünscht bzw. nicht forciert (22% regen „gelegentlich“ und 47% „nie“ das Mitbringen von Merchandising-Artikeln an). Gleichzeitig und plausiblerweise nehmen die Erzieherinnen denn auch im Vergleich zu den anderen medienbezogenen Aktivitäten gerade das unaufgeforderte Mitbringen solcher Artikel seltener wahr bzw. gaben an, daß dieses seltener auftritt (71,8% „gelegentlich“ bzw. „nie“). Letzteres gilt noch deutlicher für die eigenständige Nutzung von Mediengeräten, die unter allen vorgegebenen Aktivitäten am seltensten beobachtet wird. Und schließlich ergeben sich erwartungsgemäß zwischen den Antworten zur Initiierung medienbezogenen Verhaltens[89] einerseits und den Angaben zur Wahrnehmung derselben andererseits die höchsten und entsprechend signifikantesten Korrelationen gerade für das Mitbringen von Merchandising-Artikeln und insbesondere für die eigenständige Nutzung von Mediengeräten durch die Kinder[90].

Offenbar gibt es also zwei unterschiedliche Itemgruppen, wie sich auch bei Interkorrelationen zwischen den Items zur Häufigkeit des Auftretens medienbezogener Aktivitäten zeigte: Die Häufigkeit, mit der Nachahmen und Nachspielen beobachtet werden, steht in keinem Zusammenhang mit derjenigen bezüglich der eigenständigen Mediennutzung, wohingegen die beiden ersteren hochsignifikant korrelieren ($r = .67$; $p < .001$). Ebenfalls sind die Korrelationen zwischen dem Mitbringen von Merchandisingartikeln (bzw. dessen Wahrnehmung) und den übrigen Angaben zu medienbezogenen Aktivitäten der Kinder vergleichsweise gering, wenn man demgegenüber die sonstigen Inter-Item-Korrelationen betrachtet (Koeffizienten von $r = .25$ bis $r = .67$; alle mit $p < .001$). In ähnlicher Weise wissen wir aus den themenzentrierten Interviews: Nachahmen und Nachspielen, insbesondere wenn sie sich auf „Power Rangers“ oder Actionfilme beziehen, werden häufig als störend empfunden, wie auch insgesamt die wahrgenommenen medienbezogenen bzw. medienbedingten Verhaltensweisen und Aktivitäten der Kinder von den

89 Mit der Initiierung ist – wie in Kapitel 6.6.1.3 zu berichten sein wird – das Anregen von medienbezogenen Aktivitäten (z.B. Nachspielen von Fernseherlebnissen, Thematisierung von Medienkonsum oder Medieninhalten, eigenständige Mediennutzung durch die Kinder in der Einrichtung) gemeint, wobei die entsprechenden Items in der Repräsentativstudie analog zu denen waren, die auch zur Erfassung der Häufigkeit, mit der die Erzieherinnen solche Verhaltensweisen bei den Kindern beobachten (s.o.), eingesetzt wurden.

90 Der Pearson-Koeffizient für den Zusammenhang zwischen Initiierung und Wahrnehmung beträgt bei der eigenständigen Nutzung von Mediengeräten $r = .51$ ($p < .001$) und beim Mitbringen von Merchandising-Artikeln $r = .15$ ($p < .001$). Ansonsten bestehen nennenswerte Zusammenhänge nur noch beim Nachbasteln oder Malen von Medienfiguren bzw. -personen ($r = .14$; $p < .01$).

Erzieherinnen im Durchschnitt eher negativ bewertet werden – und dies umso mehr, je negativer sie über Medien denken. Umgekehrt wird von denjenigen, die Medien insgesamt in einem positiveren Licht sehen, die eigenständige Mediennutzung der Kinder im Kindergarten auch eher positiv eingeschätzt.

Die bereits festgestellten Unterschiede innerhalb der Inter-Item-Korrelationen ließen sich auch durch eine Faktorenanalyse (Hauptkomponentenanalyse mit Varimaxrotation; Faktorenextraktion nach dem Kaiser-Kriterium) bestätigen, bei der sich zwei Faktoren ergaben. Dabei zeigte sich, daß die unaufgeforderte Nutzung von Mediengeräten einen eigenen Faktor abbildet. Die verbleibenden Items bilden gemeinsam den zweiten Faktor, wobei das Mitbringen von Merchandising-Artikeln eine Doppelladung[91] aufweist (Varianzaufklärung von 53%; KMO-Wert von .73).

Solche Unterschiede und Zusammenhänge spiegeln sich auch in den folgenden Analysen wider. Zunächst gehen wir auf Zusammenhänge zwischen dem Auftreten medienbezogener Aktivitäten auf seiten der Kinder und den medienbezogenen (insbesondere auf das Fernsehen gerichteten) Einstellungen auf seiten der Erzieherinnen ein:

- Je deutlicher die Erzieherinnen der Auffassung sind, daß das Fernsehen („Allgemein"; vgl. Kap. 6.4.3.1) einen „Fluch" bedeutet, desto seltener tritt nach ihren Angaben die eigenständige Nutzung von Mediengeräten im Kindergarten und das Mitbringen von Merchandising-Artikeln auf[92] – bzw. desto seltener *können* die Erzieherinnen auch solche Medienaktivitäten beobachten, da sie aufgrund ihrer negativen Einstellungen zum Fernsehen das entsprechende Handeln der Kinder auch seltener initiieren[93].
- Auf der gleichen Linie liegen plausiblerweise auch Ergebnisse zum Zusammenhang mit den Auffassungen zur „Schädlichkeitsgrenze" (vgl. Kap.

91 Erklärungen für die Doppelladung des Items „Mitbringen von Merchandising-Artikeln" ergeben sich in Verbindung mit den weiter unten genannten Zusammenhängen zwischen der Wahrnehmung medienbezogener Aktivitäten bzw. von Medienerlebnissen und anderen Variablen.

92 Die entsprechenden Korrelationskoeffizienten weisen alle in die gleiche Richtung (negatives Vorzeichen, wobei daran erinnert sei, daß niedrige Werte in den Medienbewertungsvariablen auf die Ansicht, das Bewertungsobjekt sei eher ein „Fluch", hinweisen). Die 8 Koeffizienten für den Zusammenhang zwischen der Bewertung des Fernsehens („Allgemein") wie auch „Zukünftiger Entwicklungen des Fernsehens" und den Angaben zur eigenständigen Mediennutzung liegen zwischen $r = -.09$ ($p < .05$) und $r = -.17$ ($p < .001$) und sind alle signifikant oder sogar hochsignifikant. Unter den entsprechenden Zusammenhängen mit dem Mitbringen von Merchandising-Artikeln fallen nur zwei Koeffizienten signifikant aus.

93 Die Korrelationen zwischen den Einstellungen zum „Fernsehen allgemein" – besonders bezogen auf Kinder – auf der einen Seite und dem Initiieren des Mitbringens von Merchandising-Artikeln, der eigenständigen Nutzung von Mediengeräten durch die Kinder, der Nachahmung von Medienpersonen bzw. -figuren und des Nachspielens von Fernseherlebnissen auf der anderen Seite sind alle signifikant und deuten darauf hin, daß eine negativere Einstellung mit dem selteneren Initiieren solcher Aktivitäten einhergeht. Ähnliches gilt teilweise auch für die Einstellungen zu „Zukünftigen Entwicklungen des Fernsehens" wie auch für solche zu Multimedia (vgl. Kap. 6.6.1.3).

6.4.2.1) sowie zu „problematischen Programmbereichen“ (vgl. Kap. 6.4.3.3): Je höher die „Schädlichkeitsgrenze“ angesetzt wird und ebenso je unproblematischer für Kinder die vorgegebenen Fernseh-Programmbereiche eingeschätzt werden, desto häufiger wird die eigenständige Nutzung von Mediengeräten und das Mitbringen von Merchandising-Artikeln durch die Kinder von den Erzieherinnen wahrgenommen[94]. Das heißt also: Je mehr eine Erzieherin der Auffassung ist, daß bereits eine vergleichsweise kurze TV-Nutzungsdauer pro Tag für Vorschulkinder schädlich ist und daß die verschiedenen Genres im Fernsehen ein Problem für Kinder darstellen, desto weniger wird diese Erzieherin zum Mitbringen von Medienfiguren und zur Nutzung von Mediengeräten animieren; dementsprechend werden diese Aktivitäten in der Einrichtung auch weniger auftreten. Umgekehrt kann aber auch zutreffen: Je häufiger medienbezogene – störende bzw. negativ beurteilte – Aktivitäten auf seiten der Kinder zunächst aufgetreten sind, desto mehr hielten die Erzieherinnen das Fernsehen und seine verschiedenen Genres für schädlich und reglementierten anschließend solche Aktivitäten der Kinder. Folglich treten inzwischen das (reglementierte) Mitbringen von Merchandising-Artikeln und die eigenständige Mediennutzung der Kinder auch seltener auf.

– Der folgende Zusammenhang ist ähnlich zu interpretieren: Je höher die Erzieherinnen die Grenze der Fernsehdauer ansetzen, ab der sie von „Vielsehen“ sprechen („Vielsehergrenze“; siehe Kap. 6.4.2.2), desto häufiger tritt nach ihren Angaben die eigenständige Gerätenutzung durch die Kinder in der Einrichtung auf (Pearson-Koeffizient = -.13; $p < .01$). Analog zu den vorgenannten Zusammenhängen wird somit auch hier klar: Eine Erzieherin, die bereits Kinder mit einer täglichen TV-Sehdauer von 15 oder 30 Minuten als Vielseher bezeichnet, ist eher von den Gefahren des Fernsehens für Kinder überzeugt als eine Kollegin, in deren Augen erst ab einer durchschnittlichen täglichen Nutzungsdauer von 60 oder 90 Minuten von „Vielsehen“ zu sprechen ist. Dementsprechend wird die erstere Erzieherin aufgrund ihrer kritischen Haltung weniger zur Mediennutzung im Kindergarten animieren als ihre Kollegin und folglich auch derartige Medienaktivitäten der Kinder seltener beobachten können. In ähnlicher Weise wie bei der „Schädlichkeitsgrenze“ und den „problematischen Programm-

94 Für den Zusammenhang zwischen der „Schädlichkeitsgrenze“ und der Häufigkeit, mit der die eigenständige Nutzung von Mediengeräten wahrgenommen wird, ergibt sich ein Koeffizient von $r = -.14$ ($p < .01$). Für den entsprechenden Zusammenhang mit der Auffassung darüber, wie problematisch einzelne TV-Programmbereiche eingeschätzt werden, ergibt sich ein Koeffizient von $r = -.15$ ($p < .001$). Die entsprechenden Koeffizienten für den Zusammenhang mit dem Mitbringen von Merchandising-Artikeln liegen bei $r = -.09$ ($p < .05$) bzw. $r = -.08$ (n.s.). Es ist zu berücksichtigen: Niedrige Werte bei der „Schädlichkeitsgrenze“ besagen, daß bereits eine geringe TV-Nutzungsdauer pro Tag als schädlich angesehen wird; niedrige Werte in den Einschätzungen problematischer Programmbereiche weisen auf eine Einschätzung als „problematisch“ hin.

bereichen“ (s.o.) ist jedoch auch hier wieder die umgekehrte Kausalrichtung zwischen den Variablen denkbar.

- Darüber hinaus hängt offenbar auf seiten der Erzieherinnen ihre negative Bewertung der im Kindergarten aufscheinenden kindlichen Medienerlebnisse mit ihrer Betonung negativer Fernsehwirkungen zusammen (für den Zusammenhang zwischen der Anzahl an Nennungen von Medienerlebnissen – die bekanntlich vorrangig negativ bewertet werden – und der Anzahl genannter negativer Fernsehwirkungen ergibt sich ein Pearson-Koeffizient von $r = .32$; $p < .05$).
- Den Erzieherinnen fielen in den qualitativen Interviews mehr (negative) inhaltsbezogene Kriterien zur Bewertung von Fernsehsendungen im Hinblick auf Kinder ein, je größer gleichzeitig die von ihnen geschilderte Anzahl von im Kindergarten beobachtbaren Medienerlebnissen der Kinder war, bzw. umgekehrt ($r = .28$; $p < .05$).
- Neben einer positiven Einstellung zu Medien steht auch die eigene private TV-Nutzungsdauer der Erzieherinnen in Zusammenhang mit dem Auftreten der eigenständigen Mediennutzung durch die Kinder im Kindergarten ($r = -.13$; $p < .01$): Je mehr die Erzieherinnen in ihrem Privatbereich fernsehen, desto liberaler sind sie auch bezüglich der Mediennutzung von Kindern eingestellt (vgl. Kap. 6.4.3.1) und desto eher dürfen die Kinder in der Einrichtung auch eigenständig Mediengeräte benutzen.

In anderer Richtung stellen sich solche Zusammenhänge für die im zweiten Faktor (s.o.) abgebildeten Items dar, die ja – abgesehen vom Mitbringen von Merchandising-Artikeln (das plausiblerweise eine Doppelladung auf beide Faktoren aufweist) weniger als die vorher genannten von den Reglementierungen bzw. Aktivitäten der Erzieherinnen abhängig sind (s.o.):

- Je häufiger die Erzieherinnen bei den Kindern in der Einrichtung das „Nachspielen von Medienerlebnissen“ beobachten, desto mehr stellen sie auch die negativen Folgen („Fluch“) des Fernsehkonsums im Hinblick auf die Kinder ($r = .15$; $p = .000$) und den Kindergartenalltag ($r = .14$; $p = .001$) fest bzw. halten entsprechend das Fernsehen eher für einen „Fluch“ (die entsprechenden Koeffizienten für den Zusammenhang mit der Bewertung „Zukünftiger TV-Entwicklungen“ liegen bei $r = .10$ [$p = .019$] bzw. $r = .09$; $p = .028$).
- Auf der gleichen Linie liegen auch die Ergebnisse zur Einschätzung des prozentualen Anteils von Vielsehern in der eigenen Kindergartengruppe (bis auf den Zusammenhang mit dem „Nachsingen/-sprechen von Liedern oder Texten aus dem Fernsehen“ sind die übrigen 6 Korrelationen signifikant und liegen zwischen -.14 und -.21; $p = .000$). Ausgesprochen ähnliche Ergebnisse liegen auch aus den qualitativen Interviews vor: Wird der Anteil der Vielseher in der Kindergartengruppe von den Erzieherinnen

hoch eingeschätzt, so werden auch mehr Äußerungen von Medienerlebnissen geschildert bzw. problematisiert ($r = .32$, $p < .05$).

– In logischer Übereinstimmung mit den bisher genannten Verknüpfungen ergeben sich aus der Repräsentativstudie weitere Zusammenhänge für den wahrgenommenen relativen Einfluß des Fernsehens als Sozialisationsinstanz: Je höher dieser prozentuale Einfluß eingeschätzt wird, desto häufiger wird einerseits medienbezogenes Verhalten beobachtet, bzw. umgekehrt (nennenswerte Zusammenhänge ergeben sich dabei allerdings nur mit dem Nachahmen und Nachspielen; die Koeffizienten liegen jeweils bei $r = -.15$; $p < .001$). Dies gilt plausiblerweise (s.o.) andererseits jedoch nicht für das Mitbringen von Merchandising-Artikeln und die eigenständige Nutzung von Mediengeräten durch Kinder in der Einrichtung.

Betrachten wir nun zuletzt den Zusammenhang zwischen der Häufigkeit, mit der medienbezogenes Verhalten der Kinder in der Einrichtung wahrgenommen wird, und den Äußerungen zur Frage, inwieweit die Erzieherinnen für sich persönlich einen Bedarf an Hilfestellungen zur Medienerziehung sehen, so fällt auf der Seite der beobachteten medienbezogenen Aktivitäten der Kinder insbesondere das Mitbringen von Merchandising-Artikeln auf: Je häufiger festgestellt wird, daß die Kinder solche Artikel mitbringen, desto mehr halten die Befragten Hilfestellungen für notwendig, mit denen sie über die TV-Nutzung und -Motive von Kindern ($r = .17$; $p < .001$), über Ziele und Praxis der Medienerziehung ($r = .19$; $p < .001$), über Wirkungen des Fernsehens auf Kinder ($r = .11$; $p < .01$) sowie über Möglichkeiten des Medieneinsatzes im Kindergarten ($r = .12$; $p < .01$) informiert werden. Möglicherweise sind solche Erzieherinnen, bei denen das Mitbringen von Medienfiguren erlaubt ist, insgesamt den Medien wie auch der Medienerziehung gegenüber aufgeschlossener, was sich dann in Äußerungen eines höheren Informationsbedarfs zeigt. Umgekehrt läßt sich jedoch auch denken, daß – wie wir bereits festgestellt haben – das Mitbringen von Merchandising-Artikeln nicht nur in den meisten Einrichtungen eher zu den Formen unerwünschter medienbezogener Aktivitäten gehört, sondern solche Aktivitäten den Erzieherinnen auch als besonders störendes bzw. unerlaubtes Verhalten auffallen. Insofern wäre dann plausibel, daß sie sich zu dessen Reduzierung Hilfestellungen wünschen, da sie sich sowohl zur Problemerklärung und -bewältigung als auch im Hinblick auf Möglichkeiten der medienerzieherischen Praxis überfordert fühlen. Dem entspricht auch, daß unter allen Items zum Bedarf an Hilfestellungen gerade der Wunsch nach Informationen über kindliche Fernsehnutzung und zugrundeliegende Motive sowie über Ziele und Praxis der Medienerziehung mit den meisten Items zu medienbezogenen Aktivitäten der Kinder signifikant korreliert.

Bezüglich der verschiedenen Aufrißgruppen der Repräsentativstudie (Trägerschaft und Ortsgröße, Berufsjahre der Erzieherinnen etc.) zeigen sich keine signifikanten Unterschiede innerhalb der Gesamtstichprobe bezüglich des unaufgeforderten medienbezogenen Verhaltens von Kindern. Lediglich das Alter der Befragten spielt plausiblerweise eine Rolle: Je älter die Befragten sind, desto weniger eigenständige Nutzung von Mediengeräten wird von den Erzieherinnen selbst initiiert ($r = .12$; $p < .01$) und entsprechend auch beobachtet ($r = .09$; $p < .05$).

In den qualitativen Interviews läßt sich darüber hinaus feststellen, daß die Aus- bzw. Fortbildung keine Rolle dafür spielt, wie ausführlich bzw. mit welcher Anzahl an Situationen die Erzieherinnen das Hineintragen kindlicher Medienerlebnisse in den Kindergarten schilderten: Es ergaben sich keine Mittelwertunterschiede in der Anzahl der berichteten Medienerlebnisse – hier als ein Indikator für Problemwahrnehmung genommen – zwischen denen, die Ausbildung in Medienerziehung hatten, und denen, die keine entsprechende Qualifizierung erfahren haben. Das gleiche gilt auch für die Fortbildung. Auch spezielle Themenbereiche, die in einem logischen Bezug zur Problemwahrnehmung stehen, sind offensichtlich nicht in der Weise vermittelt worden, daß sich zumindest ansatzweise ein Effekt zeigt: So unterscheiden sich Erzieherinnen, die bspw. Auswirkungen des Fernsehens auf Kinder oder Ziele der Medienerziehungspraxis als Themenbereiche in der Fachausbildung hatten, nicht von denen, die solche Themen nicht vermittelt bekamen. In die gleiche Richtung geht auch, daß die subjektive Qualifikation sich offensichtlich nicht auf die Nennung von Medienerlebnissen auswirkt, bzw. umgekehrt.

Abschließend sollen die wesentlichsten Ergebnisse zur Problemwahrnehmung von Erzieherinnen bezüglich kindlicher Medienerlebnisse bzw. medienbezogenen oder -bedingten Verhaltens im Kindergarten zusammenfassend bewertet werden.

Nach den Ergebnissen beider Erzieherinnen-Befragungen werden in den Einrichtungen am häufigsten solche medienbezogenen Aktivitäten oder medienbedingten Verhaltensweisen der Kinder beobachtet, die in vergleichsweise geringerem Maße von Reglementierungen oder Aktivitäten auf seiten der Erzieherinnen abhängen: die Nachahmung von Medienpersonen/-figuren bzw. Rollenspiele zu Medienerlebnissen. Eine Thematisierung von Medienerlebnissen durch Kinder findet demgegenüber nach Angaben der Befragten weniger statt. Vergleichsweise besonders selten treten plausiblerweise vor allem solche Aktivitäten der Kinder auf, die vom Wohlwollen bzw. von Reglementierungen oder Initiierungen der Erzieherinnen abhängen: insbesondere die eigenständige Nutzung von Mediengeräten durch Kinder in der Einrichtung, aber auch das Mitbringen von Merchandising-Artikeln bzw. -Figuren.

Die Schilderungen der Erzieherinnen aus ihrem Kindergartenalltag machen deutlich, daß sich Medienerlebnisse in sehr komplexer und unterschiedlicher Weise zeigen. Offenbar assoziieren dabei aber die Befragten mit den Medienerfahrungen der Kinder und dem Auftreten medienbezogener bzw. -bedingter Verhaltensweisen und Handlungen in der Einrichtung häufiger negative als positiv oder neutral bewertete Phänomene, worin bereits eine Erklärung für die verhältnismäßig geringe Anzahl an Nennungen von Medienerlebnissen gesehen werden kann. Insofern wurden in diesem Zusammenhang auch häufig negative, nicht aber positive Auswirkungen der kindlichen Mediennutzung geschildert. Ebenso wurde dabei auf die Vielseherproblematik und – darauf bezogen – von einigen Erzieherinnen in deutlicher Weise auf die Verantwortung der Eltern verwiesen. Letzteres drückte ganz deutlich eine Erzieherin aus, als sie beim Thema „Elternarbeit zur Medienerziehung und deren Anlässe" sofort ausführte:

„[...] Fernsehen und auch Aggressionen. So diese beiden Bereiche, daß es da auch dran festgemacht wird, weil: Auffällig wird´s ja eigentlich nur – ob die Kinder viel fernsehen, das merken wir ja eigentlich erst dann, wenn auch viele Aggressionen hier abzubauen sind [...]. Wir merken es eigentlich erst, wenn die Kinder aggressiv werden oder wirklich ganz massiv in bestimmte Rollen reinfallen. [...] Und das sind meistens nur Filme, wo ich mein Kind nicht vorsetzen würde. [...] Wir sehen eigentlich nur die schlechten Sachen. Deswegen denke ich mir, wenn wir sowas ansprechen, dann ist es meistens von der Seite der Aggressionen aus – oder von der Seite zuviel Fernsehen, zuviel Gewaltsendungen, meistens von der Seite aus." (Fallnr. 28)

Dieses Zitat steht gleichzeitig als Beispiel dafür, wie nicht wenige Erzieherinnen bei der Wahrnehmung von Medienerlebnisäußerungen auf negative Phänomene im Kindergarten fixiert sind, die ihnen stärker auffallen. Wieder einmal stellt man an solchen Bemerkungen insofern auch die negative Konnotation des Begriffs „Medienerlebnisse" (oder „Medienerfahrungen" oder auch „Medien") fest. In Übereinstimmung mit einer solchen Bewertung gab denn auch eine Reihe von Befragten Begründungen dafür ab, weshalb speziell in ihrer Einrichtung derartige Phänomene weniger in Erscheinung treten (und weniger Probleme machen): so etwa Charakteristika der „gehobenen Elternschaft", der „ländlichen Idylle" oder der besonderen Spielmöglichkeiten in der Einrichtung. Umgekehrt gaben die Befragten in großer Anzahl Negativ-Bedingungen an, unter denen sich Medienerlebnisse im Kindergarten zeigen: Angeführt wurden insbesondere Geschlechtsunterschiede sowie ungünstige Sozialisations- bzw. Kontextbedingungen, die zurecht teilweise auch als Determinanten des Vielsehens aufgefaßt werden. Solche Erläuterungen zu Bedingungen des Aufscheinens von Medienerlebnissen im Kindergarten weisen gleichzeitig allerdings darauf hin, daß die Befragten in ihren Schilderungen und Bewertungen teilweise durchaus differenziert und reflektiert sind, wenn dies insgesamt auch eher die Ausnahme ist (letzteres gilt noch stärker für die von den Erzieherinnen geschilderten Reaktionen auf die verschiedenen kindlichen Äußerungen von Medienerfahrungen).

Insgesamt, so geht aus den Aussagen einiger Erzieherinnen in den themenzentrierten Interviews hervor, scheinen Medienerlebnisse heute schwieriger wahrzunehmen zu sein: Nicht nur, daß Kinder heute weniger über gesehene Sendungen sprechen (was auch mit geäußerten negativen Bewertungen gegenüber den Kindern zusammenhängen mag), sondern es bekundeten einige Erzieherinnen auch, daß selbst Rollenspiele in den letzten Jahren zurückgegangen seien. Begründungen wurden u.a. darin gesehen, daß wegen des hohen Fernsehkonsums, aber auch wegen neuer Sendeformate Kinder nicht mehr in der Lage seien mitzuteilen, was sie eigentlich im Fernsehen gesehen haben. Eine andere Ursache wird von wenigen Erzieherinnen in der Alltäglichkeit des Fernsehkonsums vermutet. Der Zugang zu kindlichen Medienerlebnissen ist für Erzieherinnen besonders dann erschwert, wenn sie die Sendungen, die Kinder anschauen, nicht kennen (dies äußerte ca. ein Viertel der 60 Face-to-Face-Interviewten). In solchen Fällen ist es zum einen für die Erzieherinnen schwierig, überhaupt zu erkennen, daß es sich um Medienerlebnisse handelt, und mit den Kindern über die jeweiligen Sendungen zu sprechen bzw. sich im Rollenspiel einbinden zu lassen. Zum anderen ist dies aber auch problematisch für eine Abschätzung dahingehend, ob Kinder Probleme bei der Verarbeitung von Fernsehsendungen haben. Von einigen wenigen Erzieherinnen wurde die eigene Unkenntnis relevanter Kindersendungen auch in dieser Hinsicht bemängelt. Bei einem Teil dieser Fälle ist zudem auffallend, daß sie sich bei Sendungen, die sie kennen und positiv bewerten (z.B. „Sendung mit der Maus"), von den Kindern erzählen lassen, wohingegen bei negativ bewerteten Sendungen kein Gespräch stattfindet. Dies wiegt umso schwerer, als gerade bezüglich solcher Sendungen eine Aufarbeitung der Medienerlebnisse angezeigt wäre. So heißt es beispielsweise bei einer Interviewten auch:

„Das, was also an Positivem rauskommt, lassen wir ausleben, sprechen darüber mit den Kindern. [...] Im anderen Fall kommen manche Dinge, von denen hab ich noch nie was gehört, kann dann also auch nicht darauf eingehen. Da kann ich nur halt mit Eltern sprechen, um zu hören, was los ist – obwohl ich da die Wahrheit nicht unbedingt erfahre." (Fallnr. 131)

#### 6.5.2.2 Vermutete Medienkompetenzdefizite bei Kindergartenkindern

In den qualitativen Interviews wurde in Zusammenhang mit dem Fernsehkonsum von Kindern auch über die bei Kindergartenkindern zu vermutenden Medienkompetenz-Defizite und über Möglichkeiten einer entsprechenden Förderung gesprochen (vgl. den Interview-Leitfaden im Anhang)[95]. Die hierauf bezogenen Äußerungen der Erzieherinnen ergaben folgendes Bild:

95 Diese Interviewphase hatte nicht zuletzt angesichts unserer Intention, die jeweils vertretenen medienerzieherischen Konzepte herauszufiltern, ihre Relevanz, bot sie doch denjenigen Befragten, die sich nach eigenem Bekunden einem kindzentrierten Ansatz verpflichtet fühlen (zu Konzepten siehe Kap. 1.3 und

Im Durchschnitt gab jede Befragte hierzu gut zwei Nenungen ab; nur 20 Prozent konnten mehr als drei Fernseh-Kompetenzdefizite bei Kindern benennen, wohingegen immerhin ein Viertel über eine einzige Nennung nicht hinauskam. Insgesamt lassen sich unter allen Nenungen zwei Hauptdefizite herausstellen, die jeweils von etwa zwei Drittel der Interviewten genannt wurden (jeweils n = 39) und sich beide auf fehlende kognitive Verstehens- und Verarbeitungsfähigkeiten der Kinder beziehen: Zum einen könnten Kinder im Vorschulalter Fernsehinhalte noch nicht richtig nachvollziehen und einordnen. Zum anderen seien Kinder noch nicht in der Lage, zwischen Realität und Fiktion zu unterscheiden. Letzteres wurde z.T. auch mit Defiziten auf der kognitiv-emotionalen Ebene verknüpft, insofern Kindern eine entsprechende Distanz zum medialen Handlungsgeschehen fehle, sie also „ganz im Film leben". Ein Beispiel soll an dieser Stelle genügen:

„Das Kind ist der Sendung ausgeliefert – kann nicht zwischen Realität und Fiktion unterscheiden und sich nicht distanzieren. Es ist im Geschehen drin. [...] Wenn es sehr angstbesetzt ist, hat es diese Angst drin, und diese Angst bleibt, auch wenn es den Fernseher nachher ausgeschaltet hat [...], es verallgemeinert auch: 'So isses', es kann nicht differenzieren: 'Das ist eine Story'. Und selbst wenn ein Kind weiß – wenn es älter ist – das Blut ist meinetwegen Ketchup, wie die Kinder immer so schön sagen; in dem Moment blutet derjenige wirklich." (Fallnr. 66)

Die fehlende Fähigkeit zur emotionalen Distanz (n = 12 Nennungen) wurde von einigen wenigen Befragten auch weiter ausgeführt, während manche unabhängig von den kognitiven Defiziten darauf hinwiesen, daß Kinder von bestimmten Inhalten emotional überfordert seien und diese noch nicht verkraften bzw. verarbeiten könnten (n = 14 Nennungen). Des weiteren benannten einige Befragte auch Kompetenzdefizite im Hinblick auf die Nutzungsweise: Kinder seien noch nicht in der Lage, bei beängstigenden Inhalten den Raum zu verlassen, den Fernseher abzuschalten oder wenigstens wegzuschauen (n = 13 Nennungen).

Zudem mangelt es nach Ansicht einiger Erzieherinnen Kindern an Grundkompetenzen wie Konzentrationsfähigkeit (n = 9 Nennungen), Kommunikationskompetenz (um etwa seinen Gefühlen beim Fernsehen Ausdruck zu verleihen; n = 3 Nennungen) oder Erfahrungen und Hintergrundwissen (etwa um sich Fernsehinhalte adäquat vorstellen zu können; n = 4 Nennungen). Darüber hinaus wurde von wenigen Probandinnen geäußert, daß Kinder noch nicht bewußt auswählen können (n = 6 Nennungen).

Berücksichtigt man, inwieweit die Äußerungen der Befragten zu Medienkompetenzdefiziten von Kindern differenziert vorgebracht wurden (insbeson-

---

Kap. 6.7), die Möglichkeit, an dieser Stelle auf entsprechend zugrundeliegende Kenntnisse und Annahmen zu sprechen zu kommen. Es sei jedoch bereits vorgreifend hier das Fazit gezogen, daß die geäußerten Bekenntnisse kaum auf einer fundierten Wissensbasis stehen (zu wichtigen Kenntnissen in dieser Hinsicht vgl. auch Kap. 2.3.3 – 2.3.4).

dere bezogen auf Altersunterschiede zwischen Kindern), so ist der Kenntnisstand in diesem Themenbereich bei vielen Erzieherinnen als eher lückenhaft zu bezeichnen[96]. Als positives Gegenbeispiel hierzu soll ein Interviewausschnitt dienen, der einige Differenzierungen verdeutlicht (das Interview bezieht sich in dem gewählten Ausschnitt auf den Unterschied zwischen Realität und Fiktion):

„Ein Zweieinhalb- oder Dreijähriges ist vielleicht doch – oder halb vier – die können das noch nicht so bewußt, also ausdrücken, aber schon dokumentieren durch Spiel oder so was. Und je älter das Kind wird, umso weiter, umso differenzierter kann es das auseinanderhalten, wenn Du mit ihnen da so drüber redest: ´Och, ist doch nur Scheiß, das gibt es doch gar nicht, das geht doch gar nicht´, ja, das sagen die auch schon. Aber, wissen Sie, Kinder, die dann so Schwierigkeiten – oder Schwierigkeiten zu Hause – *die* haben viel mehr Schwierigkeiten, das auseinanderzutüfteln, weil sie ja da erfahren müßten, daß die heile Welt nicht heile ist. So, ne?, so. Ich hatte also ein Kind, bei dem war das ganz extrem: Vater war Säufer, hat die Mama immer gehauen und so, ne?, und das hatte viel Schwierigkeiten, [...] das aus seiner Spielwelt zu verdrängen oder wegzudenken wie eben ein anderes Kind, das zu Hause diese großen Probleme nicht hat." (Fallnr. 126)

Welche Möglichkeiten sehen nun die Erzieherinnen, solche Medienkompetenzdefizite bei Kindern zu reduzieren bzw. in genau dieser Hinsicht die Kinder zu fördern? Angesichts der bei vielen doch etwas defizitären Kenntnislage ist es nicht verwunderlich, daß hierzu nur noch wenige Ideen formuliert wurden.

Direkt bezogen auf die von ihnen selbst genannten Kompetenzdefizite auf seiten der Kinder gefragt, konnte immerhin ein Drittel der 60 befragten Erzieherinnen zu diesem Thema gar nichts beitragen bzw. legte die Verantwortung für die Kompetenzförderung in die Hände der Eltern oder brachte Argumente vor, weshalb keine Kompetenzförderung im Kindergarten möglich sei (n = 20):

„[...] also das sehe ich jetzt aber nicht als unsere Aufgabe an hier im Kindergarten, da fühle ich mich einfach überfordert. Aber wenn man das jetzt mal von zu Hause aus betrachtet, so wie ich das zum Teil auch mit meiner Tochter – die das auch immer nicht geschnallt und eben fünf mal angeguckt hat und ich auch einmal mindestens daneben gesessen habe und wir das besprochen haben hinterher, die Schwierigkeiten [...]." (Fallnr. 20)

„Kinder brauchen Zeit, um sich richtig entwickeln zu können. Diese Entwicklungsphasen kann man nicht beeinflussen. Kinder haben eine 'magische Phase', sind sehr durch Phantasie gesteuert. Nach dieser Phase können sie sortieren und unterscheiden, man sollte die 'magische Phase' aber nicht unterbrechen." (Fallnr.165)

96 Nur 20 Prozent der Erzieherinnen differenzierten überhaupt hinsichtlich des Alters oder individueller Bedingungen auf seiten der Kinder.

„Man kann vielleicht auch mal ´ne richtige Einheit machen zum – was weiß ich – jetzt mit Fernsehen – daß man ´nen Fernseher bastelt und selber mal ´ne Sendung macht, so was alles. Bloß, das ist auch alles wahnsinnig arbeitsaufwendig – das sollte nicht unbedingt daran stören – aber einige Eltern wollen so was auch gar nicht. Die sehen das auch nicht so als wahnsinnig notwendig an. Also 'mein Kind soll gefälligst schulreif werden im Kindergarten', und was das jetzt da mit dem Fernseher zu tun hat, wissen sie nicht." (Fallnr. 207)

*Interviewer:* „[...] meinen Sie nicht, daß man da im Kindergarten irgendetwas tun kann, um diesen negativen Wirkungen zu begegnen? Oder den potentiellen Wirkungen?"
*Erzieherin:* „*Kann* man, aber warum *sollte* ich jetzt – Also ich würde das dann anhand von Elternabenden machen – denn mit den Kindern – ohne Eltern an die Kinder was heranbringen, da käme ich mir in der Richtung sehr komisch vor [...]. Nein, die Kinder sollen allmählich da hineinwachsen. Also ich meine, man sollte kleine Kinder nicht mit der Nase darauf stoßen. Genauso fand ich das schlimm früher, da gab´s ´ne Zeit lang Sexualerziehung [lacht], da haben die ´nen Penis und ´nen Hodensack gemalt, und das hing dann an den Wänden – und ´ne Vagina. Also ich bitte Sie, das braucht man nicht!"

*Interviewer:* „[...] Kann man irgendwie auch wichtige Entwicklungsbereiche fördern, die wiederum anschließend dem Kind ein besseres Fundament bieten für einen gescheiteren Medienumgang? Also ´ne Förderung von irgendwelchen Kompetenzen, die dann wiederum für den Medienumgang wichtig sind?"
*Erzieherin:* „Nee, können Sie nicht. Nein, also ich nicht. Nein. Mag jemand anderes anders darüber denken – ich nicht, also in dem Alter nicht." (Fallnr. 136)

Neben solchen Äußerungen, die Medienkompetenzförderung im Rahmen der Medienerziehung mehr oder minder ausschließen, bezogen sich weitere 11 Erzieherinnen lediglich allgemein – ohne nähere Benennung von Umsetzungsmöglichkeiten – auf die Notwendigkeit, Kindern den Unterschied zwischen Realität und Fiktion bzw. zwischen erlebbarer Alltagswelt und „gemachter" Medienwelt näherzubringen und sie im Hinblick auf die Verarbeitung von Medieninhalten zu fördern. Vorschläge von neun Befragten sahen vor, mit den Kindern gemeinsam fernzusehen und gleichzeitig oder anschließend den Kindern bestimmte Prinzipien oder Inhalte zu erklären, wobei sie allerdings offenbar weniger den Kindergarten als vielmehr die Eltern im Visier hatten.

Ein gutes Drittel der Probandinnen (n = 22) schlug dagegen vor, durch selbst-initiierte Gespräche mit den Kindern über Sendungen oder durch das Klären von Fragen, die Kinder an sie stellen, einen Beitrag zur Medienkompetenz zu leisten. Eine weitere Idee zur Förderung von Medienkompetenz bezieht sich auf wiederholtes Anschauen von Sendungen oder Anhören von Kassetten, um ein besseres Verständnis zu fördern (n = 2); nur vier Erzieherinnen schlugen aktive Medienarbeit oder Medienanalyse zur Förderung von Kompetenzen im Hinblick auf das Durchschauen der Machart bzw. Gestaltung von Sendungen vor.

Festzuhalten ist insofern: Viele Erzieherinnen haben offenbar nicht nur im Hinblick auf Medien- bzw. Fernsehkompetenz-Defizite von Kindern lückenhafte Vorstellungen, sondern ebenso – auf dieser Basis plausiblerweise – auch bezüglich der Erfordernisse und Möglichkeiten zur Förderung der Medienkompetenz (zu Zielen der Kompetenzförderung im Rahmen der Medienerziehung siehe Kap. 6.5.3).

### *6.5.3 Vorstellungen und Ansichten zur Medienerziehung im Kindergarten*

Aus der Tatsache, daß das Fernsehen in bezug auf Kinder zum einen ausgesprochen negativ beurteilt (vgl. Kap. 6.4) und zum anderen im Hinblick auf die Erziehung und Sozialisation von Kindern offensichtlich als mächtige Instanz (vgl. Kap. 6.5.1) erlebt wird, kann auf der einen Seite zunächst der Schluß gezogen werden, daß sich hier ein weites Betätigungsfeld für erzieherische Maßnahmen auftun müßte. Diese Vermutung wird untermauert durch den „erzieherischen Optimismus", den die Befragten ebenfalls zum Ausdruck brachten (vgl. Kap. 6.5.1): Kinder werden als „formbar" angesehen, gleichzeitig scheinen die Erzieherinnen der Ansicht zu sein, daß sie sehr wohl Einfluß auf die Art und Weise, wie Kinder mit dem Fernsehen umgehen, nehmen können. Dementsprechend sollte der Medienerziehung im Kindergarten auch eine hohe Wichtigkeit eingeräumt werden.

Auf der anderen Seite ist festzustellen, daß wesentliche Ansatzpunkte medienerzieherischer Maßnahmen – nämlich medienbezogenes Verhalten der Kinder im Kindergarten – nicht in dem Ausmaß wahrgenommen werden, wie dies zu erwarten gewesen wäre (vgl. Kap. 6.5.2.1), und darüber hinaus offenbar häufig in erster Linie negativ konnotiert sind. Zudem waren manche Befragte kaum in der Lage, Kompetenzdefizite auf seiten der Kinder (die wiederum Ansatzpunkte medienerzieherischer Bemühungen und Fördermaßnahmen sein müßten) oder auf diese gerichtete Fördermaßnahmen zu benennen und zu beschreiben (vgl. Kap. 6.5.2.2). Beides zusammengenommen spricht möglicherweise eher gegen eine besondere Wichtigkeit der Medienerziehung.

Um diese scheinbar zunächst widersprüchlichen Ergebnisse aufklären zu können, soll im Folgenden zunächst berichtet werden, welche Wichtigkeit der Medienerziehung tatsächlich beigemessen wird. Entsprechende Fragen wurden sowohl in der Repräsentativstudie als auch in den qualitativen Face-to-Face-Interviews gestellt.

Eine Einordnung der Antworten zur subjektiven Wichtigkeit von Medienerziehung erlaubt der in der Repräsentativstudie angestellte Vergleich mit entsprechenden Einschätzungen anderer Förderbereiche (damit wird ein ähnliches Vorgehen gewählt wie im Zusammenhang mit den Selbsteinschätzungen der persönlichen Qualifikation zur Medienerziehung; vgl. Kap. 6.3.2).

Ergänzend stellt sich die Frage, in welchem Ausmaß der Kindergarten überhaupt für die Medienerziehung der Kinder zuständig sein sollte bzw. inwieweit hier die Eltern in die Pflicht zu nehmen wären. Auch hierzu wurde in der Repräsentativstudie eine entsprechende Frage gestellt.

Die Wichtigkeitseinschätzungen der Befragten beziehen sich jedoch auf das jeweils individuelle Verständnis vom Begriff „Medienerziehung", das bis zu diesem Zeitpunkt noch nicht weiter beleuchtet wurde. Insofern ist zu überprüfen, welches Verständnis die Befragten selber von Medienerziehung haben und inwieweit sie hiermit noch die traditionelle bewahrpädagogische Sichtweise verbinden. Erste Anhaltspunkte für beides liefern hier die Ergebnisse zu einer eindeutig bewahrpädagogischen Aussage (vgl. Kap. 1.3), die den Erzieherinnen in der Repräsentativstudie zur Beurteilung vorgelesen wurde. Inwieweit diese Ergebnisse aussagekräftig sind, kann anhand der Definitionen von Medienerziehung, die die Probandinnen in den Face-to-Face-Interviews formulierten, überprüft werden. Zum gleichen Themenkomplex wurden die Erzieherinnen in den qualitativen Interviews gebeten, Zielvorstellungen, die sie mit ihrer Auffassung von Medienerziehung verbinden, zu benennen. Diese zunächst sehr allgemeinen Ziele werden ergänzt durch Zielvorstellungen, die die Probandinnen im Zusammenhang mit ihren Äußerungen zu Maßnahmen der Kompetenzförderung (vgl. Kap. 6.5.2.2) und zu praktischen medienerzieherischen Maßnahmen und Projekten (vgl. hierzu Kap. 6.6.1.5) formulierten.

Den Abschluß dieses Kapitels bilden – gewissermaßen die in Kapitel 6.5.1 berichteten Ergebnisse zu diesem Punkt kontrastierend – Grenzen der Sebstwirksamkeit in bezug auf Medienerziehung, die die befragten Erzieherinnen in den qualitativen Interviews häufig im Zusammenhang mit ihren Ausführungen zu praktischen medienerzieherischen Maßnahmen bzw. Zielen derselben aufzeigten.

#### 6.5.3.1 Subjektive Wichtigkeit der Medienerziehung und die Zuständigkeit des Kindergartens

In der Repräsentativstudie baten wir die Probandinnen, auf einer vierstufigen Skala[97] anzugeben, für wie wichtig sie die Medienerziehung im Kindergarten bzw. die Elternarbeit zur Medienerziehung halten. Zu Vergleichszwecken baten wir sie darüber hinaus, die Wichtigkeit weiterer Förderbereiche ebenfalls einzustufen[98]. Tabelle 6.28 zeigt die Ergebnisse für die gewichtete Gesamtstichprobe im Überblick.

---

97 mit den Polen „sehr wichtig" (1) und „völlig unwichtig" (4)

98 zum Vorgehen vgl. die Selbsteinschätzung bezüglich der Qualifikation für verschiedene Förderbereiche; siehe Kapitel 6.3.2

Es ergibt sich dabei ein ganz ähnliches Bild wie im Hinblick auf die subjektive Qualifikation für die verschiedenen Förderbereiche (vgl. Kap. 6.3.2): Medienerziehung wird für sich genommen durchaus nicht als unwichtig eingestuft; immerhin drei Viertel der Erzieherinnen (76,3%) bewerteten sie als „sehr wichtig“ oder „eher wichtig“. Vergleicht man diese Werte jedoch mit denen für die anderen Förderbereiche, muß dieser Eindruck entschieden relativiert werden: Die Medienerziehung rangiert unter allen Bereichen hinsichtlich ihrer Wichtigkeit an letzter Stelle, wird also als weniger wichtig eingestuft als beispielsweise „Bewegungserziehung“, „Verkehrserziehung“ und „Erziehung im moralischen, ethischen und religiösen Bereich“, um nur einige zu nennen. Diese Unterschiede bestätigen sich auch durch Mittelwertvergleiche (t-Tests für abhängige Stichproben): Die Mittelwerte für die letztplazierte „Medienerziehung“ und die davor plazierte „Elternarbeit zur Medienerziehung“ unterscheiden sich hochsignifikant ($df = 599$; $t = 8{,}65$; $p < .001$); der Unterschied zwischen der „Elternarbeit zur Medienerziehung“ und der „Gesundheits- und Sexualerziehung“ verfehlt zwar knapp die Signifikanz ($df = 597$; $t = -1{,}90$; $p = .058$), dafür jedoch unterscheiden sich erstere und die „musisch-ästhetische Erziehung“ signifikant ($df = 599$; $t = -3{,}34$; $p < .01$). Im Lichte dieser Ergebnisse muß der Mittelwert für die Medienerziehung offensichtlich eher dahingehend interpretiert werden, daß diese unter Umständen als „nicht vollkommen unwichtig“ angesehen wird[99].

**Tabelle 6.28: Wichtigkeit von Medienerziehung und weiteren Förderbereichen**
(Basis: n = 602; gewichtete Daten)

| *Für wie wichtig halten Sie die folgenden Bereiche als Bestandteile der Arbeit im Kindergarten?* | M | SD |
|---|---|---|
| Erziehung u. Förderung im Sozialverhalten u. Spielverhalten | 1,11 | 0,33 |
| Kreativitätserziehung | 1,44 | 0,55 |
| Bewegungserziehung | 1,44 | 0,56 |
| Erziehung u. Förderung im kognitiven Bereich | 1,57 | 0,57 |
| Erziehung u. Förderung im moralischen, ethischen u. religiösen Bereich | 1,60 | 0,65 |
| Elternarbeit insgesamt | 1,72 | 0,48 |
| Verkehrserziehung | 1,74 | 0,67 |
| Musisch-ästhetische Erziehung | 1,75 | 0,56 |
| Gesundheitserziehung und Sexualerziehung | 1,80 | 0,63 |
| Elternarbeit zur Medienerziehung von Kindern | 1,86 | 0,71 |
| Medienerziehung | 2,10 | 0,66 |

1 = sehr wichtig; 2 = eher wichtig; 3 = eher unwichtig; 4 = völlig unwichtig

99 Dem entsprechen auch Ergebnisse der Untersuchung von Höltershinken und Mitarbeitern: Immerhin etwa ein Drittel der damals Befragten sah es „überhaupt nicht“ oder „eher nicht“ als Aufgabe des Kindergartens an, „Erfahrungen aufzuarbeiten, die Kinder in Familie und Nachbarschaft mit den elektronischen Medien machen“ (Kasüschke, 1991, S. 53). Gleichzeitig stimmte insgesamt fast ein Viertel der Aussage „eher zu“ oder sogar „voll und ganz zu“, daß „die Kindergartenpädagogik [...] sich nicht auch noch mit medienpädagogischen Fragen belasten“ solle (ebd.).

Die Wichtigkeitseinschätzungen variieren durchaus mit den Angaben zur Ausbildung in verschiedenen Bereichen der Medienerziehung bzw. der privaten Beschäftigung mit diesen Themen. Dabei zeigt sich durchweg die höhere Bedeutung der letzteren Qualifizierungsmöglichkeit: Erzieherinnen, die sich privat mit dem „Umgang mit Mediengeräten" bzw. den „Möglichkeiten ihres Einsatzes" sowie – vor allem – mit „Zielen und Praxis der Medienerziehung" oder der „Elternarbeit zur Medienerziehung" befaßt hatten, schätzten die Wichtigkeit der Medienerziehung höher ein als Erzieherinnen, die sich mit diesen Bereichen nicht beschäftigt hatten[100]. Lediglich für den Bereich „Ziele und Praxis von Medienerziehung im Kindergarten" gilt, daß auch die entsprechende Ausbildung offenbar zu signifikanten Unterschieden hinsichtlich der subjektiven Wichtigkeit von Medienerziehung beiträgt ($t = -2{,}37$; $df = 503$; $p < .05$): Erzieherinnen mit Ausbildung in diesem Bereich setzten die Wichtigkeit höher an. Ergänzend sei angemerkt, daß für die Wichtigkeit der „Elternarbeit zur Medienerziehung" ähnliches gilt und sich hier – erwartungsgemäß – insbesondere die private Beschäftigung mit dem Themenbereich „Elternarbeit zur Medienerziehung", aber auch die Ausbildung in diesem Bereich als bedeutsam erweisen. Auf derselben Linie liegt, daß Erzieherinnen die Wichtigkeit sowohl der Medienerziehung als auch der auf sie gerichteten Elternarbeit umso höher einstuften, mit je mehr für die Medienerziehung relevanten Themen sie sich bereits privat befaßt hatten, bzw. umgekehrt ($r = -.17$ bzw. $-.22$; jeweils $p < .001$).

Medienerziehung wurde zudem als umso unwichtiger eingestuft,

- je niedriger der Fernsehkonsum von Vorschulkindern geschätzt wurde ($r = -.13$; $p < .01$),
- je weniger die Erzieherinnen der Meinung sind, es hänge von ihrem Engagement ab, „ob die Kinder das Medium Fernsehen sinnvoll nutzen können" ($r = .09$; $p < .05$),
- je mehr sie Fernsehen im Hinblick auf Kinder im Kindergartenalter als „Fluch" sehen („Fernsehen Allgemein": $r = -.10$; $p < .05$; „Zukünftige Entwicklungen des Fernsehens": $r = -.10$; $p < .05$),
- je mehr sie der Auffassung sind, daß Kinder eher durch ihre Anlagen geprägt werden ($r = .32$; $p < .05$), und
- je geringer sie ihren Bedarf an „medienpädagogischen Hilfen" einschätzen (vgl. Kap. 6.3.2.3)[101].

Über die genannten hinaus lassen sich keine weiteren Zusammenhänge feststellen, ebenfalls keine Unterschiede zwischen einzelnen Aufrißgruppen

100 Mit einer Ausnahme („Umgang mit Mediengeräten"; $p < .05$) fallen alle Unterschiede signifikant mindestens auf dem 1%-Niveau aus, wie t-Tests für unabhängige Stichproben ergaben.

101 Die entsprechenden Korrelationskoeffizienten liegen zwischen .07 und .25 und fallen mit einer Ausnahme (Wichtigkeit von Elternarbeit zur Medienerziehung x Bedarf an medienpädagogischen Hilfestellungen im Bereich „Auswirkungen des Fernsehens auf Kinder"; $r = .07$; $p = .068$) alle signifikant aus.

(etwa nach Alter der Befragten, ihrem Status in der Einrichtung oder nach deren Trägerschaft).

Da wir die Frage nach der subjektiven Wichtigkeit der Medienerziehung für außerordentlich wesentlich hielten, wurde sie nicht nur in der Repräsentativstudie, sondern auch in den themenzentrierten Interviews gestellt. Auch hier zeigte sich zunächst einmal – wie auch bereits innerhalb der Interviewphase zu Definitionen und Zielen zur Medienerziehung deutlich wurde (vgl. Kap. 6.5.3.3) – daß sich einige Erzieherinnen eine Medienerziehung ohne Medien nicht vorstellen können bzw. Medienerziehung mit Medieneinsatz gleichsetzen. So antworteten einige Erzieherinnen ähnlich wie die im Folgenden zitierten auf die Frage nach der Wichtigkeit von Medienerziehung unmittelbar mit Aussagen zum Medieneinsatz:

„Ich könnte darauf verzichten. Weil ich Möglichkeiten genug habe, die ich an die Kinder herantragen kann, daß ich das nicht brauche. Ich glaube, auf Kassettenrekorder würde ich nicht verzichten wollen unbedingt, weil ich den wirklich schön einsetzen kann für verschiedene Dinge. Aber auf andere Sachen kann ich im Kindergarten verzichten.“ (Fallnr. 129)

„Ja das ist schon wichtig, aber da ist ja dann eine Grenze. Mit einem Walkman gut umgehen zu können, ist ja einfach. Kann ich ihnen auch einfach erklären, oder den CD-Player kann ich ihnen auch gut erklären [...]. Also ich würde es nicht an letzter Stelle setzen. Ich halte es auch für sehr wichtig, nur: Wir haben nicht so viele Möglichkeiten, die sind ja begrenzt bei uns. Ich kann eben, wie gesagt, einen Videorekorder einsetzen oder einen CD-Player und diese Dinge, aber das Fernsehen einzusetzen, da habe ich schon ein bißchen Bedenken, weil ich mir da überlegen muß: Dann schaff´ ich die gleiche Situation, die sie ja schon sehr sehr viel zu Hause haben. Und da ist es mir dann wichtiger, andere Dinge einzusetzen: Bilderbücher, Geschichten, all diese Dinge halte ich für sehr viel wichtiger.“ (Fallnr.10)

„Ein Buch ist für mich auch ein Medium – Wir legen sehr viel Wert auf gute Bücher und setzen die häufig hier ein [...]. Die sind auch immer für die Kinder bereit – Bücher, wo nur Bilder sind, wo man erzählen kann, sich selber ´ne Geschichte ausdenken kann. Eben auch um das Kind weiterzubilden in Form von Sacherziehung. Ihm gewisse Dinge mitzugeben, die es *wissen* sollte, in bezug auch auf die Schule. Ich kann ein Kind nicht in die Schule lassen, und das weiß dann nicht, das sind die Tomaten oder wie auch immer [...]. Die Medienerziehung ist ein Hilfsmittel für mich. Und die ist auch nicht wegzudenken.“ (Fallnr. 180)

Aus den angeführten Zitaten wird deutlich, daß ein falsches oder eingeschränktes Verständnis von Medienerziehung mit zwei gänzlich konträren Auffassungen hinsichtlich der Wichtigkeit dieses Bereichs verknüpft sein kann: Einerseits mag ein Gleichsetzen von Medienerziehung und Medieneinsatz dazu führen, „Medienerziehung“ für unwichtig zu halten, da Kinder ohnehin zu Hause bereits hinreichend mit Medien konfrontiert würden. Andererseits kann bei einem solchen Verständnis „Medienerziehung“ genauso aber auch für wichtig gehalten werden, um den Kindern etwa Sachwissen zu vermitteln (insofern beurteilen beide Gruppen dann eigentlich nicht die Medienerziehung, sondern den Einsatz von Medien zu verschiedensten Zwecken).

Abgesehen von dem gerade genannten Problem wurden sämtliche Äußerungen aus den qualitativen Interviews, die sich in irgendeiner Weise auf die Wichtigkeit der Medienerziehung bezogen, zunächst einmal daraufhin analysiert, inwieweit man die entsprechenden Passagen in ein Skalierungsverfahren einbeziehen konnte, anhand dessen letztlich jeder Interviewten ein entsprechender Wert auf einer fünfstufigen Skala (mit den Polen 1 = sehr unwichtig bis 5 = sehr wichtig) zugewiesen werden sollte[102]. Dabei ließen sich immerhin 21 Fälle überhaupt nicht einordnen, da sie ihre Ansichten zur Frage der Wichtigkeit höchst widersprüchlich oder zumindest unklar formulierten oder aber sich dabei eindeutig nur auf Medieneinsatz als solchen bezogen. Ein Beispiel für unklare Äußerungen zur subjektiven Wichtigkeit ist:

„Also mal abgesehen davon, daß ich sie persönlich für sehr *wichtig* halte: Der Stellenwert hier in der Einrichtung, der ist sehr gering. Also prozentual gesehen [...] ein Stellenwert von fünf Prozent bei uns in der Einrichtung. Wenn ich dann sagen würde – weil das wäre die Alternative – bewußter Umgang mit den Medien hieße ja auch, Kinder soweit zu bringen – also wir kaufen uns ´ne Fernsehzeitung, dann studieren wir die Programme [...] und dann müßte man eigentlich auch hingehen und sagen: ´So, dann stellen wir uns auch noch den Fernsehapparat hier hin und dann fangen wir an zu konsumieren'. Und wie gesagt, das halte ich persönlich nicht für den Auftrag des Kindergartens. Und von daher gesehen schließt sich das aus." (Fallnr. 143)

Während sich manche Erzieherinnen offenbar zur Frage der Wichtigkeit von Medienerziehung noch keine klare Meinung gebildet hatten, waren andere durch die Repräsentativbefragung und durch die Tatsache, nun auch face-to-face zur Medienerziehung befragt zu werden, nach ihren eigenen Aussagen dazu aktiviert worden, hierüber nochmals nachzudenken, hatten sich aber gleichzeitig noch nicht von ihrer bisherigen Meinung gelöst, wie etwa aus folgenden Beispielen deutlich wird (wobei das zweite Beispiel wiederum die Verwechslung zwischen Medienerziehung und Medieneinsatz verdeutlicht):

„Ich muß Ihnen ganz ehrlich gestehen, ich hab mich da so noch nie so sehr konkret mit auseinandergesetzt wie in der letzten Zeit. Wenn man das jetzt *so* sieht, dann ist es im Grunde genommen genauso wichtig wie die Verkehrserziehung, weil die Auswirkungen so extrem sein können." (Fallnr. 131)

„Sagen wir mal: Durch diese ganze Aktion ist mir das jetzt ein bißchen wichtiger geworden [lacht]. Vorher – ja man hat da gar nicht so drüber nachgedacht einfach; es ist einfach da, und man weiß um die Probleme, Vor- und Nachteile weiß man auch, man *lebt* damit. Ja, aber daß man die mal bewußt einsetzen kann, das läuft alles so mit, man macht mal ein paar Fotos, weil da jetzt eben ´ne Feier ist, und die hängen

---

102 zum Skalierungsverfahren siehe Kapitel 5.4

wir dann aus, das ist auch alles ganz klar. Aber, so richtig 'nen bewußten Einsatz, das macht jetzt erst diese Aktion. Könnte man ja mal machen, ne?" (Fallnr. 103)

Ein weiterer wesentlicher Grund, weshalb Äußerungen mancher Erzieherinnen nicht für eine Skalierung der subjektiven Wichtigkeit von Medienerziehung verwendet werden konnten, lag darin, daß nicht wenige Befragte (n = 11) eine ganzheitliche oder integrative Sichtweise von Erziehung betonten, innerhalb derer der Stellenwert von Medienerziehung nicht von dem anderer Förderbereiche zu trennen sei („Es ist ein Teil, das uns mithilft, wie alles andere auch. Man kann das eine vom anderen nicht trennen. [...] Es ist einfach nicht wegzudenken"; Fallnr. 32).

Und schließlich äußerten sich manche Erzieherinnen zu dieser Thematik nicht nur unklar und/oder ambivalent, sondern darüber hinaus auch mit Verweis auf die jeweils aktuellen Erfordernisse, die den Stellenwert der Medienerziehung variieren lassen:

„Im Moment hat sie einen relativ geringen [Stellenwert] im Vergleich zu den anderen Sachen, und eigentlich *soll* gleichwertig, also mit allen anderen Sachen auch, weil es halt immer wichtiger wird. Ich denke, es war auch früher eine andere Sache als heute. Aber dadurch, daß halt immer alles offener wird, die Kinder auch an alles rankommen – wer hat heute keinen Computer mehr oder wer hat heute keinen Videorekorder oder oder oder? – [...] Medienerziehung muß wichtiger *werden*, als sie das gerade in unserer Einrichtung *ist* [...]. Bei uns ist es noch nicht ganz so tragisch, [...] auf dem Land ist es noch nicht ganz so massiv, aber es wird jetzt auch kommen in der nächsten Zeit, daß es wichtiger wird auch für die Kinder. Die Kinder kommen ja auch und bringen sich mit ein in der Gruppe, und von daher – das wird wahrscheinlich auch immer mehr sein, daß auch immer mehr diesen Teil Medienerziehung mitreinbringen, äußern, daß wir es merken: Wir müssen jetzt zu diesem Thema was machen." (Fallnr. 28)

Aus den zahlreich genannten – allerdings bereits für sich genommen aussagekräftigen – Gründen konnten somit lediglich 39 der insgesamt 60 Interviews für die weitere Auswertung zur subjektiven Wichtigkeit der Medienerziehung herangezogen werden. Aufgrund der verbleibenden geringen Fallzahl konnten allerdings keine genaueren statistischen Analysen mehr durchgeführt werden. Folgende Feststellungen lassen sich jedoch ableiten: Von den 39 Erzieherinnen, deren Einschätzung zur subjektiven Wichtigkeit wir weiter betrachteten, hält offenbar nur knapp die Hälfte (im Vergleich zu drei Viertel in der Repräsentativbefragung) die Medienerziehung für „sehr wichtig" oder „wichtig". Dieses Ergebnis muß ebenso wie der nichtsignifikante Zusammenhang zwischen beiden Wichtigkeitsmaßen nicht nur vor dem Hintergrund der bereits erwähnten Verwechslungen zwischen Medienerziehung und Medieneinsatz interpretiert werden, sondern auch unter Berücksichtigung der Tatsache, daß die Wichtigkeit in den themenzentrierten Interviews zumeist im Kontext von Aussagen zu Zielen der Medienerziehung oder zur medienerzieherischen Praxis thematisiert wurde. Offenbar haben die Befragten in der Repräsentativstudie mehr über die *prinzipielle* Wichtigkeit von Medienerziehung nachgedacht, wohingegen sie in den qualitativen Interviews auch die im Rahmen der eigenen praktischen Arbeit geleistete Umsetzung mitberücksichtigten und insofern dann teilweise über einen geringen Stellenwert von Medienerziehung in der eigenen Einrichtung berichteten, wie an folgenden Beispielen deutlich wird:

„Im Vergleich zur Gesundheitserziehung könnte man es vielleicht noch gleichsetzten [lacht]. Ich meine, das ist nun so was, das ist hier auch nicht so ganz wichtig. Wenn es jetzt im Vergleich zu Bewegungserziehung oder dergleichen wäre, dann ist es ein verschwindend kleiner Teil. Also ich denke, wir arbeiten hier mehr nach der Methode: Wir setzen dem was entgegen. Wenn Kinder zu Hause sitzen vor dem Fernseher oder oft und viel, vielleicht auch zu viel – die brauchen hier Bewegung und ein bißchen Kreativität natürlich auch und müssen das nach Möglichkeit ausleben können, was sie mitbringen, wenn sie denn was mitbringen, oder eben was angeboten kriegen, für die, die da nicht so von allein wissen, was sie möchten.“ (Fallnr. 20)

„[...] Hat einen ganz geringen Stellenwert, andere Sachen sind uns wichtiger: Das Sozialverhalten, der Kontakt zu den Kindern, Zeit für Kinder, Gespräche mit Kindern ist viel wichtiger, als sich *darüber* Gedanken zu machen. [...] Wir haben hier im Kindergarten andere Normen und Werte, die uns wichtiger sind.“ (Fallnr. 56)

„Medienerziehung spielt bei uns in der Einrichtung eine untergeordnete Rolle, also sehr wenig, weil uns die anderen Dinge halt eben wichtiger erscheinen.“ (Fallnr. 199)

Abschließend sollen noch solche Erzieherinnen zu Wort kommen, die Medienerziehung für (sehr) wichtig halten (n = 15); ihre Begründungen werden in der folgenden Liste stichwortartig zusammengefaßt:

- Die Veränderungen auf der Medienangebotsseite und die damit verbundene „Unübersichtlichkeit“ machen Medienerziehung wichtiger als früher.
- Medien gehören zur Lebenswelt von Kindern und spielen eine große Rolle in ihrem Alltag.
- Kinder tragen heute mehr Medienerlebnisse und medienbezogene Fragen in den Kindergarten.
- Medien, insbesondere das Fernsehen, bestimmen heute den gesamten Alltag und üben einen erheblichen Einfluß auf die Kinder und deren Sozialisation aus.

Die Angaben der übrigen Befragten zum geringen Stellenwert der Medienerziehung im Kindergarten sind vor dem Hintergrund der enormen Befürchtungen, die sie mit dem kindlichen Fernsehkonsum verbinden, einerseits nicht recht verständlich, sollte sich doch eigentlich aus derlei Ansichten eine besondere Wichtigkeit medienerzieherischer Tätigkeiten im Kindergarten ergeben. Einige Erklärungen hierfür wurden andererseits bereits angesprochen: die Gleichsetzung zwischen Medienerziehung und Medieneinsatz, die zu einer geringen subjektiven Wichtigkeit einer so verstandenen Medienerziehung führen *kann*; ebenso die Tatsache, daß manche Befragte offenbar sofort die praktische Umsetzung und deren Grenzen in der eigenen Einrichtung mitbedacht haben, was ebenfalls den dortigen konkreten, nicht aber unbedingt auch den prinzipiellen Stellenwert von Medienerziehung reduzieren *kann*. Denkbar wäre aber auch, daß die Erzieherinnen zwar im Prinzip Medienerziehung in Kindergärten nicht unwichtig finden, jedoch die praktische Zuständigkeit für diesen Erziehungsbereich – zumindest bezogen auf kleine Kinder – vorrangig den Eltern attribuieren. Insofern interessiert nun, inwieweit sie eher dem Kindergarten oder der Familie diese Verantwortung zuschreiben.

Um diese Frage etwas näher zu beleuchten, stellten wir den Erzieherinnen in der Repräsentativstudie die Frage, welchen Anteil der Kindergarten an der Medienerziehung von Kindern haben *sollte*. Hierzu sollten die Befragten die Medienerziehung in Kindergarten und Familie gemeinsam als 100 Prozent ansehen und dann einen entsprechenden Prozentwert für den Anteil des Kindergartens angeben. Tabelle 6.29 zeigt die Ergebnisse im Überblick.

**Tabelle 6.29: Zuständigkeit für Medienerziehung: Prozentualer Anteil, den der Kindergarten an der Medienerziehung haben sollte**
(100% = Anteil des Kindergartens + Anteil der Familie)
(Basis: n = 602; gewichtete Daten; nachträglich kategorisiert)

| Prozentualer Anteil (Soll) des Kindergartens an der Medienerziehung | n | % |
|---|---|---|
| 0% | 12 | 2,1 |
| 1% bis 5% | 28 | 4,8 |
| 6% bis 10% | 62 | 10,6 |
| 11% bis 20% | 90 | 15,4 |
| 21% bis 30% | 76 | 13,0 |
| 31% bis 40% | 42 | 7,2 |
| 41% bis 50% | 203 | 34,8 |
| 51% bis 60% | 22 | 3,8 |
| über 60% | 49 | 8,3 |
| K. A. | 18 | -- |
| | M = 37,02 | SD = 20,97 |

Auffällig ist, daß immerhin 17,5 Prozent der Befragten – also rund ein Sechstel – der Meinung waren, daß nur bis zu zehn Prozent der Medienerziehung im Kindergarten stattzufinden hätten, insgesamt ein Drittel der Erzieherinnen sieht den Anteil des Kindergartens bei höchstens 20 Prozent. Lediglich etwa jede zehnte Erzieherin ist der Auffassung, daß der Kindergarten mehr als die Familie aufgefordert ist, Kindern die bereits heute notwendigen Medienkompetenzen zu vermitteln, sie in diesem Bereich entsprechend zu fördern und auf die Zukunft vorzubereiten.

Bei der Interpretation dieses Ergebnisses ist allerdings folgendes zu berücksichtigen: Die Art der Fragestellung ermöglicht keine Aussage über den absoluten Umfang der zu leistenden Medienerziehung; anhand der Angaben der Erzieherinnen läßt sich lediglich ableiten, daß sie mehrheitlich eher die Familie als den Kindergarten in der Pflicht sehen – und dies zudem unabhängig davon, was auch immer die Befragten unter Medienerziehung verstehen.

Wir fragten im Rahmen der Repräsentativstudie nicht nur danach, welchen Anteil an der Medienerziehung der Kindergarten haben *sollte*, sondern auch danach, welchen Anteil er nach Ansicht der Befragten tatsächlich *hat*. Die entsprechenden Ergebnisse werden in Kapitel 6.6.1.1 im Zusammenhang mit der Praxis der Medienerziehung im Kindergarten dargestellt. An dieser Stelle wird dann auch auf Zusammenhänge der beiden Einschätzungen mit anderen in der Repräsentativbefragung erhobenen Variablen bzw. auf Differenzierungen der Ergebnisse einzugehen sein.

#### 6.5.3.2 Bewahrpädagogische Orientierung: Ausgrenzung von Medien im Kindergarten

Nachdem festzuhalten ist, daß die Befragten die Medienerziehung relativ zu anderen Förderbereichen im Kindergarten als eher unwichtig erachten und die entsprechende Zuständigkeit weitaus stärker dem Elternhaus als dem Kindergarten zuschreiben, fragt sich, welche Vorstellungen sie tatsächlich von der Medienerziehung im Kindergarten haben: Orientieren sie sich noch immer am traditionellen bewahrpädagogischen Ansatz (vgl. Kap. 1.3)? Wie umschreiben sie den Begriff „Medienerziehung“ und welche Ziele verbinden sie hiermit auf der theoretischen und praktischen Ebene? Das vorliegende Kapitel geht zunächst nur auf die erste Frage ein.

In der Repräsentativstudie wurde den Erzieherinnen eine Aussage vorgelesen, die eine eindeutig bewahrpädagogische Haltung zum Ausdruck bringt: „Fernsehen, Video und Computer stellen eine Gefahr für die Entwicklung der Kinder dar und gehören deshalb nicht in den Kindergarten.“ Die Erzieherinnen sollten auf einer fünfstufigen Skala[103] angeben, inwieweit sie dieser Aussage zustimmen. Die Ergebnisse hierzu sind in Tabelle 6.30 ersichtlich.

Bei der Interpretation der Ergebnisse ist zu berücksichtigen, daß die Skala eine mittlere Ausprägung[104] beinhaltet, was den Befragten ermöglichte, keine Stellung zu beziehen. Dieses Manko muß indes u.E. in Kauf genommen werden, da es durchaus denkbar ist, in diesem Zusammenhang eine „neutrale Position“ einzunehmen[105]. Vor diesem Hintergrund überrascht es nicht, daß 41

103 mit den Polen „völlig richtig“ (1) und „völlig falsch“ (5)

104 die als gleichbedeutend mit einer „neutralen“ Haltung angesehen werden kann, also weder Zustimmung noch Ablehnung signalisiert

105 Darüber hinaus präsentierten wir den Erzieherinnen an anderer Stelle eine vergleichbare handlungsbezogene Aussage; die Antwortskala hierfür sah lediglich vier Abstufungen vor, so daß die Befragten in die-

Prozent der Erzieherinnen sich weder für noch gegen die Aussage entscheiden mochten. Umso interessanter erscheint damit der Umstand, daß etwa genauso viele Probandinnen (40,2 %) der Aussage sehr wohl zustimmten und nur knapp 19 Prozent sie (eher oder völlig) ablehnten. Dementsprechend liegt auch der Mittelwert am unteren Ende des neutralen Intervalls (M = 2,61; SD = 1,19). Läßt man die Unentschiedenen unberücksichtigt, so weisen die Prozentwerte (Zustimmungen: 40,2%; Ablehnungen: 18,7%) eindeutig auf eine unter der Mehrheit der Befragten verbreitete bewahrpädagogische Orientierung hin.

**Tabelle 6.30: Bewahrpädagogische Orientierung**
(Basis: n = 602; gewichtete Daten)

*„Fernsehen, Video und Computer stellen eine Gefahr für die Entwicklung der Kinder dar und gehören deshalb nicht in den Kindergarten.“*

| | n | % |
|---|---|---|
| 1 = völlig richtig | 149 | 24,8 |
| 2 | 93 | 15,4 |
| 3 = weder richtig noch falsch | 246 | 41,0 |
| 4 | 66 | 11,0 |
| 5 = völlig falsch | 46 | 7,7 |
| K. A. | 2 | -- |
| | M = 2,61 | SD = 1,19 |

Im Lichte der bisher berichteten Ergebnisse muß diese Tatsache gleichwohl als durchaus erwartungsgemäß bezeichnet werden: Angesichts ihrer ausgesprochen negativen Einstellungen gegenüber dem Fernsehen und neueren Entwicklungen auf dem AV-Mediensektor sowie vor dem Hintergrund ihrer Überschätzung des kindlichen Fernsehkonsums, der deutlich negativ ausgerichteten Wirkungsannahmen, der vorrangig negativen Bewertung von „Spuren“ kindlicher Medienerlebnisse im Kindergartenalltag (vgl. Kap. 6.5.2.1) sowie weiterer auf der gleichen Linie liegender Ergebnisse (vgl. Kap. 6.4) war kaum zu erwarten, daß die Befragten Fernsehen und Computern einen Platz im Kindergarten einrichten wollen.

Plausiblerweise hängt die bewahrpädagogische Haltung mit den Medienbewertungsvariablen zusammen: Lediglich die Zusammenhänge mit den Bewertungen „Zukünftiger Entwicklungen des Fernsehens“ sowie „Multimedia“ in bezug auf die Gesellschaft verfehlen knapp die Signifikanz ($p < .1$), alle anderen fallen signifikant aus, d.h. Erzieherinnen, die die vorgegebenen Medien eher als „Fluch“ hinsichtlich der eigenen Person, bezüglich Kindern im Kindergartenalter oder der Arbeit im Kindergarten bewerteten, stimmten also auch eher der bewahrpädagogischen Aussage zu.

---

sem Falle gezwungen waren, Stellung zu beziehen (vgl. Kap. 6.6.1.2; zu Konzepten der Erzieherinnen vgl. außerdem Kap. 6.7).

Auf derselben Linie liegt die Tatsache, daß sie auch den Fernsehkonsum von Vorschulkindern ($r = -.08$; $p < .05$) sowie den Einfluß des Fernsehens auf die Entwicklung von Kindern ($r = -.10$; $p < .05$) in der Tendenz höher einschätzten. Gleichzeitig sind sie offensichtlich eher nicht der Ansicht, in bezug auf die Mediennutzung der Kinder etwas bewirken zu können: Die Korrelation mit der als „Selbstwirksamkeit" bzw. „Kontrollüberzeugung" bezeichneten Variable ist zwar gering, fällt aber signifikant negativ aus ($r = -.08$; $p < .05$)[106].

Auch in diesem Zusammenhang zeigt sich, daß die Ausbildung offenbar keine Rolle spielt: Keineswegs stimmten Erzieherinnen, die in der Ausbildung mit Zielen und Praxis der Medienerziehung vertraut gemacht wurden, der bewahrpädagogischen Aussage weniger zu als andere. Lediglich die private Beschäftigung mit den vorgegebenen Themen scheint einen gewissen Unterschied auszumachen: Befragte, die angaben, sich privat mit Möglichkeiten des Einsatzes von Mediengeräten oder auch mit dem Umgang mit Mediengeräten befaßt zu haben, erzielten einen signifikant höheren Mittelwert ($M = 2{,}69$; $SD = 1{,}19$ bzw. $M = 2{,}72$; $SD = 1{,}20$), stimmten der Aussage im Mittel also weniger zu als diejenigen, bei denen dies nicht der Fall war ($M = 2{,}47$; $SD = 1{,}19$ bzw. $M = 2{,}42$; $SD = 1{,}16$)[107]. Interessanterweise verhält es sich in bezug auf die private Beschäftigung mit Auswirkungen des Fernsehens auf Kinder genau umgekehrt: Erzieherinnen, die sich damit privat befaßt haben, stimmten der Aussage im Durchschnitt eher zu ($M = 2{,}59$; $SD = 1{,}19$), zeigten also eher eine bewahrpädagogische Einstellung als diejenigen, die sich nicht mit diesem Thema beschäftigt haben ($M = 2{,}95$; $SD = 1{,}21$). Der Unterschied der beiden Mittelwerte verfehlt die Signifikanz nur knapp ($df = 598$; $t = -1{,}91$; $p < .1$). Als Hintergrund für dieses Ergebnis ist anzunehmen, daß Kenntnisse zu Wirkungen, die aus der privaten thematischen Beschäftigung von Erzieherinnen resultieren, auf Alltagstheorien oder kulturpessimistischer Literatur à la Postman basieren und daher – wenn nicht durch Aus- oder Fortbildung aufgefangen – zu verkürzten Vorstellungen von Medienwirkungen führen und somit einer bewahrpädagogischen Einstellung Vorschub leisten.

Schließlich hängen bewahrpädagogische Einstellungen erwartungsgemäß in der Weise mit der subjektiven Wichtigkeit von Medienerziehung zusammen, daß letztere[108] umso geringer ausfällt, je deutlicher erstere ausgeprägt ist ($r = -.09$; $p < .05$); bewahrpädagogisch orientierte Erzieherinnen halten demnach zumindestens tendenziell die Medienerziehung für weniger wichtig als ihre weniger traditionell eingestellten Kolleginnen.

---

106 hohe Werte in dieser Variablen signalisieren eine geringe Selbstwirksamkeit

107 „Möglichkeiten des Einsatzes von Mediengeräten": $df = 598$; $t = 2{,}15$; $p < .05$; „Umgang mit Mediengeräten": $df = 598$; $t = 2{,}92$; $p < .01$

108 niedrige Werte weisen auf eine geringe Wichtigkeit von Medienerziehung hin

Die bisher berichteten Ergebnisse geben lediglich einen ersten – groben – Anhaltspunkt hinsichtlich der medienerzieherischen Orientierung der Befragten (wobei angemerkt sei, daß sich in dieser Hinsicht keine signifikanten Unterschiede zwischen Erzieherinnen unterschiedlicher Träger feststellen ließen). Es wird im Folgenden zu überprüfen sein, inwieweit die Vorstellungen, die die Erzieherinnen von Medienerziehung haben, tatsächlich als „bewahrpädagogisch" angesehen werden können. Im Zusammenhang mit den Ergebnissen zur Praxis der Medienerziehung im Kindergarten (Kap. 6.6) wird weiterhin zu überprüfen sein, inwiefern und in welcher Form eine bewahrpädagogische Orientierung oder auch andere Leitvorstellungen tatsächlich in der alltäglichen Kindergartenarbeit umgesetzt werden. Und schließlich soll in Kapitel 6.7 der Versuch unternommen werden, die Befragten hinsichtlich ihrer Konzeption und praktizierten Form von Medienerziehung den in Kapitel 1.3 dargestellten Konzepten der Medienerziehung zuzuordnen.

An dieser Stelle ist ein Vergleich mit den Ergebnissen der Studie von Höltershinken und Mitarbeitern zu ziehen: Die Autoren präsentierten ihren Probandinnen eine Reihe von Aussagen, die verschiedene medienpädagogische Konzeptionen widerspiegeln sollten, von denen zwei u.E. direkt mit unseren Ergebnissen vergleichbar sind[109]. Sie lauteten (vgl. Kasüschke, 1991, S. 53):

„Der Kindergarten begegnet dem 'Medienproblem' am besten dadurch, daß er selber einen strikt medienfreien Raum bildet"

„Der Kindergarten sollte sich in seinem Zuständigkeitsbereich für eine technikfreie Lebenswelt der Kinder einsetzen"

Der ersten Aussage stimmten damals 26,4 Prozent, der zweiten 28,3 Prozent der Befragten „eher zu" oder „voll und ganz zu". Sieht man einmal von der Problematik der unterschiedlichen Skalen ab (die in der angesprochenen Studie verwendete sah nur vier Abstufungen vor, beinhaltete mithin keine „neutrale" Position), so scheint der Vergleich mit unseren Ergebnissen auf eine Entwicklung in Richtung einer stärker bewahrpädagogisch orientierten Haltung zur Medienerziehung hinzudeuten. Wäre dem so – und bevor dies mit Sicherheit formuliert werden kann, sind zuerst weitere Ergebnisse unserer Untersuchungen zu berücksichtigen (vgl. insbesondere die Kapitel 6.6 und 6.7) – erscheint dies zunächst überraschend, zumal selbst die Jugendministerkonferenz von ihrem konservativen Beschluß von 1987 im Jahre 1996 abgerückt ist (vgl. Kap. 2.2 und Kap. 3.1). Denkbar ist allerdings durchaus, daß Erzieherinnen angesichts einer wachsenden Medienvielfalt und einer auch im Alltag von Kindern erheblichen Bedeutung von Medien inzwischen

109 bei den übrigen wird nicht recht klar, welchen Grundkonzeptionen von Medienerziehung sie zuzuordnen sind; ein Vergleich mit Positionen aus der einschlägigen wissenschaftlichen Literatur wurde in dieser Studie offenbar nicht angestrebt

noch stärker als früher der Meinung sind, daß Kinder wenigstens im Kindergarten eine von AV-Medien und Computern freie Zone zur Verfügung gestellt bekommen müßten.

Berücksichtigt man zudem, daß ein nicht unbeträchtlicher Anteil der von uns in den qualitativen Interviews Befragten Medienerziehung mehr oder weniger mit Medieneinsatz gleichsetzt (vgl. auch Kap. 6.5.3.3), so müßten eigentlich auch viele Erzieherinnen der Meinung sein, daß nicht nur neuere Medien, sondern – nach ihrem Begriffsverständnis – auch „Medienerziehung" nicht in den Kindergarten gehören. Für diese These könnte sprechen, daß

- die Befragten mehrheitlich die Zuständigkeit für Medienerziehung weniger beim Kindergarten als vielmehr bei der Familie sehen (vgl. Kap. 6.5.3.1),
- im Hinblick auf die Wichtigkeit die Medienerziehung auf den letzten Rangplatz unter allen Förderbereichen des Kindergartens setzten (vgl. Kap. 6.5.3.1) und
- zu Erfordernissen und Möglichkeiten der Förderung von Medienkompetenz in den qualitativen Interviews mehrheitlich kaum etwas beitragen konnten (vgl. Kap. 6.5.2.2);
- schließlich aber auch die in Kapitel 6.6.1 zu berichtende Tatsache, daß die meisten Befragten in der Praxis der Medienerziehung nur wenig engagiert zu sein scheinen.

#### 6.5.3.3 Definition von Medienerziehung und Ziele der Medienerziehung

„[Medienerziehung] ist für mich erstmal so was, was hier im Prinzip nicht stattfindet" (Fallnr. 20).

Innerhalb der qualitativen Face-to-Face-Befragung wurden die Erzieherinnen einerseits darum gebeten zu umschreiben, was sie unter Medienerziehung verstehen. Andererseits wurde gefragt, was für sie persönlich Ziele der Medienerziehung sind. Aus den Antworten zu beiden Fragestellungen – dies läßt sich zunächst einmal festhalten – ist zu erkennen, daß ein Großteil der Erzieherinnen mit dem Begriff „Medienerziehung" nicht viel anzufangen weiß. Zudem beschränkten sich die meisten Befragten auf eine nur grobe Beschreibung von Bestandteilen der Medienerziehung, was indes angesichts des abstrakten Begriffs auch verständlich ist. Ebenfalls zeigt sich sowohl an dieser Stelle als auch bei Zielvorstellungen zur Medienerziehung, daß viele Probandinnen ein eingeschränktes oder sogar falsches Verständnis von Medienerziehung haben:

So läßt sich – an diesen Stellen der Interviews – bei genau der Hälfte der 60 Befragten erkennen, daß sie Medienerziehung mit Medieneinsatz gleichsetzen oder sich Medienerziehung nur oder vorwiegend in Verbindung mit dem Einsatz von Medien vorstellen können[110]. Noch bedeutender ist, daß 13 dieser 30 Probandinnen (also immerhin 22% der Interviewstichprobe) zudem mit dem Einsatz von Medien dann auch keine medienerzieherischen Ziele verbinden. Bei ihrer Umschreibung zum Begriff „Medienerziehung" führte denn auch die Gleichsetzung von Medienerziehung und Medieneinsatz bei einer Reihe von Befragten dazu, daß sie lediglich einzelne Medien aufzählten, wie etwa aus den folgenden Passagen deutlich wird:

„Medienerziehung ist nicht nur Fernsehen, schließt alle Medien ein." (Fallnr. 34)

„Was meine Vorstellung von Medienerziehung ist? Zu Medien gehört für mich der Fernseher, Bücher, Video, Kassetten. Ich würde schwerpunktmäßig hin tendieren zu Kassetten oder zu Radio statt zum Fernsehen [...]." (Fallnr. 196)

„Medienerziehung ist im Prinzip alles: Alles, was mit irgendwelchen Materialien zu tun hat, die die Kinder in irgendeiner Weise konsumieren können, sei es Fernsehen, Radio, CD´s [...]. Ich finde es eigentlich relativ gut." (Fallnr. 240)

Teilweise auch unabhängig von der Gleichsetzung zwischen Medienerziehung und Medieneinsatz waren zehn der 60 Befragten gänzlich außerstande, Medienerziehung wenigstens ansatzweise oder unter Zuhilfenahme von „Floskeln" zu umschreiben. Innerhalb dieser Gruppe gaben zwei Erzieherinnen selbst zu, daß sie sich unter dem Begriff nichts vorstellen können, und fünf Befragte verwiesen – anstelle einer Begriffsumschreibung – unmittelbar darauf, daß sie in ihrer Einrichtung nur wenig Medienerziehung praktizieren, wie die beiden folgenden Beispiele zeigen:

„Wir gestalten jetzt nicht Fernsehgewohnheiten oder: 'Wie kann man mit dem Medium Fernsehen umgehen?'; da haben wir so nicht die Möglichkeit. Außerdem sieht die Wirklichkeit doch in den Häusern ganz anders aus: Die meisten sind doch an das Kabel oder Satelliten angeschlossen. [...] Und das, was wir hier als Medium machen, ist hauptsächlich nur, daß wir Bücher als Medium einsetzen." (Fallnr. 16)

„Ist eigentlich sehr schwierig, weil – ich seh in erster Linie eigentlich, seh ich das Fernsehen in der Medienerziehung und, tja, dann läuft ja natürlich nicht viel in der

110 Um festzustellen, welche Erzieherinnen Medienerziehung falsch oder eingeschränkt verstanden, wurden die Antwortpassagen sowohl zur Definition als auch zu Zielen der Medienerziehung herangezogen. Beispiele für weitere Interviewpassagen, aus denen ebenfalls ein Gleichsetzen von Medienerziehung und Medieneinsatz hervorgeht, wurden bereits in Kapitel 6.5.3.1 in Zusammenhang mit der subjektiven Wichtigkeit von Medienerziehung zitiert, andere auf derselben Linie liegende Antworten werden weiter unten im Kontext der Praxis der Medienerziehung zitiert. Im vorliegenden Kapitel beziehen wir uns lediglich auf die Phasen des Interviews, in denen es um die Definition und Ziele der Medienerziehung ging.
Berücksichtigt man für die Einschätzung eines solchen Verständnisses von Medienerziehung allerdings nicht nur die Interviewpassagen zu Definition und Zielen der Medienerziehung, sondern auch diejenigen Äußerungen, die sich auf die subjektive Wichtigkeit der Medienerziehung, die medienerzieherische Praxis und medienerzieherische Konzepte beziehen, und filtert diejenigen Personen heraus, die bei diesen Themenbereichen Medieneinsatz und Medienerziehung gleichsetzten, so ergibt sich bei diesem schärferen Kriterium über die einzelnen Interviews hinweg nur noch ein Anteil von 27 Prozent der Interviewten, die ein solches Verständnis von Medienerziehung haben.

Einrichtung in bezug dadrauf. Dann – tja, was gehört da noch zu? – Ich muß wohl sagen, das ist auch ein Manko in der Ausbildung, denk ich mal: Da fängt das schon an in unserer Ausbildung, daß da sehr wenig zu gemacht wird. Es gibt da zwar ein Fach Medienerziehung, aber ich denk, da kam sehr wenig rüber." (Fallnr. 61)

An dem letzteren Zitat wird auch deutlich, wie manche Erzieherinnen sofort auf andere Themenbereiche überwechselten, wenn offensichtlich weder eine Definition noch eine Umschreibung von Bestandteilen der Medienerziehung möglich war oder wenn die Befragten sofort erklären wollten, weshalb in ihrer Einrichtung kaum Medienerziehung praktiziert wird. Neben der Ausbildung (siehe z.B. Zitat Fallnr. 61) kamen sie dabei auf die Verantwortung bzw. Zuständigkeit der Eltern zu sprechen (n = 5 Fälle) oder betonten, daß sie Medienerziehung in der von ihnen gewünschten Weise nicht im Kindergarten umsetzten können (ebenfalls n = 5), wobei sie ihre Vorstellungen dazu offenließen.

Was also neben dem Medieneinsatz verstehen nun die Erzieherinnen unter dem Begriff „Medienerziehung"? Insgesamt wurde trotz aller gerade erläuterten Einschränkungen eine Reihe von einzelnen Bestandteilen oder auch bereits Zielen der Medienerziehung genannt (zu Zielen siehe weiter unten im vorliegenden Kapitel): Dominierend war unter den angeführten Elementen der Medienerziehung die Vermittlung von kompetentem, sinnvollem oder richtigem Umgang mit Medien (n = 20 Fälle). Weniger floskelhaft waren dagegen Umschreibungen, die sich auf das Aufgreifen von bzw. das Auseinandersetzen mit Medienerlebnissen der Kinder (n = 8 Nennungen) oder auf Gespräche mit Kindern über ihren Fernsehkonsum (n = 7 Nennungen) beziehen. Erstaunlicherweise erläuterten drei Erzieherinnen als alleinigen Bestandteil bzw. alleiniges Ziel der Medienerziehung, den Kindern Alternativen zum Fernsehen zu bieten, was sicher keine Medienerziehung im eigentlichen Sinne bedeutet.

Eine aus unserer Sicht adäquate Definition von Medienerziehung lieferten insgesamt nur fünf Erzieherinnen. Beispiele solcher halbwegs gelungenen Umschreibungen sind:

„Medienerziehung sollte sein, denke ich mal, die geplante Vorstellung, daß der – die geplante vorbildhafte Begleitung im Umgang mit Radio, Fernsehen, Internet, Schallplatte, CD-Player, Kassetten. Sollte im Prinzip geplant sein, es sollte situativ am Kind gehandelt werden, und es sollte reflektiert werden." (Fallnr. 173)

„Also ich persönlich als Mutter verstehe darunter, daß ich meinem Kind beibringe, mit Medien umzugehen. Also auch zu sagen: 'Jetzt möcht ich nicht gucken, jetzt bin ich müde' – also wirklich bewußt damit umzugehen. Ich kann ja nicht sagen: 'Hör mal, das ist schlecht, das möcht ich nicht', sondern wir leben in dem Zeitalter, und das gehört zu uns dazu, und meistens kann die junge Generation mit dem ganzen Gedöns viel besser umgehen, die wissen ja ruck-zuck, wie man ´nen Fernseher und Computer oder solche Sachen bedient. Und das finde ich also schon wichtig, daß man denen da den Weg auch ebnet, aber halt versucht ihnen klarzumachen: Wenn es zuviel ist, dann ist es auch schädlich." (Fallnr. 216)

Ein Vergleich mit Ergebnissen der Untersuchung von Höltershinken und Mitarbeitern – die in ihren qualitativen Interviews ebenfalls nach einer Definition des Begriffs „Medienerziehung" fragten – ist nicht möglich, da dort kein Versuch einer Quantifizierung unternommen wurde. Die Autoren teilen lediglich mit, daß „von einem Teil der befragten Gruppenleiterinnen [...] Medienerziehung mit dem Einsatz von Medien gleichgesetzt [wird, d. Verf.], andere [...] darunter die Konfrontation mit Medienerlebnissen der Kinder [verstehen, d. Verf.], wieder andere [...] Medienpädagogik als Vorbereitung der Kinder auf kompetente Mediennutzung" sehen (Höltershinken, Kasüschke & Sobiech, 1989, S. 322). Dabei schienen Erzieherinnen aus „Problemgebieten" ein „eher reaktives Verständnis" zu haben, während solche aus „Normalgebieten" offenbar „eher die positiven Möglichkeiten" sahen (ebd.). An anderer Stelle heißt es: „Insgesamt gibt es keine einheitliche Einschätzung der Bedeutung von Medienpädagogik. Die Haltungen gehen von Gleichgültigkeit über die Einsicht der Notwendigkeit bis zur Anerkennung der positiven Wirkungen der Medien" (a.a.O., S. 323). Ähnliches kann zweifellos auch über die von uns befragten Erzieherinnen gesagt werden (und vermutlich ebenso über andere zu diesem Thema potentiell zu befragende Gruppen).

Kommen wir nun zu den *Zielen*, die mit der Medienerziehung verbunden werden: Für die Auswertung wurden über Anworten zu diesem Thema hinaus auch Nennungen gewertet, die im Zusammenhang mit Definitionen geäußert wurden. Betrachtet man den Durchschnitt von Zielnennungen, zeigt sich auch hier, daß nur wenige Erzieherinnen eine Vorstellung von Medienerziehung haben. Im Mittel nannten die Probandinnen etwa zwei medienerzieherische Ziele ($M = 2{,}12$; $SD = 1{,}43$). Angesichts der vielen in der medienpädagogischen Literatur behandelten Ziele von Medienerziehung (vgl. auch Kap. 1.2 – 1.3) muß dieser Durchschnittswert als eher dürftig bezeichnet werden. Tatsächlich gab mehr als jede dritte Befragte nur ein Ziel ($n = 15$ Fälle) oder sogar kein medienerzieherisches Ziel ($n = 6$ Fälle) an. Stellt man in Rechnung, daß in die Anzahl der Zielnennungen auch solche eindeutig bewahrpädagogischer Natur einflossen, so kann u.E. in diesem Zusammenhang durchaus von Defiziten in dem so wichtigen Bereich der Zielvorstellungen zur Medienerziehung gesprochen werden.

Insgesamt wurden von einem Drittel der Befragten ($n = 21$) Worthülsen – wie etwa „sinnvoller" oder „verantwortungsvoller Umgang mit Medien" – verwendet (wie sie allerdings auch in der medienpädagogischen Literatur zu finden sind), wobei nur ein Teil der Erzieherinnen, die solche Floskeln verwendeten, die genaue Bedeutung anhand von konkreten Zielvorstellungen explizierte. Wie unklar ein Begriff wie „verantwortungsvoller Umgang" ist, läßt sich an folgendem Beispiel verdeutlichen:

*Interviewer:* „Welche Möglichkeiten sehen Sie für sich als Erzieherin, dieses 'verantwortungsvolle Verhalten' zu fördern?"
*Erzieherin:* [Stöhnt, zögert] „Ja, ich – wie ich jetzt schon sagte, was wir praktizieren mit den Kassetten: Ich denke, daß die nicht nur da sind, um irgendwie zu hören, sondern auch sagen: 'Möchtest Du es *wirklich* hören, dann höre es Dir auch an'. Ja, aber, wenn ich dann merk', daß die nach zwei Stunden da noch immer drin sind, und fangen dann an zu toben, sag' ich: 'Gut, möchtest Du jetzt nicht lieber was anderes machen, es reicht jetzt!'. Und dann denk' ich mir, *das* ihnen auch bewußtmachen – Oder sagen wir mal, den Umgang mit dem Medium Buch – ist für mich ganz wichtig auch: *anständig* damit umzugehen, ordentlich zu blättern – und daß das nicht auf dem Boden rumfliegt und und und!" (Fallnr. 93)

Hilfreich erschien es uns, die einzelnen Zielnennungen der Erzieherinnen in Anlehnung an bestehende Konzepte der Medienerziehung in der Fachliteratur (vgl. Kap. 1.3) zu kategorisieren, um sie in dieser Hinsicht beschreiben und quantifizieren zu können und einen ersten Hinweis für eine spätere Zuordnung der Befragten zu Konzepttypen (siehe Kap. 6.7) zu gewinnen[111]. Folgendes ergab sich aus dieser Kategorisierung:

(a) Die meisten Nennungen entfielen sinnvollerweise auf solche, die der *Förderung einzelner Elemente der Medienkompetenz* zu subsumieren sind (insgesamt n = 75 Nennungen von 41 Fällen). Hierzu gehören etwa folgende von den Erzieherinnen genannte Einzelziele:

- Förderung von reflektiertem, selbstkritischem, selektivem und bewußtem Medienumgang
- Aufzeigen von Nutzungsmöglichkeiten, Förderung eines bedürfnis-/interessenorientierten Medienumgangs, Förderung der Einsicht, welche Medienprodukte „einem guttun oder schlecht bekommen"
- Vermittlung von Medien-Bewertungskriterien
- Heranführen an gute Sendungen/Medien (auch Buch und Kassette)

111 Ein Vergleich der Ergebnisse mit denen der Untersuchung von Höltershinken und Mitarbeitern verbietet sich, da in der dortigen Ergebnisdarstellung zum einen nicht quantifiziert wird, d.h. es nicht erkennbar ist, ob nur eine Minderheit oder sogar die Mehrheit den genannten Zielvorstellungen anhängt; zum anderen werden nur ausgesprochen allgemeine Zielvorstellungen berichtet, deren Bedeutungsgehalt angesichts ihrer Allgemeinheit kaum deutlich wird, so daß insbesondere nicht zu entscheiden ist, in welchem Ausmaß bewahrpädagogische oder andere Konzeptionen zugrunde liegen (vgl. Höltershinken, Kasüschke & Sobiech, 1989, S. 374). Gleichwohl kann – bei aller gebotenen Vorsicht – festgestellt werden, daß die von den Autoren berichteten Zielvorstellungen (wie „Beschränkung des Medienkonsums der Kinder", „Wecken von anderen Interessen durch das Aufzeigen von Alternativen [...]", „Hilfestellung bei der Verarbeitung von Medieninhalten" und „Befähigung der Kinder zu einem 'bewußten Umgang mit den Medien' und damit zugleich zu einer gezielten Auswahl der Medien und ihrer Inhalte"; ebd.) teilweise ausgesprochen bewahrpädagogisch klingen.

- Vermittlung kognitiver Medienkompetenzen (z.B. Fähigkeit zur Unterscheidung zwischen Realität und Fiktion, Einsicht in Darstellungsformen und -prinzipien von Medienprodukten)
- Vermittlung emotionaler Verarbeitungskompetenzen (z.B. durch Konfrontation mit schockierenden Sendungen und gemeinsames Besprechen)
- Vermittlung technischer Kompetenzen

Solche einzelnen Kompetenzförderziele gehen etwa aus den folgenden Beispielen von Interviewpassagen hervor:

„ [...] ich mach den Kindern oder will den Kindern die Medien zugänglich machen in ihrer Vielfalt. Würde denen versuchen, Vor- und Nachteile dieser Medien irgendwie nahezubringen, den Umgang damit, und würde dann hoffen, daß die dann auch im Nachhinein wirklich vernünftig damit umgehen können und sich den zum Nutzen machen und nicht nur die Nachteile daraus sehen, daraus filtern. Wenn ich jetzt z.B. mal Fernsehen sehe; es gibt sicherlich auch gute Sendungen. [...] Und da würde ich versuchen – das kann man hier vielleicht nicht ganz so bewerkstelligen, aber das ist mal ein Beispiel dafür – den Kindern irgendwo Fernsehen nahezubringen. Natürlich auch mal denen zeigen: 'Guck mal hier, da gibt's noch andere Sendungen, da kämpfen sie nur', oder wir gucken uns das mal zusammen an oder oder oder, um denen zu zeigen, es wird das gezeigt *und* das gezeigt. Und jetzt muß man sich entscheiden, was sieht man denn lieber. Was ist denn vielleicht schöner zu sehen [...]." (Fallnr. 239)

„[...] Den selbstverständlichen Umgang mit allen Medien. Auch sich in dieser Welt zurechtzufinden. Die Welt ist eine Medienwelt [...]. Daß die da aus diesen Angeboten einfach auch bestimmte rauspicken können, die für sie dann wichtig sind – als *weit* entferntes Ziel – ich denke, das schaffen sie jetzt noch nicht, daß sie nicht so ganz darin untergehen, weil ich denke, es ist unheimlich schwer, sei es bei der Programmvielfalt, sei es beim Computer, bei Zeitungen und Zeitschriften, was so alles auf die zufließt, daß sie da einfach auch auswählen und das auch entscheiden können hinterher, was ist gut, was ist nicht so gut, was brauch´ ich für mich, was kann ich benutzen, was macht mir einfach Spaß anzugucken, zu lesen oder sonst was, daß sie das halt lernen." (Fallnr. 28)

Einzelziele dieser Kategorie können als wesentlich im Rahmen eines *kompetenzorientierten Ansatzes* angesehen werden. Wichtig ist jedoch zu beachten, daß ein solcher Ansatz nicht jeweils nur eines dieser Einzelziele, sondern deren Kombination impliziert.
Dementsprechend ließen sich Personen, die lediglich die Vermittlung von TV-Bewertungskriterien und das Training gezielter Auswahlstrategien als Ziele nannten, nicht dem kompetenzorientierten Ansatz, sondern dem *„Selektionsansatz"* zuordnen (n = 15 Fälle), der nur einen geringen Ausschnitt des kompetenzorientierten Ansatzes bedeutet.

Ebenso sind solche Befragten, die ausschließlich die Vermittlung der Einsicht in den Manipulationscharakter bzw. in die „Gemachtheit" von Medieninhalten als Ziel der Medienerziehung angaben, nicht dem kompetenzorientierten Ansatz, sondern dem *„kritischen Ansatz"* zuzuordnen (n = 5 Nennungen von 5 Personen). Hierunter fällt etwa die folgende Interviewpassage:

„Bei der Werbung ist mein Ziel ein kritisches Bewußtsein, auch über die Verlogenheit zu vermitteln und bestimmte Zusammenhänge klarzumachen: daß es mehr gibt im Leben als solche Produkte zu erwerben. [...] Diese kritische Distanz möchte ich auch in bezug auf Fernsehen haben, wie übrigens auch den Zeitschriften [...], daß das also nicht das non-plus-ultra ist; daß hier viel manipuliert wird, schlichtweg gelogen wird, daß übertrieben wird." (Fallnr. 66)

Und schließlich betonten einige Befragte (n = 4 Fälle) bei der Nennung von Kompetenzförderzielen zusätzlich, daß dabei ein Aufgreifen dessen, was die Kinder individuell bereits an Kompetenzen und Erfahrungen mitbringen, wichtig sei, daß zudem jedes Kind individuell für sich lernen müsse zu entscheiden, welche Medienangebote bei ihm persönlich welche individuellen Bedürfnisse befriedigen und welches Fernsehquantum persönlich bekömmlich ist. Solche zusätzlichen Differenzierungen ließen dann nicht nur auf Kompetenzförderziele schließen, sondern darüber hinaus auch auf eine Orientierung am *„kindzentrierten Ansatz"*.

(b) An zweiter Stelle wurden solche Ziele genannt, die – sofern sie nicht mit weiteren kombiniert waren – eher eine *bewahrpädagogische Orientierung* kennzeichnen (n = 19 Nennungen von 17 Fällen). Folgende Einzelziele wurden in dieser Kategorie genannt:

- Medien aus dem Kindergarten fernhalten und den Kindern klarmachen, daß zuviel Fernsehen schädlich ist
- Einwirken auf das Fernseh-Quantum, es durch Alternativangebote minimieren
- Klarmachen, daß Fernsehen nur Leben aus zweiter Hand bietet, daß Fernsehen nicht nötig ist, daß Fernsehen nicht den Tagesablauf bestimmen sollte, daß andere Aktivitäten und Sozialkontakte wichtiger sind

Auch hier ist zu beachten, daß eine bewahrpädagogische Haltung nur dann aus solchen Einzelzielen abzuleiten ist, wenn außer den hier aufgeführten keine weiteren Ziele der Medienerziehung genannt wurden. Ein Beispiel entsprechender Äußerungen mit bewahrpädagogischer Orientierung ist etwa:

„Was meine Einstellung anbetrifft [...]: Ich denke, je weniger Fernsehkonsum, umso besser, weil alternative Situationen geschaffen werden müssen, in denen das Kind sich beschäftigen kann. Und nach wie vor bin ich der Ansicht: Fernsehkonsum enthebt dem Kind wirklich das Bewußtsein: 'Ich muß etwas mit mir tun und mit meiner Zeit und mit meinem Umfeld'." (Fallnr. 143)

Schließlich sei noch einmal darauf verwiesen, daß insgesamt im Durchschnitt lediglich etwa zwei Einzelziele pro Person genannt wurden und immerhin jede zehnte Erzieherin kein einziges Ziel von Medienerziehung benennen konnte. Dabei läßt sich feststellen, daß die Ausbildung offenbar zum Wissen über Medienerziehungs-Ziele langfristig nur wenig beigetragen hat[112]. Nimmt man allerdings nicht die Ausbildung als solche zum Maßstab, sondern geht von der subjektiven Nützlichkeit einzelner Themenbereiche der Ausbildung aus, so läßt sich von der Tendenz her erkennen, daß die wahrgenommene Nützlichkeit der Ausbildung zu einer durchschnittlich höheren Nennungszahl von Kompetenzförderungszielen führt. Dies gilt besonders dann, wenn Ziele und Praxis der Medienerziehung, wie sie als Thema in der Ausbildung behandelt wurden, für nützlich gehalten werden: Im Durchschnitt nannten Befragte, die diesen Ausbildungsbereich noch heute als nützlich einschätzen, signifikant mehr Kompetenzförderziele ($M = 1{,}23$; $SD = 1{,}06$) als ihre Kolleginnen, die diesen Bereich heute nicht als nützlich empfinden ($M = 0{,}2$; $SD = 0{,}45$; t-Test für unabhängige Stichproben: $t = 3{,}39$; $df = 25$; $p < .01$).

Darüber hinaus zeigt sich ein Zusammenhang der Zielnennungen mit bestimmten Variablen, die ähnlich wie die Ziele selber auf eine intensivere Beschäftigung mit dem Medienumgang von Kindern und der auf sie gerichteten Medienerziehung schließen lassen: Die Interviewten nannten umso mehr Ziele der Medienerziehung,

- je mehr Formalkriterien zur Bewertung von Fernsehsendungen ihnen parat waren ($r = .30$; $p = .025$),
- je mehr Motive der Fernsehnutzung von Kindern sie nennen konnten ($r = .31$; $p = .016$) und
- - tendenziell – je mehr einzelne Fernsehwirkungen auf Kinder sie im Interview schilderten ($r = .22$; $p = .089$).

Bislang haben wir Ergebnisse nur zu solchen Zielen der Medienerziehung berichtet, die die Erzieherinnen in den qualitativen Interviews in Zusammenhang mit Definitionen der Medienerziehung genannt hatten. Die Zielthematik wurde jedoch auch an anderen Stellen der Interviews angesprochen: So wurde in Zusammenhang mit der Frage, inwieweit den Erzieherinnen Medienkompetenzdefizite bei Kindergartenkindern bewußt sind (siehe Kap. 6.5.2.2), auch danach gefragt, welche Ziele und Möglichkeiten die Befragten im Hinblick auf eine entsprechende Kompetenzförderung sehen; darüber hinaus wurden Ziele selbstverständlich auch in Verbindung mit der Frage nach

---

112 Ein Mittelwertvergleich der Zielnennungen in Abhängigkeit davon, ob die in der Face-to-Face-Befragung Interviewten angegeben hatten, daß sie Ausbildung in Medienerziehung hatten oder daß dies kein Bestandteil ihrer Ausbildung war, erbrachte keine Unterschiede zwischen beiden Gruppen.

praktischer Medienerziehung im Kindergarten thematisiert. Die hieraus gewonnenen Ergebnisse werden im Folgenden ergänzend dargestellt.

In Kapitel 6.5.2.2 haben wir bereits einen kurzen Überblick über die Antworten der Face-to-Face-Interviewten auf die Frage nach *Möglichkeiten der Förderung von Medienkompetenz* gegeben. Dabei wurde festgestellt, daß etwa jede dritte Erzieherin auf die Frage, wie man den von ihnen jeweils selbst genannten Medienkompetenz-Defiziten von Kindern durch gezielte Fördermaßnahmen möglicherweise begegnen könne, keinen Rat wußte, die Verantwortung für potentielle Kompetenzförderbemühungen sofort den Eltern zuschrieb oder Argumente dafür brachte, weshalb im Kindergarten Kompetenzförderung nicht möglich und/oder nicht sinnvoll sei. Ebenfalls haben wir dort bereits erläutert, daß sich ein gutes Drittel der Befragten (n = 22) zu konkreten Möglichkeiten der Umsetzung von Kompetenzförderung äußerte. Unabhängig von der Umsetzungsfrage (vgl. hierzu Kap. 6.6.1) ließen sich aus den entsprechenden Transkriptpassagen von 56 Interviews[113] Erkenntnisse über Vorstellungen der Erzieherinnen gewinnen, die sich ebenso wie ein Teil der oben bereits erläuterten Ziele auf die Medienkompetenz-Förderung im Kindergarten beziehen. Dabei ergab sich ergänzend zu den vorangegangenen Feststellungen folgendes Bild:

16 Interviewte (29% der analysierten 56 Fälle) konnten keine Vorschläge dafür unterbreiten, wie man im Kindergarten Medienkompetenz-Defiziten von Kindern begegnen kann, oder hielten Förderungen im Kindergartenalter oder im Kindergarten für nicht sinnvoll bzw. verwiesen auf die Verantwortung der Eltern. Von den übrigen 40 Erzieherinnen wurden in diesem Zusammenhang insgesamt 54 Ziele zusammengetragen, wobei allein 12 Nennungen (21%) auf Basiskompetenzen entfallen, die nicht speziell die Medienerziehung tangieren. Die Verteilung der Zielnennungen gibt Tabelle 6.31 wieder.

In den Face-to-Face-Interviews wurden die Erzieherinnen außerdem ganz allgemein gefragt, wie bei ihnen die Praxis der Medienerziehung im Kindergarten aussieht. Dabei versuchten die Interviewer durch gezieltes Nachfragen, die Ziele hinter den bereits durchgeführten Maßnahmen bzw. Vorschlägen für Maßnahmen zu eruieren. Die einzelnen Maßnahmen werden in Kap. 6.6.1 dargestellt, während es an dieser Stelle vorerst nur um die *Ziele der medienerzieherischen Praxis* geht.

Das Ergebnis ist eher ernüchternd: Im Durchschnitt war nur ein Praxisziel pro Erzieherin zu erkennen[114] (M = 1,00; SD = 1,11). Dabei haben 22 von 53 Erzieherinnen, deren Interviewpassagen hierüber Aufschluß geben, überhaupt keine medienerzieherischen Ziele in der Kindergartenpraxis (und dies auch unabhängig davon, ob sie konkrete Maßnahmen, nur Ideen oder allgemein

113 Aus vier Interviews konnten hierzu keine eindeutigen Erkenntnisse gewonnen werden.

114 einschließlich solcher Ziele, die sich auf die Förderung allgemeiner Basiskompetenzen beziehen

die Zielperspektive für die medienerzieherische Praxis im Auge hatten[115]). Dies läßt sich zum einen damit erklären, daß 12 dieser 22 Befragten (also 20% der Interviewstichprobe) nur solche Ziele angaben, die rein gar nichts mit Medienerziehung zu tun haben, sondern vielmehr ausschließlich mediendidaktischer Natur waren. Zum anderen verwendeten manche Erzieherinnen jedoch auch derart unklare Floskeln, daß ihre Aussagen nicht in die Nennungen einbezogen wurden[116]. Mit Hilfe der folgenden Zitate sollen Ziele von Erzieherinnen illustriert werden, die unter Medienerziehung nicht nur Medieneinsatz, sondern – noch extremer – Mediendidaktik jenseits aller medienerzieherischen Ziele verstehen:

**Tabelle 6.31: Ziele der Förderung von Medienkompetenz im Kindergartenalter**
(Mehrfachnennungen) (Basis: n = 56 Face-to-Face-Interviewte)

| **Ziele:** Förderung ... | **Nennungen** (Prozent der Fälle in Klammern) |
|---|---|
| ... der Fähigkeit zur Differenzierung zwischen Realität und Fiktion | 19 (34%) |
| ... von Basiskompetenzen: Erziehung zum kritischen, eigenständigen, selbstbewußten Menschen; Förderung von Sprach-/Kommunikationsfähigkeit, Wahrnehmungsfähigkeit, Urteilskraft | 12 (21%) |
| ... der kognitiven und emotionalen Verarbeitung bzw. der Einordnung von Medieninhalten | 10 (18%) |
| ... der Selektionskompetenz: durch Training von gezieltem Auswählen von Fernsehsendungen z.T. unter Zuhilfenahme von Bewertungskriterien | 9 (16%) |
| ... von medienkundlichem Wissen: mittels aktiver Medienarbeit und Medienanalyse | 4 ( 7%) |
| keine Ziele und Maßnahmen genannt | -- (29%) |

„Wir nutzen ja auch täglich Medien. Wir nutzen Bücher, wir nutzen Filme, wir nutzen z.B. auch unsern Fernseher oder auch die Videokamera. Wir haben z.B. jetzt in der altersgemischten Gruppe so einen Film über den Tagesablauf gedreht, wobei eigentlich dieser Film für den Elternabend genutzt werden soll, um Eltern deutlich zu machen, wie die Kinder hier den Alltag verbringen, denn die Kinder bzw. die Eltern kriegen den Alltag ja immer nur ausschnittweise mit, beim Bringen oder Abholen. Gar nicht so sehr im Tagesablauf [...].“ (Fallnr. 22)

„Also ich denk nur an die Indianer: Wir kamen aus dem Sommerurlaub zurück, und die Gruppe wollte gern eben [...] ein konkretes Thema. Und die nahmen eben dies Indianerleben [...]. Und ich finde – das ist über die Sprache gegangen und auch über die Phantasie der Kinder anhand wiederum von plakativem Medienmaterial [...] dazu

115 Tatsächlich gaben teilweise auch solche Befragten, die über keine Praxismaßnahmen berichten konnten, Praxisziele der Medienerziehung an, wie auch – und vor allem – umgekehrt teilweise solche Befragten, die Praxismaßnahmen schilderten, keine Ziele hierfür benannten.

116 Dies galt dann, wenn nicht zu interpretieren war, mit welcher Art medienerzieherischen Zieles ein bestimmtes Handeln verbunden war, wenn also etwa ganz allgemein, ohne weitere Erläuterung, geäußert wurde: „Da müssen wir aufarbeiten“.

mal, wie sie sich gekleidet haben – und die Phantasie der Kinder auch anregten – um das darzustellen. Und das machen wir in allen Dingen. Nur, wir sind ja in der Kleinkind-, also in der Vorschulpädagogik, da müssen wir immer ein bißchen Konkretes haben, also ein Bildchen, ein Buch, und um die Phantasie dann auch anzuregen." (Fallnr. 136)

„Ja, Sie hören ja auch ihre eigenen Fehler und Schwächen und was sie eben noch nicht so gut können. Oder jetzt hab ich´s mit ´nem ausländischen Kind gemacht: Das merkt ja jetzt selber ganz deutlich, wie wenig es am Anfang auf die Kassette gesprochen hat und wie oft noch 'Hmm' und Pausen waren, bis sie das Wort hatte, und wie flüssig sie *jetzt* spricht. Ich denke, da brauch´ ich keinen Kommentar zu geben, das hört sie einfach und nimmt für sich selber wahr: 'Aja, das bin ich, so bin ich *jetzt*'." (Fallnr. 169)

Insgesamt verbinden die Erzieherinnen, die tatsächlich Medienerziehung betreiben oder zumindest Vorschläge dazu unterbreiten und dabei medienerzieherische Ziele zugrunde legen (n = 30 Nennungen von 53 Personen), damit hauptsächlich Ziele zur Förderung von Medienkompetenz im engeren Sinne (n = 25 Nennungen von 13 Erzieherinnen), in geringerem Ausmaß auch die Förderung allgemeiner Basiskompetenzen[117] (n = 9 Nennungen) und die Erziehung zum kritischen, mündigen Bürger (n = 6 Nennungen; mit solchen am kritischen Ansatz orientierten Zielen wird die Vermittlung von Werbekompetenz verbunden sowie die Bemühung, Kinder dazu zu befähigen, eine Distanz zu den Medien aufbauen zu können und Manipulationstendenzen der Medien zu erkennen). Schließlich nannten einige wenige Befragte auch als Ziel den bewußten, reflektierten und selektiven Medienumgang (n = 4 Fälle).

Vergegenwärtigt man sich, daß bei der Fragestellung zu *allgemeinen* Zielen der Medienerziehung (s.o.) in der Kategorie der Kompetenzförderziele 75 Nennungen von 41 Erzieherinnen abgegeben wurden, während es bei der Frage nach Zielen der eigenen *medienerzieherischen Praxis* in dieser Kategorie nur noch 25 Nennungen von 13 Befragten waren, so kann von einem deutlichen Theorie-Praxis-Schwund gesprochen werden, der durch die geringe tatsächliche medienerzieherische Praxis zu erklären ist (an diesem Ergebnis ändert sich auch nichts, wenn man Ziele zur Förderung von Basiskompetenzen oder am kritischen Ansatz orientierte Ziele hinzuzählt).

Die berichteten Ergebnisse legen bereits vor einer genaueren Betrachtung der medienerzieherischen Praxis (siehe Kap. 6.6.1) nahe, daß Medienerziehung im Kindergarten nur wenig praktiziert wird und wenn, dann offenbar zu einem großen Teil ohne bewußte Zielsetzung, möglicherweise auch ohne Konzept (zu Konzepten der befragten Erieherinnen vgl. Kap. 6.7).

---

117 Zu den genannten Zielen der Förderung von Basiskompetenzen, die sich indirekt auf Medienerziehung beziehen bzw. eine sinnvolle Grundlage zur Medienkompetenz bilden, zählen u.a. die Förderung von Phantasie, Kreativität, Selbständigkeit und Konzentrationsfähigkeit.

### 6.5.3.4 Selbstwirksamkeit im Hinblick auf medienerzieherische Bemühungen

Eine Zusammenschau der weiter oben dargestellten Ergebnisse, wonach die Medienerziehung im Vergleich zu anderen Förderbereichen als signifikant weniger wichtig erachtet wird, die Befragten mit diesem Förderbereich offenbar nur wenige konkrete Ziele einer Medienkompetenz-Förderung verbinden und insbesondere in der Praxis kaum medienerzieherische Ziele verfolgen, legt nahe zu vermuten, daß viele Erzieherinnen zumindest auf der motivationalen Ebene nur wenig Engagement zur Medienerziehung mitbringen (zum Praxisengagement vgl. Kap. 6.6.1). Und dennoch halten sich nach den Ergebnissen der Repräsentativstudie die Erzieherinnen zumindest mehrheitlich für durchaus wirksam, wenn sie die allgemeine Aussage „Es hängt erheblich von meinem Engagement ab, ob die Kinder das Medium Fernsehen sinnvoll nutzen können" beurteilen sollen. Vor dem Hintergrund der gerade geäußerten Vermutung könnte man dieses Ergebnis zum einen dadurch erklären, daß sich bei manchen Befragten das Motto: „Wenn ich denn wollte, so könnte ich auch" dahinter verbirgt. Zum anderen ist jedoch zu bedenken, daß keineswegs alle Befragten – auf der motivationalen und/oder auf der Praxis-Ebene – als unengagiert zu bezeichnen sind und im Rahmen ihrer Bemühungen durchaus die Erfahrung einer hohen Selbstwirksamkeit haben gewinnen können (vgl. hierzu aber die in Kap. 6.7 dargestellten Zusammenhänge). Und schließlich ist umgekehrt zu berücksichtigen, daß keineswegs alle Befragten der o.g. Aussage einhellig zustimmten; vielmehr waren 33,8 Prozent in ihrer Selbsteinschätzung entweder unentschieden oder lehnten die Aussage mehr oder weniger ab.

Eine genauere Analyse zu diesem Themenkomplex ermöglichen die Ergebnisse der entsprechenden Passagen aus den Face-to-Face-Interviews. Dort wurden die 60 nochmals Befragten darauf angesprochen, was sie ihrer Meinung nach persönlich im Hinblick auf das Medienverhalten von Kindern bewirken können und inwieweit sie sich dabei irgendeiner Art von Grenzen ausgesetzt fühlen. Zusätzlich wurden für diesen Themenkomplex auch andere Interviewpassagen hinzugenommen, aus denen die Selbstwirksamkeit bezüglich der Medienerziehung im Kindergarten hervorging. Die entsprechenden Aussagen der Erzieherinnen wurden von drei Auswertern unabhängig voneinander interpretiert und anhand einer dreistufigen Skala quantifiziert[118]. 22 Fälle konnten in diese Auswertung jedoch nicht einbezogen werden, da die Aussagen für eine Skalierung zu uneindeutig waren. Die Auswertung der verbleibenden 38 Interviews ergab, daß keine der Face-to-Face-Interviewten

---

118 Skalierung: 1 = hohe Selbstwirksamkeit; 2 = ambivalent, weder selbstwirskam noch selbstunwirksam; 3 = geringe Selbstwirksamkeit; zur Vorgehenweise bei der Bewertung und Skalierung von qualitativen Aussagen vgl. Kap. 5.4

sich eindeutig als selbstwirksam einstufte, nur sechs Befragte schienen ihre Selbstwirksamkeit zumindest ambivalent einzuschätzen, wohingegen die Mehrheit (n = 32) sich für mehr oder weniger selbstunwirksam hält.

Worin werden nun Grenzen für die Wirksamkeit der eigenen medienerzieherischen Bemühungen gesehen? Die im Folgenden exemplarisch wiedergegebenen Aussagen der Erzieherinnen bedürfen kaum mehr eines Kommentars:

„[...] und das ist ja auch so was, denke ich, wo so ein Medienerzieher – jetzt mal in Anführungsstrichen – auch keinen Einfluß darauf hat, wenn das in dieser Familie völlig falsch, völlig anders ist. Wenn so ein Ding immer läuft, dann kann da irgendjemand anderes, fremdes, in irgendeiner Institution erzählen, was er will. Dann hat das Kind eine andere Realität. Und das lebt mit dieser Flimmerkiste. [...] Also ich denke manchmal – nicht nur in diesem Punkt mit den Medien, sondern überhaupt – daß unser Einfluß relativ begrenzt ist.“ (Fallnr. 20)

„[...] nicht groß, glaub ich nicht, da haben die Eltern mehr Einfluß drauf. Wir bekommen ja nicht mit, was zu Hause abgespielt wird.“ (Fallnr. 56)

„Ja gut, ich mein´, ich hab´ auch schon mit Kindern über das Thema Fernsehen gesprochen, um das ein bißchen bewußt zu machen. Aber ich denke mir, daß wir hier von den Erzieherinnen relativ wenig Einfluß haben. Der größte Einfluß liegt bei den Eltern ganz eindeutig. Wir können zwar immer wieder mal mit den Eltern darüber reden, aber im Endeffekt sind die die entscheidenden Personen, die darüber bestimmen, was und wieviel und wie oft ihre Kinder Fernsehen gucken. [...] Und daß ich eigentlich so jemand bin, wo ich sage, dann sollen sie im Kindergarten nicht auch noch mit Medien unbedingt in Berührung kommen, denn ich wüßt´ auch gar nicht, wie ich das zeitlich einplanen sollte [...].“ (Fallnr. 57)

„Wir sind im Moment selbst frustriert. Im Grunde genommen bemühen Sie sich und kämpfen an allen Ecken und Stellen. Ist egal, ob das Medienerziehung ist oder Gesundheitserziehung oder sonstiges: Man sieht sehr wenig Weiterkommen. Unsere Gesellschaft geht immer weiter zurück. Es wird immer schwieriger, weil die Unzufriedenheit der Leute immer größer wird. [...] Die Arbeitsplatzsituation, die wirtschaftliche Situation, das spiegelt sich natürlich alles in der Erziehung wider. Sie kämpfen an allen Stellen, und man sieht im Moment nirgendwo Erfolge. [...] Ich müßte da versuchen, Eltern zu motivieren, Eltern zu erziehen, dann kann ich erst an die Kinder drangehen. Da hab´ ich im Moment sehr wenig Möglichkeiten, weil unsere Eltern ja einmal sehr angespannt sind durch die wirtschaftliche Situation. [...] Ich kann nicht anfangen, Kindern irgendwo ein Fernsehverhalten beizubringen und mit Kindern da Ziele erreichen, wenn da die Eltern sich nicht ändern oder die Situation im Elternhaus sich nicht ändert. Ich kann den Kindern ja 150 mal sagen: ‘Hört mal, das ist ‘ne Mistsendung, die ist für Euch noch nicht geeignet, die solltet Ihr Euch noch nicht angucken, ich fänd das viel besser, Ihr würdet in den Wald gehen!’, wenn das die *Eltern* nicht tun! Ich muß bei den *Eltern* ansetzen! Und das ist bei den Eltern sehr schwierig im Moment, aber nicht nur im Medienbereich, in allen Bereichen.“ (Fallnr. 87)

„Also, wenn das jetzt eine ganz neue Sendung ist, dann setze ich mich also wirklich hin, gucke mir die mal an und versuche, ihnen zu sagen, wie *ich* das sehe. Und dann gucken Sie sich die Augen an: Die hören sich das an, und innerlich sind die *total* von dem überzeugt, was sie dann sehen. Ich komme also da eigentlich nicht durch, muß ich sagen. Ein Verbot bringt es auch nicht, überhaupt nicht. Es läuft eigentlich letztendlich darauf hinaus, daß die Kinder durch eine persönliche Reife selber dahinter kommen: 'Das ist Quatsch'. Aber das ist im Moment nicht abzusehen, weil der Nachschub ja eigentlich immer wieder vom Fernsehen kommt. Also, ich weiß nicht, wie ich es Ihnen sagen soll, aber ich finde also, wir stehen der ganzen Sache eigentlich irgendwo ein bißchen hilflos gegenüber, ganz einfach. Auf der einen Seite, ein rigoroses Verbot bringt es auch nicht, überhaupt nicht, das ist auch nur dann die Kindergartensituation, wo es verboten ist. In dem Moment, wo die wieder zu Hause sind, geht das ja weiter, ja." (Fallnr. 114)

„Das ist ein Ding der Unmöglichkeit, weil ich als Erzieherin – ich erzähl denen z.B., daß Power Rangers und so nicht so toll ist, und zu Hause gucken sie sich das vier Stunden an, und es wird nicht darüber gesprochen, was da überhaupt geschieht. Und da kann ich nichts bewirken. Also, das kann eigentlich nur in den Familien stattfinden. Ich kann ergänzend arbeiten." (Fallnr. 208)

Nach unserer Ansicht können diese Zitate durchaus für sich stehen und reichen als Beleg für eine pessimistische Grundhaltung in puncto Selbstwirksamkeit zur Medienerziehung auch ohne weitere Kommentierung aus. Eines wurde darüber hinaus aber sicherlich deutlich: Die Hauptgrenze für den Erfolg eines medienerzieherischen Einflusses auf die Kinder sind aus Sicht der Erzieherinnen die Eltern. Daher verwiesen auch 20 Prozent der Befragten bereits von sich aus zu Beginn dieser Interviewphase sofort auf die Verantwortung der Eltern. Weitere Grenzen der Selbstwirksamkeit sind in Tabelle 6.32 in einer Übersicht dargestellt.

Wie sich in Tabelle 6.32 deutlich zeigt, folgen nach den Eltern als weitere Einflußgrößen der Selbstwirksamkeit solche Faktoren, die sich auf die Rahmenbedingungen im Kindergarten beziehen. Dabei wurden von immerhin 22 Prozent der Erzieherinnen fehlende Mediengeräte bemängelt, wobei zumindest bei einigen Probandinnen unklar bleibt, inwieweit dies ein vorgeschobenes Argument ist oder ob sich dahinter ein tatsächliches Interesse an aktiver Medienarbeit verbirgt.

Abschließend sei hinzugefügt, daß die wenigen Erzieherinnen mit ambivalenter – also zumindest teilweise vorhandener – Selbstwirksamkeit sich im Vergleich zu ihren Kolleginnen bereits privat mit mehr Themenbereichen zur Medienerziehung befaßt haben und mit der Medienerziehung mehr Ziele zur Kompetenzförderung verbinden (beide Mittelwertsunterschiede sind auf dem 5%-Niveau signifikant). Eine genauere Analyse ergibt zudem, daß sich in dieser Gruppe genau die Erzieherinnen befinden, die in ihren Aussagen im qualitativen Interview die höchste Differenziertheit[119] aufwiesen. Ihre ambivalente Meinung zur Selbstwirksamkeit liegt hiermit auf einer ähnlichen Linie.

**Tabelle 6.32: Grenzen der Selbstwirksamkeit**
(Mehrfachnennungen) (Basis: n = 58 Face-to-Face-Befragte)

| Grenzen | Nennungen (Prozent der Fälle in Klammern) |
|---|---|
| *Eltern:* Unwissenheit der Eltern, fehlende Vorbildfunktion, Zeitmangel der Eltern, Einsatz des Fernsehens als Babysitter, mangelnde Kooperationsbereitschaft, Desinteresse an Medienerziehung | 50 (86%) |
| *Rahmenbedingungen des Kindergartens I:* fehlende Zeit zur Medienerziehung, fehlende Räumlichkeiten, Medienerziehung paßt nicht in die Gesamtkonzeption, bewahrpädagogische Kolleginnen | 28 (56%) |
| *Rahmenbedingungen des Kindergartens II:* mangelnde Geräteausstattung zum Medieneinsatz (durch fehlende Mittel oder weil der Träger kein Fernsehen im Kindergarten befürwortet) | 13 (22%) |
| *Medien:* Macht des Fernsehens – Ohnmacht der Kinder, die einfach fasziniert vom Fernsehen sind, „schlechte" Medieninhalte | 11 (18%) |
| *Erzieherinnen I:* mangelndes Wissen zur praktischen Medienerziehung | 7 (12%) |
| *Rahmenfaktoren auf seiten der Kinder:* veränderte Lebensbedingungen, viele externe Einflüsse auf Kinder | 6 (10%) |
| *Kinder:* Kindergartenkinder sind noch zu jung für Medienerziehung, Kinder haben kein Interesse an Medienerziehung, bestimmte Kinder sind nicht zugänglich für Medienerziehung | 5 ( 9%) |
| *Erzieherinnen II:* mangelnde personelle Unterstützung und fehlendes Praxismaterial | 2 ( 3%) |

### *6.5.4 Zusammenfassung und Fazit*

In diesem Kapitel wurden Ergebnisse referiert, die sich auf Grundauffassungen, Problemwahrnehmung und Ansichten der Befragten zur Erziehung im Allgemeinen und vor allem zur Medienerziehung im Besonderen beziehen. Diese Variablen auf seiten der Erzieherinnen bilden entsprechend unserem in Kapitel 4.1 dargestellten Modell – zusammen mit den Grundauffassungen und Problemwahrnehmungen im Hinblick auf Medien bzw. den kindlichen Medienumgang – als „Kognitionen und Wissenselemente sowie Problembewußtsein" gewissermaßen den kognitiven Hintergrund medienerzieherischen Handelns im Kindergarten (vgl. auch Abb. 4.1). Zu den Hintergrundvariablen, über die wir in Kapitel 6.5 berichteten, ergab sich Folgendes:

Zunächst ist festzuhalten, daß die befragten Erzieherinnen in ihren Aussagen sowohl in der Repräsentativstudie als auch in den qualitativen Inter-

119 Hierfür wurde pro Person ein Gesamtsummenwert über alle Differenziertheitspunkte des Interviews gebildet. Differenziertheitspunkte wurden bei Textpassagen vergeben, in denen von Erzieherinnen besonders differenzierte Aussagen gemacht wurden. Dazu gehörten z.B. beim Thema Wirkungen: die Nennung unterschiedlicher intervenierender Variablen und die Kritik an monokausalen Ursache-Wirkungs-Auffassungen unter Verweis etwa auf Unterschiede zwischen den Kindern oder ihren Lebensbedingungen.

views einen gewissen „erzieherischen Optimismus“[120] zum Ausdruck brachten (vgl. Kap. 6.5.1). Gleichzeitig jedoch scheint das Fernsehen insgesamt als ausgesprochen „mächtiges Gegenüber“ empfunden zu werden, d.h.: Den optimistischen Auffassungen hinsichtlich der eigenen (erzieherischen) Möglichkeiten auf der einen Seite steht in der Wahrnehmung der Befragten ganz offenbar auf der anderen Seite ein einflußreicher Gegner gegenüber (daß das Fernsehen durchaus in dieser Weise wahrgenommen wird, zeigen die in Kapitel 6.4 berichteten Ergebnisse).

In diesem Spannungsfeld werden kindliche Verhaltensweisen, die direkt oder indirekt mit dem Fernsehen zu tun haben, zunächst einmal weniger als Ausgangs- und Ansatzpunkt medienerzieherischer Maßnahmen als vielmehr als „störend“ wahrgenommen. Dies zeigt sich insbesondere an den negativen Bewertungen solcher Verhaltensweisen im Hinblick auf die dahinterstehenden Medienerlebnisse an sich und deren „Spuren“ im Kindergartenalltag (vgl. Kap. 6.5.2.1). Offenbar assoziieren Erzieherinnen mit den Medienerfahrungen der Kinder und dem Auftreten medienbezogener bzw. -bedingter Verhaltensweisen und Handlungen in der Einrichtung häufiger negative als positiv oder neutral bewertete Phänomene. Dementsprechend wurden in diesem Zusammenhang auch häufig negative Auswirkungen der kindlichen Mediennutzung angesprochen, wobei auf die Vielseherproblematik und – von einigen Erzieherinnen in deutlicher Weise darauf bezogen – auch auf die Verantwortung der Eltern verwiesen wurde. Gleichzeitig stellte sich bei den entsprechenden Passagen der themenzentrierten Interviews heraus, daß sich mindestens die Hälfte der Befragten nur wenig differenziert und reflektiert über ihre Erfahrungen mit kindlichen Medienerlebnissen bzw. medienbezogenem Verhalten der Kinder und über ihre entsprechende Problemwahrnehmung äußerte.

Medienerziehung setzt indes nicht ausschließlich an solchen Aspekten der Problemwahrnehmung an, sondern bedarf vielmehr gleichzeitig auch einer konkreten Vorstellung darüber, welche Kompetenzen Kindern für einen „sinnvollen“ Medienumgang fehlen, um diese gezielt fördern zu können (vgl. Kap. 6.5.2.2). Es zeigt sich jedoch, daß die Befragten mehrheitlich kaum über diesbezügliche Kenntnisse verfügen; dementsprechend sind sie auch kaum in der Lage, auf die Förderung entsprechender Kompetenzen gerichtete Zielvorstellungen zu beschreiben.

Diese Ergebnisse liefern für sich genommen bereits erste Hinweise auf den Stellenwert der Medienerziehung im Kindergarten (vgl. Kap. 6.5.3.1). Tatsächlich lassen die Befragungsergebnisse nur den Schluß zu, daß Medienerziehung allenfalls als „nicht völlig unwichtig“ wahrgenommen wird. Dies zeigt sich jedoch nicht so sehr an der absoluten Höhe der Einschätzungen

120 der sich sowohl in ihren Aussagen zur „Formbarkeit“ von Kindern und damit zu den Möglichkeiten erzieherischer Einflußnahme als auch in den Einschätzungen ihrer allgemeinen Selbstwirksamkeit (bzw. „Kontrollüberzeugung“) im Hinblick auf die Beeinflussung des Medienumgangs der Kinder zeigte

(die für sich genommen durchaus für eine gewisse Wichtigkeit spräche), sondern vielmehr an der Tatsache, daß alle anderen Erziehungsbereiche als signifikant wichtiger wahrgenommen werden, was angesichts der Menge der vorgegebenen Bereiche de facto bedeutet, daß Medienerziehung kaum eine Rolle spielen kann. Die Ergebnisse der qualitativen Interviews weisen in dieselbe Richtung: Solche Aussagen der Probandinnen belegen, daß die Befragten nur äußerst selten angeben mochten, daß Medienerziehung in ihren Augen ganz und gar unwichtig sei; gleichwohl fällt auf, daß entsprechende Aussagen in der Regel sofort mit Einschränkungen verknüpft wurden, so daß in diesem Zusammenhang gewissermaßen von einer „Ja-aber-Haltung“ gesprochen werden kann.

Eine Interpretation dieses Umstands bedarf zunächst einer Klärung des Gegenstandes, dessen Wichtigkeit so niedrig eingeschätzt wurde, da ja in der Repräsentativstudie keine Defintion von Medienerziehung vorgegeben worden war. Ein erster Anhaltspunkt ergibt sich aus der Tatsache, daß die Befragten in der Repräsentativstudie mehrheitlich einer Aussage zustimmten, die eine eindeutig bewahrpädagogische Orientierung zur Medienerziehung zum Ausdruck brachte (vgl. Kap. 6.5.3.2). Die Erläuterungen der Face-to-Face-Interviewten zu ihrem Verständnis des Begriffs (vgl. Kap. 6.5.3.3) weisen zudem darauf hin, daß viele Erzieherinnen mit diesem nichts anfangen können (und dies auch eingestehen) oder aber auf eine falsche bzw. eingeschränkte Definition rekurrieren. Das Mißverständnis, Medienerziehung sei mit Medieneinsatz gleichzusetzen, das sich schon in der Untersuchung von Höltershinken und Mitarbeitern fand, ist nach unseren Ergebnissen nach wie vor außerordentlich verbreitet. Angesichts dessen verwundert dann auch die Tatsache, daß der Medienerziehung ein so geringer Stellenwert beigemessen wird, nicht ganz so sehr[121]. Gleichzeitig überrascht dann auch kaum, daß die Befragten im Schnitt nur ausgesprochen wenige und dazu häufig lapidare (um den etwas despektierlichen Begriff der „Worthülse“ zu vermeiden) Ziele von Medienerziehung benennen konnten.

Waren auf die Frage nach Zielen der Medienerziehung noch allgemeine und floskelhafte Formulierungen erwartbar und – angesichts der Weite des Feldes – bis zu einem gewissen Grad auch verständlich, so gilt dies kaum für Zielvorstellungen zu praktischen medienerzieherischen Maßnahmen (vgl. Kap. 6.5.3.3). Es sollte zu vermuten sein, daß Erzieherinnen im Kindergarten mit Maßnahmen, die sie ergreifen, auch Zielvorstellungen hinsichtlich dessen, was damit denn eigentlich erreicht werden soll, verbinden. Dies scheint – zumindest bei medienerzieherischen Maßnahmen – durchaus nicht immer der

121 wobei indes nicht unberücksichtigt bleiben sollte, daß manche Erzieherinnen aus diesem Mißverständnis heraus eine umgekehrt sehr hohe Bedeutung der Medienerziehung konstatierten: Diese mochten sich den Einsatz von Mediengeräten (insbesondere „guten“ Medien wie Büchern und Kassetten) nicht aus dem Kindergarten wegdenken.

Fall zu sein. Allzu häufig wurde auch hier auf allgemeine Formulierungen zurückgegriffen, wurden Ziele benannt, die nicht in Zusammenhang mit Medienerziehung (sondern zumeist mit dem Einsatz von Mediengeräten zu Zwecken, die nichts mit dieser zu tun haben) stehen.

Da verwundert es kaum, daß der eingangs geschilderte „erzieherische Optimismus" offenbar im Hinblick auf die Medienerziehung nur noch eingeschränkt zu bestehen scheint (vgl. Kap. 6.5.3.4): Nicht selten beantworteten Probandinnen Fragen nach Zielen oder auch praktischen medienerzieherischen Maßnahmen mit umfänglichen Ausführungen zu Grenzen, die ihnen in ihrem (medien-) erzieherischen Handeln auferlegt seien; hierbei wurde vor allem die Rolle der Eltern in den Vordergrund gestellt und darauf verwiesen, daß der Kindergarten kaum etwas im Hinblick auf den Umgang der Kinder mit dem Fernsehen bewirken könne, wenn die Eltern nicht am gleichen Strang zögen oder aber entsprechende Bemühungen seitens der Erzieherinnen geradezu unterliefen bzw. konterkarierten. Nun ist ganz zweifellos einzuräumen, daß Erzieherinnen kaum grenzenlos einflußreich (im Hinblick auf die Erziehung der Kinder) sein können, daß die Eltern in der Entwicklung nicht nur eine wichtige, sondern mit Sicherheit sogar eine wichtigere Rolle spielen. Dies gilt jedoch – ebenso zweifellos – nicht nur im Hinblick auf die Medienerziehung, sondern ganz generell für alle Erziehungsbereiche.

Inwieweit die bisher referierten Ergebnisse Schlußfolgerungen auf die tatsächliche medienerzieherische Praxis in den Kindergärten zulassen, wird im folgenden Kapitel zu beleuchten sein. In diesem Zusammenhang wird – neben Ergebnissen zum medienerzieherischen Verhalten der Befragten – auch auf die Elternarbeit zur Medienerziehung einzugehen sein, da angesichts des oben Gesagten zu vermuten steht, daß diese eigentlich eine herausgehobene Bedeutung besitzen sollte.

## 6.6 Medienerziehung im Kindergarten: Verhalten und Handeln

In den vorangegangenen Kapiteln haben wir uns ausführlich mit den unserer Vermutung nach besonders wesentlichen Bedingungen der Medienerziehung im Kindergarten – der Ausbildungssituation, den Rahmenfaktoren der Einrichtungen und den verschiedensten Variablen auf seiten der Erzieherinnen – befaßt. Inwieweit werden vor dem Hintergrund dieser Bedingungen nun aber Anforderungen an die Medienerziehung im Kindergarten, wie wir sie in Kapitel 1 umschrieben und in Kapitel 2 begründet haben, umgesetzt? Im Folgenden wird die Praxisseite im Hinblick darauf beleuchtet, welche Verhaltensweisen und Handlungsstrategien, Aktivitäten und Maßnahmen, die nach den von uns in Kapitel 1 dargelegten Vorstellungen von Medienerziehung diesem Bereich subsumiert werden können, im Kindergartenalltag tatsächlich realisiert werden (zur Praxis der Medienerziehung siehe auch Kap. 3.4). Dabei stellt sich zum einen die Frage, inwieweit und in welcher Weise Kindergarten-Erzieherinnen von sich aus in diesem Bereich aktiv sind, etwa in Form gemeinsamer Medienarbeit (z.B. Medienproduktion im Rahmen eines Projektes) und medienbezogener Gespräche oder durch punktuelles Initiieren von medienbezogenen Aktivitäten der Kinder zu medienerzieherischen Zwekken. Ebenso interessiert zum anderen aber auch, in welchem Ausmaß sie eine eher ungerichtete, spontane Medienerziehung im weiteren Sinne praktizieren und wie sie insgesamt auf medienbezogenes und/oder medienbedingtes Verhalten von Kindern reagieren.

Und schließlich ordnen wir dem Bereich der Praxis auch die Elternarbeit zur Medienerziehung zu. Dabei interessiert nicht nur die Häufigkeit, mit der Erzieherinnen gegenüber bzw. mit Eltern die Medienerziehung im Kindergarten oder in der Familie thematisieren (oder auch problematisieren), sondern auch die Frage, inwieweit und mit welchen Erfahrungen eine solche Elternarbeit eher aktiv (aufgrund der eigenen Einsicht der Erzieherinnen in die generelle Notwendigkeit einer auf Medienerziehung gerichteten Elternarbeit) oder aber reaktiv – aufgrund jeweils aktueller Anlässe in den Gruppen oder veranlaßt durch die Eltern selbst – stattfindet.

Im Folgenden gehen wir zunächst auf allgemeinere Aspekte der Praxis und anschließend auf die konkrete Medienerziehung im Kindergartenalltag ein, während die auf Medienerziehung gerichtete Elternarbeit und deren Probleme in Kapitel 6.6.2 betrachtet werden.

### *6.6.1 Medienerzieherische Praxis im Kindergarten*

Da die Praxis der Medienerziehung im Rahmen einer standardisierten Telefonbefragung nur wenig umfassend erfragt werden kann, machte dieser Komplex einen wesentlicheren Schwerpunkt in den qualitativen Interviews aus, dem dort auch entsprechend viel Zeit eingeräumt wurde.

In der Repräsentativstudie galt der medienerzieherischen Praxis zunächst einmal die Frage danach, inwieweit die Erzieherinnen zum einen bestimmte medienbezogene Aktivitäten der Kinder selbst anregen (wie Nachspielen von Medienerlebnissen, eigenständige Benutzung von Mediengeräten etc.). Zum anderen wurde nach Reaktionen auf eben solche Aktivitäten, wenn diese nicht von den Erzieherinnen initiiert, sondern bei den Kindern unaufgefordert auftreten, gefragt. Ebenso gehört aus der Repräsentativstudie zu diesem Themenkomplex aber auch, daß dort im Rahmen der Erfassung von Rahmendaten des Kindergartens die Erzieherinnen danach gefragt wurden, wie häufig sie mit den Kindern gemeinsam vorhandene Mediengeräte benutzen und inwieweit in der Einrichtung Merchandising-Artikel („Spiele, Spielfiguren oder sonstige Gegenstände zum Spielen, die etwas mit dem Fernsehen zu tun haben") benutzt werden.

Darüber hinaus wurden die Erzieherinnen in der Repräsentativstudie auch danach gefragt, welchen relativen Anteil an der Medienerziehung der Kindergarten im Vergleich zur Familie tatsächlich hat. Und schließlich wurde dort – zwangsläufig nur grob – versucht zu ermitteln, inwieweit die medienerzieherische Praxis sich in einer bestimmten Hinsicht am bewahrpädagogischen Konzept (vgl. hierzu Kap. 1.3) orientiert.

Wir stellen nun zunächst die Ergebnisse zu den beiden letztgenannten Fragen aus der Repräsentativstudie dar, bevor wir auf konkrete Verhaltensweisen und Handlungsstrategien, Aktivitäten und Maßnahmen der Medienerziehung im Kindergartenalltag eingehen, wie sie uns von den Befragten in der Repräsentativstudie sowie in den themenzentrierten Interviews berichtet wurden.

#### 6.6.1.1 Relativer Anteil des Kindergartens an der Medienerziehung von Kindern

In Kapitel 6.5.3 berichteten wir bereits über die Auffassung der in der Repräsentativstudie befragten Erzieherinnen im Hinblick auf die Frage, welchen Anteil der Kindergarten – im Vergleich zur Familie – an der Medienerziehung der Kinder haben *sollte*. Wir fragten jedoch darüber hinaus auch noch, wie groß dieser Anteil nach Ansicht der Erzieherinnen tatsächlich *ist*[122] .

**Tabelle 6.33: Zuständigkeit für Medienerziehung: Prozentualer Anteil des Kindergartens an der Medienerziehung der Kinder**
(100% = Anteil des Kindergartens + Anteil der Familie)
(Basis: n = 602; gewichtete Daten, nachträglich kategorisiert)

| Prozentualer Anteil des Kindergartens an der Medienerziehung | n | % |
|---|---|---|
| 0% | 26 | 4,4 |
| 1% bis 5% | 76 | 12,8 |
| 6% bis 10% | 159 | 26,8 |
| 11% bis 20% | 156 | 26,2 |
| 21% bis 30% | 109 | 18,3 |
| 31% bis 40% | 31 | 5,2 |
| 41% bis 50% | 24 | 4,1 |
| 51% bis 60% | 2 | 0,4 |
| über 60% | 10 | 1,7 |
| K. A. | 8 | -- |

M = 19,38 SD = 14,55

122 auch hier anzugeben als prozentualer Anteil (vgl. dazu Kap. 6.5.3).

Wie in Tabelle 6.33 ersichtlich, übernimmt der Kindergarten nach Ansicht der Befragten tatsächlich nur einen Anteil von etwa 20 Prozent der Medienerziehung der Kinder (Mittelwert der Prozentangaben: M = 19,38), während etwa 80 Prozent in der Familie geleistet werden. Dies entspricht jedoch nicht den Ideal-Vorstellungen, sollte im Kindergarten doch eigentlich – ebenfalls nach Ansicht der Befragten (vgl. Kap. 6.5.3, Tab. 6.41) – mehr als ein Drittel der Medienerziehung stattfinden. Die Erzieherinnen sind im Durchschnitt also der Meinung, daß der Kindergarten nicht nur im Vergleich zur Familie relativ wenig, sondern auch *zu* wenig zur Medienerziehung der Kinder beiträgt.

Interessant erscheinen hier die extremen Werte: Immerhin etwas mehr als ein Sechstel der Erzieherinnen (17,2%) ist der Meinung, der Kindergarten leiste de facto nur bis zu fünf Prozent der Medienerziehung der Kinder. Sind diese Erzieherinnen gleichzeitig der Meinung, daß dieser geringe Anteil auch ausreicht? Etwas mehr als ein Viertel (26,2%) dieser Untergruppe gab an, daß der Kindergarten auch nicht mehr als nur fünf Prozent Anteil an der Medienerziehung haben sollte (bei diesen Befragten ist also davon auszugehen, daß sie mit dem kaum nennenswerten Anteil der tatsächlich im Kindergarten praktizierten Medienerziehung auch einverstanden sind). Die restlichen knapp drei Viertel gaben jedoch „Soll“-Werte an, die zum Teil erheblich darüber lagen, etwa ein Viertel dieser Untergruppe (25,2%) sogar Werte von 41 Prozent und mehr. Im Mittel ergibt sich für diese Unterstichprobe ein „Soll“-Wert von knapp 24 Prozent (M = 23,63), den die Medienerziehung im Kindergarten ausmachen sollte, während dieselben Befragten bekanntlich gleichzeitig angaben, daß de facto der Kindergarten nur maximal fünf Prozent an der Medienerziehung übernimmt – im Vergleich zu mindestens 95 Prozent auf seiten der Familie.

Da insofern davon auszugehen war, daß bei einzelnen Befragten zum Teil erhebliche Unterschiede zwischen den angegebenen „Soll“- und „Haben“-Werten bestehen, wurde pro Person die Differenz zwischen den beiden Werten („Soll“ minus „Haben“) gebildet, wobei sich zeigte: Fast ein Viertel der Befragten (23,5%) ist der Meinung, der Kindergarten erfülle seine Pflichten im Hinblick auf die Medienerziehung von Kindern („Soll“- und „Haben“-Wert waren bei diesen Probandinnen identisch). 5,5 Prozent sind gar der Ansicht, im Kindergarten werde mehr Medienerziehung als nötig gemacht. Umgekehrt sieht allerdings auch etwa ein Drittel der Befragten (34,8%) eine Diskrepanz zwischen „Soll“ und „Haben“ von mindestens 20 Prozentpunkten (8,4% sehen gar eine Diskrepanz von 40 Prozentpunkten und mehr); mindestens jede dritte Erzieherin ist also der Auffassung, der Kindergarten komme dem Auftrag zur Medienerziehung keineswegs hinreichend nach, indem er dabei eklatant zuviel der Familie überläßt.

Eine solche Auffassung, der Kindergarten leiste eigentlich (relativ zur Familie) einen zu geringen Anteil an der Medienerziehung der Kinder, läßt sich vermutlich als Indikator dafür interpretieren, für wie wesentlich diese Befragten die Medienerziehung im Kindergarten einerseits halten, auch wenn sie andererseits diesen Anspruch nach eigenen Aussagen zu wenig in die Praxis umsetzen (können). Dementsprechend müßte eine solche Auffassung sich auch in der subjektiven Wichtigkeit von Medienerziehung und anderen Teilaspekten der Problemwahrnehmung wiederspiegeln. Tatsächlich zeigt sich ein solcher Zusammenhang in verschiedener Hinsicht:

- Je häufiger die Befragten nach eigenen Angaben medienbezogene Verhaltensweisen bei Kindern beobachten, desto höher setzen sie auch den prozentualen Anteil, den der Kindergarten an der Medienerziehung leisten sollte, an und desto mehr sind sie auch der Auffassung, daß im Kindergarten mehr Medienerziehung stattfinden müßte, als dies aktuell der Fall ist. Die Problemwahrnehmung korrespondiert demnach bei ihnen nur mit dem Anspruch, schlägt sich nach ihren Aussagen zum „Haben"-Wert jedoch nicht in der Praxis der Medienerziehung nieder[123].
- Ähnliches ergibt sich auch bezüglich des Zusammenhangs mit der subjektiven Wichtigkeit der Medienerziehung: Erzieherinnen, die der Medienerziehung eine höhere Wichtigkeit einräumten, gaben in der Tendenz auch höhere Werte für den „Soll"-Anteil des Kindergartens an ($r = -.21$; $p < .001$)[124] und waren eher der Meinung, der Kindergarten leiste relativ zur Familie in puncto Medienerziehung zu wenig (Korrelation zwischen subjektiver Wichtigkeit und Differenzscore: $r = -.14$; $p < .01$). Gleichzeitig geht jedoch eine höhere subjektive Wichtigkeit der Medienerziehung tendenziell auch mit höheren „Haben"-Werten einher ($r = -.11$; $p < .01$). Erzieherinnen, die die Medienerziehung als wichtiger einschätzen, setzen dies in der Praxis also auch mehr um, selbst wenn in ihren Augen auch noch nicht genug.
- Auf gleicher Linie liegt auch der Zusammenhang mit der Einschätzung zum relativen Stellenwert des Fernsehens als Sozialisationsinstanz: Je höher die Erzieherinnen den relativen Einfluß des Fernsehens im Vergleich zu anderen Sozialisationsinstanzen einschätzten, desto höhere Werte gaben sie auch für den relativen Anteil, den der Kindergarten an der Medienerziehung übernehmen sollte, an ($r = .24$; $p <.001$). Gleichzeitig spiegelt sich bei ihnen die Einschätzung zur Bedeutsamkeit des Fernsehens, ebenso wie

123 Die Korrelationskoeffizienten für den Zusammenhang zwischen der Häufigkeit, mit der medienbezogene Verhaltensweisen der Kinder beobachtet werden (6 Items; vgl. Kap. 6.5.2.1), und dem relativen Anteil, den der Kindergarten an der Medienerziehung haben sollte, reichen – bis auf eine Ausnahme – von -.09 bis -.19 und sind großenteils auf dem 1%-Niveau signifikant. Die entsprechenden Korrelationen mit der Differenz zwischen „Soll"- und „Haben"-Wert erreichen etwa die gleichen – niedrigen, jedoch hochsignifikanten – Werte. Ein Zusammenhang mit dem „Haben"-Wert (relativer Anteil, den der Kindergarten an der Medienerziehung tatsächlich hat) liegt dagegen nicht vor.

124 Niedrige Werte in den Wichtigkeitseinschätzungen bedeuten, daß dem jeweiligen Erziehungsbereich eine hohe Wichtigkeit eingeräumt wird.

wir es für die subjektive Wichtigkeit der Medienerziehung festgestellt haben, auch in höheren „Haben"-Werten wider (r = .28; p < .001). Je stärker die Überzeugung vom Fernsehen als einer einflußreichen Sozialisationsinstanz, desto mehr wird offenbar auch der medienerzieherische Anspruch in die Tat umgesetzt, so daß sich hier kein Zusammenhang mit der Differenz zwischen „Soll" und „Haben" ergibt.

#### 6.6.1.2 Umsetzung des bewahrpädagogischen Konzepts

In Kapitel 6.5.3.2 haben wir als Ergebnis aus der Repräsentativstudie berichtet, daß die befragten Erzieherinnen offensichtlich eher einer bewahrpädagogischen Auffassung von Medienerziehung zuneigen. Wir haben dabei auch erläutert, daß dies Ergebnis insofern mit einer gewissen Vorsicht interpretiert werden muß, als die Antwortskala für das entsprechende Item fünfstufig war, d.h. eine neutrale mittlere Ausprägung vorsah. Somit war es möglich – und über 40 Prozent der Befragten entschieden sich auch für diese Alternative – keine Stellung zu beziehen. In derselben Studie präsentierten wir den Probandinnen jedoch auch eine sehr ähnliche, nun aber nicht einstellungs-, sondern handlungsbezogen formulierte Aussage. Auch hier wurden die Befragten gebeten anzugeben, inwieweit sie dieser Aussage zustimmen, allerdings wurde diesmal lediglich eine vierstufige Antwortskala vorgegeben, so daß eine eindeutige Stellungnahme unumgänglich war (zur Problematik der Antwortskalen vgl. Kap. 6.5.3.2). Die Aussage lautete: „In der Kindergartenarbeit bemühe ich mich, die Kinder vor den Verführungen und Gefährdungen seitens der Medien zu schützen. Deshalb sorge ich dafür, daß unsere Einrichtung frei von Fernsehen, Video und Computer bleibt". Tabelle 6.34 zeigt die Ergebnisse für die gewichtete Gesamtstichprobe.

**Tabelle 6.34: Bewahrpädagogisches Handeln**
Basis: n = 602; gewichtete Daten)

*In der Kindergartenarbeit bemühe ich mich, die Kinder vor den Verführungen und Gefährdungen seitens der Medien zu schützen. Deshalb sorge ich dafür, daß unsere Einrichtung frei von Fernsehen, Video und Computer bleibt.*

| | n | % |
|---|---|---|
| 1 = trifft voll zu | 175 | 29,4 |
| 2 = trifft eher zu | 203 | 34,2 |
| 3 = trifft eher nicht zu | 158 | 26,4 |
| 4 = trifft gar nicht zu | 60 | 10,0 |
| 5 = K. A. | 6 | -- |
| | M = 2,17 | SD = 0,96 |

Die Ergebnisse bestätigen, was bereits in Kapitel 6.5.3.2 vermutet wurde: Beinahe zwei Drittel der Befragten stimmten dieser Aussage mehr oder weniger eindeutig zu. Die Befragten sind also in der Mehrheit nicht nur hinsichtlich ihres Denkens als bewahrpädagogisch orientiert zu kennzeichnen, sondern sie handeln nach eigenen Angaben auch entsprechend, insofern sie sich bemühen, Medien von den Kindern fernzuhalten, den Kindergarten als medienfreie Zone zu gestalten.

Dem entsprechen auch die in Kapitel 6.1 berichteten Angaben zur Ausstattung der Kindergärten mit elektronischen Medien; auf derselben Linie liegen die ebenfalls – weiter unten zu berichtenden – Angaben zur gemeinsamen Mediennutzung mit den Kindern: Elektronische Medien werden in den Kindergärten, soweit sie überhaupt vorhanden sind, offensichtlich – dies sei vorgreifend an dieser Stelle bereits vermerkt – nur selten gemeinsam mit den Kindern genutzt. Diese geringe Mediennutzung ist jedoch vor dem Hintergrund der eher bewahrpädagogischen Handlungsweise der Befragten offenbar nicht so sehr auf die mangelhafte Geräteausstattung zurückzuführen, sondern darauf, daß viele Erzieherinnen elektronische Medien im Kindergarten gar nicht nutzen *wollen*[125]. Dies wird plausibel, wenn man sich die ausgesprochen negativen Auffassungen der Probandinnen zu den Medien bzw. zum kindlichen Medienkonsum vergegenwärtigt (vgl. hierzu v.a. Kap. 6.4).

Zunächst ist festzustellen, daß die Angaben zu den beiden bewahrpädagogischen Aussagen hochsignifikant miteinander korrelieren ($r = .33$; $p < .001$); Erzieherinnen mit einer eher bewahrpädagogischen Einstellung handeln also in der Tendenz auch dementsprechend, wobei die Höhe des Zusammenhangs aufgrund der Antwortskalierung zur einstellungsbezogenen Aussage (vgl. Kap. 6.5.3) noch unterschätzt sein dürfte.

Ein weiterer Zusammenhang ergibt sich mit den Ansichten zum relativen Anteil, den der Kindergarten an der Medienerziehung der Kinder tatsächlich hat bzw. haben sollte (vgl. Kap. 6.6.1.1): Erzieherinnen, die die handlungsbezogene bewahrpädagogische Aussage eher verneinten, setzten den Anteil an der Medienerziehung, den der Kindergarten übernehmen *sollte*, höher an ($r = .15$; $p < .001$); gleichzeitig fällt bei ihnen in der Tendenz die Differenz zwischen „Soll" und „Haben" höher aus ($r = .11$; $p < .05$); der Zusammenhang mit dem „Haben"-Wert verfehlt knapp die Signifikanz ($r = .08$; $p = .062$). Umgekehrt formuliert: Je mehr sich Erzieherinnen in ihrem Handeln am bewahrpädagogischen Konzept orientieren, desto niedrigere Werte gaben sie für den relativen Anteil, den der Kindergarten an der Medienerziehung über-

125 Diese Annahme wird durch ein Ergebnis der Untersuchung von Höltershinken und Mitarbeitern gestützt: Die Autoren fragten explizit danach, inwieweit die Erzieherinnen eine Reihe vorgegebener Mediengeräte gerne einsetzen würden, unabhängig davon, ob das entsprechende Gerät auch in der Einrichtung vorhanden war. Dabei zeigte sich, daß von den 12 vorgegebenen Mediengeräten Fernseher, Videorekorder, Computer und Radio am Schluß der Rangreihenfolge rangierten: Der Median der Angaben deutete jeweils darauf hin, daß die Mehrheit diese Geräte nur ungern einsetzen mochte (vgl. Kasüschke, 1991, S. 44).

nehmen sollte, an und desto mehr sind sie der Auffassung, in der Praxis für diesen Förderbereich auch vergleichsweise genug zu leisten.

In Kapitel 6.5.3.2 haben wir bereits gezeigt, daß Erzieherinnen, die sich privat mit dem Umgang mit Mediengeräten und mit den Möglichkeiten des Einsatzes derselben in der Einrichtung befaßt haben, der einstellungsbezogenen bewahrpädagogischen Aussage signifikant weniger zustimmten; der nämliche Effekt läßt sich nun auch im Hinblick auf bewahrpädagogisches Handeln feststellen, wobei dasselbe hier zudem auch in bezug auf die private Beschäftigung mit Fernsehkonsum und TV-Motiven von Vorschulkindern gesagt werden kann (vgl. Tab A.13 im Anhang).

Bewahrpädagogisches Handeln hängt darüber hinaus (wie auch schon die bewahrpädagogische Einstellung) plausiblerweise mit den Medienbewertungen zusammen: Erzieherinnen, die das Fernsehen („Allgemein" sowie „Zukünftige Entwicklungen des Fernsehens") und Multimedia eher als „Fluch" ansehen, stimmten der handlungsbezogenen bewahrpädagogischen Aussage auch eher zu. Sämtliche entsprechenden Korrelationen (für alle Bewertungsdimensionen) fallen signifikant aus (mindestens $p < .01$), die meisten sogar hochsignifikant ($p < .001$).

Abgesehen davon, daß ältere Erzieherinnen der bewahrpädagogischen Aussage erwartungsgemäß zumindest tendenziell eher zustimmten ($r = -.11$; $p < .01$), ergibt sich weiterhin, daß Erzieherinnen, je mehr sie der Aussage zustimmten,

- sich selbst tendenziell weniger qualifiziert zur Medienerziehung fühlen ($r = -.09$; $p < .05$),
- diese auch als weniger wichtig erachten ($r = -.16$; $p < .001$),
- die Kinder seltener zur eigenständigen Mediennutzung ($r = -.20$; $p < .00$), zum Mitbringen von Merchandising-Artikeln ($r = -.14$; $p < .001$) oder zur Nachahmung von TV-Personen/-Figuren ($r = -.09$; $p = .02$) auffordern und auch
- bei den Kindern seltener eigenständige Mediennutzung ($r = -.19$; $p < .001$) oder Mitbringen von Merchandising-Artikeln ($r = -.09$; $p < .05$) beobachten (vgl. hierzu auch die Argumentation in Kap. 6.5.2.1).

Festzuhalten bleibt – bevor wir uns anschließend der konkreten Praxis der Medienerziehung zuwenden – zunächst Folgendes: Die von uns befragten Erzieherinnen sind mehrheitlich der Meinung, daß der Kindergarten im Vergleich zur Familie einen nur geringen Beitrag zur Medienerziehung von Kindergartenkindern leistet und daß dieser relative Anteil höher ausfallen sollte. Eine solche Auffassung ist allerdings nicht bei allen Befragten festzustellen, sondern hängt damit zusammen, welchen Sozialisationseinfluß sie dem Fernsehen zuschreiben, wie stark ihre Problemwahrnehmung im Hinblick auf medienbezogenes Verhalten der Kinder ist und für wie wichtig sie die Medienerziehung halten. Gleichzeitig sind die Erzieherinnen in ihrem Handeln in der Mehrheit am bewahrpädagogischen Konzept in der Hinsicht orientiert, daß sie sich nach eigenen Angaben darum bemühen, den Kindergarten weitgehend medienfrei zu halten und damit die Kinder vor den Verführungen und Gefährdungen seitens der Medien zu schützen. Dabei geht eine solche Orientierung unter anderem mit einer geringeren subjektiven Wichtigkeit von Medienerziehung einher.

Was aber geschieht nun tatsächlich vor Ort? Inwieweit werden Medien mit den Kindern in der Einrichtung genutzt und welche medienerzieherischen Bemühungen laufen in welcher Form und welcher Häufigkeit in den Einrichtungen ab? Hierauf ist im Folgenden einzugehen.

#### 6.6.1.3 Gemeinsame Mediennutzung und Initiierung medienbezogener Aktivitäten

Mediennutzung oder Medieneinsatz an sich machen selbstverständlich noch keine Medienerziehung aus, sind aber in Verbindung mit medienerzieherischen Zielen durchaus wesentlich: nicht nur im Rahmen der aktiven Medienarbeit, sondern auch im Sinne einer Vorbildrolle der Erzieherin und ihrer Möglichkeiten, anhand von Medienbeispielen und durch Anregungen sowie Gespräche über Medien und Mediennutzung zur Förderung verschiedener Dimensionen der Medienkompetenz (vgl. Kap. 1.2) beizutragen.

Inwieweit Medien eingesetzt oder gemeinsam mit den Kindern im Kindergartenalltag überhaupt genutzt werden können, ist jedoch selbstverständlich ausstattungsbedingt, wobei wir bereits in Kapitel 6.1.2 festgestellt haben, daß die Verfügbarkeit von Mediengeräten in den Einrichtungen ausgesprochen defizitär ist: Für fast alle – in der Repräsentativstudie zur Erfassung der Medienausstattung und -nutzung vorgegebenen – Geräte sind Nutzungsmöglichkeiten nicht oder kaum gegeben, wobei insbesondere Computer, aber auch Fernsehgeräte, Videokameras und Videorekorder so gut wie nicht vorhanden sind.

Allerdings werden diese Medien auch selbst in Kindergärten, in denen solche Geräte für die gemeinsame Nutzung mit den Kindern zur Verfügung stehen, kaum genutzt (vgl. auch Tab. 6.1 in Kap. 6.1.2): Fast 70 Prozent derjenigen Erzieherinnen, denen eine Videokamera zur Verfügung steht, benutzen sie „seltener als ein- bis zweimal pro Halbjahr oder nie". Ein ähnlich hoher Prozentsatz (62%) ergibt sich für die Nutzung eines zum Inventar gehörenden Fernsehgerätes. Selbst Videorekorder werden in Einrichtungen, in denen ein solches Gerät für die gemeinsame Nutzung mit den Kindern zur Verfügung steht, von nur 38 Prozent „ein- bis zweimal pro Halbjahr", aber immerhin von 50 Prozent seltener oder nie benutzt (ähnliche Prozentwerte ergeben sich auch für Filmprojektoren und Radio). Lediglich bei Kassettenrekordern bzw. CD-Playern sieht es anders aus: Sie sind nicht nur häufiger als die anderen Mediengeräte – in 98 Prozent der Einrichtungen – vorhanden, sondern werden dann auch häufiger genutzt; immerhin in 83 Prozent der Einrichtungen, in denen ein solches Gerät vorhanden ist, wird es nach Angaben der Erzieherinnen auch (mindestens) „ein- bis zweimal pro Woche" benutzt.

Entsprechende Ergebnisse der Untersuchung von Höltershinken und Mitarbeitern sind aus mehreren Gründen nur eingeschränkt mit unseren vergleichbar: Zum einen wurde in dieser Untersuchung eine etwas andere Frage und Antwortskala eingesetzt (siehe folgende Fußnote); zum anderen wird zumindest im Bericht nicht differenziert zwischen Erzieherinnen, denen die entsprechenden Geräte zur Verfügung stehen, und solchen, für die dies nicht zutrifft (es findet sich lediglich der Hinweis, daß die Rangreihe [die Angaben zum Medieneinsatz wurden entsprechend der angegebenen Häufigkeit sortiert] unverändert bleibe, „wenn nur die Befragten berücksichtigt werden, denen ein entsprechendes Gerät in der Einrichtung zur Verfügung steht"; Höltershinken, Kasüschke & Sobiech, 1989, S. 381). Und schließlich wurde explizit nach dem Einsatz der Geräte gefragt, während in unserer Untersuchung die gemeinsame Nutzung mit den Kindern fokussiert wurde. Eine Inspektion der Ergebnisse der angesprochenen Studie erweist indes keine nennenswerten Unterschiede zu unseren Ergebnissen; soweit dies angesichts der unterschiedlichen Antwortskalen gesagt werden kann, werden elektronische Medien im Kindergarten heutzutage nicht häufiger eingesetzt als damals[126].

Unsere Ergebnisse zur gemeinsam mit den Kindern stattfindenden Mediennutzung im Kindergarten stehen in Einklang mit den bereits in Kapitel 6.4.3 erläuterten eher negativen Einstellungen und Ansichten der Erzieherinnen zu elektronischen Medien bzw. zur Mediennutzung durch Kinder wie auch zu der in nicht wenigen Einrichtungen offenbar verbreiteten bewahrpädagogisch orientierten Auffassung vom Kindergarten als möglichst medienfreiem Schonraum. Daß andererseits – neben Bilderbüchern bzw. Büchern – ausschließlich Kassettenrekorder (oder auch CD-Player) im Kindergarten nicht nur zum Inventar gehören, sondern auch häufig mit den Kindern oder durch die Kinder benutzt werden, ist zudem vor folgendem Hintergrund zu interpretieren: Zum einen wissen wir aus den themenzentrierten Interviews (auf deren Ergebnisse zur Mediennutzung und Praxis der Medienerziehung noch einzugehen ist), daß Erzieherinnen in der Regel nichts dagegen haben, wenn Kinder in „angemessener Weise" selbständig Kassettenrekorder in der Einrichtung benutzen: unter anderem zum Anhören von Märchenkassetten

126 Zur Frage danach, wann Medien zuletzt verwendet wurden, lautete die Antwortskala: „gestern", „in den letzten vier Wochen", „schon länger her als vier Wochen", „noch nie" (vgl. Höltershinken, Kasüschke & Sobiech, 1989, S. 381).
Auf weitere Differenzierungen der Ergebnisse von Höltershinken et al. zu diesem Punkt (z.B. Vergleichen der verschiedenen Träger hinsichtlich des Einsatzes elektronischer Medien) kann nicht eingegangen werden, da diese lediglich auf der Basis von Mittelwerten berichtet werden, was angesichts des offensichtlichen Ordinalniveaus der Antwortskala doch erstaunt.

oder zum gegenseitigen Aufnehmen. Zum anderen werden Kassettenrekorder oder CD-Player, wie wir ebenfalls aus den qualitativen Interviews wissen, häufig von den Erzieherinnen selber in der Kindergartenarbeit eingesetzt: etwa im Rahmen von Bewegungsspielen, beim gemeinsamen Tanzen, zum Mitsingen oder Lernen von Liedern und zur Entspannung oder Beschäftigung der Kinder.

Stellen wir die Prozentwerte zur Nutzung von Kassettenrekordern/CD-Playern den Antworten zur Frage, wie häufig die Erzieherinnen die Kinder zur selbständigen „Nutzung von Mediengeräten in der Einrichtung, zum Beispiel eigenständige Benutzung von Kassettenrekordern" anregen, gegenüber, so zeigt sich im Vergleich dieser Angaben Folgendes: Werden die Erzieherinnen danach gefragt, „wie häufig Sie diese Geräte – soweit sie in der Einrichtung vorhanden sind – gemeinsam mit den Kindern nutzen", so antworten 81 Prozent mit „täglich/fast täglich" oder „ein- bis zweimal pro Woche", 15 Prozent nutzen „ein- bis zweimal pro Monat" und drei Prozent „ein- bis zweimal pro Halbjahr" oder „seltener ... bzw. nie" ein solches Gerät gemeinsam mit den Kindern. Auf die Frage dagegen, wie häufig sie die Kinder in der Gruppe von sich aus dazu anregen, Mediengeräte wie beispielsweise den Kassettenrekorder eigenständig zu nutzen, gaben nur 22,3 Prozent an, dies „sehr häufig" oder „häufig" zu tun, während immerhin 38,2 Prozent nur „gelegentlich" und 39,5 Prozent „nie" eine solche Medienaktivität initiieren. Stellt man die Antworten auf die erste Frage zu den Vorgaben „täglich/fast täglich" und „ein- bis zweimal pro Woche" (zusammen 81%[127]) dem Prozentsatz zu den Antwortvorgaben „sehr häufig" und „häufig" bei der zweiten Frage (zusammen 22,3%) gegenüber, so scheint tatsächlich die gemeinsame Mediennutzung im Kindergarten vorrangig eine solche zu sein, bei der die Erzieherinnen selber Medien zu verschiedenen Zwecken der Kindergartenarbeit einsetzen. Dies kann anhand verschiedener Ergebnisse vermutet und erläutert werden:

- Eine „gemeinsame" Nutzung von Kassettenrekorder bzw. CD-Player kann bedeuten, daß die Erzieherin das Medium entweder zu Zwecken außerhalb der Medienerziehung (z.B. in der Gruppe wird eine Kassette angehört oder die Kinder werden aufgenommen) einsetzt oder mit den Kindern gemeinsam das Medium produktiv (z.B. zur gemeinsamen Produktion eines „Hörspiels") oder anderweitig medienerzieherisch aktiv (z.B. zur Förderung der „Medienkritik") nutzt. Nach den Ergebnissen der qualitativen Interviews ist allerdings davon auszugehen, daß in der Mehrzahl die erstgenannte Zielsetzung zutrifft: Wie wir bereits in Kapitel 6.5.3.3 ausgeführt haben und weiter unten anhand der Ergebnisse aus den Face-to-

127 Es wären sogar 96 Prozent, wenn man zudem auch die Antworten zur Vorgabe „ein- bis zweimal pro Monat" hinzunähme, was durchaus auch noch als „häufig" aufgefaßt werden könnte.

Face-Interviews zu Medieneinsatz und Praxis der Medienerziehung im Kindergarten noch einmal aufzeigen, sind medienerzieherische bzw. medienproduktive Zielsetzungen des Medieneinsatzes eher die Ausnahme.

- Das Initiieren der eigenständigen Nutzung des Gerätes von seiten der Erzieherin kann zum einen bedeuten, daß sie hiermit Ziele außerhalb der Medienerziehung bzw. produktiven Medienarbeit verfolgt (z.B. Entspannung oder Beschäftigung einzelner Kinder). Zum anderen kann sie hiermit anstreben, die Kinder in ihrer Medienkompetenz zu fördern, indem sie individuell oder auch in der Gruppe gemeinsam produktiv (z.B. Produktion eines „Hörspiels") oder anderweitig aktiv (z.B. „Medienkritik" üben) mit dem Medium umgehen. Aus den Antworten auf die in der Repräsentativstudie offen gestellten Frage nach den Zielen der Initiierung zur eigenständigen Gerätenutzung geht jedoch hervor, daß einerseits etwa die Hälfte aller Befragten dabei Ziele außerhalb der Medienerziehung verfolgt. Andererseits wurde unter den ebenfalls genannten medienerzieherischen Zielen (von etwa 70% der Erzieherinnen angesprochen) keine einzige Nennung zur produktiven Medienarbeit abgegeben, während pauschale Aussagen wie „Lernen des Medienumgangs" sowie Ziele i.S.v. Förderung der Technikkompetenz dominierten.
- Die Häufigkeit des Initiierens von eigenständiger Gerätenutzung korreliert hochsignifikant mit den Angaben darüber, wie häufig Kinder in der Einrichtung unaufgefordert die Geräte eigenständig nutzen[128] ($r = .51$; $p = .000$). Dieser Zusammenhang deutet ebenso wie die ausgesprochen ähnlichen Prozentwerte bei den entsprechenden Antwortkategorien zu beiden Fragen nicht nur darauf hin, daß Kinder in Einrichtungen, in denen die Erzieherin häufiger zur Gerätenutzung anregt, dies auch häufiger unaufgefordert praktizieren. Da eine unaufgeforderte Nutzung des Kassettenrekorders durch Kinder keine produktive Medienarbeit i.S.v. aktiver Medienerziehung bedeuten kann (es handelt sich bei den Kindern wohl eher um das Kassettenanhören z.B. zur eigenen Beschäftigung oder Entspannung), läßt der genannte Zusammenhang sehr wohl auch darauf schließen, daß auch die durch die Erzieherin initiierte Gerätenutzung nicht gerade in der Mehrzahl auf eine aktive Medienarbeit mit den Kindern abzielt. Letzteres stimmt dann auch wieder mit unseren Ergebnissen zu Zielen einer solchen Anregung der Gerätenutzung überein.

Insgesamt kann somit die erhebliche Differenz zwischen 81 Prozent (bzw. sogar 96%; siehe Fußnote weiter oben) für die häufige Nutzung von „Mediengeräten wie beispielsweise dem Kassettenrekorder" und etwa 22 Prozent für die häufige Initiierung zur Nutzung der-/desselben unseres Erachtens – und auch vor dem Hintergrund dessen, was wir aus den qualitativen

128 Beide Fragen wurden in der Repräsentativstudie gestellt.

Interviews wissen – in der Weise interpretiert werden, daß es sich bei der Mediennutzung im Kindergarten weniger um eine Art der gemeinsamen Nutzung zu medienerzieherischen bzw. medienproduktiven Zielen handelt als vielmehr um den Einsatz von Medien zu Zwecken außerhalb der Medienerziehung und außerhalb der aktiven Medienarbeit.

Tatsächlich läßt sich ein solches Fazit auch aus den qualitativen Interviews ableiten. Einerseits werden – abgesehen von zwei Waldorfkindergärten – in allen Einrichtungen Medien eingesetzt, wobei mehrheitlich Kassettenrekorder, CD-Player oder Bilderbücher, kaum dagegen Fernseh- oder Videogeräte zum Einsatz kommen· Andererseits verwenden aber 77 Prozent (n = 46) der Erzieherinnen Medien in eher mediendidaktischer Form, verbinden damit anderweitige Erziehungsziele oder nutzen die Medien für die sonstige Kindergartenarbeit (z.B. den Kasettenrekorder zur Entspannung der Kinder oder zum Tanzen). Auch dienen Medien dazu, daß Erzieherinnen selbst für einige Zeit entlastet und die Kinder beschäftigt sind[129]. Hier nun einige Beispiele, die deutlich machen, wie Medien im Kindergartenalltag häufig eingesetzt werden:

*Erzieherin:* „Es gibt ja auch CD´s, wo wir etwas gemeinsam hören und es gemeinsam erleben und dann auch besprechen. Es gibt z.B. ein Bilderbuch 'Peter und der Wolf', da gibt es dann auch die Platte dazu oder jetzt die CD. Da setz´ ich das schon ein. Oder in der Verkehrserziehung, Geräusche anhören und überlegen, was ist das jetzt. Aber dann speziell und in einer kleinen Gruppe."
*Interviewer:* „Erklären Sie auch den Kindern, wie die Geräte funktionieren? Dürfen die auch Kassetten einlegen und Knöpfe drücken?"
*Erzieherin:* „Das machen die alleine. Die können genauso gut mit dem CD-Player umgehen wie wir. Das kennen die auch heute, die gehen ja damit um. Auch in unserer Mittagsgruppe die Kinder haben da auch ihren eigenen Walkman, den dürfen die auch mittags zur Entspannung aufsetzen, aber dann eben auch von uns mitausgesuchte Geschichten oder Musik." (Fallnr. 10)

„Ja – wir setzen Kassettenrekorder und CD-Player ein zum Beispiel für neues Liedgut – aber dann allerdings nicht unbedingt in Hand der Kinder. Nee. Das ist klar, denn – ja wie gesagt, wir haben den Fernseher [...] wir haben auch über die Eltern dann schon mal vom Kindergartenalltag, vom Kindergartengeschehen – Videofilm – von unserem letzten Sommerfest [...] auch einfach zur Freude." (Fallnr. 32)

„Ich setze eigentlich nur den Kassettenrekorder ein. Entweder Musikkassetten, um Lieder zu lernen oder halt Hintergrundmusik in der Weihnachtszeit oder halt hören wir uns Hörspiele an, die die Kinder dann von zu Hause mitbringen, die wir mit wenigen Kindern in der Kuschelecke oder in der gesamten Gruppe hören. Aber nicht regelmäßig. [...] Für die Kinder ist das ein Zurückziehen. Das ist dann ihr Bereich [...], und die relaxen dann auch." (Fallnr. 59).

129 Weitere 20 Prozent verbinden mit dem Medieneinsatz allerdings auch eine Förderung von Medienkompetenzen. Dabei geht es bei der einen Hälfte um die Förderung technischer Kompetenzen, bei der anderen darum, Bewertungsmaßstäbe für eine qualitätsbewußte Selektion von Medienprodukten zu vermitteln oder von einer rein passiven Mediennutzung wegzuführen.

„Also Kassettenrekorder dient bei uns eigentlich ausschließlich dazu, daß die Kinder sich so Kinderkassetten anhören können [...].“ (Fallnr. 143)

Kommen wir zurück zur Frage, inwieweit Erzieherinnen die Kinder in der Einrichtung zu medienbezogenen Aktivitäten anregen: Neben der Häufigkeit der Initiierung eigenständiger Mediengerätenutzung fragten wir in der Repräsentativstudie außerdem danach, wie häufig weitere medienbezogene Verhaltensweisen bzw. Aktivitäten[130] angeregt werden.

Wie aus Tabelle 6.35 ersichtlich, findet medienbezogenes Verhalten im Kindergarten ganz offensichtlich nur im Ausnahmefall auf Anregung einer Erzieherin hin statt. Die einzigen Aktivitäten, die zumindest einige Erzieherinnen öfter als nur „gelegentlich“ anregen, sind das Thematisieren von Medienerlebnissen (15,8% gaben an, dies „häufig“ oder sogar „sehr häufig“ anzuregen) sowie die eigenständige Nutzung von Mediengeräten wie dem Kassettenrekorder (22,3% „häufig“ oder „sehr häufig“). Die fünf anderen vorgegebenen Aktivitäten werden von jeweils über 70 Prozent der Befragten überhaupt nie initiiert[131].

Hängt die Häufigkeit, mit der unaufgefordertes medienbezogenes Verhalten bei den Kindern beobachtet wird, zusammen mit der Häufigkeit, mit der dieses initiiert wird? Tatsächlich fallen (wie Tabelle A.14 im Anhang zeigt) die entsprechenden Korrelationen mit einer Ausnahme signifikant positiv aus, d.h. medienbezogene Aktivitäten werden umso häufiger gezeigt, je öfter sie von der Erzieherin auch angeregt werden; besonders deutlich wird dies in bezug auf die eigenständige Nutzung von Mediengeräten ($r = .51$; $p < .001$; zu diesen Zusammenhängen vgl. unsere Interpretation in Kapitel 6.5.2.1).

In Kapitel 6.5.2.1 hatten wir bereits festgestellt, daß die Erzieherinnen bei den Kindern unaufgefordertes medienbezogenes Verhalten umso häufiger beobachten, je mehr sie elektronische Medien als „Fluch“ betrachten; dies galt jedoch nicht für die unaufgeforderte eigenständige Nutzung von Mediengeräten und das unaufgeforderte Mitbringen von Merchandising-Artikeln: Beides wird im Gegenteil umso seltener beobachtet, was insofern plausibel ist, da beides sehr viel mehr von der Erzieherin beeinflußt werden kann als beispielsweise das Nachsingen von Werbespots. Von daher überrascht es dann auch nicht, daß auch die Häufigkeit der Anregung insbesondere eigen-

---

130 Dieselben Aktivitäten waren bereits bei der Frage danach, wie häufig die Kinder diese unaufgefordert zeigen, vorgegeben worden (vgl. Kap. 6.5.2.1).

131 Ein Vergleich mit den Ergebnissen von Höltershinken und Mitarbeitern ist nicht möglich, da in dieser Studie nicht unterschieden wurde, ob die medienbezogenen Aktivitäten „aus eigenem Antrieb oder auf Anregung der Gruppenleiterin“ (Höltershinken, Kasüschke & Sobiech, 1989, S. 340) erfolgten; zudem erscheint die Überschrift der entsprechenden Tabelle („Angaben der Gruppenleiterinnen, wann medienbezogene Tätigkeiten – ohne direkten Medienbezug – zum letzten Mal vorgekommen sind“; a.a.O., S. 342) im Zusammenhang mit Items, die eindeutig medienbezogene Tätigkeiten thematisieren („Über Inhalte aus [verschiedenen] Medien erzählen“; „Inhalte der [verschiedenen] Medien nachspielen, nachsingen“ usw.) nicht unmittelbar verständlich.

ständiger Gerätenutzung in einem Zusammenhang mit den Medienbewertungen steht: Je negativer die vorgegebenen Medien bewertet werden, desto seltener fordern Erzieherinnen die Kinder zur Mediengerätenutzung auf[132]. Ebenfalls deutlich ausgeprägt ist der Zusammenhang zwischen den Medienbewertungen und der Häufigkeit, mit der die Erzieherinnen die Kinder auffordern, Merchandising-Artikel mitzubringen: Auch hier gilt, daß die Erzieherinnen die Kinder (noch) seltener zu diesbezüglichem Verhalten auffordern, je mehr sie das Fernsehen oder die Multimedia-Technologie als „Fluch" ansehen (zur Interpretation vgl. auch Kap. 6.5.2.1).

**Tab. 6.35: Anregung medienbezogener Aktivitäten der Kinder**
(Basis: n = 602; gewichtete Daten)

| Häufigkeit der Anregung zu medienbezogenen Aktivitäten | sehr häufig % | häufig % | gelegentlich % | nie % | M | SD |
|---|---|---|---|---|---|---|
| Nutzung von Mediengeräten in der Einrichtung, z.B. eigenständige Benutzung von Kassetten - rekordern durch die Kinder | 4,5 | 17,8 | 38,2 | 39,5 | 3,13 | 0,86 |
| Thematisierung von Medien, Erzählungen über eigenen Medienkonsum und/ oder eigene Medienerlebnisse | 0,8 | 15,0 | 47,8 | 36,4 | 3,20 | 0,71 |
| Nachsingen bzw. Nachsprechen von Liedern oder Texten aus dem Fernsehen | -- | 2,7 | 27,3 | 70,0 | 3,67 | 0,52 |
| Nachbasteln oder Malen von Medienfiguren bzw. Medienpersonen | 0,1 | 1,7 | 27,2 | 71,0 | 3,69 | 0,51 |
| Nachspielen von Fernseherlebnissen, z.B. von Szenen oder Teilen eines Films | -- | 3,5 | 23,1 | 73,4 | 3,70 | 0,53 |
| Mitbringen von Spielzeug, das mit dem Fernsehen zu tun hat | -- | 0,4 | 19,3 | 80,2 | 3,74 | 0,49 |
| Nachahmung von Personen oder Figuren aus Fernsehen oder Video | 0,3 | 1,2 | 22,8 | 75,7 | 3,80 | 0,41 |

1 = sehr häufig; 2 = häufig; 3 = gelegentlich; 4 = nie

## 6.6.1.4 Reaktionen der Erzieherinnen auf unaufgefordertes medienbezogenes oder medienbedingtes Verhalten der Kinder

In Kapitel 6.5.2.1 haben wir berichtet, daß die Kinder in den Kindergärten nach Angaben der Erzieherinnen medienbezogene Verhaltensweisen durchaus in nicht geringem Umfang unaufgefordert zeigen. Inwieweit und in welcher Form in der gegebenen Situation reagiert werden kann, hängt ganz ohne

132 Die entsprechenden 12 Korrelationskoeffizienten für den Zusammenhang zwischen den Bewertungen von Multimedia, Fernsehen und zukünftigen Entwicklungen im Bereich des Fernsehens (vgl. Kap. 6.4.3.1) und der Häufigkeit, mit der die Erzieherinnen die Kinder zu medienbezogenem Verhalten auffordern, liegen zwischen r = -.09 (p = .033) und r = -.17 (p = .000). Für den Zusammenhang mit der Häufigkeit, mit der das Mitbringen von Merchandising-Artikeln von den Erzieherinnen initiiert wird, erreichen sechs der 12 entsprechenden Koeffizienten eine Signifikanz mindestens auf dem 1%-Niveau.

Zweifel von einer Reihe von Faktoren[133] ab; gleichwohl steht außer Frage, daß Medienerziehung – so wie wir sie verstehen – zwingend voraussetzt, solche Verhaltensweisen nicht grundsätzlich als Störung zu empfinden, sondern sie – je nach situativen Bedingungen – auch zum Ausgangspunkt medienerzieherischer Aktivitäten der einen oder anderen Art zu machen.

Da Reaktionen auf medienbezogenes Verhalten (wie auch immer sie ausfallen) sicherlich einen wesentlichen Bestandteil medienerzieherischer Verhaltensweisen und Bemühungen im Kindergarten darstellen, erschien es notwendig, diese sowohl im Rahmen der Repräsentativstudie als auch in den qualitativen Interviews zu thematisieren. Dabei sollte es in der Repräsentativbefragung um Reaktionen der Erzieherinnen gehen, die sie „in der Regel" auf solche medienbezogenen Aktivitäten der Kinder hin an den Tag legen, die diese – etwa in Form von eigenständiger Mediennutzung, Thematisierung oder Nachspielen von Medienerlebnissen (vorgegebene Items zu unaufgeforderten Aktivitäten der Kinder analog zu den in Tab. 6.35 aufgeführten) – zeigen[134]. Dies machte Anwortvorgaben unumgänglich, da eine offene Fragestellung hier sicherlich zu weit geführt hätte. Damit stellte sich jedoch das Problem, diese den Probandinnen zu präsentieren: Es liegt auf der Hand, daß es zahlreiche Möglichkeiten der Reaktion gibt; diese alle vorzulesen und die Probandinnen anschließend um eine Entscheidung für eine bestimmte Reaktion zu bitten, wäre aus naheliegenden Gründen kaum vorteilhaft gewesen. Aus diesem Grunde entschlossen wir uns zu einem abgestuften Vorgehen (zu den vorgegebenen Reaktionsmöglichkeiten siehe Tab. 6.36): Den Erzieherinnen wurde jeweils eine Reaktion vorgelesen mit der Bitte zu entscheiden, ob diese ihrer üblichen Reaktion auf unaufgefordertes medienbezogenes Verhalten entspricht. Verneinte die Probandin dies, wurde ihr die nächste Reaktionsmöglichkeit vorgelesen. Entschied sie sich für eine Antwortvorgabe, so war für sie der Fragenkomplex an dieser Stelle beendet, und der Interviewer ging zum nächsten Thema über. Mochte sich die Probandin für keine der

---

133 Sicherlich muß in diesem Zusammenhang berücksichtigt werden, daß es keine geringe Aufgabe darstellt, den Wünschen und Bedürfnissen von 15 oder 20 Kindern gleichzeitig gerecht zu werden, d.h. medienbezogene Verhaltensweisen eines oder mehrerer Kinder zum Anlaß zu nehmen, medienerzieherisch aktiv zu werden, während gleichzeitig die anderen Kinder – vermutlich nicht selten nachdrücklich – ebenfalls Aufmerksamkeit fordern. Andererseits muß jedoch auch darauf hingewiesen werden, daß dies die alltägliche Situation im Kindergarten darstellt und diese sich auf jegliche erzieherische Bemühung auswirkt, nicht nur auf die Medienerziehung.

134 Die Fragen nach den Reaktionen schlossen sich an diejenigen zur Beobachtung unaufgeforderter medienbezogener Aktivitäten der Kinder an mit der Einleitung: „Wenn diese Aktivitäten, über die wir eben sprachen, auftreten, wie reagieren Sie in der Regel dann?". Es sei betont, daß bei der Frage nach ihren üblichen Reaktionen den Befragten von unserer Seite aus also keineswegs von vornherein negativ bewertete Aktivitäten der Kinder vorgegeben wurden. In Kapitel 6.5.2.1 wurde jedoch bereits deutlich, daß die Erzieherinnen medienbezogene Aktivitäten und medienbedingtes Verhalten der Kinder großenteils als störend empfinden bzw. negativ bewerten. Insofern war im Hinblick auf die Reaktionen der Befragten – neben Kritik, Ignorieren o.ä.- auch nicht zu erwarten, daß sie solche Aktivitäten der Kinder als Anlaß für aktivere medienerzieherische Bemühungen nutzen.

vorgegebenen Möglichkeiten entscheiden, so wurde ihr am Schluß die Möglichkeit gegeben, ihre typische Reaktion selbst zu beschreiben.

**Tabelle 6.36: Reaktionen auf unaufgefordertes medienbezogenes Verhalten der Kinder** (Basis: n = 602; gewichtete Daten)

| *In der Regel ...* | n | % |
|---|---|---|
| ... sehe ich keinen Anlaß, auf solche Verhaltensweisen in irgendeiner Form zu reagieren | 213 | 35,4 |
| ... erkläre ich dem Kind, daß und warum ich solches Verhalten nicht gut finde, lasse es aber gewähren | 147 | 24,4 |
| ... erkläre ich dem Kind, daß ich solches Verhalten nicht gut finde, und versuche, es zu einer anderen Aktivität zu bewegen | 120 | 20,0 |
| ... versuche ich ohne weitergehende Erklärung, das Kind zu einer anderen Aktivität zu bewegen | 74 | 12,3 |
| ... greife ich das Verhalten auf und nehme es als Anlaß, etwas Medienbezogenes zu machen | 20 | 3,3 |
| ... ignoriere ich das Verhalten, obwohl es mich stört | 9 | 1,6 |
| ... verbiete ich das Verhalten ohne weitergehende Erklärung | -- | -- |
| *Nichts davon:* | | |
| Allgemein darüber reden (Antwort auf offene Frage) | 5 | 0,9 |
| Es gibt keine Regel | 3 | 0,5 |
| Weiß nicht | 3 | 0,5 |
| Keine Antwort | 7 | 1,1 |

Wie aus Tabelle 6.36 hervorgeht, gaben lediglich 3,3 Prozent der Befragten an, medienbezogenes Verhalten der Kinder aufzugreifen und es als Anlaß zu nehmen, mit den Kindern „etwas Medienbezogenes zu machen". Kaum eine Erzieherin nutzt also die Chance, wenn Kinder unaufgefordert von Medienerlebnissen erzählen oder diese in ihr Spiel integrieren oder auch eigenständig Medien nutzen, diese Aktivitäten aufzugreifen und in eigene medienerzieherische Praxis, sei es auch lediglich in Form verbaler Äußerungen umzusetzen. Tatsächlich sieht jede dritte Erzieherin (35,4%) in der Regel keinen Anlaß, auf medienbezogenes Verhalten der Kinder in irgendeiner Weise zu reagieren. Addiert man zu diesen die 1,6 Prozent, die angaben, das Verhalten – obwohl als störend empfunden – zu ignorieren, so kommen wir auf immerhin 37 Prozent, die diese Anknüpfungsmöglichkeit für medienerzieherische Aktivitäten in der Regel nicht wahrnehmen. Weiterhin geht aus der Aufstellung auch hervor, daß medienbezogene Aktivitäten der Kinder von über der Hälfte der Befragten negativ *bewertet* werden (vgl. dazu auch Kap. 6.5.2.1): Insgesamt 44 Prozent der Befragten empfinden solche Verhaltenweisen als störend, erklären dies dem Kind dann auch und lassen es entweder gewähren oder versuchen, es dann zu einer anderen Aktivität zu bewegen. Weitere 12 Prozent versuchen ebenfalls, das Kind zu anderen Aktivitäten zu animieren, tun dies jedoch ohne Erklärung (geben jedoch damit deutlich zu erkennen, daß auch in ihren Augen medienbezogenes Verhalten eher negativ beurteilt wird).

Die Art der Fragestellung verbietet weitergehende Analysen und Differenzierungen. Es erscheint jedoch nicht unwichtig anzumerken, daß sich auch in dieser Hinsicht die Angehörigen der verschiedenen Träger keineswegs in nennenswertem Ausmaß unterscheiden: Die Tendenz der oben berichteten Ergebnisse ist bei allen Trägern dieselbe.

In der Summe ist aus der Repräsentativstudie hier festzuhalten, daß medienbezogene Aktivitäten der Kinder eindeutig weniger als Möglichkeit oder Anknüpfungspunkt für Medienerziehung gesehen werden, sondern vielmehr als negatives Verhalten oder auch als Störung des Kindergartenalltags, der entweder durch schieres Ignorieren bzw. Gewährenlassen oder auch durch den Versuch, das Kind zu anderen – weniger störenden – Aktivitäten zu bewegen, zu begegnen versucht wird.

In den themenzentrierten Interviews wurde der gesamte Komplex des medienerzieherischen Verhaltens und Handelns wesentlich umfassender als in der Repräsentativstudie behandelt, indem hier die Praxis der Medienerziehung wie auch der Medieneinsatz im Kindergarten an verschiedenen Stellen immer wieder thematisiert wurden: so etwa im Anschluß an die Frage danach, inwieweit Erzieherinnen feststellen, daß Kinder ihre Medienerlebnisse in den Kindergarten hineintragen; ebenso u.a. in Zusammenhang mit Zielen der Medienerziehung und der Frage nach den Ansichten zum Erziehungs- und Förderbedarf von Kindern hinsichtlich ihrer Fernsehkompetenz sowie nach entsprechenden Handlungsstrategien und deren Realisierbarkeit. Im übrigen wurden die Erzieherinnen in den qualitativen Interviews auch explizit nach durchgeführten konkreten Maßnahmen und Projekten gefragt, sofern sie nicht bereits von sich aus darauf ausführlicher eingegangen waren.

Zunächst betrachten wir diejenigen Aspekte der medienerzieherischen Praxis, die uns in den Face-to-Face-Interviews als *Reaktionen* der Erzieherinnen auf medienbezogenes und/oder medienbedingtes Verhalten der Kinder geschildert wurden. In Teilen lassen sich diese Ergebnisse denjenigen gegenüberstellen, die wir soeben aus der Repräsentativstudie berichtet haben.

An den in diesem Kapitel weiter oben erläuterten Ergebnissen aus der Repräsentativstudie zu Reaktionen der Erzieherinnen auf unaufgeforderte medienbezogene Aktivitäten der Kinder hatte sich bereits ein in dieser Hinsicht ausgesprochen zurückhaltendes Verhalten der Befragten gezeigt (mehr als jede dritte Befragte gab an, auf solche Aktivitäten der Kinder gar nicht zu reagieren, deutlich mehr als die Hälfte der Befragten bewertet sie negativ bzw. empfindet sie offensichtlich als störend).

Auf der gleichen Linie liegt auch das (bereits in Kapitel 6.5.2.1 berichtete und interpretierte) Ergebnis, wonach bei den in den qualitativen Interviews nochmals Befragten nicht gerade von einem starken Engagement gesprochen werden kann, wenn sie mit medienbezogenen Aktivitäten oder medienbedingten Verhaltensweisen der Kinder konfrontiert werden: Im Durchschnitt nannte jede Erzieherin im qualitativen Interview – wiewohl dort gerade beim Thema „Medienerlebnisse" viel „Narrationsfreiheit" gelassen wurde (s.o.) – lediglich ein bis zwei Reaktionen, die sie auf medienbezogene bzw. medienbedingte Verhaltensweisen oder Aktivitäten der Kinder hin ausführe.

Die transkribierten Aussagen der in den themenzentrierten Interviews befragten Erzieherinnen wurden – entsprechend dem bereits mehrfach beschriebenen Vorgehen – unter dem Aspekt unterschiedlicher Reaktionen auf geäußerte Medienerlebnisse bzw. auf das Hineintragen von Medienerfahrungen und deren Konsequenzen in den Kindergartenalltag kategorisiert. Aus den Ergebnissen dieser Kategorisierung läßt sich Folgendes an dieser Stelle berichten: In der Mehrheit der entsprechenden Aussagen erläuterten die Erzieherinnen, daß ihre Reaktionen in Form von Gesprächen erfolgen: Sie lassen sich anläßlich solcher Aktivitäten oder Verhaltensweisen der Kinder über die jeweiligen Medieninhalte erzählen bzw. unterhalten sich mit den Kindern über Sendungen (n = 29 der 60 Fälle) oder greifen sie in anderer Weise verbal auf (n = 2 Nennungen pauschaler Art zum „Aufgreifen" der kindlichen Äußerungen von Medienerlebnissen). Dabei kann man jedoch in vielen Fällen nicht gerade von einem starken Engagement sprechen, wenn die Erzieherinnen etwa nur dann bei den Kindern weiter nachfragen, wenn diese bereits von sich aus begonnen haben, über bestimmte Medienerlebnisse zu berichten und dann in ihrer Schilderung nicht fortgefahren sind. Gleiches gilt auch in solchen Fällen, wenn die Erzieherinnen den Kindern lediglich die Möglichkeit geben, über ihre Medienerlebnisse zu berichten. Solche eher passiven Haltungen werden etwa in folgenden Beispielen deutlich:

„[...] und ich laß sie auch manchmal erzählen, weil ich denke, die müssen das einfach loswerden, ne?, wenn sie was geguckt haben. Aber das Problem ist, daß dann noch andere vom Fernsehen erzählen wollen, und dann müßt´ ich mir den ganzen Vormittag anhören, was die so alles geguckt haben. Da muß man schon situationsorientiert vorgehen und entscheiden, ob man dann wirklich zuhört und ob das Kind das braucht. [...] Und wenn ich merk´, daß die außer sich geraten, ne?, also daß es mit Spiel eigentlich nichts mehr zu tun hat, sondern nur noch mit Aggressionen-Rauslassen [...], da gibt´s dann andere Möglichkeiten, dann können die das im Garten ausrennen." (Fallnr. 59)

„Ich laß die eigentlich. Ich misch mich da nicht ein – daß die das verarbeiten. [...] Montags merkt man das, wenn diese Serien gelaufen sind, daß die dann kommen mit irgendwelchen Themen, die da behandelt worden sind, und berichten den anderen Kindern das dann auch. Dann greif ich das auf, und dann laß ich die auch berichten, und das finden die ganz toll." (Fallnr. 61)

„Meistens ist es so, daß das von vornherein von Kindern erzählt wird. Ansonsten fragen wir aber auch nach." (Fallnr. 155)

„Also wir hören sehr aufmerksam zu, das weiß ich von allen. [...] Aber so lassen wir das, daß das Kind das erstmal, was es aufgenommen hat, hier wieder abgeben kann und auch die Möglichkeit hat, das abzubauen, also mit anderen Kindern zu sprechen und auch einem Erwachsenen zu sagen." (Fallnr. 136)

„Ich lasse sie erzählen, verhalte mich ganz neutral. Ich interveniere da nicht, sondern lasse sie gewähren." (Fallnr. 72)

„Es hängt von der Situation ab, wie das Kind kommt. Wenn das Kind von einem Film voller Begeisterung erzählt – Ja es ist eigentlich mehr, daß wir nur zuhören. Daß das Kind zumindestens die Möglichkeit hat, es loszuwerden. Haken vielleicht auch mal nach. Bieten eigentlich den aktiven Zuhörer dem Kind [...]." (Fallnr. 85)

Aus wenigen Schilderungen wird jedoch auch deutlich, daß manche Erzieherinnen sehr wohl von sich aus auf die Kinder zugehen, wenn sie feststellen, daß Medienerlebnisse bei einem Kind akut sind und in bestimmter Weise in den Kindergartenalltag hineingetragen werden. Solche eher aktive Vorgehensweise im Rahmen von Gesprächen mit Kindern läßt sich etwa an folgenden Beispielen von Interviewpassagen festmachen:

„Viele Kinder haben am Morgen schon ferngesehen, die hierhinkommen, und die kommen dann schon wie diese Figur, die sie grad´ gesehen haben, in die Einrichtung rein. Und dann fragt man ja: 'Was hast Du denn gesehen?'. Und dann erzählen die. [...] Ich hab ihn erzählen lassen, und dann hab ich auch die anderen Kinder noch gefragt, ob die das auch kennen. Und dann entstand so allgemein ein Gespräch: 'Ja, was schaut Ihr denn?' [...]." (Fallnr. 51)

„[...] Und jetzt kommt das Kind meinetwegen mit Aggressionen hier an, und ich muß erst mal herausfinden, woher die sind. Und dann kann ich fragen: 'Haste das und das geguckt?'. Und dann kann ich mir noch überlegen: Wie kann ich das am besten kanalisieren – meinetwegen mit Aggression-Rauslassen, oder wir spielen den Film nach oder wir malen jetzt einfach." (Fallnr. 97)

An dem letzteren Zitat wird gleichzeitig deutlich, daß Gespräche nicht die einzige Form von Reaktionen der Erzieherinnen auf medienbezogenes oder medienbedingtes Verhalten der Kinder ausmachen. So nannten neben der bereits zitierten auch einige weitere Interviewte als Reaktionen zudem, daß sie Kinder in solchen Fällen zuweilen auch Filmszenen nachspielen oder auch malen/basteln lassen oder daß sie sich selbst an den Rollenspielen der Kinder vorübergehend beteiligen. Insgesamt scheinen derartige Reaktionen jedoch eher selten aufzutreten, da nur sieben der 60 in den qualitativen Interviews Befragten sich entsprechend äußerten. Dieses letztere Ergebnis entspricht den weiter oben berichteten Befunden aus der Repräsentativstudie zu Reaktionen der Erzieherinnen auf unaufgeforderte medienbezogene Aktivitäten der Kinder, wonach sich bereits ein in dieser Hinsicht vorrangig zurückhaltendes – um nicht zu sagen: passives – und ablehnendes Verhalten der Befragten gezeigt hatte.

Eindeutig dominiert also unter den Reaktionen die Gesprächsform, die – wie ebenfalls in diesem Kapitel bereits gezeigt wurde – auch dann an erster Stelle liegt, wenn es nicht um Reaktionen der Erzieherinnen, sondern um die Initiierung von medienbezogenen Aktivitäten der Kinder geht.

Während bereits differenziert wurde, daß sich solche Gespräche häufig im Zuhören auf seiten der Erzieherinnen oder in einfachem Nachfragen bei Schilderungen der Kinder über ihre Medienerlebnisse erschöpfen, geht es jedoch bei manchen Befragten offenbar über derartige eher passive Reaktionsweisen durchaus hinaus: So nehmen die Erzieherinnen das medienbezogene oder medienbedingte Verhalten der Kinder zuweilen zum Anlaß, in der Gruppe oder dem einzelnen Kind Unterschiede zwischen Realität und Fiktion oder zwischen dem Alltag der Kinder und den in den Medien dargestellten Handlungsweisen und Handlungskonsequenzen zu erklären (n = 6). Ebenso werden von einigen Erzieherinnen (n = 5) bei kindlichen Berichten über Medieninhalte auch Nachfragen gestellt mit der Intention herauszufinden, was die Kinder an einzelnen TV-Sendungen oder an Merchandising-Artikeln denn so fasziniert. Solche differenzierteren und aktiveren Reaktionen stellen allerdings – wie man auch an den Fallzahlen feststellt (s.o.) – eine geringe Minderheit dar:

„[...] mit den Kindern darüber sprechen, ihnen erklären, daß Szenen im Fernsehen nicht der Realität entsprechen, weil: Die treten sich da um – diese Puppen fallen dann um und stehen wieder auf. Und das ist im wirklichen Leben ja nicht. Wenn man irgendwo ein Kind tritt, bleibt das liegen und kann sich schwer verletzen. Wir versuchen, den Kindern das Bewußtsein zu vermitteln, daß man mit Treten ein anderes Kind verletzen kann, daß Treten wehtut, daß man nicht von einem drei Meter hohen Klettergerüst runterspringen und weiterlaufen kann wie im Fernsehen. [...] Und als die auf dem Bauteppich immer eine Power-Ranger-Stadt gebaut haben und nach fünf Minuten flogen die Bausteine rum [...], da haben wir versucht – ja, daß wir gesagt haben: 'Das ist einfach kein vernünftiges Spiel und das ist kein Spiel – Man kann doch nicht immer alles zerstören, was man da aufgebaut hat'. Und wir haben versucht, denen die Realität ein bißchen nahezubringen: 'Überleg doch mal, das sind doch nur Puppen, und was wäre denn, wenn das wirklich so wäre?!" (Fallnr. 67)

„Wenn die Kinder was nachspielen und aggressiver werden, dann versuchen wir, den Kindern den Unterschied zwischen einer schmerzunempfindlichen Comic-Figur und einem schmerzempfindlichen Menschen durch ein Gespräch klarzumachen." (Fallnr. 85)

„Und meistens ist ein Erzieher mit dabei, der dann so das ein bißchen steuert oder versucht zu steuern: Er versucht zu erklären, warum was nicht realistisch ist oder warum man es hätte auch anders machen können, warum der das jetzt so gemacht hat, wie die Geschichte weitergeht oder so, ne?, wenn der aber anders reagiert hätte, was wäre dann passiert, dann wär´s nicht so schlimm gewesen, und so was. Also ich denke, das ist ganz wichtig." (Fallnr. 126)

„Wenn die Kinder Angst vor Monstern oder irgendwelchen Wilden haben, die sie in Filmen gesehen haben, versucht man den Kindern zu vermitteln, daß das eben ein Film ist, und da wird was gezeigt, aber das stimmt eigentlich gar nicht so. Man versucht so, die Erlebnisse der Kinder zu verarbeiten, denen Hilfestellungen zu geben." (Fallnr. 239)

Häufig sind allerdings solche Reaktionen – gerade dann, wenn sie in Form von Gesprächen über Unterschiede zwischen Realität und Fiktion erfolgen – offenbar gleichzeitig negativ wertender Art (zu Bewertungen der medienbezogenen/medienbedingten Äußerungen bzw. Aktivitäten der Kinder durch die Erzieherinnen siehe auch Kap. 6.5.2.1). Insgesamt gab immerhin fast ein Drittel der Befragten (18 von 60) von sich aus an, im Gespräch den Fernsehkonsum der Kinder und/oder die von den Kindern angesprochenen oder nachgespielten Fernsehinhalte zu kritisieren. In diesem Zusammenhang sei noch einmal auf die in Kapitel 3.3 genannte Untersuchung von Paus-Haase und Keunecke hingewiesen (vgl. Kübler & Swoboda, 1998). Sie bietet Anhaltspunkte dafür, daß eine medienkritische Haltung von Erzieherinnen mit einem Erziehungshandeln einhergeht, das dazu führen kann, daß die Kinder in der Einrichtung seltener medienbezogene Verhaltensweisen zeigen als in anderen ansonsten vergleichbaren Kindergärten. Häufig kritische Äußerungen der Erzieherinnen, wie sie etwa an den folgenden Beispielen deutlich werden, können dann möglicherweise dazu beitragen, daß das offen beobachtbare Auftreten medienbezogenen Verhaltens auf seiten der Kinder abnimmt und damit auch die Menge potentieller Anlässe für die Erzieherinnen, hierauf zu reagieren.

„Ich sag dann: 'Ich find die Sendung nicht gut, mir gefällt die nicht. Die kämpfen nur', sag ich dann [...]." (Fallnr. 51)

„Ja man spricht darüber, sofern man selber darüber Bescheid weiß, und versucht, ihnen [...] eigentlich ein bißchen die Sendungen madig zu machen. Einfach ein bißchen madig machen. Wir versuchen auch zu erklären, daß das nicht unbedingt sein *muß*, daß es noch andere Sachen gibt." (Fallnr. 114)

„[...] Nee, wir blocken´s nicht ab. Ich mein, wenn´s in den Kindergarten hineingetragen wird, dann versuchen wir natürlich schon, mit den Kindern dadrüber zu reden, um rauszufinden, was sie da toll dran finden, und dann auch unsere Argumente dagegenzusetzen, zu sagen: 'Mensch, findste das wirklich so toll, daß die sich da ständig verhauen oder daß sie sich ständig mit Schwertern bekämpfen und umbringen, und findste das wirklich so schön?!' [...] Wir können nur über´s Gespräch auf die Kinder einwirken, zu sagen: 'Mensch, überleg doch mal, was da passiert. Findet Ihr das wirklich so toll?! Und stellt Euch mal vor, das würde Euch jetzt passieren und das würde man mit Euch machen: Findet Ihr das immer noch toll?!'." (Fallnr. 34)

Auf der einen Seite sind solche kritischen Äußerungen sicher teilweise sehr besonnen. So differenzierte eine Erzieherin beispielsweise: „Man muß sehr aufpassen, daß man nicht das Fernsehen zu 'nem Schreckgespenst macht, weil dann erzählen die nichts mehr. Das ist natürlich nicht Sinn der Sache. [...] Wenn die dann da von irgendwas erzählen, dann hinterfrage ich so auf der Ebene: 'Das kenn ich gar nicht, erzähl doch mal'. Und wenn die dann so Geschichten erzählen, wo wirklich Mord und Totschlag an der Tagesordung sind, versuch ich das eher so zu verpacken in: 'Oh, da hätte ich aber Angst' [...] – Also den Kindern schon klarzumachen, das ist nicht alles ganz so toll, was sie da sehen [...]. Bei Schulkindern sag ich dann schon mal deutlicher: 'Das ist Schrott – diese Power Rangers!'." (Fallnr. 177).

Auf der anderen Seite sind auch die kritischen Reaktionen häufig mit Unkenntnis über die entsprechenden Sendungen gepaart. Ähnlich wie wir auch an anderen Stellen der Interviews festgestellt haben, wird explizit oder zumindest implizit in den Äußerungen der Befragten immer wieder angesprochen, daß sie die von den Kindern thematisierten oder nachgespielten Sendungen häufig nicht gesehen haben. Bei solcher Unkenntnis halten sie sich dann verständlicherweise – da sie eben nicht reagieren *können* – eher zurück, oder aber sie gehen dennoch kritisch auf die Sendungen ein. Deutlich wird dieses Problem etwa an folgenden Passagen:

„Wir sprechen mit den Kindern darüber – in der Regel sind es ja Sachen, die wir zumindest kennen, wenn auch nicht selbst gesehen haben – aber im Gespräch mit den Kindern versuchen wir schon, [...] den Kindern unsere Meinung dazu auch zu sagen." (Fallnr. 108)

„[...] In anderen Fällen kommen manche Dinge, von denen habe ich noch nie was gehört, kann also auch darauf nicht eingehen. Da kann ich halt nur mit den Eltern sprechen, um zu hören, was los ist [...]." (Fallnr. 131)

„Ist ja eigentlich schwierig, sich über Sendungen zu unterhalten, wo man letztendlich nicht mitreden kann. Also z.B. die Power-Rangers: Ich hab das einmal gesehen, einfach weil ich wissen wollte, um was geht´s. Und das Gleiche gilt auch für die Turtles. Ich war nie so auf einem aktuellen Stand, wo ich mich eventuell in ein Gespräch hätte einklinken können." (Fallnr. 143)

„Ja, man sagt dann wohl, wenn die jetzt irgendwelche Sachen erzählen: 'Der Power-Ranger schlägt alles kaputt' [...] Man sagt: 'Das ist ja nicht richtig, so kann man das nicht machen'. [...] 'Das ist ja was ganz Schlimmes, wenn so was wirklich passiert'. Also bei solchen konkreten Sachen versuchen wir dann so mit den Kindern kritisch darüber zu sprechen [...]. Aber dann muß man zum Teil auch mehr über diese Filme wissen. Also daß man auch bestimmte Sachen kennen muß, um zu verstehen, was passiert da, wer sind die Guten, wer sind die Bösen [...] Aber das scheitert oft daran, daß man sich kein Bild davon machen kann, was das jetzt tatsächlich war, weil man die Sendungen nicht kennt." (Fallnr. 164)

Abgesehen von solchen Problemen, die teilweise ein Eingehen auf die Kinder verhindern, scheinen medienbezogene bzw. medienbedingte Verhaltensweisen der Kinder häufig jedoch auch für die Erzieherinnen gar kein Anlaß zu sein, im Sinne eigentlicher medienerzieherischer Intentionen zu reagieren. Vielmehr richten sich offenbar viele Reaktionen lediglich direkt auf die Modifikation des jeweils beobachteten Verhaltens der Kinder – insbesondere auf die Reduzierung von Aggressionen und impulsivem, lautem Verhalten oder Toben – statt auf medienerzieherisches Handeln. Dabei wurde häufig hinzugefügt, daß solche Reaktionen ohnehin nur „in Notfällen" bzw. bei extremen medienbezogenen/-bedingten Verhaltensweisen erforderlich seien, während man in weniger extremen Situationen sich auf ein Ausagieren-Lassen oder Ablenken der Kinder beschränken könne. In dieser Weise äußerte sich etwa Drittel der Face-to-Face-Befragten:

„Wir gehen darauf ein, wenn wir gar nicht anders können." (Fallnr. 20)

„Es gibt Situationen, da reagier ich überhaupt nicht, da versuch ich auch mich ganz rauszuhalten. Und dann gibt es Situationen, wo ich eingreife, zum Beispiel wenn die Kinder den Power-Ranger nachspielen und sich mit den Stöcken die Köpfe einschlagen." (Fallnr. 196)

„Zuerst lasse ich sie und beobachte sie nur. [...] Das laß ich sie erst mal spielen, weil die müssen´s ja rausleben [...] Und wenn mal gekämpft wird: Ich laß sie erst mal kämpfen und guck mir das erst mal an. Ich greife nicht sofort ein. Und wenn´s dann eben ganz hart wird, dann greif ich ein, und wir sprechen darüber – wenn jetzt mal ein Kind verletzt wurde [...]. Dann sprechen wir eben auch mal im Kreis darüber: 'Wie kommt es, daß es heute morgen so laut war?' oder 'Was habt Ihr gestern gemacht?!'." (Fallnr. 203)

„Wenn drei bis vier Kinder solche Sachen nachspielen müssen und es zu doll wird, versuchen wir sie – in eine bestimmte Ecke gehen die dann, damit sie die anderen nicht stören, und wir lassen sie hauptsächlich gewähren, daß sie sich ausleben können." (Fallnr. 16)

Wie bereits aus verschiedenen Zitaten in diesem Kapitel hervorging, betonen einige Erzieherinnen in Zusammenhang mit der Schilderung ihrer Reaktionen auf medienbezogene Aktivitäten bzw. medienbedingtes Verhalten der Kinder, daß sie sich „in extremen Fällen" in erster Linie an die Eltern wenden. So antwortete etwa jede zehnte der Face-to-Face-Interviewten auf die Frage, wie sie auf die von ihr negativ bewerteten medienbezogenen Verhaltensweisen der Kinder reagiere, in ähnlicher Weise wie diejenigen, die hier abschließend zitiert werden sollen:

„Dann pack ich mir die Mutter am Nachmittag [...] und sag: 'Das und das ist mit dem Jungen gewesen'. Und dann ist man nur auf die Ehrlichkeit der Eltern angewiesen, und dann sagen die: 'Au, das wußte ich ja gar nicht'." (Fallnr. 97)

„Wir versuchen natürlich auch, mit den Kindern darüber zu sprechen, aber an erster Stelle müssen die Eltern die Kiste ausmachen." (Fallnr. 78)

„Und wenn das jetzt gehäuft auftritt und massiv und auch *nur* damit, also daß sie sich nur damit also auch bei Angeboten, die gegeben werden, darin zurückziehen, dann würden wir ein Elterngespräch anbahnen." (Fallnr. 136)

„Und wenn es uns problematisch erscheint, sprechen wir die Eltern darauf an und können uns ein kompletteres Bild machen [...]." (Fallnr. 175)

Reaktionen im Sinne medienerzieherischer Intentionen sind somit offenbar insgesamt eher die Ausnahme. Dies gilt (in diesem Punkt dann plausiblerweise) erst recht für solche Reaktionen, bei denen die Wahrnehmung medienbezogenen oder medienbedingten Verhaltens als Anlaß für eine ausführlichere Maßnahme etwa in Form eines Projektes gesehen wird. Eine Erzieherin berichtete allerdings davon, daß sie, wenn solche Aktivitäten oder Verhaltensweisen der Kinder „gehäuft auftreten, auch so kleinere Projekte mit den Kindern" durchführt, „weil man merkt, das interessiert die Kinder ja, oder die möchten da auch weiter drüben reden und spielen. Und dann holen wir das auch in die tägliche Arbeit mit rein: Sei es jetzt, daß wir über – ich bleib jetzt mal beim Fernsehen – Fernsehzeitschriften mitbringen, alles durchgucken, Kreuzchen machen, wer welche Sendung kennt. Einfach auch so für uns als Spiegel: Was sehen die Kinder? [...] Das haben wir schon öfters gemacht. Oder auch selber Fernsehprogramme erstellt, so ein Karton als Fernsehen" (Fallnr. 192). Derartige Reaktionen konnten wir jedoch bei keiner der übrigen 59 Befragten feststellen.

Ein solches Fazit aus den qualitativen Interviews stimmt denn auch mit den aus der Repräsentativstudie ermittelten Ergebnissen zu Reaktionen auf unaufgeforderte medienbezogene Aktivitäten der Kinder überein. Um es an dieser Stelle vorwegzunehmen: Leider liegen solche Ergebnisse aus beiden Erzieherinnen-Befragungen zudem auf gleicher Linie wie die weiter unten zu erläuternde Feststellung, daß die Erzieherinnen nicht nur recht selten in aktiver Weise auf medienbezogene/medienbedingte Verhaltensweisen bzw. Äußerungen der Kinder eingehen, sondern auch von sich aus eher selten in der praktischen Medienerziehung aktiv werden.

An dieser Stelle bietet sich ein Vergleich mit Ergebnissen der Untersuchung von Höltershinken und Mitarbeitern an. Es ist indes anzumerken, daß in dieser Studie nicht explizit Reaktionen auf medienbezogenes Verhalten thematisiert wurden, sondern vielmehr „verschiedene Methoden bzw. Vorgehensweisen [...], mit denen Anregungen der Kinder aufgegriffen und Probleme, die die Kinder aufgrund ihres Medienkonsums haben, aufgearbeitet werden können" (Höltershinken, Kasüschke & Sobiech, 1989, S. 372). Sowohl die Antwortvorgaben in der quantitativen Studie (ebd.) als auch Aussagen der befragten Erzieherinnen in den qualitativen Interviews (a.a.O., S. 374-377) beziehen sich jedoch meistenteils eher auf Reaktionen denn auf selbstinitiiertes medienerzieherisches Handeln, so daß auf die Ergebnisse hier eingegangen werden soll: In der quantitativen Befragung gaben die Autoren eine Reihe von Vorgehensweisen und Methoden vor, die sowohl auf einzelne

Kinder gerichtete als auch die gesamte Gruppe einbeziehende Maßnahmen umfassen. Diese thematisierten eher reaktives Verhalten. Dabei zeigte sich, daß verbale Reaktionen (z.B. „Gespräche mit dem einzelnen Kind") und das Gewähren von Möglichkeiten zum „Ausruhen" oder auch „Austoben" sehr deutlich anderen Reaktionsmöglichkeiten – wie „gezielten Spielangeboten", „Nachspielen von Sendungen in der Gruppe" oder auch „mit Kindern ein Bilderbuch erstellen" vorgezogen wurden. Sowohl die Ergebnisse der quantitativen Befragung als auch die der qualitativen Interviews zusammenfassend konstatieren die Autoren: „Überwiegend bestehen die Methoden zur Erreichung der eingangs genannten Ziele zur Aufarbeitung der Probleme, die Kinder im Umgang mit dem Fernsehen haben, bei aller Breite der angegebenen Möglichkeiten, doch in einer situationsgebundenen verbalen Aufarbeitung und einem Ausagieren lassen, das seine Grenzen in der Gefährdung anderer Kinder findet. Weiter machen die Aussagen deutlich, daß bei einem Teil der Gruppenleiterinnen nicht die Probleme, die die Kinder mit den Medien haben, im Vordergrund stehen, sondern die Störung der Alltagsroutine und daß die Maßnahmen bzw. Eingriffe der Aufrechterhaltung eines normalen Ablaufs des Alltags dienen. Darüber hinaus wird von einigen Gruppenleiterinnen die gesamte Arbeit des Kindergartens mit seinen traditionellen Methoden als eine Alternative zur familialen Lebenswelt verstanden, ohne daß der in einer langen Tradition stehende Medieneinsatz und Medienkonsum im Kindergarten selbst hinterfragt wird." (Höltershinken, Kasüschke & Sobiech, 1989, S. 377).

An diesem Sachverhalt scheint sich nach unseren Ergebnissen in den letzten Jahren nicht allzu viel geändert zu haben.

#### 6.6.1.5 Medienerzieherische Aktivitäten im Kindergarten

In den qualitativen Interviews wurden die Erzieherinnen selbstverständlich nicht nur nach ihren Reaktionen, sondern auch nach ihren Aktivitäten zur Medienerziehung genauer befragt. Dabei interessierten neben der alltäglichen medienerzieherischen Arbeit (z.B. Aufarbeiten von Medienerlebnissen; siehe Kap. 6.5.2.1) auch Praxismaßnahmen und Projekte (d.h. solche Maßnahmen, die einen konzipierten Ablauf und Verwertungszusammenhang erkennen lassen), in denen aktiv Medienerziehung betrieben wird. Schließlich wollten wir erfahren, inwieweit und verbunden mit welchen Zielen Medieneinsatz im Kindergarten innerhalb der medienerzieherischen Zielperspektive praktiziert wird.

Die Vorgehensweise bei der Auswertung der entsprechenden Transkript-Passagen verlief in der üblichen Weise durch Kategorisierung und Interpretation. Darüber hinaus wurden die Schilderungen zur Praxis pro Fall einer Skalierung hinsichtlich des medienerzieherischen Engagements unterzogen[135]. Als wesentlich für eine solche Beurteilung wurden dabei Aufwand, Häufigkeit und Regelmäßigkeit der einzelnen genannten Maßnahmen sowie die Überlegungen, die hierfür angestellt wurden, erachtet. Schließlich war für eine Bewertung des Engagements auch ausschlaggebend, ob die jeweilige Erzieherin in ihrem medienerzieherischen Verhalten eher aktiv handelt oder aber nur reagiert. Unabhängig zunächst einmal von dieser Skalierung ließen sich im Hinblick auf Praxismaßnahmen (und Projekte) der Medienerziehung die Aussagen von 53 Befragten[136] auswerten, wobei auch entsprechende Vorschläge berücksichtigt wurden, die laut Aussagen der Erzieherinnen in naher Zukunft erst umgesetzt werden *sollen.* Folgende Ergebnisse lassen sich hieraus berichten:

Insgesamt wurden 77 Nennungen zu einzelnen Praxismaßnahmen bzw. Projekten abgegeben, was auf 53 Interviews bezogen bedeutet, daß im Durchschnitt von jeder Befragten nur ein bis zwei Maßnahmen oder Projekte genannt wurden (M = 1,45[137]; SD = 1,50), deren Regelmäßigkeit und Umfang zudem sehr unterschiedlich zu bewerten sind. Immerhin 32 Prozent (n = 16) betreiben nach ihren eigenen Angaben gar keine aktive Medienerziehung, und weitere fünf Erzieherinnen haben sich bisher nur Maßnahmen überlegt, diese jedoch noch nicht verwirklicht. Kalkuliert man nur noch die verbleibenden 32 Fälle ein, so läßt sich feststellen: Lediglich etwa 60 Prozent der Befragten haben nach ihren Aussagen bislang überhaupt bereits aktive Medienerziehung praktiziert. Hinzu kommt, daß die durchgeführten Maßnahmen keineswegs immer bewußt und zielgerichtet sind, wurden doch noch weniger Praxisziele als Praxismaßnahmen beschrieben; bei 50 Prozent der Erzieherinnen waren keinerlei medienerzieherische Ziele in der Kindergartenpraxis zu erkennen (M = 1,00; SD = 1,11; vgl. Kap. 6.5.3.3). Ausgesprochen viel Praxis im Vergleich zum Durchschnitt der Befragten machen nur 11 Prozent. Innerhalb dieser Gruppe von Erzieherinnen, die auf jeweils vier bis sieben Maßnahmen verweisen können, befinden sich gleichzeitig diejenigen, deren Maßnahmen auch als Projekte begriffen werden können. Das Ergebnis ist insgesamt also eindeutig: Aktive geplante Medienerziehung findet im Kindergarten wenig statt; „Medienerziehung ist bei uns noch Stiefkind" (Fallnr. 175)[138].

---

135 zum allgemeinen Skalierungsverfahren siehe Kapitel 5.4.2

136 Bei der Frage nach Maßnahmen und Projekten haben einige Erzieherinnen nur auf Projekte bezogen geantwortet und dabei berichtet, daß sie solche noch nicht durchgeführt haben. Sofern vom Interviewer nicht weiter gefragt wurde, konnten diese Fälle nicht in quantitative Aussagen einbezogen werden.

137 Der angegebene Mittelwert ist noch geringer, wenn man die Vorschläge für Maßnahmen (11 Nennungen) nicht berücksichtigt (M = 1,25).

138 Auch Höltershinken und Mitarbeiter thematisierten medienerzieherische Projekte im Rahmen ihrer qualitativen Interviews. Dabei zeigte sich, daß etwa ein Fünftel der damals befragten Erzieherinnen bereits einmal in dieser Hinsicht tätig geworden war (vgl. Höltershinken, Kasüschke & Sobiech, 1989, S. 378ff). Insofern in unseren Face-to-Face-Interviews zwar explizit auch nach medienerzieherischen Projekten gefragt wurde, sich dabei jedoch zeigte, daß offensichtlich große Diskrepanzen zwischen den Er-

Die von 32 Interviewten durchgeführten Maßnahmen und Projekte (insgesamt 77 Nennungen; vgl. Tab. 6.37) umfassen eine breite Palette einzelner medienerzieherischer Aktivitäten, an deren Spitze die aktive Medienarbeit liegt (z.B. die Produktion von eigenen Hörspielen oder die gemeinsame Erstellung kurzer Spielfilmszenen; insofern solche Maßnahmen über einen längeren Zeitraum laufen, können sie auch als Projekte aufgefaßt werden). Als Übersicht über die abgegebenen Nennungen scheint uns Tabelle 6.37 keiner weiteren Erläuterung zu bedürfen. Es sei allerdings daran erinnert, daß die Auflistung – wie nach den letzten Unterkapiteln deutlich sein dürfte – nicht die gesamte Menge allen medienerzieherischen Verhaltens und Handelns von Erzieherinnen umfaßt, sondern nur solche Elemente der Medienerziehung im Kindergarten, die als geplante und bewußt eingesetzte Maßnahmen zu bezeichnen sind (vgl. Kap. 1). Weitere Praxiselemente sind selbstverständlich auch das Initiieren medienbezogener Aktivitäten (vgl. Kap. 6.6.1.3) sowie das Auffangen von Medienerlebnissen (z.B. durch Gespräche mit den Kindern) und die sonstigen Reaktionen der Erzieherinnen auf medienbezogenes/-bedingtes Verhalten der Kinder (vgl. Kap. 6.5.2.1 sowie Kap. 6.6.1.4). Darüber hinaus ist Folgendes bei der Interpretation der Nennungsanzahl zu bedenken: Offenbar wurde es einigen Erzieherinnen erst im Verlauf des Face-to-Face-Interviews deutlich, daß sie durchaus sinnvolle Beiträge zur Medienerziehung leisten, selbst wenn sie persönlich selten Medien einsetzen oder bisher keine größeren Maßnahmen durchgeführt haben (in solchen Fällen war ihnen also das Spektrum ihrer eigenen Medienerziehungs-Aktivitäten bis dahin noch gar nicht bewußt). Daher ist davon auszugehen, daß Erzieherinnen durchaus mehr Medienerziehung betreiben, als durch die von ihnen benannten Maßnahmen deutlich wird (auch wenn ihnen nicht immer die medienerzieherischen Ziele dahinter bewußt sind).

In der bei manchen Erzieherinnen geringen Bewußtheit medienerzieherischer Maßnahmen liegt somit bereits eine der Erklärungen für die geringe Nennungsanzahl zur Frage der aktiven Medienerziehung. Auf der gleichen Linie liegt aber auch, daß – wie wir bereits in Kapitel 6.5.3.3 erläutert haben – die Hälfte der interviewten Erzieherinnen eine eingeschränkte Vorstellung von Medienerziehung hat, indem sie Medienerziehung mit Medieneinsatz gleichsetzen. Innerhalb der Schilderungen zur Medienerziehungs-Praxis lag ein solches Verständnis immerhin bei 17 Befragten vor, von denen 12 nach unserem Verständnis (vgl. Kap. 1) keine Medienerziehung betreiben und deshalb nicht in die Summe der Nennungen einbezogen wurden. Weitere Erklärungen für eine geringe oder fehlende Praxis der Medienerziehung lieferten uns die Befragten teilweise selbst, wobei allerdings erhebliche Unter-

---

zieherinnen bezüglich ihres Verständnisses von Medienerziehung und auch von medienerzieherischen Projekten bestehen, kann nicht entschieden werden, inwieweit sich in dieser Hinsicht in den letzten Jahren ein Wandel vollzogen hat.

schiede nicht nur hinsichtlich des Verständnisses von Medienerziehung, sondern auch und unabhängig davon in bezug auf ihren Anspruch an die eigenen Aktivitäten zu berücksichtigen sind (auch solche Befragten, die nach unserer Auswertung viele sinnvolle Praxismaßnahmen bereits durchgeführt haben und zudem sehr engagiert sind, sahen sich im Interview ebenfalls bemüßigt zu erklären, weshalb sie – in ihren Augen – zu wenig Medienerziehung im Kindergarten praktizieren). Ein subjektiver Begründungsbedarf besteht selbstverständlich bei solchen Erzieherinnen weniger, die aufgrund ihrer Verwechslung von Medienerziehung und Medieneinsatz ihrer Ansicht nach viel Medienerziehung betreiben. Wenn solche Probandinnen dennoch Erklärungen für Praxisdefizite abgaben, so bezogen sich diese dann folgerichtig auch auf fehlende Mediengeräte.

**Tabelle 6.37: Kategorien von Praxismaßnahmen und Projekten im Kindergarten (Mehrfachnennungen)**
(Basis: n = 37 Befragte, die Beispiele für medienerzieherische Praxis nannten[139])

| Praxismaßnahmen (Kategorien) | Nennungen |
|---|---|
| *Aktive Medienarbeit I*: Kassetten aufnehmen; Daumenkino erstellen; Videos, Dias oder Fotos selbst erstellen | 23 |
| *Gespräche mit den Kindern I*: Inhalte, Machart, Produktionsweise erklären; Unterschied zwischen Realität und Fiktion erklären | 12 |
| „Pappfernsehen" basteln, z.B. für Rollenspiel | 9 |
| Initiierung von Rollenspielen; Nachspielen von Medieninhalten und -figuren | 9 |
| *„Hinter die Kulissen schauen"*: Produktionsfirmen besuchen; Produktionsweisen und Tricks durch „Making-of-Filme" veranschaulichen; Einladung von Produzenten | 8 |
| *Gespräche mit den Kindern II*: gemeinsam Medieninhalte bewerten; Bewertungskriterien erarbeiten | 5 |
| *Aktive Medienarbeit II* mit der Zielsetzung, den Kindern die Filmsprache nahezubringen, zwischen „Gemachtem" und Realität (oder Realität und Fiktion) zu unterscheiden | 4 |
| Im Fernsehen beworbene Produkte ausprobieren und mit Werbebotschaften vergleichen | 3 |
| Werbung anschauen und hierzu Ratespiele machen; Ziel: Werbekompetenz | 1 |
| Sonstiges: | 3 |
| Summe: | 77 |

Ein gewichtiges Argument, gerade wenn aktive Medienarbeit (etwa die Erstellung eines eigenen Videofilms) fokussiert wird, ist sicherlich die Zeit, die man hier zur Vorbereitung und Durchführung benötigt. Aber auch bezüglich anderer Praxismaßnahmen wurde von einigen Befragten Zeitmangel als Argument für Defizite in der medienerzieherischen Praxis angeführt und von einer Erzieherin (siehe Fallnr. 114) mit Veränderungen auf seiten der familiären Erziehung und Sozialisation in Verbindung gebracht. Darüber hinaus wurden die Eltern mit ihren speziellen Forderungen an die Kindergartenarbeit als Hinderungsgrund genannt. Schließlich beziehen sich Begründungen

139 Diese Fallzahl ergibt sich aus der Anzahl derjenigen Interviews, die zur Auswertung in diesem Zusammenhang herangezogen werden konnten (n = 53), wobei die Frage nach Praxismaßnahmen bzw. -projekten nicht verneint (n = 16), sondern entsprechende Beispiele berichtet wurden (n = 37).

aber auch auf die eigenen Ausbildungsdefizite. Beispiele für die genannten Erklärungen liefern folgende Interviewpassagen:

„Interesse ist auf jeden Fall da, interessiert mich wahnsinnig. Zum anderen, wir haben – das muß ich doch ein bißchen ausführlicher machen – wir haben so echt ein Problem: [...] Wir haben dreijährige Kinder, die also den Gameboy beherrschen, die können flitschen bis zum Gehtnichtmehr, sind aber nicht fähig, einen Bleistift zu halten. [...] Die können eine Konzentration bei diesen Sachen aufbauen, da weiß ich nicht, wie das möglich ist. Und auf der anderen Seite sind sie nicht fähig, eben fünf Minuten einem Bilderbuch zu folgen, oder sind nicht fähig, einen ganzen Satz zu sprechen. Und das ist eben so die Sache: Ich würde furchtbar gerne hier mit den Kindern über CD-ROM auch manchmal ein Computerspiel machen, aber mittlerweile kriegen wir so unfertige Kinder in unseren Kindergarten, daß wir eigentlich die Schwerpunkte ganz woanders legen müssen. [...] Und das interessiert mich also auch sehr. Aber jetzt, wie gesagt, auf unseren Kindergarten bezogen jetzt, da schlagen zwei Seelen in meiner Brust, ich *würde* es gerne, aber das geht gar nicht: Wir kriegen einfach zu viele Problemkinder. Wir müssen bei der Basis jetzt wieder anfangen, alles das, was früher ganz normal war, ist jetzt nicht mehr. Früher war es normal, ein dreijähriges Kind konnte die Nase putzen. Ist jetzt nicht mehr! Was soll ich da mit der ganzen Technik?!“ (Fallnr. 114)

„[...] Ich denk mir, spezielle Sachen eigentlich weniger. Geplant ist, daß wir einfach ein bißchen mehr noch andere Medien miteinbeziehen wollen, soweit uns das möglich ist. Und daß die einfach mitgenutzt werden, daß die für die Kinder selbstverständlicher werden. Aber so speziell, außer, daß wir das jetzt aufgreifen, was von den Kindern im Bereich Fernsehen oder so kommt, eigentlich weniger. Es gibt dann auch schon mal – daß wir so Sachen machen, daß wir Collagen machen, was ausschneiden aus Zeitungen, aber nur im geringen Umfang, weil uns einfach die Zeit dazu fehlt. Wir können das, was von den Kindern kommt, das greifen wir auf, aber selber – (Pause) Ich fühl mich auch teilweise selber nicht so ganz kompetent in der Hinsicht.“ (Fallnr. 28)

„Liegt vielleicht auch an Altersstruktur, haben das in der Ausbildung nicht mitbekommen – daß deswegen auch die Einstellung anders ist als wie jemand, der ganz anders ausgebildet worden ist. Das mag natürlich auch eine Rolle spielen, das geb ich schon zu.“ (Fallnr. 57)

„Das machen wir auch schon mal, daß wir projektähnlich arbeiten. Und da kann ich mir auch vorstellen, daß man zum Beispiel mal so in Richtung Video oder so einen Videofilm mit den Kindern auch machen *kann*. Das *wäre* möglich [...] Und dann auch *mit* den Eltern zusammen stelle ich mir das dann vor, aber das ist ein Stück Utopie auch. Man braucht auch die richtigen Eltern dafür, die sich dafür begeistern, und das ist auch jetzt gerade so auf dem Dorf nicht so ganz einfach. Da haben wir es schon schwer mit unserer Pädagogik. Ist schon sehr schwer. Die allgemeine Meinung ist hier immer noch hier: ‘Nun bastelt doch mal was Schönes!’.“ (Fallnr. 88)

Festzuhalten ist bislang, daß aktive Medienerziehung im Sinne geplanter und bewußt eingesetzter Maßnahmen im Kindergartenalltag nur wenig stattfindet.

Ebenso hatten wir aber auch bereits in Kapitel 6.6.1.3 festgestellt, daß gemeinsame Mediennutzung und Medieneinsatz in den Einrichtungen kaum je mit medienerzieherischen Zielen verbunden sind und daß Erzieherinnen die Kinder in der Einrichtung nur selten zu medienbezogenen Aktivitäten anregen. Umgekehrt greifen sie aber auch, wenn Kinder von sich aus solche Aktivitäten zeigen, dieses Verhalten kaum je als Anlaß für medienerzieherische Bemühungen im eigentlichen Sinne auf; tatsächlich sieht nach eigenen Angaben jede dritte in der Repräsentativstudie Befragte normalerweise keinen Anlaß, auf medienbezogene Aktivitäten der Kinder in irgendeiner Weise einzugehen (vgl. Kap. 6.6.1.4). Und schließlich stellten wir anhand der Interviewergebnisse bereits fest, daß Erzieherinnen insgesamt bei Verhaltensweisen, die sie als Spuren von Medienerlebnissen der Kinder interpretieren, häufig gänzlich passiv bleiben und kaum je mit medienerzieherischen Ambitionen reagieren (vgl. Kap. 6.6.1.4).

Hinzuzufügen ist diesem vorläufigen Fazit nun noch eine Feststellung, die das Praxisengagement, wie wir es anhand der im vorliegenden Kapitel einbezogenen Aussagen zur Praxis quantifiziert haben, betrifft (zur Auswertung s.o.): In Übereinstimmung mit den soeben zusammengefaßten Ergebnissen der vorherigen Unterkapitel erwiesen sich die Befragten bei ihren Schilderungen zur medienerzieherischen Praxis mehrheitlich als unengagiert. Die Zuordnung der Probandinnen zu Positionen auf einer fünfstufigen Skala (mit den Polen 1 = unengagiert und 5 = engagiert) führte zu dem Ergebnis, daß 39,6 Prozent der 53 hier einbezogenen Personen als unengagiert und 26,4 Prozent als eher unengagiert zu bezeichnen sind, während nach unserer Einstufung nur 13,2 Prozent den höchsten Skalenwert erreichten (dementsprechend lag auch der Mittelwert nur bei M = 2,32; SD = 1,44).

Die von 53 Befragten einbezogenen Interviewpassagen zur Praxis der Medienerziehung haben wir schließlich einer genaueren qualitativen Analyse unterzogen und dabei speziell diejenigen Erzieherinnen betrachtet, die offenbar überhaupt keine – nicht einmal reaktive – Medienerziehung praktizieren. Zu solchen Fällen zählten wir 11 Erzieherinnen, die auf das Hineintragen von kindlichen Medienerlebnissen in den Kindergarten lediglich in der Weise reagieren, daß sie die Kinder „beobachten" und/oder „ausagieren lassen"; ebenso aber auch solche Fälle, die lediglich das unmittelbar beobachtbare (z.B. aggressive oder impulsive) Verhalten als Anlaß für eine Modifikation eben dieses Verhaltens wahrnehmen, ohne sich dabei veranlaßt zu sehen, Gespräche mit den Kindern über ihre Medienerlebnisse zu führen. Weitere Merkmale dieser Erzieherinnengruppe sind, daß sie keine geplanten Maßnahmen zur Medienerziehung und auch so gut wie keine medienerzieherischen Praxisziele nannten. Diese Gruppe läßt sich nun in bezug auf andere in den qualitativen Interviews ermittelten Charakteristika den übrigen Befragten gegenüberstellen, die sich insgesamt in der Praxis der Medienerziehung –

entweder in reaktiver oder auch in aktiver Weise – als engagierter erwiesen haben. Dabei läßt sich Folgendes feststellen:

Offenbar unterscheiden sich die Erzieherinnen zwar erheblich im Hinblick auf die Praxis der Medienerziehung bzw. in ihrem medienerzieherischen Engagement; doch lassen sich diese Unterschiede keineswegs auch auf der kognitiven Ebene wiederfinden: Die in der Medienerziehungspraxis Passiven unterscheiden sich von den übrigen Befragten nicht bezüglich ihrer Einstellungen gegenüber dem Fernsehen und den Medienerlebnissen von Kindern; ebenso nicht in ihrer jeweiligen Einschätzung der Wichtigkeit von Medienerziehung im Kindergarten und schließlich auch nicht bezüglich ihrer Qualifizierung; weder die eigene subjektive Einschätzung der persönlichen Qualifikation zur Medienerziehung noch der Umstand, ob Medienerziehung Bestandteil der eigenen Ausbildung war, noch die Anzahl der medienerzieherischen Themenbereiche, die während der Ausbildung behandelt wurden, scheinen ausschlaggebend zu sein.

In Zusammenhang mit der Praxis der Medienerziehung interessiert abschließend auch, inwieweit und welche Art von Elternarbeit im Hinblick auf Medienerziehung in der Familie praktiziert wird. Hierauf geht das folgende Kapitel ein.

### *6.6.2 Elternarbeit zur Medienerziehung*

„Als Erzieherin kann man die Welt nicht verändern." (Fallnr. 56)

Es wurde bereits erläutert, daß die Erzieherinnen in zwei Fragen der Repräsentativstudie dazu Stellung nehmen sollten, welchen relativen Anteil der Kindergarten im Vergleich zur Familie an der Medienerziehung der Kinder übernehmen sollte bzw. tatsächlich hat[140]. Diese Fragen wurden in den Face-to-Face-Interviews nicht explizit gestellt, jedoch äußerten sich fast alle Befragten – kaum überraschend – recht ausführlich zur Rolle der Eltern hinsichtlich der Medienerziehung der Kinder. Folglich war es möglich, auch hier entsprechende Informationen zu extrahieren.

Zu der auf Medienerziehung gerichteten Elternarbeit selber wurden in der Repräsentativstudie mit entsprechenden Antwortvorgaben Fragen zu Häufigkeit (vierstufige Skala von „häufig" bis „nie"), Formen (kurze oder längere Elterngespräche oder Elternabende) und Anlässen (als „Reaktion z.B. auf aktuelle Ereignisse in der Gruppe" oder als selbst initiierte Interaktion mit den Eltern „ohne konkreten Anlaß") gestellt. In den qualitativen Interviews wurde die Elternarbeit an verschiedenen Stellen thematisiert und dabei häufig

140 Tatsächlich wurde jeweils lediglich nach dem Anteil des Kindergartens gefragt; die Formulierung der Fragen (vgl. Anhang) stellte jedoch sicher, daß aus den Antworten jeweils neben dem Anteil des Kindergartens auch der der Familie hervorging.

auch auf Probleme eingegangen. Beginnen wir zunächst mit einigen Ergebnissen aus der Repräsentativuntersuchung:

Fast drei Viertel der befragten Erzieherinnen sprechen zumindest gelegentlich mit Eltern über Fragen der Medienerziehung („gelegentlich": 52,6%; „häufig": 19,7%); bemerkenswert ist aber, daß dies bei einem Viertel selten (25,3%) oder nie (1,4%) vorkommt[141]. Diese Elterngespräche werden in den wenigsten Fällen von den Erzieherinnen „ohne konkreten Anlaß" initiiert (20,1%), sondern finden „überwiegend als Reaktion z.B. auf aktuelle Ereignisse in der Gruppe" statt (74,8%). Dabei handelt es sich zumeist (81,1%) um kurze „Tür-und-Angel-Gespräche" vermutlich insbesondere bei der Gelegenheit, wenn Eltern ihre Kinder vom Kindergarten abholen. Immerhin 54,8 Prozent der Erzieherinnen gaben jedoch an, daß medienerzieherische Themen (auch) im Rahmen längerer Elterngespräche erfolgen, und auch auf Elternabenden scheint das Thema Medienerziehung einen gewissen Stellenwert einzunehmen (43,60%).

Es sollte jedoch im Hinblick auf die letzte Frage eine nicht unerhebliche Einschränkung gemacht werden: Zwar war danach gefragt worden, in welcher Form Gespräche über Fragen der Medienerziehung *in der Regel* erfolgen, dabei wurde jedoch die Möglichkeit zur Mehrfachantwort gegeben. Gleichzeitig wurde diese Frage all denjenigen gestellt, die angegeben hatten, wenigstens „selten" mit den Eltern über Fragen der Medienerziehung zu sprechen. Das heißt also, bei der Interpretation der Zahlen muß berücksichtigt werden, daß wir keineswegs wissen, wie oft „längere Gespräche" mit den Eltern denn erfolgen. Darüber hinaus ist zu berücksichtigen, daß natürlich Begriffe wie „häufig" oder „gelegentlich" sehr unterschiedlich verstanden werden können. Und schließlich ist aufgrund der Mehrfachantworten zwar eine Tendenz erkennbar (Gespräche über Medienerziehung finden wohl in erster Linie im Rahmen kürzerer „Tür-und-Angel-Gespräche" statt), es kann jedoch nicht erschlossen werden, was die Erzieherinnen geantwortet hätten, wenn sie sich für eine Form hätten entscheiden müssen.

Elternarbeit zur Medienerziehung wird von den Erzieherinnen tendenziell häufiger praktiziert,

- wenn dieses Thema im Rahmen ihrer Ausbildung behandelt worden war (t-Test für unabhängige Stichproben: $t = -2,64$; $df = 444,97$; $p < .01$),

141 Ein Vergleich mit den Ergebnissen von Höltershinken et al. zu diesem Punkt ist nur eingeschränkt möglich, da die Antwortvorgaben anders formuliert wurden. Festzuhalten ist, daß in der damaligen Untersuchung zwischen 12,4% und 36,2% der Befragten angaben, in Elterngesprächen („Tür-und-Angel-Gespräche", „geplante Einzelgespräche" und „Elternabende/-treffen") noch nie über medienpädagogische Fragen gesprochen zu haben (vgl. Höltershinken, Kasüschke & Sobiech, 1989, S. 402). In unserer Stichprobe trifft dies lediglich auf 1,4% der Befragten zu, so daß in diesem Zusammenhang durchaus von einer positiven Entwicklung – zumindest was die Quantität von Elterngesprächen zu Fragen der Medienerziehung anbelangt – gesprochen werden kann.

- wenn sie sich mit diesem Thema bereits privat befaßt haben (t-Tests für unabhängige Stichproben: $t = -4{,}91$; $df = 228{,}86$; $p < .001$),
- für je qualifizierter zur Medienerziehung sich die Erzieherinnen selbst halten ($r = .11$; $p < .05$),
- für je qualifizierter sie sich auch für die Elternarbeit zur Medienerziehung halten ($r = .15$; $p < .001$),
- je häufiger sie von sich aus die Kinder zu medienbezogenen Aktivitäten anregen (von den 7 Korrelationskoeffizienten sind 4 signifikant auf dem 0,1%- oder 1%-Niveau),
- je häufiger sie medienbezogene Aktivitäten bei den Kindern wahrnehmen (von den 7 Korrelationskoeffizienten sind 5 signifikant auf dem 0,1%- oder 1%-Niveau),
- je höher sie den prozentualen Anteil, den der Kindergarten (im Vergleich zur Familie) an der Medienerziehung der Kinder einnehmen sollte, einschätzen ($r = -.13$; $< .01$),
- je mehr sie der Auffassung sind, mit ihrem medienerzieherischen Engagement bei den Kindern etwas bewirken zu können ($r = .12$, $p < .01$), und
- je wichtiger die Medienerziehung und die Elternarbeit zur Medienerziehung ihrer Meinung nach sind (Medienerziehung: $r = .15$; $p < .001$; Elternarbeit zur Medienerziehung: $r = .23$; $p < .001$).

Bevor wir auf die Ergebnisse der themenzentrierten Interviews eingehen, sollen noch einmal einige Ergebnisse ins Gedächtnis gerufen werden: Während der Interviews verwiesen die Erzieherinnen (und manche sogar an mehreren Stellen) häufig auf die Verantwortung der Eltern für die Medienerziehung ihrer Kinder; insgesamt äußerte sich in dieser Weise knapp die Hälfte aller Erzieherinnen. Ebenfalls wurden von 83 Prozent der Interviewten die Eltern als maßgebliche Einflußgröße dafür benannt, ob ihre Bemühungen um Medienerziehung im Kindergarten wirksam sind. Schließlich wird der Elternarbeit zur Medienerziehung im Durchschnitt eine etwas höhere subjektive Wichtigkeit zugewiesen als der Medienerziehung selber. Insofern wäre eigentlich anzunehmen, daß Elternarbeit zur Medienerziehung auch mit hoher Intensität betrieben wird.

Aus den themenzentrierten Interviews konnten zum Thema „Elternarbeit" 58 Fälle ausgewertet werden. Dabei ergab sich, daß weit über die Hälfte dieser Befragten ($n = 36$) auf die Eltern nur dann zugeht, wenn ihnen negative Fernsehwirkungen bei den Kindern auffallen bzw. wenn sie massive Probleme von Kindern im Kindergarten beobachten, die sie auf den Medienkonsum zurückführen. Ohne anstehende Probleme führen nur wenige Erzieherinnen Informationsgespräche zur Medienerziehung durch. Schließlich erzählte eine Erzieherin, daß sie besonders Kindergartenfeste schätzt, um gezielt solche Themen anzuschneiden und etwas bei den Eltern zu bewirken. Ein solcher

Rahmen sei sinnvoller, als Eltern bei auftretenden Problemen in eine Sprechstunde zu zitieren (Fallnr. 113).

Elternabende zur Medienerziehung scheinen vergleichsweise weniger stattzufinden: An 20 von 55[142] Kindergärten wurde bisher kein Elternabend zu diesem Thema gemacht. Von den restlichen 35 Erzieherinnen gaben zudem 14 an, daß sie in Zukunft keinen Elternabend mehr zur Medienerziehung machen werden. Die Gründe hierfür klingen eher resignativ, abgesehen von einer Befragten, die für eine solche Veranstaltung inzwischen keinen Anlaß mehr sieht, da keine Probleme mehr bei den Kindern aufgetreten seien. Das letzte Beispiel zeigt allerdings auch, daß solche Elternabende weniger einen präventiven Charakter haben, als vielmehr nur dann anberaumt werden, wenn die Arbeit im Kindergarten durch „Medienspuren" zum Problem oder medienbezogenes Verhalten der Kinder besonders auffällig wird. Nur aus wenigen Äußerungen der Erzieherinnen wird deutlich, daß Elternabende zur Medienerziehung eine regelmäßige Einrichtung sind. Zudem berichteten sieben Befragte, daß sich Eltern bei Problemen der Medienerziehung ratsuchend an die Erzieherinnen wenden.

Betrachtet man schließlich alle wertenden Aussagen zur Elternarbeit im Hinblick auf Medienerziehung, so wird deutlich, daß negative Bewertungen überwiegen. Drei Viertel der Erzieherinnen berichteten über eine problematische bis sehr problematische Zusammenarbeit mit Eltern in puncto Medienerziehung (82 Äußerungen). Am häufigsten (n = 29) wurde kritisiert, daß Eltern unehrlich seien, wenn es um den Fernsehkonsum ihrer Kinder geht, oder sie diese Themen „abblocken", weil sie sich nicht in ihre Erziehung „reinreden lassen wollen" bzw. an diesem Thema kein Interesse zeigen (n = 18). So wurde auch berichtet, daß zu Elternabenden nur die engagierten Eltern kommen, deren Kinder ohnehin keine Probleme in dieser Hinsicht haben. Einige Beispiele sollen diese negative Sichtweise verdeutlichen:

„Eltern lassen sich von uns überhaupt nichts sagen. Und ich würde mich hüten, zu einer Mutter zu sagen: 'Ihr Kind guckt zu viel Fernsehen', dann sagt sie mir garantiert: 'Zu Hause aber nicht!'." (Fallnr. 216)

„[...] ich würde halt befürchten, daß kaum jemand zu dem Elternabend hingehen würde. Weil wir machen schon mal so, immer wenn die neuen Eltern da sind, so eine Umfrage: Welche Themen interessieren sie. Und also Medienpädagogik ist auch mit drauf, Umgang mit Medien. Aber das wird eigentlich nicht angekreuzt. [...] Es ist aber auch generell ein Problem, die Eltern zu Elternabenden zu gewinnen, nicht nur zu Medienthemen." (Fallnr. 51)

„Ja wenn ich bei den Eltern z.B. auf Unverständnis stoße – es gibt ja Eltern, die selbst nicht mit dem Fernsehen umgehen können und die auch einfach das Fernsehen als Miterzieher gebrauchen, aus Bequemlichkeit oder was auch immer, als Babysitter,

142 Drei Erzieherinnen wurden nicht speziell nach der Durchführung von Elternabenden gefragt.

und da erreich´ ich nichts. Also ich hab vor Jahren noch versucht, auch Elternabende oder -nachmittage anzubieten mit dem Thema. Das haben wir gemacht. Das gehörte eigentlich jedes Jahr zu unserem Programm dazu, bis wir festgestellt haben, das brachte nichts. Da kamen dann die Eltern, die sowieso sich bemühen, pädagogisch gut zu arbeiten und mit dem Fernsehen sowieso gut umgehen, auch unserer Meinung nach, und die, die es nötig hatten, sind sowieso nicht gekommen." (Fallnr. 10)

„Ja, aber der Trick 17 trotzdem, der hört auf an der Türe von den Leuten, da ist Schluß, die wollen nicht, daß daheim geredet wird – ganz einfach – die sind voll davon überzeugt, daß sie so, wie sie es machen, richtig machen, und wenn sie der Meinung sind, sie machen das falsch, dann wird es entschuldigt: 'Ach das ist mal die Ausnahme gewesen'. Daß die Kinder aber sagen: 'Wir gucken jeden Tag Fernsehen' oder – das ist ja das Problem, das ist ja das, was ich vorhin sagte, ich kenne ja mehr über die Familien der Kinder, als die Familien selber glauben, und die Eltern glauben ja nicht, daß die Kinder soviel aus ihrer Familie erzählen, und die Eltern glauben nicht und hoffen ja, daß die Kinder nichts erzählen. Aber die haben ja dieses Mitteilungsbedürfnis, und da kommen die eben und sagen: 'Wir haben heute morgen schon -' Oder ich mache da z.B., wenn wir, weil mich das wahnsinnig interessiert also auch – das machen wir immer beim Frühstück, da wird allgemein einen guten Appetit gewünscht, aber so zwischendrin immer mal, um so Wissen ein bißchen zu kontrollieren: 'Es dürfen heute an dem Tag *die* Kinder einen guten Appetit wünschen, die also gestern Formel-Eins-Rennen gesehen haben', da brüllen sie *alle* 'guten Appetit'. Denke ich: 'Mensch, verflixt noch mal, kann doch nicht sein, war doch Sonntag, schönes Wetter draußen. Hände hoch, wer hat Formel-Eins gesehen?' Da gehen alle Hände hoch, nix schönes Wetter!" (Fallnr. 117)

„Elternabende sind ganz schlecht besucht. Wir betreuen auch hier zur Hälfte Roma-Kinder mit; dadurch wird unser Ausländeranteil natürlich sehr hoch. Sprachbarriere. Da Elternabende eh´ schlecht besucht sind, würden wir das auch nicht als Thema ansetzen, um die Eltern hierhin einzuladen, das Interesse ist überhaupt nicht da. Ich denke, die sagen sich: 'Ich geb mein Kind hierhin, Ihr habt den Tag darüber achtzugeben, und das andere, das ist meine Sache und das machen wir zu Hause'. Wenn ein Kind sehr auffällig ist, dann findet natürlich immer wieder ein Austausch, Gespräche mit den Eltern statt. Wenn wir feststellen z.B., daß der Fernsehkonsum einfach so hoch ist, daß die hier morgens schon teilweise nach dem Frühstück einschlafen, weil die gar nicht mehr aufnahmefähig sind und bis in die Nacht da geguckt haben, dann ist das natürlich auch Thema in so Elterngesprächen, und dann werden die auch darauf angesprochen. Aber der *Umgang* damit – ich glaube, da sind uns da auch Grenzen gesetzt. Wir können die Eltern nicht erziehen." (Fallnr. 155)

Bei einigen Erzieherinnen spürt man eine tiefe Hilflosigkeit und Resignation bezüglich der Kooperationsbereitschaft der Eltern oder bezüglich deren kontraproduktiven Verhaltens bei der Medienerziehung ihrer Kinder[143]. Proble-

143 Damit decken sich unsere Ergebnisse weitgehend mit denen der Untersuchung von Höltershinken und Mitarbeitern: In den qualitativen Interviews zeigten sich damals ebenfalls eher negative Bewertungen medienpädagogischer Elternarbeit, wobei auch dort die Probleme insbesondere auf seiten der Eltern gesehen wurden, indem beispielsweise deren mangelnde Kooperationsbereitschaft bzw. die Tatsache, daß

me in dieser Hinsicht schilderten die Befragten (gemessen an der Anzahl genannter Probleme mit der Elternarbeit) umso intensiver, je mehr sie im Kindergarten Spuren von Medienerlebnissen der Kinder wahrnehmen r = .29; p < .05), je differenzierter sie sich über das gesamte Interview hinweg äußerten (r = .37; p < .01) und je älter sie sind (r = .31; p < .05).

### *6.6.3 Fazit zur Praxis der Medienerziehung*

Nach den Ergebnissen unserer Erzieherinnen-Befragungen ergibt sich für die Praxis der Medienerziehung und der auf sie gerichteten Elternarbeit insgesamt folgendes Bild:

Nach Meinung der Erzieherinnen übernimmt der Kindergarten lediglich etwa 20 Prozent der Medienerziehung der Kinder, während etwa 80 Prozent – in welcher Weise auch immer – im Elternhaus geleistet werden. Diese Aufteilung entspricht jedoch keineswegs den Idealvorstellungen der Befragten, sollte nach ihrer Meinung doch eigentlich der Kindergarten mehr als ein Drittel zu diesem Förderbereich beitragen. Mindestens jede dritte Erzieherin ist der Meinung, der Kindergarten komme dem Auftrag der Medienerziehung keineswegs hinreichend nach, indem er dabei eklatant zuviel der Familie überläßt.

Zu einer Reduzierung dieses von ihnen selbst wahrgenommenen Defizits haben die Befragten allerdings persönlich bislang nur wenig beigetragen:

- Gemeinsame Mediennutzung und Medieneinsatz in den Einrichtungen sind, sofern sie überhaupt stattfinden, kaum je mit medienerzieherischen Zielen verbunden und insofern dann nicht zur Praxis der Medienerziehung im engeren Sinne zu rechnen (vgl. Kap. 6.6.1.3). Stattdessen sind die Erzieherinnen nach eigenen Angaben mehrheitlich darum bemüht, den Kindergarten weitgehend medienfrei zu halten und damit die Kinder vor den Verführungen und Gefährdungen seitens der Medien zu schützen (vgl. Kap. 6.6.1.2).
- Zu medienbezogenen Aktivitäten – wie die eigenständige Nutzung von Mediengeräten, das Thematisieren von Medienerlebnissen oder das Verarbeiten derselben im Rollenspiel – regen Erzieherinnen die Kinder in der Einrichtung nur selten an (vgl. Kap. 6.6.1.3).
- Umgekehrt greifen sie aber auch, wenn Kinder von sich aus solche Aktivitäten zeigen, dieses Verhalten kaum je als Anlaß für medienerzie-

sie ihrer Vorbildfunktion nicht gerecht würden, beklagt wurden. Die Autoren konstatieren: „Die Äußerungen der Gruppenleiterinnen sind zum Teil resignativ, sie haben wiederholt versucht, das Thema anzusprechen und auch auf Elternabenden zu behandeln, doch dabei offensichtlich keinen Erfolg gehabt." (Höltershinken, Kasüschke & Sobiech, 1989, S. 405f.). Und an anderer Stelle (a.a.O., S. 408): „Probleme werden nicht nur in einer eigenen, unzureichenden Qualifikation für diesen Bereich gesehen, sondern auch in Schwierigkeiten, die sich von seiten der Eltern in Form von Abwehrhaltungen ergeben."

herische Bemühungen im eigentlichen Sinne auf. Tatsächlich sieht nach eigenen Angaben jede dritte in der Repräsentativstudie Befragte normalerweise keinen Anlaß, auf medienbezogene Aktivitäten der Kinder in irgendeiner Weise einzugehen (vgl. Kap. 6.6.1.4). Ähnlich stellten wir anhand der Interviewergebnisse fest, daß Erzieherinnen insgesamt bei Verhaltensweisen, die sie als Spuren von Medienerlebnissen der Kinder interpretieren, häufig gänzlich passiv bleiben und kaum je mit medienerzieherischen Ambitionen reagieren (vgl. Kap. 6.6.1.4).

- Aktive Medienerziehung im Sinne geplanter und bewußt eingesetzter Maßnahmen im Kindergartenalltag findet insgesamt nur wenig statt (vgl. Kap. 6.6.1.5). Immerhin etwa 40 Prozent der in den qualitativen Interviews Befragten betreiben nach eigenen Angaben bisher gar keine aktive Medienerziehung. Hinzukommt, daß die durchgeführten Maßnahmen und Projekte keineswegs immer zielgerichtet ablaufen bzw. überhaupt mit medienerzieherischen Zielen verbunden sind. Allerdings sollten diese Aussagen insofern etwas relativiert werden, als manchen Erzieherinnen – angesichts ihrer Unklarheiten im Hinblick darauf, was unter dem Begriff „Medienerziehung" zu verstehen ist – gar nicht bewußt zu sein scheint, daß sie de facto mit manchen ihrer Aktivitäten auch durchaus Beiträge zu diesem Förderbereich leisten.
- Bei ihren Schilderungen zur medienerzieherischen Praxis erwiesen sich die Befragten mehrheitlich als unengagiert. Die Zuordnung der Probandinnen zu Positionen auf einer fünfstufigen Skala führte zu dem Ergebnis, daß etwa 66 Prozent der einbezogenen Personen als (eher) unengagiert zu bezeichnen sind, während nach unserer Einstufung nur ca. 13 Prozent den Skalenwert für „relativ hohes Engagement" erreichen.
- Eine Gegenüberstellung derjenigen Erzieherinnen, die überhaupt keine – nicht einmal also reaktive – Medienerziehung praktizieren, und den übrigen Befragten, die zumindest reaktiv oder aber gar aktiv um die Medienerziehung bemüht sind, führte zu folgender Feststellung: Offenbar unterscheiden sich die Erzieherinnen zwar erheblich im Hinblick auf die Praxis der Medienerziehung bzw. in ihrem medienerzieherischen Engagement; doch lassen sich diese Unterschiede keineswegs auch auf der kognitiven Ebene hiermit korrespondierend wiederfinden: Die in der Medienerziehungspraxis Passiven unterscheiden sich von ihren Kolleginnen nicht bezüglich ihrer Einstellungen gegenüber dem Fernsehen und den Medienerlebnissen von Kindern; ebenso nicht in ihrer jeweiligen Einschätzung der Wichtigkeit von Medienerziehung im Kindergarten und schließlich auch nicht bezüglich ihrer Qualifizierung; weder die eigene subjektive Einschätzung der persönlichen Qualifikation zur Medienerziehung noch der Umstand, ob Medienerziehung Bestandteil der eigenen Ausbildung war, noch die Anzahl der medienerzieherischen Themen-

bereiche, die während der Ausbildung behandelt wurden, scheinen ausschlaggebend zu sein.

Auch Elternarbeit zur Medienerziehung findet nicht gerade mit starker Aktivität statt; mehr als jede dritte in den themenzentrierten Interviews Befragte hat bislang noch nie einen Elternabend zur Medienerziehung durchgeführt. Die Mehrheit thematisiert die Medienerziehung eher nur gelegentlich bei Gesprächen mit den Eltern, und zwar überwiegend als Reaktion auf aktuelle medienbezogene Probleme in der Gruppe (vgl. Kap. 6.6.2).

Anders als die Praxis der Medienerziehung steht allerdings die Häufigkeit der Elternarbeit mit einer ganzen Reihe an Variablen in Zusammenhang: Das Engagement in der Elternarbeit ist insbesondere dann umso höher, je mehr sich die Erzieherinnen hierfür qualifiziert haben und/oder fühlen, je massiver sie medienbezogene Probleme bei den Kindern wahrnehmen und je mehr sie der Auffasung sind, daß Medienerziehung wichtig ist, daß der Kindergarten hierzu einen größeren Beitrag leisten sollte und sie selber bei entsprechendem Engagement etwas bei den Kindern bewirken können.

Im Hinblick auf die Elternarbeit zur Medienerziehung sehen die Erzieherinnen jedoch mehrheitlich Probleme, die sie insbesondere dem Desinteresse der Eltern wie auch ihrem kontraproduktiven Erziehungsverhalten zuschreiben. Eine solche Haltung ebenso wie auch die Tatsache, daß die Elterarbeit wenig präventiv und auf die Kompetenzförderung der Kinder ausgerichtet ist, scheint für eine fruchtbare Zusammenarbeit mit den Eltern ein Hindernis darzustellen.

## 6.7 Typologisierung von Erzieherinnen

In nahezu jedem Kapitel unserer bisherigen Ergebnisdarstellungen wurden neben Beschreibungen auf der Ebene der Gesamtstichprobe auch einige Unterschiede zwischen Untergruppen der von uns befragten Erzieherinnen, häufig auch Zusammenhänge zwischen bestimmten Merkmalen auf seiten der Befragten deutlich. In diesem letzten Ergebniskapitel soll nun der Versuch einer Kategorisierung und Typologisierung unternommen werden. In Kapitel 6.7.1 gehen wir zunächst auf eine hermeneutisch orientierte Typologisierung auf Basis der medienerzieherischen Konzepte von Erzieherinnen ein (Grundlage: Face-to-Face-Befragung), wohingegen in Kapitel 6.7.2 eine Beschreibung von Erzieherinnen-Typen vorgenommen wird, die anhand einer Clusterung quantitativer Merkmale (Grundlage: Repräsentativumfrage) umgesetzt wurde.

### *6.7.1 Typologisierung nach Konzepten der Medienerziehung*

Anhand der Face-to-Face-Interviews soll zunächst der Versuch unternommen werden herauszufinden, welchen der vier medienerzieherischen Grobkonzepte[144], wie wir sie im Rahmen der Sichtung entsprechender Literatur unterschieden haben (vgl. Kap. 1.3), die Erzieherinnen zuzuordnen sind. Dabei ist gleichzeitig zu überprüfen, inwieweit diese theoretischen Konzeptionen um in der Praxis vorgefundene zu erweitern bzw. in Details oder Schwerpunktsetzungen zu modifizieren sind. Ziel ist es also, auf der Basis unserer Ergebnisse zur medienerzieherischen Praxis im Kindergarten und deren Zielen sowie theoretischer Konzeptionen der Medienerziehung weitgehend trennscharfe Leitvorstellungen medienerzieherischen Denkens und Handelns zu identifizieren und die Erzieherinnen der Interview-Stichprobe diesen zuzuordnen.

Als Basis für diese Analyse wurden jeweils nicht nur explizite Aussagen der Befragten zu Konzepten der Medienerziehung herangezogen, sondern – sinnvollerweise – das gesamte Interview: Zum einen wurde nicht in allen Interviews nach Konzepten explizit gefragt; dies wurde insbesondere dann vermieden, wenn die Interviewer aufgrund vorheriger Antworten (z.B. zu Definitionen oder Zielen der Medienerziehung) den Eindruck hatten, daß eine solche Frage die Erzieherin überfordert und deshalb den weiteren Interviewverlauf erschwert hätte. Zum anderen erscheint das Thema so komplex, daß Anhaltspunkte für das Erkennen des jeweiligen Konzeptes aus Äußerungen zu verschiedensten anderen Themenbereichen zu gewinnen waren: Den Erläuterungen in Kapitel 1.2 und 1.3 entsprechend, wurden hierfür sinnvollerweise vorrangig die von den Befragten genannten *Ziele der Medienerziehung* herangezogen, wie sie in verschiedenen Interviewpassagen mit jeweils unterschiedlichem Bezug[145] behandelt wurden. Darüber hinaus erschienen aber auch Aussagen zur *subjektiven Wichtigkeit und Wirksamkeit medienerzieherischer Bemühungen* sowie zur *Praxis der Medienerziehung* und der auf sie bezogenen *Elternarbeit* von besonderer Bedeutung.

Auf dieser Basis wurde in einem ersten Analyseschritt zunächst versucht, die 60 face-to-face befragten Erzieherinnen den vier theoretischen Konzeptionen der Medienerziehung zuzuordnen. Eine solche Zuordnung war – erwartungsgemäß – in der Mehrheit der Fälle in diesem ersten Schritt noch nicht möglich. Aus diesem Grunde wurden im nächsten Schritt weitere Informationen hinzugezogen: Zu diesen gehörten – neben der *Differenziertheit* der Aussagen zu diversen Annahmen und Kenntnissen – auch *Äußerungen bezüglich der eigenen Unwissenheit* in bezug auf Medienerziehung. Weiterhin wurde überprüft,

144 bewahrpädagogisch, kritisch, kompetenzorientiert und kindzentriert

145 sowohl allgemeine Ziele der Medienerziehung als auch Ziele konkreter medienerzieherischer Maßnahmen wie auch solche speziellen Ziele, die Maßnahmen zur Reduzierung von kindlichen Medienkompetenz-Defiziten zugrundeliegen (vgl. hierzu Kap. 6.5.3)

ob Medienerziehung mit Medieneinsatz verwechselt wurde. Schließlich wurden auch *Bemerkungen aus den Postskriptumsbögen* (vgl. Kap. 5.3.2) und *schriftliche Anmerkungen* derjenigen hinzugezogen, die die Transkriptionen erstellt hatten und damit einen jeweils vollständigen Gesamteindruck pro Interview zusammenfassen konnten (etwa bezüglich der Unsicherheit einer Befragten im Hinblick auf medienerzieherische Konzepte).

Hermeneutischem Vorgehen entsprechend wurden aber auch im ersten Schritt getroffene Zuordnungsentscheidungen im Lichte dieser weiteren Informationen überprüft und ggf. modifiziert.

Schließlich wurden in einem dritten Schritt Überlegungen angestellt, wie die bis dahin noch nicht zugeordneten Personen charakterisiert werden konnten bzw. ob weitere – von den aus der Literatur bekannten unterscheidbare – Konzeptionen von Medienerziehung erkenn- und beschreibbar waren. Selbstverständlich wurden auch in diesem Schritt bereits getroffene Zuordnungen auf der Basis neuer Überlegungen (neue Konzeptkategorien) überprüft und ggf. modifiziert.

Die Erweiterung bzw. Modifikation der in Kapitel 1.3 beschriebenen Konzeptkategorien beinhaltet zunächst die Einführung eines von uns so genannten „Selektionsansatzes", der den in Reinform bei den Erzieherinnen unserer Stichprobe nicht erkennbaren „kritischen Ansatz" ersetzt. Der Selektionsansatz nimmt eine Zwischenstellung zwischen „bewahrpädagogischem" und „kompetenzorientiertem" Ansatz ein; einziges Ziel ist hierbei die Förderung von Kindern im Hinblick auf eine „bewußte" Auswahl von Medieninhalten bzw. eine Heranführung an eine nur in diesem Sinne adäquate Mediennutzungsweise (zur Charakterisierung der verschiedenen Ansätze siehe unten).

Ein weiterer im Rahmen dieser Analyse gefundener Ansatz kann mit dem Begriff „Patchwork" überschrieben werden: Dieser schließt verschiedene Elemente anderer Konzepte ein, läßt jedoch – im Gegensatz zu diesen – eine übergeordnete Leitvorstellung vermissen.

Und schließlich ist als letzte neu gebildete Kategorie die der „Konzeptlosen" zu unterscheiden. Diese ist keinesfalls als „Restkategorie" für Erzieherinnen, die keinem Ansatz zugeordnet werden konnten, aufzufassen[146]; vielmehr ist im medienerzieherischen Denken und Handeln der Personen, die dieser Kategorie zugeordnet wurden (soweit letzteres überhaupt erkennbar war), keine einheitliche „Linie" (wie auch bei den Erzieherinnen des „Patchwork-Typus") auszumachen; gleichzeitig jedoch haben sich Personen dieser Gruppe bislang noch kaum mit dem Begriff und den Zielen der Medienerziehung auseinandergesetzt (was sie vom „Patchwork-Typus" unterscheidet).

146 Erzieherinnen, über deren Zuordnung keine Übereinstimmung zwischen den Auswertern zu erzielen war, wurden auch nicht zugeordnet, weswegen ja auch nur 56 Fälle in diese Analyse einbezogen werden konnten.

Auf diese Weise konnten immerhin 56 der 60 qualitativ befragten Erzieherinnen eindeutig zugeordnet werden.

**Abbildung 6.3: Verteilung medienerzieherischer Konzepttypen im Kindergarten**
(Face-to-Face-Interviews; Basis: n = 56)

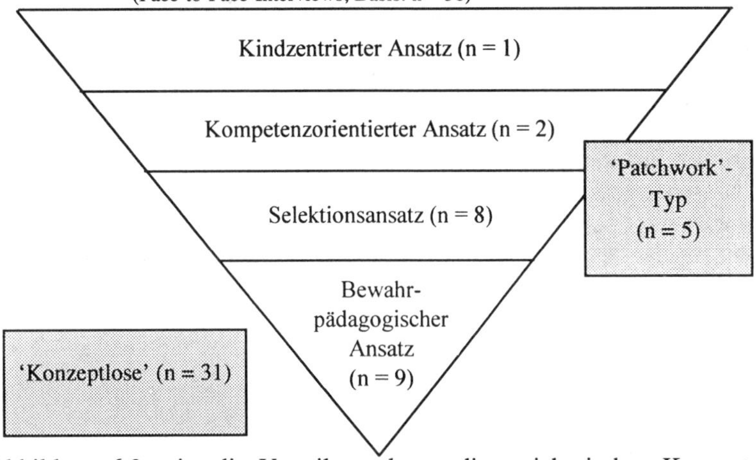


Abbildung 6.3 zeigt die Verteilung der medienerzieherischen Konzepte in der Face-to-Face-Stichprobe, wobei zu beachten ist: Bestimmte Elemente der auf unteren Ebenen angesiedelten Konzepte finden sich in Konzepten, die auf höher gelegenen Ebenen verortet sind, wieder, werden jedoch um weitere Elemente ergänzt (vgl. Kap. 1.3). Je höher also das entsprechende Konzept in der Hierarchie verortet ist, desto höher ist auch der Anspruch, der sich daraus für die praktische Medienerziehung im Kindergarten ableiten läßt. Es versteht sich von selbst, daß die „Konzeptlosen“ aus einer hierarchischen Darstellung von medienerzieherischen Konzepttypen herausfallen. Ähnliches gilt für den „Patchwork“-Typ, der jedoch aufgrund des höheren Anspruchsniveaus zumindest über dem bewahrpädagogischen Ansatz zu verorten ist.

Der nun folgenden Typenbeschreibung liegen die bereits genannten Kriterien zur Kategorisierung zugrunde. Darüber hinaus werden weitere Merkmale, die sich aufgrund unserer Analysen als besonders wichtig erwiesen, herausgestellt[147]:

*„Die Konzeptlosen“*
Die Mehrheit der face-to-face befragten Erzieherinnen (55%) ist als konzeptlos zu bezeichnen.

Ein Großteil der „Konzeptlosen“ kann mit dem Begriff der Medienerziehung schon nicht sehr viel anfangen. Es fehlt vor allem an einem ent-

147 Für die Beschreibung der Konzepttypen werden nicht sämtliche in der Befragung erhobenen Variablen berücksichtigt. Die Darstellung – unabhängig davon, daß auch quantifizierte Variablen und statistische Auswertungen Grundlage waren – gibt die Ergebnisse einer hermeneutischen Analyse wieder.

sprechenden Wissen darüber, welche Ziele mit der Medienerziehung verbunden werden können bzw. wie diese umzusetzen sind. Unter diesen Erzieherinnen befinden sich auch alle diejenigen, die sich bisher mit diesem Thema noch gar nicht weiter auseinandergesetzt haben. Dies bedeutet aber nicht für alle Befragten, die dieser Kategorie zugeordnet sind, daß keine medienerzieherische Praxis im Kindergarten stattfindet. Zudem zeigen die Personen innerhalb dieser Kategorie ein sehr unterschiedliches Engagement in Medienerziehung; immerhin weist ein Fünftel sogar ein hohes oder sogar sehr hohes Engagement auf.

Insofern sind die „Konzeptlosen" bereits unter dem Aspekt ihres medienerzieherischen Praxisengagements als äußerst heterogen zu bezeichnen; dies trifft jedoch auf sie auch unter weiteren Gesichtspunkten zu: So gibt es auf der einen Seite Erzieherinnen, die ein hohes Problembewußtsein haben, häufig medienbezogenes oder medienbedingtes Verhalten von Kindern in ihrem Kindergarten wahrnehmen und z.T. auch darüber hinaus die Mediennutzung von Kindern als problemträchtig erkennen. Ein solches Problembewußtsein scheint sich bei einigen Erzieherinnen, insbesondere wenn es mit relevanten Kenntnisdefiziten einhergeht, auch in einer Unzufriedenheit mit der Arbeit im Kindergarten niederzuschlagen. Auf der anderen Seite gibt es unter den „Konzeptlosen" aber auch solche Erzieherinnen, denen es aus unterschiedlichsten Gründen an Problembewußtsein mangelt und die entsprechend auch keinen Bedarf an Medienerziehung im Kindergarten erkennen können. Solche Heterogenität zeigt sich bei den „Konzeptlosen" auch hinsichtlich ihrer Einschätzung, für wie wichtig sie Medienerziehung halten: So können Erzieherinnen, die Medienerziehung wichtig finden, von solchen unterschieden werden, die sie nicht wichtig finden. Zudem spiegelt sich ihre Konzeptlosigkeit auch darin wider, daß ihre Einschätzung der Wichtigkeit von Medienerziehung (auch unabhängig von methodischen Einflüssen) zwischen Telefonbefragung und Face-to-Face-Interview auffallend variiert. Wiederum ein weiterer Teil der „konzeptlosen" Erzieherinnen, für den Medienerziehung wichtig ist und der sich bisher durchaus in Medienerziehung engagiert, beklagt die eigenen Kenntnisdefizite bezüglich Zielen und Konzepten bzw. die mangelnde Praxiserfahrung.

*„Die Bewahrerinnen"*

Dies sind die Erzieherinnen, die Kinder vor dem Einfluß der Medien bewahren wollen und auch genau in dieser Weise ihre Ziele zur Medienerziehung formulieren. Kompetenzförderung kommt für sie im Kindergarten nicht in Betracht, sondern ist etwas, das erst für das Schulalter vorzusehen ist. Der Kindergarten soll ein Schonraum bleiben, in dem für Fernsehen, Video und Computer entsprechend kein Platz ist. Deshalb ist für sie aber Medienerziehung an sich – genauso wie für die „Konzeptlosen" – keineswegs unwichtig; vielmehr sehen sie Medienerziehung (in der Repräsentativbefragung) sogar als besonders wichtig an – dies aber vermutlich unter anderen Vorzeichen als etwa die „Kompetenzorientierten“: Die „Bewahrerinnen“ verstehen unter Medienerziehung, den Kindern nichtmediale Alternativen nahezubringen. Ebenso sind sie auch durchaus bereit, medienerzieherisch tätig zu sein, wenn dies den Medienkonsum der Kinder einzuschränken vermag. Daher ist für sie die Elternarbeit zur Medienerziehung – genauso wie für „kompetenzorientierte“ Erzieherinnen – sehr wichtig.

Schließlich liegen sie in ihrem medienerzieherischen Praxisengagement noch hinter den „Konzeptlosen“ und dem „Selektionstyp“, wobei sich nach unserer Einschätzung unter ihnen keine einzige Erzieherin befindet, die auch nur annähernd sinnvoll medienerzieherisch engagiert ist. Dem steht in krassem Widerspruch gegenüber, daß sich fast 90 Prozent dieser Erzieherinnen als sehr wirksam („Kontrollüberzeugung“) in ihren medienerzieherischen Bemühungen ansehen. Vermutlich liegt dies daran, daß sie die Hauptverantwortung für Medienerziehung bei den Eltern sehen und für die praktische Arbeit mit Kindern andere Dinge im Vordergrund stehen. Die Engagierten, zu denen z.B. die „kompetenzorientierten“ Erzieherinnen oder der „Patchwork-Typ“ zählen, schätzen – um diesen Vergleich hier bereits zu ziehen – hingegen ihre Selbstwirksamkeit i.S.v. „Kontrollüberzeugung“ eher niedrig ein, was eindeutig mit ihrem höheren Anspruchsniveau zusammenhängt.

Weitere Merkmale, in denen sich die „Bewahrerinnen“ deutlich von anderen Erzieherinnen abheben, sind:

- Diese Erzieherinnen nutzen keine Videokamera, keinen Videorekorder oder Filmprojektor im Kindergarten. Unter diesen Befragten befinden sich auch die einzigen, die keine auditiven Medien einsetzen.
- Auch privat werden Fernsehen und Video nur in geringem Maße genutzt. Die „Bewahrerinnen“ haben im Durchschnitt die niedrigste tägliche Nutzungsdauer von allen Erzieherinnen (58 Minuten).
- Sie bewerten das Fernsehen und dessen neuere Entwicklungen – genauso wie der „Selektionstyp“ – äußerst negativ für Kinder und die Arbeit im Kindergarten. Auch Multimedia stehen sie äußerst skeptisch gegenüber.
- Eine solche Haltung führt bei ihnen auch dazu, daß sie bewahrpädagogisch handeln: Zumindest sind fast 90 Prozent der „Bewahrerinnen“ nach eigenen Aussagen darum bemüht dafür zu sorgen, daß ihre Einrichtung frei von Fernsehen, Video und Computer bleibt.
- Die sind mit Abstand am schlechtesten qualifiziert, was das Themenspektrum innerhalb ihrer medienerzieherischen Ausbildung angeht.

*„Der Selektionstyp“*

Solche Erzieherinnen gehen davon aus, daß Kinder in einer Medienwelt leben und eine bewahrpädagogische Haltung daher nicht angebracht ist. In vielen Äußerungen wird deutlich, daß Medien inzwischen zum Alltag gehören und man Kinder nicht davor „abschotten" kann, gerade weil ein Verbot nur den Effekt habe, daß Kinder heimlich Fernsehen schauen und man dann überhaupt keinen Einfluß mehr nehmen kann. Dabei befinden sich in dieser Kategorie sowohl Erzieherinnen, die sich noch nicht gänzlich von einem bewahrpädagogischen Denken getrennt haben[148] (aber darum bemüht sind), als auch solche, die sich zu einer Kompetenzförderung im umfassenderen Sinne (noch) nicht in der Lage sehen. So liegt ihr Hauptaugenmerk auf der Minimierung von Risiken negativer Medienumgangsweisen sowie auf der Auseinandersetzung mit Kriterien zur Bewertung und Auswahl von Medienangeboten. Entsprechend bemüht sich ein Teil dieser Erzieherinnen auch aktiv und in der Absicht einer Förderung von Medienkompetenzen darum, den Kindern solche Kriterien zu vermitteln und – z.T. sogar in Kooperation mit den Eltern – zu trainieren. Das Engagement in Medienerziehung ist im Durchschnitt eher gering, aber noch höher als bei den „Bewahrerinnen". Allerdings befinden sich auch einige Erzieherinnen darunter, die sehr engagiert sind.

Weitere Merkmale dieses Erzieherinnentyps sind:

- Sie bewerten das Fernsehen und dessen neuere Entwicklungen – genauso wie die „Bewahrerinnen" – als äußerst negativ für Kinder sowie für die Arbeit im Kindergarten. Zu Multimedia haben sie ebenfalls diese negative Einstellung, sind aber mehrheitlich am Thema selbst interessiert.
- Sie nennen zusammen mit dem „kompetenzorientierten" Typ und der „kindzentrierten" Erzieherin die meisten Kriterien zur Bewertung des Fernsehens.
- Zusammen mit der „kindzentrierten" Erzieherin haben sie die höchste Problemwahrnehmung bezüglich der im Kindergarten zu beobachtenden Medienerlebnisse von Kindern.

*„Der Patchwork-Typ"*

Kennzeichen von Erzieherinnen dieser Kategorie ist – neben durchschnittlichen bis sehr guten Kenntnissen bezüglich der Mediennutzung von Kindern – ein hohes Problembewußtsein, sowohl im Hinblick auf die von Kindern gezeigten medienbezogenen oder -bedingten Verhaltensweisen im Kindergarten als auch bezogen auf Medienkompetenz-Defizite von Kindern.

Zudem besitzen sie ein Verständnis davon, was Medienerziehung bedeutet, wie sowohl aus ihren allgemeinen Zielen der Medienerziehung als auch ihrem Wissen über die Mediennutzung von Kindern hervorgeht. Darüber hinaus erweisen sie sich in ihrer Problemwahrnehmung – wie auch insgesamt in in ihren Äußerungen – als ausgesprochen differenziert. Schließlich bedienen sich diese Erzieherinnen in ihrer Arbeit im Kindergarten aus einem reichen Strauß an Praxisvorschlägen. Diesbezüglich muß man bei ihnen auch einen hohen Einfallsreichtum feststellen, der deutlich pragmatische Züge

148 Zumindest steht dahinter die Vorstellung, daß es eigentlich einfacher wäre, wenn das Fernsehen erst später auf Kinder zukäme, aber man sich „nun halt mal" der Realität beugen müsse.

trägt:. Sie scheinen in ihren Reaktionen auf Medienspuren der Kinder flexibel und situationsorientiert zu reagieren und dabei gelegentlich auch allgemeine Erziehungsziele mit medienerzieherischen zu verknüpfen.

Alle Erzieherinnen des „Patchwork-Typs“ finden die Medienerziehung wichtig oder sogar sehr wichtig. Gleiches gilt auch für die Elternarbeit zu diesem Förderbereich. Bei 80 Prozent dieser Erzieherinnen drückt sich dies auch in einem hohen bis sehr hohen medienerzieherischen Engagement im Kindergarten aus. Die „Patchwork-Erzieherinnen“ gehören damit – neben den „kompetenzorientierten“ und „kindzentrierten“ Erzieherinnen – zu den Personen mit dem höchsten Engagement.

Verwunderlich ist daher, daß sie sich selbst als eher unwirksam in der Medienerziehung einschätzen. Dies läßt sich aber zum einen auf ihr hohes Anspruchsniveau zurückführen; zum anderen jedoch auch auf die Tatsache, daß das Fehlen einer verbindenden Leitidee (das ja das kennzeichnende Merkmal dieses Erzieherinnen-Typus ist) gerade in Verbindung mit einem hohen Anspruchsniveau und einem ebensolchen Engagement für Medienerziehung die Einschätzung des eigenen medienerzieherischen Erfolgs erschwert: Wer bei hohem pädagogischem Anspruch lediglich miteinander unverbundene Einzelziele vor Augen hat, verzettelt sich leicht und kann zwar potentielle Einzelerfolge feststellen, wird sich vermutlich jedoch einerseits darin schwertun, seine Selbstwirksamkeit auf einen Nenner zu bringen, und kann andererseits kaum zu einer positiven Gesamteinschätzung gelangen.

*„Der kompetenzorientierte Typ“*

Diese Erzieherinnen (n = 2) nannten bezogen auf die Fernsehnutzung von Kindern viele Kompetenzdefizite und äußerten zusammen mit der „kindzentrierten“ Kollegin auch die klarste Vorstellung davon, wie sich eine entsprechende Förderung von Medienkompetenz bei Kindern verwirklichen läßt. Solche Ziele werden jedoch nicht von beiden Erzieherinnen auch in Form von Maßnahmen und Projekten in die Tat umgesetzt. Schließlich ist aber ein kompetenzorientiertes Denken vorhanden, das sich – auch unabhängig von gezielten Maßnahmen zur Medienerziehung – in ihrer täglichen Arbeit und in ihrer Problemwahrnehmung widerspiegelt.

Medienerziehung ist für sie – ebenso wie für die „Bewahrerinnen“ – sehr wichtig. Gleiches gilt auch für die Elternarbeit zur Medienerziehung.

Innerhalb der Telefonbefragung wollten sie sich bei der Bewertung der Aussage „daß Fernsehen, Video und Computer nicht in den Kindergarten gehören“ nicht entscheiden: Beide kompetenzorientierten Erzieherinnen beurteileten die Aussage als weder richtig noch falsch. Schließlich bemühen sich beide auch um die Förderung von Basiskompetenzen (z.B. Ausdrucksvermögen, Sprachförderung, Kreativität) im Kindergarten, die für eine adäquate und eher unproblematische Nutzung von Medien sinnvoll erscheinen.

Weitere Merkmale der „kompetenzorientierten“ Erzieherinnen sind:

- Sie nutzen privat – zusammen mit dem „kindzentriertem Typus" – Fernsehen oder Videorekorder im Vergleich zu anderen Erzieherinnen sehr ausgiebig (135 Minuten täglich).
- Im Vergleich zu anderen Erzieherinnengruppen haben sie – zusammen mit der „Kindzentrierten" – die positivste Einstellung zum Fernsehen und sind sehr am Thema „Multimedia" interessiert.
- Sie nennen zusammen mit dem „Selektionstyp" und der „kindzentrierten" Erzieherin die meisten Kriterien zur Bewertung des Fernsehens.

*„Die Kindzentrierte"*
Die Beschreibung dieses Typs ist quasi als Einzelfallstudie aufzufassen, da nur eine Erzieherin diese wohl anspruchsvollste Stufe (vgl. Abb. 6.3) erreichte.

Die „kindzentrierte" Erzieherin zeichnet sich insbesondere dadurch aus, daß sie viele Kenntnisse zur Medienerziehung besitzt und in ihren Aussagen nicht nur sehr differenziert, sondern auch differenzierter als alle anderen Befragten ist: So sind alle Aussagen – ob zu Wirkungen, Motiven oder Kriterien der Fernsehnutzung, aber auch innerhalb der Beschreibung von medienbezogenem oder medienbedingtem Verhalten der Kinder – mit differenzierten Äußerungen versehen, die sich auf die Unterschiedlichkeit der Kinder und ihrer Lebenswelt beziehen. Bei jeder Thematik ist immer zu spüren, daß sie sich in die Kinder und ihre Lebenssituation hineinversetzt. Daher empfindet sie auch medienbezogene Verhaltensweisen von Kindern, wie etwa das Nachspielen von Medienfiguren, für ihre erzieherische Tätigkeit als sehr nützlich, da sie hierdurch Zugang zu den Kindern und ihrer Lebenswelt bekommt.

Weitere Merkmale sind:

- Medienerziehung ist für sie wichtig, noch wichtiger ist ihr aber die Elternarbeit zur Medienerziehung.
- Auditive Medien nutzt sie fast täglich im Kindergarten. Demzufolge ist es logisch, daß sie – wie auch die „kompetenzorientierten" Erzieherinnen – ablehnt dafür zu sorgen, daß die Einrichtung frei von elektronischen Medien bleibt.
- Sie nutzt privat – wie auch der „kompetenzorientierte Typus" – Fernsehen oder Videorekorder sehr ausgiebig (120 Minuten täglich)
- Im Vergleich zu anderen Erzieherinnengruppen hat sie mit den „kompetenzorientierten" Erzieherinnen die positivste Einstellung zum Fernsehen. Multimedia hält sie aber für sich persönlich ebenso wie für die Gesellschaft und für Kinder eindeutig für einen Fluch; dennoch ist sie genauso wie die „kompetenzorientierten" Erzieherinnen am Thema „Multimedia" sehr interessiert.

- Sie schätzt zudem den Fernsehkonsum von Kindern richtig ein (bzw. kennt den Wert der GfK).
- Ähnlich wie der „Selektionstyp" bzw. die „kompetenzorientierten" Erzieherinnen nannte sie ausgesprochen viele Kriterien zur Bewertung des Fernsehens.
- Sie geht davon aus, daß Kinder nur in einem sehr geringen Teil von Anlagen geprägt werden (10%), und sieht sich in ihrem erzieherischen und medienerzieherischen Einfluß als ziemlich wirksam an.
- Zusammen mit dem „Selektionstypus" hat sie die höchste Problemwahrnehmung bezüglich der im Kindergarten zu beobachtenden Medienerlebnisse von Kindern.
- Sie nannte die meisten auf die Fernsehnutzung von Kindern bezogenen Kompetenzdefizite und hat zusammen mit den „kompetenzorientierten" Erzieherinnen auch die beste Vorstellung davon, wie sich eine entsprechende Förderung von Medienkompetenz bei Kindern verwirklichen läßt. Schließlich gehört sie auch zu den wenigen, die gemessen an ihrer Praxis und den damit reichlich verbundenen Zielen die Förderung von Medienkompetenz tatsächlich umsetzen.

Über die einzelnen Beschreibungen hinaus sind noch einige soziodemographische und die Ausbildung betreffende Besonderheiten auffallend:

Die „Kindzentrierte" und die „kompetenzorientierten" Erzieherinnen gehören im Vergleich zu den anderen Typen eher zu den älteren Jahrgängen; dementsprechend ist ihre Ausbildung auch schon länger her. Betrachtet man diese Erzieherinnen genauer, so ist festzustellen, daß nur bei einer der drei Medienerziehung innerhalb der Ausbildung behandelt wurde. Zudem hat bisher keine von ihnen eine Fortbildung zur Medienerziehung besucht. Offensichtlich sind es ihre Aufgeschlossenheit, Erfahrung und Persönlichkeit sowie ihr Engagement und ihre Einstellung zur Erziehung allgemein, die sie auszeichnen und sich entsprechend in ihrer medienerzieherischen Tätigkeit widerspiegeln. Schließlich sind wohl nicht zufällig alle drei Erzieherinnen nicht nur für das Thema „Multimedia" aufgeschlossen, sondern daran auch sehr interessiert. Die „Kompetenzorientierten" sind im Vergleich zu allen anderen Erzieherinnen subjektiv am besten für Medienerziehung qualifiziert. Hingegen fühlt sich die „Kindzentrierte" in dieser Hinsicht nur ausreichend qualifiziert, was dadurch erklärt werden kann, daß man für die enormen Anforderungen einer „Kindzentrierung" vermutlich niemals wirklich hinreichend qualifiziert sein kann (Stichwort: Lebenslanges Lernen). Eine weitere Erklärung könnte sein, daß sie nicht ihr medienerzieherisches Handeln als Maßstab verwendet, sondern sich auf ihre fehlende Aus- und Fortbildung bezieht. Schließlich hat sie sich zudem ausgiebig privat mit Themen der Medienerziehung beschäftigt.

Eine private Beschäftigung mit vielen Themenbereichen der Medienerziehung liegt zwar auch bei den anderen Erzieherinnentypen vor, doch hängen die Effekte einer eigenständigen Fortbildung vermutlich stark von den jeweils bereits vorliegenden Kognitionen und Wissensbeständen ab (Stichworte „Eingestellte Wahrnehmung" und „Wissensklufthypothese"). Insofern dürfte ein Verständnis solcher Themen nicht zuletzt mit dem Typus, dem eine Person zugeordnet ist, zusammenhängen: Wer etwa bisher eine bewahrpädagogische Einstellung hatte, wird stärker an solchen Themen interessiert sein, die mit negativen Auswirkungen des Fernsehens verbunden sind (z.B. Publikationen von Neil Postman), wobei die Beschäftigung mit solchen Themen dann wiederum das bisherige Denken und Handeln bestätigt und rechtfertigt.

### *6.7.2 Multivariate Typologisierung*

Die bisher berichteten Ergebnisse lassen vermuten, daß der Zusammenhang zwischen medienerzieherischer und ihren Determinanten höchst komplex ist. So konnten zwar einzelne Zusammenhänge aufgezeigt werden; die statistischen Kennwerte wiesen jedoch darauf hin, daß erst eine Bündelung mehrerer Variablen ein klareres Bild vermitteln kann. Daher wurde eine Klassifikation der Befragten vorgenommen, die nach unserer Auffassung wichtige Variablen miteinander kombiniert. Es war zu prüfen, ob sich auf Grundlage relevanter Variablen Erzieherinnen-Typen charakterisieren lassen, anhand derer die Medienerziehung im Kindergarten aufklärend beschrieben werden kann. Als potentielle Kriterien zur Clusterbildung wurden prinzipiell solche Variablen angesehen, die sich auf Einstellungen und Annahmen zur Medienerziehung im Kindergarten, Kenntnisse und Annahmen zur kindlichen Mediennutzung sowie auf die Qualifikation zur Medienerziehung beziehen.

Als Verfahren zur Klassifikation wurde die Clusteranalyse nach der Ward-Methode gewählt (vgl. Backhaus et al., 1996, S. 287ff)[149].

Folgende Variablen wurden als Kriterien der Clusterbildung ausgewählt, da sie u.E. den Variablenkomplex der Einstellungen zur Medienerziehung einschließlich der subjektiven persönlichen Qualifikation in diesem Bereich gut abbilden:

- *subjektive persönliche Qualifikation der Erzieherinnen in Medienerziehung* (1 = „sehr gut qualifiziert", 6 = „ungenügend qualifiziert"; Frage 42)[150]

---

149 Es handelt sich dabei um ein agglomeratives Verfahren, welches einzelne Objekte (in unserem Fall Erzieherinnen) mithilfe von Proximitätsmaßen sukzessive zusammenführt; dabei bestimmt die geringste Erhöhung der Fehlerquadratsumme, welche Objekte jeweils fusioniert werden (vgl. Bortz, 1993, S. 522ff). Als Proximitätsmaß (in diesem Fall ein Distanzmaß) bot sich entsprechend dem gewählten Fusionierungsalgorithmus die quadrierte euklidische Distanz an.
Dieses Verfahren wird bezogen auf die zu berechnenden Partitionen, die letztlich in mehreren Schritten zu Clustern führen, als „sehr gut" und „konservativ" bezeichnet und führt in der Regel zu etwa gleichgroßen Gruppen (vgl. Backhaus et al., 1996, S. 298).

- *subjektive Wichtigkeit der Medienerziehung* (1 = „sehr wichtig“, 4 = „völlig unwichtig“; Frage 53)
- *bewahrpädagogische Einstellung* (Beurteilung der entspechenden Aussage: 1 = „völlig richtig“, 5 = „völlig falsch“; Frage 86)
- *allgemeine subjektive Selbstwirksamkeit im Hinblick auf den eigenen Einfluß auf die Mediennutzung von Kindern* (1 = hohe Selbstwirksamkeit, 5 = niedrige Selbstwirksamkeit; Frage 87)

Zur Umsetzung der Klassifikation wurden die Variablen z-transformiert, da unterschiedliche Skalenformate ausgeglichen werden mußten. Für die Beurteilung der Cluster selbst bilden die Ursprungsvariablen die Basis.

Um möglichst homogene Clusterlösungen zu erhalten, wurde in einem weiteren Schritt mit Hilfe des Single-Linkage-Verfahrens nach sogenannten „Ausreißern“ Ausschau gehalten, die zu einer möglichen Verzerrung innerhalb des Fusionierungsprozesses führen können. Letztlich bildeten n = 579 Erzieherinnen die Basis für die Clusterung.

Anhaltspunkt für die Entscheidung über die Anzahl der Cluster lieferte das Struktogramm, das ähnlich auszuwerten ist wie ein Scree-Test im Rahmen einer Faktorenanalyse. Als Kriterium dienen hierbei die Fusionsstufen, bei denen bezüglich des Zuwachses der Fehlerquadratsummen ein deutlicher Sprung zu erkennen ist. Die Inspektion des Struktogramms legte eine Lösung mit 4 oder 5 Clustern nahe. Die Entscheidung wurde aufgrund der T- und F-Werte sowie der Mittelwertunterschiede der einzelnen Cluster getroffen (vgl. Backhaus et al., 1996, S. 310ff). Dabei standen möglichst große Heterogenität zwischen den Clustern und möglichst hohe Homogenität innerhalb der Cluster im Vordergrund[151].

Die Entscheidung wurde zugunsten einer Lösung mit fünf Clustern[152] gefällt, die – neben den besseren T- und F-Werten sowie deutlicheren Mittelwertsdifferenzen – auch aufgrund der Erfahrung aus den themenzentrierten Interviews als theoretisch interessant angesehen werden können.

Im Folgenden sollen nun die einzelnen Erzieherinnen-Typen beschrieben werden. Dabei gehen wir zunächst auf die zur Clusterung herangezogenen Kriterien ein, bevor wir Spezifika der einzelnen Gruppen im Hinblick auf weitere Variablen erläutern.

---

150 Die Originalfragen befinden sich im Anhang.

151 Die F-Werte geben darüber Auskunft, inwieweit die Varianzen der einzelnen Merkmale der jeweiligen Cluster größer (F > 1) oder kleiner (F < 1) als die Gesamtvarianz in der Stichprobe sind. Damit ist der F-Wert ein Homogenitätsmaß der Clusterlösung. T-Werte wiederum zeigen an, welche Merkmale ausschlaggebend sind, um die jeweiligen Cluster bzw. Erzieherinnen-Typen zu charakterisieren. Und schließlich läßt sich aufgrund einer einfaktoriellen Varianzanalyse erkennen, inwieweit sich Merkmalsausprägungen zwischen den verschiedenen Clustern unterscheiden und welche Bedeutung diesen Mittelwertsunterschieden zukommt.

152 Die entsprechenden F- und T-Werte finden sich in den Tabellen A.15 und A.16 im Anhang. Mittelwertunterschiede sind in der Tabelle 6.38 berichtet.

**Tabelle 6.38: Mittelwertunterschiede der Merkmale zur Clusterung über alle Erzieherinnentypen**
(Basis: n = 579; ungewichtete Daten)

| | Gesamt | | Typ 1 | | Typ 2 | | Typ 3 | | Typ 4 | | Typ 5 | |
|---|---|---|---|---|---|---|---|---|---|---|---|---|
| | M | SD | M | SD | M | SD | M | SD | M | SD | M | SD |
| subjektive persönliche Qualifikation zur Medienerziehung | | | | | | | | | | | | |
| | 3,07 | 0,88 | 3,01 | 0,79 | 4,20 | 0,62 | 2,59 | 0,54 | 2,98 | 0,73 | 2,66 | 0,63 |
| | | | a | | b | | c | | a | | c | |
| subjektive Wichtigkeit der Medienerziehung | | | | | | | | | | | | |
| | 2,09 | 0,66 | 2,10 | 0,61 | 2,37 | 0,75 | 1,98 | 0,63 | 2,22 | 0,83 | 1,91 | 0,50 |
| | | | a,c | | b | | a,c | | a,b | | c | |
| bewahrpädagogische Einstellung | | | | | | | | | | | | |
| | 2,64 | 1,18 | 3,18 | 0,81 | 2,34 | 0,95 | 1,45 | 0,50 | 1,08 | 0,28 | 3,58 | 0,81 |
| | | | a | | b | | c | | c | | d | |
| Selbstwirksamkeit | | | | | | | | | | | | |
| | 2,07 | 1,22 | 3,15 | 0,88 | 1,46 | 0,65 | 1,33 | 0,47 | 3,76 | 0,92 | 1,08 | 0,27 |
| | | | a | | b | | b,d | | c | | d | |

a,b,c,d: Unterschiedliche Indizes kennzeichnen auf dem 5%-Niveau signifikante Unterschiede. Werte, die mindestens einen Index gemeinsam haben, unterscheiden sich nicht signifikant.

*Typ 1: „Der Durchschnittstyp“ (n = 168)*
Erzieherinnen diesen Typs zeichnen sich dadurch aus, daß sie eben nichts Besonderes auszeichnet[153]. Solche Erzieherinnen haben allenfalls eine etwas geringere bewahrpädagogische Einstellung (M = 3,18) als der Durchschnitt der Stichprobe (M = 2,64). Hauptmerkmal dieser Gruppe ist entsprechend auch eine mittlere Selbstwirksamkeit (M = 3,15; entspricht Skalenmittelpunkt)[154]. Ebenso heben sich diese Erzieherinnen, was den Stellenwert (Wichtigkeit) von Medienerziehung angeht, nicht in irgendeiner Richtung besonders ab (entsprechen dem Durchschnitt aller Erzieherinnen; M = 2,10; d.h. „eher wichtig“). Ihre persönliche Qualifikation zur Medienerziehung liegt etwa beim Gesamtmittelwert der Stichprobe (M = 3,01; Mittelwert der Gesamtstichprobe: M = 3,07).

*Typ 2: „Die sehr gering Qualifizierten, aber Selbstwirksamen“ (n = 109)*
Hauptmerkmal dieses Erzieherinnentyps ist, wie die Bezeichnung schon sagt, eine im Vergleich zu anderen Erzieherinnen sehr niedrige Einschätzung der eigenen Qualifikation zur Medienerziehung. Dabei sehen sich diese Erzieherinnen gleichzeitig als selbstwirksam an (M = 1,46), wenn sie sich in Medienerziehung engagieren. Bezüglich der subjektiven Wichtigkeit von Medienerziehung liegt diese Gruppe mit dem vierten Typus an letzter Stelle und ist gleichzeitig als heterogen zu bezeichnen (F = 1,29). Der Stellenwert der Me-

153 Sie tendieren in keiner der zur Clusterung verwendeten Merkmale in extreme Richtung. So befinden sich die Merkmalsausprägungen entweder auf dem Mittelpunkt der jeweiligen Skala oder nehmen diesbezüglich den Mittelwert der Gesamtstichprobe an.

154 mit der sie sich allerdings von der Gesamtstichprobe (M = 2,07) deutlich abheben

dienerziehung ist dabei im Durchschnitt weder hoch noch niedrig. Eine leicht bewahrpädagogische Einstellung ist ebenfalls festzustellen.

*Typ 3: „Die wirksamen Bewahrerinnen“ (n = 92)*
Diese Erzieherinnengruppe stellt sich in ihrer bewahrpädagogischen Haltung[155], die gleichzeitig ihr Hauptmerkmal ist, sowie in ihrer Selbstwirksamkeit[156] als sehr homogen dar: Sie stimmen zum einen der bewahrpädagogischen Aussage zu: „Fernsehen, Video und Computer stellen eine Gefahr für die Entwicklung der Kinder dar und gehören deshalb nicht in den Kindergarten“ (M = 1,45); zum anderen fühlen sie sich in ihrem „medienerzieherischen“ Handeln sehr wirksam. Für ihre Qualifikation zur Medienerziehung geben sie sich selbst Noten zwischen „eins“ und „drei“ (M = 2,59; F = 0,37), womit sie vermutlich ihre Qualifikation im „Fernhalten“ von Medieneinflüssen meinen. Dementsprechend ist für sie Medienerziehung auch wichtig (M = 1,98).

*Typ 4: „Die unwirksamen Bewahrerinnen“ (n = 59)*
Hauptkennzeichen dieser Gruppe sind eine extrem bewahrpädagogische Einstellung (M = 1,08), in der sie sich absolut einig sind (F = 0,06), und ein extrem niedriger Glaube daran, in puncto Medienerziehung etwas bei Kindern zu bewirken (bzw. diese zu bewahren). Ob ihnen die Medienerziehung wichtig oder unwichtig ist, darüber sind sich diese Erzieherinnen allerdings überhaupt nicht einig (F = 1,57; M = 2,22). Für ihre Qualifikation geben sie sich im Durchschnitt die Note „befriedigend“.

*Typ 5: „Die wirksamen Medienerzieherinnen“ (n = 151)*
Insbesondere zwei Merkmale zeichnen diesen Typus aus: Solche Erzieherinnen sind keineswegs bewahrpädagogisch eingestellt (M = 3,58; F = 0,48); tatsächlich findet sich in dieser Gruppe keine einzige, die der Aussage zustimmt, daß Fernsehen, Video und Computer nicht in den Kindergarten gehören. Zudem empfinden sie sich bezogen auf den Erfolg von Medienerziehung bei Kindern einhellig (F = 0,05) als sehr selbstwirksam (M = 1,08). Entsprechend halten sie sich auch für durchaus qualifiziert zur Medienerziehung (M = 2,66) und schätzen diese gleichzeitig als wichtig ein (M = 1,91).

Wie lassen sich nun diese Gruppen anhand sonstiger Merkmale kennzeichnen? Diese Frage wird im Folgenden beantwortet (für einzelne Kennwerte siehe Tabellen A.17 bis A.20 im Anhang):

*Weitere Kennzeichen des „Durchschnittstyps“ (Typ 1)*
Die aus der Clusterung gewonnene Typencharakterisierung scheint sich über die meisten Variablen zu bestätigen. Tatsächlich sind innerhalb dieser Grup-

155 bewahrpädagogische Einstellung: F = 0,18
156 subjektive Wichtigkeit von Medienerziehung: F = 0,15

pe nur sehr selten Extrempositionen erkennbar. Daher sind hier auch nur wenige Merkmale zu nennen, die sie besonders auszeichnen:

- höchster Anteil an städtischen Trägern der Einrichtung (29,8 %) im Vergleich zu den anderen Typen
- ähnlich wie bei Typ 5 sind in der Einrichtung besonders häufig Spielfiguren und ähnliches aus dem Medienverbund vorhanden
- zusammen mit Typ 5 höchster Anteil an Erzieherinnen, die einen Videorekorder besitzen; auch ansonsten eine gute private Ausstattung an Mediengeräten
- sie schätzen den Anteil an Vielsehern in ihrer Kindergarten-Gruppe im Vergleich zu anderen Erzieherinnen am höchsten ein
- längere Gespräche mit Eltern zur Medienerziehung finden bei diesen Erzieherinnen, ebenso wie bei den „Sehr gering Qualifizierten, aber Selbstwirksamen" (Typ 2), am seltensten statt

*Weitere Kennzeichen der „Sehr gering Qualifizierten, aber Selbstwirksamen" (Typ 2)*

- Wenn ein PC im Haushalt vorhanden ist, wird er von fast allen Erzieherinnen dieser Gruppe auch genutzt; sie nehmen in dieser Hinsicht den höchsten Rang ein.
- Das Motiv der eigenen Fernsehnutzung, „zu sehen, was in der Welt passiert", ist zwar bei diesen Erzieherinnen auch in hohem Maße vorhanden; sie belegen aber diesbezüglich im Vergleich zu den anderen Erzieherinnen den letzten Rang.
- Sie hatten der Anzahl nach die im Durchschnitt wenigsten Themenbereiche zur Medienerziehung innerhalb der Ausbildung. Entsprechend sind – im Vergleich zu anderen Erzieherinnengruppen – die wenigsten hier durch ihre Ausbildung über die Mediennutzung von Kindern informiert. Dies bedeutet, daß ihre subjektive Einschätzung der Qualifikation durchaus ihrer „objektiven" Ausbildungssituation entspricht. Der Anteil derer, die außerhalb der Ausbildung andere Informationsquellen – z.B. Fortbildung, Fachzeitschriften, aber auch Berichte von Kindern – nicht nutzen, ist in dieser Gruppe am höchsten.
- Hinsichtlich der privaten Beschäftigung mit Themenbereichen der Medienerziehung bilden diese Erzieherinnen häufig das Schlußlicht. Der prozentuale Anteil derer, die sich auf diese Weise privat weiterbilden, ist im Vergleich zu anderen Erzieherinnengruppen kleiner.
- Sie schätzen den Anteil an vielsehenden Kindern in Deutschland am höchsten unter allen Erzieherinnen ein.
- Nach den „Unwirksamen Bewahrerinnen" kennzeichnet sie die höchste Anzahl an Erzieherinnen, die auf medienbezogenes oder medienbedingtes

Verhalten von Kindern so reagieren, daß sie ohne weitere Erklärung zu anderem (nicht-medienbezogenen) Verhalten anregen.
- Elternabende werden hier von den wenigsten Erzieherinnen angeboten. Längere Gespräche mit Eltern zur Medienerziehung finden bei diesen Erzieherinnen – zusammen mit den „Durchschnittlichen“ – am wenigsten statt.

*Weitere Kennzeichen der „Wirksamen Bewahrerinnen“ (Typ 3)*
- Außer Typ 5 sind nur in dieser Gruppe Waldorfkindergärten anzutreffen (75 Prozent aller Waldorfkindergärten der Stichprobe). Die katholische Kirche ist als Träger in dieser Erzieherinnengruppe am wenigsten vertreten (31,5%).
- In der Rangfolge nach den „Unwirksamen Bewahrerinnen“ wird das Mitbringen von Merchandising-Artikeln am wenigsten geduldet und vermutlich daher (und dies zusammen mit dem Typ 1) am wenigsten häufig beobachtet, daß Kinder unaufgefordert solche Spielfiguren aus dem Medienverbund in den Kindergarten mitbringen.
- Unter allen Erzieherinnen befindet sich in dieser Gruppe der größte Anteil, der sein Fernsehprogramm noch ohne Satellit oder Kabel empfängt (23%). Sie haben gleichzeitig von allen Erzieherinnen-Typen die niedrigste Fernsehnutzungsdauer und nutzen am wenigsten Bücher und Tageszeitung.
- Langeweile wird als Motiv für die eigene Mediennutzung am deutlichsten abgelehnt.
- Herauszuheben ist, daß sich „Wirksame Bewahrerinnen“ positiv von den „Unwirksamen Bewahrerinnen“ unterscheiden, wenn man die private Beschäftigung mit medienerzieherisch relevanten Themen betrachtet: Die Selbstwirksamen unter den „Bewahrerinnen“ interessieren sich mehr für Ziele und Praxis der Medienerziehung sowie für den technischen Umgang mit Mediengeräten. In gleicher Richtung zeigen sich auch Unterschiede beim Bedarf an Hilfestellungen: Speziell für die Elternarbeit zur Medienerziehung und zur Elternberatung im Hinblick auf die Bewertung von Fernsehangeboten besteht ein starker – und im Vergleich zu anderen Erzieherinnen sogar der höchste – Bedarf

*Weitere Kennzeichen der „Unwirksamen Bewahrerinnen“ (Typ 4)*
- Dies ist die einzige Gruppe zu der keine AWO- oder DRK-Einrichtungen gehören. Auffallend selten werden diese Einrichtungen von der Stadt getragen (17%), wohingegen die Kirchen (83%) und darunter vor allem die katholische Kirche hier prozentual am häufigsten Einrichtungsträger sind.
- Bei beiden Gruppen mit stark bewahrpädagogischer Einstellung (Typ 3 und Typ 4) wird das Mitbringen von Merchandising-Artikeln am häufigsten unterbunden, und dies bei Typ 4 am deutlichsten. Gleichzeitig wird

von den „Unwirksamen Bewahrerinnen“ am häufigsten beobachtet, daß Kinder unaufgefordert solche Spielfiguren aus dem Medienverbund in den Kindergarten mitbringen.

- In den Privathaushalten dieser Erzieherinnen sind mit Abstand am wenigsten Computer vorhanden; wenn vorhanden, werden sie seltener als in den anderen Gruppen von ihnen selbst genutzt und wenn, dann mit der geringsten durchschnittlichen Tagesnutzungdauer von allen. Auch beim Besitz eines Videorekorders bilden sie das Schlußlicht.
- Bücher werden in dieser Gruppe (im Vergleich zu anderen Erzieherinnen-Typen) am ausgiebigsten genutzt. Dies scheint also das Medium zu sein, das von den „Unwirksamen Bewahrerinnen“ sehr akzeptiert wird.
- Das Motiv der eigenen Fernsehnutzung, „Neues oder Wissenswertes zu erfahren“, ist zwar bei diesen Erzieherinnen in hohem Maße vorhanden, sie belegen aber diesbezüglich im Vergleich zu den anderen Erzieherinnen den letzten Rang.
- Der Anteil derer, die als Informationsquelle für ihr Wissen über die Mediennutzung von Kindern Berichte der Kinder, aber auch das Verhalten der Kinder in der Einrichtung nutzen, ist in dieser Gruppe im Vergleich zu allen anderen am höchsten.
- Insgesamt ist in dieser Gruppe der Anteil an Erzieherinnen, der sich privat mit dem technischen Umgang mit Medien vertraut gemacht hat, am niedrigsten.
- Von allen Erzieherinnen haben sie den geringsten Bedarf an Hilfestellungen; dies gilt für Hilfestellungen zu Zielen und Praxis der Medienerziehung sowie für den technischen Umgang mit Mediengeräten – und dies, obwohl die wenigsten Erzieherinnen dieser Gruppe die letztgenannten Themenbereiche als Ausbildungsinhalt hatten oder sich privat damit beschäftigen.
- Im Vergleich zu allen anderen Erzieherinnen werden Elternabende zur Medienerziehung am meisten in dieser Gruppe angeboten. Auch ist hier der höchste Anteil an Erzieherinnen, die längere Elterngespräche zur Medienerziehung führen. Dies geht zumindest in Richtung der Vermutung, wonach diese Gruppe die Elternarbeit vorwiegend dazu nutzt, die Verantwortung für die Medienerziehung in die Hände der Eltern zu legen (vgl. Kap. 6.6.2). Damit könnte auch die geringe Selbstwirksamkeit bezüglich des Einflusses auf den Medienkonsum von Kindern in dieser Gruppe möglicherweise auf Probleme mit den Eltern zurückgeführt werden.

*Weitere Kennzeichen der „Wirksamen Medienerzieherinnen“ (Typ 5)*

- Ebenso wie bei Typ 3 sind in dieser Gruppe Waldorfkindergärten anzutreffen (25 Prozent aller Waldorfkindergärten der Stichprobe).
- Ähnlich wie bei Typ 1 sind hier besonders häufig Spielfiguren und ähnliches aus dem Medienverbund in der Einrichtung vorhanden. Gleichzeitig

wird das Mitbringen solcher Merchandising-Artikel (im Vergleich zu anderen Erzieherinnen-Typen) am häufigsten zu bestimmten Gelegenheiten erlaubt und am seltensten verboten.

- In dieser Gruppe befindet sich der höchste Anteil an Erzieherinnen, die eine Videokamera im Haushalt besitzen; sie sind auch Spitzenreiter beim Besitz eines Computers und der diesbezüglichen täglichen Nutzungsdauer. Zusammen mit Typ 1 weist diese Gruppe den höchsten Anteil an Besitzerinnen von Videorekordern auf; aus all diesem läßt sich eine technik- und medieninteressierte Haltung ableiten.
- Die Motive der eigenen Fernsehnutzung, „zu sehen, was in der Welt passiert“ und „Neues und Wissenswertes zu erfahren“, erhalten von diesen Erzieherinnen die höchste Zustimmung.
- Der Anteil derer, die für ihr Wissen über die Mediennutzung von Kindern Ausbildung, Fortbildung, aktuelle Medien sowie Fachzeitschriften als Informationsquelle nutzen, ist in dieser Gruppe im Vergleich zu allen anderen am höchsten. Stellen beim Typ 4 („Unwirksame Bewahrerinnen“) Berichte von Kindern die Hauptinformationsquelle dar, so sind dies hier Fachzeitschriften.
- In dieser Gruppe finden sich die höchsten prozentualen Anteile an Erzieherinnen, die sich privat mit verschiedenen Themenbereichen der Medienerziehung (z.B. mit Zielen und Praxis der Medienerziehung oder auch dem Einsatz von Mediengeräten) beschäftigt haben.
- Sie halten in besonders vielen Bereichen der Medienerziehung Hilfestellung für notwendig; insbesondere haben sie im Vergleich zu anderen einen höheren Bedarf an Hilfestellungen zu Zielen und Praxis der Medienerziehung sowie zum technischen Umgang mit Mediengeräten.
- Sie schätzen – im Vergleich zu anderen Erzieherinnen – den Anteil an vielsehenden Kindern in der Bevölkerung und in ihrer Kindergarten-Gruppe am niedrigsten ein.

Weitere Unterschiede zwischen den Erzieherinnen-Typen sind zudem folgende:

(1) Wie bereits an anderer Stelle berichtet wurde, ist der Zusammenhang zwischen der *Selbstwirksamkeit in Medienerziehung* und der *subjektiven Wichtigkeit der Medienerziehung* im Kindergarten nur sehr gering ausgeprägt. Es ist zu vermuten, daß hier insbesondere das Anspruchsniveau, mit dem man Medienerziehung betreiben will, verantwortlich ist. Ließ sich eine solche Annahme bereits durch die Ergebnisse der qualitativen Typologisierung in Kapitel 6.7.1 stützen, so kann hier ein negativer Zusammenhang dieser Variablen in der Gruppe der „Wirksamen Medienerzieherinnen“ aufgezeigt werden: Je wichtiger Medienerziehung für solche vermutlich auch engagierten Erzieherinnen ist, desto geringer ist deren Einschätzung bezüglich ihrer Selbstwirksamkeit im

Hinblick auf die Medienerziehung im Kindergarten (r = -.24; p = .003). Dies kann aber auch bedeuten, daß Erzieherinnen innerhalb dieser Gruppe von einer gewissen Resignation ergriffen wurden. Ebenso ist dies als Hinweis darauf aufzufassen, daß sich vermutlich auch hier Probandinnen befinden, die Medienerziehung zwar wichtig finden, was sich aber nicht (mehr) unbedingt in bewußt geplanten Maßnahmen niederschlägt.

(2) Die *subjektive persönliche Qualifikation für die Elternarbeit zur Medienerziehung* läuft parallel zur Einschätzung der Qualifikation zur Medienerziehung: Auch in dieser Hinsicht sind es die Erzieherinnen des zweiten Typs, die sich am schlechtesten qualifiziert sehen (Note 4). Alle anderen Erzieherinnengruppen geben sich zumindest die Note „befriedigend", wobei die „Wirksamen Bewahrerinnen" (wie bereits für die subjektive Qualifikation zur Medienerziehung gezeigt) den besten Notendurchschnitt haben (M = 2,73).

(3) Den *täglichen Fernsehkonsum von Kindern* schätzen die Erzieherinnen-Typen 1 und 5 am niedrigsten, entsprechend die anderen Erzieherinnen am höchsten ein.

(4) Abgesehen davon, daß von allen Erzieherinnen die neuere Fernsehentwicklung im Hinblick auf die Arbeit im Kindergarten eher als *Fluch* bewertet wird, haben beide „Bewahrerinnengruppen" (Typ 3 und 4) im Hinblick auf Kinder und Kindergartenarbeit die negativsten Einstellungen, und dies nicht nur hinsichtlich der „neueren Entwicklungen des Fernsehens", sondern auch bezogen auf „Fernsehen Allgemein" und „Multimedia".

(5) Unterschiede zwischen den beiden Gruppen der „Bewahrerinnen" ergeben sich bezüglich der *Beobachtung von medienbezogenem oder medienbedingtem Verhalten* in Form von Nachahmung von Fernsehakteuren: Die „Unwirksamen Bewahrerinnen" beobachten ein solches Verhalten bei Kindern im Kindergarten insgesamt am häufigsten; den „Wirksamen" fallen medienbezogene oder -bedingte Verhaltensweisen am seltensten auf. In der Problemwahrnehmung von Medienerlebnissen unterscheiden sich ansonsten die „Wirksamen Bewahrerinnen" (Typ 3) am deutlichsten von den „Wirksamen Medienerzieherinnen" (Typ 5): Das Nachspielen von Fernseherlebnissen (z.B. von Szenen oder Teilen eines Films) wird von Erzieherinnen des dritten Typs am häufigsten und vom Typ 5 am seltensten beobachtet. Genau umgekehrt ist das Verhältnis bei der eigenständigen Nutzung von Mediengeräten durch Kinder in der Einrichtung, welches die „Wirksamen Medienerzieherinnen" am häufigsten von allen Erzieherinnen beobachten.

(6) Wenn es um die *Reaktionen auf medienbezogenes oder medienbedingtes Verhalten* der Kinder im Kindergarten geht, sind besonders die

„Unwirksamen Bewahrerinnen“ sehr heterogen: Die Erzieherinnen dieser Gruppe sind sich nicht nur uneinig hinsichtlich der Wichtigkeit von Medienerziehung (was bereits bei der Typenbeschreibung dargestellt wurde), sondern auch in ihren Reaktionen auf medienbezogene Aktivitäten von Kindern in der Einrichtung; einerseits regen über 30 Prozent in dieser Gruppe in solchen Momenten die Kinder ohne weitergehende Erklärungen zu einem anderen (nicht-medienbezogenen) Verhalten an, andererseits nehmen weitere 50 Prozent dieser Gruppe solche Aktivitäten als Anlaß zur Medienerziehung. Die „Sehr gering Qualifizierten, aber Selbstwirksamen“ – die auch bezüglich ihrer Einschätzung der Wichtigkeit von Medienerziehung heterogen sind – gehen indes in ihren Reaktionen andere Wege: Im Vergleich zu allen anderen Erzieherinnen-Typen erklären diese am häufigsten (65%) den Kindern, daß sie solches Verhalten nicht gut finden, lassen die Kinder aber dennoch gewähren. Zudem haben sie – zusammen mit den „Wirksamen Bewahrerinnen“ – den geringsten Anteil an solchen Erzieherinnen (25%), die medienbezogene Aktivitäten der Kinder im Kindergarten zum Anlaß für Medienerziehung nehmen. Ziemlich eindeutig sind die Ergebnisse für den Typ der „Wirksamen Medienerzieherinnen“: Im Vergleich zu allen Erzieherinnen befinden sich in dieser Gruppe die meisten (73%), für die Medienerlebnisse von Kindern einen Anlaß für medienbezogenes Handeln darstellen. Gleichzeitig gibt es hier nur wenige Erzieherinnen, die in der Form reagieren, daß sie ohne Erklärungen zu einem anderen, nicht-medienbezogenem Verhalten anregen.

(7) Sowohl für die „Wirksamen Bewahrerinnen“ als auch für die „Wirksamen Medienerzieherinnen“ ist unabhängig von Medienerziehung die *Förderung kognitiver Fähigkeiten* sehr wichtig. Zwar gilt dies für die anderen Erzieherinnen-Typen auch, aber die beiden genannten Typen nehmen dabei den ersten Rang ein. Gleiches gilt in puncto *Wichtigkeit der Elternarbeit zur Medienerziehung*: Auch hier führen die „Wirksamen Bewahrerinnen“ und die „Wirksamen Medienerzieherinnen“ das Feld an.

(8) Was sich bereits anhand ihrer bewahrpädagogischen Einstellung vermuten läßt, zeigt sich in beiden entsprechenden Typen (3 und 4) auch in ihrem Handeln, mit Abstand aber am deutlichsten bei den „Unwirksamen Bewahrerinnen“: Unter allen Erzieherinnen bemühen sie sich (nach ihren eigenen Angaben) am stärksten darum, ihren Kindergarten als medienfreie Zone zu gestalten. Ein solches *bewahrpädagogisches Handeln* läßt sich beim fünften Typ (den „Wirksamen Medienerzieherinnen“) am wenigsten feststellen. Direkt dahinter folgen die „Durchschnittlichen“, die ebenfalls in nur geringem Maße bewahrpädagogisch handeln.

(9) Im Einklang mit dem bisher gezeichneten Bild von „Wirksamen Medienerzieherinnen" nannten sie auch im Durchschnitt die meisten *Ziele der Medienerziehung* in den Face-to-Face-Interviews[157], wohingegen die „Wirksamen Bewahrerinnen" und die „Sehr gering Qualifizierten, aber Selbstwirksamen" die wenigsten Ziele nennen konnten.

(10) In gleicher Weise ist es zu werten, daß unter den „Wirksamen Bewahrerinnen" der Anteil an Erzieherinnen am höchsten ist (67%), der kein *Interesse am Thema „Multimedia"* äußert. Interesse oder Aufgeschlossenheit besteht in dieser Hinsicht nur bei 33 Prozent dieser Erzieherinnengruppe. In allen anderen Erzieherinnen-Typen ist das Interesse an Multimedia wesentlich höher: So sind 82 Prozent der „Wirksamen Medienerzieherinnen" diesem Thema gegenüber aufgeschlossen (29%) oder interessieren sich dafür (53%). Deutlich heben sich in diesem Fall auch die „Durchschnittlichen" ab, unter denen sich 33 Prozent für das Thema „Multimedia" interessieren und zumindest 50 Prozent der Erzieherinnen dafür aufgeschlossen sind.

Bei der Interpretation der Clusteranalyse ist zu berücksichtigen, daß – wie mehrfach erläutert – die hierfür zugrunde gelegte Repräsentativstudie nicht sämtliche Variablen der Gesamtstudie umfaßte. Insbesondere ist zu beachten, daß die Praxis der Medienerziehung in den themenzentrierten Interviews weitaus intensiver als in der Repräsentativstudie untersucht wurde und sich daher auf Grundlage der Cluster-Typen nur bedingt Rückschlüsse auf die medienerzieherische Praxis ziehen lassen. In den verschiedenen Zusammenhangsanalysen haben sich zwar unsere theoretischen Vorstellungen hinsichtlich der Bedeutung verschiedener Merkmale – insbesondere Kognitionen und Wissenselemente – auf seiten der Erzieherinnen für die Medienerziehung (vgl. Kap. 4.1) bestätigt; es zeigt sich jedoch – und dies wird besonders bei Typ 5 deutlich – daß erst die Kombination verschiedener Variablen zu einer adäquaten Umsetzung von Medienerziehung führt: So leitet sich die Einsicht in den Bedarf an Medienerziehung nicht schon aus einer differenzierten Problemwahrnehmung alleine ab. Problemwahrnehmung und Bedarfseinsicht zusammengenommen wiederum müssen mit klaren Zielvorstellungen und praktischen Handlungsstrategien usw. verbunden sein. Letztlich sind also alle diese Variablen als zwar notwendige, jedoch einzeln für sich genommen keineswegs hinreichende Bedingungen für eine umfassende, motivierte und erfolgreiche Medienerziehung anzusehen.

Weiterhin ist zu berücksichtigen, daß sich bewahrpädagogische Einstellungen, wie sie in der Repräsentativbefragung von vielen Erzieherinnen zum Ausdruck gebracht wurden, häufig gar nicht (nur) aus negativen Einstellun-

---

157 Für eine Reihe von anderen Variablen aus den Face-to-Face-Interviews konnten keine Spezifizierungen abgeleitet werden, da die entsprechenden Fallzahlen zu gering waren.

gen gegenüber den Medien ergeben, sondern (auch) aus der Situation im Kindergarten bzw. dem wahrgenommenen Verhalten der Kinder entstehen: Gerade wenn medienbezogenes oder medienbedingtes Verhalten als störend empfunden wird, kann eine Häufung solcher Verhaltensweisen[158] u.U. zu der Einstellung führen, daß wenigstens der Kindergarten frei von elektronischen Medien bleiben sollte (was einer bewahrpädagogischen Einstellung entspricht), um damit nicht noch mehr Anlaß zu medienbezogenem Verhalten zu bieten.

Und schließlich dürfen – neben weiteren situativen Bedingungen und der Persönlichkeit der Erzieherinnen – nicht die von vielen geschilderten Probleme in der Elternarbeit vergessen werden, deren Lösung ebenfalls für ein Gelingen von medienerzieherischen Maßnahmen im Kindergarten als maßgeblich angesehen werden kann.

Auch wenn ein Großteil der Merkmale, die wir als notwendige Bedingungen einer adäquaten Medienerziehung im Kindergarten ansehen, für den Typ der „Wirksamen Medienerzieherinnen" zutrifft, muß beachtet werden, daß sich nicht alle Probandinnen dieser Gruppe durch hohe Ausprägungen in diesen Merkmalen auszeichnen; dies war indes auch gar nicht zu erwarten, da nie vollständige Homogenität innerhalb der Cluster herzustellen ist. Dies bedeutet insgesamt, daß sich auf Grundlage der Erzieherinnen-Typen nur eingeschränkt auf die tatsächlich umgesetzte Medienerziehung schließen läßt. Dieser Rückschluß ist erst auf der Basis der qualitativen Analyse (Konzepttypen) möglich, da bei dieser auch das jeweilige Verständnis von Medienerziehung, die damit verbundenen Ziele in der Praxis und das diesbezügliche Praxisengagement berücksichtigt werden konnten. Immerhin scheint eine umfassende und verinnerlichte Vorstellung von medienerzieherischen Zielen essentiell für eine erfolgreiche medienerzieherische Praxis.

Somit bestehen zwei unterschiedliche Typologisierungen, die jeweils auf verschiedene Sachverhalte aufmerksam machen, jedoch sehr wohl aufeinander bezogen werden können. Die (Kreuz-) Tabelle 6.39 zeigt, wie sich die aus der qualitativen Analyse ermittelten Konzepttypen auf die Cluster verteilen[159].

Erwartungsgemäß zeigt sich, daß sich die „Konzeptlosen" über alle Erzieherinnen-Cluster verteilen. Überzufällige Häufungen lassen sich dabei nicht feststellen, so daß der Anteil (an „Konzeptlosen") pro Cluster jeweils annähernd proportional zur Größe des Clusters ausfällt. Das heißt also, daß in *allen* Clustern – und nicht etwa nur in bestimmten – Personen zu identifizieren sind, für die medienpädagogische Fortbildungsmaßnahmen notwendig, wenn nicht unumgänglich erscheinen. Weiterhin sind – auch dies überrascht nicht – diejenigen Erzieherinnen, die einem „Selektionsansatz" zugeordnet

158 bzw. eine – aus welchen Gründen auch immer – verstärkte Wahrnehmung derselben

159 Für die Interpretation sind hierbei die z.T. kleinen Fallzahlen innerhalb der Konzepttypen zu berücksichtigen.

wurden, ebenfalls in fast allen Cluster-Typen vertreten. Die Tatsache, daß dasselbe für Probandinnen mit einem bewahrpädagogischen Konzept gilt[160], weist darauf hin, daß keinesfalls automatisch von der Ausprägung der bewahrpädagogischen Einstellung (aus der Repräsentativstudie) auf die dahinterliegende Konzeption geschlossen werden kann.

**Tabelle 6.39: Verteilung von Konzepttypen auf die Cluster**
(Basis: n = 55)

| | Typ 1 | | Typ 2 | | Typ 3 | | Typ 4 | | Typ 5 | |
|---|---|---|---|---|---|---|---|---|---|---|
| Konzept | n | %[1] | n | %[1] | n | %[1] | n | %[1] | n | %[1] |
| „Die Konzeptlosen" | 8 | 50,0 | 6 | 46,2 | 4 | 57,1 | 2 | 66,7 | 11 | 68,8 |
| „Die Bewahrerinnen" | 2 | 12,5 | 3 | 23,1 | 1 | 14,3 | 0 | 0 | 2 | 12,5 |
| „Der Selektionstyp" | 1 | 6,3 | 4 | 30,8 | 1 | 14,3 | 0 | 0 | 2 | 12,5 |
| „Der Patchworktyp" | 3 | 18,8 | 0 | 0 | 1 | 14,3 | 1 | 33,3 | 0 | 0 |
| „Der Kompetenzorientierte Typ" | 2 | 12,5 | 0 | 0 | 0 | 0 | 0 | 0 | 0 | 0 |
| „Die Kindzentrierte" | 0 | 0,0 | 0 | 0 | 0 | 0 | 0 | 0 | 1 | 6,3 |

1 Bei den Prozentangaben handelt es sich um Spalten-Prozente.

Die Erzieherinnen des „Patchwork-Typs" konzentrieren sich im Cluster des „Durchschnitts-Typs". Personen, die diesem Cluster zugeordnet wurden, zeichnen sich – was dem generalistisch-pragmatischen Zugang des „Patchwork-Typs" zur Medienerziehung entspricht – gerade nicht durch extreme Ausprägungen in den Variablen aus, die die Grundlage der Clusteranalyse bildeten. Extreme Ausprägungen in diesen Variablen sind offenbar dementsprechend auch nicht allein essentiell für erfolgreiche Medienerziehung. In derselben Weise ist der Umstand zu werten, daß auch beide „kompetenzorientierten" Erzieherinnen dem Cluster der „Durchschnittlichen" zugeordnet sind. Zuletzt sei noch vermerkt, daß die kindzentrierte Erzieherin sich bei den „Wirksamen Medienerzieherinnen" findet, was auch exakt der Beschreibung dieses Einzelfalls entspricht.

Die Darstellung der verschiedenen Erzieherinnen-Typen konnte ein plastisches Bild der verschiedenen Bedingungen von Medienerziehung liefern. Deutlich wird daran u.a., daß Erzieherinnen sehr unterschiedliche Voraussetzungen für medienerzieherisches Handeln im Kindergarten mitbringen. Daher bieten die Typologisierungen gleichzeitig einen möglichen Ansatz, in differenzierter Form auf die Probleme und Belange hinsichtlich der Medienerziehung einzugehen: So weist beispielsweise der hohe Anteil an „konzeptlosen" Erzieherinnen nachdrücklich auf die Notwendigkeit verstärkter Fortbildungsangebote zu Konzepten und Zielen der Medienerziehung hin. In ähnlicher Weise können aus den Typologien – wie auch aus der gesamten Untersuchung – Hinweise auf mögliche Strategien zur Verbesserung der defizitären Situation der Medierner-

160 bewahrpädagogische Einstellungen also in allen Clustern zu finden sind, obwohl die entsprechende Variable aus der Repräsentativstudie ja eine der Grundlagen der Clusteranalyse war und dementsprechend ein Unterscheidungsmerkmal der Cluster bildet

ziehung im Kindergarten abgeleitet werden. Diesbezügliche Schlußfolgerungen und erste Lösungsvorschläge werden im folgenden und letzten Kapitel darzustellen und zu diskutieren sein.

# 7. Schlußfolgerungen

„Medienerziehung muß so ‚normal' werden wie andere Dinge auch, aber wie das zu bewerkstelligen ist, kann nicht so leicht beantwortet werden." (Erzieherin)

Diesem Zitat ist mit Sicherheit zuzustimmen: „Normal" sollte Medienerziehung im Kindergarten in der Tat werden, und wie dies erreicht werden könnte, ist freilich nicht leicht zu beantworten. Gleichwohl soll in diesem letzten Kapitel der Versuch unternommen werden.

Im voranstehenden Kapitel 6 haben wir die Ergebnisse dreier empirischer Untersuchungen referiert:

In der „Ausbilder-Befragung" befragten wir Lehrerinnen und Lehrer an den Institutionen der Erzieher[innen]-Ausbildung in Nordrhein-Westfalen zur aktuellen Situation in der medienpädagogischen Ausbildung von Kindergarten-Erzieherinnen. Auf diese Weise wollten wir uns ein Bild darüber machen, welche Ausbildungsstandards im Hinblick auf die Medienerziehung aktuell vorauszusetzen sind.

In zwei Befragungen mit Kindergarten-Erzieherinnen gingen wir der aktuellen Situation der Medienerziehung in nordrhein-westfälischen Kindergärten nach. Dabei interessierten – entsprechend unserem Modell medienerzieherischen Verhaltens im Kindergarten (vgl. Kap. 4.1) – neben allgemeinen Rahmenbedingungen der Einrichtungen und (soziodemographischen) Variablen auf seiten der Erzieherinnen nicht nur die Praxis der Medienerziehung im Kindergarten, sondern auch diese beeinflussende und bedingende Kenntnisse, Ansichten und Problemwahrnehmung in bezug auf Medien und Medienerziehung.

Die Ergebnisse sind einerseits im Vergleich mit den Resultaten der Untersuchung von Höltershinken und Mitarbeitern zu sehen, die denselben Untersuchungsgegenstand etwa zehn Jahre zuvor beleuchteten und deren Vorgehen uns als Ausgangspunkt des vorliegenden Projektes diente. Andererseits ist auf die in den ersten vier Kapiteln erläuterten theoretischen Überlegungen zur Medienerziehung (nicht nur) im Kindergarten zu verweisen, die den notwendigen Hintergrund der empirischen Untersuchungen bilden.

Im Folgenden (Kap. 7.1) sollen die wichtigsten Ergebnisse der drei Befragungen in der Zusammenschau dargestellt werden, bevor im anschließenden Kapitel 7.2 die Ergebnisse einer Workshop-Tagung mit einigen Erzieherinnen sowie in der medienpädagogischen Ausbildung von Erzieherinnen/Erziehern tätigen Lehrerinnen und Lehrern berichtet werden. Die Tagung diente uns einerseits dazu zu überprüfen, inwieweit die Ergebnisse unserer Studien in den Augen derjenigen Personen, die letztlich mögliche Konsequenzen in die Praxis umsetzen sollen, relevant und plausibel sind. Zum anderen sollten auf dieser Tagung Konsequenzen und Schlußfolgerungen aus dem Projekt diskutiert werden. Mit letzteren wird sich das abschließende Kapitel 7.3 befassen.

## 7.1 Zusammenfassung aller Ergebnisse

Hinsichtlich der folgenden Zusammenfassung ist zu beachten, daß es sich angesichts der Komplexität des Projektes und der Menge an Ergebnissen notwendigerweise um eine relativ grobe Übersicht handelt; für detailliertere Information sei auf die Kapitel 6.1 bis 6.7 verwiesen, denen insbesondere auch Argumentationen und Begründungen für die Interpretation und Integration verschiedener Ergebnisse zu entnehmen sind. Allgemeinere Rahmendaten der Institutionen, in denen die befragten Personen arbeiten, bzw. Stichprobenbeschreibungen finden sich in den Kapiteln 5 sowie 6.1.

Die Ausstattung der Kindergärten in Nordrhein-Westfalen mit elektronischen Medien kann nur als ausgesprochen schlecht bezeichnet werden. Erschien dieser Mangel vor zehn Jahren noch nicht gar so gravierend (vgl. die Untersuchung von Höltershinken und Mitarbeitern), so ist angesichts der Tatsache, daß sich seitdem offenbar nur wenig verändert hat, mittlerweile von einem gravierenden Defizit zu sprechen. Dies scheint nach unseren Ergebnissen keineswegs ausschließlich auf finanzielle Ursachen bzw. die mangelnde Bereitschaft der Träger, Geräte bereitzustellen, zurückzuführen zu sein; vielmehr weisen die Ergebnisse auf eine weit verbreitete Unwilligkeit, elektronische Medien im Kindergarten einzusetzen, hin. Einzige Ausnahme bilden Kassettenrekorder, die offenbar nicht nur in fast jedem Kindergarten vorhanden sind, sondern auch häufig in der Arbeit mit den Kindern eingesetzt werden.

Weiter ist hinsichtlich der Nutzung elektronischer Medien in den Einrichtungen festzuhalten, daß diese offenbar überwiegend nicht zu medienerzieherischen Zwecken eingesetzt werden: Insbesondere das gemeinsame Anhören von Kassetten dient in der Regel der Entspannung der Kinder bzw. dem Einstudieren neuer Lieder usw.; ähnliches ist auch zur Nutzung anderer Mediengeräte – soweit sie in den Einrichungen vorhanden sind und genutzt werden – zu sagen.

Dieser reine Medieneinsatz wird gleichwohl häufig mit Medienerziehung verwechselt, was bereits für sich genommen darauf hinweist, daß viele Erzieherinnen nur unzureichend mit dem Begriff „Medienerziehung" vertraut sind. Insbesondere in den qualitativen Interviews zeigte sich diesbezüglich eine enorme Unsicherheit, die sich u.a. in der Tatsache niederschlug, daß nur wenige Befragte in der Lage waren, den Begriff zu umschreiben sowie entsprechende Zielvorstellungen und Maßnahmen zu benennen. Ein weiteres Indiz für ein mangel- oder lückenhaftes Verständnis von Medienerziehung ist die Tatsache, daß die Probandinnen mehrheitlich offenbar nicht mit (entwicklungsbedingten) Defiziten von Vorschulkindern für den Umgang mit dem Fernsehen vertraut sind und dementsprechend auch nur in eingeschränktem Maße auf diese Defizite gerichtete Fördermaßnahmen wenigstens benennen können. Und schließlich ist in diesem Zusammenhang zu konstatieren, daß – was angesichts der berichteten Ergebnisse nicht mehr überrascht – dementsprechend auch nur wenig Medienerziehung im eigentlichen, umfassenderen Sinne in den Einrichtungen stattfindet und diese auch insgesamt als relativ unwichtig im Vergleich zu anderen Erziehungsbereichen angesehen wird.

Dies wäre für sich genommen zwar zu bemängeln (denn die Notwendigkeit einer umfassenden Medienerziehung kann in unseren Augen kaum sinnvoll bestritten werden), wäre aber zumindest verständlich, stünden auf die Medien gerichtete Kognitionen mit den berichteten Ergebnissen in Einklang. Dem ist indes nicht so. Ganz im Gegenteil werden „die Medien" von der Mehrheit der Erzieherinnen offensichtlich als „Kampfgegner", als mächtiges und einflußreiches Gegenüber wahrgenommen, dem in erster Linie schädliche Einflüsse auf die Kinder unterstellt werden.

Generell ist zu konstatieren, daß die Überzeugungen hinsichtlich der Schädlichkeit der Medien – und insbesondere des Fernsehens – nicht mit entsprechendem Wissen über kindliche Mediennutzung korrespondieren. Mehrheitlich schätzen die Befragten den Fernsehkonsum der Kinder unrealistisch hoch ein, überschätzen dementsprechend deutlich die Anzahl vielsehender Kinder, scheinen nur unzureichend mit kindlichen Fernsehmotiven vertraut und kennen zudem zumeist die Sendungen gar nicht, die die Kinder gerne sehen, obwohl sie gleichzeitig mit diesen Sendungen enorme Befürchtungen verbinden.

Daß im Hinblick auf die Einstellung gegenüber den Medien weniger Kenntnisse und realistische Einschätzungen zum Tragen kommen als vielmehr Vorurteile und Einstellungen „aus dem Bauch heraus", zeigt sich u.a. an der Tatsache, daß auch die Multimedia-Technologie eher negativ gesehen wird, obwohl die Erzieherinnen in ihrer Mehrheit nur eine ausgesprochen vage Vorstellung von der Bedeutung des Begriffs zu haben scheinen und dies durchaus auch selbst zugaben. Überhaupt scheinen negative Einstellungen in bezug auf die

Medien (wie sie im übrigen bereits Höltershinken und Mitarbeiter in ihrer Untersuchung konstatierten) insbesondere in die Zukunft gerichtet zu sein: So werden sowohl zukünftige Entwicklungen des Fernsehens als auch die Multimedia-Technologie signifikant negativer bewertet als das – indes ebenfalls negativ bewertete – Fernsehen in seinem „Jetzt-Zustand".

Dies könnte einerseits u. a. mit fehlenden Kenntnissen hinsichtlich der Medien bzw. des kindlichen Medienkonsums und seiner (motivationalen, situationalen etc.) Bedingungen zu tun haben. Weiterhin darf auch der geschlechtsspezifische Aspekt des Zugangs zu Kommunikationstechnologien nicht vernachlässigt werden: Aus den verschiedensten Gründen – die nachzuzeichnen an dieser Stelle zu weit führen würde[1] – haben Mädchen nach wie vor einen anderen und in gewisser Hinsicht erschwerten Zugang zu neuen Kommunikationstechnologien. Da überrascht es kaum, wenn Frauen als Erzieherinnen gegenüber diesen Technologien Vorbehalte, die sich auch aus mangelnder Vertrautheit ergeben, hegen. Angesichts der rasanten Entwicklung auf dem Medienmarkt ist jedoch zu befürchten, daß solche Vorbehalte und (Vor-) Urteile auch in Zukunft Bestand haben werden, so daß der aktuelle „Kampfgegner Fernsehen" möglicherweise bald vom neuen „Kampfgegner Multimedia" bzw. anderen medialen Zukunftstechnologien abgelöst wird. Die Besorgnis ergibt sich dabei aus der Tatsache, daß dementsprechend Maßnahmen, die auf eine Vermittlung sinnvoller medienpädagogischer Konzepte bzw. eine Erweiterung der diesbezüglichen Kenntnisse der Erzieherinnen gerichtet sind, stets der Entwicklung „hinterherhinken" werden, solange sie nicht gleichzeitig den Anspruch haben, selbst mit der Entwicklung Schritt zu halten, d.h. auch Inhalte der Aus- und Weiterbildung dynamisch der Entwicklung auf dem Medienmarkt anzupassen.

Andererseits ist in diesem Zusammenhang zu berücksichtigen, daß zurückhaltende oder auch negative Einstellungen bezüglich neuer technologischer Entwicklungen auf dem Mediensektor ja durchaus nachvollziehbar sind und auch von vielen anderen Menschen geteilt werden. Angesichts teilweise geradezu „blauäugig" positiver Einlassungen von verschiedenster Seite zum Thema „Neue Kommunikationstechnologien" sollte sicherlich nicht vergessen werden, daß eine gewisse Skepsis hinsichtlich der Auswirkungen solch einschneidender Veränderungen – wie sie die „neuen Medien" in der Zukunft sicherlich mit sich bringen werden – durchaus angebracht erscheint. Es soll hier also keineswegs einer unreflektierten Begeisterung für den technischen Fortschritt oder einer unkritischen Betrachtung der aktuellen Situation beispielsweise des Fernsehmarkts das Wort geredet werden. Problematisch werden negative Einstellungen gegenüber den Medien indes dann, wenn sie (wie dies nach unseren Ergebnissen häufig der Fall zu sein scheint)

---

1 siehe hierzu z.B. Collmer (1997)

dazu führen, Medien und insbesondere neuere elektronische Medien global zu verdammen, die notwendige und unumgängliche Auseinandersetzung mit ihnen zu vernachlässigen und sie letztlich – aus einem falsch verstandenen „Schutzgedanken" heraus – auch von Kindern fernzuhalten.

Scheinen die Vermutungen hinsichtlich des kindlichen Fernsehkonsums insbesondere von einer übertrieben negativen Einstellung zu den Medien geprägt, so ist im Hinblick auf die Aussagen zum eigenen Medienkonsum festzustellen, daß sich hier ein etwas anderes Bild ergibt, das auch mit entsprechenden grundsätzlichen Einstellungen korrespondiert: So sehen die befragten Erzieherinnen nach eigenen Auskünften nicht nur sehr wenig fern, sondern tun dies zudem – im Gegensatz zu Kindern – insbesondere aus „akzeptablen" Motiven heraus, d.h. also nicht etwa, um sich abzulenken oder aus Langeweile, sondern in erster Linie um sich zu informieren, Neues zu erfahren usw. Dementsprechend scheinen sowohl Fernsehen als auch die Multimedia-Technologie für die Befragten hinsichtlich der eigenen Person zumindest ein geringeres Problem darzustellen; die Befürchtungen richten sich eher auf Dritte und dabei insbesondere auf Kinder. Befürchtungen im Hinblick auf Kinder wiederum verbinden sich sowohl mit dem schieren Nutzungsquantum als auch mit den gesehenen Inhalten: Nicht nur sehen nach Ansicht der Befragten (fast alle) Kinder zuviel fern; sie sehen zudem auch die „falschen" Sendungen und das noch dazu aus den „falschen" Motiven. Dementsprechend sind sie den negativen Wirkungen des Fernsehens ausgesetzt, was sich wiederum in störenden Verhaltensweisen im Kindergarten niederschlägt.

Wie ist dann aber zu erklären, daß eine auf Medien und kindliche Mediennutzung gerichtete Problemwahrnehmung zwar offenbar im Übermaß existiert, gleichzeitig jedoch Medienerziehung nicht nur falsch verstanden, sondern auch vernachlässigt und für vergleichsweise unwichtig befunden wird? Dieser scheinbare Widerspruch kann durch mehrere Interpretationen aufgelöst werden, die u.E. alle – mit unterschiedlicher Bedeutsamkeit im individuellen Fall – zutreffen:

– Zunächst ist auf die in den qualitativen Interviews gefundene, offenbar weit verbreitete Resignation vieler Erzieherinnen hinzuweisen. In diesem Zusammenhang betonten viele von ihnen die große Bedeutung der Eltern bzw. die Tatsache, daß angesichts deren mangelnder Kooperationsbereitschaft sowie des schlechten Vorbildes, das viele Eltern ihren Kindern böten, medienerzieherische Bemühungen seitens der Erzieherinnen von vornherein zum Scheitern verurteilt seien. Dazu paßt auch die Tatsache, daß die Mehrheit der Befragten die Verantwortung für die Medienerziehung zum größeren Teil bei den Eltern und sehr viel weniger beim Kindergarten ansiedeln mochte. Resignation in Verbindung mit einem Weiterreichen der Verantwortung an die Eltern mag sehr wohl dazu führen, daß Medienerziehung im Kindergarten als nicht allzu wichtig eingeschätzt wird.

- Weiterhin kann hier das mehrfach angesprochene Mißverständnis hinsichtlich der Bedeutung des Begriffs „Medienerziehung“ herangezogen werden: Wenn unter Medienerziehung in erster Linie oder ausschließlich der Einsatz von Medien verstanden wird, ist nachvollziehbar, daß gerade Erzieherinnen, die dem Fernsehen oder generell elektronischen Medien im Hinblick auf ihre Auswirkungen auf Kinder besonders kritisch gegenüberstehen, dieser keine besondere Wichtigkeit einräumen wollen; ihrem Verständnis nach würde dies bedeuten, daß die Kinder nun auch noch im Kindergarten „konsumieren“ sollen, was angesichts der Tatsache, daß die Kinder in den Augen der Erzieherinnen ohnehin schon viel zu viel fernsehen, freilich absurd erscheint. Eine weitere Erklärung für denselben Sachverhalt wäre, daß der Einsatz von Mediengeräten natürlich zunächst das Vorhandensein derselben voraussetzt. Wenn dem nicht so ist und dementsprechend keine „Medienerziehung“ möglich ist, könnten Erzieherinnen verständlicherweise diese auch als vergleichsweise unwichtig einstufen – dies würde sie nämlich von der Pflicht entbinden, Engagement und Beharrlichkeit (sowie vermutlich eine erhebliche Frustrationstoleranz) zu entwickeln, um für eine verbesserte Geräteausstattung zu sorgen[2].
- Auch kann die offenbar mangelhafte Qualifikation der Erzieherinnen zur Medienerziehung ins Feld geführt werden: Es erscheint durchaus verständlich, daß dementsprechend auch die Wichtigkeit dieses Erziehungsbereiches relativ niedrig eingestuft wird, da es sicherlich nicht dem erstrebten Selbstbild der Befragten entspricht, für einen wichtigen Erziehungsbereich nicht ausreichend qualifiziert zu sein.
- Und schließlich sind individuelle Schwerpunktsetzungen in der Kindergartenarbeit zu berücksichtigen: Aus den qualitativen Interviews wissen wir, daß viele Erzieherinnen in den letzten Jahren verstärkt Defizite auf seiten der Kinder wahrnehmen, die nichts mit deren Medienkonsum oder überhaupt „den Medien“ zu tun haben[3]. So wurde beklagt, daß in den Kindergarten eintretende Kinder über weniger Kompetenzen und Fertigkeiten verfügen, als dies noch vor wenigen Jahren der Fall war; dementsprechend müsse der Kindergarten nunmehr Aufgaben übernehmen, die früher von den Eltern wahrgenommen wurden. Dies mag in einzelnen Einrichtungen dazu führen, daß Medienerziehung zwar kaum betrieben wird (bzw. betrieben werden kann), diese aber – entsprechend der Problemwahrnehmung der Erzieherinnen – dennoch als (eigentlich) wichtig angesehen wird. Hier erweist sich – wie an anderer Stelle noch ausführlicher zu erläutern sein wird (siehe Kap. 7.3) – die Bedeutung eines inte-

2 Einer solchen Interpretation würde allerdings ein Ergebnis unserer Repräsentativstudie widersprechen: Tatsächlich werden elektronische Medien selbst dann, wenn sie zur gemeinsamen Nutzung mit den Kindern zur Verfügung stehen, kaum benutzt.

3 dies wurde auch im Rahmen der Workshop-Tagung thematisiert; vgl. Kap. 7.2

grativen Verständnisses von Medienerziehung: Nicht umsonst nannten einige der befragten Erzieherinnen in den qualitativen Interviews im Zusammenhang mit Fördermaßnahmen, die sich auf Kompetenzdefizite der Kinder im Umgang mit dem Fernsehen richten, solche Maßnahmen, die eher Basiskompetenzen (wie Konzentrationsfähigkeit, Kommunikationsfähigkeit, Wahrnehmungsfähigkeit usw.) fördern. Das bedeutet, daß Fördermaßnahmen gleichzeitig den verschiedensten (und eben auch medienerzieherischen) Zielen dienen können und sollten[4]. Allerdings – und dies kann gar nicht genug betont werden – kann und darf sich Medienerziehung auch nicht darin erschöpfen, allgemeine Basiskompetenzen zu trainieren in der Hoffnung, damit werde auch (irgend-) etwas im Hinblick auf die Medienkomptenz der Kinder erreicht. In Kapitel 7.3 wird darauf ausführlicher einzugehen sein.

Eher mangelhafte Kenntnisse sowohl hinsichtlich des kindlichen Medienkonsums als auch im Hinblick auf medienerzieherische Zielvorstellungen, mögliche Fördermaßnahmen usw. auf der einen Seite und eine ebenfalls eher mangelhafte medienerzieherische Praxis auf der anderen Seite haben ihren Ursprung – leider – vermutlich auch in einer (medienpädagogischen) Ausbildung, die offenbar nicht immer ihren relativ hochgesteckten Ansprüchen[5] gerecht wird. Dem entspricht dann auch die Tatsache, daß die Erzieherinnen sich mehrheitlich zur Medienerziehung eher schlecht qualifiziert fühlen.

Unsere „Ausbilder-Befragung“ erbrachte zwar einerseits das durchaus positiv zu bewertende Ergebnis, daß – anders als in anderen Bundesländern – Medienerziehung in Nordrhein-Westfalen als eigenständiges Fach mit einem erkennbaren Profil existiert; andererseits jedoch zeigt eine Inspektion der vermittelten Inhalte doch einige u.E. gravierende Lücken: So wird ein derart wesentliches Thema wie „Ziele und Konzepte der Medienerziehung“ an zwei Drittel der Schulen offenbar nur am Rande oder sogar überhaupt nicht behandelt; andere ebenfalls zentrale Themen der Medienerziehung wie beispielsweise „Funktionen und Motive der Mediennutzung“ oder „Konzipierung und didaktische Umsetzung von Medienerziehung“ finden an immerhin einem Drittel der Schulen keine oder nur marginale Berücksichtigung. Die Umsetzung der Inhalte im Unterricht scheint zudem oft in vielerlei Hinsicht weitgehend unstrukturiert zu erfolgen, wobei gleichzeitig – obwohl Praxisorientierung allenthalben als wesentlich erachtet wird – nur wenige Anregungen für die tägliche medienerzieherische Arbeit im Kindergarten gegeben werden. Insbesondere scheint zu wenig Wert auf die Vermittlung des Zusammenhangs zwischen Grundlageninformationen (beispielsweise zur kindlichen Medienutzung), der Notwendigkeit von Medienerziehung im

4 Dementsprechend läßt sich vermuten, daß in Kindergärten durchaus häufig Medienerziehung „unbewußt“ – und das heißt leider auch unreflektiert – erfolgt (vgl. hierzu auch Kap. 6.6.1.5)

5 siehe hierzu den „Lehrplan zur Erprobung Sozialpädagogik“ (vgl. hierzu auch Kap. 3.2)

Kindergarten, theoretischen medienerzieherischen Zielen und Konzepten sowie der Umsetzung dieser Konzepte in der Kindergartenarbeit gelegt zu werden.

Die Tatsache, daß die von uns befragten Erzieherinnen ihre persönliche Qualifikation zur Medienerziehung bzw. für die Elternarbeit zur Medienerziehung als im Vergleich mit allen anderen Erziehungsbereichen signifikant schlechter bewerteten, kann vor diesem Hintergrund – obgleich hier sicherlich eine Reihe anderer Faktoren ebenfalls zu berücksichtigen sind – kaum überraschen. Auf einer ähnlichen Linie liegt, daß selbst diejenigen Befragten, die ihrer Erinnerung nach in wesentlichen Bereichen der Medienerziehung ausgebildet sind, sich in allen relevanten Variablen unseres Untersuchungskonzeptes nicht oder nur geringfügig von ihren – schlechter ausgebildeten – Kolleginnen unterscheiden.

Die hier in aller Kürze dargestellten Ergebnisse waren auch Gegenstand einer „Workshop-Tagung“ mit Teilnehmerinnen und Teilnehmern unserer verschiedenen Befragungen. Im folgenden Kapitel wird auf die Ergebnisse dieser Tagung näher eingegangen.

## 7.2 Experten-Workshop

Auf Anregung der auftraggebenden Landesanstalt für Rundfunk (LfR) luden wir nach Abschluß aller empirischen Studien im April 1998 einige der Befragten (jeweils 5 Erzieherinnen bzw. Lehrkräfte) sowie als Experten zum Thema „Medienerziehung im Kindergarten“ Prof. Dr. Aufenanger (Universität Hamburg) zu einer Workshop-Tagung ein. Im Rahmen dieser Veranstaltung sollten Ergebnisse und Implikationen unseres Projekts mit Experten aus der Praxis (und als solche sind Kindergarten-Erzieherinnen sowie in der Erzieherinnen-Ausbildung tätige Lehrkräfte zweifellos anzusprechen) diskutiert werden. Wichtig waren dabei zum einen Rückmeldungen hinsichtlich der Erwartbarkeit und Plausibilität der Ergebnisse. Zum anderen erhofften wir uns von der Diskussion – und diese Hoffnung wurde auch bestätigt – wertvolle Anregungen zu möglichen Konsequenzen aus unseren Untersuchungsergebnissen.

Um die reichhaltigen Äußerungen der Workshop-Teilnehmer/-innen letztlich zu bündeln und ggfs. zu einem gemeinsamen Fazit zu kommen, wurden gegen Ende der Tagung drei zentrale Fragen wiederholt mit der Bitte, hierzu nun auch noch schriftlich Stellung zu nehmen (diese Fragen wurden den Teilnehmerinnen und Teilnehmern nach der Veranstaltung zudem noch einmal schriftlich zugesandt, so daß sie auch im Nachhinein noch zusätzliche Überlegungen einbringen konnten). Diese Fragen lauteten:

1. Waren die während des Workshops von uns zusammengefaßten Ergebnisse erwartbar/plausibel? Gab es unerwartete Ergebnisse? Schienen bestimmte Ergebnisse nicht plausibel?
2. Im Vergleich zu anderen Erziehungsbereichen wird Medienerziehung im Kindergarten offenbar relativ wenig praktiziert, wenn man vom bloßen Medieneinsatz einmal absieht. Auf der anderen Seite nehmen Erzieherinnen zahlreiche Probleme in Zusammenhang mit Medien und Medienerlebnissen von Kindern wahr. Wie läßt sich diese Diskrepanz zwischen hohem Problembewußtsein und geringer Medienerziehungs-Praxis erklären?
3. Welche Vorschläge gibt es zur Verbesserung der Situation im Hinblick auf die Praxis der Medienerziehung im Kindergarten und die Voraussetzungen dafür?

Im Folgenden werden wir die Antworten auf diese Fragen zusammenfassend darstellen. Zitate stammen dabei aus den schriftlichen Antworten der Teilnehmerinnen und Teilnehmer.

Sämtliche Teilnehmer der Tagung hielten die Ergebnisse für plausibel und größtenteils auch erwartbar (*Frage 1*). Überraschend war für einige offenbar lediglich das „Ausmaß der Unwissenheit" – wobei dies vor allem im Hinblick auf Erzieherinnen geäußert wurde. Einige der Teilnehmenden betonten in ihren Antworten, daß ihnen die Ergebnisse insbesondere aufgrund eigener [Praxis-] Erfahrungen plausibel erschienen. Stellvertretend sollen hier ein Lehrer und eine Erzieherin zitiert werden:

> „Die Ergebnisse, die vorgetragen wurden, sind gerade in ihrer scheinbaren Widersprüchlichkeit plausibel, weil Erzieher häufig die Medien und besonders das Fernsehen als pädagogischen Gegner Nr. 1 betrachten, der aber so mächtig ist, daß sie es für aussichtslos halten, ihn zu bekämpfen. Außerdem hält man die Eltern oft für verantwortungslos und unfähig, eine vernünftige Fernseherziehung zu leisten." (Lehrer)

> „Für mich waren die Ergebnisse bzw. die Richtung in der diese gehen würden eigentlich schon vorher klar: Wenn man sich in Kindergärten umsieht oder sich mit Kolleginnen unterhält, sind sich fast alle einig, wenn es um Kinder und Medien geht. Wobei selten über das Thema an sich gesprochen wird, sondern viel mehr über die Auswirkungen die besonders Medien wie Fernsehen, Video, Videospiele etc. auf Kinder haben. Von daher haben mich zwar verschiedene Zahlen überrascht, der Konsens der Umfrage aufgrund eigener Erfahrungen jedoch überhaupt nicht." (Erzieherin)

In den Antworten auf die *zweite Frage* wurde häufig auf die mangelhafte Ausstattung sowohl von Kindergärten als auch von Ausbildungsinstitutionen hingewiesen: Räumliche und personelle Voraussetzungen fehlten in vielen Fällen, die Geräteausstattung sei nicht nur – wie unsere Studie ergab – in den Kindergärten, sondern durchaus auch in den Fachschulen als mangelhaft zu bezeichnen; ganz generell sei die unzureichende Finanzierung medienerzieherischer Maßnahmen bzw. der Voraussetzungen dafür zu beklagen.

Die Erzieherinnen fühlen sich – sowohl nach eigenen Aussagen als auch nach der Beobachtung der Lehrerinnen und Lehrer – häufig überfordert. Diese Überforderung hat nach Ansicht der Teilnehmer vielfältige Ursachen, die nicht zuletzt in der mangelhaften Ausbildung im Fach Medienerziehung (dies wird sowohl von Erzieherinnen als auch – selbstkritisch – von Lehrkräften geäußert) gesehen werden. Unklar sei schon der Begriff „Medienerziehung“, insofern sei es auch nicht weiter erstaunlich, wenn Erzieherinnen oft „unbewußt“ medienerzieherisch tätig seien: Ganz häufig decke sich ihr Verständnis von Medienerziehung nicht mit dem, was von anderer Seite darunter verstanden werde. Darüber hinaus sei Medienerziehung ein „weites Feld“, handhabbare und in der Praxis umsetzbare Konzepte existierten nicht oder würden zu wenig vermittelt. Zudem sei Informationsmaterial schwer erhältlich und häufig wenig praxisorientiert bzw. unverständlich. Ganz generell existiere bei allen Beteiligten (dies betrifft sowohl Erzieherinnen als auch Lehrkräfte, aber auch die Träger und die Eltern) häufig nur ein mangelhaftes bzw. überhaupt kein Problembewußtsein[6], so daß Bemühungen einzelner zum Teil auch am Widerstand oder an der mangelnden Kooperation anderer scheiterten.

In der Diskussion wurde zudem ein weiterer Aspekt angesprochen, der sich mit unseren Ergebnissen sehr gut in Einklang bringen läßt: So seien Erzieherinnen häufig generell „technikfeindlich“ eingestellt, hätten selbst enorme Vorbehalte gegenüber den (insbesondere neueren elektronischen) Medien, was medienerzieherische Bemühungen sehr schnell darauf beschränke, in bewahrpädagogischer Manier diese von den Kindern fernzuhalten. In diesem Zusammenhang wurde auch darauf verwiesen, daß die (weiblichen) Erzieherinnen angesichts ihrer eigenen Medienbiografie häufig einen erschwerten Zugang gerade zu den als (für Kinder) besonders problematisch angesehenen Fernsehsendungen hätten; männlichen Erziehern seien diese aus ihrer eigenen Kindheit z.T. vertraut, zumindest jedoch sei es für sie leichter, die Faszination, die solche Sendungen auf die Kinder ausübten, nachzuvollziehen.

Die Sicht der Erzieherinnen spiegelt u.E. am besten das folgende etwas längere Zitat einer Teilnehmerin wider:

> „Im Moment stecken wir meiner Meinung nach in einer großen Umbruchphase. Es werden Gelder gekürzt, wir als Kindergarten müssen uns Gedanken zur Umstrukturierung [...] machen aufgrund der veränderten politischen Lage. Die Kindheit und das Umfeld unserer Kinder haben sich in den letzten Jahren rapide verändert; wir sind heutzutage nicht mehr nur für die Kinder, sondern mittlerweile für die gesamte Familie zuständig, weil Eltern mit sich und ihrem Leben und erst recht nicht mit der Erzie-

6 sowohl hinsichtlich der Notwendigkeit von Medienerziehung als auch im Hinblick auf notwendige Veränderungen auf seiten der Praxis im Kindergarten und der (medienpädagogischen) Aus- und Weiterbildung von Erzieherinnen

hung ihrer Kinder klarkommen.Wenn man früher davon ausgehen konnte, daß Kinder schon mit einigen grundlegenden Dingen zu uns in den Kindergarten kamen, so fehlen heute vielen Kindern selbst die einfachsten Regeln und Normen.
Zusammenfassend soll das heißen, daß zur Zeit so viele unterschiedliche Erwartungen an uns als Erzieherin von allen Seiten gestellt werden, daß es uns schwerfällt, alle Bereiche vollständig abzudecken.
Warum jetzt gerade so ein wichtiger Bereich wie Medienerziehung aus dem Rahmen fällt, kann ich mir nur dadurch erklären, daß zum einen dieser Bereich noch nicht ‚modern' ist, d.h. weder von Eltern noch von anderen Seiten an uns der Wunsch herangetragen wird, in diesem Bereich aktiv zu werden (anders ist es z.B. im Bereich Naturerziehung oder wenn es um gesunde Ernährung geht); und zum anderen ging die Entwicklung im Bereich der Medien sehr schnell. Man fühlt sich als Erzieherin nicht kompetent genug, kann sich gar nicht so schnell mit allen Neuerungen auseinandersetzen, fühlt sich überfordert und manchmal – das muß auch gesagt werden – ganz schön alleingelassen. [...] Manchmal komme ich mir vor wie ein Notarzt, der einem Notfall nach dem anderen versucht so gut wie möglich zu helfen und nie die Zeit hat, die Ursachen dieser Notfälle zu untersuchen und zu beeinflussen." (Erzieherin)

Aus diesem Zitat geht deutlich der bereits mehrfach angesprochene Umstand hervor, daß einerseits sehr wohl bei vielen offenbar die Bereitschaft besteht, medienerzieherisch tätig zu sein und dies durchaus nicht in simpler bewahrpädagogischer Manier; es wird indes auch deutlich, daß andererseits komplexe Zusammenhänge berücksichtigt werden müssen. Auch in den qualitativen Face-to-Face-Interviews sprachen mehrfach Erzieherinnen die Tatsache an, daß die Aufgabenstellung im Kindergarten in den letzten Jahren erheblichen Veränderungen unterlag und noch unterliegt; dabei würden gleichzeitig erhöhte Anforderungen (nicht nur in Form der Forderung nach Medienerziehung) gestellt, so daß das Gefühl der Überforderung bei offenbar sehr vielen Erzieherinnen verständlich und plausibel wird.

Daß viele Erzieherinnen sich – offenbar häufig ganz zurecht – alleingelassen fühlen, geht auch aus der folgenden Äußerung einer Lehrerin hervor:

„Sowohl viele Trägerorganisationen als auch vor allem die Eltern sind sich dieser Tatsache – der Notwendigkeit von Medienerziehung – nicht bewußt, fördern sie nicht, ja, blockieren sie häufig durch mangelnde Bereitstellung von Mitteln bis hin zu negativer Beurteilung der schon praktizierten Medienerziehung. Eltern tun dies häufig aus schlechtem Gewissen, weil sie einen Zusammenhang zu ihrem eigenen Fernsehverhalten in der Familie sehen oder ahnen." (Lehrerin)

Oft scheinen nicht einmal die Lehrkräfte über ein entsprechendes Problembewußtsein zu verfügen:

„Einerseits ist Problembewußtsein vorhanden – ich kann hier nur von meinen SchülerInnen ausgehen – andererseits legt ihnen die Schule selbst den berühmten Stein in den Weg: Das Problembewußtsein fehlt bei den schulischen Praxislehrern (‚Ich habe kein Fernsehen' und – wiederholend – ‚Die Schüler müssen erst Das und Das können'). [...] Zwischen dem Reden von uns Lehrern und unserem Handeln scheinen oft Welten zu liegen." (Lehrerin)

Dabei wurde auf der Tagung selbst angemerkt, daß die Medienerziehung an den Fachschulen häufig von Lehrkräften, die eigentlich für die Didaktik zuständig seien, übernommen bzw. „mitgemacht" werde. Da sei es nicht verwunderlich, wenn solche Lehrerinnen und Lehrer – entsprechend ihrer „eigentlichen" Fachrichtung – die didaktische Seite und entsprechend den Medieneinsatz allzusehr betonten. Angesichts dessen kann vermutet werden, daß das Mißverständnis, Medienerziehung sei mit dem Einsatz von Medien gleichzusetzen (wie wir es so häufig in unseren Befragungen vorfanden), häufig bereits in der Ausbildung angelegt wird.

Weiterhin wurde bemängelt, daß nicht nur die Erzieherinnen-Ausbildung stark verschult, sondern zudem ein entsprechendes Verständnis auch unter den Lehrkräften weit verbreitet sei: So würden die angehenden Erzieherinnen häufig als „Kinder" und dementsprechend als unselbständig wahrgenommen und behandelt. Dies konterkariere indes Bemühungen, Motivation und Selbständigkeit zu fördern.

Schließlich sei der weiter oben angesprochenen „Technikfeindlichkeit" der Erzieherinnen bereits in der Ausbildung entgegenzutreten, was angesichts der Aufgeschlossenheit der angehenden Erzieherinnen auch (eigentlich) nicht schwer sei. Dabei wurde insbesondere die Bedeutung praktischer Arbeit mit Medien (siehe dazu auch weiter unten) betont.

Einig waren sich alle Teilnehmerinnen und Teilnehmer ob der Tatsache, daß „etwas geschehen" müsse. Auf dieses „Etwas" richtete sich unsere *dritte Frage*. Betont wurde zunächst die Notwendigkeit einer erheblich verbesserten Geräteausstattung der Kindergärten und der Schulen, die auch dann zu fordern sei, wenn – worüber sich alle Teilnehmenden einig waren – Medienerziehung im Kindergarten nicht ausschließlich an den Einsatz von Mediengeräten gebunden ist[7]. Weiterhin sei einerseits der Stellenwert des Faches Medienerziehung in der Erzieherinnen-Ausbildung zu erhöhen, was auch unbedingt eine verbesserte „Ausbildung der Ausbilder" erfordere. Was andererseits die Gestaltung des Unterrichts im Fach Medienerziehung angeht, forderten Lehrerinnen und Lehrer insbesondere eine Betonung der praktischen Medienarbeit sowie des „Projektunterrichts", der indes häufig mit dem derzeit praktizierten Stundentakt in den Schulen kollidiere.

„Das alles [praktische Medienarbeit in Form von z.B. Produktion von Videofilmen oder Kassetten im Unterricht – d. Verf.] nimmt [den Schülerinnen und Schülern – d. Verf.] Angst vor den Medien, schafft Zugang zu ihnen, zu Rezeptionsmöglichkeiten und Sensibilität für mögliche Gefährdungen durch ungeeignete Rezeptionsinhalte." (Lehrerin)

---

7 In ihrem Antwortschreiben betonte eine Erzieherin dies noch einmal: „Zunächst möchte ich nochmal sagen, daß mir erneut bewußt geworden ist: Medienerziehung ist nicht abhängig von Mediengeräten!"

„Lieber etwas weniger Theorie – einiges kann auch der Politikunterricht vermitteln – dafür sollen die SchülerInnen praktisch erleben, wie befriedigend es für sie selbst sein kann, in Gruppen die eigenen Gedanken, Wünsche und Befürchtungen medial auszudrücken und so zu erfahren, wie das eigene Produkt Kommunikation auslöst, wo sonst nur passive Rezeption angesagt war. Wer das erlebt, möchte auch Kindern und Jugendlichen diese Möglichkeiten erschließen und wird so zum aktiven Medienerzieher." (Lehrer)

Besonders wichtig erscheint – sowohl für Lehrerinnen und Lehrer als auch für Erzieherinnen – die Bereitstellung von (besserem) Informationsmaterial. Dabei denken einige auch an die Entwicklung eines „Orientierungsrahmens" für die Medienerziehung im Kindergarten, aus dem sich Praxisziele erschließen lassen müßten:

„Ich fände es wichtig, einen Rahmen festzustecken, der in der Arbeit als Orientierung dient; ich könnte mir vorstellen, dabei einen Katalog zu erstellen, der z.B. bestimmte Ziele vorstellt." (Erzieherin)

Weiterhin sei eine verstärkte Öffentlichkeitsarbeit notwendig, die allen Beteiligten die Bedeutung einer sinnvollen und aktiven Medienerziehung im Kindergarten vor Augen führen müsse. Dabei wird insbesondere auch an die Träger gedacht, die einerseits Mittel für eine verbesserte Geräteausstattung bereitstellen und andererseits auch bereit sein müßten, medienerzieherische Aktivitäten wie auch Fortbildungsmaßnahmen im Bereich der Medienerziehung zu unterstützen.

Insgesamt sei vor allem auf eine verstärkte Zusammenarbeit zwischen Praktikern, Theoretikern und den Trägern Wert zu legen. In diesem Zusammenhang wurde verschiedentlich auf die Fruchtbarkeit eines Austauschs, wie er auch auf der Workshop-Tagung stattgefunden habe, hingewiesen. Grundsätzlich sei vor allem auch Kooperation zwischen den Angehörigen verschiedener Einrichtungen und Institutionen zu begrüßen, da im Austausch mit Kolleginnen und Kollegen (dies gilt sowohl für Lehrerinnen und Lehrer als auch für Erzieherinnen) wertvolle Anregungen weitergegeben werden könnten.

Schließlich wurde – neben der bereits angesprochenen Verbesserung der Ausbildung – ein verbessertes Fortbildungsangebot gefordert. Auch in diesem Zusammenhang wurde die Einbindung der verschiedenen Träger, aber auch sowohl von Personen „aus der Praxis" als auch „Theoretikern" für sinnvoll erachtet.

Im folgenden – und diesen Bericht abschließenden – Kapitel sollen nun, ausgehend von allen im Verlauf des Projektes gewonnenen Erkenntnissen, einige Schlußfolgerungen perspektivischer Art gezogen werden.

## 7.3 Schlußfolgerungen

Projekte wie das hier vorgestellte dienen nicht primär der Erweiterung wissenschaftlicher Erkenntnis oder einem wie auch immer definierten „Fortschritt“ (in diesem Falle in den Erziehungswissenschaften), sind also mithin nicht Selbstzweck; der enorme Aufwand in jeder Hinsicht begründet sich vielmehr über die resultierenden Konsequenzen. Wir haben uns in der vorliegenden Publikation sehr umfassend mit der Situation der Medienerziehung in den Kindergärten des Landes Nordrhein-Westfalen auseinandergesetzt. Dabei wurde nicht nur die Praxis der Medienerziehung untersucht; vielmehr haben wir uns bemüht aufzuzeigen, daß diese nicht isoliert von einer Vielzahl an Bedingungen und Voraussetzungen – sowohl auf seiten der Einrichtungen und der Erzieherinnen selbst als auch im Hinblick auf die medienpädagogische Ausbildung von Kindergarten-Erzieherinnen – gesehen werden kann. Und schließlich bleibt auch die intensivste Betrachtung medienerzieherischer Praxis unvollständig, wenn sie nicht gleichzeitig Faktoren außerhalb der Medienerziehung selbst berücksichtigt: Immer wieder thematisierten die Erzieherinnen in den qualitativen Interviews die Tatsache, daß Erziehungsbereiche im Kindergarten nicht isoliert voneinander gesehen werden dürfen. Andererseits – und damit ist das Gesagte in gewisser Weise wieder einzuschränken – kann die Forderung auch nicht lauten, grundsätzlich jeden Aspekt der Kindergartenerziehung zu berücksichtigen. Trennlinien zwischen den einzelnen Bereichen sind sehr wohl auszumachen, auch wenn diese in der alltäglichen Praxis mit Sicherheit bis zu einem gewissen Grad verschwimmen (und auch verschwimmen müssen). Das bedeutet, daß eindeutig identifizierbare Defizite in einem Bereich (wie in diesem Falle der Medienerziehung) nicht durch den lapidaren Hinweis auf die Komplexität der Kindergartenarbeit, die „Ganzheitlichkeit“ des Erziehungsgkonzeptes vom Tisch gewischt werden können.

Die in unserer Untersuchung gefundenen Defizite haben vielfältige Ursachen: Bevor die Untersuchungsergebnisse vorschnell zum Anlaß genommen werden, Einzelne – vor allem natürlich die Erzieherinnen in den Kindergärten – zur Verantwortung zu ziehen bzw. ihnen den „Schwarzen Peter“ für die notwendigen Veränderungen und Verbesserungen im Bereich der Medienerziehung im Kindergarten zuzuschieben, sollte bedacht werden, daß verschiedenste Rahmenfaktoren (von denen wir einige untersucht haben) ausschlaggebend sind für das, was letztlich im Kindergarten unter der Sammelbezeichnung „Medienerziehung“ geschieht oder eben nicht geschieht. Und schlußendlich sollte nicht vergessen werden, daß einseitige Schuldzuschreibungen nur höchst selten geeignet sind, die notwendige Bereitschaft zu Veränderung und Engagement zu befördern. Beides ist jedoch – wie wir immer wieder sowohl in den qualitativen Interviews als auch anläßlich der

„Workshop-Tagung" feststellten – bei vielen Erzieherinnen in reichlichem Maße vorhanden. An diesem Punkt ist anzusetzen.

Aus diesem Grunde richten sich unsere Schlußfolgerungen und Empfehlungen bei weitem nicht nur an die Erzieherinnen. Alle Beteiligten – Erzieherinnen, Lehrkräfte, Träger, Eltern, Politiker – sind aufgefordert, ihren Teil dazu beizutragen, daß Kinder in den Kindergärten auf die Anforderungen einer von elektronischen Medien geprägten Gesellschaft vorbereitet werden und lernen, „sinnvoll", „selbstverantwortlich", „verantwortungsbewußt" und „kompetent" mit den Medien – d.h. mit dem gesamten Medienensemble – umzugehen.

Zunächst ist in diesem Zusammenhang eine Prämisse zu formulieren und zu explizieren, die u.E. den Ausgangspunkt weiterer Überlegungen zu Konsequenzen aus der vorliegenden Untersuchung darstellt:

*Prämisse: Eine umfassende Medienerziehung im Kindergarten ist mehr denn je notwendig und unumgänglich und darf sich nicht auf bewahrpädagogisches Handeln beschränken.*

Es ist ganz zweifellos ein ehrenwerter Gedanke, Kindern eine Kindheit ermöglichen zu wollen, die – soweit dies möglich ist – unbeeinträchtigt ist von Störungen. Gleichzeitig ist kaum zu leugnen, daß Fernsehprogramme – dies erweist bereits ein flüchtiger Blick ins Programm eines beliebigen Tages – eine ganze Reihe von Sendungen beinhalten, die man beim besten Willen nicht als sonderlich geeignet für Vorschulkinder ansehen kann. Insofern liegt es nahe, Kinder vor den Auswirkungen des Konsumierens solcher Sendungen beschützen zu wollen. Nicht umsonst existieren in Deutschland eine ganze Reihe von Vorschriften, die eben dieses Ziel haben: Kinder davor zu bewahren, Sendungen zu sehen, die nicht für sie geeignet sind, die u.U. zu Beeinträchtigungen der kindlichen Entwicklung führen können.

Andererseits steht ebenfalls außer Frage, daß Schutzvorschriften nicht vollständig greifen können: Zum einen können kaum alle für Kinder ungeeigneten Sendungen aus den Programmen verbannt werden; zudem verhindert eine „Säuberung" des Nachmittagsprogramms kaum, daß Kinder ungeeignete Sendungen dann eben im Vorabend- oder Abendprogramm sehen. Auch der beste Kinder- und Jugendschutz ist auf ein entsprechendes Problembewußtsein auf seiten derer, die als einzige den Fernsehkonsum der Kinder reglementieren können – also auf seiten der Eltern – angewiesen. Nicht nur aus den Aussagen der befragten Erzieherinnen wissen wir indes, daß dieses Problembewußtsein bzw. der Wille oder das Vermögen, entsprechend zu handeln, nicht immer gegeben sind.

Zum anderen jedoch – und weitaus bedeutsamer – wird Medienerziehung (soweit bewahrpädagogisches Handeln denn überhaupt als Medienerziehung bezeichnet werden kann) damit auf den Präventionsgedanken reduziert. Neben diesem erstrecken sich (Grob-) Ziele einer sinnvollen Medienerziehung jedoch auch auf die Optimierung positiver Wirkungen sowie (vor allem) die Förderung von Medienkompetenz (vgl. Kap. 1.2). Die Notwendigkeit einer umfassenden Medienerziehung ergibt sich insbesondere aus diesen beiden Zielen: Kompetente Mediennutzung ist nicht länger eine erstrebenswerte Fertigkeit, sondern vielmehr eine schlechterdings unumgängliche Notwendigkeit und kann als Schlüsselqualifikation in einer Informationsgesellschaft bezeichnet werden (vgl. hierzu Kap. 2.2). Damit jedoch wächst der Medienerziehung im Kindergarten eine ungeheure Bedeutung zu, insofern Kindergärten auch gehalten sind, Kinder zu *fördern* und einen Beitrag zur Chancengleicheit – einem zentralen Merkmal einer demokratisch verfaßten Gesellschaft – zu leisten[8]. Gerade letzteres wird durch bewahrpädagogisches Handeln sicherlich nicht erreicht.

Da ein medienfreier Kindergarten kaum zur Erziehung zur kompetenten Mediennutzung beitragen kann und viele Eltern der Wahrnehmung der Erzieherinnen nach kaum für diese Aufgabe geeignet sind, wird diese also an die – angesichts gestiegener Anforderungen von allen Seiten ebenfalls z.T. überforderten – Schulen deligiert, mit anderen Worten: Das Problem wird auf die Zukunft verlagert und an eine Institution weitergereicht, die sich – wie auch der Kindergarten – mit einer gewandelten Vorstellung von ihrer Rolle in der Gesellschaft auseinanderzusetzen hat und zudem finanziell sicherlich nicht wesentlich besser gestellt ist (d.h. kaum besser als der Kindergarten in der Lage ist, Mediengeräte für die Medienerziehung bereitzustellen). Damit wird aus dem an und für sich durchaus nachvollziehbaren Schutzgedanken unversehens ein unverantwortliches Weiterreichen von Zuständigkeit. Daß der bewahrpädagogische Gedanke nach wie vor (wenn auch in verringertem Ausmaß) durchaus noch im Beschluß der Jugendministerkonferenz zur Medienerziehung im Kindergarten (vgl. Kap. 2.2 und Kap. 3.1) zu identifizieren ist, kann vor dem Hintergrund der oben angestellten Überlegungen nur als gravierendes Versäumnis, einem Umdenken hinsichtlich der Medienerziehung endlich den Weg zu ebnen, bezeichnet werden.

Damit kommen wir zu den u.E. aus den Projektergebnissen zu ziehenden Schlußfolgerungen, wobei Folgendes zu berücksichtigen ist: Schlußfolgerungen bzw. Forderungen an verschiedenste Adressen pflegen – notwendigerweise – relativ global zu sein. Dies wird in gewisser Weise den Gegebenheiten, wie wir sie in unseren Untersuchungen fanden[9], nicht gerecht: Insbe-

8 Da genügt auch keineswegs der lapidare Hinweis darauf, daß Kinder ohnehin zumeist weitaus besser als Erwachsene mit Mediengeräten umgehen könnten: Zum einen ist Technikkompetenz auf gar keinen Fall gleichzusetzen mit Medienkompetenz (vgl. Kap. 1.2). Zum anderen können mit Sicherheit nicht alle und vermutlich nicht einmal die meisten Kinder besser als Erwachsene mit Mediengeräten umgehen; d.h. selbst im Hinblick auf das eingeschränkte Ziel einer Förderung der Technikkompetenz besteht vor dem Hintergrund der Forderung nach Chancengleicheit erheblicher Nachholbedarf.

9 und wie sie auch durch die Diskussionen im Rahmen der Workshop-Tagung (vgl. Kap. 7.2) bestätigt wurden

sondere die Ergebnisse der Clusteranalyse (vgl. Kap. 6.7.2) zeigen, daß im Hinblick auf medienerzieherisches Denken und Handeln höchst unterschiedliche „Typen“ von Erzieherinnen in den Kindergärten anzutreffen sind[10]. Dies hat zur Folge, daß die Erfüllung bestimmter Forderungen, wie sie weiter unten zu explizieren sein werden, in bestimmten Fällen durchaus hilfreich sein kann, in anderen jedoch nicht. So mag es in manchen Fällen durchaus genügen, Praxismaterial zur Verfügung zu stellen und die Geräteausstattung im Kindergarten zu verbessern. Es kann davon ausgegangen werden, daß eine ganze Reihe von Erzieherinnen – aufgrund ihres Engagements, ihrer Handlungsorientierung oder auch ihres generellen Problembewußtseins – in der Lage sein wird, sich entsprechende Kenntnisse zur Mediennutzung der Kinder oder auch zu möglichen Praxismaßnahmen der Medienerziehung selbst zu verschaffen und entsprechend umfassend medienerzieherisch tätig zu werden. In anderen Fällen jedoch wird dies keinesfalls ausreichen, da damit gerechnet werden muß, daß Geräte nicht genutzt bzw. Praxismaterialien nicht verwendet werden, da manche Erzieherinnen weder über ein entsprechendes Problembewußtsein noch über hinreichende Kenntnisse verfügen und zudem – beispielsweise aufgrund erheblicher Vorurteile gegenüber elektronischen Medien – nicht gewillt sind, grundlegende Positionen zu überdenken oder medienerzieherisches Engagement zu entwickeln. Letztlich sind in diesem Zusammenhang auch unterschiedliche Auffassungen von Erziehung (und damit auch von Medienerziehung) zu berücksichtigen. Inwieweit Erzieherinnen von der Bereitstellung von Geräten oder auch Verbesserungen in der Aus- und Fortbildung profitieren können, hängt nicht zuletzt von ihrer Persönlichkeit und ihrer Handlungsorientierung ab. Insofern ist an dieser Stelle nachdrücklich darauf hinzuweisen, daß die verschiedenen Maßnahmen, die wir anregen wollen, kein „Allheilmittel“ darstellen. Generelles erzieherisches Engagement sowie eine Bereitschaft zu „Lebenslangem Lernen“ sind durch keinerlei Verbesserungmaßnahmen – gleich in welcher Form – zu ersetzen.

*Schlußfolgerung 1: Die medienpädagogische Ausbildung muß insbesondere an den Einstellungen der Erzieherinnen zu den Medien ansetzen. Zu diesem Zwecke müssen in der Ausbildung umfassende Kenntnisse hinsichtlich des kindlichen Fernsehkonsums, seiner zugrundeliegenden Motive und Gratifikationen sowie seiner Auswirkungen vermittelt werden.*

Schon in der Untersuchung von Höltershinken und Mitarbeitern hat sich gezeigt, daß negative Einstellungen zum Fernsehen und zum kindlichen Fernsehkonsum schlechte Voraussetzungen für eine richtig verstandene und motivierte Medienerziehung sind. Entgegen den gelegentlich laut werdenden

10 was indes gewiß nicht nur im Hinblick auf medienerzieherisches Denken und Handeln, sondern vielmehr generell zu konstatieren ist

Rufen nach einer Reduzierung theoretischer Inhalte zugunsten einer stärkeren Praxisorientierung sollten erstere vielmehr verstärkt vermittelt werden. In unseren Untersuchungen haben sich gravierende Kenntnisdefizite der Erzieherinnen im Hinblick auf den kindlichen Fernsehkonsum, seine Hintergründe und Auswirkungen gezeigt. Diese Defizite sind u.E. mitverantwortlich für globale Schuldzuschreibungen an „die Medien", sorgen für eine verzerrte Problemwahrnehmung (auf die auch Höltershinken und Mitarbeiter hinweisen) und fördern rein reaktives, „schadenbegrenzendes" medienerzieherisches Verhalten. Dabei ist an der Tatsache anzusetzen, daß die Erzieherinnen ja für sich selbst i.d.R. durchaus positive Aspekte des Medienkonsums feststellen.

*Schlußfolgerung 2: Theoretische Konzeptionen von Zielen und Praxis nicht nur der Medienerziehung im Kindergarten dürfen in der Ausbildung nicht zugunsten einer falsch verstandenen „Praxisorientierung" vernachlässigt werden. Medienerziehung muß in allgemeine erzieherische Konzepte eingebettet werden.*

Auch in diesem Zusammenhang muß die Bedeutung theoretischer Kenntnisse betont werden. Erziehung im Kindergarten bedarf reflektierter Leit- bzw. Zielvorstellungen[11]. Diese sind nur in der Auseinandersetzung mit verschiedenen Konzeptionen unterschiedlicher Zielrichtung, wie sie in der einschlägigen Literatur zu finden sind, zu erreichen. Damit soll keineswegs „Theorielastigkeit" zum Königsweg der Ausbildung erhoben werden; es kann indes auch nicht der Sinn einer Ausbildung sein, „hemdsärmligen Pragmatismus" ohne fundierte und reflektierte theoretische Kenntnisse zu fördern. Die Orientierung an reflektierten Zielvorstellungen in der alltäglichen Kindergartenarbeit wiederum erleichtert letztere, insofern davon auszugehen ist, daß in der Folge die eigene Arbeit als transparenter und damit letztlich auch befriedigender erlebt wird.

Die Auseinandersetzung mit erzieherischen Zielen und Leitvorstellungen ist auch im Hinblick auf die Medienerziehung unumgänglich; dabei ist besonders darauf zu verweisen, daß allgemeine pädagogische Konzepte bereits implizit den Bedarf und auch die Möglichlichkeiten der Umsetzung von Medienerziehung beinhalten: Eine kindzentrierte Sichtweise von Erziehung sollte die kindliche Lebenswelt und damit – angesichts der Bedeutung der Medien – auch die kindlichen Medienerfahrungen als Ausgangspunkt erzieherischer Bemühungen nehmen. Ein Ausschließen der medienbezogenen Aspekte der kindlichen Lebenswelt kann von daher keinesfalls mit einem „kindzentrierten Vorgehen" begründet werden. Wenn dies – wie wir aus unseren qualitativen Interviews wissen – gleichwohl gelegentlich geschieht, so muß hier von einem falschen Verständnis des allgemeinen kindzentrierten Ansatzes und damit von einem mangelhaften allgemein-pädagogischen Ver-

11 Dies sollte eigentlich ein Gemeinplatz sein und ist es doch offensichtlich allzuoft nicht.

ständnis gesprochen werden. Es ist indes zu befürchten, daß derartige Mißverständnisse teilweise bereits in der Ausbildung der Erzieherinnen angelegt werden. Dies dürfte dann gegeben sein, wenn – wie es vermutlich häufig der Fall ist – im Rahmen des allgemein-pädagogischen Unterrichts medienbezogene Aspekte der kindlichen Lebenswelt vernachlässigt werden.

Ganz generell ist also darauf hinzuarbeiten, daß Medienerziehung nicht als etwas von der übrigen Kindergartenerziehung Abgekoppeltes oder Unabhängiges wahrgenommen wird. Im Rahmen der Vermittlung von Kenntnissen hinsichtlich allgemein-pädagogischer Konzepte und Leitvorstellungen sollte auch herausgearbeitet werden, daß medienerzieherische Bemühungen einen integralen Bestandteil der gesamten Erziehung im Kindergarten darstellen.

*Schlußfolgerung 3: In der Ausbildung müssen praktisch handhabbare Umsetzungsmöglichkeiten medienerzieherischer Leitvorstellungen thematisiert werden; dabei muß insbesondere die reale Situation im Kindergarten zum Ausgangspunkt genommen werden.*

Das oben Gesagte bedeutet keineswegs, die Praxisorientierung der Ausbildung einzuschränken. Praxisorientierung heißt jedoch nicht, den angehenden Erzieherinnen „fertige Kochrezepte" an die Hand zu geben, ohne diese theoretisch zu begründen und mit entsprechenden Forschungsergebnissen zu untermauern und ohne gleichzeitig eine Basis dafür anzulegen, solche Vorschläge auch umsetzen zu *wollen.* Praxisvorschläge ohne eine solche Basis können sicherlich nicht zu deren Umsetzung *motivieren* (siehe hierzu auch unsere Ausführungen zu Argumenten für einen Bedarf an Medienerziehung; vgl. Kap. 2). Gleichzeitig müssen Konzepte zur Umsetzung medienerzieherischer Leitvorstellungen die Situation im Kindergarten, so wie sie ist, berücksichtigen. Tatsache ist, daß in vielen Kollegien bzw. Teams Vorbehalte gegenüber medienerzieherischer Tätigkeit bzw. dem Einsatz elektronischer Medien bestehen. Dementsprechend bedarf es nicht nur einer praxisorientierten Vorstellung von medienerzieherischen Maßnahmen, sondern gleichzeitig an der Realität orientierter Strategien zur Überwindung von Widerständen und Vorbehalten in den Teams. Hierzu können auch verstärkt angebotene Fortbildungen nicht nur für einzelne Erzieherinnen, sondern für komplette Teams einen sinnvollen Beitrag leisten (s.u.). Gleichzeitig ist auf die Bedeutung Kindergarten-übergreifender Zusammenarbeit im Hinblick auf die Durchführung medienerzieherischer Projekte auf der einen Seite und hinsichtlich der medienpädagogischen Fortbildung von Erzieherinnen auf der anderen Seite hinzuweisen.

*Schlußfolgerung 4: „Teaching the teachers". Es müssen vermehrt Angebote zur Weiterbildung von Lehrkräften im Bereich der Medienerziehung gemacht werden.*

Defizite haben sich in unseren Untersuchungen nicht nur auf seiten der Erzieherinnen, sondern sehr wohl auch bei den Lehrkräften im Fach Medienerziehung gefunden. Zwar steht mit dem „Lehrplan zur Erprobung Sozialpädagogik" ein sinnvolles und durchdachtes Instrument zur Gestaltung des medienpädagogischen Unterrichts zur Verfügung; dieses wird jedoch ganz offenbar häufig mit einer gewissen Beliebigkeit umgesetzt (es scheint, daß die Inhalte des Lehrplans als kaum mehr als eine Anregung ohne verbindlichen Charakter verstanden werden). Angesichts der Tatsache, daß auch die im Bereich Medienerziehung tätigen Lehrkräfte nur in einer verschwindenen Minderzahl aufgrund ihrer Ausbildung für das Fach, das sie unterrichten, qualifiziert sind, ist einerseits die Fortbildung der Lehrkräfte zu forcieren; andererseits müssen – z.B. von den Universitäten, aber auch von den verschiedenen Einrichtungen zur Erwachsenenbildung – Angebote gemacht werden, die eine verbesserte und einheitlichere Ausbildung der zukünftigen Lehrerinnen und Lehrer gewährleisten.

In diesem Zusammenhang ist weiterhin zu beachten, was oben im Hinblick auf die allgemein-pädagogische Ausbildung der Erzieherinnen gesagt wurde: Auch die dafür zuständigen Lehrkräfte sollten sich nicht der Einsicht einer notwendigen Einbettung der Medienerziehung in die allgemeine Kindergartenerziehung verschließen. Insofern bedarf es auch hier integrativer Fortbildungsangebote, in deren Rahmen „Erziehung" nicht unabhängig und losgelöst von „Medienerziehung" behandelt wird (siehe hierzu auch weiter unten). Entsprechendes gilt natürlich auch für die Einbettung medienpädagogischer Inhalte in die erziehungswissenschaftlichen Studiengänge.

*Schlußfolgerung 5: Die Ausstattung der Schulen mit elektronischen Medien bzw. die Bereitstellung entsprechender Voraussetzungen in finanzieller, personeller und räumlicher Hinsicht muß verstärkt werden.*

Vorurteile gegenüber den elektronischen Medien (und in Zukunft vermutlich insbesondere gegenüber dem Computer bzw. der Multimedia-Technologie) lassen sich nur abbauen, wenn entsprechend ausreichend Geräte zur Verfügung stehen und auch eingesetzt werden (können). Gerade das unbefangene eigene Ausprobieren, der spielerische Umgang mit den elektronischen Medien sollten geeignet sein, die angehenden Erzieherinnen vom positiven Potential der Medien zu überzeugen, ohne gleichzeitig die negativen Aspekte zu verleugnen. Insbesondere ist auf die verbreitete Ansicht, elektronische Medien ließen keine Kreativität zu bzw. behinderten oder beschränkten diese, einzugehen. Den angehenden Erzieherinnen sollte gezeigt werden, wie die elektronischen Medien auf vielfältigste Weise einsetz- und verwendbar sind, um beispielsweise mediale Produkte zu erzeugen. Daß dabei Kreativität nicht nur möglich, sondern geradezu unumgänglich ist, sollte sich durch den Umgang mit den Geräten von selbst erschließen.

*Schlußfolgerung 6: Die Kindergärten benötigen eine verbesserte Ausstattung mit elektronischen Medien.*
Diese Schlußfolgerung wendet sich sowohl an die Erzieherinnen als auch an die Träger der Einrichtungen: Von seiten der Träger müssen die finanziellen Mittel bereitgestellt werden, um die Ausstattung der Kindergärten mit elektronischen Medien zu verbessern. Die Erzieherinnen müssen dies jedoch zum einen einfordern und zum anderen die angeschafften Geräte auch nutzen. Unsere Ergebnisse weisen darauf hin, daß es mit der Anschaffung nicht getan ist, daß vielmehr häufig auch die Geräte, die zur Verfügung stehen, nicht genutzt werden. Sicherlich ist Medienerziehung – wie bereits mehrfach angesprochen – nicht ausschließlich auf die Verwendung von Mediengeräten angewiesen; andererseits kann sie auch nicht vollkommen ohne diese erfolgen.

Im Hinblick auf die Träger ist zudem zu sagen, daß es bei weitem nicht genügt, „die Arbeitssituation der Erzieherinnen nicht noch [zu] verschlechtern", wie dies Kasüschke (1991, S. 155) noch formuliert. Zwar ist die Resignation angesichts allzu häufig ungehört verhallter Forderungen durchaus nachvollziehbar, sie kann jedoch vor dem Hintergrund der gesamtgesellschaftlichen Aufgabe, der der Kindergarten verpflichtet ist, nur als kontraproduktiv bezeichnet werden. Beispiele aus verschiedenen Einrichtungen zeigen, daß es mit entsprechendem Einsatz und Engagement bzw. einer gewissen Beharrlichkeit durchaus möglich ist, für eine ausreichende Geräteausstattung zu sorgen.

*Schlußfolgerung 7: In der Erzieherinnen-Fortbildung müssen alternative Wege beschritten werden.*
Insofern Maßnahmen im Hinblick auf die medienpädagogische Ausbildung von Erzieherinnen zunächst nicht geeignet sind, die *aktuelle* Situation im Kindergarten zu verbessern, ist verstärkt auf Fortbildungsmaßnahmen zu setzen. Dabei ist indes zu berücksichtigen, daß Fortbildungen in aller Regel nur von denen besucht werden, die bereits über ein gewisses Ausmaß an Problembewußtsein verfügen bzw. die sich der Notwendigkeit einer Fortbildungsmaßnahme bewußt sind. Das bedeutet, daß auch in dieser Hinsicht zukünftig alternative Wege beschritten werden sollten, die wegführen vom „klassischen" Fortbildungsangebot.

Stattdessen sollte einerseits auf die Zusammenarbeit von Erzieherinnen bzw. Kindergärten, Trägern und Fortbildungsinstitutionen gesetzt werden. Eine von den Trägern sowohl in ideeller als auch materieller Hinsicht unterstützte Zusammenarbeit der Kindergärten im Hinblick auf medienpädagogische Projekte ist geeignet, zweierlei Zwecken zu dienen: Zum einen wird auf diese Weise der Überforderung Einzelner gegengesteuert, finanzielle Mittel können effektiver eingesetzt werden, umfassendere Projekte, die viel Zeit und Ressourcen beanspruchen, werden möglich. Zum anderen können solche kooperativen Maßnahmen unter Einbeziehung von Fachleuten in hervorragender Weise geeignet sein, Kenntnisse zu erweitern, neue Zugangsmöglichkeiten zum Thema „Medienerziehung" zu erschließen und Vorurteile bzw. Mißverständnisse hinsichtlich dieser abzubauen – also genau das zu leisten, was „klassische" Fortbildungsmaßnahmen offenbar so selten erreichen.

Andererseits sollte – was weiter oben bereits angesprochen wurde – nicht nur in der Aus-, sondern auch in der Fortbildung die klassische Trennung zwischen der Vermittlung allgemein-pädagogischer Inhalte auf der einen Seite und medienpädagogischer Inhalte auf der anderen nicht länger in dem Maße aufrechterhalten werden, wie es offenbar zumeist der Fall ist. Damit sollen keineswegs „globale" und undifferenzierte Fortbildungsangebote propagiert werden; vielmehr erscheint es notwendig, medienpädagogische Themen auch im Rahmen allgemein-pädagogischer Veranstaltungen anzusprechen (und umgekehrt). Zum einen könnte auf diese Weise bei den Teilnehmerinnen das Verständnis von Medienerziehung[12] vertieft werden; zum anderen können so auch Erzieherinnen erreicht werden, die an Fortbildungen mit medienpädagogischen Titeln und Inhalten normalerweise kein Interesse haben.

Die Landesmedienanstalten können ihrerseits in bestimmter Hinsicht zu einer Verbesserung der Situation beitragen: Denkbar wäre etwa, daß sie sich in jedem Bundesland als eine Art Koordinations- oder Clearingstelle für medienpädagogische Fort-/Weiterbildung engagieren. Aufgabe dieser Stelle wäre es, die im Bundesland vorhandene Expertise an den Universitäten/Hochschulen auf der einen Seite und diejenige der Landesmedienzentren auf der anderen Seite zusammenzuführen und für die Fort-/Weiterbildung von Erzieherinnen ebenso wie von Ausbildern und Ausbilderinnen nutzbar zu machen.

Gemeint ist hiermit nicht unbedingt so etwas wie der „Medienpädagogische Forschungsverbund Südwest". Vielmehr könnte eine solche Koordinationsstelle zum einen eine Landes-Datenbank mit entsprechenden Expertenadressen und deren Möglichkeiten (unter Aspekten ihrer jeweils spezifischen Expertise und Ressourcen) erstellen und den Lehrkräften der Erzieherinnen-Aus-/Fortbildung, den Trägern von Kindergarten-Einrichtungen sowie interessierten Erzieherinnen zur Verfügung stellen.

Zum anderen könnte es Aufgabe dieser Koordinationsstelle sein, auf der Basis einer solchen Datenbank jährliche Fortbildungsveranstaltungen zu

12 Ein Verständnis, das besagt, daß das Eine (Allgemeine Pädagogik) nicht unabhängig vom Anderen (Medienpädagogik) gesehen werden kann, daß die Notwendigkeit der Medienerziehung sich bereits aus den allgemeinen erzieherischen Ansätzen, wie sie momentan diskutiert werden, ergibt und daß beispielsweise ein kindzentriertes Vorgehen in der Kindergartenarbeit notwendig auch medienerzieherisches Handeln beinhaltet.

organisieren, die gleichzeitig als Anschub für nachfolgende Einzelinitiativen wirksam sein können. Potentielle Teilnehmer/-innen wären selbstverständlich auf der einen Seite Erzieherinnen und sinnvollerweise auch Lehrkräfte der Erzieherinnen-Aus-/Fortbildung sowie Vertreter der Kindergarten-Träger. Auf der anderen Seite sollte jedoch auch darüber nachgedacht werden, solche Fortbildungsveranstaltungen gleichzeitig für Grundschullehrer und -lehrerinnen zu öffnen und dementsprechend ebenfalls mit den Landesinsitutionen der Lehrerfortbildung zu kooperieren. Eine Zusammenführung beider Berufsgruppen – Kindergarten-Erzieherinnen und Grundschullehrer und -lehrerinnen – (und deren jeweiligen Weiterbildnern) wäre sicher von Nutzen: Während die reinen Informationsanteile der Fortbildungsveranstaltung und die damit auch beabsichtigten Effekte einer Motivierung zur Medienerziehung beiden gemeinsam zugute kämen, könnten sich im Hinblick auf Fragen der Praxisumsetzung beide Gruppen wechselseitig inspirieren und ihr berufsspezifisches Praxis-Know-how einbringen.

Unabhängig von den Möglichkeiten und Aufgaben einer solchen Koordinationsstelle könnte die LfR die im Rahmen des hier vorgestellten Projektes gewonnenen Informationen und Erkenntnisse in Form von zu erstellendem Praxismaterial für die Fortbildung von Lehrkräften in der Erzieherinnen-Ausbildung nutzbar machen.

Wir haben uns in den Schlußfolgerungen bisher bewußt nicht an die Erzieherinnen selbst gewandt, da wir der Ansicht sind, daß es auf der individuellen Ebene jeder Erzieherin selbst überlassen sein sollte zu entscheiden, inwieweit und in welcher Form Veränderungen in ihrer alltäglichen (medien-) erzieherischen Arbeit notwendig sind und erfolgen sollten. Zudem erscheint es angesichts vielfältiger Zugangsweisen der Erzieherinnen zum Thema „Medienerziehung“ nachgerade unmöglich, spezifische Empfehlungen auszusprechen. Einen Punkt jedoch wollen wir – abschließend – an dieser Stelle noch einmal aufgreifen, da er u.E. ungeachtet persönlicher Überzeugungen generell für die Arbeit im Kindergarten Geltung besitzt:

Angesichts des stetigen Wandels der Gesellschaft (und damit sind keineswegs nur die technischen Entwicklungen auf dem Mediensektor gemeint) vermag die Erzieherinnen-Ausbildung lediglich einen Grundstein, der freilich – um im Bild zu bleiben – möglichst „tief verankert“ sein sollte, für die alltägliche Arbeit im Kindergarten zu legen. Der angesprochene Wandel begründet die Notwendigkeit der Einsicht, daß ohne die Bereitschaft zu „lebenslangem Lernen“ die erzieherische Arbeit im Kindergarten über kurz oder lang zum einen an den Erfordernissen einer modernen Gesellschaft vorbeigeht und zum anderen aller Voraussicht nach als unbefriedigend erlebt wird. Wer Tag für Tag einen übermächtigen „Gegner“ wie (momentan) das Fernsehen und (in Zukunft) vermutlich die Multimedia-Technologie „bekämpfen“ muß und sich dabei der Einsicht in die Nutzbarkeit dieser Medien verschließt, dürfte sich – angesichts der vorhersagbaren Niederlage – früher oder später resigniert fragen, welchen Sinn denn die Arbeit im Kindergarten hat, wenn am Ende doch kein Erfolg sichtbar wird. Betrübliche Aussichten fürwahr, die jedoch – wie die positiven Beispiele medienerzieherischer Kindergartenarbeit, die wir ja durchaus auch fanden, zeigen – keineswegs unabwendbar scheinen. Die Bereitschaft, die eigenen Überzeugungen in Frage zu stellen, gesellschaftliche Entwicklungen (eben auch im Bereich der elektronischen Medien) nicht nur zur Kenntnis zu nehmen, sondern sich mit ihnen auseinanderzusetzen und sie in die Kindergartenarbeit zu integrieren, kann – dies wird wohl niemand ernsthaft bestreiten – geradezu als Schlüsselqualifikation erzieherischer Tätigkeit bezeichnet werden. Erfolgreiche medienerzieherische Tätigkeit setzt diese einerseits zwingend voraus; andererseits ist jedoch zu sagen, daß mit der Erreichung dieser Schlüsselqualifikation – unabhängig von sicherlich notwendigen Kenntnissen – bereits ein großer Schritt getan ist.

# Literaturverzeichnis


Abelmann R. (1990). You can´t get there from here: Children´s understanding of time-leaps on television. *Journal of Broadcasting & Electronical Media, 34* (4), 469-476.

Abeln, R. (1989). *Wie gehen wir in der Familie mit Medien um? Anregungen für Eltern, Erzieherinnen und Erzieher von Kindergarten- und Grundschulkindern.* Donauwörth: Auer.

Anderson, D. R. & Field, D. E. (1984). Die Aufmerksamkeit des Kindes beim Fernsehen: Folgerungen für die Programmproduktion. In M. Meyer (Hrsg.), *Wie verstehen Kinder Fernsehprogramme?* (S. 53-92). München: Saur.

Arbeitsgemeinschaft der Obersten Landesjugendbehörden. (1996). Konzeptionsbericht der Jugendministerkonferenz. *Medienpädagogik als Aufgabe der Kinder- und Jugendhilfe.*

Arnold, B. (1993). *Medienerziehung und moralische Entwicklung von Kindern. Eine medienpädagogische Untersuchung zur Moral im Fernsehen am Beispiel einer Serie für Kinder im Umfeld der Werbung.* Erziehungskonzeptionen und Praxis (Band 21). Frankfurt am Main: Lang.

Aufenanger, S. (1991). Zum pädagogischen Umgang mit den Medienerfahrungen der Kinder. In S. Aufenanger (Hrsg.), *Neue Medien - Neue Pädagogik? Ein Lese- und Arbeitsbuch zur Medienerziehung in Kindergarten und Grundschule* (S. 197-206). Bonn: Bundeszentrale für politische Bildung.

Aufenanger, S., Bachmair, B., Eder, S. & Zipf, J. (1995). "Die Dinos kommen" - Ein Elternabend zur Fernseherziehung. In Deutsches Jugendinstitut (Hrsg.), *Handbuch Medienerziehung im Kindergarten. Teil 2: Praktische Handreichungen* (S. 400-409). Opladen: Leske + Budrich.

Aufenanger, S. (1996). *Lustige Gewalt? Zum Verwechslungsrisiko realer und inszenierter Fernsehgewalt bei Kindern durch humoreske Programmkontexte.* (BLM-Schriftenreihe, Band 38). München: Bayerische Landeszentrale für neue Medien.

Aufenanger, S., Baacke, D., Lauffer, J., Röllecke, R. & Gottberg von H.-J. (1996). *Gutes Fernsehen - schlechtes Fernsehen ? Denkanstöße, Fakten und Tips für Eltern und ErzieherInnen zum Thema Kinder und Fernsehen.* Köln: KoPäd.

Baacke, D. (1973). *Kommunikation und Kompetenz. Grundlegung einer Didaktik der Kommunikation und ihrer Medien.* Weinheim: Juventa.

Baacke, D. (1980). Aufgaben und Probleme außerschulischer Medienarbeit. In D. Baacke & T. S. Kluth (Hrsg.), *Praxisfeld Medienarbeit* (S. 8-16). Weinheim: Juventa.

Baacke, D. (1995). Theorie der Medienpädagogik. In R. Burkhart & W. Hömberg (Hrsg.), *Kommunikationstheorien. Ein Textbuch zur Einführung*. Wien: Braunmüller.

Baacke, D. (1997). *Medienpädagogik. Grundlagen der Medienkommunikation* (Band 1). Tübingen: Niemeyer.

Bachmair, B. (1990). Wie, in welchen Zusammenhängen und mit welchen Konsequenzen verarbeiten Kinder Fernseherlebnisse - pädagogische Perspektiven zum alltäglichen Fernsehkonsum. In Landesanstalt für Rundfunk Nordrhein-Westfalen (Hrsg.), *Medienerziehung im Kindergarten: Neue Herausforderungen durch private Programme?* (S. 35-46). Düsseldorf: Landesanstalt für Rundfunk Nordrhein-Westfalen.

Bachmair, B., Apel, T., Heman, M. & Schill, M. (1992). Präventiver Jugendmedienschutz. Medienpädagogischer Elternabend in einem Kindergarten. *Medien praktisch, 16* (1), 25-29.

Bachmair, B. (1993). *TV-Kids.* Ravensburg: Maier.

Bachmair, B. (1994). Handlungsleitende Themen: Schlüssel zur Bedeutung der bewegten Bilder für Kinder. In Deutsches Jugendinstitut (Hrsg.), *Handbuch Medienerziehung im Kindergarten. Teil 1: Pädagogische Grundlagen* (S. 171-184). Opladen: Leske + Budrich.

Bachmair, B., Neuß, N. & Tilemann, F. (Hrsg.). (1997). *Fernsehen zum Thema machen. Elternabende als Beitrag zum Jugendmedienschutz.* (Schriftenreihe der LPR Hessen, Band 3). München: KoPäd.

Backhaus, K., Erichson, B., Plinke, W. & Weiber, R. (1996). *Multivariate Analysemethoden. Eine anwendungsorientierte Einführung.* Berlin: Springer.

Bandura, A. (1989). Die sozial-kognitive Theorie der Massenkommunikation. In J. Groebel & P. Winterhoff-Spurk (Hrsg.), *Empirische Medienpsychologie* (S. 7-32). München: PVU.

Barthelmes, J. (1990). Wie Mirko und Anna häusliche Erfahrungen einsetzen, um ihre Freundschaft zu gestalten. In Deutsches Jugendinstitut (Hrsg.), *Medienerziehung bei Vorschulkindern* (S. 53-77). München: Verlag Deutsches Jugendinstitut.

Barthelmes, J., Feil, Ch., & Furtner-Kallmünzer, M. (1991). *Medienerfahrungen von Kindern im Kindergarten. Spiele, Gespräche, soziale Beziehungen.* München: Verlag Deutsches Jugendinstitut.

Basic, N., Schell, F., Schorb, B. & Graf, G. (1997). *Kinder sehen fern. Programmangebot und Präferenzen.* München: KoPäd.

Bauer-Verlag Media-Marketing/ Forschung (Hrsg.). (1994). *Kinder und Fernsehen. Sehgewohnheiten von 6- bis 13-jährigen Kindern.* Hamburg: Bauer.

Bayerisches Staatsministerium für Unterricht, Kultus, Wissenschaft und Kunst (1994). *Lehrpläne für die Fachakademie für Sozialpädagogik.* Staatsinstitut für Schulpädagogik und Bildungsforschung (Hrsg.). München: Hintermaier.

Beck, K. (1996). Grußwort zum Bundeskongreß der Bildstellenmedien/ Medienzentren 1995. *FWU Magazin,* (1-2), 10-11.

Beierwaltes, A., Grebe, B. & Neumann-Braun, K. (1993). Indizierte Computerspiele - Markt und Spieler. In Bundeszentrale für politische Bildung (Hrsg.), *Computerspiele. Bunte Welt im grauen Alltag. Ein medien- und kulturpädagogisches Buch* (S. 89-104). Bonn: Bundeszentrale für politische Bildung.

Berg, K. & Kiefer, M.-L. (Hrsg.). (1996). *Massenkommunikation V. Eine Langzeitstudie zur Mediennutzung und Medienbewertung 1964-1995*. Baden-Baden. Nomos.

Bergler, R. & Six, U. (1979). *Psychologie des Fernsehens*. Bern: Huber.

Best, P. (1994). "Mac Gyver wollte ich immer mal sein." Identifikationsfiguren und Identifikationsbedürfnisse von Kindern. In Deutsches Jugendinstitut (Hrsg.), *Handbuch Medienerziehung im Kindergarten. Teil 1: Pädagogische Grundlagen* (S. 257-263). Opladen: Leske + Budrich.

Best, P. (1996). Die Schlümpfe als Weckdienst - das Zeichentrickangebot des Fernsehens. In H. Theunert & B. Schorb (Hrsg), *Begleiter der Kindheit. Zeichentrick und ihre Rezeption durch Kinder* (S. 57-76). München: Reinhard Fischer.

Bieger, Grüner, v. Lübtow, Teufel, Thewalt (Vornamen nicht in der Publikation genannt). (1995). *Medienpädagogik. Ein praktischer Leitfaden*. Köln: Stam.

Böhme-Dürr, K. (1988). Die kleinen Plastikleute im Fernsehen: Wie Kinder Fernsehrealität wahrnehmen. In Kreisjugendring Nürnberg-Stadt (Hrsg.), *Medienwirklichkeit - Wirklichkeit* (S. 61-80). Nürnberg: Kreisjugendring Nürnberg-Stadt.

Böhme-Dürr, K. (1990). Die Rolle der Massenmedien im Spracherwerb. In K. Neumann & M. Charlton (Hrsg.), *Spracherwerb und Mediengebrauch* (S. 149-168). Tübingen: Narr.

Böhme-Dürr, K. (1991). Fernsehen: Gefahr oder Chance für Fernsehempfänger? Neuere Ergebnisse der Fernsehnutzungs- und Wirkungsforschung. In Bundeszentrale für politische Bildung (Hrsg.), *Kinderfernsehen - Fernsehkinder* (S. 182-199). Bonn: Bundeszentrale für politische Bildung.

Bonfadelli, H. (1990). Medien und Medienerziehung im Kindergarten - Ein vergleichender Überblick zu vier europäischen Ländern: Deutschland, Niederlande, Österreich, Schweiz. In Deutsches Jugendinstitut (Hrsg.), *Medienerziehung bei Vorschulkindern* (S. 197-218). Weinheim: Juventa.

Bortz, J. (1993). *Statistik für Sozialwissenschaftler*. Berlin: Springer.

Bortz, J. & Döring, N. (1995). *Forschungsmethoden und Evaluation für Sozialwissenschaftler*. Berlin: Springer.

Brauner, T. et al. (1979). *Bausteine für die Arbeit in Kindergarten und Hort* (Band 1). Weinheim: Beltz.

Bund-Länder-Kommission für Bildungsplanung und Forschungsförderung (BLK) (1995). Medienerziehung in der Schule - Orientierungsrahmen. In BLK (Hrsg.), *Materialien zur Bildungsplanung und zur Forschungsförderung Heft 44*. Bonn: Bund-Länder-Kommission für Bildungsplanung und Forschungsförderung.

Bundesverband der Jugendkunstschulen und kulturpädagogischen Einrichtungen (1996). Multimedia - Kreativ in realen und virtuellen Welten. *phantastisch - das Jugendkunstschul-Magazin*. Unna: Bundesverband der Jugendkunstschulen und kulturpädagogischen Einrichtungen e. V.

Bundesverband der Phonographischen Wirtschaft et al. (Hrsg.). (1997). *Jahrbuch '97*. Hamburg: Keller.

Bundesverband Video (Hrsg.). (1998). *Der deutsche Videomarkt 1997.* Hamburg: Eigenverlag.

Bundeszentrale für politische Bildung (Hrsg.). (1993). *Neue Medien. Freunde unserer Kinder? Broschüre für Eltern.* Bonn: Bundeszentrale für politische Bildung.

Bundeszentrale für politische Bildung (Hrsg.). (1994). *Neue Medien und Familie. Broschüre für Erzieherinnen und Erzieher.* Bonn: Bundeszentrale für politische Bildung.

Bundeszentrale für politische Bildung (Hrsg.). (1995). *Neue Medien. Freunde unserer Kinder? Broschüre für Erzieherinnen und Erzieher.* Bonn: Bundeszentrale für politische Bildung.

Bundeszentrale für politische Bildung (Hrsg.). (1995). *Neue Medien und Familie. Broschüre für Eltern.* Bonn: Bundeszentrale für politische Bildung.

Buß, M., & Simon, E. (1998). Fernsehnutzung auf die Spitze getrieben: Die Vielseher. In W. Klingler, G. Roters. & O. Zöllner (Hrsg), *Fernsehforschung in Deutschland.* Baden-Baden: Nomos (im Druck).

Büttner, C. (1995). "Gewalt" im Spiel - zur kindlichen Identifikation mit Medienhelden. In Deutsches Jugendinstitut (Hrsg.), *Handbuch Medienerziehung im Kindergarten. Teil 2: Praktische Handreichungen* (S. 136-147). Opladen: Leske + Budrich.

Cantor, J. (1994). Confronting children´s fright responses to mass media. In D. Zillmann, J. Bryant & A. C. Huston (Eds.), *Media, children, and the family. Social scientific, psychodynamic, and clinical perspectives* (S. 139-150). Hillsdale: Erlbaum.

Charlton, M. & Neumann, K. (1991). Motive und Strategien bei der Rezeption von Mediengeschichten - Freiburger Arbeiten zum Mediengebrauch durch Kleinkinder in der Familie. In Bundeszentrale für politische Bildung (Hrsg.), *Kinderfernsehen-Fernsehkinder* (S. 200-205). Bonn: Bundeszentrale für politische Bildung.

Charlton, M. (1991). Wieso, weshalb, warum - (Ge-)Brauchen Kinder das Fernsehen? In Landesanstalt für Rundfunk Nordrhein Westfalen (Hrsg.), *Das Fernsehen im Alltag von Kindern* (S. 28-42). Düsseldorf: Landesanstalt für Rundfunk Nordrhein-Westfalen.

Charlton, M. & Neumann-Braun, K. (1992). *Medienkindheit - Medienjugend. Eine Einführung in die aktuelle kommunikationswissenschaftliche Forschung.* München: PVU.

Charlton, M., Neumann-Braun, K., Aufenanger, S. & Hoffmann-Riem, W. et al. (1995). *Fernsehwerbung und Kinder. Das Werbeangebot in der BRD und seine Verarbeitung durch Kinder. Band 2: Rezeptionsanalyse und rechtliche Rahmenbedingungen.* Opladen: Leske + Budrich.

Charlton, M. et al. (1995). Werbekonsum und Werbekompetenz von 4-14jährigen Kindern. In M. Charlton et al., *Fernsehwerbung und Kinder. Das Werbeangebot in der BRD und seine Verarbeitung durch Kinder. Band 2: Rezeptionsanalyse und rechtliche Rahmenbedingungen* (S. 31-74). Opladen: Leske + Budrich.

Collmer, Sabine (1997). *Frauen und Männer am Computer. Aspekte geschlechtsspezifischer Technikaneignung.* Wiesbaden: Deutscher Universitätsverlag.

Conrad, S., Lischer, P. & Wolf, B. (1997). *Erhebungsmethoden der Externen Empirischen Evaluation des Modellvorhabens Kindersituationen.* Landau: Empirische Pädagogik.

Curth, A. (1994). Medienvorlieben von Mädchen und Jungen im Prozeß der Geschlechtsfindung. In Deutsches Jugendinstitut (Hrsg.), *Handbuch Medienerziehung im Kindergarten. Teil 1: Pädagogische Grundlagen* (S. 218-222). Opladen: Leske + Budrich.

Darschin, W. & Frank, B. (1998). Tendenzen im Zuschauerverhalten. Fernsehgewohnheiten und Programmbewertungen 1997. *Media Perspektiven*, (4), 154-166.

Davies, M. M. (1997). *Face, fact, and fantasy. Children´s interpretations of television reality*. Hillsdale: Erlbaum.

Dichanz, H. (1995). Medienkompetenz; Neue Aufgabe politischer Bildung. *Politik und Zeitgeschichte*, *47*, 27-39.

Dittler, U. (1996). Faszination Computerspiel. Zum Spiel motivierende Aspekte von Bildschirmspielen. In W. Zacharias (Hrsg.), *Interaktiv. Im Labyrinth der Wirklichkeiten. Texte zur Kulturpolitik* (S. 260-274). Essen: Klartext.

Dittler, U. (1997). *Computerspiele und Jugendschutz. Neue Anforderungen durch Computerspiele und Internet.* Baden-Baden: Nomos.

Deutsches Jugendinstitut. (1994). *Handbuch für Medienerziehung im Kindergarten Teil1: Pädagogische Grundlagen.* Opladen: Leske + Budrich.

Deutsches Jugendinstitut. (1995). *Handbuch für Medienerziehung im Kindergarten Teil 2: Praktische Handreichungen.* Opladen: Leske + Budrich.

Doelker, C., Franzmann, B., Hartmann, W. & Heginger, W. (Hrsg.). (1983). *Immer dieses Fernsehen. Handbuch für den Umgang mit Medien.* Ravensburg: Maier.

Doelker, Ch. (1987). Medienpädagogik in Elternhaus und Schule. In L. J. Issing (Hrsg.), *Medienpädagogik im Informationszeitalter* (S. 143-155). Weinheim: Deutscher Studien Verlag.

Doelker, Ch. (1989). *Kulturtechnik Fernsehen.* Stuttgart: Klett-Cotta.

Doelker, Ch. (1990). Medienwirkungen und pädagogisches Handeln: Neue Überlegungen zu alten medienpädagogischen Ansätzen. In Deutsches Jugendinstitut (Hrsg.), *Medienerziehung bei Vorschulkindern* (S. 139-156). Weinheim: Juventa.

Doelker, C. (1997). *Ein Bild ist mehr als ein Bild. Visuelle Kompetenzen in der Multimedia-Gesellschaft.* Stuttgart: Klett-Cotta.

Doh, M. (1994). *10 Jahre Privatfernsehen. Gesellschaft, Fernsehlandschaft und Medienpädagogik im Wandel.* München: KoPäd.

Doubleday, C. N. & Droege, K., L. (1993). Cognitive developmental influences on children´s understanding of television. In G. L. Berry & J. K. Asamen (Eds.), *Children and television. Images in a changing sociocultural world* (S. 23-37). Newbury Park: Sage.

Downs, A. C. (1990). Children´s judgements of televised events: The real versus pretend distinction. *Perceptual and Motor Skills*, (70), 779-782.

Drabczynski, M. (1982). *Motivationale Ansätze in der Kommunikationswissenschaft. Theorien, Methoden, Ergebnisse.* Berlin: Spiess.

Dröge, F. (1994). Konstitutionstheoretische Medienpädagogik. Über Bedürfnisse, Individualitätsformen, Medienkonsumformen und Medienpädagogik. In S. Hiegemann & W. H. Swoboda (Hrsg.), *Handbuch der Medienpädagogik* (S. 127-136). Opladen: Leske + Budrich.

Ehapa (Hrsg.). (1996). *Kompendium Junge Zielgruppen. Grundlagen, Fakten, Beiträge für Märkte, Medien, Kommunikation.* Stuttgart: Ehapa (CD-ROM-Ausgabe).

Eicke, U. & Eicke, W. (1994). *Medienkinder. Vom richtigen Umgang mit der Vielfalt.* München: Knesebeck.

Eicke, U. (1998). Medienkompetenz für Kinder: Die zehn TV-Gebote. *Psychologie heute*, (5), 29-33.

Enzensberger, H. M. (1970). *Baukasten zu einer Theorie der Medien.* Frankfurt am Main: Suhrkamp.

Eschenauer, B. (1989). *Medienpädagogik in den Lehrplänen. Eine Inhaltsanalyse zu den Curricula der allgemeinbildenden Schulen im Auftrag der Bertelsmann Stiftung.* Gütersloh: Verlag Bertelsmann Stiftung.

Eurich, C. (1980). *Das verkabelte Leben. Wem schaden und wem nützen die Neuen Medien?.* Reinbek: Rowohlt.

Faul-Burbes, J. (1995). Vier Wochen Fernsehen im Kindergarten - ein Projektbericht. In Deutsches Jugendinstitut (Hrsg.), *Handbuch Medienerziehung im Kindergarten. Teil 2: Praktische Handreichungen* (S. 148-156). Opladen: Leske + Budrich.

Feierabend, S. & Klingler, W. (1998). Was Kinder sehen. Eine Analyse der Fernsehnutzung 1997 von Drei- bis 13jährigen. *Media Perspektiven,* (4), 167-178.

Feierabend, S. (1996). Fernsehen: *Wie Lehrer es sehen.* Baden-Baden: Medienpädagogsicher Forschunsverbund Südwest.

Feierabend, S. & Windgasse, Th. (1997). Was Kinder sehen. Eine Analyse der Fernsehnutzung von Drei- bis 13jährigen. *Media Perspektiven,* (4), 186-197.

Feil, Ch. (1988). Medienerfahrungen von Kindern aus der Sicht von Erzieherinnen. In D. Höltershinken et al.: *Medien im Alltag von Kindergarten-Kindern. Grundlagenwissen für medienpädagogische Ansätze* (Werkstattbericht Nr. 43 des Ministeriums für Arbeit, Gesundheit und Soziales des Landes Nordrhein-Westfalen) (S. 73-93). Düsseldorf: Ministerium für Arbeit, Gesundheit und Soziales des Landes Nordrhein-Westfalen.

Feil, Ch. (1990). Medienerfahrungen von Kindern - Ansätze für medienpädagogische Hilfen in Kindergarten und Familie: Ziele, Anlage, Methode, Durchführung des Projektes. In Deutsches Jugendinstitut (Hrsg.), *Medienerziehung bei Vorschulkindern* (S. 19-36). Weinheim: Juventa.

Feil, Ch. (1991). Märchenhelden und Fabelwesen in neuen Gewändern. Zur Äußerung und Verarbeitung von Fernseherlebnissen im Kindergarten. In Bundeszentrale für politische Bildung (Hrsg.), *Kinderfernsehen-Fernsehkinder* (S. 206-212). Bonn: Beltz.

Feil, Ch. (1994a). Einleitung. In Deutsches Jugendinstitut (Hrsg.), *Handbuch Medienerziehung im Kindergarten Teil 1: Pädagogische Grundlagen* (S. 17-33). Opladen: Leske + Budrich.

Feil, Ch. (1994b). Medienpädagogik in den Lehrplänen der Fachschulen für Sozialpädagogik. Eine Bestandsaufnahme. In Deutsches Jugendinstitut (Hrsg.), *Handbuch Medienerziehung im Kindergarten. Teil 1: Pädagogische Grundlagen* (S. 62-67). Opladen: Leske + Budrich.

Feil, Ch. (1995). Einleitung. In Deutsches Jugendinstitut (Hrsg.), *Handbuch Medienerziehung im Kindergarten Teil 2: Praktische Handreichungen* (S. 13-22). Opladen: Leske + Budrich.

Feshbach N.D. (1989). Fernsehen und Empathie bei Kindern. In J. Groebel & P. Winterhoff-Spurk (Hrsg.), *Empirische Medienpsychologie* (S. 76-89). München: PVU.

Fitch, M., Huston, A. C. & Wright, J. C. (1993). From television forms to genre schemata. Children´s perceptions of television reality. In G. L. Berry & J. K. Asamen (Eds.), *Children and television. Images in a changing sociocultural world* (S. 38-52). Newbury Park: Sage.

Frank, F. & Pelzer, S. (1996). *Hort, Schule und was noch? Betreuungsangebote für Kinder. Eine Bestandsaufnahme.* München: Verlag Deutsches Jugendinstitut.

Frey, Ch. (1996). *Medienbezogene Kenntnisse, Ansichten und Bewertungen von Lehrern unter Berücksichtigung von Persönlichkeits- und Personenvariablen.* Unveröffentlichte Diplomarbeit, Universität Koblenz-Landau, Abteilung Landau, Institut für Kommunikationspsychologie und Medienpädagogik.

Frey, Ch. & Six, U. (1997). Kriterien zur Bewertung des "Kinder-Fernsehens". In H. D. Erlinger (Hrsg.), *Kinder und der Medienmarkt der 90er Jahre* (S. 177-196). Opladen: Westdeutscher Verlag.

Friedrichsen, M. & Jenzowsky, S. (1995). Methoden und Methodologie: Ein Vergleich ausgewählter Studien der 90er Jahre zur Gewalt in den Medien. In M. Friedrichsen & G. Vowe (Hrsg.), *Gewaltdarstellungen in den Medien. Theorien, Fakten, Analysen* (S. 293-330). Opladen: Westdeutscher Verlag.

Fritz, A. (1984). *Die Familie in der Rezeptionssituation. Grundlage zu einem Situationskonzept für die Fernseh- und Familienforschung.* München: Minerva.

Fröhlich, A. (1982). *Handlungsorientierte Medienerziehung in der Schule. Grundlagen und Handreichung.* Tübingen: Niemeyer.

Fromme, J. (1996). Video- und Computerspiele als pädagogische Herausforderung. In W. Zacharias (Hrsg.), *Interaktiv. Im Labyrinth der Wirklichkeiten* (S. 275-295). Essen: Klartext.

Furian, M. & Maurer, M. (1980). *Praxis der Fernseherziehung in Kindergarten, Hort, Heim und Familie.* Heidelberg: Quelle & Meyer.

Gauntlett, D. (1995). *Moving experiences. Understanding television´s influences and effects.* London: Libbey.

Gebrande, M. (1996). Grußwort des Geschäftsführers der Bayerischen Landeszentrale für neue Medien (BLM). In Bayerische Landeszentrale für neue Medien (BLM), *Medienkompetenz im Informationszeitalter* (BLM-Schriftenreihe, Band 36, S. 11-14). München: Reinhard Fischer.

Geretschläger, I. (1990). Fernsehen - warum KindergärtnerInnen es nicht gern sehen. In Deutsches Jugendinstitut (Hrsg.), *Medienerziehung bei Vorschulkindern* (S. 79-96). Weinheim: Juventa.

Gleich, U. (1997). *Parasoziale Interaktionen und Beziehungen zu Fernsehzuschauern und Beziehungen mit Personen auf dem Bildschirm. Ein theoretischer und empirischer Beitrag zum Konzept des aktiven Rezipienten.* Landau: Verlag Empirische Pädagogik.

Glogauer, W. (1995). *Die neuen Medien verändern die Kindheit. Nutzung und Auswirkungen des Fernsehens, der Videofilme, Computer- und Videospiele, der Werbung und Musikvideoclips.* Weinheim: Deutscher Studien Verlag.

Goldmann, P. (1986). Medienpädagogik in der Erzieherausbildung. *Medien praktisch* (2), 54-57.

Gornik, H. & Klein, J. (1991). Anstöße für die Sprachentwicklung. Die Kindersendung "Siebenstein" als Gesprächsthema im Kindergarten. In Bundeszentrale für politische Bildung (Hrsg.), *Kinderfernsehen-Fernsehkinder* (S. 234-243). Bonn: Beltz.

Gößwein, C. (1987). Medienerziehung kreativ und praktisch. Modelle, Hilfen, Informationen. In *"Aktuelle Orientierung: Jugendschutz"* (Band 5). Hamm: Hoheneck.

Goswami, U. (1998). *Cognition in Children.* East Sussex: Psychology Press.

Greenfield, P. M. (1987). *Kinder und neue Medien. Die Wirkungen von Fernsehen, Videospielen und Computern.* München: PVU.

Groebel, J. (1989). Erlebnisse durch Medien. In M. Kaase & W. Schulz (Hrsg.), *Massenkommunikation. Theorien, Methoden, Befunde* (Sonderheft 30, Kölner Zeitschrift für Soziologie und Sozialpsychologie) (S. 351-363). Opladen: Westdeutscher Verlag.

Groebel, J. & Gleich, U. (1990). ARD-Forschungsdienst. Kinder und Werbung. *Media Perspektiven,* (5), 348-352.

Groebel, J. (1991). Wer, Wie, Was? - Forschungsergebnisse zum Fernsehverhalten von Kindergarten- und Grundschulkindern. In Landesanstalt für Rundfunk Nordrhein-Westfalen (Hrsg.), *Das Fernsehen im Alltag von Kindern* (S. 11-27). Düsseldorf: Landesanstalt für Rundfunk Nordrhein-Westfalen.

Groebel, J. & Gleich, U. (1993). *Gewaltprofil des deutschen Fernsehprogramms. Eine Analyse des Angebots privater und öffentlich-rechtlicher Sender.* Opladen: Leske & Budrich.

Groebel, J. (1993). Gewalt im deutschen Fernsehen. Ergebnisse einer vergleichenden Untersuchung der Gewaltprofile öffentlich-rechtlicher und privater Fernsehprogramme. In Landesanstalt für Rundfunk Nordrhein-Westfalen (Hrsg.), *Gewalt im Fernsehen: (K)ein Thema für Kindergarten und Schule?* (S. 24-35). Düsseldorf: Landesanstalt für Rundfunk Nordrhein-Westfalen..

Groebel, J. (1994). Aufmerksamkeit und Informationsaufnahme beim Medienkonsum von Kindern. In Deutsches Jugendinstitut (Hrsg.), *Handbuch Medienerziehung im Kindergarten. Teil 1: Pädagogische Grundlagen* (S. 203-209). Opladen: Leske + Budrich.

Groebel, J. (1996). Kinder und Medien in der internationalen Forschung. In W. Klingler & K. Schönenberg (Hrsg.), *Hören, Lesen, Fernsehen - und sie spielen trotzdem* (S. 3-14). Baden-Baden: Nomos.

Grünewald, D. (1994). Comics im Kindergarten. Präsenz, Rezeptionsanforderungen und Einsatzmöglichkeiten. In Deutsches Jugendinstitut (Hrsg.), *Handbuch Medienerziehung im Kindergarten. Teil 1: Pädagogische Grundlagen* (S. 294-306). Opladen: Leske + Budrich.

Haase, H. (1987). Die Wirkung des Werbefernsehens auf Kinder und Jugendliche. In M. Grewe-Partsch & J. Groebel (Hrsg.), *Mensch und Medien* (S. 152-165). München: Saur.

Habermas, J. (1971). Vorbereitende Bemerkungen zu einer Theorie der kommunikativen Kompetenz. In J. Habermas & N. Luhmann (Hrsg.), *Theorie der Gesellschaft oder Soziotechnologie* (S. 101-141). Frankfurt am Main: Suhrkamp.

Habermas, J. (1981). *Theorie des kommunikativen Handels. Zur Kritik der funktionalistischen Vernunft* (Band 2). Frankfurt am Main: Suhrkamp.

Hamm, I. & Mooren, S. (1992). Medienkompetenz: Versuch einer Charakteristik - Auswertung der Umfrage unter den Experten der Tagung. In Bertelsmann Stiftung (Hrsg.), *Medienkompetenz als Herausforderung an Schule und Bildung* (S. 179-189). Gütersloh: Verlag Bertelsmann Stiftung.

Hammer, M. (1996). Alltag und Medien. In F. Haase, & A. Kutteroff (Hrsg.), *Anschlüsse. Begleitbuch zur medienpädagogischen Fernsehreihe 'Kinder und Medien'* (S. 29-44). Baden-Baden: Nomos.

Hansen, L. & Manzke, G. (1993). Hexen und Monster im Kinderzimmer. Ergebnisse einer Befragung zum Gebrauch von Kinder-Hörspielkassetten. In *Medienpraxis RAT - Remscheider Arbeitshilfen und Texte*. Remscheid: Rolland.

Hayes, D. S. & Casey, D. M. (1992). Young children and television: The retention of emotional reactions. *Child Development*, (63), 1423-1436.

Hebert, S. (1989). Weltbilder - Bilderwelt. Medienpädagogisches Kursprogramm für Kinder, Jugendliche und Erwachsene. In B. Eschenauer (Hrsg.); Referat Medienpädagogik Evangelische Medienakademie (Hrsg.), *Kinder und Fernsehen 2: Schwimmen in der Bilderflut?* (S. 100-103). Frankfurt am Main: Evangelische Publizistik e. V.

Heidtmann (1996). Pädagogische Arbeit mit Tonträgern. In W. Schill & D. Baacke (Hrsg.), *Kinder und Radio. Zur medienpädagogischen Theorie und Praxis der auditiven Medien.* (S. 173-182). Frankfurt am Main: Evangelische Publizistik e. V.

Henke, R. & Schipprack, A. (1998). Die mit den Mäusen tanzen. *Focus*, (12), 177-182.

Herzberg, I. (1979). Einstellungen und Meinungen von Erzieherinnen zur Fernseherziehung im Elementarbereich (Massenmedien und vorschulische Erziehung 1). München: Verlag Deutsches Jugendinstitut.

Herzberg, I. (1994). Kinder, Technik und Natur. Eine Polemik gegen die Aufgeregtheit über Computer. In Deutsches Jugendinstitut (Hrsg.), *Handbuch Medienerziehung im Kindergarten. Teil 1: Pädagogische Grundlagen* (S. 423-426). Opladen: Leske + Budrich.

Herzog, U. (1993). *Quadrat-Augen. Kinder - Familie - Fernsehen. Anregungen zur Medienpädagogik.* Münster: Burlage.

Hickethier, K. (1974). Zur Tradition schulischer Beschäftigung mit Massenmedien. Ein Abriß der Geschichte deutscher Medienpädagogik. In R. Schwarz (Hrsg.), *Didaktik der Massenkommunikation I. Manipulation durch Massenmedien - Aufklärung durch die Schule?* (S. 21-52). Stuttgart: Metzler.

Hinse, H. (1985). Thesen zur Medienerziehung als Teil der Gesamterziehung. *medien praxis*, (2), 57-58.

Hoffner, C. & Cantor, J. (1990). Forewarning of a threat and prior knowledge of outcome. Effects on children´s emotional responses to a film sequence. *Human Communication Research*, (16), 3, 323-354.

Hohlmeier, M. (1996). Grußwort der Staatssekretärin im Bayerischen Staatsministerium für Unterricht, Kultus, Wissenschaft und Kunst. In Bayerische Landeszentrale für neue Medien (BLM), *Medienkompetenz im Informationszeitalter* (BLM-Schriftenreihe, Band 36). (S. 15-16). München: Reinhard Fischer.

Höltershinken, D. (1985). Thesen zur Medienerziehung im Elementarbereich. In Deutsche Lesegesellschaft (Hrsg.), *Medienerziehung als Bildungsaufgabe* (S. 102-106). Mainz: Deutsche Lesegesellschaft.

Hölthershinken, D. & Link, R. (1988). Neue Medien im Alltag von Kindergarten-Kindern. In D. Höltershinken et al.: *Medien im Alltag von Kindergarten-Kindern. Grundlagenwissen für medienpädagogische Ansätze* (Werkstattbericht Nr. 43 des Ministeriums für Arbeit, Gesundheit und Soziales des Landes Nordrhein-Westfalen*)* (S. 109-131). Düsseldorf: Ministerium für Arbeit, Gesundheit und Soziales des Landes Nordrhein-Westfalen.

D. Höltershinken, D., Kasüschke, H.-P., Link, R., Sobiech, D. et al. (1988). *Medien im Alltag von Kindergarten-Kindern. Grundlagenwissen für medienpädagogische Ansätze* (Werkstattbericht Nr. 43 des Ministeriums für Arbeit, Gesundheit und Soziales des Landes Nordrhein-Westfalen*)*. Düsseldorf: Ministerium für Arbeit, Gesundheit und Soziales des Landes Nordrhein-Westfalen.

Höltershinken, D., Kasüschke, H.-P. & Sobiech, D. (1989). Medien aus der Sicht der Erzieherinnen. In Presse und Informationsamt der Landesregierung von Nordrhein-Westfalen (Hrsg.), *Medien im Alltag von Kindern im Kindergartenalter* (S. 267-464). Düsseldorf: Presse- und Informationsamt der Landesregierung Nordrhein-Westfalen.

Höltershinken, D., Paus-Haase, I. & Tietze, W. (1990). *Alte und neue Medien im Alltag von jungen Kindern: Orientierungshilfen für Eltern und Erzieherinnen.* Freiburg im Breisgau: Lambertus.

Höltershinken, D. (1994). Medienerziehung im Kindergarten - was Erzieherinnen davon halten. Stichwörter und empirische Belege. In Deutsches Jugendinstitut (Hrsg.), *Handbuch Medienerziehung im Kindergarten. Teil 1: Pädagogische Grundlagen* (S. 37-50). Opladen: Leske + Budrich.

Höltershinken, D. & Ullrich, D. (1995). Medienpädagogische Ansätze in Kindergartenkonzeptionen. In Deutsches Jugendinstitut (Hrsg.), *Handbuch Medienerziehung im Kindergarten Teil 2: Praktische Handreichungen* (S. 25-39). Opladen: Leske + Budrich.

Holzheimer, R. (1997). *Kinder und Fernsehen - eine Untersuchung über Fernsehgewohnheiten von Kindergarten- und Grundschulkindern in der Stadt Fürth.* Fürth: Stadt Fürth.

Holzwarth, F. (1997a). *Medienpädagogische Kenntnisse und Ansichten von Erzieherinnen und Eltern. Landau: Institut für Kommunikationspsychologie und Medienpädagogik.* Unveröffentlichte Diplomarbeit, Universität Koblenz-Landau, Abteilung Landau, Institut für Kommunikationspsychologie und Medienpädagogik.

Holzwarth,F. (1997b). *TV-Wirkungsannahmen bei Erzieherinnen und Eltern.* Unveröffentlichte Diplomarbeit, Universität Koblenz-Landau, Abteilung Landau, Institut für Kommunikationspsychologie und Medienpädagogik.

Hövel, M. van den (1995). Veränderte familiale Lebenswelten: Grenzen medienpädagogischen Handelns? In Deutsches Jugendinstitut (Hrsg.), *Handbuch Medien-*

*erziehung im Kindergarten. Teil 2: Praktische Handreichungen* (S. 424-432). Opladen: Leske + Budrich.
Hurrelmann, B., Possberg, H., Nowitzki, K. & Hurrelmann, K. (1988). Familie und erweitertes Medienangebot im Kabelpilotprojekt Dortmund - Zusammenfassung bisheriger Forschungsergebnisse. In Werkstattbericht Nr. 43 des Ministeriums für Arbeit, Gesundheit und Soziales des Landes Nordrhein-Westfalen (*Medien im Alltag von Kindergarten-Kindern. Grundlagenwissen für medienpädagogische Ansätze)* (S. 33-72). Düsseldorf: Ministerium für Arbeit, Gesundheit und Soziales des Landes Nordrhein-Westfalen.
Hurrelmann, B. (1994). Kinder und Medien. In Klaus Merten, S. J. Schmidt & S. Weischenberg (Hrsg.), *Die Wirklichkeit der Medien. Eine Einführung in die Kommunikationswissenschaft* (S. 376-407). Opladen: Westdeutscher Verlag.
Hurrelmann, B., Hammer, M. & Stelberg, K. (1996). *Familienmitglied Fernsehen. Fernsehgebrauch und Probleme der Fernseherziehung in verschiedenen Familienformen.* Opladen: Leske + Budrich. (Schriftenreihe Medienforschung der Landesanstalt für Rundfunk Nordrhein-Westfalen, 20)
Hüther, J. (1990). Mediendidaktik. In J. Hüther, B. Schorb & Ch. Brehm-Klotz (Hrsg.), *Grundbegriffe der Medienpädagogik* (S. 141-143). Ehningen: Expert.
Hüther, J. & Podehl, B. (1997). Geschichte der Medienpädagogik. In J. Hüther, B. Schorb & Ch. Brehm-Klotz (Hrsg.), *Grundbegriffe Medienpädagogik* (S. 116-126). München: KoPäd.
Hüther, J. & Schorb, B. (1997). Medienpädagogik. In J. Hüther, B. Schorb & Ch. Brehm-Klotz (Hrsg.), *Grundbegriffe Medienpädagogik* (S. 243-252). München: KoPäd.
Hüther, J., Schorb, B. & Brehm-Klotz, Ch. (1997). *Grundbegriffe Medienpädagogik.* München: KoPäd.
Infratest Kommunikationsforschung (Hrsg.). (1998). *VideoScope 1997. Halbjahresauswertung 30.6.-19.12.1997.* München: Eigenverlag.
Issing, L. J. (1987). Medienpädagogik und ihre Aspekte. In L. J. Issing (Hrsg.), *Medienpädagogik im Informationszeitalter* (S. 19-32). Weinheim: Deutscher Studien Verlag.
Jeske, J. J. (1997). Volkswirtschaften werden Wissensökonomien - Zehn Thesen. In K. Ring, K. von Trotha & P. Voß (Hrsg.), *Lesen in der Informationsgesellschaft - Perspektiven der Medienkultur* (S. 65-67). Baden-Baden: Nomos.
Jugendministerkonferenz (1996). Medienpädagogik als Aufgabe der Kinder- und Jugendhilfe. Beschluß der Jugendministerkonferenz am 13./14.Juni 1996 in Hamburg. In *Kind Jugend Gesellschaft. Zeitschrift für Jugendschutz, 41* (3), 90-96.
Kampe, H. (1993). Menschenverachtung, Antisemitismus und Gewalt in einem rechtsextremistischen Videospiel. In Bundeszentrale für politische Bildung (Hrsg.), *Computerspiele. Bunte Welt im grauen Alltag. Ein medien- und kulturpädagogisches Buch* (S. 113-127). Bonn: Bundeszentrale für politische Bildung.
Kasüschke, H.-P. (1991). *Medienbezogene Wahrnehmung und Handlungen bei Erzieherinnen. Empirische Studie über die medienbezogene Wahrnehmung bei Erzieherinnen im Kindergarten und den Einfluß der Wahrnehmung auf medienpädagogische Handlungen.* Bochum: Brockmeyer.
Keilhacker, M. & M. (1953). *Jugend und Spielfilm.* Stuttgart: Klett.

Keilhacker, M. & M. (1955). *Kind und Film.* Stuttgart: Klett.

Kerstiens, L. (1971): *Medienkunde in der Schule. Lernziele und Vorschläge für den Unterricht.* Bad Heilbrunn: Klinkhardt.

Kesberg, E. & Rolle, J. (1991). *Eltern, Kinder und neue Medien: Wie kann der Kindergarten helfen?* (Werkstattbericht Nr. 92, 2, des Ministeriums für Arbeit, Gesundheit und Soziales des Landes Nordrhein-Westfalen). Düsseldorf: Ministerium für Arbeit, Gesundheit und Soziales des Landes Nordrhein-Westfalen.

Kleiter, E. F. (1993). Fördern Aggression und Gewalt in Filmen aggressiv-gewalttätiges Verhalten von Schülern? Sammelreferat und Darstellung einer empirischen Studie. In K. O. Kahrmann & N. Reise (Hrsg.), *Handlungsorientierte Medienarbeit mit Kindern und Jugendlichen* (S. 68-151). Frankfurt am Main: Bundesverband Jugend und Film e.V.

Klingler, W. & Groebel, J. (1994). *Kinder und Medien 1990. Eine Studie der ARD/ZDF-Medienkommission.* Baden-Baden: Nomos.

Knauss, G. (1992). Handlungsfelder der Medienerziehung in Deutschland. In Bertelsmann Stiftung (Hrsg.), *Medienkompetenz als Herausforderung an Schule und Bildung* (S. 373-375). Gütersloh: Verlag Bertelsmann Stiftung.

Kögel, S. (1993). *Materialien zur Medienpädagogik: Medien im Kindergarten 2. Anregungen für die Praxis.* München: Freimund.

Kögel, S. (1995). Mediengespräche im Kindergarten. In Deutsches Jugendinstitut (Hrsg.), *Handbuch Medienerziehung im Kindergarten. Teil 2: Praktische Handreichungen* (S. 97-108). Opladen: Leske + Budrich.

Kreibich, H. (1991). Lesen - Fernsehen - Spielen statt nur Konsumieren. Über alternative integrative Informationsformen. In Bundszentrale für politische Bildung (Hrsg.), *Kinderfernsehen - Fernsehkinder* (S. 87-93). Bonn: Bundeszentrale für politische Bildung.

Kreibich, H. (1994). Lesesozialisation in Familie und Kindergarten. In Deutsches Jugendinstitut (Hrsg.), *Handbuch Medienerziehung im Kindergarten. Teil 1: Pädagogische Grundlagen* (S. 461-473). Opladen: Leske + Budrich.

Kroh, S. & Viereck, H. (1995). Spielwelt in Kindergarten und Familie: Wie lassen sich Gegensätze überbrücken? In Deutsches Jugendinstitut (Hrsg.), *Handbuch Medienerziehung im Kindergarten. Teil 2: Praktische Handreichungen* (S. 130-133). Opladen: Leske + Budrich.

Krüger, U. M. (1997). Unterschiede der Programmprofile bleiben bestehen. Programmanalyse 1996: ARD, ZDF, RTL, SAT1 und PRO SIEBEN im Vergleich. *Media Perspektiven,* (7), 354-366.

Kruse, U. & Tarnow, St. (1995). (Un)heimliches Kinderfernsehen. In H. D. Erlinger, K. Eßer, B. Hollstein, B. Klein & U. Mattusch (Hrsg.), *Handbuch des Kinderfernsehens* (S. 417-435). Konstanz: Öhlschläger.

Kübler, H.-D. (1991). Medien und soziales Lernen. Einige Zusammenhänge zwischen Medienpädagogik und politischer Bildung. In S. Aufenanger (Hrsg.), *Neue Medien - Neue Pädagogik? Ein Lese- und Arbeitsbuch zur Medienerziehung in Kindergarten und Grundschule* (S. 40-61). Bonn: Bundeszentrale für politische Bildung.

Kübler, H.-D. (1993). Jugendliche Medienwelten: Computerwelten? In Bundeszentrale für politische Bildung (Hrsg.), *Computerspiele. Bunte Welt im grauen*

*Alltag. Ein medien- und kulturpädagogisches Buch* (S. 21-35). Bonn: Bundeszentrale für politische Bildung.

Kübler, H.-D. (1995). Mediengewalt: Sozialer Ernstfall oder medienpolitischer Spielball? Ein Dauerthema im Interessenclinch zwischen Politik, Kommerz und Wissenschaft. In M. Friedrichsen & G. Vowe (Hrsg.), *Gewaltdarstellungen in den Medien. Theorien, Fakten, Analysen* (S. 69-108). Opladen: Westdeutscher Verlag.

Kübler, H.-D. & Swoboda, W. H. (1998). Wenn die Kleinen fernsehen. Die Bedeutung des Fernsehens in der Lebenswelt von Vorschulkindern. In *Schriftenreihe der Landesmedienanstalten* (Band 7). Berlin: Vistas.

Kunczik, M. (1993). Gewalt im Fernsehen. Stand der Wirkungsforschung und neue Befunde. *Media Perspektiven*, (3), 97-107.

Kunczik, M. (1994). Kommunikationsforschung und Medienpädagogik. Zur Verwertbarkeit kommunikationswissenschaftlicher Forschungsergebnisse. In S. Hiegemann & W. H. Swoboda (Hrsg.), *Handbuch der Medienpädagogik* (S. 111-125). Opladen: Leske + Budrich.

Kunczik, M. & Bleh, W. (1995). *Kinder Medien und Gewalt. Basiswissen in Theorie und Praxis.* Mainz: Landesmedienzentrum Rheinland Pfalz.

Kunczik, M. (1995). Wirkungen von Gewaltdarstellungen. Zum aktuellen Stand der Diskussion. In M. Friedrichsen & G. Vowe (Hrsg.), *Gewaltdarstellungen in den Medien. Theorien, Fakten, Analysen* (S. 125-144). Opladen: Westdeutscher Verlag.

Kußmann, A. (1996). *Medienumgang und Medienerziehung in Familien unter besonderer Berücksichtigung medienbezogener Kenntnisse und Ansichten von Eltern und Kindern.* Unveröffentlichte Diplomarbeit, Universität Koblenz-Landau, Abteilung Landau, Institut für Kommunikationspsychologie und Medienpädagogik.

Lamnek, S. (1993). *Qualitative Sozialforschung.* Weinheim: Beltz.

Lehmkuhl, G. (1997). Die Rolle des Lesens in der Therapie psychisch kranker Kinder - Empirische Ergebnisse zum Lesen und psychotherapeutische Ansätze. In K. Ring, K. von Trotha & P. Voß (Hrsg.), *Lesen in der Informationsgesellschaft - Perspektiven der Medienkultur* (S. 111-125). Baden-Baden: Nomos.

Lenhart, C. (1991). Kinder, Computer und die Pädagogik des "ja, aber ...". In S. Aufenanger (Hrsg.), *Neue Medien - Neue Pädagogik?* (S. 151-167). Bonn: Bundeszentrale für politische Bildung.

Lenssen, M. (1991) Medienpädagogische Fortbildungsveranstaltungen. Konzeption - Organisation - Durchführung - Inhalte. In S. Aufenanger (Hrsg), *Neue Medien - Neue Pädagogik? Ein Lese und Arbeitsbuch zur Medienerziehung im Kindergarten und Grundschule.* Bonn: Bundeszentrale für politische Bildung.

Lißner, H., Filpe, F., Möller, U. & Maushake, L., 1990. Schlußlicht Medienpädagogik. Befragung zur Erzieherausbildung in Hamburg. In *Medien praktisch*, (2), S. 52-55.

Longardt, W. (1991). *Bilderflut und Kinderaugen. Zum sinnvollen Umgang mit Fernsehen und Bildmedien.* Gütersloh: Mohn.

Lukesch, H., Kischkel, K.-H., Amann, A., Birner, S., Hirte, M., Kern, R., Moosburger, R., Müller, L., Schubert, B. & Schuller, H. (1989). *Jugendmedienstudie. Verbreitung, Nutzung und ausgewählte Wirkungen von Massenmedien bei Kindern*

*und Jugendlichen. Eine Multi-Medien-Untersuchung über Fernsehen, Video, Kino, Video- und Computerspiele sowie Printprodukte.* Regensburg: Roderer.
Lüscher, K. (1984). Medienpädagogik und Medienwirkung (2). In I. de Haen (Hrsg.), *Medienpädagogik und Kommunikationskultur* (S. 81-85). Frankfurt am Main: Evangelische Publizistik e. V.
Lyons, John S., Anderson, R. L. & Larson, D. B. (1994). A systematic review of the effects of aggressive and nonaggressive pornographie. In D. Zillmann, J. Bryant & A. C. Huston (Eds.), *Media, children, and the family. Social scientific, psychodynamic, and clinical perspectives* (S. 271-310). Hillsdale: Erlbaum.
Maier, R., Mikat, C. & Zeitter, E. (1997). *Medienerziehung in Kindergarten und Grundschule. 490 Anregungen für die praktische Arbeit. Eine Dokumentation.* München: KoPäd.
Mandl, H. (1996). Kompetenzen für das Leben im Informationszeitalter. In Bayerische Landeszentrale für neue Medien (Hrsg.), *Medienkompetenz im Informationszeitalter* (S. 56-59). München: Reinhard Fischer.
Manthe, S. & Hoffmann, B. (1992). *Kinder und Fernsehen.* Bonn: Zentralstelle Medien der Deutschen Bischofskonferenz.
Mayring, Ph. (1993). *Einführung in die qualitative Sozialforschung.* Weinheim: Beltz.
McCloud, S. (1994). *Comics richtig lesen.* Hamburg: Carlsen.
Melchers, C. B. (1994). Medienbilder und Angst aus psychoanalytischer Sicht. In Deutsches Jugendinstitut (Hrsg.), *Handbuch Medienerziehung im Kindergarten. Teil 1: Pädagogische Grundlagen* (S. 223-231). Opladen: Leske + Budrich.
Merten, S. (1996). Eine offene Hand ist hilfreicher als ein pädagogischer Zeigefinger. *Jugend & Gesellschaft*, 12-15.
Meßmer, R. (1980). Medien in der Familie. Unterlagen für ein Seminar oder eine Kurseinheit. *medien praxis*, 1-6.
Metzinger, A. (1990). *Der Beruf des Erziehers.* Fellbach-Oeffingen: Bonz.
Ministerium für Bildung, Wissenschaft und Weiterbildung Rheinland-Pfalz (Hrsg.). (1985). Rahmenplan zur Durchführung des Berufspraktikums im Rahmen der Ausbildung zur staatlich anerkannten Erzieherin, zum staatlich anerkannten Erzieher (Ohne Ort und Verlag).
Ministerium für Bildung und Kultur Rheinland-Pfalz (Hrsg.). (1994). Lehrplan für die Fachschule für Sozialwesen Bildungsgang Erzieher (Ohne Ort und Verlag).
Ministerium für Schule und Weiterbildung des Landes Nordrhein-Westfalen (Hrsg.). (1996). *Lehrplan zur Erprobung Sozialpädagogik.* Düsseldorf: Ritterbach.
Mohn, R. (1992). Vorwort zur Konferenz der Bertelsmann Stiftung, März 1992. In Bertelsmann Stiftung (Hrsg.), *Medienkompetenz als Herausforderung an Schule und Bildung* (S. 7-8). Gütersloh: Verlag Bertelsmann Stiftung.
Moritz, P. (1996). *Seife fürs Gehirn. Fernsehen im Serienalltag.* Münster: Lit.
Mosbach, G. (1995). Erzählen, Vorlesen und Spielen - Vorschläge zur Leseförderung. In Deutsches Jugendinstitut (Hrsg.), *Handbuch Medienerziehung im Kindergarten. Teil 2: Praktische Handreichungen* (S. 159-164). Opladen: Leske + Budrich.
Moser, H. (1995). *Einführung in die Medienpädagogik. Aufwachsen im Medienzeitalter.* Opladen: Leske + Budrich.

Moskal, E. (1988). Die Bedeutung des Kindergartens in einer durch elektronische Medien bestimmten Kindheit. In D. Höltershinken et al.: *Medien im Alltag von Kindergarten-Kindern. Grundlagenwissen für medienpädagogische Ansätze* (Werkstattbericht Nr. 43 des Ministeriums für Arbeit, Gesundheit und Soziales des Landes Nordrhein-Westfalen*)* (S. 140-143). Düsseldorf: Ministerium für Arbeit, Gesundheit und Soziales des Landes Nordrhein-Westfalen.

Mügge, J. (1991). Annäherung an kindliche Erlebnisweisen über medienpädagogische Elternarbeit im Kindergarten. In Bundeszentrale für politische Bildung (Hrsg.), *Kinderfernsehen-Fernsehkinder* (S. 146-149). Bonn: Beltz.

Müller, H. (1995). Medienbezogene Spiele im Kindergarten. In Deutsches Jugendinstitut (Hrsg.), *Handbuch Medienerziehung im Kindergarten. Teil 2: Praktische Handreichungen* (S. 109-115). Opladen: Leske + Budrich.

Näger, S. (1992). *Kreative Medienerziehung im Kindergarten. Ideen - Vorschläge - Beiträge.* Freiburg: Herder.

Näger, S. (1996). *Medienpädagogik zum Anfassen* I. Sonderheft Bausteine Grundschule/Kindergarten. Aachen: Bergmoser und Höller

Negt, O. & Kluge, A. (1973). *Öffentlichkeit und Erfahrung. Zur Organisationsanalyse von bürgerlicher und proletarischer Öffentlichkeit.* Frankfurt am Main: Suhrkamp.

Neubauer, W. (1982). *Einführung in die Medienerziehung.* Köln: Verlagsgesellschaft Schulfernsehen.

Neumann-Braun, K. (1991). Kinder im Mediennetz!? Aspekte der Medienrezeption im Kindesalter. In S. Aufenanger (Hrsg.), *Neue Medien - Neue Pädagogik?* (S. 65-81). Bonn: Bundeszentrale für politische Bildung.

Neuß, N. (1997). „Mittendrin wird abgeschaltet" - Eltern planen einen Traumsamstag. In B. Bachmair, N. Neuß & F. Tilemann (Hrsg.), *Fernsehen zum Thema machen* (S. 42-49). München: KoPäd.

Neverla, I. (1992). *Fernseh-Zeit. Zuschauer zwischen Zeitkalkül und Zeitvertreib. Eine Untersuchung zur Fernsehnutzung.* München: Öhlschläger.

Oppermann, I. - M. (1985). Medien als Miterzieher. In Deutsche Lesegesellschaft (Hrsg.), *Medienerziehung als Bildungsaufgabe* (S. 19-22). Mainz: Deutsche Lesegesellschaft.

Paus-Haase, I., Höltershinken, D. & Tietze, W. (1990). *Alte und neue Medien im Alltag von jungen Kindern - Orientierungshilfen für Eltern und Erzieherinnen.* Freiburg: Lambertus.

Paus-Haase, I. (1991). Was Kinder durch das Fernsehen lernen können. In S. Aufenanger (Hrsg.), *Neue Medien - Neue Pädagogik?* (S. 107-121). Bonn: Bundeszentrale für politische Bildung.

Paus-Haase, I. (1994). Die Helden der Kinder. Zur Attraktivität und Verarbeitung fiktionaler Geschichten und Figuren. In Deutsches Jugendinstitut (Hrsg.), *Handbuch Medienerziehung im Kindergarten. Teil 1: Pädagogische Grundlagen* (S. 232-247). Opladen: Leske + Budrich.

Pimenoff, M. (1990). Medien im Spiel. In Deutsches Jugendinstitut (Hrsg.), *Medienerziehung bei Vorschulkindern* (S. 125-138). Weinheim: Juventa.

Poelchau, H.-W. (1994). Zeit für eine neue Medienerziehung? *Medien und Schulpraxis*, (3), 48-51.

Postman, N. (1992). *Wir amüsieren uns zu Tode. Urteilsbildung im Zeitalter der Unterhaltungsindustrie.* Frankfurt am Main: Fischer.

Pöttinger, I. (1994). Augen zu, Ohren auf! Das Hörkassettenangebot für Kinder. In Deutsches Jugendinstitut (Hrsg.), *Handbuch Medienerziehung im Kindergarten. Teil 1: Pädagogische Grundlagen* (S. 330-338). Opladen: Leske + Budrich.

Pöttinger, I. (1997). *Lernziel Medienkompetenz. Theoretische Grundlagen und praktische Evaluation anhand eines Hörspielprojekts.* München: KoPäd.

Propp, M. (1997). *Inhalte und Grundlagen der Erzieherinnenausbildung in Medienpädagogik: Lehrplananalyse und Befragung von Lehrkräften aus Fachschulen für Sozialwesen, Bildungsgang Erzieherin, in Rheinland-Pfalz.* Unveröffentlichte Diplomarbeit, Universität Koblenz-Landau, Abteilung Landau, Institut für Kommunikationspsychologie und Medienpädagogik.

Raschke, P. & Holländer, R. (1995). Fernsehen - Freund unserer Kinder?! *Medien praktisch, 19* (1), 59-62.

Rauschenbach, T., Beher, K. & Knauer, D. (1995). *Die Erzieherin, Ausbildung und Arbeitsmarkt.* Weinheim: Juventa.

Rice, M. L., Huston, A. C. & Wright, J. (1983). The forms of television. Effects of children´s attention, comprehension, and social behavior. In E. Wartella, D. C. Whitney, S. Windahl (Eds.), *Mass Communication Review Yearbook* (Vol. 4, S. 36-51). Beverly Hills: Sage.

Ring, K., von Trotha, K. & Voß, P. (Hrsg.). (1997). *Lesen in der Informationsgesellschaft - Perspektiven der Medienkultur.* Baden-Baden: Nomos.

Rogge, J.-U. (1987). Zeigefingermoral - Skizzen aus dem medienpädagogischen Alltag. *Medium, 17* (1), 33-38.

Rogge, J.-U. (1990a). *Kinder können Fernsehen.* Reinbek: Rowohlt.

Rogge, J.-U. (1990b). *Fernsehen in der Elternarbeit. Der Elternabend.* Hannover: Kultusministerium.

Rogge, J.-U. (1992). Kinder und Medien - Kommunikationspädagogische Fortbildung und Elternberatung. Modellversuch. *Medien praktisch, 16* (4), 13-18.

Rogge, J.-U. (1994). Probleme und Konflikte im Medienalltag von Familien. Exemplarische Fallbeschreibungen. In Deutsches Jugendinstitut (Hrsg.), *Handbuch Medienerziehung im Kindergarten. Teil 1: Pädagogische Grundlagen* (S. 497-511). Opladen: Leske + Budrich.

Rogge, J.-U. (1996a). *Umgang mit dem Fernsehen.* Berlin: Luchterhand.

Rogge, J.-U. (1996b). Hören als Erlebnis. Die Bedeutung von Hörkassetten im (Medien-) Alltag von Kindern. In W. Schill & D. Baacke (Hrsg.), *Kinder und Radio. Zur medienpädagogischen Theorie und Praxis der auditiven Medien* (S. S.30-39). Frankfurt am Main: Evangelische Publizistik e. V.

Rolff, H.-G. (1989). Über einige Schwierigkeiten, Kinder und Medienwirkungen zu erforschen. *Zeitschrift für Sozialisationsforschung und Erziehungssoziologie*, (2), 82-84.

Rolle, J. (1990). Entwicklung von Hilfen für Erzieherinnen, Eltern und Kinder zum Leben in einer von Medien bestimmten Welt. In Landesanstalt für Rundfunk Nordrhein-Westfalen (Hrsg.), *Medienerziehung im Kindergarten* (S. 65-76). Düsseldorf: Landesanstalt für Rundfunk Nordrhein-Westfalen.

Rolle, J. & Kesberg, E. (1991a). *Kleine Kinder und neue Medien. Fortbildungsmaterial für Fachberater und Erzieherinnen.* (Werkstattbericht Nr. 92, 1, des Ministeriums für Arbeit, Gesundheit und Soziales des Landes Nordrhein-Westfalen). Düsseldorf: Ministerium für Arbeit, Gesundheit und Soziales des Landes Nordrhein-Westfalen.

Rolle, J. & Kesberg E. (1991b). *Medienwelt = Kinderwelt?*. Köln: Graphische Werkstatt Metzen.

Roßbach, H.-G. & Tietze, W. (1994). Medienalltag in Familien. Lebenswelten, Lebensstile und Mediennutzung von Kindern. In Deutsches Jugendinstitut (Hrsg.), *Handbuch Medienerziehung im Kindergarten. Teil 1: Pädagogische Grundlagen* (S. 447-460). Opladen: Leske + Budrich.

Rüttgers, J. (1996a). Neue Rahmenbedingungen für Medienerziehung. In *Medien und Erziehung (4)*, S. 214-215.

Rüttgers, J. (1996b). Deutschland bei Voraussetzungen für Informationsgesellschaft weltweit führend. Pressemitteilung Bonn, vom 27.08.1996. Pressereferat des Bundesministeriums für Bildung, Wissenschaft, Forschung und Technologie.

Rüttgers, J. (1997). Lebenslanges Lernen - so wichtig wie das tägliche Brot. Pressemitteilung Bonn, vom 09.07.1997. Elektronische Publikation. URL: http://www.bmbf.de/archive/presse/presse97/pm070997.htm. Stand, 05/07/98.

Saxer, U. (1987). Kommunikationswissenschaftliche Grundlagen der Medienpädagogik. In L. J. Issing (Hrsg.), *Medienpädagogik im Informationszeitalter* (S. 117-141). Weinheim: Deutscher Studien Verlag.

Schäfer, A. (1997). Der Kinderkanal von ARD und ZDF: Ein Zukunftsmodell. In ARD (Hrsg.). (1997), *Jahrbuch '97* (S. 57-66). Baden-Baden: Nomos.

Schaumann, F. (1992). Globalisierung der Medien - Globalisierung der Bildungsaufgaben. In Bertelsmann Stiftung (Hrsg.), *Medienkompetenz als Herausforderung an Schule und Bildung* (S. 12-17). Gütersloh: Verlag Bertelsmann Stiftung.

Schell, F. (1989). *Aktive Medienarbeit mit Jugendlichen. Theorie und Praxis.* Opladen: Leske + Budrich.

Schell, F. (1997). Computerspiele. In J. Hüther, B. Schorb & Ch. Brehm-Klotz (Hrsg.), *Grundbegriffe Medienpädagogik* (S. 73-81). München: KoPäd.

Schenk, M. (1987). *Medienwirkungsforschung.* Tübingen: Mohr.

Schermer, P. (1992). Strategische Überlegungen zur Medienerziehung in Deutschland. In Bertelsmann Stiftung (Hrsg.), *Medienkompetenz als Herausforderung an Schule und Bildung* (S. 376-379). Gütersloh: Verlag Bertelsmann Stiftung.

Schmidbauer, M. & Löhr, P. (1991). Fernsehpädagogik für Kinder - am Beispiel schulischer Fernseherziehung. *Media Perspektiven*, (10), 661-671.

Schmidbauer, M. (1993). Kinder und Werbefernsehen. *Televizion*, (6), 14-28.

Schmidt, H. G. & Schöwer, Ch. (1986). Kindliche Alltagswelt und Medien. Ein medienpädagogisches Projekt. In *Medien praktisch,* (4), S. 52-56.

Schmidt, H.-G. (1988). *Kinder reproduzieren ihre Lebenswelt.* Opladen: Leske + Budrich.

Schmidt, H.-G. (1991). Situationsansatz im Kindergarten und Medienerziehung. In S. Aufenanger (Hrsg.), *Neue Medien - Neue Pädagogik? Ein Lese- und Arbeitsbuch zur Medienerziehung in Kindergarten und Grundschule* (S. 170-182). Bonn: Bundeszentrale für politische Bildung.

Schmidt, H.-G. (1994). Produktions- und lebensweltbezogene Medienpädagogik in der Ausbildung. In Deutsches Jugendinstitut (Hrsg.), *Handbuch Medienerziehung im Kindergarten. Teil 1: Pädagogische Grundlagen* (S. 52-61). Opladen: Leske + Budrich.

Schmitz, J. (1996). Qualifizierung der zukünftigen Nutzer. In Bayerische Landeszentrale für neue Medien, *Medienkompetenz im Informationszeitalter* (BLM-Schriftenreihe, Band 36, S. 52-55). München: Reinhard Fischer.

Schneider, A. (1994). Medienpädagogische Fortbildungsangebote für Erzieherinnen. Ergebnisse einer Recherche. In Deutsches Jugendinstitut (Hrsg.), *Handbuch Medienerziehung im Kindergarten. Teil 1: Pädagogische Grundlagen* (S. 51). Opladen: Leske + Budrich.

Schneider, S. (1995a). Was Kinder fasziniert: Beobachten und interpretieren mit dem "Thema-Konzept". In Deutsches Jugendinstitut (Hrsg.), *Handbuch Medienerziehung im Kindergarten. Teil 2: Praktische Handreichungen* (S. 51-66). Opladen: Leske + Budrich.

Schneider, B. (1995b). *Cowabunga. Zur Darstellung von Konflikten und ihren Lösungen in Zeichentrickserien. Eine Inhaltsanalyse.* Münster: Waxmann.

Schneider, N. (1996). Medienpädagogik aus Sicht der Landesmedienanstalten. In Bayerische Landeszentrale für neue Medien, *Medienkompetenz im Informationszeitalter* (BLM-Schriftenreihe, Band 36, S. 92-95). München: Reinhard Fischer.

Schnoor, D. (1992). *Sehen lernen in einer Informationsgesellschaft. Das pädagogische Prinzip Anschaulichkeit im Zeitalter technischer Bilder.* Opladen: Leske + Budrich.

Schorb, B. & Swoboda, W. H. (1991). *Medienpädagogen kommentieren populäre Thesen über die Wirkung von Gewaltdarstellungen und Sexualität im Fernsehen auf Kinder und Jugendliche. Dokumentation einer bundesweiten Expertenbefragung.* München: Gesellschaft für Medienpädagogik und Kommunikationskultur.

Schorb, B. (1994). Zwischen Reformpädagogik und Technozentrik. Über Kinoreformer und die "Keilhacker-Schule" zu einer handlungsorientierten Medienpädagogik. In S. Hiegemann & Wolfgang H. Swoboda (Hrsg.), *Handbuch der Medienpädagogik* (S. 149-166). Opladen: Leske + Budrich.

Schorb, B. (1995). *Medienalltag und Handeln - Medienpädagogik in Geschichte, Forschung und Praxis.* Opladen: Leske + Budrich.

Schorb, B. (1997). Medienerziehung. In J. Hüther, B. Schorb, Ch. Brehm-Klotz (Hrsg.), *Grundbegriffe Medienpädagogik* (S. 215-218). München: KoPäd.

Schöwer, Ch. (1990). *Kinderalltag - Medienalltag. Praxisbeispiele für medienpädagogische Arbeit mit Kindern.* Berlin: Spiess.

Schuchardt, F. (1981). Der Erzieher im Kampf mit den Revolverhelden. Medienwirkungen auf Kinder im Vorschulalter und Methoden der Aufarbeitung im Kindergarten. *Medien praktisch*, (3), 31-36.

Schwenk, W. (1996). Wer Multimedia verweigert, isoliert sich. In Bayerische Landeszentrale für neue Medien, *Medienkompetenz im Informationszeitalter* (BLM-Schriftenreihe, Band 36, S. 67-69). München: Reinhard Fischer.

Signorielli, N. (1988). Children, television, and gender roles. *Journal of Adolescent Health Care*, (11), 50-58.

Singer, J. L., Singer, D. G., Desmond, R. J., Calam, R. & Colimore, K. (1989). Kognition und Motorik von Kindern. Fernsehwirkungen in Interaktion mit Familienkommunikation. *Medienpsychologie*, (2), 120-135.

Six, U. (1988). Medien und Massenkommuikation. In D. Frey, C. Graf Hoyos & D. Stahlberg, *Angewandte Psychologie* (S. 518-539). München: PVU.

Six, U. (1989). Medieneinflüsse auf Einstellungen und Vorurteile. In J. Groebel & P. Winterhoff-Spurk (Hrsg.), *Empirische Medienpsychologie* (S. 179-195). München: PVU.

Six, U. (1990). Computer-Attraktion und -nutzung: Determinanten, Qualitäten und Folgen. In S. Höfling, & W. Butollo (Hrsg.), *Psychologie für Menschenwürde und Lebensqualität. Bericht über den 15. Kongreß für Angewandte Psychologie* (Band 3, S. 158-168). Bonn: Deutscher Psychologen Verlag.

Six, U. (1992). Medienerziehung - eine unbewältigte Aufgabe. In *Medienkompetenz als Herausforderung an Schule und Bildung. Ein deutsch-amerikanischer Dialog.* (S. 190-207). Gütersloh: Verlag Bertelsmann Stiftung.

Six, U., Roters, G., & Gimmler, R. (1995). *Hörmedien. Eine Studie zur Hörkultur Jugendlicher.* Landau: Knecht.

Six, U. (1995a). *Konzepte für medienpädagogische Elternarbeit.* Kiel: Malik.

Six, U. (1995b). *Altersabgrenzung zwischen Kindern und Jugendlichen/Erwachsenen: Kriterien, Definitionen, Sichtweisen aus verschiedenen Wissenschaftsdisziplinen.* Expertise im Auftrag von MediaResearch. Landau: Institut für Kommunikationspsychologie und Medienpädagogik (Projektbericht).

Six, U. & Roters, G. (1997). *Hingehört. Das Radio als Informationsmedium Jugendlicher.* Gütersloh: Verlag Bertelsmann Stiftung.

Six, U. (1998). Sozialpsychologische Ansätze. In A. Schorr, U. Six & J. Groebel (Hrsg), *Lehrbuch der Medienpsychologie. Inhalte, Ergebnisse, Anwendungen.* München: PVU (im Druck).

Stiftung Lesen. (1998). *Kinder wollen Bücher. Ideen, Projekte, Erfahrungen zum spielerischen Umgang mit Büchern im Kindergarten.* Mainz: Stiftung Lesen.

Stolte, D. (1991). Kinderprogramm als unverzichtbarer Bestandteil öffentlich-rechtlicher Fernsehprogramme. In Bundeszentrale für politische Bildung (Hrsg.), *Kinderfernsehen - Fernsehkinder* (S. 1-4). Bonn: Bundeszentrale für politische Bildung.

Strick R. (1996). Projekt "Flimmerkiste" gibt Anstöße für die Medienerziehung im Kindergarten. *2. Fachtagung des Forums Medienpädagogik der Bayerischen Landeszentrale für neue Medien.* München: Aktion Jugendschutz, Landesarbeitsstelle Bayern.

Sturm, H. (1978). Emotionale Wirkungen - das Medienspezifische von Hörfunk und Fernsehen. *Fernsehen und Bildung, 12* (3), 158-168.

Sturm, H. (1982). Der rezipienten-orientierte Ansatz in der Medienforschung. *Publizistik*, (27), 89-97.

Sturm, H. (1987). Medienwirkung auf Wahrnehmung, Emotion, Kognition - Eine Grundlage für medienpädagogisches Handeln. In L. J. Issing (Hrsg.), *Medienpädagogik im Informationszeitalter* (S. 91-115). Weinheim: Deutscher Studien Verlag.

Sturm, H. (1991). *Fernsehdiktate: Die Veränderung von Gedanken und Gefühlen. Ergebnisse und Folgerungen für eine rezipientenorientierte Mediendramaturgie.* Gütersloh: Verlag Bertelsmann Stiftung.

Südwestfunk Baden-Baden und Landesanstalt für Kommunikation Baden-Württemberg (LfK). (1997). *Medienpädagogik 1997, Text und Materialiensammlung.* CD-ROM.

Tannenbaum, P.H. & Zillmann, D. (1978). Emotional arousal in the facilitation of aggression. In L. Berkowitz (Ed.), *Advances in experimental social psychology Vol. 8* (S. 50-192). New York: Academic Press.

Teufel, F. Josef. (1995). Kooperative Fernseherziehung: Ein Modell für die Elternarbeit. In Deutsches Jugendinstitut (Hrsg.), *Handbuch Medienerziehung im Kindergarten. Teil 2: Praktische Handreichungen* (S. 410-423). Opladen: Leske + Budrich.

Theunert, H. (1992). *Zwischen Vergnügen und Angst - Fernsehen im Alltag von Kindern. Eine Untersuchung zur Wahrnehmung und Verarbeitung von Fernsehinhalten durch Kinder aus unterschiedlichen sozio-kulturellen Milieus in Hamburg.* Berlin: Vistas.

Theunert, H., Lenssen, M. & Schorb, B. (1995). *Wir gucken besser fern als ihr.* München: KoPäd.

Theunert, H. & Schorb, B. (Hrsg.). (1996). *Begleiter der Kindheit. Zeichentrick und die Rezeption durch Kinder.* München: Reinhard Fischer.

Theunert, H. (1996). Unterhaltung und mehr - Zeichentrickinhalte in der Sicht der Kinder. In H. Theunert & B. Schorb (Hrsg.), *Begleiter der Kindheit. Zeichentrick und die Rezeption durch Kinder* (S. 77-99). München: Reinhard Fischer.

Thiesen, P. (1992). *Das Montagsbuch. Ein Arbeitsbuch zur Überwindung des "Montagssyndroms" in Kindergarten, Hort und Grundschule.* Weinheim: Beltz.

Tietze, W. (1990). Die Stellung des Fernsehens im Leben von Kindergartenkindern. Wissenschaftliche Befunde zur kindlichen Mediennutzung. In Landesanstalt für Rundfunk Nordrhein-Westfalen (Hrsg.), *Medienerziehung im Kindergarten: Neue Herausforderungen durch private Programme?* (S. 13-34). Düsseldorf: Landesanstalt für Rundfunk Nordrhein-Westfalen.

Treumann, K. P., Gartemann, St., Schnatmeyer, D. & Röllecke, R. (1996). *Benjamin Blümchen, Bibi Blocksberg & Co. Beliebte Kinder-Hörspielserien auf Cassette und CD. Beschreibungen, Analysen, Hintergründe.* Bielefeld: Gesellschaft für Medienpädagogik und Kommunikationskultur.

Tulodziecki, G. (1987). Aufgabenfelder schulischer Medienpädagogik. In L. J. Issing (Hrsg.), *Medienpädagogik im Informationszeitalter* (S. 157-178). Weinheim: Deutscher Studien Verlag.

Tulodziecki, G. & Schöpf, K. (1992). Zur Situation der schulischen Medienpädagogik in Deutschland: Konzepte, Materialien, Praxis und Probleme. In *Medienkompetenz als Herausforderung an Schule und Bildung: ein deutsch-amerikanischer*

*Dialog; Kompendium zu einer Konferenz der Bertelsmann Stiftung vom 18. bis 20. März 1992 in Gütersloh* (S. 104-176). Gütersloh: Verlag Bertelsmann Stiftung.
Tulodziecki, G. (1992). *Medienerziehung in Schule und Unterricht.* Bad Heilbrunn: Klinkhardt.
Tulodziecki, G., Schlingmann, A., Mose, K., Mütze, Ch., Herzig, B. & Hauf-Tulodziecki, A. (1995). *Handlungsorientierte Medienpädagogik in Beispielen. Projekte und Unterrichtseinheiten für Grundschulen und weiterführende Schulen.* Bad Heilbrunn: Klinkhardt.
Tulodziecki, G. & Mütze, C. (1996). Lehrerausbildung im Bereich neuer elektronischer Medien. In Bertelsmann Stiftung & Heinz Nixdorfstiftung (Hrsg.), *Neue Medien in den Schulen. Projekte - Konzepte - Kompetenzen* (S. 143-164). Gütersloh: Verlag Bertelsmann Stiftung.
Ueffing, C. (1995). Batman oder bad man? Ein Erfahrungsbericht zum situativen Umgang mit Medien im Freispiel. In Deutsches Jugendinstitut (Hrsg.), *Handbuch Medienerziehung im Kindergarten. Teil 2: Praktische Handreichungen* (S. 118-129). Opladen: Leske + Budrich.
Ulich, K. (1989). Erziehungsziele und Erziehungsschwierigkeiten aus der Sicht von Erzieherinnen: Eine qualitative Studie. *Psychologie in Erziehung und Unterricht,* (36), 56-60.
Wartella, E. (1986). Children and television. The development of the child´s understanding of the medium. In DeBock, W. (Ed.), *Mass Communication Review Yearbook* (Band 1, S. 516-553). Beverly Hills: Sage.
Weidenmann, B. (1990). Muß man Bilder lesen lernen? Empirische Untersuchungen zur Visual-Literacy-Kontroverse. In K. Neumann & M. Charlton (Hrsg.), *Spracherwerb und Mediengebrauch* (S. 133-147). Tübingen: Narr.
Weiler, S. (1997). Computernutzung und Fernsehkonsum von Kindern. *Media Perspektiven*, (1), 43-53.
Wermke, J. (1997), *Integrierte Medienerziehung im Fachunterricht. Schwerpunkt: Deutsch.* München: KoPäd.
Wilhelm, P. & Myrtek, M. & Brügner, G. (1997). *Vorschulkinder vor dem Fernseher. Ein psychophysiologisches Feldexperiment.* Bern: Huber.
Wilms, D. (1985). Medienerziehung als Aufgabe der Bildungspolitik in den achtziger Jahren. In Deutsche Lesegesellschaft (Hrsg.), *Medienerziehung als Bildungsaufgabe* (S. 13-18). Mainz: Deutsche Lesegesellschaft.
Wilson, B. J., Hoffner, C. & Cantor, J. (1987). Children´s perceptions of the effectiveness of techniques to reduce fear from mass media. *Journal of Applied Developmental Psychology*, (8) 39-52.
Wilson, B. J. & Weiss, A. J. (1991). The effects of two reality explanations on children´s reactions to a frightening movie scene. *Communication Monographs, (58)* 3, 307-326.
Winn, M. (1979). *Die Droge im Wohnzimmer.* Reinbek: Rowohlt.
Winterhoff-Spurk, P. (1997). Medienkompetenz: Schlüsselqualifikation der Informationsgesellschaft? *Medienpsychologie*, *9* (3), 182-190.
ZDF Medienforschung. (1997). *"Abenteuer Forschung" - Kinder und Fernsehen. Didacta 1997, Düsseldorf 17. - 21. Februar 1997* (Foliensatz).

Zehetmair, H. (1996). Zur Entwicklung der Medienpädagogik. *Medien und Erziehung (4)*, 220-221.

Zeitter, E. (1995). *Medienerziehung für Grundschüler. Das Forschungs- und Entwicklungsprojekt zur medienpädagogischen Aus- und Weiterbildung/Fortbildung von Lehrerinnen und Lehrern der Primarstufe.* Frankfurt am Main: Institut für Medienentwicklung und Kommunikation.

# Anhang 1: Tabellen und Abbildungen

**Abbildung A.1: Alter der Befragten**

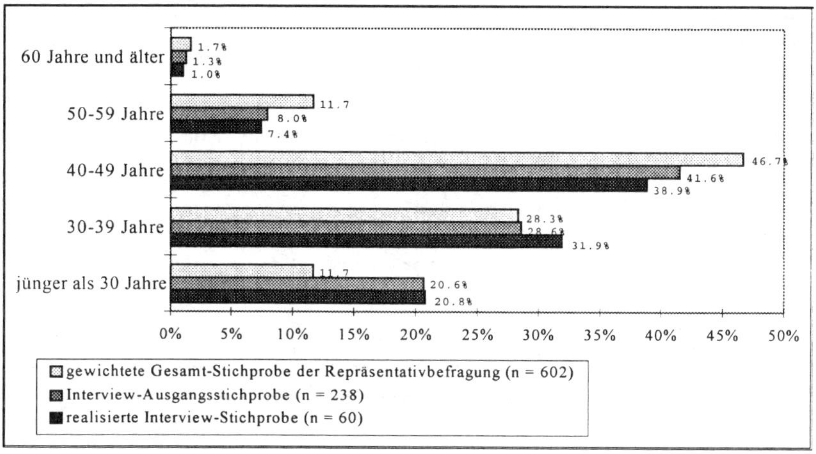

**Tabelle A.1: Verteilung der Merkmale „Trägerschaft" und „Ortsgröße" in der Grundgesamtheit** (Basis: n = 6797 Kindergärten in NRW) **sowie in der Stichprobe der Repräsentativbefragung** (Basis: n = 602 Kindergärten; ungewichtete Daten)

| Trägerschaft | Bereinigte Grundgesamtheit | | Stichprobe | | Prozent-differenz |
|---|---|---|---|---|---|
| | n | % | n | % | |
| *Stadt* | | | | | |
| bis 20.000 | 253 | 3,7 | 29 | 4,8 | + 1,1 |
| über 20.000 - 50.000 | 316 | 4,6 | 38 | 6,3 | + 1,7 |
| über 50.000 - 100.000 | 291 | 4,3 | 28 | 4,7 | + 0,4 |
| über 100.000 - 500.000 | 489 | 7,2 | 37 | 6,1 | - 1,0 |
| über 500.000 | 430 | 6,3 | 17 | 2,8 | - 3,5 |
| *Ev. Kirche* | | | | | |
| bis 20.000 | 204 | 3,0 | 23 | 3,8 | + 0,8 |
| über 20.000 - 50.000 | 341 | 5,0 | 32 | 5,3 | + 0,3 |
| über 50.000 - 100.000 | 271 | 4,0 | 33 | 5,5 | + 1,5 |
| über 100.000 - 500.000 | 526 | 7,7 | 40 | 6,6 | - 1,1 |
| über 500.000 | 282 | 4,1 | 15 | 2,5 | - 1,7 |
| *Kath. Kirche* | | | | | |
| bis 20.000 | 467 | 6,9 | 50 | 8,3 | + 1,4 |
| über 20.000 - 50.000 | 722 | 10,6 | 62 | 10,3 | - 0,3 |
| über 50.000 - 100.000 | 460 | 6,8 | 46 | 7,6 | + 0,9 |
| über 100.000 - 500.000 | 707 | 10,4 | 64 | 10,6 | + 0,2 |
| über 500.000 | 466 | 6,9 | 36 | 6,0 | - 0,9 |
| *Sonstige Träger* | | | | | |
| bis 20.000 | 136 | 2,0 | 14 | 2,3 | + 0,3 |
| über 20.000 - 50.000 | 183 | 2,7 | 16 | 2,7 | - 0,0 |
| über 50.000 - 100.000 | 105 | 1,5 | 10 | 1,7 | + 0,1 |
| über 100.000 - 500.000 | 120 | 1,8 | 9 | 1,5 | - 0,3 |
| über 500.000 | 28 | 0,4 | 3 | 0,5 | + 0,1 |
| Summe | 6797 | | 602 | | |

**Tabelle A.2: Allgemeine Rahmendaten der Kindergärten**

*Öffnungszeiten*

| | nur vormittags | | vormittags/nachmittags mit Pause | | ganztags | | keine Angabe | |
|---|---|---|---|---|---|---|---|---|
| | n | % | n | % | n | % | n | % |
| R-G | 10 | 1,7 | 304 | 50,5 | 286 | 47,4 | 2 | 0,4 |
| I-A | 1 | 0,4 | 106 | 44,5 | 130 | 54,6 | 1 | 0,4 |
| I-R | -- | -- | 22 | 36,7 | 38 | 63,3 | -- | -- |

*Anzahl der Gruppen*

| | 1 | | 2 | | 3 | | 4 | | 5 u. mehr | | | |
|---|---|---|---|---|---|---|---|---|---|---|---|---|
| | n | % | n | % | n | % | n | % | n | % | M | SD |
| R-G | 54 | 9,0 | 135 | 22,4 | 245 | 40,7 | 133 | 22,1 | 35 | 5,8 | 2,95 | 1,06 |
| I-A | 24 | 10,1 | 47 | 19,7 | 90 | 37,8 | 58 | 24,4 | 19 | 8,0 | 3,02 | 1,13 |
| I-R | 6 | 10,0 | 14 | 23,3 | 24 | 40,0 | 9 | 15,0 | 7 | 11,7 | 2,97 | 1,16 |

*Gruppengröße*

| | unter 15 Kinder | | 15 - 19 Kinder | | 20 -24 Kinder | | 25 u. mehr Kinder | | | |
|---|---|---|---|---|---|---|---|---|---|---|
| | n | % | n | % | n | % | n | % | M | SD |
| R-G | 3 | 0,5 | 24 | 4,0 | 150 | 25,0 | 425 | 70,5 | 23,80 | 2,63 |
| I-A | 2 | 0,8 | 10 | 4,2 | 59 | 24,8 | 167 | 70,2 | 23,75 | 2,66 |
| I-R | -- | -- | 4 | 6,7 | 19 | 31,7 | 37 | 61,7 | 23,41 | 2,84 |

*Ausländeranteil*

| | vorwiegend deutsche Kinder | | vorwiegend ausländische Kinder | | beide Gruppen ungefähr gleich | |
|---|---|---|---|---|---|---|
| | n | % | n | % | n | % |
| R-G | 492 | 81,7 | 30 | 5,0 | 80 | 13,3 |
| I-A | 201 | 84,5 | 10 | 4,2 | 27 | 11,3 |
| I-R | 52 | 86,7 | 3 | 5,0 | 5 | 8,3 |

R-G = gewichtete Gesamtstichprobe (n = 602); I-A = Interview-Ausgangsstichprobe (n = 238);
I-R = realisierte Interview-Stichprobe (n = 60)

**Tabelle A.3: Vorhandensein von Mediengeräten, differenziert nach Trägerschaft und Ortsgröße** (Basis: n = 602; gewichtete Daten)

*Vorhandensein von Mediengeräten nach Trägerschaft in Prozent*

| | **Stadt** | **AWO** | **Ev. Kirche** | **Kath. Kirche** | **Waldorf-Kiga** | **DRK** |
|---|---|---|---|---|---|---|
| Kassettenrekorder/ CD-Player | 96,8 | 100,0 | 99,3 | 99,6 | 20,0 | 100,0 |
| Radio | 35,4 | 25,9 | 32,2 | 33,9 | 20,0 | 44,4 |
| Fernseher | 8,3 | 14,8 | 14,6 | 14,0 | -- | 16,7 |
| Videorekorder | 10,2 | 18,5 | 17,4 | 17,5 | -- | 27,8 |
| Videokamera | 12,7 | 14,8 | 11,1 | 13,1 | -- | 26,3 |
| Video-/ Filmprojektor | 26,6 | 22,2 | 25,7 | 34,7 | -- | 26,3 |
| Computer | 1,9 | -- | 6,9 | 5,6 | -- | -- |

*Vorhandensein von Mediengeräten nach Ortsgröße (Einwohnerzahl) in Prozent*

| | **bis 20.000** | **über 20 - 50.000** | **über 50 - 100.000** | **über 100 - 500.000** | **über 500.000** |
|---|---|---|---|---|---|
| Kassettenrekorder/ CD-Player | 100,0 | 98,6 | 98,0 | 98,2 | 96,2 |
| Radio | 25,5 | 31,2 | 33,0 | 39,3 | 36,4 |
| Fernseher | 9,6 | 11,6 | 14,0 | 14,6 | 12,1 |
| Videorekorder | 14,9 | 15,9 | 16,0 | 17,8 | 12,3 |
| Videokamera | 7,4 | 15,9 | 14,9 | 12,8 | 12,1 |
| Video-/ Filmprojektor | 34,0 | 26,1 | 38,0 | 28,8 | 20,6 |
| Computer | 6,4 | 1,4 | 3,0 | 6,7 | 4,7 |

**Tabelle A.4: Mediennutzung, differenziert nach Erzieherinnen mit und ohne eigene Kinder** (Basis: n = 602; ungewichtete Daten)

| | M | SD | n | df | t | p |
|---|---|---|---|---|---|---|
| *Fernsehen/ Video* | | | | | | |
| Mütter | 78,59 | 45,84 | 291 | 584 | -1,91 | .057 |
| Nicht-Mütter | 86,05 | 48,61 | 295 | | | |
| *Tageszeitung* | | | | | | |
| Mütter | 27,96 | 16,23 | 296 | 596 | 3,03 | .003 |
| Nicht-Mütter | 23,80 | 17,31 | 303 | | | |
| *Bücher* | | | | | | |
| Mütter | 53,26 | 37,71 | 296 | 597 | -,19 | n. s. |
| Nicht-Mütter | 53,83 | 34,53 | 303 | | | |
| *Computer* | | | | | | |
| Mütter | 16,35 | 17,44 | 160 | 283 | -1,42 | n. s. |
| Nicht-Mütter | 19,39 | 18,44 | 125 | | | |

**Tabelle A.5: Fernsehmotive der Erzieherinnen, differenziert nach Befragten mit und ohne eigene Kinder**
(Basis: n = 602; ungewichtete Daten)

| *Ich sehe fern, ...* | Kinder | | keine Kinder | | | | |
|---|---|---|---|---|---|---|---|
| | M | SD | M | SD | df | t | p |
| ...weil es unterhaltsam/spannend ist | 3,64 | 1,09 | 3,76 | 1,08 | 590 | -1,34 | n.s. |
| ...aus Langeweile | 1,71 | 0,92 | 1,97 | 1,16 | 566 | -2,96 | .003 |
| ...weil ich sehen will, was in der Welt passiert | 4,35 | 0,86 | 4,34 | 0,85 | 590 | 0,23 | n.s. |
| ...weil ich dadurch Neues oder Wissenswertes erfahre | 4,26 | 0,95 | 4,29 | 0,88 | 590 | -0,39 | n.s. |
| ...weil ich dann mit anderen ein Gesprächsthema habe | 2,17 | 1,10 | 2,12 | 1,10 | 590 | 0,57 | n.s. |
| ...weil ich mich dann nicht so allein fühle | 1,66 | 0,85 | 1,75 | 1,00 | 590 | -1,26 | n.s. |
| ...weil ich dabei abschalten kann und zur Ruhe komme | 2,96 | 1,39 | 3,21 | 1,37 | 590 | -2,24 | .026 |
| ...weil es mich von meinen Problemen ablenkt | 1,59 | 0,75 | 1,76 | 0,98 | 561 | -2,49 | .013 |
| ...weil ich dann sehe, wie andere Menschen so leben | 2,65 | 1,26 | 2,68 | 1,29 | 590 | -0,31 | n.s. |

1 = stimme gar nicht zu; 2 = stimme eher zu; 3 = stimme weder zu noch nicht zu;
4 = stimme eher zu; 5 = stimme voll und ganz zu

**Tabelle A.6: Subjektive Qualifikation zur Medienerziehung, differenziert nach Ausbildung in verschiedenen Themenbereichen**
(Basis: n = 602; ungewichtete Daten)

| | Ausbildung | M | SD | n | df | t | p |
|---|---|---|---|---|---|---|---|
| Technischer Umgang mit Mediengeräten | ja | 2,92 | 0,89 | 196 | 580 | -2,88 | .004 |
| | nein | 3,15 | 0,87 | 386 | | | |
| Möglichkeiten des Einsatzes von Mediengeräten in der Einrichtung | ja | 2,99 | 0,91 | 180 | 580 | -1,38 | n.s. |
| | nein | 3,10 | 0,87 | 402 | | | |
| Information über Ausmaß und Motive des Fernsehens bei Kindern | ja | 2,94 | 0,84 | 231 | 461,6 | -4,37 | .000 |
| | nein | 3,27 | 0,92 | 231 | | | |
| Informationen über Auswirkungen des Fernsehens auf Kinder | ja | 2,98 | 0,84 | 393 | 329,3 | -3,36 | .001 |
| | nein | 3,26 | 0,95 | 188 | | | |
| Ziele und Praxis von Medienerziehung im Kindergarten | ja | 2,95 | 0,84 | 348 | 463,4 | -4,05 | .000 |
| | nein | 3,25 | 0,92 | 233 | | | |
| Elternarbeit zur Medienerziehung von Kindern | ja | 2,85 | 0,78 | 198 | 455 | -4,53 | .000 |
| | nein | 3,18 | 0,91 | 384 | | | |

Skala von 1 (sehr gut) bis 6 (ungenügend)

**Tabelle A.7: Vermutete Lieblingssendungen drei- bis fünfjähriger Kinder**
(Mehrfachantworten) (Basis: n = 602; gewichtete Daten) (Prozentangaben beziehen sich auf die Gesamtzahl der Personen, die wenigstens eine Sendung - korrekt - benennen konnten)

| Aus persönlicher Anschauung bekannte Sendungen (n = 528 / 87,7% der Befragten[1]) | n | % | Nicht aus persönlicher Anschauung bekannte Sendungen (n = 296 / 49,2% der Befragten[2]) | n | % |
|---|---|---|---|---|---|
| Sendung mit der Maus | 434 | 83,8 | Power Rangers | 169 | 70,4 |
| Sesamstraße | 188 | 36,2 | Turtles | 60 | 25,0 |
| Power Rangers | 171 | 32,9 | Sendung mit der Maus | 25 | 10,5 |
| Löwenzahn | 155 | 29,9 | Spiderman | 9 | 3,5 |
| Disney Club | 23 | 4,4 | Batman | 11 | 4,5 |
| Peter Lustig | 20 | 3,9 | Gute Zeiten, schlechte Zeiten | 15 | 6,3 |
| Turtles | 41 | 7,9 | Marienhof | 10 | 4,1 |
| Siebenstein | 30 | 5,8 | Sesamstraße | 18 | 7,4 |
| Augsburger Puppenkiste | 27 | 5,1 | He-Man | 17 | 6,9 |
| Käpt´n Blaubär | 57 | 10,9 | Löwenzahn | 11 | 4,7 |
| Tigerentenclub | 42 | 8,0 | | | |
| Janosch´s Traumstunde | 13 | 2,5 | | | |
| Pusteblume | 22 | 4,2 | | | |
| Heidi | 10 | 1,8 | | | |
| Süderhof | 13 | 2,4 | | | |
| Die Dinos | 9 | 1,7 | | | |
| Pipi Langstrumpf | 20 | 3,9 | | | |
| Tom & Jerry | 10 | 1,8 | | | |

1 66 Personen (11% der Befragten) konnten keine Sendung nennen; die Antworten von 8 Personen (1,3% der Befragten) konnten nicht gewertet werden

2 248 Personen (41,2% der Befragten) konnten keine Sendungen nennen; die Antworten von 58 Personen (9,6% der Befragten) konnten nicht gewertet werden

**Tab. A.8: Schädlichkeitsgrenze: Schädlichkeit des Fernsehquantums bei Drei- bis Fünfjährigen, differenziert nach Aufrißgruppen der Befragten**
(Basis: n = 602)

| | n | M | SD | df | t | p |
|---|---|---|---|---|---|---|
| *Eigene Kinder* (ungewichtete Daten) | | | | | | |
| Ja | 293 | 54,57 | 32,69 | 545,57 | -3,16 | .002 |
| Nein | 298 | 64,69 | 44,47 | | | |
| *Stellung in der Einrichtung* (ungewichtete Daten) | | | | | | |
| Leiterin | 305 | 54,62 | 35,28 | 553,54 | -3,21 | .001 |
| Nicht-Leiterin | 286 | 65,01 | 42,75 | | | |
| *Träger* (gewichtete Daten) | n | M | SD | | | |
| Stadt | 157 | 60,50 | 37,27 | | | |
| AWO | 26 | 63,07 | 41,45 | | | |
| Ev. Kirche | 141 | 58,44 | 37,45 | | | |
| Kath. Kirche | 245 | 61,07 | 40,19 | | | |
| Waldorf-Kiga | 5 | 32,28 | 21,56 | | | |
| DRK | 18 | 55,69 | 53,48 | | | |

**Tabelle A.9: Eigenschaften von Kindern, die elektronische Medien besonders intensiv nutzen: Ergebnisse der Untersuchung von Höltershinken, Kasüschke & Sobiech (1989)**
(Basis: n = 234)

| *Vielsehende Kinder ...* | trifft weniger zu % | trifft genauso zu % | trifft mehr zu % |
|---|---|---|---|
| ...sind häufig nervös | 15,7 | 32,9 | 51,4 |
| ...sind zappelig | 14,8 | 30,1 | 55,1 |
| ...sind häufig aggressiv | 17,0 | 27,5 | 55,5 |
| ...lassen sich leicht ablenken | 17,4 | 38,8 | 43,8 |
| ...sind häufig ängstlich | 35,6 | 38,5 | 26,0 |
| ...sind passiv | 38,3 | 39,7 | 22,0 |
| ...sind an allem Neuen interessiert | 43,3 | 51,6 | 5,1 |
| ...haben einen großen Wortschatz | 48,8 | 41,9 | 9,3 |
| ...stellen sich geschickt bei praktischen Dingen an | 60,7 | 37,4 | 1,9 |
| ...sind meist lustig und guter Laune | 66,4 | 32,7 | 0,9 |
| ...können sich gut konzentrieren | 79,7 | 16,6 | 3,7 |
| ...streiten viel mit anderen Kindern | 20,3 | 37,8 | 41,9 |
| ...erzählen und berichten gerne | 16,7 | 61,9 | 21,4 |
| ...sind bei anderen Kindern sehr beliebt | 33,3 | 46,6 | 20,1 |
| ...sind Vorbild für andere Kinder | 46,3 | 36,7 | 17,0 |
| ...regen andere Kinder zum Spielen an | 44,4 | 38,9 | 16,7 |
| ...sind isoliert und Einzelgänger | 64,8 | 32,4 | 2,8 |

Quelle: Höltershinken, Kasüschke & Sobiech (1989, S. 339)

**Tabelle A.10: Interkorrelationen der Medienbewertungsvariablen**
(Basis: n = 602; ungewichtete Daten)

| | | TV Allgemein | | | | TV Entwicklung | | | | Multimedia | | | |
|---|---|---|---|---|---|---|---|---|---|---|---|---|---|
| **TV allgemein** | | G. | e. P. | K. | A. | G. | e. P. | K. | A. | G. | e. P. | K. | A. |
| Gesellschaft | | | | | | | | | | | | | |
| | r | | | | | | | | | | | | |
| | p | | | | | | | | | | | | |
| eigene Person | | | | | | | | | | | | | |
| | r | .52 | | | | | | | | | | | |
| | p | .000 | | | | | | | | | | | |
| Kinder im Kiga-Alter | | | | | | | | | | | | | |
| | r | .47 | .31 | | | | | | | | | | |
| | p | .000 | .000 | | | | | | | | | | |
| Arbeit im Kiga | | | | | | | | | | | | | |
| | r | .38 | .29 | .57 | | | | | | | | | |
| | p | .000 | .000 | .000 | | | | | | | | | |
| **TV-Entwicklung** | | G. | e. P. | K. | A. | G. | e. P. | K. | A. | G. | e. P. | K. | A. |
| Gesellschaft | | | | | | | | | | | | | |
| | r | .36 | .21 | .29 | .26 | | | | | | | | |
| | p | .000 | .000 | .000 | .000 | | | | | | | | |
| eigene Person | | | | | | | | | | | | | |
| | r | .24 | .27 | .20 | .26 | .58 | | | | | | | |
| | p | .000 | .000 | .000 | .000 | .000 | | | | | | | |
| Kinder im Kiga-Alter | | | | | | | | | | | | | |
| | r | .27 | .12 | .46 | .36 | .60 | .42 | | | | | | |
| | p | .000 | .005 | .000 | .000 | .000 | .000 | | | | | | |
| Arbeit im Kiga | | | | | | | | | | | | | |
| | r | .25 | .16 | .43 | .52 | .57 | .47 | .75 | | | | | |
| | p | .000 | .000 | .000 | .000 | .000 | .000 | .000 | | | | | |
| **Multimedia** | | G. | e. P. | K. | A. | G. | e. P. | K. | A. | G. | e. P. | K. | A. |
| Gesellschaft | | | | | | | | | | | | | |
| | r | .19 | .09 | .19 | .15 | .30 | .25 | .24 | .22 | | | | |
| | p | .000 | .028 | .000 | .000 | .000 | .000 | .000 | .000 | | | | |
| eigene Person | | | | | | | | | | | | | |
| | r | .20 | .14 | .20 | .28 | .24 | .42 | .22 | .25 | .59 | | | |
| | p | .000 | .001 | .000 | .000 | .000 | .000 | .000 | .000 | .000 | | | |
| Kinder im Kiga-Alter | | | | | | | | | | | | | |
| | r | .26 | .14 | .37 | .35 | .26 | .25 | .38 | .37 | .47 | .49 | | |
| | p | .000 | .001 | .000 | .000 | .000 | .000 | .000 | .000 | .000 | .000 | | |
| Arbeit im Kiga | | | | | | | | | | | | | |
| | r | .27 | .16 | .34 | .44 | .28 | .28 | .33 | .44 | .50 | .55 | .80 | |
| | p | .000 | .000 | .000 | .000 | .000 | .000 | .000 | .000 | .000 | .000 | .000 | |

G. = Gesellschaft; e. P. = eigene Person; K. = Kinder im Kindergartenalter; A. = Arbeit im Kindergarten
Skala: 1 = „Fluch"; 2 = „eher Fluch"; 3 = „weder Fluch noch Segen"; 4 = „eher Segen"; 5 = „Segen"

**Tabelle A.11: Zusammenhänge zwischen den Medienbewertungen und Annahmen zum kindlichen Fernsehkonsum**
(Basis: n = 602; ungewichtete Daten)

| | | TV allgemein | | | | TV-Entwicklung | | | | Multimedia | | | |
|---|---|---|---|---|---|---|---|---|---|---|---|---|---|
| | | G. | e. P. | K. | A. | G. | e. P. | K. | A. | G. | e. P. | K. | A. |
| TV-Konsum Kinder | | | | | | | | | | | | | |
| | r | -.06 | -.10 | -.07 | -.04 | -.04 | -.02 | -.09 | -.05 | -.03 | -.07 | -.09 | -.06 |
| | p | .136 | .013 | .079 | .383 | .326 | .661 | .029 | .262 | .411 | .099 | .030 | .129 |
| Schädlichkeitsgrenze | | | | | | | | | | | | | |
| | r | .09 | .02 | .09 | .07 | .09 | .01 | .06 | .03 | .15 | .08 | .07 | .06 |
| | p | .023 | .678 | .026 | .090 | .027 | .750 | .120 | .450 | .000 | .058 | .102 | .168 |
| Vielsehergrenze | | | | | | | | | | | | | |
| | r | .07 | .05 | .16 | .09 | .03 | -.01 | .09 | .07 | .14 | .05 | .10 | .11 |
| | p | .077 | .186 | .000 | .032 | .451 | .802 | .031 | .087 | .001 | .241 | .017 | .013 |
| Prozentanteil Vielseher in Deutschland | | | | | | | | | | | | | |
| | r | -.14 | -.13 | -.17 | -.13 | -.11 | -.00 | -.12 | -.11 | -.08 | -.06 | -.14 | -.14 |
| | p | .001 | .002 | .000 | .002 | .007 | .970 | .005 | .009 | .061 | .164 | .001 | .001 |
| Prozentanteil Vielseher in der Gruppe | | | | | | | | | | | | | |
| | r | -.10 | -.09 | -.14 | -.09 | -.06 | -.04 | -.13 | -.10 | -.08 | -.09 | -.14 | -.14 |
| | p | .018 | .036 | .001 | .030 | .173 | .326 | .002 | .014 | .050 | .036 | .001 | .001 |

G. = Gesellschaft; e.P. = eigene Person; K. = Kinder im Kiga-Alter; A. = Arbeit im Kiga

**Tabelle A.12: Zusammenhänge zwischen Medienbewertungen und vermuteten Fernsehmotiven der Kinder**
(Basis: n = 602; ungewichtete Daten)

| Kinder sehen fern, ...[2] | | „Fluch" / „Segen"[1] | | | | | | | | | | | |
|---|---|---|---|---|---|---|---|---|---|---|---|---|---|
| | | TV allgemein | | | | TV-Entwicklung | | | | Multimedia | | | |
| | | G. | e. P. | K. | A. | G. | e. P. | K. | A. | G. | e. P. | K. | A. |
| ...weil es lustig ist | | | | | | | | | | | | | |
| | r | .07 | .08 | .03 | .07 | .06 | .03 | -.03 | -.03 | .11 | .04 | -.01 | .03 |
| | p | .095 | .047 | .484 | .081 | .118 | .400 | .452 | .536 | .010 | .329 | .880 | .452 |
| ...weil es interessant und spannend ist | | | | | | | | | | | | | |
| | r | .07 | .07 | .01 | -.01 | .06 | .04 | .02 | -.02 | .12 | .03 | .01 | .01 |
| | p | .102 | .110 | .812 | .769 | .147 | .393 | .665 | .645 | .004 | .509 | .740 | .837 |
| ...aus Langeweile | | | | | | | | | | | | | |
| | r | -.08 | -.01 | -.09 | -.13 | -.02 | -.04 | -.03 | -.01 | -.04 | -.07 | -.07 | -.04 |
| | p | .061 | .818 | .036 | .001 | .691 | .281 | .474 | .795 | .314 | .085 | .085 | .399 |
| ...um zu sehen, was in der Welt passiert | | | | | | | | | | | | | |
| | r | .05 | .09 | .07 | .03 | .08 | .12 | .02 | .07 | .13 | .16 | .08 | .09 |
| | p | .217 | .027 | .081 | .399 | .063 | .005 | .605 | .079 | .002 | .000 | .061 | .036 |
| ...weil sie dadurch Neues lernen | | | | | | | | | | | | | |
| | r | .07 | .08 | .11 | .12 | .07 | .04 | .05 | .05 | .17 | .11 | .15 | .17 |
| | p | .072 | .054 | .007 | .005 | .086 | .281 | .245 | .239 | .000 | .011 | .000 | .000 |
| ...weil sie sonst nichts zu tun haben | | | | | | | | | | | | | |
| | r | -.00 | .04 | -.10 | -.09 | -.02 | -.01 | -.05 | -.04 | -.06 | -.10 | -.10 | -.08 |
| | p | .916 | .360 | .020 | .024 | .708 | .767 | .224 | .339 | .174 | .018 | .023 | .076 |
| ...weil sie dann in ihrer Gruppe mitreden können | | | | | | | | | | | | | |
| | r | .04 | .00 | .01 | .03 | -.03 | .02 | .00 | -.01 | -.03 | -.08 | -.03 | -.03 |
| | p | .387 | .921 | .823 | .464 | .453 | .623 | .993 | .728 | .515 | .068 | .438 | .484 |
| ...weil sie dann in der Familie zusammen sind | | | | | | | | | | | | | |
| | r | .01 | -.04 | .03 | -.02 | .01 | .02 | .03 | .03 | .03 | .04 | .04 | .02 |
| | p | .816 | .368 | .433 | .645 | .894 | .717 | .522 | .450 | .424 | .366 | .396 | .642 |
| ...weil sie sich dann nicht so alleine fühlen | | | | | | | | | | | | | |
| | r | -.03 | -.02 | -.03 | -.00 | .01 | .02 | -.01 | .01 | .01 | -.03 | -.02 | .00 |
| | p | .445 | .677 | .495 | .930 | .825 | .673 | .785 | .855 | .823 | .592 | .685 | .961 |
| ...weil sie dann an nichts anderes mehr denken | | | | | | | | | | | | | |
| | r | -.05 | -.02 | -.02 | -.05 | -.00 | -.04 | -.03 | .00 | .01 | -.05 | -.02 | .01 |
| | p | .247 | .630 | .612 | .225 | .938 | .383 | .470 | .961 | .896 | .299 | .632 | .843 |
| ...weil der Fernseher bei ihnen immer läuft | | | | | | | | | | | | | |
| | r | .04 | .05 | -.01 | -.00 | .04 | .06 | -.04 | .02 | .02 | .02 | -.00 | .02 |
| | p | .280 | .225 | .894 | .944 | .385 | .128 | .357 | .574 | .719 | .677 | .975 | .708 |

G. = Gesellschaft; e. P. = eigene Person; K. = Kinder im Kindergartenalter; A. = Arbeit im Kindergarten

1 Skala: 1 = „Fluch"; 2 = „eher Fluch"; 3 = „weder Fluch noch Segen"; 4 = „eher Segen"; 5 = „Segen"

2 Skala: 1 = trifft gar nicht zu/ 3 = trifft weder zu noch nicht zu/ 5 = trifft voll und ganz zu

**Tabelle A.13: Bewahrpädagogisches Handeln, differenziert nach privater Beschäftigung mit Themenbereichen der Medienerziehung**
(Basis: n = 602; ungewichtete Daten)

| | | | M | SD | t | df | p |
|---|---|---|---|---|---|---|---|
| Umgang mit | Private Beschäftigung | ja | 2,31 | 0,95 | | | |
| Mediengeräten | | nein | 1,99 | 0,96 | 4,02 | 594 | .000 |
| Möglichkeiten des Einsatzes | Private Beschäftigung | ja | 2,33 | 0,94 | | | |
| von Mediengeräten | | nein | 1,95 | 0,97 | 4,66 | 594 | .000 |
| Information über TV-Konsum | Private Beschäftigung | ja | 2,23 | 0,96 | | | |
| und Motive von Kindern | | nein | 1,99 | 0,96 | 2,10 | 594 | .036 |
| Information über Auswir- | Private Beschäftigung | ja | 2,21 | 0,96 | | | |
| kungen des TV auf Kinder | | nein | 2,05 | 1,04 | -- | -- | n. s. |
| Ziele und Praxis von Medien- | Private Beschäftigung | ja | 2,22 | 0,97 | | | |
| erziehung im Kindergarten | | nein | 2,11 | 0,93 | -- | -- | n. s. |
| Elternarbeit zur | Private Beschäftigung | ja | 2,19 | 0,96 | | | |
| Medienerziehung | | nein | 2,23 | 0,97 | -- | -- | n. s. |

Zur Beantwortung des „bewahrpädagogischen Items" diente eine 4-stufige Skala mit den Polen 1 = „trifft voll zu" bis 4 = „trifft gar nicht zu".

**Tabelle A.14: Zusammenhänge zwischen der Häufigkeit, mit der verschiedene medienbezogene Aktivitäten angeregt werden, und der Häufigkeit, mit der die Kinder diese von sich aus unaufgefordert zeigen**
(Basis: n = 602; ungewichtete Daten)

| | | I-1 | I-2 | I-3 | I-4 | I-5 | I-6 | I-7 |
|---|---|---|---|---|---|---|---|---|
| U-1 Mitbringen von Spielzeug, das mit dem Fernsehen zu tun hat | | | | | | | | |
| | r | .15 | .06 | .12 | .13 | .07 | .12 | .06 |
| | p | .000 | .120 | .004 | .002 | .079 | .004 | .123 |
| U-2 Nachahmung von Personen oder Figuren aus Fernsehen oder Video | | | | | | | | |
| | r | .13 | .04 | .13 | .12 | .00 | .15 | .07 |
| | p | .001 | .317 | .001 | .003 | .000 | .000 | .078 |
| U-3 Nachspielen von Fernseherlebnissen, z. B. von Szenen oder Teilen eines Films | | | | | | | | |
| | r | .09 | .02 | .11 | .06 | .00 | .07 | -.03 |
| | p | .023 | .567 | .005 | .168 | .000 | .092 | .488 |
| U-4 Nachbasteln oder Malen von Medienfiguren bzw. Medienpersonen | | | | | | | | |
| | r | .07 | .00 | .08 | .14 | .02 | .06 | .02 |
| | p | .072 | .933 | .052 | .001 | .593 | .142 | .585 |
| U-5 Nachsingen bzw. Nachsprechen von Liedern oder Texten aus dem Fernsehen | | | | | | | | |
| | r | .11 | .07 | .07 | .14 | .09 | .19 | .07 |
| | p | .006 | .105 | .097 | .001 | .021 | .000 | .079 |
| U-6 Thematisierung von Medien. Erzählungen über eigenen Medienkonsum und/oder über eigene Medienerlebnisse | | | | | | | | |
| | r | .01 | .02 | .05 | .09 | -.00 | .13 | .04 |
| | p | .782 | .627 | .182 | .036 | .969 | .002 | .320 |
| U-7 Nutzung von Mediengeräten in der Einrichtung. z. B. eigenständige Benutzung von Kassettenrekordern durch die Kinder | | | | | | | | |
| | r | .07 | .06 | .10 | .14 | .12 | .12 | .51 |
| | p | .077 | .162 | .011 | .001 | .003 | .003 | .000 |

(Die Koeffizienten für die unmittelbar vergleichbaren Items sind grau unterlegt)
U-1 bis U-7 = Häufigkeit unaufgeforderten medienbezogenen Verhaltens der Kinder
I-1 bis I-7 = Häufigkeit, mit der verschiedene medienbezogene Aktivitäten angeregt werden

**Tabelle A.15: Verteilung der F-Werte in den Clustern**
(Basis: n = 579; ungewichtete Daten)

| | Typ 1 | Typ 2 | Typ 3 | Typ 4 | Typ 5 |
|---|---|---|---|---|---|
| subjektive persönliche Qualifikation in Medienerziehung | 0,808 | 0,487 | 0,372 | 0,679 | 0,513 |
| subjektive Wichtigkeit der Medienerziehung | 0,841 | 1,295 | 0,909 | 1,568 | 0,568 |
| bewahrpädagogische Einstellung | 0,475 | 0,655 | 0,180 | 0,058 | 0,475 |
| Selbstwirksamkeit | 0,517 | 0,282 | 0,148 | 0,564 | 0,047 |

**Tabelle A.16: Verteilung der T-Werte in den Clustern**
(Basis: n = 579; ungewichtete Daten)

| | Typ 1 | Typ 2 | Typ 3 | Typ 4 | Typ 5 |
|---|---|---|---|---|---|
| subjektive persönliche Qualifikation in Medienerziehung | -0,068 | 1,284 | -0,545 | -0,102 | -0,466 |
| subjektive Wichtigkeit der Medienerziehung | 0,015 | 0,424 | -0,167 | 0,197 | -0,273 |
| bewahrpädagogische Einstellung | 0,458 | -0,254 | -1,008 | -1,322 | 0,797 |
| Selbstwirksamkeit | 0,885 | -0,500 | -0,607 | 1,385 | -0,811 |

**Tabelle A.17: Bedeutsame und signifikante Unterschiede in den Merkmalsausprägungen zwischen den Erzieherinnen-Typen (prozentuale Verteilung innerhalb der Cluster)**
(Basis: n = 579; ungewichtete Daten)

| | Typ 1 | Typ 2 | Typ 3 | Typ 4 | Typ 5 |
|---|---|---|---|---|---|
| Trägerschaft (in Prozent *) | | | | | |
| Stadt | 29,8 | 21,1 | 27,2 | 16,9 | 22,5 |
| AWO | 3,6 | 7,3 | 6,5 | - | 4,6 |
| Ev. Kirche | 24,4 | 20,2 | 26,1 | 27,1 | 22,5 |
| Kath. Kirche | 38,1 | 46,8 | 31,5 | 55,9° | 49,0 |
| Waldorf-Kiga | - | - | 3,3 | - | 0,7 |
| DRK | 4,2 | 4,6 | 5,4 | - | 0,7 |
| Besitz bzw. Nutzung von Merchandising-Artikeln in der Einrichtung (in Prozent*) | | | | | |
| vorhanden und benutzt | 26,8 | 21,3 | 17,6 | 12,1 | 27,8 |
| vorhanden, nicht benutzt | 15,5 | 8,3 | 7,7 | 12,1 | 10,6 |
| nicht vorhanden | 57,7° | 70,4 | 74,7 | 75,9 | 61,6° |
| Regelung des Mitbringens von Merchandising-Artikeln (in Prozent*) | | | | | |
| immer | 23,2 | 17,4 | 20,7 | 19,0 | 17,9 |
| zu bestimmten Gelegenheiten | 65,5 | 70,6 | 60,9 | 58,6 | 75,5 |
| nie | 11,3 | 11,9 | 18,5 | 22,4 | 6,6° |
| Alter (in Prozent*) | | | | | |
| unter 30 | 24,0 | 24,8 | 22,8 | 20,3 | 21,2 |
| 30 bis 39 | 29,3 | 23,9 | 38,0 | 33,9 | 35,1 |
| 40 bis 49 | 40,1 | 45,0 | 30,4 | 35,6 | 34,4 |
| 50 und älter | 6,6 | 6,4 | 8,7 | 10,2 | 9,3 |
| Mediengeräte im Privathaushalt vorhanden (in Prozent*) | | | | | |
| Kabel-Fernsehen | 81 | 84,4 | 71,7 | 84,7 | 76,8 |
| Fernsehen normal | 19,6 | 12,8 | 22,9 | 13,6 | 19,2 |
| Videorekorder | 78,0 | 68,8 | 72,8 | 62,7 | 76,8 |
| Videokamera | 22,6 | 13,8 | 22,8 | 20,3 | 26,5 |
| Computer | 44,6 | 48,6 | 44,6 | 28,8° | 53,6 |
| Computer wird jedoch nicht von Erzieherin genutzt | 6,7 | 1,9 | 7,3 | 11,8 | 7,4 |

**Fortsetzung Tabelle A.17:**

| | Typ 1 | Typ 2 | Typ 3 | Typ 4 | Typ 5 |
|---|---|---|---|---|---|
| Informationsquellen über den Umgang von Kindern mit Medien (in Prozent*) | | | | | |
| Ausbildung | 57,1 | 41,3 | 53,3 | 52,5 | 58,9 |
| Fortbildung | 73,8 | 69,7° | 72,8 | 81,5 | 84,8 |
| aktuelle Medien, wie z.B. Tageszeitung, Fernsehen, Wochenzeitschriften etc. | 65,5 | 67,0 | 65,2 | 64,4 | 70,2 |
| Fachzeitschriften, Fachbücher | 90,5 | 89,9 | 92,4 | 93,2 | 96,0 |
| Berichte von Kindern in der Einrichtung darüber, wie sie mit Medien umgehen | 89,9 | 80,7° | 92,4 | 94,9 | 85,4 |
| Verhalten von Kindern in der Einrichtung, aus dem auf den Medienumgang geschlossen wird | 94,0 | 95,4 | 95,7 | 96,6 | 94,7 |
| Reaktionen der Erzieherinnen auf medienbezogenes Verhalten der Kinder (in Prozent*) | | | | | |
| anderes Verhalten anregen | 16,3 | 26,2 | 19,4 | 32,5 | 13,8 |
| erklären, warum Verhalten nicht gebilligt wird, Kind aber gewähren lassen | 41,4 | 64,6 | 40,0 | 44,4 | 48,1 |
| Verhalten aufgreifen und zum Anlaß medienbezogener Tätigkeiten nehmen | 57,1 | 25,0 | 25,0 | 50,0 | 72,7 |
| Elternarbeit zur Medienerziehung von Kindern (in Prozent*) | | | | | |
| Elternabende | 40,2 | 38,1 | 46,2 | 48,3 | 45,3 |
| kurze Gespräche mit Eltern | 86,6 | 80,0 | 81,3 | 69,0 | 81,1 |
| längere Gespräche mit Eltern | 47,0 | 47,6 | 63,7 | 69,0° | 51,4 |

* Bei den Prozentangaben handelt es sich um Spalten-Prozente.

° Prozentangabe, die beim $Chi^2$-Test zur Signifikanz führte: Deutlichste Abweichung der beobachteten Werte von den erwarteten

**Tabelle A.18: Bedeutsame und signifikante Unterschiede in den Merkmalsausprägungen zwischen den Erzieherinnen-Typen**
(prozentuale Verteilung innerhalb der Cluster)
(Ergebnisse der qualitativen Interview-Studie; Basis: n = 60; ungewichtete Daten)

| | Typ 1 | Typ 2 | Typ 3 | Typ 4 | Typ 5 |
|---|---|---|---|---|---|
| Multimedia-Interesse (in Prozent*) | | | | | |
| kein Interesse | 16,7 | 44,4 | 66,7 | 50,0 | 17,6 |
| aufgeschlossen | 50,0 | 22,2 | 16,7 | - | 29,4 |
| Interesse | 33,3 | 33,3 | 16,7 | 50,0 | 52,9 |

* Bei den Prozentangaben handelt es sich um Spalten-Prozente.

**Tabelle A.19: Bedeutsame und signifikante Unterschiede in den Merkmalsausprägungen zwischen den Erzieherinnen-Typen**
(Mittelwertsunterschiede) (Basis : n = 579; ungewichtete Daten)

| | Typ 1 | | Typ 2 | | Typ 3 | | Typ 4 | | Typ 5 | |
|---|---|---|---|---|---|---|---|---|---|---|
| | M | SD | M | SD | M | SD | M | SD | M | SD |
| Alter | 37,60 | 8,90 | 37,74 | 8,91 | 37,00 | 9,46 | 38,83 | 9,21 | 37,37 | 8,81 |
| **Tagesnutzung (in Minuten)** | | | | | | | | | | |
| Fernsehen/Videorekorder | 84,96 | 45,72 | 80,85 | 47,85 | 75,99 | 51,32 | 82,73 | 55,05 | 80,48 | 48,45 |
| Tageszeitung | 25,09 | 16,78 | 25,22 | 17,03 | 24,70 | 15,48 | 25,49 | 17,00 | 27,16 | 17,50 |
| Bücher | 52,96 | 35,59 | 51,54 | 37,10 | 48,54 | 35,83 | 60,03 | 35,63 | 55,30 | 35,89 |
| | | | | | * | | * | | | |
| Computer | 7,68 | 13,88 | 8,72 | 14,96 | 8,54 | 15,60 | 3,71* | 11,85 | 10,13 | 16,43 |
| **Ausbildung** | | | | | | | | | | |
| Anzahl der Bereiche | 2,88 | 1,79 | 2,36 | 1,78 | 3,28 | 1,71 | 2,73 | 1,72 | 2,98 | 1,85 |
| | a, b | | a | | b | | a, b | | a, b | |
| **Subjektive Qualifikation**[1, 2] | 3,20 | 0,96 | 3,91 | 0,97 | 2,73 | 0,91 | 3,19 | 0,96 | 2,93 | 1,02 |
| | a | | b | | c | | a, c | | a, c | |
| **Notwendigkeit von Hilfestellungen**[2] | | | | | | | | | | |
| gesamt | 1,90 | 0,40 | 1,86 | 0,45 | 1,81 | 0,45 | 1,99 | 0,49 | 1,75 | 0,44 |
| | a, b | | a, b | | a, b | | a | | b | |
| technischer Umgang | 2,24 | 0,85 | 2,23 | 0,82 | 2,26 | 0,90 | 2,64 | 0,80 | 2,06 | 0,78 |
| mit Mediengeräten | a | | a | | a, b | | b | | a | |
| Einsatz von Mediengeräten | 2,28 | 0,78 | 2,40 | 0,87 | 2,47 | 0,83 | 2,62 | 0,85 | 2,12 | 0,76 |
| im Kindergarten | a, b | | a, b | | b | | b | | a | |
| Ziele/Praxis von Medienerziehung | 2,02 | 0,58 | 2,06 | 0,62 | 2,00 | 0,83 | 2,24 | 0,80 | 1,85 | 0,60 |
| | a, b | | a, b | | b | | b | | a | |
| Elternarbeit zur Medienerziehung | 1,68* | 0,54 | 1,57 | 0,50 | 1,46* | 0,45 | 1,58 | 0,63 | 1,50 | 0,59 |
| Elternberatung im Hinblick auf die | 1,69 | 0,59 | 1,52 | 0,54 | 1,45 | 0,52 | 1,52 | 0,66 | 1,52 | 0,58 |
| Bewertung von TV-Angeboten | a | | a, b | | b | | a, b | | a, b | |
| **Geschätzte Motive kindlichen Fernsehkonsums**[2] | | | | | | | | | | |
| Langeweile | 1,92 | 1,10 | 1,93* | 1,06 | 1,69* | 0,96 | 1,86 | 1,14 | 1,85 | 1,05 |
| Information | 4,38 | 0,81 | 4,12* | 1,06 | 4,35 | 0,94 | 4,39 | 0,77 | 4,43* | 0,72 |
| Neues erfahren | 4,23 | 0,92 | 4,19 | 0,98 | 4,41 | 0,91 | 4,02 | 1,09 | 4,45 | 0,72 |
| | a, b | | a, b | | a, b | | a | | b | |

* bedeutsame Unterschiede, die gemäß T-Test auf dem 5%-Niveau signifikant sind

a/b/c: Unterschiedliche Indizes kennzeichnen auf dem 5%-Niveau signifikante Unterschiede. Werte, die mindestens einen Index gemeinsam haben, unterscheiden sich nicht signifikant.

1 subjektive Qualifikation der Erzieherinnen bezüglich Elternarbeit zur Medienerziehung

2 Die Skalierung kann im Anhang nachgeschlagen werden.

**Fortsetzung Tabelle A.19:**

| | Typ 1 | | Typ 2 | | Typ 3 | | Typ 4 | | Typ 5 | |
|---|---|---|---|---|---|---|---|---|---|---|
| | M | SD | M | SD | M | SD | M | SD | M | SD |
| **geschätzter TV-Konsum von Kindern** (Minuten/Tag) | 138,6* | 60,08 | 150,2 | 65,41 | 154,8* | 64,57 | 151,4 | 60,07 | 141,9 | 60,39 |
| **Annahmen zu vielsehenden Kindern** | | | | | | | | | | |
| Prozentualer Anteil vielsehender Kinder in der Gesellschaft | 58,52 | 21,02 | 60,32* | 19,43 | 57,98 | 20,40 | 55,66 | 22,93 | 54,89* | 18,53 |
| Prozent. Anteil vielsehender Kinder in der Gruppe | 45,10* | 26,48 | 42,57 | 26,30 | 43,64 | 26,86 | 41,26 | 27,35 | 38,09* | 26,35 |
| **Fluch oder Segen**[1] | | | | | | | | | | |
| TV allgemein bezogen auf die Gesellschaft | 2,93 | 0,95 | 2,79 | 0,92 | 2,86 | 1,11 | 2,51 | 0,97 | 3,10 | 1,03 |
| | a, b | | a, b | | a, b | | a | | b | |
| TV allgemein bezogen auf die eigene Person | 3,19 | 0,81 | 3,19 | 0,75 | 3,25 | 0,89 | 3,05* | 0,72 | 3,35* | 0,81 |
| TV allgemein bezogen auf die Arbeit im Kindergarten | 2,15 | 0,91 | 2,22 | 0,83 | 1,94 | 0,85 | 2,09 | 0,73 | 2,48 | 0,98 |
| | a | | a, b | | a | | a, b | | b | |
| TV-Entwicklung bezogen auf die Arbeit im Kindergarten | 1,91 | 0,86 | 1,94 | 0,83 | 1,75 | 0,81 | 1,92 | 0,75 | 1,95 | 0,82 |
| Gesamtmittelwert: Multimedia[2] | 2,19 | 0,75 | 2,16 | 0,74 | 2,16 | 0,86 | 1,99* | 0,73 | 2,28* | 0,70 |
| Gesamtmittelwert: Selbst[3] | 2,70 | 0,57 | 2,76 | 0,68 | 2,72 | 0,71 | 2,57 | 0,64 | 2,88 | 0,61 |
| | a, b | | a, b | | a, b | | a | | b | |
| Gesamtmittelwert: TV allgemein4 | 2,54 | 0,66 | 2,54 | 0,59 | 2,44 | 0,70 | 2,36 | 0,61 | 2,76 | 0,71 |
| | a | | a, b | | a | | a | | b | |
| Gesamtmittelwert: Arbeit im Kiga[5] | 2,07 | 0,72 | 2,07 | 0,69 | 1,88 | 0,67 | 1,96 | 0,65 | 2,21 | 0,74 |
| | a, b | | a, b | | a | | a, b | | b | |
| **Unaufgefordertes medienbezogenes Verhalten der Kinder**[1] | | | | | | | | | | |
| Mitbringen von Merchandising-Artikeln | 2,75* | 0,67 | 2,77 | 0,82 | 2,75 | 0,66 | 2,98* | 0,71 | 2,81 | 0,80 |
| Nachahmen von TV-Figuren | 2,28 | 0,70 | 2,20 | 0,81 | 2,14* | 0,68 | 2,41* | 0,81 | 2,27 | 0,70 |
| Nachspielen von TV-Erlebnissen | 2,44 | 0,72 | 2,36 | 0,76 | 2,32* | 0,74 | 2,44 | 0,70 | 2,54* | 0,76 |
| Eigenständige Nutzung von Mediengeräten der Einrichtung | 2,99 | 0,88 | 3,06 | 0,88 | 3,14 | 0,94 | 3,08 | 0,84 | 2,88 | 0,90 |

* bedeutsame Unterschiede, die gemäß T-Test auf dem 5%-Niveau signifikant sind

a/b/c: Unterschiedliche Indizes kennzeichnen auf dem 5%-Niveau signifikante Unterschiede. Werte, die mindestens einen Index gemeinsam haben, unterscheiden sich nicht signifikant.

1 Die Skalierung kann in Anhang 2 nachgeschlagen werden.

2 Gesamtmittelwert der „Fluch/Segen"-Beurteilung von Multimedia bezogen auf die Gesellschaft, die eigene Person, Kinder im Kiga-Alter und die Arbeit im Kindergarten.

3 Gesamtmittelwert der „Fluch/Segen"-Beurteilung von Fernsehen allgemein, zukünftigen Entwicklungen des Fernsehens und Multimedia, bezogen auf die eigene Person

4 Gesamtmittelwert der „Fluch/Segen"- Beurteilung von Fernsehen allgemein, bezogen auf die Gesellschaft, die eigene Person, Kinder im Kiga-Alter und die Arbeit im Kindergarten

5 Gesamtmittelwert der „Fluch/Segen"- Beurteilung von Fernsehen allgemein, zukünftige Entwicklungen des Fernsehens und Multimedia, bezogen auf die Arbeit im Kindergarten

**Fortsetzung Tabelle A.19:**

| | Typ 1 | | Typ 2 | | Typ 3 | | Typ 4 | | Typ 5 | |
|---|---|---|---|---|---|---|---|---|---|---|
| | M | SD | M | SD | M | SD | M | SD | M | SD |
| **Subjektive Wichtigkeit von Medienerziehung relativ zu anderen Bereichen**[1] | | | | | | | | | | |
| Erziehung und Förderung im kognitiven Bereich | 1,63 | 0,52 | 1,62 | 0,64 | 1,51 | 0,58 | 1,66* | 0,63 | 1,49* | 0,56 |
| Elternarbeit zur Medienerziehung | 1,93 | 0,69 | 1,95* | 0,81 | 1,70* | 0,62 | 1,97 | 0,87 | 1,77 | 0,61 |
| Bewahrpädagogisches Handeln1 | 2,33 | 0,93 | 2,15 | 0,97 | 1,97 | 0,90 | 1,44 | 0,68 | 2,55 | 0,92 |
| | a, c | | a | | a | | b | | c | |

* bedeutsame Unterschiede, die gemäß T-Test auf dem 5%-Niveau signifikant sind

a/b/c: Unterschiedliche Indizes kennzeichnen auf dem 5%-Niveau signifikante Unterschiede. Werte, die mindestens einen Index gemeinsam haben, unterscheiden sich nicht signifikant.

1 Die Skalierung kann in Anhang 2 nachgeschlagen werden.

**Tabelle A.20: Bedeutsame und signifikante Unterschiede in den Merkmalsausprägungen zwischen den Erzieherinnen-Typen**
(Mittelwertsunterschiede) (Ergebnisse der qualitativen Interview-Studie; Basis: n = 60, ungewichtete Daten)

| | Typ 1 | | Typ 2 | | Typ 3 | | Typ 4 | | Typ 5 | |
|---|---|---|---|---|---|---|---|---|---|---|
| | M | SD | M | SD | M | SD | M | SD | M | SD |
| Anzahl genannter Ziele der Medienerziehung | 2,12 | 1,69 | 1,64 | 1,34 | 1,42 | 0,79 | 2,33 | 1,15 | 2,67 | 1,14 |

# Anhang 2: Befragungsinstrumente

## Leitfaden für telefonische Ausbilder-Interviews

- ▷ *Vorschläge für Sprechtexte sind durch Schraffierung vom Rest abgetrennt. Die jeweils wichtigen Stichwörter (die unbedingt gesagt werden müssen) sind fett*
- ▷ *Erläuterungen / Intervieweranweisungen sind kursiv gesetzt*

### *Erstkontakt*

*Name & Telefon-Nummer der Rücklaufliste entnehmen; zusammen mit Code der Schule, Datum und Uhrzeit des Erstkontakts auf Antwortbogen eintragen*

Ist zu befragende Person **zu sprechen**?

**Ja** ð *weiter mit **Zuständigkeit***

**Nein** ð ***Termin** vereinbaren (kein Rückruf),*

*in Antwortbogen eintragen*

### *Zuständigkeit*

Mein **Name** ist ..., ich bin **Mitarbeiter** am Institut für Kommunikationspsychologie / Medienpädagogik in Landau. Wie Sie vielleicht von Ihrer Schule erfahren haben, führen wir **im Auftrag der Landesanstalt für Rundfunk in Düsseldorf** eine **Untersuchung zum Thema „Medienpädagogik im Kindergarten"** durch. In diesem Zusammenhang ermitteln wir auch die **Situation der medienpädagogischen Ausbildung von Erzieherinnen.**
Von Ihrem Schulleiter wurde uns mitgeteilt, daß Sie über diese Ausbildung an Ihrer Schule **Auskunft geben** können: **Ist das so richtig**?

**Ja** ð *weiter mit **Einleitung***

**Nein** ð **Wer** kann Auskunft geben *(Name und Tel.-Nr.)?*

ð *Name & Tel.-Nr. der genannten Person in Antwortbogen eintragen*

*Bedanken, Ende des Gesprächs*

***Sonderfall:*** *Mehrere Personen für jeweils abgegrenzte Bereiche zuständig, keiner hat Überblick über alles*

ð *Namen und Tel.-Nr. aller Kollegen erfragen, auf Antwortbogen notieren, alle der Reihe nach anrufen*

## *Einleitung*

*(Person kann Auskunft geben)*

Hätten Sie ca. eine **halbe Stunde Zeit** für einige Fragen zum Lehrangebot in Medienerziehung an Ihrer Schule? Bei den Fragen geht es um **Inhalt und Struktur des Lehrangebots in Medienerziehung**, also z.B. Stundenanzahl, angebotene Inhalte usw. Wenn Sie Fragen dazu nicht aus dem Stehgreif beantworten können oder im Moment keine Zeit haben, können wir gerne einen **Extra-Termin** vereinbaren.

**Ja** ð *weiter mit **Soziodemographie***

**Nein** a) *Bereitschaft, aber momentan keine Zeit: **Termin** vereinbaren*
ð *auf Antwortbogen notieren*

*b) generell keine Bereitschaft*
ð Kann andere Person Auskunft geben*?*

ð *Name & Tel.-Nr. auf Antwortbogen notieren; Gespräch beenden, andere Person anrufen*

*c) generell keine Bereitschaft, keine andere Person kann Auskunft geben*
ð *auf Bogen vermerken, Gespräch beenden*

## *Soziodemographie*

Zunächst brauche ich ein paar **Informationen zu Ihrer Person**:

1. Wie **alt** sind Sie?

ð *auf Antwortbogen notieren*

2. Welchen **Berufsabschluß** haben Sie?

ð *auf Antwortbogen notieren*

3. **Wie lange** sind Sie bereits im Bereich der medienpädagogischen Ausbildung von Erzieherinnen **tätig**?

ð *auf Antwortbogen notieren*

## *Struktur des medienpädagogischen Lehrangebots*

Jetzt hätte ich zunächst **einige Fragen zur Struktur des Lehrangebots** in **Medienerziehung** an Ihrer Schule:

4. **Wieviele** Personen bieten dort medienbezogene Veranstaltungen an?

**weitere Personen genannt** ð *eintragen in Antwortbogen*

*weiter mit Frage 5*

**keine weiteren Personen genannt** ð *eintragen in Antwortbogen*

*weiter mit Frage 6*

5. **Teilen** Sie den **Bereich Medienerziehung** in irgendeiner Form untereinander **auf**? Also bietet beispielsweise eine Person nur ganz bestimmte Veranstaltungen an, z.B. zur technischen Seite der Medienerziehung? Wenn ja, wie sieht diese Aufteilung aus?

ð *notieren auf Antwortbogen*

6. Werden im Fach Medienerziehung **bestimmte Medien vorrangig** behandelt? Also gehen Sie z.B. am meisten auf Kassetten oder auf das Fernsehen oder auf Bücher ein, oder behandeln Sie sämtliche Medien gleichrangig?

ð *notieren auf Antwortbogen*

7. **Wieviele Stunden** werden pro Ausbildungsjahrgang im Fach Medienerziehung **insgesamt** angeboten?

*ð notieren auf Antwortbogen*

## *Inhalte des medienpädagogischen Lehrangebots*

Als nächstes geht es mir um die **inhaltliche Struktur des Faches**.
Dabei werde ich Ihnen auch einige offene Fragen stellen, bei denen es schwierig ist, Ihre Antworten mitzuschreiben. Deswegen würde ich - wenn Ihnen das nichts ausmacht - gerne das ganze **auf Band aufzeichnen**. Sind Sie damit einverstanden?

**Einverständnis gegeben** *ð Gerät einschalten*
*weiter mit Frage 8*
**kein Einverständnis** *ð Antworten notieren*
*weiter mit Frage 8*

8. Ich werde Ihnen jetzt einige **mögliche Themen** für die medienerzieherische Ausbildung nennen. Ich möchte dabei von Ihnen wissen, **ob** und **in welchem Umfang** diese Themen an Ihrer Schule behandelt werden, und **wenn ja, was** dann im Rahmen dieser Themen gemacht wird.

8.1 **Mediennutzung**
Also z.B. Nutzungsdaten von Kindern und/oder Erwachsenen, Mediennutzung im Tagesverlauf usw.

a) Behandeln Sie dieses Thema **ausführlich**, eher **am Rande** oder **gar nicht**?
*ð in Antwortbogen vermerken*

b) *wenn Thema behandelt wird:*
Bezogen auf **welche Medien** gehen Sie auf Mediennutzung ein?
*ð in Antwortbogen vermerken*

c) *wenn Thema behandelt wird:*
Was machen Sie dann da?

8.2 **Medienbiographien von Kindern, Jugendlichen, Erwachsenen**
Hierbei geht es z.B. um persönliche Medienerfahrungen im Verlauf der Entwicklung usw.

a) Behandeln Sie dieses Thema **ausführlich**, eher **am Rande** oder **gar nicht**?
*ð in Antwortbogen vermerken*

b) *wenn Thema behandelt wird:*
Bezogen auf **welche Medien** gehen Sie auf Medienbiographien ein?
*ð in Antwortbogen vermerken*

c) *wenn Thema behandelt wird:*
Was machen Sie dann da?

8.3 **Kontextbedingungen der Mediennutzung**
z.B. situative und familiäre Bedingungen der Mediennutzung

a) Behandeln Sie dieses Thema **ausführlich**, eher **am Rande** oder **gar nicht**?
*ð in Antwortbogen vermerken*

b) *wenn Thema behandelt wird:*
Bezogen auf **welche** Medien gehen Sie auf Kontextbedingungen ein?
*ð in Antwortbogen vermerken*

c) *wenn Thema behandelt wird:*
Was machen Sie dann da?

**8.4 Medienpräferenzen von Kindern und Jugendlichen**
Also Informationen zur Frage, was Kinder und Jugendliche an Medien und Medieninhalten bevorzugen

a) Behandeln Sie dieses Thema **ausführlich**, eher **am Rande** oder **gar nicht**?
*Ő in Antwortbogen vermerken*

b) *wenn Thema behandelt wird:*
Bezogen auf **welche** Medien gehen Sie auf Medienpräferenzen ein?
*Ő in Antwortbogen vermerken*

c) *wenn Thema behandelt wird:*
Was machen Sie dann da?

**8.5 Funktionen und Motive der Mediennutzung**
Es geht dabei um die Frage, warum und zu welchem Zweck Medien genutzt werden.

a) Behandeln Sie dieses Thema **ausführlich**, eher **am Rande** oder **gar nicht**?
*Ő in Antwortbogen vermerken*

b) *wenn Thema behandelt wird:*
Bezogen auf **welche** Medien gehen Sie auf Funktionen und Motive ein?
*Ő in Antwortbogen vermerken*

c) *wenn Thema behandelt wird:*
Was machen Sie dann da?

**8.6 Medienwirkungen**
*(keine Erläuterung notwendig)*

a) Behandeln Sie dieses Thema **ausführlich**, eher **am Rande** oder **gar nicht**?
*Ő in Antwortbogen vermerken*

b) *wenn Thema behandelt wird:*
Bezogen auf **welche** Medien gehen Sie auf Wirkungen ein?
*Ő in Antwortbogen vermerken*

c) *wenn Thema behandelt wird:*
Behandeln Sie auch **Theorien** zur Erklärung von Medienwirkungen und, wenn ja, welche?
*Ő „Ja" oder „Nein" in Antwortbogen vermerken*

d) *wenn Thema behandelt wird:*
Behandeln Sie neben Wirkungen auf einzelne Personen auch solche auf der **gesellschaftlichen Ebene**?
*Ő „Ja" oder „Nein" in Antwortbogen vermerken*

e) *wenn Thema behandelt wird:*
Was machen Sie dann da?

**8.7 Analyse und Beurteilung von Medienangeboten**
D.h. also: Exemplarische Analyse bestimmter Medienangebote und Erarbeitung von Kriterien zu ihrer Beurteilung

a) Behandeln Sie dieses Thema **ausführlich**, eher **am Rande** oder **gar nicht**?

*ð in Antwortbogen vermerken*

b) *wenn Thema behandelt wird:*
Bezogen auf **welche** Medien gehen Sie auf die Analyse und Beurteilung von Medienangeboten ein?
*ð in Antwortbogen vermerken*

c) *wenn Thema behandelt wird:*
Was machen Sie dann da?

8.8 **Medientechnik**
D.h. Vermittlung von Kenntnissen zur Benutzung von Mediengeräten

a) Behandeln Sie dieses Thema **ausführlich**, eher **am Rande** oder **gar nicht**?
*ð in Antwortbogen vermerken*

b) *wenn Thema behandelt wird:*
Bezogen auf **welche** Medien gehen Sie auf Medientechnik ein?
*ð in Antwortbogen vermerken*

c) *wenn Thema behandelt wird:*
Was machen Sie dann da?

8.9 **Mediendidaktik**
Also Ausbildung zur Frage, wie vermittle ich bestimmte Themen mithilfe von Medien?

a) Behandeln Sie dieses Thema **ausführlich**, eher **am Rande** oder **gar nicht**?
*ð in Antwortbogen vermerken*

b) *wenn Thema behandelt wird:*
Bezogen auf **welche** Medien gehen Sie auf Mediendidaktik ein?
*ð in Antwortbogen vermerken*

c) *wenn Thema behandelt wird:*
Was machen Sie dann da?

8.10 **Ziele und Konzepte der Medienerziehung**
D.h. Thematisierung von verschiedenen medienerzieherischen Standpunkten, z.B. bewahrpädagogischer Standpunkt, ideologiekritischer Standpunkt usw. und damit verbundene Ziele

a) Behandeln Sie dieses Thema **ausführlich**, eher **am Rande** oder **gar nicht**?
*ð in Antwortbogen vermerken*

b) *wenn Thema behandelt wird:*
Bezogen auf **welche** Medien gehen Sie auf Ziele und Konzepte der Medienerziehung ein?
*ð in Antwortbogen vermerken*

c) *wenn Thema behandelt wird:*
Was machen Sie dann da?

8.11 **Konzipierung und didaktische Umsetzung von Medienerziehung im Kindergarten**
Es geht also um Ausbildungsteile, mit denen Möglichkeiten der konkreten Umsetzung von Medienerziehung im Kindergarten erläutert werden.

a) Behandeln Sie dieses Thema **ausführlich**, eher **am Rande** oder **gar nicht**?

*ð in Antwortbogen vermerken*

b) *wenn Thema behandelt wird:*
Bezogen auf **welche** Medien gehen Sie auf die Konzipierung und didaktische Umsetzung von Medienerziehung ein?
*ð in Antwortbogen vermerken*

c) *wenn Thema behandelt wird:*
Was machen Sie dann da?

8.12 **Rechtliche und ethische Aspekte der Medien und ihrer Nutzung**
Stichworte sind hier z.B.: Indizierung, Kontrolle, Pressefreiheit, Jugendschutz etc.

a) Behandeln Sie dieses Thema **ausführlich**, eher **am Rande** oder **gar nicht**?
*ð in Antwortbogen vermerken*

b) *wenn Thema behandelt wird:*
Bezogen auf **welche** Medien gehen Sie auf dieses Thema ein?
*ð in Antwortbogen vermerken*

c) *wenn Thema behandelt wird:*
Was machen Sie dann da?

8.13 **Medienproduktionsweisen**
Also Ausbildungsinhalte zur Frage, wie mediale Produkte, z.B. Filme, Nachrichten, Bilderbücher usw. entstehen

a) Behandeln Sie dieses Thema **ausführlich**, eher **am Rande** oder **gar nicht**?
*ð in Antwortbogen vermerken*

b) *wenn Thema behandelt wird:*
Bezogen auf **welche** Medien gehen Sie auf Medienproduktionsweisen ein?
*ð in Antwortbogen vermerken*

c) *wenn Thema behandelt wird:*
Was machen Sie dann da?

8.14 **Mediensystem**
D.h. Informationen über das Rundfunksystem, wirtschaftliche Aspekte der Medienproduktion usw.

a) Behandeln Sie dieses Thema **ausführlich**, eher **am Rande** oder **gar nicht**?
*ð in Antwortbogen vermerken*

b) *wenn Thema behandelt wird:*
Bezogen auf **welche** Medien gehen Sie auf das Mediensystem ein?
*ð in Antwortbogen vermerken*

c) *wenn Thema behandelt wird:*
Was machen Sie dann da?

8.15 **Aktive Medienarbeit mit Kindern**
Also die eigene Herstellung von Medienerzeugnissen, wie z.B. Hörspiel, Zeitung, Video usw.

a) Behandeln Sie dieses Thema **ausführlich**, eher **am Rande** oder **gar nicht**?

*ð in Antwortbogen vermerken*

b) *wenn Thema behandelt wird:*
Bezogen auf **welche** Medien?
*ð in Antwortbogen vermerken*

c) *wenn Thema behandelt wird:*
Was machen Sie dann da?

## *Vertretenes medienerzieherisches Konzept*

Jetzt geht es um die **Ziele, die man mit Medienerziehung von Kindern verfolgt**.
Im Rahmen unserer Untersuchung haben wir die gängigen medienpädagogischen **Konzepte** einmal in **vier grobe Richtungen** eingeteilt.
Ich werde Ihnen diese vier groben Richtungen jetzt kurz **vorstellen** und möchte dabei jeweils von Ihnen wissen, ob diese Richtung an Ihrer Schule vertreten wird. Bitte antworten Sie jeweils mit **„Ja"** oder **„Nein"**.
***Achtung**: Überschriften nicht vorlesen!*
**Ja / Nein** *ð ankreuzen auf Antwortbogen*

9.1 Den **ersten Ansatz** könnte man mit der folgenden Aussage umschreiben:
„Kinder müssen vor den Verführungen und Gefährdungen von seiten der Medien geschützt werden. Der Kindergarten sollte deshalb frei von elektronischen Medien wie Fernsehen, Video oder Computer gehalten werden."
Der Ansatz bezieht sich also vorrangig auf den **Kinderschutzgedanken.**
*(Bewahrpädagogischer Ansatz)*

9.2 Der **zweite Ansatz** wird durch die folgende Aussage gekennzeichnet:
„Kinder sollen anhand von Beispielen, etwa aus dem Fernsehen, über die Beeinflussungsabsichten und Tricks der Medienmacher aufgeklärt werden, um sie skeptisch und immun gegenüber Medieninhalten zu machen."
Es geht also vor allem um die Förderung eines **kritischen Bewußtseins**.
*(Kritischer (vor allem soziologisch orientierter) Ansatz)*

9.3 Die zentrale Aussage zum **dritten Ansatz** lautet:
„Kindern sollen bestimmte Kompetenzen zum aktiven Umgang mit Medien vermittelt werden, damit sie z.B. Fernsehsendungen sinnvoll auswählen, verstehen und bewerten können."
Das heißt also, **unabhängig von indiviuellen Bedürfnissen** oder Äußerungen der Kinder sollen ihnen **bestimmte Kompetenzen** im Umgang mit dem Fernsehen vermittelt werden.
*(Kompetenzorientierter Ansatz)*

9.4 Der **vierte Ansatz** schließlich könnte mit der folgenden Aussage umschrieben werden:
„Fernseherlebnisse und dahinterstehende Bedürfnisse sollen aufgegriffen werden, damit die Kinder solche Erlebnisse besser verarbeiten können. Sie sollen lernen, Medien - ihren individuellen Bedürfnissen und ihrer Entwicklung gemäß - sinnvoll zu nutzen."
Damit **geht dieser Ansatz über den vorher beschriebenen hinaus**, da die Förderung von Medienkompetenz vorrangig durch das **Aufgreifen individueller Bedürfnisse** und Erfahrungen der Kinder erfolgen soll.
*(Kindzentrierter Ansatz)*

9.5 Wird einer dieser Ansätze an Ihrer Schule **vorrangig** vertreten?
*ð Nummer des Ansatzes auf Antwortbogen eintragen*

## *Orientierung*

10. Kennen Sie den **„Lehrplan zur Erprobung Sozialpädagogik"**?

**Ja** (oder **teilweise**): *ð weiter mit Frage 10.1*

**Nein**: *ð weiter mit Frage 10.2*

10.1 **Orientieren Sie sich bei Ihrem Lehrangebot zur Medienerziehung ganz oder teilweise an diesem Lehrplan?**

**Ja:** *ð weiter mit Frage 11.1*

**Nein** oder nur **teilweise**: *ð weiter mit Frage 10.2*

10.2 **Woran orientieren Sie sich dann (noch)?**

*ð Soweit möglich auf Antwortbogen notieren*

*ð weiter mit Frage 10.3*

10.3 Seit wann ist das Veranstaltungsangebot im Fach Medienerziehung so, wie es momentan ist?

*ð Jahreszahl in Antwortbogen eintragen*

## *Zusätzlicher Bedarf an Ausbildungsvoraussetzungen*

Zum Schluß würde ich gerne von Ihnen wissen, inwieweit Sie für die Ausbildung im Fach Medienerziehung mit der Ausstattung Ihrer Schule zufrieden sind oder **Ausstattungsbedarf** sehen.

**Ja / Nein** *ð ankreuzen auf Antwortbogen*

11.1. Wie steht es mit der Personalausstattung zur Ausbildung in Medienerziehung? Sehen Sie da Bedarf oder erscheint sie Ihnen ausreichend?

11.2. Und wie ist es mit den **Räumen**?

11.3. Sind Sie mit der Ausstattung an **technischem Gerät** für die Ausbildung in Medienerziehung zufrieden oder sehen Sie da Bedarf?

Und zum Schluß: Wie ist es mit **Informationsmaterial**, also z.B. Literatur oder Hilfestellungen für die Praxis?

## *Ende des Gesprächs*

**Herzlichen Dank** für die Teilnahme, Hinweis auf **Veröffentlichung der Ergebnisse**

# Leitfaden für die telefonische Repräsentativbefragung von Kindergartenerzieherinnen

## *(1) Rahmendaten zur Institution*

1. Zu welchen Zeiten ist Ihre Einrichtung geöffnet?
   - nur vormittags
   - vormittags und nachmittags mit Mittagspause
   - ganztags

2. Wieviele Gruppen sind in Ihrer Einrichtung?
   - Eingabewert Anzahl Gruppen in der Einrichtung

3. Welche durchschnittliche Größe haben die Gruppen in Ihrer Einrichtung?
   - Eingabewert Mittelwert Gruppengröße

*Hinweis an Interviewer: Wenn die Probandin einen Bereich bzw. eine Spanne angibt: „Bitte legen Sie sich auf einen Mittelwert fest"*

4. Wie alt sind die meisten Kinder in Ihrer Gruppe?
   - 3 bis 4 Jahre,
   - 4 bis 5 Jahre,
   - 5 bis 7 Jahre, oder
   - alle diese Altersgruppen (3 bis 7 Jahre)

5. Welche Zusammensetzung hat Ihre Gruppe? Sind es...
   - ausschließlich oder vorwiegend deutsche Kinder?
   - ausschließlich oder vorwiegend Ausländer-Kinder?
   - ungefähr gleich viele Ausländer- und deutsche Kinder?

6. Haben oder nutzen Sie in Ihrer Einrichtung Spiele, Spielfiguren oder sonstige Gegenstände zum Spielen, die etwas mit dem Fernsehen zu tun haben, wie z.B. „Maus-Domino" oder „Power-Rangers" - Figuren oder ähnliches?
   - nicht vorhanden
   - vorhanden, aber nie oder fast nie benutzt
   - vorhanden und auch zumindest gelegentlich benutzt

7. Dürfen die Kinder in Ihrer Einrichtung solche Spiele oder Spielfiguren mitbringen?
   - immer
   - zu bestimmten Gelegenheiten bzw. an bestimmten Tagen
   - nie

   Ich nenne Ihnen nun einige elektronische Geräte. Meine Frage ist, wie häufig Sie diese Geräte - soweit sie in der Einrichtung vorhanden sind - gemeinsam mit den Kindern nutzen.
   - täglich/fast täglich
   - 1 bis 2 mal pro Woche
   - 1 bis 2 mal pro Monat
   - 1 bis 2 mal pro Halbjahr
   - seltener als 1 bis 2 mal pro Halbjahr bzw. nie
   - in der Einrichtung nicht vorhanden bzw. nicht für die gemeinsame Nutzung mit den Kindern vorgesehen

8. Kassettenrecorder / CD-Player
9. Radio
10. Fernseher
11. Videorecorder
12. Videokamera
13. Video- oder Filmprojektor

14. Computer (Filterfrage: wenn Antwort „in der Einrichtung nicht vorhanden", weiter mit Frage 16; andere Alternativen: weiter mit 15)

15. Ist dieser Computer multimedia-fähig, d.h. verfügt er über eine Soundkarte oder ein CD-ROM-Laufwerk oder auch über einen Internet-Zugang?
    - ja
    - nein
    - weiß nicht

## *(2) Persönliche Qualifikation der Erzieherinnen*

Ich nenne Ihnen jetzt einige mögliche Ausbildungsbereiche. Bitte sagen Sie mir doch jeweils, ob der Bereich Bestandteil Ihrer Ausbildung war und ob das, was Sie gelernt haben, heute noch für Sie nützlich ist.

Technischer Umgang mit Mediengeräten (z.B. Videokamera, Computer)

16. War dies Bestandteil Ihrer Ausbildung?
    - ja
    - nein

*(Filter)*

17. Wenn ja: Halten Sie die gelernten Inhalte heute in Ihrer Arbeit für nützlich?
    - ja
    - nein

18. Haben Sie sich von sich aus privat damit befaßt?
    - ja
    - nein

Möglichkeiten des Einsatzes von Mediengeräten in der Einrichtung (z.B. Videokamera, Computer)

19. War dies Bestandteil Ihrer Ausbildung?
    - ja
    - nein

*(Filter)*

20. Wenn ja: Halten Sie die gelernten Inhalte heute in Ihrer Arbeit für nützlich?
    - ja
    - nein
21. Haben Sie sich von sich aus privat damit befaßt?
    - ja

- nein

Informationen darüber, in welchem Ausmaß und wozu Kinder das Fernsehen nutzen

22. War dies Bestandteil Ihrer Ausbildung?
    - ja
    - nein

*(Filter)*

23. Wenn ja: Halten Sie die gelernten Inhalte heute in Ihrer Arbeit für nützlich?
    - ja
    - nein

24. Haben Sie sich von sich aus privat damit befaßt?
    - ja
    - nein

Informationen darüber, welche Auswirkungen das Fernsehen auf Kinder hat

25. War dies Bestandteil Ihrer Ausbildung?
    - ja
    - nein

*(Filter)*

26. Wenn ja: Halten Sie die gelernten Inhalte heute in Ihrer Arbeit für nützlich?
    - ja
    - nein

27. Haben Sie sich von sich aus privat damit befaßt?
    - ja
    - nein

Ziele und Praxis von Medienerziehung im Kindergarten

28. War dies Bestandteil Ihrer Ausbildung?
    - ja
    - nein

*(Filter)*

29. Wenn ja: Halten Sie die gelernten Inhalte heute in Ihrer Arbeit für nützlich?
    - ja
    - nein

30. Haben Sie sich von sich aus privat damit befaßt?
    - ja
    - nein

Elternarbeit zur Medienerziehung von Kindern

31. War dies Bestandteil Ihrer Ausbildung?
    - ja
    - nein

*(Filter)*

32. Wenn ja: Halten Sie die gelernten Inhalte heute in Ihrer Arbeit für nützlich?

- ja
- nein

33. Haben Sie sich von sich aus privat damit befaßt?
    - ja
    - nein

Ich nenne Ihnen nun einige Bereiche der Erziehung im Kindergarten. Ich möchte dabei von Ihnen wissen, für wie qualifiziert Sie sich selbst jeweils hinsichtlich der verschiedenen Bereiche einschätzen.

Bitte bewerten Sie Ihre Qualifikation jeweils mithilfe von Schulnoten, also von „1" für „sehr gut qualifiziert" bis „6" für „ungenügend qualifiziert".

34. Erziehung und Förderung im kognitiven Bereich
35. Erziehung und Förderung im moralischen, ethischen und religiösen Bereich
36. Kreativitätserziehung
37. Erziehung und Förderung im Sozialverhalten und Spielverhalten
38. Musisch-ästhetische Erziehung
39. Verkehrserziehung
40. Bewegungserziehung
41. Gesundheitserziehung und Sexualerziehung
42. Medienerziehung
43. Elternarbeit zur Medienerziehung von Kindern
44. Elternarbeit insgesamt

Jetzt möchte ich von Ihnen noch wissen, für wie wichtig Sie die Bereiche als Bestandteile der Arbeit im Kindergarten halten.

Geben Sie Ihre Meinung zur Wichtigkeit auf einer Skala von 1 bis 4 an, wobei

1 = sehr wichtig, 2 = eher wichtig, 3 = eher unwichtig, 4 = völlig unwichtig

45. Erziehung und Förderung im kognitiven Bereich
46. Erziehung und Förderung im moralischen, ethischen und religiösen Bereich
47. Kreativitätserziehung
48. Erziehung und Förderung im Sozialverhalten und Spielverhalten
49. Musisch-ästhetische Erziehung
50. Verkehrserziehung
51. Bewegungserziehung
52. Gesundheitserziehung und Sexualerziehung
53. Medienerziehung
54. Elternarbeit zur Medienerziehung von Kindern
55. Elternarbeit insgesamt

## *(3) Medienausstattung und -konsum, Nutzungsmotive sowie Grundkenntnisse über Multimedia*

56. Welche der folgenden Geräte sind in Ihrem Privathaushalt vorhanden?
    - ja
    - nein

    a) Fernseher mit Kabel- / Satellitenanschluß
    b) Fernseher mit normaler Antenne
    c) Videorecorder
    d) Videokamera
    e) Computer (Filterfrage: Wenn „ja", weiter mit Frage 57; wenn „nein", weiter mit Frage 59)

57. Ist dieser Computer multimedia-fähig, d.h. verfügt er über eine Soundkarte oder ein CD-ROM-Laufwerk oder auch über einen Internet-Zugang?
    - ja
    - nein
    - weiß nicht

58. Wofür nutzen Sie Ihren Computer?
    - ja
    - nein

    a) Textverarbeitung
    b) Spiele
    c) E-mail
    d) Graphik- / Zeichenprogramme
    e) anderes, und zwar ..... (Stichwort-Mitschrift)

59. Wie würden Sie Ihre Interessen und Kenntnisse bezüglich Multimediatechnik einschätzen? Entscheiden Sie sich bitte für eine der folgenden Aussagen.
    - Ich habe überhaupt keine Vorstellung davon, was Multimedia ist.
    - Ich habe eine vage Vorstellung davon, was Multimedia ist.
    - Ich habe eine konkrete Vorstellung davon, was Multimedia ist, wende Multimedia aber selbst nicht an.
    - Ich habe eine konkrete Vorstellung davon, was Multimedia ist, und wende Multimedia auch selbst an.

    Im folgenden geht es darum, wie lange pro Tag Sie Medien nutzen. Wieviel Zeit verbringen Sie zu Hause pro Tag - Werktage und Wochenenden zusammengenommen - im Durchschnitt mit der Nutzung der folgenden Medien? Wenn Sie es nicht so genau wissen, schätzen Sie bitte.

    - Angaben in Minuten pro Tag

60. Fernseher und Videorekorder
61. Tageszeitung
62. Bücher
63. Computer

Es gibt ja verschiedene Gründe, warum man fernsieht. Ich möchte gerne wissen, aus welchen Gründen Sie fernsehen. Ich nenne Ihnen dazu einige Aussagen. Bitte sagen Sie mir jeweils, ob Sie der Aussage ....

- gar nicht zustimmen,
- eher nicht zustimmen,
- weder zustimmen noch nicht zustimmen,
- eher zustimmen oder
- voll und ganz zustimmen.

Ich sehe fern, ...

64. ... weil es unterhaltsam oder auch spannend ist
65. ...aus Langeweile
66. ...um zu sehen, was in der Welt passiert
67. ...weil ich dadurch Neues oder Wissenswertes erfahre
68. ...weil ich dann mit anderen ein Gesprächsthema habe
69. ...weil ich mich dann nicht so allein fühle
70. ...weil ich dabei abschalten kann und zur Ruhe komme
71. ...weil es mich von meinen Problemen ablenkt
72. ...weil ich dann sehe, wie andere Menschen so leben

### *(4) Medienbezogene Einstellungen und Meinungen sowie Grundannahmen zur Medienerziehung*

Im folgenden geht es um Ihre Meinung zum Fernsehen und zu neueren Entwicklungen im Medienbereich.

Und zwar möchte ich von Ihnen jeweils wissen, ob Sie das eher für einen Fluch oder einen Segen halten.

- Fluch
- eher Fluch
- weder Fluch noch Segen
- eher Segen
- Segen

Halten Sie das Fernsehen - ganz allgemein gesehen - eher für einen Fluch oder eher für einen Segen?

73. bezogen auf die Gesellschaft
74. bezogen auf die eigene Person
75. bezogen auf Kinder im Kindergartenalter
76. bezogen auf die Arbeit im Kindergarten

Wenn Sie an zukünftige Entwicklungen des Fernsehens, wie z.B. mehr Programme, mehr Spartenkanäle oder Interaktives Fernsehen denken: Wie ist Ihre Meinung dazu? Sind diese Entwicklungen eher ein Fluch oder eher ein Segen?

77. bezogen auf die Gesellschaft
78. bezogen auf die eigene Person
79. bezogen auf Kinder im Kindergartenalter
80. bezogen auf die Arbeit im Kindergarten

In letzter Zeit ist viel die Rede von „Multimedia“. Wenn Sie dabei einmal z.B. an Teleshopping oder Telebanking oder an das Internet denken: Wie ist Ihre Meinung dazu?

81. bezogen auf die Gesellschaft
82. bezogen auf die eigene Person
83. bezogen auf Kinder im Kindergartenalter
84. bezogen auf die Arbeit im Kindergarten

85. Kinder werden bekanntlich sowohl durch ihre Anlagen als auch durch Umwelt und Erziehung geprägt. Wenn Sie nun den Teil, der durch Umwelt und Erziehung geprägt wird, als 100% betrachten: Wieviel Einfluß hat das Fernsehen im Vergleich zu dem Einfluß, den Eltern, Gleichaltrige, Kindergarten usw. gemeinsam haben? Geben Sie bitte einen Prozentsatz für die Prägung durch das Fernsehen an.
    - Eingabe Prozentwert

*(Hinweis an Interviewer: Wenn Nachfrage, antworten Sie bitte: „Also, wenn Sie z.B. meinen, Eltern, Gleichaltrige, Kindergarten usw. gemeinsam haben den weitaus größeren Einfluß, dann würden Sie vielleicht sagen '10% Einfluß des Fernsehens'. Wenn Sie aber meinen, Eltern, Gleichaltrige, Kindergarten usw. haben einen eher geringen Einfluß, dann würden Sie vielleicht sagen '70% Einfluß des Fernsehens'.“)*

86. Ich lese Ihnen nun eine Aussage vor und möchte von Ihnen wissen, inwieweit Sie ihr zustimmen. Verwenden Sie dazu bitte eine Skala von 1 bis 5, wobei „1“ bedeutet, daß die Aussage völlig richtig ist, und „5“ bedeutet, daß die Aussage völlig falsch ist.
    „Fernsehen, Video und Computer stellen eine Gefahr für die Entwicklung der Kinder dar und gehören deshalb nicht in den Kindergarten.“
    - Eingabe Code 1 bis 5

87. Und wie stehen Sie zu der folgenden Aussage?
    Es hängt erheblich von meinem Engagement ab, ob die Kinder das Medium Fernsehen sinnvoll nutzen können.
    - Eingabe Code 1 bis 5

88. Medienerziehung von Kindergartenkindern findet ja sowohl im Kindergarten als auch in der Familie statt. Betrachten Sie bitte die Medienerziehung in Kindergarten und Familie zusammen einmal als 100 Prozent.
    Welchen Anteil *hat* Ihrer Meinung nach nun der Kindergarten *tatsächlich* an der Medienerziehung der Kinder? Geben Sie hierzu bitte einen entsprechenden Prozentsatz an.
    - Eingabe Prozentwert

89. Und welchen Anteil an der Medienerziehung der Kinder *sollte* der Kindergarten Ihrer Meinung nach haben? Bitte geben Sie auch hier wieder einen Prozentsatz an.
- Eingabe Prozentwert

## *(5) Annahmen / Wissen zum Medienangebot und zum Medienumgang von Kindern, Informationsquellen*

90. Was meinen Sie: Wieviel Zeit verbringen 3- bis 5-Jährige in Deutschland täglich vor dem Fernseher? Schätzen Sie bitte einen Durchschnittswert über die gesamte Woche - d.h. Werktage und Wochende zusammengenommen.
- Eingabewert Minuten pro Tag

91. Sie kennen sicher den Begriff 'Vielseher'.
Was meinen Sie: Ab welcher täglichen Fernsehdauer würden Sie von 'Vielsehern' sprechen? Wie lange pro Tag sehen 'Vielseher' im Durchschnitt fern?
- Eingabewert Minuten pro Tag

92. Und was schätzen Sie: Wieviele Kinder im Alter zwischen 3 und 5 Jahren in Deutschland gehören zur Gruppe der 'Vielseher'? Geben Sie bitte einen Prozentwert an.
- Eingabewert Prozentsatz an Kindern zwischen 3 und 5 Jahren

93. Was denken Sie: Wieviele Kinder in Ihrer Kindergartengruppe sind 'Vielseher? Geben Sie bitte wieder einen Prozentwert an.
- Eingabewert Prozentsatz an Kindern in eigener Gruppe

94. Was glauben Sie, ab welcher täglichen Sehdauer Fernsehen für 3- bis 5-Jährige Kinder schädlich wird?
- Eingabewert Minuten pro Tag

95. Kennen Sie Lieblingssendungen von Kindern aus persönlicher Anschauung? Wenn ja, nennen Sie mir diese bitte.

*(Hinweis an Interviewer: Wenn die Person fragt, was „aus persönlicher Anschauung kennen" heißt, antworten Sie bitte: „ 'Aus persönlicher Anschauung kennen' heißt, daß Sie die Sendung zumindest einmal gesehen haben und wissen, worum es in der Sendung geht")*
- Ja......................(wörtliche Mitschrift)
- Nein..................*(weiter mit Frage 96)*

96. Gibt es darüber hinaus weitere Lieblingssendungen der Kinder, deren Titel Sie zwar nennen können, die Sie jedoch nicht aus persönlicher Anschauung kennen? Wenn ja, nennen Sie mir bitte die Titel dieser Sendungen.
- Ja......................(wörtliche Mitschrift)
- Nein..................(weiter mit Frage 97)

Ich nenne Ihnen jetzt einige mögliche Gründe dafür, warum Kinder fernsehen. Ich möchte von Ihnen wissen, ob diese Gründe Ihrer Meinung nach jeweils...
- gar nicht zutreffen,
- eher nicht zutreffen,

- weder zutreffen noch nicht zutreffen,
- eher zutreffen oder
- voll und ganz zutreffen.

Kinder sehen fern, ...

97. ...weil es lustig ist
98. ...weil es interessant und spannend ist
99. ...aus Langeweile
100. ...um zu sehen, was in der Welt passiert
101. ...weil sie dadurch Neues lernen
102. ...weil sie sonst nichts zu tun haben
103. ...weil sie dann in ihrer Gruppe mitreden können
104. ...weil sie dann in der Familie zusammen sind
105. ...weil sie sich dann nicht so allein fühlen
106. ...weil sie dann an nichts anderes mehr denken
107. ...weil der Fernseher bei ihnen immer läuft

108. Es gibt ja ganz verschiedene Gelegenheiten, sich über den Umgang von Kindern mit Medien zu informieren. Damit meinen wir jetzt nicht nur die Fernsehnutzung von Kindern, sondern auch den Umgang mit anderen Medien wie z.B. Büchern oder Kassetten. Worauf gründet sich Ihr persönliches Wissen über den Medienumgang von Kindern? Gründet es sich auf...
    - Ja
    - Nein

    a) Ausbildung
    b) Fortbildung
    c) aktuelle Medien, wie z.B. Tageszeitung, Fernsehen, Wochenzeitschriften etc.
    d) Fachzeitschriften, Fachbücher
    e) Gespräche mit Eltern der Kinder
    f) Gespräche mit Kolleginnen
    g) Berichte von Kindern in der Einrichtung darüber, wie sie mit Medien umgehen
    h) Verhalten von Kindern in der Einrichtung, aus dem Sie auf ihren Medienumgang schließen
    i) Gespräche mit Freunden oder Bekannten

## *(6) Medienbezogene Aktivitäten / Verhaltensweisen der Kinder im Kindergarten und Reaktionen der Erzieherinnen sowie Eigenschaften und Verhaltensweisen vielsehender Kinder*

Jetzt geht es darum, inwieweit die Kinder in Ihrer Einrichtung von sich aus, also *ohne Aufforderung*, medienbezogene Aktivitäten zeigen. Dazu nenne ich Ihnen einige Verhaltensweisen. Bitte sagen Sie mir jeweils, wie häufig das geschilderte Verhalten in Ihrer Gruppe auftritt.

- sehr häufig
- häufig
- gelegentlich
- nie

109. unaufgefordertes Mitbringen von Spielzeug, das etwas mit dem Fernsehen zu tun hat, z.B. „Maus Domino“ oder „Power Ranger“-Figuren.

110. Nachahmung von Personen oder Figuren aus Fernsehen bzw. Video, z.B. 'Film-Helden', 'Fernseh-Stars' oder Figuren aus Fernsehserien.

111. unaufgefordertes Nachspielen von Fernseherlebnissen, z.B. von Szenen oder Teilen eines Films.

112. unaufgefordertes Nachbasteln oder Malen von Medienfiguren bzw. Medienpersonen.

113. unaufgefordertes Nachsingen bzw. Nachsprechen von Texten oder Liedern aus dem Fernsehen, z.B. aus der Werbung.

114. unaufgeforderte Thematisierung von Medien, Erzählungen über eigenen Medienkonsum und/oder über eigene Medienerlebnisse.

115. unaufgeforderte Nutzung von Mediengeräten in der Einrichtung, z.B. eigenständige Benutzung von Kassettenrekordern.

116. Wenn Sie diese Aktivitäten, über die wir gerade gesprochen haben, einmal insgesamt betrachten: Sind es dann im allgemeinen nur ganz bestimmte Kinder, die solche Aktivitäten zeigen, oder gilt dies für viele Kinder oder sogar die Mehrheit?

*nicht vorlesen:*

- nur ganz bestimmte Kinder
- viele Kinder oder sogar die Mehrheit
- ganz unterschiedlich
- weiß nicht

Wenn die medienbezogenen Aktivitäten, über die wir eben sprachen, auftreten, wie reagieren Sie in der Regel dann?

*Hinweis an Interviewer: Bitte lesen Sie die Aussagen der Reihe nach vor und fragen die Person, ob sie der Aussage zustimmt. Stimmt die Person einer Aussage nicht zu, lesen Sie bitte die nächste Aussage vor; sobald die Person einer Aussage zustimmt, gehen Sie weiter zu Frage 125.*

*Sollte eine Untersuchungsteilnehmerin keiner der Aussagen zustimmen, bitten Sie diese, ihre Reaktion mit eigenen Worten zu beschreiben.*

*Sollte eine Untersuchungsteilnehmerin betonen, daß es für sie keine Regel gibt bzw. daß es ganz auf die verschiedenen Aktivitäten ankommt oder daß es 'mal so, mal so' ist, geben Sie 124 ein)*

- Eingabe Code 117 bis 123 bzw. 124 für „keine Regel“

117. In der Regel sehe ich keinen Anlaß, auf solche Verhaltensweisen in irgendeiner Form zu reagieren.

- Ja...............(weiter mit Frage 125)
- Nein

118. In der Regel ignoriere ich das Verhalten, obwohl es mich stört.

- Ja................(weiter mit Frage 125)
- Nein............(weiter mit Aussage 119)

119. In der Regel verbiete ich das Verhalten ohne weitergehende Erklärung.

- Ja................(weiter mit Frage 125)
- Nein............(weiter mit Aussage 120)

120. In der Regel versuche ich ohne weitergehende Erklärung, das Kind zu einer anderen Aktivität zu bewegen.

- Ja...............(weiter mit Frage 125)
- Nein............(weiter mit Aussage 121)

121. In der Regel erkläre ich dem Kind, daß und warum ich solches Verhalten nicht gut finde, lasse es aber gewähren.

- Ja...............(weiter mit Frage 125)
- Nein...........(weiter mit Aussage 122)

122. In der Regel erkläre ich dem Kind, daß ich solches Verhalten nicht gut finde, und versuche, es zu einer anderen Aktivität zu bewegen.

- Ja...............(weiter mit Frage 125)
- Nein...........(weiter mit Aussage 123)

123. In der Regel greife ich das Verhalten auf und nehme es als Anlaß, mit dem Kind etwas Medienbezogenes zu machen.

- Ja...............(weiter mit Frage 125)
- Nein

124. Es gibt keine Regeln.

Wir sprachen vorhin bereits über Kinder, die überdurchschnittlich viel fernsehen bzw. über sogenannte 'Vielseher'. Ich nenne Ihnen jetzt einige Eigenschaften und Verhaltensweisen. Bitte sagen Sie mir jeweils, ob und wie sehr diese Ihrer Einschätzung nach auf vielsehende Kinder zutreffen.

Vielsehende Kinder...

125 ... sind häufig nervös und zappelig

- Sie sind dies weniger als andere Kinder
- Sie sind dies ebenso wie andere Kinder
- Sie sind dies mehr als andere Kinder

126. ... sind meist lustig und guter Laune

- Sie sind dies weniger als andere Kinder
- Sie sind dies ebenso wie andere Kinder
- Sie sind dies mehr als andere Kinder

127. ... lassen sich leicht ablenken bzw. sind häufig unkonzentriert

- Dies gilt für sie weniger als für andere Kinder
- Dies gilt für sie ebenso wie für andere Kinder
- Dies gilt für sie mehr als für andere Kinder

128. ... sind häufig ängstlich

- Sie sind dies weniger als andere Kinder
- Sie sind dies ebenso wie andere Kinder
- Sie sind dies mehr als andere Kinder

129. ... sind an allem Neuen interessiert

- Sie sind dies weniger als andere Kinder
- Sie sind dies ebenso wie andere Kinder
- Sie sind dies mehr als andere Kinder

130 . ... haben einen großen Wortschatz

- Sie haben einen geringeren als andere Kinder
- Sie haben einen ebenso großen wie andere Kinder
- Sie haben einen größeren als andere Kinder

131 . ... sind häufig aggressiv bzw. streiten viel mit anderen Kindern

- Sie sind dies weniger als andere Kinder
- Sie sind dies ebenso wie andere Kinder
- Sie sind dies mehr als andere Kinder

132. ... erzählen und berichten gerne

- Dies gilt für sie weniger als für andere Kinder
- Dies gilt für sie ebenso wie für andere Kinder
- Dies gilt für sie mehr als für andere Kinder

133. ... sind bei anderen Kindern sehr beliebt

- Sie sind dies weniger als andere Kinder
- Sie sind dies ebenso wie andere Kinder
- Sie sind dies mehr als andere Kinder

134. ...sind Vorbild für andere Kinder

- Sie sind dies weniger als andere Kinder
- Sie sind dies ebenso wie andere Kinder
- Sie sind dies mehr als andere Kinder

135. ...sind passiv

- Sie sind dies weniger als andere Kinder
- Sie sind dies ebenso wie andere Kinder
- Sie sind dies mehr als andere Kinder

136. ...sind isoliert und Einzelgänger

- Sie sind dies weniger als andere Kinder
- Sie sind dies ebenso wie andere Kinder
- Sie sind dies mehr als andere Kinder

## (7) *Medienbezogene Problemwahrnehmung*

Ich nenne Ihnen nun eine Reihe von Fernsehsendungsarten. Bitte sagen Sie mir jeweils, ob Sie die jeweilige Sendungsart für problematisch oder unproblematisch für 3- bis 5-jährige Kinder halten.

- problematisch
- eher problematisch
- eher nicht problematisch
- unproblematisch

137. Zeichentrickfilme
138. Quiz- oder Showsendungen
139. Actionfilme
140. Werbung
141. Sportsendungen
142. Rock- und Popmusiksendungen
143. Nachrichtensendungen
144. Science-Fiction-Filme
145. Western
146. Krimis
147. Talkshows

## (8) *Medienpädagogische Handlungsstrategien und Ziele, Elternarbeit und Bedarf an Hilfestellungen*

148. Ich lese Ihnen nun eine Aussage vor und möchte von Ihnen wissen, inwieweit Sie ihr zustimmen. Verwenden Sie dazu bitte eine Skala von 1 bis 4, wobei „1" bedeutet, daß die Aussage voll zutrifft, und „4" bedeutet, daß die Aussage überhaupt nicht zutrifft.

„In der Kindergartenarbeit bemühe ich mich, die Kinder vor den Verführungen und Gefährdungen seitens der Medien zu schützen. Deshalb sorge ich dafür, daß unsere Einrichtung frei von Fernsehen, Video und Computer bleibt."
- trifft voll zu
- trifft eher zu
- trifft eher nicht zu
- trifft gar nicht zu

Im folgenden geht es darum, inwieweit Sie Kinder in Ihrer Einrichtung von sich aus dazu auffordern, medienbezogene Aktivitäten zu zeigen. Dazu nenne ich Ihnen einige Aktivitäten. Sagen Sie mir bitte jeweils, wie häufig Sie die Kinder in Ihrer Gruppe auffordern oder ermutigen, das geschilderte Verhalten zu zeigen.
- sehr häufig
- häufig
- gelegentlich
- nie

149. Mitbringen von Spielzeug, das mit dem Fernsehen zu tun hat, z.B. „Maus Domino“ oder „Power Ranger“-Figuren.

150. Nachahmung von Personen oder Figuren aus Fernsehen bzw. Video, z.B. 'Film-Helden', 'Fernseh-Stars' oder Figuren aus Fernsehserien.

151. Nachspielen von Fernseherlebnissen, z.B. von Szenen oder Teilen eines Films.

152. Nachbasteln oder Malen von Medienfiguren bzw. Medienpersonen

153. Nachsingen bzw. Nachsprechen von Texten oder Liedern aus dem Fernsehen, z.B. aus der Werbung.

154. Thematisierung von Medien, Erzählungen über eigenen Medienkonsum und/oder über eigene Medienerlebnisse.

155. Nutzung von Mediengeräten in der Einrichtung, z.B. eigenständige Benutzung von Kassettenrekordern durch die Kinder.

*Hinweis an Interviewer: Bitte darauf achten, daß sich die Frage auf von Erzieherinnen angeregte Mediennutzung der Kinder bezieht und nicht auf Mediennutzung im Kindergarten allgemein.*

*(Filterfrage: Wenn Antwort „nie“: weiter mit Frage 157; wenn andere Antwort: weiter mit 156)*

156. Was möchten Sie erreichen, wenn Sie die Kinder in der Einrichtung zur Mediennutzung anregen?
............................*(wörtliche Mitschrift)*

Für wie notwendig halten Sie für sich persönlich medienpädagogische Hilfestellungen - z.B. in Form von Fortbildungen oder Broschüren - in den Bereichen, die ich Ihnen jetzt nenne?

- sehr notwendig
- eher notwendig
- eher nicht notwendig
- gar nicht notwendig

157. Technischer Umgang mit Mediengeräten, z.B. Videokamera, Computer

158. Möglichkeiten des Einsatzes von Mediengeräten in der Einrichtung, z.B. Videokamera, Computer

159. Ziele und Praxis von Medienerziehung im Kindergarten

160. Informationen darüber, in welchem Ausmaß und wozu Kinder das Fernsehen nutzen

161. Informationen darüber, welche Auswirkungen das Fernsehen auf Kinder hat

162. Elternarbeit zur Medienerziehung von Kindern

163. Elternberatung im Hinblick auf die Bewertung von Fernsehangeboten

164. Wie häufig kommt es vor, daß Sie mit Eltern über Fragen zur Medienerziehung von Kindern sprechen?

- häufig
- gelegentlich
- selten
- nie

*(Filterfrage: Wenn Antwort „nie": Ende der Befragung; wenn andere Antwortalternative: weiter mit Frage 165)*

165. Erfolgen solche Gespräche überwiegend als Reaktion z.B. auf aktuelle Ereignisse in der Gruppe, oder initiieren Sie solche Gespräche auch ohne konkreten Anlaß?
   - reaktiv
   - selbst initiiert

166. In welcher Form erfolgen Gespräche über solche Themen in der Regel?
   - im Rahmen von Elternabenden
   - durch kurze Gespräche mit Eltern
   - durch längere Gespräche mit Eltern
   - in anderer Form, nämlich ....................(wörtliche Mitschrift)

## *(9) Soziodemographie*

167. In welchem Jahr sind Sie geboren?
   - Eingabewert Geburtsjahr

168. Leben Sie...
   - ohne einen Partner im Haushalt?
   - mit einem Partner im gemeinsamen Haushalt?

169. Haben Sie Kinder?
   - ja
   - nein

*(Filter)*

170. Wenn ja, wieviele Kinder unter 14 Jahren leben in Ihrem Haushalt?
   - Eingabewert Anzahl der unter 14-jährigen Kinder im Haushalt

171. Welche Stellung haben Sie in Ihrer Einrichtung?
   - Leiterin der Einrichtung
   - Erzieherin mit Gruppenleitung
   - Erzieherin ohne Gruppenleitung
   - Praktikantin im Anerkennungsjahr

172. Welchen Berufsabschluß haben Sie?

*(Mehrfachantworten möglich)*

   - Erzieherin
   - Sozialpädagogin
   - Kinderpflegerin
   - sonstigen Ausbildungsabschluß, nämlich......................... *(wörtliche Mitschrift)*
   - keinen Ausbildungsabschluß

173. Wieviele Jahre arbeiten Sie schon als Erzieherin? Falls Sie zwischendurch Erziehungsurlaub hatten, aus anderen Gründen nicht berufstätig waren oder einen anderen Beruf ausgeübt haben, ziehen Sie diese Zeit bitte ab. Wenn Sie es nicht ganz genau wissen, schätzen Sie bitte.
   - Eingabewert Anzahl Jahre

**Ende der Befragung**

174. Frage nach Bereitschaft zur Teilnahme an vertiefendedem persönlichen Interview.

Bei Zustimmung:

- Name
- Adresse
- Telefon-Nummer

## Leitfaden für die themenzentrierten Face-to-Face-Interviews mit Kindergarten-Erzieherinnen (gekürzte Fassung)

### *1. Einstieg: Medienerlebnisse / Situationen*

***INT:*** *Zu Beginn des Interviews sollte die Interviewte aus ihrer Praxis und aus ihrer Erfahrung mit Medien im Kindergarten allgemein berichten. Wichtig ist es, am Anfang die Person ins 'Erzählen' zu bringen. Inhalt der Erzählungen sollen Beispiele von Medienerlebnissen der Kinder im Kindergarten sein.*

#### *Medienerlebnisse im Kindergarten*

QQQ Gibt es Situationen in Ihrem Kindergartenalltag, wo Sie bemerken, daß Kinder ihre Medienerlebnisse in den Kindergarten getragen haben? Erinnern Sie sich an eine konkrete Situation? Erzählen Sie doch mal eine solche Situation.

***INT:*** *Beispiele für mögliche Situationen:*

QQ Tun das **alle Kinder** oder sind das ganz **bestimmte Kinder**, die immer wieder Medienerlebnisse in den Kindergarten tragen?

#### *Bewertung*

QQQ Wie bewerten Sie eine solche Situation?

***Achtung:*** *Wenn die Erzieherin die Situation **positiv** bewertet, dann auch eine **negative** Situation schildern lassen.*
*Bewertet die Erzieherin die Situation **negativ**, dann auch eine **postive** Situation schildern lassen.*

#### *Reaktion*

QQQ Wie reagieren Sie in einer solchen Situation?

### *2. Medienerziehung und deren Bedingungen*

#### *Definition Medienerziehung*

QQQ Was verstehen Sie persönlich unter Medienerziehung?

***Überleitung:*** *Ihre medienerzieherischen Bemühungen sollen ja irgendwie Früchte tragen, d.h Sie haben ja sicher irgendwelche Wünsche, was Sie damit bei den Kindern bewirken wollen:*

***Ziele der Medienerziehung***

QQQ Was sind für Sie (denn) persönlich die Ziele von Medienerziehung?

***Selbstwirksamkeit***

QQQ Was können Sie selbst im Hinblick auf das Medienverhalten von Kindern bewirken?

***Grenzen medien-erzieherischer Einfluß***

QQQ Wo sehen Sie die Grenzen Ihrer Einflußmöglichkeiten?

QQ Durch welche anderen Einflüsse werden Ihnen **Grenzen** gesetzt?

***Anlage vs. Umwelt***

QQQ Und was glauben Sie, wie sehr Kinder insgesamt von der Umwelt bzw. von ihren Anlagen geprägt sind?

***Prozentsatz***

QQQ Geben Sie doch bitte einen Prozentsatz jeweils für „Anlage“ und „Umwelt“ an.

*INT:* *Nicht nur bezogen auf das Medienverhalten, sondern ganz allgemein gesehen.*

***Bewahrpädagogik***

QQQ Es gibt Erzieherinnen, die sagen, daß Fernsehen, Video und Computer eine Gefahr für die Entwicklung der Kinder darstellen. Würden Sie sich dieser Ansicht anschließen? Wenn ja: Warum?

***andere medienerzieherische Konzepte***

QQQ Wenn nein: welche Meinung würden Sie vertreten? Warum würden Sie diese Meinung vertreten?

QQ Gilt das für **alle Medien** oder nur für **spezielle**?

## *3. Wirkungen des Fernsehkonsums*

*INT:* *Ziel dieses Fragenkomplexes ist es, Wirkungsüberzeugungen allgemeiner Art zu erheben. Das bedeutet, daß die Verknüpfung von Wirkungen mit bestimmten Sendungen (die unter dem Gesichtspunkt der Differenziertheit ja wünschenwert wäre) nicht geleistet werden muß. Wenn die Person grundsätzlich Wirkungen nur in Abhängigkeit von bestimmten Sendungsinhalten sieht, kann sie das tun muß aber nicht. Zentrales Thema sind die wichtigsten (oder auch typischsten) Wirkungen des Fernsehens auf Kinder im Kindergartenalter.*

***Einleitung Wirkungen***

**Einleitung:** Es wird ja viel über Wirkungen des Fernsehens auf Kinder gesprochen. Was denken Sie denn über Wirkungen?

***negative Wirkungen***

QQQ Was sind Ihrer Meinung nach die negativen Wirkungen von Fernsehen?

***positive Wirkungen***

QQQ Was sind die positiven Wirkungen?

## *4. Bewertungskriterien für Fernsehsendungen*

***Kriterien für positiv bewertete Sendung***

QQQ Wir sprachen eben über Wirkungen: Was, würden Sie sagen, ist eine Sendung, die positive Auswirkungen auf Kindergartenkinder hat? Nennen Sie doch bitte mal eine solche Sendung.

QQ Wieso wirkt diese Sendung positiv?
QQ Was unterscheidet sie von anderen?

***Kriterien für negativ bewertete Sendung***

QQQ Was ist auf der anderen Seite eine Sendung, die negativ wirkt? Nennen Sie mir auch hier ein Beispiel.

QQ Warum wirkt diese Sendung negativ?
QQ Was unterscheidet sie von anderen?

## *5. Konkrete medienerzieherische Tätigkeiten im Kindergarten*

*INT:* *Es soll ein **möglichst umfassendes Bild der konkreten medienerzieherischen Tätigkeiten** der Zielperson gezeichnet werden. Ganz besonders hier ist darauf zu achten, daß die Person Gelegenheit erhält, sich **ausführlich** und **umfassend** zu äußern. Dabei sollte immer versucht werde, zu klären, mit welchen **Zielen** und **Absichten** gehandelt wird.*

*Um diese Frage so umfassend wie möglich zu klären, wird zunächst ganz allgemein nach medienerzieherischen Tätigkeiten gefragt. Die Zielperson kann hier alle möglichen Tätigkeiten beschreiben, die sie als im weitesten Sinne medienerzieherisch versteht. Wichtig ist hier, immer nachzufragen, sich ein Bild zu machen. Dabei ist es u.U. nützlich, sich die Situation beschreiben zu lassen. Immer dann, wenn die be-*

*schriebene Tätigkeit offensichtlich weitergehende oder längerfristige Ziele verfolgt, muß auch nach diesen Zielen gefragt werden.*

*Falls die Zielperson nicht bereits auf medienerzieherische Projekte eingegangen ist, ist im Anschluß nach solchen zu fragen. Hier ist besonders die Frage nach Zielen eines solchen Projektes wichtig.*

*Um sicherzugehen, daß auch der Einsatz von Mediengeräten (und dabei nicht nur des Fernsehens) berücksichtigt wird, wird im Anschluß - sofern dieser Bereich nicht bereits angesprochen und erläutert wurde - explizit danach gefragt. Auch dabei steht die Frage im Vordergrund, warum die Personen dieses oder jenes Gerät einsetzen, mit welchen Zielen und Absichten. Auch hier ist es hilfreich, sich die Situation, in der Mediengeräte eingesetzt wurden, schildern zu lassen. Damit diese Situation, nicht beliebig ist, sollte danach gefragt werden, inwieweit die Situation als typisch angesehen werden kann. Ist sie eher untypisch, sollte noch eine typische Situation geschildert werden.*

*Zur Abrundung folgt am Ende schließlich die Frage nach der relativen Wichtigkeit von Medienerziehung.*

### *medienerzieherisches Handeln*

QQQ Erzählen Sie doch mal, was Sie ganz allgemein im medienerzieherischen Bereich machen.

***INT:*** *Ausreden & erzählen lassen. Bild machen.*

### *medienerzieherische Projekte*

QQQ Haben Sie schon einmal ein medienerzieherisches Projekt durchgeführt? Erzählen Sie doch mal davon.

QQ Welche Ziele haben Sie damit verfolgt?

### *Medieneinsatz im Kindergarten*

QQQ Ich gehe mal davon aus, daß Sie im Kindergarten Bilderbücher haben und diese auch gemeinsam mit den Kindern nutzen. Wie sieht es denn mit den anderen Medien aus? Setzen Sie die auch ein? Schildern Sie doch mal bitte eine Situation, in der Sie Medien eingesetzt haben.

***INT:*** *Wenn die Person nachfragt, um welches Medium es denn gehen soll: Das Medium, das am häufigsten eingesetzt wird.*
*Wenn Person sagt, sie setze nie Medien ein, bitte nachfragen und evtl. auf verschiedene Medien verweisen (nicht nur Fernsehen und Video, sondern auch Hörspielkassetten, Foto, Radio usw.). Wenn die Person dann immer noch nichts dazu sagen kann, geht es weiter mit der nächsten Frage.*

QQ **Warum** setzen Sie Mediengeräte ein, zu welchem **Zweck,** mit welchen **Zielen**?

QQ Ist die geschilderte Situation **typisch** oder eher eine **Ausnahme**? Wenn sie nicht typisch ist, dann schildern Sie doch bitte mal eine typische Situation.

### *Wichtigkeit von Medienerziehung*

QQQ Für wie wichtig halten Sie persönlich die Medienerziehung im Kindergarten im Vergleich zu anderen Erziehungsbereichen wie Verkehrserziehung, Kreativitätserziehung, Gesundheitserziehung usw.

## 6. *Elternarbeit*

*INT:* *Hier sollen die **Ziele** der Elternarbeit im Bereich Medienerziehung, **Themen** dieser Elternarbeit und **Probleme** damit herausgearbeitet werden.*
*Sinnvollerweise sollten typische Situationen geschildert werden (beispielsweise Elternabende oder Elterngespräche) in denen es um Fragen der Medienerziehung ging. Dabei ist dann danach zu fragen, welche Themen besprochen wurden, welche Ziele verfolgt wurden und gegebenenfalls auch, ob diese erreicht wurden. Schließlich sollten auch Probleme in diesem Bereich angesprochen werden.*

### *Zusammenarbeit mit Eltern*

QQQ Inwieweit gibt es eine Zusammenarbeit mit den Eltern bezüglich Medienerziehung? Schildern Sie doch mal eine typische Situation.

QQ Über welche **Themen** reden Sie da mit den Eltern?
QQ Welche **Ziele** haben Sie (z.B. bei einem Elternabend)?
QQ Welche **Probleme** gibt es in der Elternarbeit zur Medienerziehung?

## 9. *Kindlicher TV-Konsum: Ausmaß, Nutzen und Funktionen, Problematisierung*

### *Geschätzter durchschnittlicher TV-Konsum von Kindern*

QQQ Was schätzen Sie, wieviel Kinder im Kindergartenalter fernsehen? Konkret: Wie lange sehen Kinder Ihrer Meinung durchschnittlich am Tag fern?

QQ **Wie** haben Sie das **gerechnet**?

*INT:* *Uns geht es darum zu erfahren, auf welchem Wege Einschätzungen der Nutzungsdauer anderer Personen zustandekommen.*

### *Sendungspräferenzen von Kindern*

QQQ Erzählen Sie doch mal, Sie bekommen da ja sicherlich einiges mit:
**Was** schauen Kinder gerne an?

***TV-Motive von Kindern***

QQQ **Warum** schauen Kinder das an?

***Einleitung Kompetenzdefizite***

***Einleitung***: Stellen Sie sich doch bitte einmal das folgende Bild vor:
a) Ein Erwachsener sitzt allein vor dem Fernseher und schaut eine bestimmte Sendung
b) Ein Kindergartenkind sitzt allein vor dem Fernsehen und sieht ebenfalls diese bestimmte Sendung (die beiden sehen aber nicht zusammen).

*INT:* *An diesem Beispiel soll die unterschiedliche Verarbeitungsweise und die unterschiedliche Medienkompetenz von Kindern und Erwachsenen deutlich werden. Es geht hier nicht um die Wirkungsproblematik, sondern um Probleme, die Kinder z.B. aufgrund ihrer kognitiven oder emotionalen Entwicklung haben.*

***Kompetenzdefizite***

QQQ Wenn Sie sich nun dieses Bild vor Augen führen, welches sind Ihrer Erfahrung nach die wichtigsten Probleme, die Kinder im Gegensatz zu Erwachsenen mit dem Fernsehen haben?

***Kompetenzförderung vs. Schadens-begrenzung***

QQQ Kann man als Erzieherin da irgendetwas tun, um diese Probleme möglichst geringzuhalten oder ihnen entgegenzuwirken?

## *10. Qualifikation (Ist): Kompetenz, Wichtigkeit*

*INT:* *Hier gilt es kurz auf die medienerzieherische Qualifikation der Zielperson einzugehen. Vorrangiges Interesse gilt zum einem dem* ***Stellenwert****, den die Medienerziehung in der Ausbildung der Zielperson hatte, und zum anderen den* ***Fortbildungsmaßnahmen****, an denen Sie gegebenenfalls teilgenommen hat. Alle anderen Fragen sind optional und können gestellt werden (um die Frage „abzurunden") sofern die Zeit reicht.*

***Ende der Ausbildung***

QQQ Wie lange liegt das Ende Ihrer Ausbildung zurück?

***Stellenwert Medienerziehung in der Ausbildung***

QQ Welchen Stellenwert nahm das Thema Medienerziehung innerhalb Ihrer Ausbildung ein?

***Fortbildung***

QQQ Waren Sie schon mal auf einer Fortbildung zu diesem Thema?

## *11. Qualifikation (Soll): Gewollt*

***Verbesserungsbedarf***

QQQ Wo sehen Sie Verbesserungsbedarf/ Verbesserungsmöglichkeiten in der Erzieherinnenausbildung oder in der Weiterbildung?

***Hilfestellungen***

QQQ In welchen Bereichen der Medienerziehung würden Sie sich Hilfestellung wünschen?

## *12. Multimedia: Kenntnisse, Interesse & Informationsbedarf*

***Definition Multimedia***

QQQ Es gibt viele Auffassungen, was Multimedia bedeutet. Was verstehen Sie darunter?

***Multimedia-Angebote für Kinder***

QQQ Kennen Sie konkrete Angebote für Kinder im Multimedia-Bereich?

QQ Nennen Sie mir doch bitte Beispiele.

***Interesse an Multimedia***

QQQ Wie groß, würden Sie sagen, ist Ihr Interesse am Thema Multimedia?

***Informationsbedarf***

QQQ Wie groß, würden Sie sagen, ist Ihr Informationsbedarf zu Multimedia?

## Ende des Gesprächs

*INT:* *Ganz wichtig ist, sich zum Schluß noch einmal explizit für die Teilnahme zu* ***bedanken****.*
*Dann sollte noch die Gelegenheit gegeben werden, sich zum Interview zu äußern. Insbesondere ist von Interesse, ob die Zielperson das Gefühl hat, daß in dem Interview ein* ***zutreffendes Bild*** *gezeichnet wurde, ob sie sich „wiederfindet" in dem, was gesagt wurde.*
*Schließlich sollte sie auch die Möglichkeit haben,* ***Kritik*** *zu äußern (oder zu loben).*

Zuerst einmal herzlichen Dank dafür, daß Sie sich die Zeit genommen haben für dieses Interview und so bereitwillig Auskunft gegeben haben.

Mich würde noch interessieren, wie Sie das Interview fanden:
Haben Sie das Gefühl, daß mit diesem Interview ein zutreffendes Bild entstanden ist? Oder ist vielleicht irgendetwas, das Ihrer Meinung nach mit Medienerziehung zu tun hat, nicht berücksichtigt worden?